PROPRIETORS' INITIALS, written on lots drawn by them.

D. — David Plummer
N.C. — Nathan Chick
J.S. — Joshua Small
D.M. — Daniel Meserve
M. — Samuel March
L. — Benjamin Meads Lord

P.C. — Peter Cobb
S.S. — Samuel Small
J.H. — James Harmon
E.K. — Edward Kennard
B.S. — Benjamin Small
D.S. — Daniel Small

Early Families of Limington Maine

Robert L. Taylor

HERITAGE BOOKS
2007

HERITAGE BOOKS
AN IMPRINT OF HERITAGE BOOKS, INC.

Books, CDs, and more—Worldwide

For our listing of thousands of titles see our website
at
www.HeritageBooks.com

Published 2007 by
HERITAGE BOOKS, INC.
Publishing Division
65 East Main Street
Westminster, Maryland 21157-5026

Copyright © 1991 Robert L. Taylor

Other books by the author:
History of Limington, Maine
Early Families of Raymond, Maine
Death Notices from Freewill Baptist Publications, 1811-1851
David C. Young and Robert L. Taylor

All rights reserved. No part of this book may be reproduced or transmitted in any form or by any means, electronic or mechanical, including photocopying, recording or by any information storage and retrieval system without written permission from the author, except for the inclusion of brief quotations in a review.

International Standard Book Number: 978-1-55613-467-8

CONTENTS

	Page
Proprietors' Map	frontispiece
Preface	vii

Family Genealogies

Abbott	1
Adams	2
Allen	3
Anderson	4
Andrews	9
Atkinson	10
Babb	11
Bangs	12
Benson	13
Berry	13
Bither	19
Black	19
Blake	23
Bolden (Bolin)	26
Boody	27
Boothby	30
Boynton	38
Brackett	39
Bradeen	46
Bragdon	49
Brown	52
Buck	52
Bullock	52
Burnham	54
Carll	54
Chamberlain	54
Chaney	55
Chapman	56
Chase	56
Chick	61

Clark	71
Clay	76
Cobb	77
Cole	82
Collomy	85
Cousins	85
Crockett	86
Cutler	87
Davis	88
Delano	97
Deshon	98
Dimock	98
Douglass	99
Durgin	102
Dyer	102
Edgecomb	106
Edgerly	111
Edmunds	113
Emery	113
Fennix (Phoenix)	115
Fennis (Phoenix)	116
Fogg	116
Foss	119
Foster	124
Frost	125
Gilkey	128
Goodale	129
Goodwin	129
Gould	130
Gove	130
Grant	133
Greenlaw	135
Hagens	136
Haley	137
Hamblen	138
Hanscom	140
Hardy	141
Haskell	141
Hasty	143
Heard (Hurd)	147
Hobson	148
Hodsdon	150
Hooper	150
Hopkinson	151
Hubbard	153
Irish	154
Jackson	155
Johnson	158
Joy	163
Kelley	164

Kenerson	164
Kennard	165
Kettell	166
Kimball	166
Knight	167
Larrabee	167
Libby	170
Littlefield	180
Lombard	180
Lord	181
Lyons	183
McArthur	183
McDonald	186
McKenney	186
McLellan	194
Mann	195
Manning	195
Manson	195
Marr	201
Marston	207
Meeds (Meads)	208
Merrifield	209
Meserve	211
Miller	217
Milliken	218
Mitchell	218
Moody	220
Moore	225
Morrison	228
Morton	228
Moulton	230
Mulloy	230
Nason	231
Norton	243
Ordway	247
O'Rion	247
Osborne	247
Otis	247
Page	248
Parker	248
Plaisted	250
Purington	252
Quincy	253
Rackliff	254
Randall	254
Rankins	256
Richardson	257
Ridlon	261
Robinson	262
Rose	265

Rounds	266
Rowe	267
Sawyer	268
Seavey	277
Sedgley	280
Shackford	280
Small	281
Smith	307
Spencer	310
Staples	311
Stevens	318
Stone	322
Strout	326
Sutton	346
Tarbox	347
Taylor	347
Thompson	349
Towle	351
True	352
Tufts	352
Tyler	354
Varney	357
Waldron	357
Walker	359
Warren	361
Waterhouse	361
Watson	363
Webster	364
Weeman	364
Welch	365
Wentworth	366
Wheelwright	370
Whitmore	370
Whitney	371
Wing	371
Winslow	372
Wood	372
Woodsum	373
Young	374
Record of Deaths	377
Index	389

PREFACE

Limington was a part of the "Ossipee Tract" purchased by Francis Small in 1668 from an Indian Sagamore. As early as 1771, the Small heirs then living in Scarboro and Cape Elizabeth were taking an active interest in their ancestral lands and laid plans for its development and settlement. Members of the Small family went in large numbers from other towns to occupy their lands, and with them great numbers of their neighbors, to whom they were glad to sell lands at a very cheap rate in order to promote settlement. So it happened that Limington, then called Little Ossipee, became settled by many Scarboro and Cape Elizabeth families. By the time the 1790 census was taken, the Plantation of Little Ossipee had one hundred fifteen settlers, and, of that number, at least fifty-three families were Small descendants or had married into that one family.

Compiling the families of Limington has taken me over one quarter century of continual research. While many sources too numerous to mention have been used, I have tried to rely on primary documentation. My major sources have been town and family records, followed by family genealogies, manuscripts, cemetery inscriptions, census records, newspaper obituaries and death notices. The school district polls for the years 1821-1824 found within the town papers at the Town Hall were an immense help, as during that period each district agent turned in a list of every head of household and the people living within that household by name. This was very useful in establishing family members of each household for that period.

I would like to be notified of any errors or additions to the information given.

Robert Taylor
Box 115
Danville, Maine 04223

ABBOTT, NATHANIEL, b. Sept. 30, 1764, York, son of Nathan & Mercy (Gowen) Abbott, d. Dec. 3, 1847, Limington. Bible record now owned by Neal Pitts, given to him by his Uncle Leonard Pitts. He settled in 1802 on Whaleback Road, so called for a ridge called "Whale-Back," a freak of nature, located east of Fred Tucker's place. The Abbott place was near where they were buried, across from Edmund T. Boynton place. He m. Oct. 3, 1793 in Portland, Lucy Crockett of Cape Elizabeth, she was b. June 24, 1765, Cape Elizabeth, d. Apr. 11, 1843, Limington. She was part Indian, so claimed descendents and was called "a yellow-belly," by Larazus Rowe, a noted Indian Hunter, who was a near neighbor. Children:
i. MERCY, b. Aug. 11, 1794, Falmouth, d. 1874. m. int. Aug. 22, 1813, Robert Thurston Boynton of Bangor. He b. Dec. 26, 1788, Stratham, NH, d. Jan. 5, 1853. m. (2) int. Dec. 5, 1860, Samuel Boynton of Cornish, she of Limington.
ii. ELIZA (BETSEY), b. Mar. 14, 1797, Falmouth, d. Dec. 12, 1839, Hiram. m. int. June 11, 1820, Enoch Rankin of Buxton, she of Limington.
iii. RICHARD, b. July 14, 1799, Falmouth, d. Dec. 9, 1802, Limington.
iv. LUCY, b. July 15, 1801, Falmouth, d. Dec. 29, 1802, Limington.
v. JOHN, b. Dec. 8, 1803, Limington, d. Nov. 3, 1869, Limington, ae 65 yrs. 11 mos. When young he learned the blacksmith trade, which he followed during active part of his life. m. Dec. 15, 1825, Sophia Black of Baldwin, he of Limington, she d. May 10, 1876, ae 70 yrs. 1 mo. 10 das. Limington. Children:
1. JANE, b. Nov. 28, 1826, d. Aug. 9, 1858. m. Feb. 27, 1855, Erastus Hubbard, both of Limington.
2. FRANCIS A., b. May 10, 1828, d. Dec. 8, 1892, ae 64 yrs. 6 mos. 24 das. Cornish. m. Irene Pike of Cornish.
3. LEONARD, b. Aug. 26, 1829, d. June 12, 1905, ae 75 yrs. 9 mos. 17 das. Limington. In 1900, he had been a teamster for 37 years and for 27 years drove four-horse team. For 36 consecutive years, with the exception of one, he drove bark to Hinkley tannery at Gorham. He was a Democrat and post-master of N. Limington. m. Mar. 7, 1853, Mary S. Small, both of Limington. Children:
(1) CHARLES L., b. Jan. 16, 1855, Limington, d. Nov. 2, 1922, ae 67 yrs. 9 mos. 16 das. Cornish. m. Nov. 28, 1879 Julia Ann Pugsley, both of Limington.
(2) ELLA J., b. June 8, 1858, d. Nov. 20, 1929, ae 71 yrs. 8 mos. Westbrook. m. int. June 24, 1878, Lyman S. Pitts, both of Limington.

          (3) **LENA MAUD**, b. May 16, 1869. d. June 5, 1894. m. Henry Lincoln Meserve, both of Limington.
       4. **JOHN**, b. Sept. 6, 1832, d. Dec. 26, 1875, ae 43 yrs. 3 mos. 20 das.
       5. **CYRUS**, b. Dec. 29. 1836, d. June 13, 1910, ae 73 yrs. 5 mos. 14 das. Gorham. Moved in 1861 to Gorham. m. Feb. 21, 1861, Elizabeth C. Richardson of Limington.
       6. **SOPHIA**, b. 1838, d. Apr. 10, 1864, ae 25 yrs. 6 mos. of consumption, Limington.
vi.   **LUCY**, b. July 9, 1807, Limington, d. Nov. 1, 1873, ae 66 yrs. 3 mos. Raymond. m. Oct. 21, 1830, Capt. Elijah Fulton, both of Limington, he d. Apr. 7, 1874, ae 65 yrs. Raymond. Children:
       1. **MINERVA ANN**, b. 1831, d. Aug. 4, 1867, ae 35 yrs. 11 mos. Raymond. m. June 8, 1852, Jeremiah Hayden of Raymond, she of Sebago.
       2. **MERCY JANE**, d. Aug. 8, 1852, ae 18 yrs. 22 das. Sebago.
       3. **MARIA LUCY**, b. Nov. 8, 1836, d. Feb. 24, 1933, ae 96 yrs. Portland. m. Feb. 24, 1859 in Raymond, Sumner Stone Dingley. m. (2) Dec. 24, 1865 Capt. Whitmore Sawyer.
       4. **JAMES EDWARD**, b. ca. 1839.
       5. **MELISSA ELLEN**, b. ca. 1845. m. Gideon P. Davis.
vii.   **RICHARD**, b. June 14, 1810, d. July 19, 1810, Limington.

ADAMS, DR. CLEMENT JACKSON, b. Mar. 10, 1795, Limerick, d. Oct. 14, 1853, Bridgton. He came from Limerick and started to practice his profession at Limington Village in 1819. He lived in the Arthur Boothby place, located north of the Masonic Lodge. He moved about 1841 to Princeton, ME, and by 1846 was of Bridgton. He and his family buried in cemetery back of the library in Fryeburg. m. July 3, 1821, Hannah Osgood of Fryeburg, she b. Aug. 12, 1799, Frysburg, d. Aug. 20, 1839, Limington. m. (2) int. Aug. 12, 1843, Mrs. Dolly M. (Pike) Steele, widow of Gen. James Steele of Brownfield, she b. Sept. 15, 1793, Cornish, d. Sept. 13, 1860, Cornish. Children, all born in Limington:
i.   **EDWARD LEWIS OSGOOD**, b. Apr. 8, 1822, d. Dec. 16, 1825, Limington.
ii.   **SARAH JANE**, b. Jan. 28, 1825, d. Feb. 8, 1825, ae 11 das.
iii.   **CHARLES CARROLL**, b. Sept. 7, 1829, d. May 4, 1859, unm. Portland.
iv.   **SUSAN OSGOOD**, b. Jan. 27, 1832, d. May, 1915, Portland. m. Dec. 21, 1860, Alonzo B. Walker of Portland.
v.   **EDWARD LEWIS OSGOOD**, b. July 27, 1827. d. July 13, 1895, ae 67 yrs. 11 mos. 16 das. Portland. m. Jan. 21, 1854, Lydia Jane Walker of Bridgton.
vi.   **JAMES RILEY**, b. Nov. 19, 1834, d. Jan. 30, 1869.
vii.   **A CHILD**, d. May, 1837, Limington.
viii. **A SON**, b. Aug. 7, 1839, ae 2 mos. Limington.

ADAMS, JOSHUA, b. Oct. 10, 1766, Falmouth, d. Aug. 25, 1849. Wales. He came from Falmouth by 1792 and left for Wales in 1798. m. June 17, 1792 in Gorham, Sarah Plummer, she b. Mar. 9, 1771,

Scarboro, d. Aug. 9, 1838, ae 66 yrs. Wales. Eleven children, these born in Limington:
i. BENJAMIN, b. Apr. 8, 1793, d. Mar. 11, 1849.
ii. AARON, b. Jan. 9, 1795, d. Mar., 1871.
iii. CHARLES M., b. Dec. 9, 1796, moved to Dixmont.

ADAMS, SAMUEL, b. Feb. 29, 1769, Falmouth. (See *Gen. of Hatevil Hall* by Joseph B. Hall.) He came to town from Falmouth after his marriage and left in 1796 for Gray. m. Mar. 28, 1792, Mary Allen, she b. Sept. 7, 1769, Falmouth, d. Dec. 9, 1813, ae 44 yrs. Gray. m. (2) Dec. 30, 1813, Mrs. Sarah (Staples) Smith, widow of John of Gray. Children, first two born in Limington:
i. ROBERT, b. Nov. 18, 1792, Falmouth, d. Jan. 21, 1815 on privateer *Dash*.
ii. ISAAC, b. Nov. 28, 1794, Limington, d. Aug. 24. 1872, Gray.
iii. DAVID, b. Jan. 4. 1797, Gray.
iv. CATHERINE, b. July 8, 1799, Gray.
v. ABIGAIL, b. July 14. 1802, Gray.
vi. SILAS HALL, b. Apr. 28, 1804, Falmouth.
vii. SAMUEL, b. Feb. 7, 1807, Gray.
viii. ISAIAH HALL, b. Nov. 20, 1811, Gray.

ALLEN, JAMES MADISON, b. May 21, 1813, Cornish, d. June 28, 1896, Cornish. He was a brother of Rufus and also lived in Emery's Corner. m. Caroline M. Bray of Castine, she b. May 15, 1811, Bucksport, d. Mar. 7, 1890, ae 78 yrs. 9 mos. 22 das. Limerick. Children:
i. FRANCIS HENRY, b. Aug. 13, 1835, Glenburn, d. July 7, 1902, ae 66 yrs. 10 mos. 3 das. Limerick.
ii. JAMES, b. 1844, d. Libby's Prison.
iii. JOHN BRAY, b. June 11, 1850, d. Jan. 25, 1924, Limerick.
iv. RUFUS HOWARD, b. June 8, 1853, d. Apr. 18, 1916, ae 62 yrs. Cornish.

ALLEN, JEDEDIAH, b. Mar. 6, 1770, Windham, d. July 10, 1857, Limington. He came from Windham in November, 1796, and settled on Allen Hill Road, near the Limerick town line. He was a Quaker of the Windham church. His place was occupied by his son, Edwin, sold in 1903 and burned in May, 1905. m. Apr. 19, 1798, Dorcas Winslow of Falmouth, she b. Mar. 6, 1776, Falmouth, d. Apr. 1, 1858, Limington. Children born in Limington:
i. ISAIAH, b. Jan. 21, 1800, d. Oct. 12, 1802.
ii. JOEL, b. Jan. 14, 1802, d. Apr. 28, 1880, Windham. m. Dec. 18, 1832 in Windham, Joanna Kennard of Windham, she b. Nov. 10, 1806, d. Jan. 2, 1879, ae 73 yrs. 8 mos. Windham. Only child: When quite young his parents moved to Windham.
    1. CYRUS KENNARD, b. July 20, 1832, Augusta, d. Apr. 6, 1908, S. Windham.
iii. HARRIET, b. Mar. 12, 1804, d. May 2, 1888, Gorham. m. May 29, 1847, Charles Horton of Gorham, she of Limington.
iv. MERRIET, b. Mar. 12, 1804.
v. LEWIS, b. Feb. 9, 1806, d. Oct. 17, 1850, Limington. m. Oct. 1, 1840 in N. Berwick, Phebe Jenkins of Berwick, she b. Nov.

25, 1811, Berwick, d. Sept. 24, 1841. She m. (2) Casper Williams of Winona, OH. Children:
1. A SON, d. Aug. 2, 1844, Limington.
2. ELIZABETH, b. July 26, 1841, d. Aug. 12, 1844.
vi. FRANCIS, b. Oct. 13, 1808, d. Aug. 4, 1877, ae 69 yrs. Brooks. m. June 28, 1830, Ann Sarah Hall of Brooks, ME, she b. Sept. 12, 1806, Brooks, d. Aug. 3, 1887, ae 81 yrs., Brooks.
vii. GEORGE, b. Mar. 17, 1811, d. Mar. 23, 1886, Vassalboro. m. int. Oct. 4, 1835, Hannah S. Staples, both of Limington. He in town in 1841.
viii. EDWIN, b. May 14, 1816, d. Jan. 8, 1877, Limington. m. int. Mar. 5, 1842, m. Nov. 19, 1856 in Newfield, Lydia Jane McLellan of Standish. m. (2) int. Nov. 15, 1856, Clarinda Frances Hanscom of Newfield. He lived on his father's place. He was a Quaker, good neighbor and citizen. His farm sold in Dec. 1891 to S. C. Bowdoin of Limerick by Mary E. (Hasty) Burchalter of Truckee, CA. His second wife d. Mar. 28, 1880, Limington. Six children:
1. LOIS NETTIE, b. 1844, living 1905, unm.
2. CHARLOTTE B., b. 1847, d. Mar. 9, 1902, ae 54 yrs. 5 mos. 5 das. Baldwin. m. Sanborn.
3. LEWIS L., b. 1858.
4. NETTIE J., b. July 17, 1863, d. Sept. 25, 1920.
5. CYRUS E., b. ca. 1866, of Tyngsboro, MA, in 1908.
6. HARRY EUGENE, b. ca. 1868, of Dorchester, MA, in 1908.

ALLEN, DEA. RUFUS, b. Aug. 23, 1808, Cornish, d. Aug. 8, 1870, Limington. He lived in Emery's corner. m. in Limington, Dec. 30, 1830, Betsey Alley of Cornish, she b. Oct. 27, 1804, d. July 27, 1862, ae 57 yrs. Cornish. m. (2) Mar. 15, 1866 in Cornish, Mrs. Eliza (Estes), widow of Phineas of Cornish. She d. Apr. 12, 1894, ae 85 yrs. 11 mos. 12 das. Cornish.

ALLEN, WILLIAM, b. Feb. 26, 1789, Wells, d. Jan. 13. 1866, Limington. He lived at Slabstreet, coming late from Denmark. m. Lucy Hilton, b. Dec. 7, 1795, Wells, d. Nov. 14, 1854, ae 58 yrs. 11 mos. Limington. m. (2) Mary (Witham) Gould, widow of Alpheus who was b. June 16, 1808, Denmark, d. Aug. 6, 1855, Limington, she b. Aug. 24, 1820, d. Apr. 19, 1901, Limington. She m. (2) int. Dec. 27, 1871, Ezra Davis Small, both of Liminton. Only child:
i. MARY, b. Feb. 12, 1858, Denmark, d. July 22, 1932, Steep Falls. m. Jan. 8, 1881, Samuel Nye Small, both of Limington.

ANDERSON, CAPT. EDWARD, b. May 2, 1786, Windham, d. Apr. 5, 1876, ae 89 yrs. 11 mos. Limington. He lived in Windham until 1826, when he moved to Standish and some seven years later came to Limington. m. Aug. 30, 1806, Olive Waterhouse of Standish, she b. June 14, 1787, Standish, d. Apr. 14, 1863. Limington. Children:
i. LUCY, b. Oct. 3, 1806, Windham, d. Jan. 10, 1833, Limington. m. Jan. 10, 1833 in Standish, Augustus Nason who d. in Standish. m. (2) Sept. 26, 1835, Simon Berry of Limington, he b. June 3, 1807, Standish, d. Sept. 14. 1841, Limington. m. (3)

ii.   Aug. 2, 1846, Stephen Estes of Limington, he d. Nov. 27, 1900, ae 86 yrs. 1 mo. 16 das. Limington.
ii. **LYDIA HARMON**, b. Oct. 9, 1809, Windham, d. Aug. 5, 1891, Rockport, MA. m. Jan. 15, 1833, Nathaniel Wilson Berry of Falmouth.
iii. **MARY ANN**, b. Dec. 16, 1811, Windham, d. July 29, 1880, Alfred. m. June 4, 1835, Robert P. Berry of Limington, he b. Mar. 19, 1812, Hollis, d. Apr. 4, 1894, Alfred.
iv. **EDWARD**, b. May 14, 1814, d. Mar. 25, 1873, ae 58 yrs. 10 mos. Chatham, NH. m. int. Nov. 15, 1835, m. Dec. 2, 1835, Olive Strout of Limington, she d. May 21, 1894, ae 80 yrs. Chatham, NH. Children:
    1. **EDWIN PHILBRICK**, b. Sept., 1836, Limington, d. Oct. 14, 1836, ae 27 yrs. 2 mos. 6 das. unm.
    2. **MARINDA JANE**, b. Jan. 1, 1838, Limington, d. Feb. 16, 1860, ae 22 yrs. 1 mo. 16 das. unm. Chatham, NH.
    3. **JOHN ORRIN**, b. Apr. 10, 1840, d. Feb. 17, 1860, ae 19 yrs. 9 mos. 5 das. Chatham, NH.
    4. **OSBORN**, b. Jan. 23, 1843, Chatham, NH, d. June, 1913, Chatham, NH, m. Dec. 17, 1865 Zilpha M. Pingree of Denmark.
v. **MARTHA**, b. July 11, 1816, Windham, d. Jan. 1, 1865, Limington. m. int. Nov. 15, 1835, Seth Strout, both of Limington. He b. Mar. 5, 1813. Limington, d. Sept. 29, 1870, Limington.
vi. **BETSEY**, b. May 24, 1819, Windham, d. July 15, 1834, ae 15 yrs. unm. Limington.
vii. **JOHN ORRIN**, b. Aug. 3, 1822, Windham, d. Aug. 13, 1904, Limington. m. Mar. 27, 1847, Albarona F. Coffin of Limerick, she b. Nov. 17, 1828, Limerick, d. Nov. 8, 1856, ae 27 yrs. 11 mos. 21 das. Limington. m. (2) Apr. 30, 1857 in Standish, Mrs. Amanda Melvina Sturgis of Standish, she of Limington. She b. Apr. 20, 1825, Harrison, d. July 24, 1891, ae 65 yrs. 3 mos. 4 das. Limington. (She m. (1) int. Mar. 23, 1850, Major R. Sturgis both of Standish.) Children born in Limington:
    1. **PERLEY MILLARD**, b. Nov. 17, 1849, d. June 12, 1902, Waterboro.
    2. **OLIVE ANN**, b. Apr. 7, 1852, d. Sept. 2, 1864, ae 12 yrs. 6 mos. Limington.
    3. **JOHN HENRY**, b. Oct. 3, 1854, d. Dec. 5, 1923, Waterboro. m. Mar. 10, 1877, Juliet B. Phoenix of Alfred.
    4. **EDWARD ALLEN**, b. Apr. 16, 1858, d. Aug. 9, 1864, ae 6 yrs. 6 mos. Limington.
    5. **HERBERT RANDOLPH**, b. Jan. 31, 1861, d. Apr. 26, 1889, Standish. m. Nov. 10, 1879, Mary Ella Gatchell of Brunswick.
    6. **LAURA JANE**, b. June 30, 1863, d. June 17, 1889, Limington. m. Aug. 27, 1880, Harry Franklin Larrabee.
    7. **EDWARD ALLEN**, b. Jan. 27, 1865, d. Mar. 1, 1912, Alfred. m. Aug. 7, 1886, Nettie Shuah Purington of Limington. m. (2) May 6, 1899, Julia T. Walker of Alfred.

        8. **BYRON STUART**, b. Sept. 30, 1866, living 1912, Limerick. m. Aug. 15, 1897, Sadie Ilsley of Limerick.
        9. **ANNIE OLIVE**, b. June 23. 1870, d. Dec. 18, 1893, Waterboro. m. Samuel J. Carll of Waterboro.
viii. **CHARLOTTE**, b. Mar. 30, 1825, Windham, d. Mar. 1, 1910, Ashland, ME. m. int. Apr. 30, 1853, Chesley Thombs of Biddeford.
ix. **WILLIAM AUGUSTUS**, b. July 12, 1828, Standish, d. Jan. 13, 1904, Limington. m. Dec. 10, 1850, Adaline Marr Hobson of Standish, she b. Mar. 10, 1833, Standish, d. Aug. 11, 1877, Limington. m. (2) Aug. 24, 1878, Maria Peabody Mayo of Standish, she b. Sept. 28, 1841, Standish, d. Sept. 28, 1927, Limington.
x. **HENRY ODELL**, b. Feb. 9, 1831, Standish, d. July 13, 1832, ae 17 mos. Standish.

ANDERSON, JOHN, b. Nov. 6, 1765, Scarboro, d. June 8, 1835, ae 69 yrs. 6 mos. Limington. He settled after his marriage in Steep Falls section of Limington, near his brother, William. He built his house on the intervale near the Saco River, on the northern part of Charles W. Anderson's farm. He was buried in back of his son's, Stuart, place. m. Oct. 9, 1791 in Scarboro, Mary Stuart, both of Scarboro, she b. May 31, 1772, Scarboro and bapt. the same day, d. Apr. 9, 1815, ae 43 yrs. Limington. Children born in Limington.
i. **JOHN STUART**, b. Mar. 28, 1792, d. Apr. 3, 1845.
ii. **TIMOTHY**, b. Apr. 18, 1794, d. Mar. 27, 1840, Calais, Me. m. May 7, 1818, Jane Boothby, both of Limington, she b. Feb. 17, 1791, Limington, living 1860, Cape Elizabeth with her son. Child:
    1. **MERRITT**, b. 1819, Limington, d. Dec. 5, 1889. Limington. He worked as an axe man in shipyard at So. Portland. He lived with his son, Stephen, in Gorham. m. Sept. 23, 1847, Olive B. Stone of Limington.
iii. **JAMES**, b. Apr. 25, 1797, d. Aug. 25, 1851, ae 54 yrs. 4 mos. Limington. m. Apr. 11, 1833, Tabitha Meserve, both of Limington, she b. July 6, 1796, Limington, d. Jan. 25, 1861, Limington.
iv. **SOLOMON STUART**, b. Sept. 10, 1799, d. Mar. 14, 1874, ae 74 yrs. 6 mos. 4 das. Parsonsfield, formerly of Limington. m. Oct. 25, 1825, Catherine Sawyer of Baldwin, he of Limington, she b. July 7, 1794. Limington. m. (2) Oct. 20, 1835, Sarah Gilman of Limington, she b. Dec. 24, 1802, Standish. Children:
    1. **RISHWORTH JORDAN H.**, b. 1827, Baldwin, d. Jan. 13, 1862, ae 34 yrs., Medford, MA. m. Hannah Sawyer of Burton, she d. Feb. 7, 1904, ae 55 yrs. 11 mos. 27 das., Parsonsfield.
    2. **JOANNA DYER**, b. 1829, Baldwin. m. May 20, 1858, Isaac S. Hancock, in Biddeford, both of Limington.
    3. **JOHN H.**, b. Dec. 15, 1831, Baldwin.

      4. EBENEZER GILMAN, b. Sept. 6, 1836, Limington, d. 1906. m. Aug. 27, 1863, Rosa Mehitable Burnell of Baldwin, he of Limington. Buried in West Baldwin.
      5. CATHERINE G., b. 1837, Limington, d. May 2, 1884, Cornish. m. Jan. 9, 1859 in Standish, Jesse B. Sanborn of Baldwin, she of Limington.
      6. JAMES W., b. Jan. 25, 1843, Limington, d. July 6, 1883, ae 40 yrs. 5 mos. Parsonsfield. m. Sarah E. Tarbox. She b. July 12, 1842, d. Sept. 21, 1902.
- v. ANN S. (NANCY), b. Dec. 8, 1801, d. 1868, Buxton. m. July 12, 1829, James Gordan of Hollis, she of Limington.
- vi. BETSEY, b. Dec. 31, 1804, d. Mar. 25, 1850, Standish. m. Oct. 17, 1832, Ezekiel Strout, both of Limington, he b. July 15, 1806, Limington, d. Aug. 4, 1883, Standish.
- vii. MARY M., b. Sept. 23, 1807, d. Aug. 1, 1880, Porter. m. Oct. 28, 1830, John Black Jr., both of Limington, he b. July 17, 1805, Limington, d. May 28, 1878, Porter.
- viii. MERCY, b. Feb. 28, 1810, d. Mar. 1, 1810, Limington.
- ix. JANE, b. Feb. 28, 1810, d. Mar. 1, 1810, Limington.
- x. MERCY H. S., b. Aug. 25, 1812, d. Nov. 3, 1841, Limington.
- xi. STUART F., b. Apr. 6, 1815, d. June 17, 1897, ae 82 yrs. 2 mos. 11 das. Dayton. In 1850 of Lovell. m. Sept. 10, 1840, Hannah B. Fox of Porter, he of Limington, she b. Jan. 18, 1821, Porter, d. Feb. 2, 1866, Limington. m. (2) Aug. 16, 1868 in Baldwin, Loantha A. Nason of Standish, he of Limington, she d. Oct. 30, 1893, ae 56 yrs. 5 mos. Hollis. Children:
  1. JOHN FOX, b. June 13, 1841, Porter, d. Jan. 4, 1904, Dayton. m. Sept. 17, 1873, Addie Brown, both of Limington.
  2. ALBION P. F., b. Apr. 6, 1843, Porter, d. May 13, 1894. Dayton.
  3. MARY LUCINDA, b. Aug. 24, 1846, Lovell.
  4. MARSHALL L., b. Dec. 19, 1849, Lovell, d. May 20, 1852, Limington.
  5. MARK W., b. Mar. 7, 1853, Limington, d. Nov. 27, 1914, Hollis. m. Feb. 6, 1878 Lucy S. Townsend of Buxton.
  6. IDA E., b. Mar. 4, 1856, Limington, d.y.
  7. EMMA J., b. Aug. 13, 1858, Limington, d.y.

ANDERSON, WILLIAM, b. Apr. 23, 1763, Portland, d. May 19, 1848, ae 80 yrs. 21 das. Limington. He was a brother to John Anderson and Mary (Anderson) Boothby of Limington, children of John and Jane (Roberts) who were m. in Falmouth Nov. 13, 1748. William was a devoted Christian and died of consumption. He came with his brother in 1791 and they settled next to each other near Steep Falls section of town. William's house - the old buildings were replaced by George Anderson who had that part of his father's farm and timber lots. Charles W. Anderson also had a portion of the farm. He was buried in cemetery on his old place, located behind Edith Usher's place, but body taken up and removed to Steep Falls cemetery. William m. Aug. 28, 1791 in Buxton, Sarah Hardy of Hollis, she b. Sept. 9. 1767, Saco, d. Apr. 11, 1839 of lung fever, ae 72 yrs. Limington. Children:

i. **SAMUEL**, b. May 2, 1792, lost at sea on privateer, *Dash*, Jan. 21, 1815.
ii. **WILLIAM**, b. Nov. 7, 1793, living 1850, ae 56 yrs. Baileyville, ME (Woodland). He lived in town in 1818 and in 1821 living in St. Stephens, NB.
iii. **ABEL HARDY**, b. Nov. 14, 1795, (by pension record given as Dec. 24, 1792), d. Mar. 31, 1836, Newcastle, NB, on Miramichi River. He, like his brother, William, was a logger. m. Catherine Hendley, she m. (2) in Newport, RI, Aug. 2, 1845, James H. Crook. She living 1860, ae 52 yrs. Dartmouth, MA, a native of Ireland. She lived later in Fall River, MA, and after her husbands death, she went to Boston to live with her brother. Had two sons brought up by their Uncle George Anderson.
   1. **WILLIAM JAMES**, b. Sept. 4, 1833, d. July 16, 1859, ae 25 yrs. 10 mos. 12 das. Waterford. He buried in Waterford with his Aunt, Rebecca H. Nelson.
   2. **CHARLES ABEL**, was youngest child, b. May 25, 1835, St. John, NB., d. May 12, 1917, ae 81 yrs. 10 mos. 7 das. Westbrook. m. June 23, 1860, Sarah A. Walker, both of Limington, she b. July 29, 1829, Scarboro, d. Nov. 18, 1892. He was brought up by his Uncle George in Limington. He moved to Westbrook about 1880. Children:
      (1) **NELLIE**, b. Jan. 27, 1862, d. Sept. 1, 1918, ae 58 yrs. 9 mos. 13 das. Westbrook.
      (2) **CLINTON**, b. 1867, d. Apr. 8, 1898.
      (3) **GEORGE M.**, b. 1869, d. Aug. 12, 1954, Westbrook.
      (4) **MAUD MAY**, b. Jan. 31, 1872, Westbrook.
iv. **GEORGE**, b. Dec. 25, 1797, d. Oct. 3, 1869, ae 71 yrs. 9 mos. 9 das. of cancer, Limington. m. Jan. 1, 1832, Susan Edward of Gorham, she b. Dec. 27, 1804, Gorham, d. July 10, 1881, Standish.
v. **REBECCA HARDY**, b. Mar. 19, 1800, d. May 18, 1875, ae 75 yrs. 1 mo. 20 das. Waterford. m. int. Mar. 19, 1835, Oliver Nelson of Waterford. He d. Nov. 22, 1882, ae 79 yrs. 9 mos. 1 da. Waterford.
vi. **MARGARET R.**, b. May 18, 1802, d. 1864, Lawrence, MA, m. Apr. 17, 1828, Moses Nelson of Waterford, she of Limington.
vii. **HANNAH C.**, b. June 8, 1804, d. Oct. 17, 1885. m. Feb. 4, 1830, Benjamin Meserve, both of Limimgton.
viii. **SARAH HARDY**, b. Dec. 26, 1806, d. 1885, Baldwin. m. Dec. 20, 1832, Asa M. Dyer of Baldwin. He d. Mar. 13, 1868, ae 61 yrs. Baldwin. She buried Walnut Hill Cemetery, Yarmouth.
ix. **ABRAHAM PARKER**, b. Oct. 13, 1809, drowned about 1835, was gone in 1836. m. Nov. 16, 1832, Rebecca Gilman Marr, both of Limington. Only Child:
   1. **MARIA M.**, b. 1833, d. Dec. 19, 1889 at York Corner, Standish. She was brought up by her Aunt Hannah Meserve. m. May 30, 1864. Charles W. Lane of S. Standish.
x. **CHARLES WADSWORTH**, b. May 12, 1812, d. Jan. 27, 1881, ae 68 yrs. 8 mos. 15 das. Limington of pneumonia. m. Nov. 26, 1840, Mary Ann Heath of Standish, she b. June 28, 1822, Stan-

dish, d. Aug. 23, 1901, Charlestown, MA, at her daughter's. His farm was just north of his fathers'. His place burned in 1876 and again Feb., 1878 and last time Apr. 6, 1930. She m. (2) Robert Ridlon. Children born in Limington.
1. **CHARLES HENRY**, b. Feb. 25, 1842, d. Aug. 12, 1862, ae 20 yrs. 5 mos. from wounds received at battle of Cedar Mountain, VA.
2. **SARAH ANN**, b. Feb. 6, 1844, d. Feb. 21, 1927. Charlestown, MA. m. int. Aug. 3, 1865, Enoch Wood, both of Limington.
3. **ELIZABETH**, b. Jan. 7, 1846, d. Mar. 21, 1847, Limington.
4. **GEORGE PARKER**, b. Sept. 4, 1847, d. Mar. 21, 1937, ae 89 yrs. 6 mos. 17 das. Melrose, MA. m. Angeline Whidden of Denmark.
5. **FRANK**, b. Aug. 13, 1849, d. Dec. 4, 1918, ae 69 yrs. 3 mos. 21 das. Merrimac, MA. He, his brother George and sister Rebecca moved to Merrimac, MA, ca 1875.
6. **ALFARATA**, b. May 27, 1851, d. June 5, 1862, ae 11 yrs. 9 das. Limington.
7. **REBECCA ELLEN**, b. July 19, 1853, d. Dec. 4, 1881, Merrimac, MA. m. int. July 8, 1871, David L. Wiley of Amesbury, MA.
8. **WILLIAM H.**, b. Sept. 20, 1855, d. July 23, 1880 of consumption, Limington. m. June 9, 1874 Eliza A. McDaniel of Hollis, he of Limington.
9. **HOWARD A.**, b. Mar. 1, 1859, d. Sept. 2, 1875, ae 16 yrs. 6 mos. Limington.
10. **HARRY HEATH**, b. July 19, 1861, d. July 23, 1880 of consumption.
11. **CHARLES E.**, b. Aug. 24, 1863, d. Dec. 23, 1883, Saco.
12. **ELIZABETH**, b. Dec. 14, 1867, d. Feb. 5, 1868.

ANDREWS, JOHN, bapt. Aug. 23, 1761, Scarboro, d. Nov. 21, 1840, ae 79 yrs. Freedom, NH. He came from Scarboro, here in 1789 and settled on lot 12, range C, in the area of the Ben Clay place. He moved to Effingham in 1807, later to Freedom, NH. m. Jan. 19, 1785 in Scarboro, Tabitha Stone. m. (2) June 30, 1796, Esther Gray, both of Limington, she b. 1774, d. 1854, ae 80 yrs., Freedom, NH. Children:
i. **ABIGAIL**, b. July 26, 1785, Scarboro, d. May 22, 1879, ae 93 yrs. 9 mos. Freedom, NH. m. Ezekiel Andrews. He d. Apr. 7, 1860, ae 75 yrs. 1 mo.
ii. **AMOS**, b. Apr. 9, 1792, d. June 2, 1835, S. Berwick.
iii. **TABITHA**, b. Dec. 12, 1796, d. Feb. 27, 1838, Freedom, NH. m. Samuel Milliken Andrews.
iv. **JOHN**, b. 1797, d. Feb. 15, 1877, Effingham, NH.
v. **SOLOMON**, b. Apr., 1801, d. Nov. 28, 1881, ae 81 yrs. Freedom, NH.
vi. **BETSEY**, b. Sept. 9, 1802, d. Aug. 28, 1844. ae 41 yrs. 11 mos. 19 das. Freedom, NH. m. Dec. 2, 1819, Amos Towle of Freedom, NH.

vii. **LYDIA**, b. 1804, living 1850 m. Thomas Lovering of Freedom, NH.
viii. **THOMAS**, b. Sept., 1805, d. Feb. 17, 1866, ae 60 yrs. 3 mos. Freedom, NH.
ix. **MARY S.**, b. Jan. 1, 1806, d. Oct. 9, 1882, ae 76 yrs. 9 mos. 4 das. Bangor. m. Enoch Danforth of Freedom, NH.
x. **ANNIE**, b. Feb. 2, 1810, Freedom, NH., d. Dec. 16, 1873, Freedom, NH. m. Aug. 15, 1831, Dr. Calvin Topliff.
xi. **STEPHEN**, b. 1813, lived in Acton, 1850 of Lyman.
xii. **DANIEL**, b. 1813, living 1860, Effingham, NH.

ATKINSON, REV. JONATHAN, b. Dec. 30, 1756, Newbury, MA, d. Jan. 16, 1836, Limington. He graduated from Dartmouth College in 1787 and on Nov. 12, 1794 came to Limington. He was the first settled minister in Limington and pastor of Congregational Church from Oct. 15, 1794 to Sept. 26, 1821. In 1798 he built a house that was destroyed by fire in 1803 and present pastorage was raised. m. Feb. 6, 1794, Betsey Pettingill of Newbury, MA, she b. Oct. 23, 1756, Newbury, MA, d. Jan. 17, 1840, ae 83 yrs. 2 mos. Limington. Children born in Limington: (One child died Nov. 23, 1830 in Limington.)

i. JONATHAN, b. Mar. 16, 1795, d. Mar. 11, 1852, Lowell, MA. m. Jan. 19, 1815, Sarah Small, both of Limington, she b. Apr. 15, 1795, Limington, d. Jan. 3, 1885, Lowell, MA. They moved to Lowell, MA, ca 1843. Children:
   1. **JOHNSON PETTINGILL**, b. Oct. 1, 1815, living 1860, Lawrence, MA.
   2. **RICHARD P.**, b. Mar. 27, 1819, living 1860, Lowell, MA. m. (2) Aug. 7, 1860 in Lowell, MA, Laura F. Brown. He was a machinist.
   3. **BETSEY**, b. May 5, 1821, d. Mar. 9, 1847, ae 25 yrs. 10 mos. 4 das. Lowell, MA. m. ___ Woodbury.
   4. **MARIA S.**, b. 1824 m. Jan. 15, 1848, Alonzo J. Downing, both of Lowell, MA.
   5. **ELLEN AMANDA**, b. 1827, living 1850, Limington, d. by Dec. 1853 m. Oct. 16, 1841, Robert Sands of Limington. He m. (2) Dec. 1, 1853, Sarah J. Small, both of Limington.
   6. **HANNAH HANSCOM**, b. 1829, living 1850, Lowell, MA. m. Mar. 16, 1848, Albert Downs, both of Lowell, MA.
   7. **FANNY SMALL**, b. 1832 and bapt. June 4, 1836, Limington, living 1850, ae 18 yrs. Lowell, MA.
   8. **CHARLES**, d. Nov. 13, 1835, ae 16 mos. Limington.
   9. **CHILD**, d. Nov. 23, 1830, Limington.
   10. **CHARLES HENRY**, bapt. Oct. 1, 1837, living 1850, ae 13 yrs. Lowell, MA. m. Jan. 15, 1856 in Holyoke, MA, Maryann Flynn.
   11. **SARAH O.**, bapt. June 14, 1840, living 1850, ae 11 yrs. Lowell, MA.
ii. NATHANIEL, b. Aug. 16, 1796, d. Oct. 8, 1796.

iii. MAJ. NATHANIEL, b. Aug. 10, 1797, d. Feb. 15, 1831, age given by newspaper, 23 years, Limington. Cemetery stone gives date of death as Mar. 19, 1834, ae 37 yrs.
iv. RICHARD P., b. Apr. 5, 1799, d. Dec. 2, 1865, Limington of heart disease. m. Oct. 6, 1836, Alice Gerry of Limerick, she b. Apr. 15, 1815, Sebago, d. Jan. 4, 1892, ae 76 yrs. Limington. Children born in Limington:
1. CHILD, d. Nov. 1837, Limington.
2. NATHANIEL, b. Oct. 17, 1838, d. May 12, 1873 of typhoid fever, Cincinnati, OH. m. Nov. 27, 1867 Charlotte Ann Sawyer of Limington, he of Cincinnati, OH.
3. JOHN PEABODY, b. Dec. 14, 1840, d. Nov. 9, 1862, Leesburg, VA, of typhoid fever.
4. WILLIAM HARRISON, b. Jan. 29, 1842, d. Dec. 22, 1929, Brookline, MA. m. Jan. 9, 1868, Mary H. Currier.
5. ELIZABETH A., b. Jan. 27, 1844, d. May 20, 1922, Limington. m. int. May 15, 1863, Ezra Miles of Limerick, he b. Mar. 31, 1848, Limerick, d. June 23, 1915, Limington. Children:
    (1) LEWIS C., b. Feb. 26, 1868, d. July 30, 1946, Portland.
    (2) ANNIE L., b. Jan., 1870, d. Oct. 12, 1930, ae 55 yrs. 9 mos. 12 das. unm. Portland.
    (3) ALICE MAY, b. Mar. 14, 1888. m. June 15, 1915 Manson G. Larrabee of Limington.
    (4) ALLIE DORA, d. Sept. 30, 1865, ae 3 mos. 16 das. Limington.
6. ANNA J., b. Oct. 31, 1851, d. Nov. 13, 1881, ae 30 yrs. 1 mo. of typoid fever, Boston, MA. m. Dec. 31, 1872 in Boston, MA, Paul S. Griffith, both of Chelsea, MA.

BABB, PETER, b. Mar. 14, 1764, Westbrook, d. June 24, 1842, Buxton. He lived in town from 1817 to 1822, then moved to Sebago and in 1826 moved to Buxton. m. May 14, 1792, Thankful Bangs, both of Buxton, she b. July 12, 1774, Brewster, MA, d. Jan. 23, 1854, Buxton. Children, eleven born in Buxton.
i. JAMES, b. Sept. 2, 1792, d. June 2, 1882, Sebago. m. Feb. 10, 1820, Sally Fitch Potter of Sebago, she d. Apr. 7, 1878, ae 76 yrs. 7 mos. Sebago.
ii. JOHN, b. Aug. 25, 1794, d. Nov. 16, 1890, ae 96 yrs. 4 mos. Limington. He came to town from Sebago about 1842. m. Apr. 12, 1821, Sabrina Knight, she b. 1801, d. Jan. 8, 1823. m. (2) Oct. 18, 1825, Mary Bryant of Saco, he of Baldwin, she b. Apr. 30, 1803, Saco, d. Aug. 21, 1884. Children born in Sebago:
    1. EMILY SABRINA K., b. Aug. 2, 1822.
    2. MALINDA KNIGHT, b. Sept. 5, 1826, d. Aug. 9, 1851, Saco. m. Feb. 14, 1847, Humphrey Goodwin, both of Saco. He b. May 22, 1822 Hollis, d. May 16, 1866 Saco.
    3. MARY ANN, b. Mar. 22, 1828, d. Mar. 6, 1855, ae 27 yrs. Limington. m. Jan. 10, 1847 in Baldwin, Freedom, M. Libby of Limington. he b. July 28, 1819, Sebago, d. Aug. 24, 1888. Limington.

4. JOHN FRANKLIN, b. May 14, 1830, d. Dec. 17, 1908. m. int. Jan. 6, 1855, Eliza Hanscom of Limington, she b. Dec. 13, 1832, d. Aug. 17, 1898, ae 66 yrs. 8 mos. 4 das. Limington. Child:
   (1) FRANK WILBUR, b. Nov. 10, 1855. d. Jan. 19, 1906, Standish.
5. STEPHEN EATON, b. Feb. 24, 1822.
6. DORCAS HANNAH, b. July 23, 1834, d. Aug. 29, 1849, Limington.
7. MARK BRYANT, b. Sept. 10, 1836, Sebago.
8. LUCINDA B., b. Feb. 26, 1839, d. Dec. 31, 1921, Limington. m. Dec. 3, 1862, Edward Warren Norton of Limington.

iii. JONATHAN, b. Dec. 25. 1796, d. 1836, Buxton.
iv. ANDREW, b. Aug. 1, 1799. d.y.
v. NATHANIEL, b. Aug. 31, 1801, d. July 1, 1881.
vi. ANNA, b. Dec. 19, 1803, d. June 22, 1870, Sebago. m. Mar. 4, 1824, Daniel Young of Limington, he b. Jan. 14, 1800, Limington, d. Jan. 21, 1873. Sebago.
vii. DEBORAH, b. Mar. 6, 1806. m. Thomas Murphy, both of Buxton, Nov. 8, 1824.
viii. ELIZA, b. Mar. 6, 1810, d. Sept. 8, 1853, Buxton. m. Eben Lewis Newcomb of Buxton. He b. Nov. 5, 1800, Burton, d. Apr. 10, 1878, Sebago.
ix. EUNICE COLE, b. Feb. 24, 1812, d. Mar. 7, 1895, Portland. m. George Smith Hay of Portland.
x. REBECCA, b. July 8. 1814, d. May 1, 1819.
xi. PETER, b. Apr. 3, 1817, d. Sept. 14, 1848.
xii. ANDREWS, b. May 1, 1819, d. Mar. 15, 1820, Limington.
xiii. THANKFUL, b. Apr. 10, 1821, d. Sept. 23, 1903, Limington. m. Nov. 16, 1840, John Plaisted of Limington, he b. Jan. 1, 1809, Limington, d. Nov. 23, 1883, Limington.

BANGS, SYLVANUS, b. June 17, 1781, Buxton, d. Jan., 1863, Webster. He came from Buxton in 1805 and left in 1814. m. int. June 12, 1801 Rachel Hopkinson both of Buxton. m. (2) Feb. 16, 1813, Anna Fogg of Buxton, she b. Dec. 25, 1795, d. May 20, 1851, ae 60 yrs. Lewiston. Children:
i. MARY, b. Oct. 5, 1803, Buxton.
ii. DAVID, b. Oct. 18, 1805, Buxton, d. July 31, 1884. Pittston.
iii. STEPHEN, b. Dec. 27, 1807, Limington, d. Apr. 18, 1878, ae 71 yrs. 5 mos. Sabattus.
iv. ALMIRA, b. May 9, 1810, m. Oct. 28, 1830, Joseph D. Pike, both of Limington.
v. JONATHAN, b. Nov. 24, 1814, d. May 8, 1872, ae 57 yrs. 5 mos. Leeds.
vi. ALMON, b. 1817, Wales, d.y.
vii. RACHEL, b. Mar. 12, 1820, Wales.
viii. SOPHROMIA, b. Dec. 29, 1822, Webster.
ix. ROBERT, b. Apr. 15, 1824, Webster.
x. GEORGE L., b. 1826, Topsham, d.y.

xi. CLARRISA A., b. Nov. 29, 1828, Webster, d. Aug. 15, 1850, ae 22 yrs. Leeds. m. Dec., 1847 John Foss both of Monmouth.
xii. MARIA, b. 1830, d. Oct. 10, 1844, ae 14 yrs. Leeds.
xiii. LINCOLN, b. Oct. 9, 1834, Monmouth, d. Aug. 15, 1853, ae 19 yrs.

BANGS, SYLVANUS, b. Jan. 8, 1793, Gorham, d. Mar. 28, 1879, Limerick. He was brought up in family of Andrew Cobb at Emery's Corner. Moved to Limerick in 1834. m. May 6, 1817, Elmira Higgins of Gorham, she b. Apr. 21, 1797, Gorham, d. July 18, 1823. Limington. m. (2) Mar. 27, 1825, Hannah E. Bean of Limerick, she b. July 30, 1806, Limerick, d. July 12, 1843, Limerick. Children:
i. EBENEZER, b. Aug. 5, 1818, Limington, d. Apr. 12, 1849, Saco.
ii. ELIZABETH B., b. Feb. 19, 1821, Limington, d. June 9, 1873, Westbrook. m. June 17, 1847, Dr. Noah R. Martin.
iii. ELMIRA H., b. Oct. 4, 1827, Gorham, d. Nov. 9, 1908, Boston, MA. m. Andrew R. Philpot of Limerick.
iv. MARY COBB, b. Sept. 25, 1829.
v. WILLIAM B., b. Sept. 16, 1833, Buxton, d. Oct. 22, 1882, Limerick.
vi. SALLY COTTON, b. Feb. 10, 1837, living 1906, Saco. m. Dec. 29, 1856, Franklin H. Milliken of Saco.
vii. HANNAH CATHERINE, b. Apr. 24, 1839, d. May 24, 1871, ae 32 yrs. 1 mo. m. Oct. 4, 1857 at Freedom, NH, Andrew Jackson Hurd of Limington.

BENSON, JAMES, b. 1772, Devonshire, England, d. May 16, 1832, Limington. He settled at East Limington near Parker Rips on Saco River by 1813. m. Oct. 22, 1809, Abigail Dow of Standish, he of Gray, she b. Mar. 5, 1784, Standish, d. June 9, 1852, ae 68 yrs. Gorham. Children born Limington:
i. MARTHA JANE, b. May 15, 1810, d. June 3, 1850, ae 59 yrs. 4 mos. 14 das. Waterboro. m. Dec. 19, 1824, Henry S. Lewis of Waterboro.
ii. MARY HASTY, b. Nov. 11, 1811, d. Oct. 21, 1882, Gorham.
iii. SUSANNA, b. Jan. 25, 1814, d. Feb. 6, 1897, Gorham. m. Sept. 12, 1843, Dominicus Frost of Gorham.
iv. JOSEPH, b. Mar. 2, 1815, d. Dec. 1, 1866, ae 49 yrs. 10 mos. Augusta, formerly of Bangor.
v. JAMES HARDING, b. Feb. 2, 1819.
vi. ARTHUR McARTHUR, b. Sept. 21, 1821, d. Jan. 2, 1905, Gorham. m. Oct. 29, 1844, Elizabeth Lowell of Gorham.
vii. ELIZABETH, b. Jan., 1824, d. Sept. 28, 1898, ae 74 yrs. 8 mos. Bangor. m. ___ Nickerson.

BERRY, JAMES, b. 1739, Biddeford, d. July 13, 1817, ae 78 yrs. Limington. He was a brother to Samuel & Richard. He was of Limington by 1780, later of Hollis, returning in 1812, settling near the Hollis line, going toward Bonney Eagle. m. Oct. 18, 1764, Abigail Philbrook of Greenland, NH, she b. 1734, d. Sept. 9, 1820, ae 76 yrs. Limington. Children bapt. in Saco:

i.   JAMES, bapt. Apr. 13, 1766, d. Mar. 23, 1837, ae 71 yrs. Limington. m. int. Dec. 12, 1795, m. Sept. 13, 1802, Mary (Haines) Nason, widow of Samuel, both of Hollis. He d. Dec. 26, 1801, she d. June 2, 1854, ae 87 yrs. at her son's at Waterboro. Children of Samuel & Mary Nason:
    1. BETSEY, b. May 5, 1797, Hollis, d. June 19, 1868, Gorham. m. Feb. 1, 1827, Sewall Rounds, both of Limington.
    2. SAMUEL HAINES, b. Oct. 5, 1798, Hollis, settled in Sylvania Township, OH. m. June 5, 1823, Eliza Parker of Hollis, he of Limington.
    3. OLIVE, b. Aug. 12, 1800. m. Oct. 7, 1827, Stephen Rounds of Buxton, she of Limington.
Children of James & Mary Berry.
    4. SIMON, b. June 3, 1803, Hollis, d. Aug. 6, 1864, ae 61 yrs. 9 mos. 22 das. Limington. m. Nov. 18, 1832, Jane York of Standish, she d. Feb. 14, 1854, ae 41 yrs. 3 mos. 7 das. Hollis.
    5. CATHERINE, b. Nov. 8, 1807, Hollis, d. July 19, 1876, ae 69 yrs. 8 mos. Buxton. m. Jan. 22, 1835, Samuel Thompson Jr. of Buxton.
    6. ROBERT P., b. Mar. 19, 1812, Hollis, d. Apr. 4, 1894, Alfred. He resided several years at Waterboro Center where he kept a public house until his removal to Kennebunk, at which place he remained 3 yrs., then came to Alfred in 1856. He was proprietor of the Central House at Alfred for 33 yrs. m. June 4, 1835, Mary Ann Anderson of Limington, she b. Dec. 16, 1811, Windham, d. July 29, 1880, Alfred.
    7. MARY L., b. 1814, d. Nov. 24, 1890, Portland. m. int. Nov. 10, 1841, Daniel Johnson of Limington, he b. Mar. 2, 1815, Limington, d. Apr. 28, 1875. Portland.
ii.   WALTER PHILBRICK, bapt. Mar. 6, 1768, d. Mar. 11, 1837, ae 69 yrs. Standish.
iii.   ELEANOR, bapt. July 29, 1770, d. Oct. 26, 1772, Saco.
iv.   ROBERT TUFTON, bapt. Feb. 28, 1773, gone from Limington in 1815.
v.   MARY, bapt. Jan. 7, 1776, d. Apr. 1, 1855, ae 79 yrs. unm.
vi.   RICHARD, bapt. Mar. 22, 1778, d. Feb. 25, 1820, ae 42 yrs. Limington. m. July 14, 1800, Experience Higgins of Standish, she d. Apr. 20, 1851, ae 74 yrs. Standish. She m. (2) int. July 30, 1836 in Standish Ephraim Higgins. Children born in Standish:
    1. ELIZABETH D., b. June 15, 1801, d. Mar. 14, 1887, ae 85 yrs. 9 mos. 2 das. Saco. m. 1818, Caleb Small of Saco. m. (2) July 6, 1837, Maj. James Small of Saco, formerly of Limington.
    2. MARCY, b. Mar. 15, 1803, d. May 28, 1867, ae 64 yrs. Dixmont. m. Mar. 21, 1822, Moses Nason of Standish, he b. Apr. 17, 1794, d. Nov. 23, 1854, ae 58 yrs. Dixmont.
    3. SIMON, b. June 3, 1807, d. Sept. 14. 1841, Limington. m. Sept. 26, 1835, Lucy (Anderson) Nason, widow of Augustus of Standish, she of Limington, she b. Oct. 3, 1806,

Windham, d. July 20, 1883, Limington. She m. (2) int. Aug. 2, 1846, Stephen Estes of Limington.
4. **LOUISA**, b. Oct. 8, 1809.
5. **MARY**, b. Sept. 5, 1812. (one Mary, d. Jan. 6, 1892, ae 80 yrs. 4 mos. 18 das. Portland, b. in Limingon, wife of Solomon Davis.)

vii. **ABIGAIL**, bapt. Dec. 3, 1780, Limington, d. Apr. 27, 1809, ae 29 yrs. unm.
viii. **SIMON**, bapt. Oct. 10, 1784. Limington.
ix. **SAMUEL**, bapt. Sept. 19, 1788, Buxton, d. Aug. 14, 1858, ae 70 yrs. 9 mos. 21 das. Limington. He lived in Hardscrabble section of town by Kellock Brook, next to Hollis town line. m. int. Nov. 25, 1810, Susan Merrill of Limington, he of Hollis, she d. Apr. 7, 1814, ae 21 yrs. m. (2) Apr. 7, 1830, Elizabeth Wescott in Portland, she of Portland, he of Hollis, she b. May 8, 1794, Stroudwater, living 1860, she daughter of Zebulon Wescott, who d. Apr. 17, 1853, ae 87 yrs. Children:
1. **JAMES**, b. June 22, 1811, d. Mar. 4, 1900, ae 88 yrs. 8 mos. Brunswick. He landlord of Tontice Hotel (1851-1867). m. June 28, 1839, Rebecca Higgins of Standish, he of Limington.
2. **JACOB M.**, b. July 20, 1813, d. Nov. 23, 1850, Shaw's Flats, CA. He was for several years landlord of Tontice Hotel in Brunswick (1839-1850).
3. **MARGARET**.
4. **WILLIAM**, b. Feb. 2, 1831, d. Nov. 8, 1912, Portland. m. Mar. 13, 1862, Jane Maria Berry, both of Limington, she b. Jan. 2, 1844, Limington, d. 1936, Portland. Children:
    (1) **HARRIET M.**, b. May 21, 1862, d. Feb. 16, 1863.
    (2) **MARY LUETTA**, b. Dec. 19, 1863, d. Mar. 30, 1942.
    (3) **JACOB M.**, b. Oct. 29, 1865, d. Mar. 15, 1867.
    (4) **HARRIET ABIGAIL**, b. July 23, 1867.
    (5) **ELIZABETH J.**, b. June 16, 1869.
    (6) **CARRIE BELLE**, b. May 20, 1871.
    (7) **SAMUEL**, b. July 16, 1873.
    (8) **SIMON**, b. July 16, 1873.
    (9) **HERBERT L.**, b. June 24, 1876.
    (10) **CHARLES WINFIELD**, b. Aug. 15, 1878, ae 10 mos. Limington.
    (11) **SUSIE A.**, b. Oct. 11, 1882.
    (12) **EDMUND DRESSER**, b. July 8, 1884.
    (13) **HARRY N.**, b. Dec. 23, 1886.

BERRY, JAMES, bapt. Aug. 26, 1747, Biddeford, son of William and Mary (Libby) Berry and cousin to James Richard and Samuel Berry. d. Aug. 1, 1813, Limington. He settled near the Limerick line by 1783, now in Limerick. He was of Limerick July, 1777, an early settler here. His log cabin was near where his son John Berry built, place now owned by Will Norton. m. Mary ____, she d. Mar., 1825, Limington. Children:
i. **HANNAH**, b. 1766, d. ca. 1863 (in 1850, ae 84 yrs. Limington)

ii. **POLLY**, b. 1771, d. May 4, 1838, ae 67 yrs. Limerick. m. Oct. 31, 1793, Shadrack Walton Randel of Limerick, he d. Aug., 1846, ae 78 yrs. Hollis.
iii. **JAMES**, b. 1778, d. Aug. 11, 1830, Unity. m. Oct. 27, 1807, Olive Jackson of Limington, he of Unity, she b. Feb. 10, 1780, d. July 2, 1863, Unity. They moved in 1805 to Unity.
iv. **JOHN**, b. 1783, d. Nov. 25, 1856, ae 73 yrs. Limington. m. Mar. 12, 1812, Anna Mulloy, both of Limington, she d. Apr. 4, 1860, ae 69 yrs. 6 mos. Limington. Children:
  1. **CATHERINE M.**, b. Nov. 28, 1815, d. July 4, 1876, ae 61 yrs. 8 mos. 6 das. Limerick. (When 16 moved into present house.) m. Apr. 12, 1837, William Berry of Cornish, he b. Mar. 8, 1814, Cornish, d. May 31, 1895, ae 81 yrs. 2 mos. 23 das. They living in 1850, Naples.
    (1) **FRANKLIN JAMES**, b. ca 1839 Limington, living in 1905 Chicago, IL. m. Oct. 13, 1858 Sarah W. Weeman of Standish, he of Limington.
    (2) **WILLIAM MELVILLE**, b. July 7, 1839, Limington, d. May 30, 1915, Limerick. m. Mahala P. Libby of Porter.
    (3) **OLIVE JANE**, b. Apr. 24, 1841, Limington. m. Dec. 14, 1858 George Walter Berry of Standish.
    (4) **FIDELIA (DELLA M.)**, b. Apr. 2, 1845 Naples, d. Dec. 17, 1905, Limerick. m. Sept. 28, 1861 David C. Norton both of Limington.
    (5) **VIENNA**, b. Jan. 18, 1851, m. John Knight of Waterboro. m. (2) Edward Bickford. m. (3) Charles Cook of Newfield.
  2. **THREE CHILDREN**, d. 1820, 1823, & Sept. 26, 1830, Limington.
  3. **WILLIAM**, went West.
  4. **RUTH**
  5. **JAMES**, b. 1820, living 1850, Naples.
  6. **REV. JOHN**, b. 1821, d. Sept. 8, 1873, ae 42 yrs. Bridgton. m. Apr. 25, 1858, Nancy Douglass of Bridgton, he of Limington.
  7. **AARON KITTRIDGE**, b. 1825, d. Nov. 25, 1851, ae 26 yrs. 2 mos. Limington. He m. Nov. 10, 1842 Susan P. Sanborn of Baldwin, he of Denmark.
v. **RELIEF**, b. 1785, d. 1860, Eaton, NH. m. Nov. 14, 1803 in Limington, John Thompson of Cornish, he b. 1704, d. 1869.
vi. **JANE**, b. 1787, d. May 15, 1853, ae 66 yrs. unm. Limington. She lived with her sister, Olive Boothby.
vii. **OLIVE**, b. Nov. 19, 1788, d. July 23, 1862, ae 73 yrs. 3 mos. 4 das. Limington. m. Oct. 16, 1817, Dea. Samuel Boothby of Limington, he b. Dec. 16, 1794, Limington, d. Dec. 20, 1860, Limington.
viii. **DAVID**, b. 1790, d. Nov. 4, 1849, ae 59 yrs. Limington. m. Dec. 31, 1812, Nancy Nason of Limerick, she bapt. Sept. 19, 1788, living Apr., 1860, ae 73 yrs. Limington. After marriage moved in 1839, of Eaton, NH. Children:

1. MOSES NASON, b. 1817, d. May 30, 1888, ae 71 yrs. Limington. m. Emeline ___ who d. Aug. 7, 1895, ae 66 yrs. 7 mos. 12 das. Limington.
2. ROXANNA, b. 1822, d. July 29, 1906, ae 83 yrs. 7 mos. 11 das. Gorham. m. int. Apr. 27, 1844, m. May 23, 1844 in Sanford, Asa G. Wentworth of Wakefield, NH (m. May 23, 1844 in Sanford). He was of Wakefield, NH, in 1856 and moved to Limington. He b. Mar. 11, 1821, Wakefield, NH, d. Feb. 26, 1895, ae 73 yrs. 11 mos. 6 das. Limington.
3. LYDIA E., b. Aug. 2, 1829, d. Dec. 4, 1910, ae 81 yrs. 4 mos. 2 das. Hudson, MA. m. Emery J. Brown.
4. HENRY O., b. Sept. 30, 1830, Eaton, NH, d. May 16, 1903, Limington. m. Martha A. Brown, she b. May 5, 1832, Eaton, NH, d. Dec. 21, 1904. He was called "Beaver" Berry becuase he could hold his breath so long under water. He lived at Hardscrabble, buried at Waterboro. Children:
    (1) DAVID ALONZO, b. 1857, lived in Waterboro.
    (2) CHARLES F., b. 1859, lived in Waterboro.
    (3) MARY LIZZIE, b. 1864. m. Charles Bradeen.
    (4) STELLA M., b. 1864, d. Sept. 11, 1904 ae 40 yrs. m. int. Oct. 18, 1882, George B. Johnson of Waterboro, she of Limington.
    (5) GEORGE WILLIAM, b. 1861, d. Aug. 29, 1921, ae 66 yrs. 11 mos. 15 das. Limington.
    (6) ELLA ELDORA, b. 1874.
    (7) LLWELLYN S., b. May 8, 1878, d. Mar. 20, 1904.
    (8) JAMES L., b. 1868.

ix. ELEANOR, m. Jan. 1, 1798, in Limington, John Purington, both of Limington.

BERRY, RICHARD, b. 1737, Biddeford, d. Sept.-Dec., 1809, Limington. He lived in Pepperrellboro until after 1790 when he moved to town and settled on lot 3, range I, about where Sewall Manson's place stood. m. Nov. 22, 1758, Sarah Davis in Biddeford, she bapt. May 1, 1743, d. Jan., 1826, Limington. Children bapt. in Pepperrellboro:

i. ABIGAIL, bapt. Oct. 13, 1762, d. Apr. 6, 1801, ae 42 yrs. Limington. m. May 16, 1784, Joseph Rose of Scarboro, he bapt. Oct. 16, 1763, Saco, d. Jan. 4, 1841, ae 80 yrs. Limington.

ii. LEVI, bapt. Oct. 13, 1762, d. Mar. 26, 1786, ae 24 yrs. Saco. m. Jan. 17, 1786, Anna Rines of Limington, she m. (2) Nov. 20, 1788, Benjamin Smith of Hollis. She d. Mar. 27, 1857, ae 89 yrs. 11 mos. Hollis. Child:
    1. LEVI, b. Mar. 31, 1786, Saco, d. Aug. 18, 1856, ae 71 yrs. 4 mos. 18 das. Bridgton. m. Dec. 24, 1812, Sally Haley, both of Limington. She b. Apr. 11, 1792, Waterboro, d. Jan. 6, 1860, ae 69 yrs. 7 mos. So. Bridgton. Child:
        (1) ISAAC, b. Mar. 18, 1817, Limington.

iii. **RICHARD**, bapt. Mar. 17, 1765, Saco. m. Jan. 22, 1789 in Saco, Betsey Sawyer.
iv. **SARAH**, bapt. Oct. 4, 1767, Saco, d. July 22, 1844 ae 75 yrs. Clinton. m. July 14, 1791, Abner Woodsum of Buxton.
v. **ANNA**, bapt. Sept. 11, 1770, Saco, living Dec., 1822, unm. Limington.
vi. **JOHN**, bapt. Sept. 11, 1770, Saco, living 1850, ae 78 yrs. Pittsfield. m. Sept. 19, 1802, Keziah Davis, both of Limington, she bapt. Nov. 13, 1779, living 1850, ae 73 yrs. Pittsfield. They moved to Pittsfield in 1812. Children:
   1. **JOHN**, b. Sept. 14, 1804, d. July 18, 1884, Pittsfield.
   2. **KEZIAH**, b. Oct. 13, 1806, living 1850, Pittsfield.
   3. **CYRUS**, b. Nov, 11, 1809.
   4. **EZRA D.**, b. 1815.
vii. **EZRA**, bapt. May 7, 1774-5, d. July, 1802, Trinidad, lately of Limington. m. int. Mar. 29, 1802, Sally Perkins of Kennebunk, he of Limington.
viii. **ELIZABETH**, bapt. Aug. 17, 1777, d. Sept. 23, 1779, Saco.
ix. **MERIAM**, bapt. May 16, 1779, Saco, d. June 17, 1844, Limerick. m. July 12, 1801, John Woodsum of Buxton, he b. Apr. 20, 1778, Buxton, d. before 1819, Limington. m. (2) int. Mar. 20, 1841, Jonathan Smith of Limerick.
x. **MARY**, bapt. Apr. 18, 1782, Saco, living in 1823, unm. Limington.
xi. **ELISHA**, bapt. Mar. 16, 1788, Saco, living 1860, ae 73 yrs. Brooklyn, IL. In 1841 moved to Lee County, IL. m. Aug. 6, 1807, Hannah Cousins of Hollis, he of Limington, she bapt. June 3, 1787, Wells, living 1860, ae 73 yrs, Brooklyn, IL. Children:
   1. **MOLLY**
   2. **RICHARD**
   3. **EZRA**, b. July 9, 1815, Limington, d. June 11, 1903.
   4. **FANNY**
   5. **PURLINA**
   6. **NATHANIEL**, b. ca 1823.
   7. **CHARLES**, b. Nov. 10, 1827.

BERRY, SAMUEL, bapt. Aug. 14, 1743, Biddeford, d. Nov. 21, 1829, ae 86 yrs. 7 mos. Limington. He came in 1774 as a squatter and settled near Davis Bridge on Little Ossipee River at Horseshoe Bend, S. Limington. He later moved to Ruin Corner where his wife lived and buried on the knoll. m. Jan. 27, 1793, Mary (Anderson) Boothby, widow of Thomas of Limington. She b. Sept. 10, 1763, Portland, d. Oct. 6, 1843, N. Limington. Children born in Limington.
i. **ABIGAIL SMITH**, b. Jan. 6, 1794, d. Mar. 29, 1874, ae 80 yrs. 3 mos. 23 das. Porter, formerly of Portland. m. Stephen Porter, he d. Nov. 3, 1851, ae 63 yrs. Portland.
ii. **JANE ANDERSON**, b. Feb. 14, 1796, d. Sept. 15, 1862, ae 66 yrs. 7 mos. Porter. m. May 10, 1818, Andrew Merrifield, both of Limington, he d. Dec. 19, 1855, ae 61 yrs. 3 mos. 6 das. Porter.
iii. **SAMUEL**, bapt. Sept. 2, 1798, d.y.

iv. MARY, b. Feb. 4, 1800, d. May 26, 1873, ae 73 yrs. 2 mos. 22 das. Porter. m. Mar. 26, 1820, Lemuel Sawyer Jr., both of Limington. He d. Sept. 25, 1882, ae 85 yrs. 8 mos. 6 das. Porter.
v. MARGARET, b. July 29, 1802.
vi. ALEXANDER, b. Apr. 16, 1808, d. Mar. 27, 1876, ae 67 yrs. 11 mos. Porter. m. June 12, 1831, Kezia French of Porter, she d. Sept. 18, 1895, ae 86 yrs. 3 mos. 23 das. Porter.

BITHER, PETER, b. ca 1753, Portsmouth, England, d. Mar. 4, 1827, Freedom, NH. He settled on Limerick line by 1783 and lived in a log cabin located in Biterfield, west of Arthur Tuft's place. He moved to Unity in 1809. Revolutionary War Soldier. m. int. Feb. 4, 1777, Eunice Strout, both of Cape Elizabeth. She was a sister to William, Enoch, Gilbert, and Isaac Strout. Children:
i. EUNICE, b. Dec. 24, 1781, d. Oct. 24, 1853 ae 72 yrs. 10 mos. Unity. m. Nov. 5, 1801, William Dyer, both of Limington.
ii. REBECCA, b. Feb. 23, 1783, d. July 6, 1833 Bradford, ME. m. Jan. 3, 1805, John Gerry, both of Limington. They in 1806 of Limington & 1830 of Bradford. (She left 9 children and husband.)
iii. LYDIA, b. Apr. 19, 1785, d. Aug. 2, 1851, Charlestown. m. Elisha Strout of Wales.
iv. PETER, b. Aug. 1, 1787, d. July 8, 1877, ae 80 yrs. Charlestown. m. Oct. 4, 1807, Sally Kilbroth, both of Limington.
v. PEGGY, b. Dec. 14, 1789. m. Mar. 4, 1810, Amos Tebbetts of Hollis.
vi. JOHN JOHNSON, b. Sept. 23, 1792, living 1850 & 1860, Searsport, ME.
vii. BENJAMIN, b. Sept. 23, 1792, d. Feb. 9, 1871, ae 78 yrs. Linneus. m. Anna Tyler of Freedom. She d. Mar. 14, 1879 ae 82 yrs. Freedom.
viii. JOSEPH, b. Feb. 16, 1794.
ix. ELISHA, b. May 21, 1796, d. May 30, 1857 ae 60 yrs. Unity.
x. SARAH, b. July 28, 1799, d. July 14, 1857, ae 57 yrs. Pittsfield. m. int. Nov. 27, 1819, Isaac Strout, both of Freedom.
xi. LAVINA, b. Mar. 29, 1803.

BLACK, JOSIAH, b. Dec. 3, 1750, York, son of James and Mary (Black) Black of York and Sedgwick, ME, d. June 4, 1843, Limington. He came from Standish & formerly of Gorham in 1781. He settled on lot 1 on range G of 30 acre lots at Wheelwright Corner where he is buried. A Revolutionary War Soldier. m. int. Nov. 6, 1773, Marcy Cookson, both of Gorham, she b. Aug. 14, 1751, d. Mar. 25. 1816, Limington. m. (2) Oct. 10, 1816, Olive (Woodman) Chase of Standish, widow of Joseph, she bapt. Feb. 1, 1756, d. Apr. 9, 1840, ae 87 yrs. Limington. Children:
i. MARY, b. May 10, 1775, living 1850, Limington. m. Jan. 2, 1794, Jacob Small Jr., both of Limington, he b. Sept. 2, 1772, d. Mar.-Sept., 1815, Limington.
ii. JOHN, b. Aug. 31, 1777, d. Apr. 20, 1847, Limington. m. Apr. 27, 1801, Abigail Small of Limington, she b. Jan. 2, 1779,

Scarborough, d. Apr. 22, 1866, ae 87 yrs. 3 mos. 17 das. Limington. Children born in Limington.
1. JOHN JR., b. July 17, 1805, d. May 28, 1878, ae 72 yrs. 10 mos. Porter. m. Oct. 28, 1830, Mary M. Anderson, both of Limington, she b. Sept. 23, 1807, Limington, d. Aug. 1, 1880, Porter. They moved 1834 to Porter. Children.
   (1) MELVILLE G., b. Oct. 8, 1833, d. Aug. 10, 1891, Moultonboro, NH.
   (2) HENRY, b. Apr. 30, 1836, d.y.
   (3) MARY ABIGAIL, b. Oct. 18, 1838.
   (4) MARCIA, b. Oct. 15, 1841, d. Nov. 7, 1923, Porter.
   (5) FRANK MCMILLAN, b. Mar., 1845.
   (6) JAMES MADISON, b. Feb. 3, 1849, d. Mar. 12, 1920, Saco.
   (7) JOHN JR., d. Jan. 12, 1864, ae 33 yrs. 10 mos. 26 das. Brownfield.
2. JACOB, b. Sept. 16, 1812, d. Aug. 2, 1881, ae 67 yrs. 10 mos. 14 das. Limerick. m. Dec. 27, 1842, Charlotte B. Swett of Pittsfield, NH, she b. Feb. 17, 1822, d. Oct 3, 1890, ae 68 yrs. 7 mos. 16 das. Freedom, NH. They moved to Alfred in 1860. She b. Feb. 17, 1822. Children born in Limington:
   (1) GEORGE E., b. June 26, 1843, d. W. Roxbury, MA.
   (2) LUCIUS AUGUSTUS, b. Apr. 1845, d. June 13, 1864, Limington.
   (3) ALMIRA CHARLOTTE, b. June 28, 1849.
   (4) GEORGIA E., b. Apr. 7, 1850, d. Oct. 25, 1910, Limerick.
   (5) FRANK SWETT, b. Mar. 8, 1853, d. Mar. 22, 1913, Troy, NY.
   (6) RODNEY SELDON, b. June 1855, d. Aug. 31, 1855, ae 1 yr. 20 das.
   (7) EDWIN RUTHVIN, b. Jan. 1857, d. Jan. 30, 1858.
   (8) LILLIAN, b. Dec. 10, 1858, d. Oct. 29, 1935, Freedom NH.
   (9) KATIE MAUD, b. Sept. 19, 1861.
   (10) MOSES SWETT, b. 1847, d. June 18, 1875, ae 28 yrs. 2 mos. 30 das. Lyman.
3. FANNY, b. 1812. m. int. Feb. 21, 1854, Zachariah Boody of Limington, he b. Aug. 9, 1819, Limington, d. Apr. 2, 1891, ae 72 yrs. Limington.
4. ABIGAIL, b. June 26, 1816, d. Dec. 29, 1898, ae 82 yrs. 6 mos. 3 das. Lowell, MA. m. int. Sept. 10, 1842, Cyrus Cobb of Hiram, she of Limington. He d. Jan. 7, 1876, buried in Brownfield.
5. HENRY SMALL, b. Jan. 6, 1818, d. Oct. 14, 1887, ae 69 yrs. 9 mos. Boston, MA. He was a shipbuilder. m. Jan. 18, 1842, Mehitable D. Cram, both of Limington, she b. 1820, d. Jan. 11, 1879, ae 65 yrs. 9 mos. Foxboro, MA, of Chelsea and formerly of Portland.
6. JOAB, b. Jan. 2, 1821, d. July 26, 1886, Limington, formerly of Portland. He was a farmer and lumberman. m.

int. Mar. 3, 1854 in Limington, Sarah Jane Ames of Denmark, she b. Feb. 2, 1836, Denmark, d. Dec. 21, 1860, ae 24 yrs. They once lived next to Black brook (near bridge and turn in road) m. (2) Sept. 1, 1861, Abigail B. (Small) Pike of Cornish, she b. Feb. 20, 1827, d. Sept. 17, 1891, Limington. Children:
  (1) EUNICE, b. Apr. 2, 1854.
  (2) JOHN FRANK, b. Mar. 7, 1855, d. Aug., 1855.
  (3) JOHN AMES, b. May 31, 1856.
  (4) EDWIN COBB, b. Sept. 3, 1858.
  (5) SARAH JANE, b. Dec. 11, 1860, d. Apr. 1, 1918.
  (6) ALICE MAUD, b. July 17, 1862, d. Sept. 5, 1936, ae 73 yrs. 1 mo. 18 das. Augusta.
  (7) MARY SMALL, b. Sept. 13, 1864, d. July 6, 1879.
  (8) GEORGE KNOX, b. Oct. 20, 1867, d. Jan. 8, 1932, ae 64 yrs. 2 mos. 18 das. Gardiner.
  (9) WILLIAM JOAB, b. May 23, 1873, d. Oct. 17, 1873.

iii. JOAB, b. Nov. 4, 1780, d. Oct. 29, 1821, Limington. m. Apr. 20, 1802, Hannah Hamblen, both of Limington, she b. Nov. 14, 1775, Gorham, d. Oct. 8, 1836, ae 61 yrs. Portland. Children born in Limington:
  1. JOSIAH, b. Oct. 31, 1802, d. Mar. 21, 1876, ae 73 yrs. Portland. m. Dec. 27, 1827, Lovina Moody, both of Limington, she b. June 6, 1809, Limington, d. Oct. 26, 1891, ae 82 yrs. 4 mos. Portland. They buried Western Cemetery, Portland. Children:
    (1) HANNAH, b. Aug. 5, 1828, Limington, d. Dec. 24, 1907, ae 79 yrs. 4 mos. 19 das. Portland. m. Oct. 1, 1851, Gardiner Floyd of Portland, he b. Apr. 2, 1822, d. May 19, 1892, Portland.
    (2) JAMES M., b. Feb. 4, 1835, d. Feb. 17, 1905, Portland. m. Sept. 29, 1861, Lizzie A. Frost both of Portland.
    (3) HARRIET ELIZABETH, d. Jan. 24, 1849, ae 4 yrs. 24 das. Portland.
  2. OLIVE, b. Aug. 14, 1804. m. Mar. 17, 1825, Robert Small of Limington.
  3. HANNAH, b. Dec. 18, 1809. A Hannah d. June 1, 1855 ae 49 Portland; also one m. Dec. 15, 1837, William Claridge of Portland.
  4. EDMUND, b. 1810, d. Mar. 25, 1888, ae 78 yrs. Limington. He was a blacksmith. m. Sept. 7, 1834, Priscilla C. Thompson, both of Limington, she b. Nov. 20, 1807, Buxton, d. Dec. 24, 1889, Yarmouth. Children:
    (1) JOSEPH L., b. July 23, 1836, Bethel, d. Oct. 18, 1917, ae 81 yrs. 2 mos. 26 das. Yarmouth. m. Apr. 14, 1862, Susan (Moody) Loring, she d. Aug. 6, 1871, ae 36 yrs. Lynn, MA. m. (2) Dec. 25, 1880, Mrs. Almira Riley, both of Limington.
    (2) SARAH ANN, b. 1841, Limington. Living 1880, Pittson, ME. m. Llewelln Cass of Pittston, ME.

  (3) **MARIA H.**, b. Nov., 1843 Limington, living 1900. m. William Webber of Yarmouth, ME.
 5. **IRA**, b. Sept. 8, 1811, d. July 4. 1860, ae 48 yrs. 10 mos. Portland. m. Sophronia Bates of Yarmouth, who d. Oct. 27, 1879, ae 67 yrs. 4 mos. Children:
  (1) **ELIZABETH S.**, b. Nov. 21, 1836, d. Oct. 9, 1849, ae 10 yrs. 10 mos., Portland.
  (2) **LAVINA ADELAIDE**, b. Jan. 1, 1839, d. Feb. 11, 1904, Thomaston. m. Benjamin F. Dunbar.
  (3) **IRAETTA**, b. June 27, 1841.
 6. **LOVINA**, b. Aug. 20, 1814. One of Portland, m. Dec. 7, 1834, Reuben Randall of Freeport.
 7. **ALVAH**, b. Dec. 3, 1817, d. Jan. 24, 1882, Paris. m. Persis (Sibley) Andrews of Freedom, NH.

iv. **JOSIAH**, b. Aug. 31, 1784, d. July 9, 1864, Newry. m. int. Apr. 30, 1808, Mary Ingerson Libby of Scarboro, she d. Sept. 23, 1854, ae 71 yrs. 6 mos. Newry. They moved to Newry in 1819. He m. (2) Clarissa Locke who was b. June 9, 1797. Children:
 1. **ZEBULON**, b. Dec. 12, 1808. m. Oct. 5, 1833, Elmira Parsons of Newry.
 2. **JOHN**, b. Dec. 24, 1810, d. Apr. 11, 1896, Paris. m. July 14, 1837, Roxanna Andrews of Bethel. Came to Paris in 1865. She d. Nov. 26, 1891 ae 81 yrs. Paris.
 3. **JOSIAH S.**, b. Nov. 29, 1812, d. Sept. 11, 1895, Caribou. m. Feb., 1837, Eunice B. Smith, both of Newry.
 4. **MERCY**, b. Jan. 21, 1815, d. May 25, 1816, Limington.
 5. **MARTHA B.**, b. Mar. 28, 1817. m. int. Jan. 16, 1844 in Newry, John T. D. Plaisted.
 6. **DAVID I.**, b. Sept. 29, 1819, d. Apr. 3, 1879, Norway. m. Hannah Locke of Bethel.
 7. **JOAB**, b. Feb. 3, 1821, d. 1823.
 8. **ALMER**, b. Apr. 13, 1824, lived in Medford, MA.
 9. **MARY L.**, b. May 6, 1827, m. Lorenzo Goodwin, settled in Lynn, MA.

v. **MERCY**, b. Jan. 8, 1789, d. Apr. 20, 1813, Saco. m. Jan. 21, 1808, Amos Libby, both of Limington. Children, raised by their grandmother Black.
 1. **JOSIAH BLACK**, b. Oct. 11, 1808, d. Apr. 5, 1898, ae 89 yrs. 5 mos. 15 das. Hollis.
 2. **LYDIA**, b. Feb. 23, 1811, d. Nov. 21, 1848, Standish.

vi. **AARON**, b. Sept. 13, 1791, d. Aug. 31, 1865, Limington. m. Oct. 16, 1817, Lydia Libby of Scarboro, he of Limington, she b. Sept. 23, 1795, Scarboro, d. July 24, 1868, Limington. Children born in Limington.
 1. **MARTHA**, b. Sept. 9, 1819, d. Jan. 3, 1862 Limington. m. Jan. 21, 1851, Albion Blake of Limington. He d. Aug. 8, 1887, ae 63 yrs.
 2. **SALLY**, b. Dec. 18, 1820, d. Sept. 9, 1892, ae 73 yrs. 9 mos. 3 das. Standish. m. Mar. 18, 1845, John R. Bragdon Jr., both of Limington, he b. Mar. 28, 1823, Raymond, d. Apr. 19, 1896.

3. **LOUISA**, b. May 21, 1823, d. Jan. 11, 1893, ae 70 yrs. m. int. Oct. 28, 1843. Issacher Bragdon of Limington. (Buried Laurel Hill Cemetery, Saco)
4. **JOSIAH LIBBY**, b. Jan. 30, 1825, d. Sept. 2, 1902, ae 77 yrs. 7 mos. 3 das. m. int. July 3, 1853, Mary S. Small, both of Limington, she b. June 1, 1828, Limington, d. Feb. 17, 1912, Limington. Children:
   (1) **FRANKLIN WILLARD**, b. June 28, 1850, d. June 8, 1912. Frank W. Black m. Dec. 21, 1881 Ida M. Ridlon of Hiram.
   (2) **MELVILLE AUGUSTUS**, b. 1854, d. Apr. 28, 1870, Limington.
   (3) **FREDERICK MILTON**, b. Jan. 20, 1868, d. May 11, 1937.
5. **HARRIET WHEELWRIGHT**, b. Feb. 22, 1827, d. Jan. 14, 1917, ae 89 yrs. 10 mos. 23 das. Standish. m. Sept. 28, 1856, Lyman Black of Standish, she of Limington, she b. Jan. 1, 1827, d. Oct. 25, 1903, Standish. She had a son, Jerome L. Black, b. Mar., 1846, d. Sept. 3, 1888, ae 41 yrs. 6 mos. 9 das. Limerick. He m. int. Oct. 26, 1872, m. Oct. 16, 1872, Ida Emma Sanborn, both of Limington. Children of Jerome & Ida Emma Black, and thus grandchildren of Harriet:
   (1) **ALFRED**, b. Sept., 1873, d. Feb. 14, 1937, ae 62 yrs. 4 mos. 23 das. Limington.
   (2) **EDWIN**, b. Jan. 22, 1877, d. Jan. 11, 1929, Limington.
   (3) **SUMNER**, b. June 15, 1879, d. July 28, 1953, Limington.
   (4) **BURLEIGH (BERT)**, b. May, 1881, d. Mar. 10, 1942, ae 60 yrs. 9 mos. 25 das. Yarmouth.
   (5) **BLANCHE**, b. May, 1881, d. Aug. 5, 1909, Portland.
6. **CHILDREN**, d. Sept. 18, 1835, ae 2 yrs., other 4 yrs. Limington.
7. **CHILD**, d. Mar. 2, 1837, Limington.
8. **MARY ANGELINE**, b. Mar. 11, 1838, d. June 14, 1895, ae 57 yrs. 3 mos. 3 das. Standish. m. Sept. 20, 1859, Standish, Enoch Blake of Standish, she of Limington.

vii. **BETSEY**, b. Feb. 22, 1798, d. Feb. 29, 1892, Brownfield. m. Apr. 18, 1821, David Fogg of Brownfield, he d. Apr. 22, 1871, ae 74 yrs. 8 mos. Brownfield.

BLAKE, BENJAMIN, b. May 31, 1783, Gorham, d. Dec. 31, 1864, Limington, ae 80 yrs. 7 mos. He came in 1807 from Gorham. He was devoted Christian for many years and a member of the Congregational church. He was a worthy member of the Masonic Fraternity for 41 yrs. m. Sept. 15, 1805, Betsey Moody, both of Limington, she b. Oct. 14, 1783, Scarboro, d. Aug. 29, 1833, ae 50 yrs. 10 mos. Limington. m. (2) int. May 22, 1834 and m. June 11, 1834 in Cornish, Mrs. Louise H. (Hodgdon) Wentworth of Hiram, widow of Noah, she b. June 24, 1792, Limerick, d. Dec. 27, 1866, ae 74 yrs. 6 mos. 3 das. Limington. (*Maine Democrat*, Jan. 8, 1867) Children born in Limington:

i. MOSES, b. Dec. 8, 1806, d. Oct. 26, 1808, Limington.
ii. ELIZABETH D. (BETSEY), b. Apr. 27, 1809, d. 1885, Standish. m. Feb. 17, 1831, Ebenezer Moulton of Standish, she of Limington, he b. June 1, 1803, d. Sept. 27, 1885, Standish.
iii. BENJAMIN, b. May 25, 1812, d. Oct. 23, 1874, ae 63 yrs. 5 mos. Limington. m. June 6, 1836, Eliza Emmons of Lyman, he of Limington, she d. Sept. 16, 1898, ae 84 yrs. 9 mos. Limington. Children:
 1. MARGARET E., b. May 27, 1837, d. Dec. 21, 1897, ae 60 yrs. 6 mos. 24 das. Cambridge, MA. m. Sept. 19, 1859, Natick, MA, Jonathan Babb of Natick, MA, she of Limington. m. (2) Dec. 7, 1872, Moses Davis. He b. Mar. 4, 1850, d. Mar. 20, 1905 Boston, MA.
 2. GIDEON M., b. May 10, 1840, d. May 1, 1877, ae 37 yrs. Limington. m. int. Mar. 5, 1868, Cordelia W. Staples, both of Limington, she b. Sept. 30, 1840, d. May 26, 1928, she m. (2) May 30, 1879, Stephen M. Walker, both of Limington. Children:
  (1) ALICE MAY, b. Jan. 20, 1870, d. Nov. 4, 1936 Hiram. m. Harry Sawyer of Porter.
  (2) ALMON L., b. Jan. 20, 1872, d. Nov. 25, 1883, ae 11 yrs. 10 mos. 5 das. Limington.
  (3) SARAH EMILY, b. Sept. 20, 1875, d. Apr. 26, 1946 m. William W. Townsend of Parsonsfield.
 3. MARY ABBY, b. 1842, living 1870, ae 27 yrs. Limington. m. Mar. 30, 1863 in Biddeford, Joseph S. Staples, both of Limington, he b. Oct. 7, 1839, d. Sept. 9, 1865, Limerick.
 4. CHARLES F., b. Mar. 6, 1848, d. May 21, 1849, ae 14 mos. 15 das.
 5. EDWIN A., b. 1853, living 1870, ae 19 yrs. Limington. He as Edward A., m. June 3, 1874, Dorcas Newcomb of West Scarboro, he of Limington.
 6. HARRIET LILLIE, b. July 6, 1858, d. Jan. 8, 1867, ae 9 yrs. 6 mos. 2 das. Limington.
iv. SIMON MOODY, b. Mar. 17, 1815, d. Jan. 14, 1901, ae 85 yrs. 9 mos. 17 das. Old Orchard. He moved to Limerick in 1836, in 1838 of Limington, in 1840 Chatham, NH, in 1847 to Saco, in 1848 to Biddeford. m. June 30, 1836, Rhoda C. Guptill of Cornish, she d. July 10, 1885, ae 72 yrs. 2 mos. 13 das. Biddeford. (His Biography found in *History of York County*, page 214.) Children, recorded at Biddeford:
 1. STEPHEN F., b. Nov. 17, 1836, d. May 31, 1872, ae 35 yrs. 6 mos. Saco. m. June 26, 1856 in Biddeford, Sarah Hosmer.
 2. HARRIET C., b. Dec. 18, 1839. also given Etta Ararene. m. ____ Lockhart, lived in East Cambridge, MA. (Ararene E. Blake m. July 27, 1859 Thomas Hanson, both of Biddeford.)
 3. ROSILLA C., b. Mar. 21, 1842. m. (2) Alphonzo Burnham of Biddeford. m. Jan. 30, 1862 John Shirley both of Biddeford.

    4. **CHARLES A. J.**, b. Aug. 10, 1844, Chatham, NH, d. Apr. 15, 1911, ae 63 yrs. Old Orchard.
    5. **WILSON G.**, d. Sept. 12, 1849, ae 1 yr. 12 das.
v. **OCTAVIA MOODY**, b. Nov. 12, 1821, d. May 7, 1896, ae 75 yrs. Dayton. m. Sept. 6, 1846, Augustus M. Cleaves of Biddeford, she of Limington. He b. Nov. 19, 1807, d. Apr. 16, 1877, Dayton.
vi. **ANN MARIA**, bapt. Oct. 22, 1837, d. Jan. 25, 1872, ae 25 yrs. Limington.

BLAKE, SETH, b. Apr. 26, 1778, Gorham, living 1850, Limington, last seen 1853 tax-list, died about then. He came from Gorham in 1802 and settled at end of Gov. Black Road, what is known as Moses Blake place. m. int. Aug. 2, 1799, Abigail Larrabee, both of Gorham, she b. Nov. 16, 1777, Scarboro, d. late 1816, Limington. m. (2) int. Oct. 26, 1817, m. Nov. 17, 1817 in Burton, Mrs. Rebecca (Murch) Chamberlain, widow of Samuel (they m. Nov. 9, 1815, in Buxton). She d. Sept., 1820 Limington. m. (3) Aug. 21, 1821, Mary Bacon of Gorham, he of Limington, she living 1860, ae 75 yrs. Limerick, with son Israel. Children:
i. **SETH JR.**, b. Sept. 20, 1800, last seen 1853 tax-list, Limington. m. Nov. 21, 1821, Hannah W. Rand of Gorham, he of Limington, she b. Dec. 10, 1799, Gorham, d. July, 1859, ae 60 yrs. Standish. He living 1870, ae 69 yrs. Standish with his son, Lyman. Children:
    1. **ALBION**, b. 1825, Denmark, d. Aug. 8, 1887, ae 63 yrs. m. Jan. 21, 1851, Martha Black, both of Limington. She d. Jan. 3, 1862 ae 42 yrs. Limington. m. (2) int. Sept. 1, 1863, Mercy J. Sawyer of Buxton. Buried Sebago Lake Cemetery, Standish.
    2. **LYMAN**, b. Jan. 9, 1827, Harrison, d. Oct. 25, 1903, ae 76 yrs. 9 mos. 16 das. Standish. m. int. Sept. 27, 1856, Harriet Wheelwright Black of Limington, he of Standish.
    3. **MARY ANN**, b. 1834, Harrison, living in 1898 Standish. m. Jan. 4, 1854, Levi Moulton, both of Standish.
    4. **RANSELLEAR**, b. Apr. 12, 1835, Harrison, d. Mar. 21, 1898, ae 62 yrs. 11 mos. 9 das. Standish. m. Nov. 8, 1857, Lydia Cole, both of Standish.
ii. **MARY**, b. Jan. 29, 1802, living 1850, Milan, NH. m. Feb. 26, 1823, Israel Blake of Gorham, she of Limington.
iii. **NATHANIEL**, b. Jan. 4, 1805, d. Feb. 9, 1865, ae 60 yrs. Somersworth, NH. m. Aug. 23, 1827, Louise Emery, both of Limington.
iv. **SAMUEL**, b. Apr. 12, 1807, d. Feb. 2, 1895, Standish. m. Apr. 16, 1845, Lydia Ann Sawyer, both of Limington, she b. Dec. 8, 1811, Limington, d. Feb. 19, 1868, Limington. Children:
    1. **ELIAS**, b. Nov. 7, 1847, Brownfield, d. Oct. 29, 1939, ae 95 yrs. 11 mos. 22 das.
    2. **SAMUEL**, b. May 6, 1848, Denmark, d. Apr. 4, 1911, ae 63 yrs. Standish.

3. **HORACE**, b. Nov. 14, 1850, Brownfield, d. Dec. 13, 1938, ae 88 yrs. 1 mo. Limerick. m. int. Aug. 14, 1867 Sarah M. Hill of Gorham.
4. **MARY ELLEN**, b. Nov. 26, 1852, living in 1870 Standish.

v. **MOSES**, b. Jan., 1812, d. June 15, 1886, ae 74 yrs. 4 mos. 17 das. Limington. m. Sept. 3, 1843, Rosetta Thompson Libby, both of Limington, she b. Sept. 20, 1815, Limerick, d. Apr. 14, 1887, ae 71 yrs. 6 mos. 25 das. Limington, by taking Paris Green. He lived in Moses Blake's place, located at the end of Gov. Black Road, so called, going to Libby Mountain. Children born in Limington:
1. **CHILD**, b. Jan. 8, 1846, ae 1 yr. Limington.
2. **MELVILLE**, b. Jan., 1847, d. Sept. 2, 1909, ae 62 yrs. 8 mos. 2 das. Standish. m. int. Dec. 13, 1872, Mary Esther Webster, both of Limington, she b. Mar. 23, 1846, d. Feb. 3, 1913, ae 66 yrs. 10 mos. Limington. Children:
   (1) **JENNIE M.**, b. 1874. m. Dec. 22, 1896 George Ham of Saco, she of Limington.
   (2) **MILTON H.**, b. 1876, drowned at Webster Mill Pond, Sept. 20, 1880.
   (3) **HOWARD MELVILLE**, b. Apr. 7, 1889, d. July 14, 1953, Limington.
3. **ANNA MARY**, b. Apr. 4, 1849, d. June 5, 1863, ae 14 yrs. 2 mos. 1 da. Limington.
4. **CALVIN LUTHER**, b. Apr. 29, 1851, d. June 1, 1930, Portland. m. Ada F. Higgins of Standish.
5. **EMMA JOHNSON**, b. Dec. 21, 1859, d. Mar. 19, 1917, ae 68 yrs. 2 mos. 28 das. Limington. m. Dec. 19, 1893 William Penn Cole both of Limington.
6. **HENRY W.**, b. May 20, 1861, d. July 4, 1928, ae 67 yrs. 1 mo. 14 das. Sebago. m. Feb. 19, 1883 at Conway, NH, Mary J. White of Standish.

vi. **JANE**, b. before 1820.
vii. **ISRAEL**, b. Oct. 16, 1824, d. Apr. 16, 1903, ae 78 yrs. 1 mo. Limington. m. int. Mar. 1, 1852, Ann H. Boothby, both of Limington, she b. Feb. 23, 1833, d. Dec. 26, 1924. He purchased in 1868, Mulloy's place, S. Limington. Children:
1. **FRANK**, d.y.
2. **REV. FRANKLIN**, b. Apr. 12, 1855, d. Oct. 23, 1930, Portland.
3. **ALMON**, b. Aug. 18, 1859, d. July 9, 1892, ae 32 yrs. 10 mos. 21 das. Limington.
4. **JAMES CLARENCE**, b. Oct. 25, 1864, d. Sept. 29, 1879, S. Limington.
5. **CARRIE AUGUSTA**, b. July, 1858, d. May 29, 1956, ae 97 yrs. 10 mos. 11 das. Saco. m. Oct. 9, 1884. Henry Wilbur Smith of Standish.

viii. **JEREMIAH**, b. 1828, went to CA after 1853, during the gold rush, and was killed by a mine caving in on him.

BOLDEN (OR BOLIN), JOHN, d. Sept. 12, 1813, Limington. He in 1794 was of Cornish, came from Standish in 1801. He was a soldier in

War of 1812, enlisted at Woolwich. m. int. July 15, 1797 in Limerick, m. July 30, 1797, Betsey Nason, both of Limerick. m. (2) int. May 13, 1809, m. Aug. 21, 1809 in Limerick, Dorothy Perrin of Limerick, she as a widow m. int. June 26, 1814, Daniel Small of Limington. Children:
i. POLLY, b. 1797, d. Feb. 5, 1887. ae 90 yrs. Limington, she was non-compass, unm. and died on town farm.
ii. SAMUEL, b. 1798, d. Jan. 22, 1876, ae 77 yrs. Bridgton. (He upwards of 14 yrs. in 1817)
iii. JEMIMA, (upwards of 14 yrs. in 1817) m. int. Dec. 29, 1827, Benjamin Lowell of Standish, she of Baldwin.
iv. BARBARA, b. 1804, d. Aug. 14, 1882, ae 77 yrs. Limington.
v. WILLIAM, (under 14 yrs. in 1817) he of Limington, Apr. 1819.

BOODY, REV. ROBERT, b. Apr. 13, 1743, Madbury, NH, d. Apr. 21, 1814, Limington. He came from New Durham, NH, in 1786 and settled on Staples Hill Road on lot 6, range I on farm that he is buried on. A Revolutionary Soldier. He and his wife signed first convenant of Free-Will Baptist Church in America in 1780. He was later a Quaker. m. Apr. 13, 1763, Margarey Hill of Madbury, NH, she b. Apr. 23, 1744, Madbury, NH, d. Aug. 27, 1827, ae 83 yrs. Limington. Children:
i. AZARIAH, b. Feb. 6, 1764, Barrington, NH, d. Nov. 16, 1836, ae 76 yrs. 8 mos. Limington. m. Mar. 31, 1788 at Falmouth, Betsey Chick of Falmouth, she b. June 7, 1765, Falmouth, d. May 10, 1843, Limington. He settled south of his father. Children born in Limington.
 1. **DANIEL**, b. July 26, 1789, d. Oct. 4, 1855. m. Apr. 1, 1819, Abigail Varney of Limington, she b. Sept. 4, 1795, d. Feb. 11, 1876, ae 81 yrs. 10 mos. 2 das. Weymouth, MA. She left his bed June 24, 1831, divorced him in Feb., 1837, and m. Jan. 21, 1849, William Towle in Lynn, MA. Daniel m. (2) Mar. 1, 1838, Mary Ann Cole of Cornish, he of Limington. She left his bed June, 1840 and m. (2) Oct. 19, 1856, Sidney Chick, both of Limington. She d. May 28, 1890 ae 76 yrs, Wenham, MA. Children:
  (1) **MARY ELIZABETH**, b. betw. 1820-25, by first wife.
  (2) **CYNTHIA**, by second wife, one of these d. July 14, 1844, Limington.
  (3) **DANIEL**, by second wife.
  (4) **MARIA C.**, by second wife, b. 1839, in 1890 of Weymouth, MA.
 2. **STEPHEN**, b. Aug. 30, 1791, d. May 8, 1793.
 3. **BETSEY**, b. Mar. 20, 1794, d. Mar. 20, 1874, Limington. m. int. Apr. 21, 1839, Caleb Cole of Limington. He d. Nov. 24, 1901, ae 84 yrs. 1 mo. 25 das. Limington.
 4. **GEORGE**, b. July 19, 1795, d. Dec. 28, 1797.
 5. **ABIGAIL**, b. Dec. 4, 1798, d. Dec. 2, 1875, ae 77 yrs. Sebago. m. Feb. 12, 1818, Nathan S. Chadbourne of Cornish, she of Limington, he was b. May 1, 1791, Cornish, d. Nov. 20, 1869, Sebago.
 6. **THANKFUL**, b. Dec. 12, 1801, d. Oct. 30, 1803.
 7. **ASENATH**, b. Feb. 15, 1804, d. Oct. 24, 1808.

8. MARY, b. Dec. 9, 1806, d. Nov. 29, 1879, Gorham. m. int. Sept. 10, 1825, Pelatiah Carle of Baldwin, she of Limington, he d. Feb. 15, 1888, ae 86 yrs. Gorham.
9. ASENATH, b. Apr. 26, 1809, d. Nov. 9, 1818, Limington.

ii. MARY, b. May 26, 1766, Barrington, NH, d. Oct. 31, 1833, Limington. m. Mar. 17, 1787, Robert Hasty in Parsonsfield, both of Limington, he b. Oct. 19, 1764, Scarboro, d. Mar., 1856, ae 91 yrs. 5 mos. Parsonsfield.

iii. ROBERT, b. Aug. 27, 1767, New Durham, NH, d. Apr. 15, 1837, Limington. m. int. July 8, 1792, m. Nov. 5, 1792 in Limerick, Mercy Stover of Limerick, she b. 1770, York, d. Sept. 14, 1835, Limington. Children:
1. MARGERY H., b. 1795, d. 1799.
2. MARY H., b. July 16, 1797, d. Sept. 3, 1874, ae 81 yrs. Limington.
3. HANNAH H., b. Mar. 12, 1799, d. Dec. 6, 1832, Limington.
4. RUTH W., b. Apr. 13, 1801, d. Aug. 13, 1837, Limington. m. int. Apr. 11, 1837, Ambrose P. Rose, both of Limington.
5. SIMEON S., b. Mar. 8, 1807, d. Oct. 25, 1832, Limington.
6. JOSEPH B., b. May 25, 1811, d. July 22, 1884, Limington. m. Oct. 9, 1831, Abigail Nason of Buxton, she b. Oct. 8, 1805, d. July 25, 1846, Limerick. m. (2) May 6, 1854, Rebecca W. Chamberlain of Northfield, VT, she b. Mar. 12, 1823, d. Mar. 13, 1910. Children:
(1) SYLVESTER OSGOOD, b. 1832.
(2) SUSAN A., b. 1835.
(3) ROBERT MILTON, b. 1838.
(4) CHARLES S., b. Feb. 16, 1855.

iv. ABIGAIL, b. Nov. 2, 1770, Barrington, NH, d. Nov. 17, 1770, Barrington, NH.

v. SARAH, b. Aug. 28, 1771, New Durham, NH, d. Aug. 27, 1832, Limerick. m. int. Dec. 16, 1792, m. May 26, 1793, David Stover of Limerick, he b. Mar., 1769, York, d. July 27, 1827, ae 63 yrs. Limerick.

vi. JOHN HILL, b. Sept. 18, 1773, New Durham, NH, d. July 15, 1848, Jackson. m. Sept. 27, 1795, Patience Redman of Scarboro, she d. Aug. 15, 1851, ae 77 yrs. Jackson. They moved to Jackson by 1810.

vii. BETSEY, b. Jan. 15, 1777, New Durham, NH, d. Feb. 4, 1846, Limington. m. Aug. 6, 1798, Ebenezer Morton, both of Limington, he b. July 15, 1771, d. July 1813, by a fallen tree in Jackson. m. (2) int. Feb. 3, 1828, Joseph Miller Thompson of Cornish, he b. Nov. 12, 1751, Exeter, NH, d. Nov. 18, 1840, Limington.

viii. RUTH, b. June 13, 1779, New Durham, NH. m. Jan. 26, 1800, Stephen Whitney, both of Limington. They moved to Painted Post, Stuben Co., NY.

ix. JOSEPH, b. Jan. 31, 1782, New Durham, NH, d. 1816, Limington. m. Nov. 13, 1803, Salome Crane Clark, both of

Limington, she b. 1782, d. July 12, 1855, ae 73 yrs. Berwick, she m. (2) Oct. 29, 1818, Joseph Brackett of Berwick.
x. ISRAEL, b. Feb. 12, 1784, New Durham, NH, d. Dec. 28, 1852, ae 68 yrs. 10 mos. Limington. m. Dec. 12, 1805, Hannah Strout, both of Limington, she b. Oct. 26, 1786, Gorham, d. Mar. 7, 1825, Limington. m. (2) Nov. 19, 1826, Mary Frye of Limerick, he of Limington, she b. Nov. 17, 1792, Limerick, d. Apr. 23, 1827, Limerick. m. (3) June 25, 1830, Lydia (Small) McKenney, widow of Simon of Limington, she d. Mar. 1, 1836, Limington. Children.
1. **WILLIAM E.**, b. Feb. 2, 1806, d. Oct. 3, 1852, ae 46 yrs., Limington.
2. **TAMZON L.**, b. Sept. 2, 1807, d. Jan. 30, 1810, ae 3 yrs. Limington.
3. **LORAINE**, b. Jan. 20, 1809, d. May 17, 1841, Limington.
4. **TAMZON L.**, b. Aug. 6, 1810, d. Nov. 12, 1816, ae 7 yrs. Limington.
5. **ISRAEL**, b. July 18, 1812, d. July 28, 1867, Portland. m. Sept. 10, 1836, Harriet Libby, both of Limington, she b. Sept. 12, 1813, Limington, d. Feb. 8, 1887, Portland. Buried Evergreen Cem. Children born in Limington:
    (1) **HANNAH L.**, b. Oct. 27, 1837, d. Feb. 4, 1903, Freeport. m. July 20, 1867 in Portland, Daniel R. Dresser.
    (2) **MARTHA A.**, b. May 21, 1840, d. May 24, 1868, Portland. m. Columbus Hunt of Windham.
    (3) **SARAH FRANCES**, b. Jan. 11, 1847, Limington, d. July 7, 1911, ae 64 yrs. 8 mos. Freeport. m. George W. Lamb of Montville.
    (4) **ELLA M.**, b. Mar. 30, 1851, d. Feb. 16, 1913. m. June 21, 1873, James M. Anderson, both of Portland.
6. **ROBERT**, b. Apr. 1, 1814, d. Apr. 22, 1814, ae 11 das.
7. **EUNICE S.**, b. May 2, 1815, d. May 30, 1851, ae 41 yrs. m. int. Sept. 21, 1848, Edmund Douglass, both of Limington, he b. Jan. 7, 1816, Limington, d. Aug. 8, 1892, Limington.
8. **ROBERT**, b. Apr. 8, 1818, d. Aug. 19, 1836, Limington.
9. **ZACHARIAH**, b. Aug. 9, 1819, d. Apr. 2, 1891, ae 72 yrs. Limington. m. Nov. 16, 1848, Abigail Ann Wentworth, both of Limington. m. (2) int. Feb. 21, 1854, Fanny Black, both of Limington.
10. **HENRY H.**, b. Apr. 10, 1821, d. May 29, 1877, Windham.
11. **HON. EDMUND T.**, b. Apr. 4, 1823, d. June 28, 1894, ae 71 yrs. 2 mos. 24 das. Limington. m. June 18, 1844, Lucinda Emery of Limington, she d. Dec. 26, 1893, ae 74 yrs. 7 mos. 16 das. Limington. She was an invalid, taken with grip. Children:
    (1) **EDMUND F.**, b. Apr. 11, 1845, Great Falls, d. Dec. 1, 1855.
    (2) **EVERETT W. HAM**, b. Apr. 17, 1848, d. July 1, 1932, Boston, MA. m. Oct. 19, 1871, Ann Elizabeth Gilpatrick, both of Limington. His house, ell and

stable burned Nov. 8, 1877, contents of home were nearly all lost.
- (3) **SYLVANIA AUGUSTA**, b. Aug. 17, 1850, d. July 25, 1902. m. Oct. 22, 1870, Robert Thurston Boynton, both of Limington. Children.
- (4) **CELESTA**, b. Oct. 10, 1859, d. May 26, 1914, ae 54 yrs. 7 mos. 16 das. Portland. m. Aug. 29, 1893, Walter H. Severence of Limerick, she of Limington.
- 12. **ALBION K. P.**, b. Jan. 29, 1825, d. Dec. 12, 1886, Limerick. m. int. Oct. 19, 1854, Julia Ann Staples of Limerick, she of Limington, she d. Jan. 8, 1882, ae 48 yrs. Limerick.
- 13. **HANNAH JANE**, b. Apr. 2, 1827, d. Nov. 9, 1849, ae 22 yrs. Limerick.
- 14. **LYDIA S.**, b. May 6, 1831. m. Phineas Hanscom of Platt Valley, WI.

xi. **BENJAMIN H.**, b. Apr. 11, 1786, Limington, d. Dec. 16, 1844, Westbrook. m. July 16, 1807, Jane Winslow, both of Westbrook.
xii. **EDMUND**, b. Aug. 15, 1788, Limington, d. Dec. 15, 1852, Windham. m. Mar. 31, 1803, Lydia Jones of Windham. (ME Hist. Society in Harold Lord's gen. has picture of him.)
xiii. **HENRY H.**, b. Aug. 15, 1788, Limington, d. Jan. 12, 1853. Portland. (Chariable Mechanic Association in Portland has picture of him.)

BOOTHBY, DAVID, b. May 6, 1759, Scarboro, d. Nov. 4, 1812, N. Limington. He came from Scarboro after his marriage and settled on lot 11, range G. m. Mar. 7, 1782 in Scarboro, Sarah Averill of Arundel, she b. July 10, 1760, d. Jan. 31, 1849, ae 88 yrs. 6 mos. 10 das. N. Limington. Children born in Limington:

i. **ALEXANDER**, b. Apr. 25, 1783, d. Aug. 11, 1862, ae 79 yrs. 3 mos. 28 das. Limington. m. Apr. 2, 1812, Sally Staples, both of Limington, she b. Nov. 30, 1783, Limington, d. Oct. 12, 1837, ae 53 yrs. 10 mos. 12 das. Limington. Children:
- 1. **CAPT. DAVID**, b. May 10, 1813, d. Jan. 16, 1892, Limington. He was a respected citizen and life-long Democrat. m. Dec. 7, 1835, Jane W. Bradeen of Cornish, she b. June 16, 1812, d. Apr. 21, 1839, Limington. m. (2) Apr. 29, 1841, Mary Elizabeth Staples, both of Limington, she b. Oct. 18, 1822, Limington, d. Jan. 18, 1875, Limington. Children born in Limington:
  - (1) **SARAH**, b. Apr. 3, 1839, d. May 8, 1910, Porter. m. int. Dec. 24, 1861, Daniel Elliot of Parsonsfield.
  - (2) **JANE**, b. Oct. 8, 1843, d. Dec. 23, 1911, Limington. She died in same house as was born, which was Warsaw Place on Norton Road. m. Feb. 1, 1880, Samuel Marr of Limington. m. (2) Sept. 10, 1910, Cyrus H. Staples of Limington, he b. Mar. 7, 1843, d. Feb. 12, 1912, Limington.
  - (3) **CLEMINTINE E.**, b. Sept. 5, 1851, d. Sept. 29, 1906, ae 55 yrs. 2 das., unm. Limington.

(4) **LUCY ELLEN**, b. 1854, d. Aug. 4, 1857, ae 3 yrs. 4 mos. Limington.
(5) **NATHANIEL K. S.**, b. July, 1856, d. Aug. 5, 1887, ae 30 yrs. 11 mos. 5 das. N. Limington.

2. **WILLIAM S.**, b. Oct. 27, 1814, d. Feb. 9, 1905. ae 90 yrs. 3 mos. 13 das. He was a well-known character. m. int. Oct. 14, 1839, Sarah Staples, both of Limington, she b. Dec. 8, 1811, d. May 2, 1881, ae 69 yrs. 5 mos., Limington. Children:
    (1) **MARY S.**, b. June 19, 1841, living Apr., 1894. m. Stephen H. Foss. m. (2) July 28. 1883, Amos F. Mason of Porter.
    (2) **MARTHA H.**, b. Sept. 16, 1845, d. Jan. 12, 1910, Porter. m. after 1900, William H. Garland of Porter.

3. **STEPHEN**, b. Nov. 20, 1816, d. June 25, 1881, Limington. m. June 24, 1838, Pamelia M. Stone, both of Limington, she d. July 1, 1895, ae 77 yrs. 6 mos. 7 das. Children:
    (1) **EMELINE S.**, b. Sept. 23, 1840, Standish, d. Apr. 8, 1925, Standish. m. int. Jan. 18, 1876, Alexander Scott Sawyer of Portland.
    (2) **CLAISSY W.**, b. Dec. 6, 1842, d. Oct. 10, 1843.
    (3) **EDWARD**, b. Aug. 1, 1844, d. Feb. 2, 1862, Hilton Head.
    (4) **OLIVE FRANCES**, b. May 3, 1847, d. May 27, 1925, Standish. m. George Warren of Standish.
    (5) **LOUISA H.**, b. Sept. 19, 1849, Standish, d. Mar. 4, 1919. ae 69 yrs. 5 mos. 13 das. Standish. m. Lorenzo Spencer of Limington.
    (6) **WILLIAM H.**, b. Nov. 10, 1851, d. Feb. 10, 1902, Standish.

4. **EDWARD K.**, b. Oct. 2, 1819, d. Jan. 8, 1899, ae 79 yrs. 3 mos. 5 das. Portland. m. Caroline H. Chick, both of Limington, she d. July 2, 1885, ae 68 yrs. Portland. Their bodies removed from Limington in Oct., 1881 to Evergreen Cemetery, Portland.

ii. **ISRAEL**, b. Sept. 25, 1785, d. Mar. 7, 1869, ae 83 yrs. 5 mos. 10 das. Parsonsfield. m. Dec. 5, 1811, Sally Parker, both of Limington, she b. Aug. 22, 1794, Limington, d. May 17, 1884, ae 89 yrs. 8 mos. 26 das. Parsonsfield. Children:
1. **MARY**, b. 1812, d. Mar. 31, 1886, Naples. m. int. Dec. 20, 1840, Robert Matthews of Baldwin, she of Limington, he b. 1814, Ireland, d. Nov. 30, 1897, N. Naples.
2. **CHASE PARKER**, b. July 1, 1815, d. Feb. 17, 1900, ae 85 yrs. 7 mos. 16 das. Parsonsfield. m. Apr. 21, 1842, Elmira Dyer, both of Limington, she d. Feb. 9, 1891, ae 73 yrs. 7 mos. 18 das. Parsonsfield.
3. **ARTHUR**, b. June 5, 1818, d. Feb. 28, 1890, Limington. He was one of Limington's leading farmers and certainly second to no man of his day in capability and endurance of hard work. m. int. Mar. 2, 1844, Abigail Yeaton Plummer of Portland, she b. Jan. 30, 1898, ae 77 yrs. 6 mos. 16 das. Limington. Children:

(1) ISRAEL E., b. Jan. 1, 1845, d. Aug. 4, 1892, Sabago. m. Laura Frances Moulton of Standish, dau. of Lucy (Hanson) (Moulton) Emery, wife of Almon, she b. 1851, d. Feb. 18, 1926. Children:
  (i)   NELLIE E., b. 1870.
  (ii)   EVERETT ISRAEL, b. Mar. 27, 1875, d. 78 yrs. Portland.
  (iii) ROBERT EMMETT, b. Dec. 1877.
  (iv) ARTHUR, b. Jan., 1883, d. Jan. 6, 1945, ae 61 yrs. 11 mos. 5 das. Limington.
  (v)   ALICE C., b. Dec., 1884, d. 1958, Portland.
  (vi) MARY, b. July 1887.
  (vii) LEANDER, b. June, 1887.
(2) FRANCES E., b. Sept. 10, 1846, Standish, d. Dec. 26, 1907, ae 59 yrs. 3 mos. 16 das. Standish. m. int. June 23, 1875, Dr. James P. Moore of Standish.
(3) WILLARD PLUMMER, b. Dec. 16, 1850, Sebago, d. Nov. 30, 1931, Limington. m. Oct. 23, 1880, Ella Whitney, both of Limington. He came as young man and settled at Ruin Corner.
(4) HENRY CLINTON, d. Sept. 13, 1863, ae 17 yrs. Limerick.
(5) EDWIN DANA, d. Dec. 21, 1864, ae 5 yrs. 7 mos. 14 das.
(6) MELVIN ARTHUR, d. Feb. 21, 1865, ae 8 yrs. 2 mos. 8 cas.

4. HANNAH, b. May 12, 1816, d. May 25, 1896, ae 80 yrs. 17 das. Baldwin. m. int. Mar. 21, 1840, David Boothby of Parsonsfield, she of Limington, he b. Sept. 18, 1813, d. Dec. 8, 1897, ae 85 yrs. 1 mo. 21 das. Baldwin.
5. NANCY, b. May 20, 1820, d. July 5, 1892, Cornish. m. Nov. 19, 1843, Robert H. Kimball of Limington.
6. DR. ALEXANDER, b. 1821, d. Sept. 10, 1853, ae 31 yrs. 10 mos. Bridgton. m. in 1849, Eliza Grant of Bridgton, she b. Aug. 24, 1820, Bridgton, d. Feb. 21, 1884, Bridgton.
7. HARRIET, b. June 20, 1826, d. July 28, 1902, Northwood, IA. They went West in 1871. m. Mar. 21, 1849, Andrew Cobb Walker, both of Limington, he b. Jan. 16, 1828, Limington, d. July 17, 1901, Northwood, IA.
8. LEANDER, b. Oct., 1829, in 1890 of KS. m. int. May 4, 1850, Mary A. Walker, both of Limington.
9. JANE A., b. Apr., 1833, d. June 2, 1858, ae 25 yrs. 1 mo. 23 das. Unity.
10. SARAH, b. Jan. 5, 1838, d. Oct. 10, 1915, ae 77 yrs. 9 mos. 5 das. Cornish. m. Nov. 29, 1861, Gardiner Dennett Merrifield, both of Limington, he b. Feb. 4, 1831, Limington, d. Nov. 28, 1914, Cornish.

  iii. JAMES, b. Aug. 10, 1787, d. Mar. 12, 1863, Baldwin. m. May 2, 1809, Rachel Cummings, both of Standish, she b. May 12, 1789, Standish, d. Sept. 30, 1873, ae 84 yrs. 4 mos. Baldwin. Children:

1. RACHEL JACKSON, b. Dec. 16, 1809, d. Nov. 16, 1884, ae 74 yrs. 11 mos. Brownfield. m. Mar. 9, 1837, Joseph Goldthwaite of Brownfield, she of Limington.
2. SALLY K., b. Oct. 14, 1811, Standish, d. Nov. 28, 1888, Lovell. m. Aug. 23, 1833, Joshua Hamblen, both of Limington, he b. Apr. 18, 1810, d. May 24, 1873, Lovell.
3. MEHITABLE CUMMINGS, b. 1814, d. July 28, 1885, ae 71 yrs. 2 mos. m. int. Aug. 23, 1860, Mark L. Robinson of Baldwin, he b. Apr. 7, 1809, Limington, d. Sept. 22, 1886, Biddeford.
4. ABIGAIL S., b. 1816, d. 18522, Biddeford. m. int. Apr. 27, 1840, Shadrack A. Boothby, both of Limington, he b. 1817, Limington, d. 1883, Biddeford. Only child:
    (1) ERNESTINE C., b. June, 1843, d. Sept. 5, 1848, ae 5 yrs. 2 mos. 8 das. Biddeford.
5. GEORGE W., b. Aug., 1817, d. Mar. 22, 1894, ae 75 yrs. 7 mos. 8 das. Standish. m. July 8, 1841, Harriet Cutler, both of Limington, she d. June 1, 1897, ae 76 yrs. 9 mos. 13 das. Standish. They sold in 1881 their place to Charles Culter of Lawrence, MA, and moved to Standish. Children born in Limington:
    (1) ABBIE M., b. Mar. 30, 1848, d. Dec. 31, 1921. m. int. May 18, 1870, Almon H. Cressey of Standish, she of Limington.
    (2) EDWIN A., b. 1845, d. Feb. 13, 1870 ae 25 yrs. 7 mos. 3 das. Limington.
    (3) AUGUSTUS, d.y.
6. RHODA W., b. Jan., 1824, d. Aug. 20, 1891, ae 67 yrs. 7 mos. Biddeford. m. Mar. 9. 1848, William F. Peavey of Tuftonborough, NH, she of Limington.
7. MARY E., b. 1829, d. 1878, Biddeford. m. Oct. 14, 1853, Shadrack A. Boothby, both of Biddeford.
iv. THOMAS, b. May 18, 1789.
v. JANE, b. Feb. 17, 1791, living 1860, Cape Elizabeth. m. May 7, 1818, Timothy Anderson, both of Limington.
vi. HANNAH, b. Dec. 18, 1792, d. Oct. 22, 1873, Parsonsfield. m. Mar. 4, 1810, Joseph Boothby of Buxton, he b. Aug. 14, 1781, Buxton, d. Feb. 23, 1842, Parsonsfield.
vii. DAVID, b. Dec. 20, 1794, d. Jan. 16, 1868, ae 73 yrs. 25 das. Gorham. m. Nov. 23, 1816, Anna Parker, both of Limington, she b. Oct. 20, 1795, Limington, d. Apr. 13, 1853, ae 56 yrs. 6 mos. Limington. Children:
    1. SHADRACK A., b. 1817, d. Mar. 11, 1883, ae 67 yrs. Boston, MA. m. int. Apr. 27, 1840, Abigail S. Boothby, both of Limington. m. (2) Oct. 14, 1853, Mary E. Boothby, both of Biddeford. One child:
        (1) ERNESTINE C., d. Sept. 5, 1848, ae 5 yrs. 2 mos. 8 das. Biddeford.
    2. SYLVESTER, b. Dec. 22, 1822, d. Mar. 23, 1903, Berlin, NH. m. Dec. 3, 1846, Elizabeth Bragdon, both of Limington, she d. July 28, 1857, ae 31 yrs. Limington.

    m. (2) int. Nov. 15, 1857, Clara Olive Lord, both of Limington, she b. 1830, d. 1905. Children:
    (1) ALMEDA B., b. Dec. 15, 1849, Biddeford, d. Sept. 20, 1865, ae 16 yrs, 9 mos. Biddeford.
    (2) ANNA, b. 1851, d. Oct. 9, 1861, ae 9 yrs. 4 mos.
    (3) WINBORN A., b. Aug., 22, 1855, Biddeford.
    (4) IDA A., d. De. 6, 1862, ae 7 yrs. 2 mos. 13 das. Biddeford.
    (5) O. O. H., d. Dec. 5, 1862, ae 5 mos. 11 das. Biddeford.
  3. ISRAEL, b. 1829, d. Feb. 3, 1880, ae 53 yrs. Augusta. m. int. Apr. 5, 1852, Emeline Smith of Standish. He was cashier of First National Bank of Augusta.
  4. CAROLINE W., b. May 6, 1831, d. Dec. 30, 1875, ae 44 yrs. 7 mos. 24 das. Gorham. m. May 28, 1851, Thomas A. Johnson of Gorham, she of Limington.
  5. PUTNAM S., b. Apr. 18, 1834, d. Mar. 19, 1886, Philadelphia, PA. He lived Portland, Boston & Philadelphia, in hotel business. He is buried at East Limington. m. Nov. 15, 1857, Marantha A. Small, both of Limington, she b. Apr. 18, 1834, Limington, d. July 19, 1915, Limington.

viii. STEPHEN, b. Jan. 21, 1797, d. Sept. 10, 1876 ae 79 yrs. 7 mos. Thorndike. m. Oct. 21, 1818, Sally Averill of Arundel, she d. Sept. 10, 1876 ae 79 yrs. 7 mos., he of Limington.

ix. SALLY, b. June 27, 1799, d. Apr. 18, 1873, ae 73 yrs. Limington. m. Mar. 8, 1827, Asa Johnson, both of Limington, he b. Nov. 19, 1790, Epping, NH, d. Sept. 28, 1873, Limington, ae 82 yrs. 10 mos. He was soldier of 1812, lived in Brownfield until 1864. Children:
  1. ALEXANDER, b. June 1, 1828, d. Aug. 17, 1850, E. Boston, MA.
  2. MARY ANN, b. Sept. 18, 1832, d. June 22, 1894, Limington.
  3. JAMES WARREN, b. Jan. 21, 1840, d. Jan. 15, 1921, Brownfield. m. Oct. 8, 1874, Martha Ann Bean of Limington.

x. ANNA, b. Aug. 22, 1804, d. Dec. 24, 1874, Brownfield. m. Mar. 30, 1825, Putnam Seavey, both of Limington, he b. Mar. 3, 1800, Limington, d. Sept. 2, 1860, Brownfield.

BOOTHBY, JONATHAN, b. 1753, Scarboro, d. May 27, 1832, ae 79 yrs. Limington. He came from Scarboro sometime in summer of 1774 and felled trees on land bought from Samuel March in 1773. He moved back to his native town and didn't make a permanent settlement until at least Jan., 1778, when he married. The farm that he settled was on lot 6, range A, later occupied by Alvah Weeman, a descendant, located on Boothby Road. He was a zealous and active member of the church. m. Jan. 1, 1778, Mary Small, both of Limington, she b. Apr. 15, 1754, Scarboro. m. (2) July 14, 1782, Anna Hazeltine of Buxton, she b. June 2, 1763, d. Mar. 24, 1833, ae 69 yrs. Limington. Children born in Limington:

i. MARY, b. Oct. 18, 1778, d. before 1829. m. Oct. 26, 1797, Danial Ayer of Buxton, he of Limington.
ii. GEORGE, b. Apr. 11, 1784, d. 1866, Scarboro.
iii. MARGARET, b. Jan. 8, 1787, d. Apr. 22, 1821, Limington. m. May 26, 1814, Edward Mulloy, both of Limington, he b. Sept. 2, 1784, Limington, d. Oct. 9, 1869, Somersworth, NH.
iv. ASA, b. Dec. 1, 1788, d. July 17, 1877, ae 88 yrs. 7 mos. 16 das. Limington. m. Dec. 1, 1814, Abigail Small, both of Limington, she b. Sept. 20, 1793, Limington, d. Jan. 14, 1877, Limington. He built a place north of his father's place, now George Dearborn's. Children born in Limington:
1. ARTHUR, b. Jan. 29, 1816, d. June 10, 1891, ae 76 yrs. Limington. m. June 11, 1840,. Jane Moody, both of Limington, she d. Feb. 9, 1843, ae 25 yrs. 4 mos. Limington. m. (2) Jan. 23, 1844, Caroline Usher of Buxton, she b. July 24, 1823, Buxton, d. Jan. 20, 1891, Limington. He lived in place north of Masonic Lodge at the village. Children:
(1) WILBUR FISK, b. 1841, Limington, in 1890 of Salem, OR, where he was once Mayor.
(2) SUSAN ABIGAIL, b. 1848, Limington, d. Aug. 15, 1892, Limington. m. int. Jan. 20, 1869, Frank Orville Libby of Limington, he b. May 23, 1846, d. Oct. 6, 1869, Limington. m. (2) Mar. 19, 1884, Isaac Edgecomb, both of Limington.
(3) BENJAMIN F., b. ca 1855. in 1872 of Boston, MA, in 1875 in San Francisco, CA, in 1890 of Alemeda, CA.
2. MARY SMALL, b. Dec. 23, 1817, d. Mar. 7, 1869, ae 51 yrs. 2 mos. Hollis. m. Aug. 19, 1838, Capt. Joseph Moody, both of Limington, he b. June 6, 1815, Limington, d. Apr. 23, 1856, Limington. m. (2) int. Feb. 23, 1859, Abijah Usher of Hollis, she of Limington.
3. ANSEL L., b. Feb. 11, 1820, d. June 27, 1898, ae 78 yrs. 4 mos. 16 das. Westbrook. resident over 25 yrs. m. Hannah B. Johnson of Gorham, who d. Aug. 24, 1851, ae 24 yrs. m. June 4, 1850 in Westbrook, Ruth Cloudman.
4. JONATHAN, b. Apr. 5, 1822, d. May 7, 1863, Frederickburg, buried in Saco. m. May 28, 1846 Elmira Boynton of Cornish. m. (2) Oct. 29, 1848, Grace Veasie, both of Cornish.
5. EMILY COX, b. Mar. 5, 1824, d. June 23, 1912, ae 88 yrs. 3 mos. 18 das. Hollis. m. Nov. 21, 1843, James Warren Joy, both of Limington, he b. Feb. 17, 1811, Limington, d. Mar. 30, 1892.
6. JOHN AYER, b. Sept. 4, 1826, d. Sept. 8, 1826, Limington.
7. DEA. JOSHUA SMALL, b. Mar. 7, 1829, d. Mar. 11, 1894, Limington. m. Feb. 3, 1855, Martha Libby, both of Limington, she b. Apr. 11, 1833, Limington, d. July, 1921, Portland. Children:
(1) ARZELLA, b. 1856, d. Jan. 22, 1889, ae 33 yrs. Limington, after brief illness.

       (2) **CHARLES EVERETT**, b. Nov. 19, 1857, d. 1925. m. Dec. 25, 1879 Carrie Norton both of Limington.
       (3) **GEORGE CLINTON**, b. Oct. 20, 1859, d. Nov. 27, 1938, ae 79 yrs. 1 mo. 7 das. Augusta.
       (4) **ADA**, b. Sept. 21, 1862, d. July 21, 1904, ae 41 yrs. 10 mos. 8 das. Westbrook.
       (5) **ISAAC MOORE**, b. Oct. 30, 1869, d. Jan. 24, 1954, ae 84 yrs. Westbrook.
    8. **ISAAC MOORE**, b. Apr. 21, 1831, d. Oct. 22, 1862, ae 31 yrs. 6 mos., Fort Carroll, Washington, DC.
    9. **ASA**, b. Apr. 23, 1834, d. May 2, 1912, ae 78 yrs. Westbrook. He graduated at Maine Wesleyan Seminary at Kents Hill in 1855.
    10. **ABIGAIL SMALL**, b. Apr. 12, 1837, d. Dec. 14, 1897, ae 60 yrs. 8 mos. 2 das. Cornish. m. Sept. 21, 1863, Ezra B. Pike of Cornish.
    11. **LIZZIE ANN**, b. Feb. 25, 1840, d. Feb. 11, 1880, ae 39 yrs. 11 mos. 16 das. unm. Limington.

v.   RUTH, bapt. Dec. 30, 1791, d.y.
vi.   ARTHUR, b. Jan. 6, 1793, d. 1817, Limington.
vii.   DEA. SAMUEL, b. Dec. 16, 1794, d. Dec. 20, 1860, ae 66 yrs. 4 das. He was deacon of First Free-Will Baptist church in Limington, about 33 yrs., which office he filled acceptable to his people and to his God. He always evinced great care for the prosperity of the church. During his Christian warfare, new theories in religion sprung up, which often brought him unto field of labor, but none of them were able, with all their flattery, to enlist him in their favor. His voice was often heard publicly, as well as privately, recommending it to others, and he lived his own precepts, but he is gone to reap his reward. Left wife with feeble health and three sons, one dau. m. Oct. 16, 1817, Olive Berry, both of Limington, she b. Apr. 19, 1788, Limington, d. July 23, 1862, ae 73 yrs. 8 mos. 4 das. Limington. Children:
    1. **CHILD**, b. 1818, Limington.
    2. **MARY JANE**, b. 1820, d. Nov. 5, 1889, ae 70 yrs. S. Bridgton, formerly of Limington. m. int. Oct. 24, 1841, Cyrus S. Moody of Limington, he b. Dec., 1814, d. Aug. 31, 1843, ae 28 yrs. 8 mos. Limington. m. (2) Aug. 2, 1850, Henry C. Moore, both of Limington, he b. Sept. 21, 1820, Limington, d. Oct. 21, 1863, ae 43 yrs. 1 mo. Limington.
    3. **JAMES LEWIS**, b. 1823, living 1860, Portland.
    4. **SAMUEL M.**, b. July 1, 1824, d. Sept. 21, 1868, ae 44 yrs. 2 mos. 20 das. Limington formerly of Portland. m. int. Apr. 20, 1867, Annie McLellan of Limington.
    5. **JOHN SYLVESTER**, d. Dec. 16, 1866, ae 40 yrs. 8 mos.
viii.   EZEKIEL, b. Mar. 5, 1797, d. June 7, 1882, ae 85 yrs. 3 mos. Jackson. m. June 6, 1820, Jane Mulloy, both of Limington, she d. Aug. 20, 1872, ae 72 yrs. 2 mos. 21 das. Jackson.
ix.   TIMOTHY, b. Feb. 9, 1800, d. Sept. 23, 1869 ae 70 yrs. Bridgton. m. Mar. 16, 1827, Dorothy Plaisted, both of

Limington, she b. June 13, 1804, Limington, d. Oct. 25, 1867, ae 63 yrs. 4 mos. 12 das. Baldwin. Children:
1. CHARLES WESLEY, b. Jan. 1, 1828, d. Jan. 4. 1858, Lancaster, MA.
2. WILLIAM B., b. 1830, d. 1864. in 1850 of Gorham.
3. SIMON PLAISTED, b. 1832, d. July 5, 1864, ae 32 yrs. 8 mos. Limington.
4. JAMES LEWIS, b. 1834, d. May 4, 1861, ae 27 yrs. unm. Limington.
5. PHEBE P., b. Dec. 1, 1835, d. Dec. 13, 1868, ae 33 yrs. 12 das. Saco. m. June 9, 1861, John M. Webster, both of Limington, he b. Nov. 25, 1839, Gray, d. Mar. 10, 1916, Saco.
6. BENJAMIN F., b. July 28, 1836, d. Sept. 9, 1921, Deering, NH.
7. S A M U E L , b. June 25, 1840, d. Mar. 4, 1865, unm. Standish.
8. ABIGAIL JANE, b. May 24, 1843, d. Aug. 25, 1861, Baldwin.
9. J O S E P H S . , b. Mar. 3, 1846, Bridgton, d. July 30, 1865, drowned in Saco River, Baldwin, formerly of Limington.

x. JOHN DEAN, b. Sept. 21, 1805, d. May 21, 1864, Limington. He lived on his father's old place. m. Feb. 27, 1827, Mary Small, both of Limington, she b. June 13, 1807, d. Nov. 7, 1845, ae 38 yrs. 4 mos. 24 das. Limington. m. (2) Mar. 29, 1846, Jane Button, both of Limington, she b. Oct. 4, 1804, Limington, d. Dec. 19, 1887, Limington. Children:
1. EDWARD SMALL, b. Mar. 26, 1828, d. Mar. 5, 1846, Limington.
2. JOHN MALCOLM, b. Dec. 26, 1830.
3. ANN HAZELTINE, b. Feb. 23, 1833,   d. Dec. 26, 1924, Limington. m. int. Mar. 1, 1852, Israel Blake, both of Limington, he b. Oct. 16, 1824, Limington, d. Apr. 16, 1903, Limington.
4. M A R Y E L L E N , b. Jan. 16, 1835, d. Jan. 26, 1891, Limington. m. int. Apr. 3, 1855, Isaac Sawyer of Limington, he d. Jan. 21, 1891, ae 71 yrs. Limington.
5. ALMON HOBSON, b. Jan. 12, 1838,   lived in Auburn. m. Apr. 16, 1862, Frances Hoyt Foss of Minot.
6. SARAH ANN, b. Oct. 3, 1839, d. Jan. 23, 1928, ae 88 yrs. 2 mos. 20 das. Limington. m. int. May 24, 1858, Albert W. Weeman of Limington.
7. SUSAN CHASE, b. Oct. 11, 1841, d. Sept. 4, 1843.
8. E L I Z A B E T H , b. June 9, 1843, d. Sept. 28, 1936, ae 93 yrs. 3 mos. 19 das. Limington. m. int. Apr. 25, 1870, John Colby Wentworth, both of Limington.
9. SUSAN, b. Apr. 11, 1845, d. Apr. 19, 1846.
10. JANE S., d.y.

xi. NANCY, bapt. Aug. 20, 1809, d. 1847, unm. Scarboro, buried Dunston's Corner Cemetery, Scarboro.

BOOTHBY, THOMAS, b. Oct. 31, 1761, Scarboro, d. Apr. 8, 1789, N. Limington, killed by a falling tree. He came from Scarboro and settled at Ruin Corner on lot 10, range B, later owned by Charles York Boothby, his great grandson. He and his wife are buried on small knoll, west of the Baptist Church, north of the brook. His old place was located across the road from C. Y. Boothby's place. m. Mar. 8, 1785 in Scarboro, Mary Anderson, she b. Sept. 10, 1763, Portland, d. Oct. 6, 1843, N. Limington. She m. (2) Jan. 27, 1793, Samuel Berry, both of Limington, he bapt. Aug. 14, 1743, Biddeford, d. Nov. 21, 1829, ae 82 yrs. 7 mos. N. Limington. Children:
i. HIRAM, d. before his father.
ii. SAMUEL, d. after his father, about 4 yrs.
iii. THOMAS, b. July 16, 1789, d. Apr. 19, 1863, ae 73 yrs. 9 mos. 14 das. Limington. Lived at Ruin Corner. m. Nov. 11, 1810, Sally Dyer, both of Limington, she b. Mar. 25, 1790, Cape Elizabeth, d. Dec. 10, 1873, Limington. Children:
   1. ELIZA DYER, b. July 7, 1811, d. Mar. 22, 1892, Porter. m. Mar. 23, 1834, Levi Libby of Porter, she of Limington.
   2. WATSON DYER, b. Mar. 13, 1813, d. July 18, 1813.
   3. MARY, b. Mar. 24, 1815, d. June 14, 1819, Limington.
   4. HARRIET S., b. July 4, 1817, d. Dec. 28, 1859. m. Aug. 20, 1840, John Moore, both of Limington, he b. Sept. 6, 1814, Limington, d. July 2, 1878, ae 64 yrs. Limington.
   5. ELZIRA MARY, b. Feb. 23, 1819, d. Jan. 3, 1905, Standish. m. Apr. 23, 1839, Joshua R. Libby of Porter. m. (2) after 1878, John Sawyer of Buxton.
   6. THOMAS, b. Mar. 30, 1824, d. Dec. 1, 1895, ae 71 yrs. 8 mos. Portland. m. Sept. 2, 1849, Aurelia S. York of Standish, he of Limington, she d. Sept. 6, 1883, ae 54 yrs. Limington. He was blacksmith, place across from C. Y. Boothby's place in one acre lot. Children:
      (1) ANGDELLA (ANGIE), b. Oct. 20, 1851, d. May 18, 1898, New Sharon. m. int. July 26, 1872 William R. Smith of Farmington, ME.
      (2) CHARLES YORK, b. Feb. 17, 1854. d. July 24, 1930, ae 76 yrs. 5 mos. 7 das. Limington. m. July 14, 1883, Clara E. Russell, she b. Oct. 25, 1865, Calcutta, India, d. Sept. 3, 1911, Limington. m. (2) Jan. 2, 1914 in Limington, Eliza Murch of Baldwin.
      (3) JOHN MOORE, b. June 1, 1858, d. Nov. 21, 1948, Brockton, MA.
   7. OLIVE DYER, b. June 30, 1828, living 1860, Limington. m. int. Dec. 19, 1850, Lorenzo Dow Stanley of Porter, she of Limington.

BOYNTON, ROBERT THURSTON, b. Dec. 26, 1788, Stratham, NH, d. Jan. 5, 1853, N. Limington. He was a son of Capt. Joseph Boynton, raised in C̄ ͞ ͟d went to Bangor as a young lad and when visiting Cornish met ɯ͞ wife. His place was last occupied by his great grandson, Edmund T. Boynton on Whaleback, now called Tucker Road.

m. Sept. 13, 1813 in Cornish, Mercy Abbott of Limington, he of Bangor, she b. Aug. 11, 1794. Falmouth, d. 1874, she m. (2) int. Dec. 5, 1860, Samuel Boynton of Cornish. Children:
i.   NATHANIEL ABBOTT, b. Mar., 1815, d. Aug. 8, 1881, Limington. He built on Whaleback road and found dead in pasture. His place burned Feb. 22, 1879. His Bible owned by Stephen Ridlon of East Baldwin. m. Nov. 26, 1841, Abigail Sawyer Marr, both of Limington, she b. Oct. 7, 1817, Limington, d. Oct. 7, 1899, ae 82 yrs. Gorham. Children:
1. ROBERT THURSTON, b. June 18, 1843, d. Sept. 29, 1920, ae 77 yrs. 3 mos. 11 das. m. Oct. 22, 1870, Sylvania Augusta Boody, both of Limington, she b. Oct. 17, 1850, Limington, d. July 25, 1902. Children:
(1) LILLIAN LOUISE, b. Feb. 23, 1872, d. Dec. 14, 1923. m. Sept. 21, 1890, Milton Stone of Limington. m. (2) in 1910, Ivory Estes of Limington.
(2) EDMOND TEBBETTS, b. Feb. 3, 1878, d. Mar. 26, 1938, Limington. m. int. Oct., 1870, m. Oct., 1870, Sylvania A. Boody of Limington, both of Limington.
2. ANGELINE, b. Mar., 1846, d. Oct. 17, 1863, ae 17 yrs. 7 mos. of typhoid fever.
3. FRANCENA, b. July 25, 1848, d. Oct. 24, 1934, Gorham. m. Mar. 18, 1884, Othello D. Brown of Gorham.
4. ABBIE ANNIE, b. July 8, 1850, d. Oct. 6, 1910, ae 60 yrs. 2 mos. 18 das. Portland. m. John Hill.
5. ANNIS MARR, b. July 14, 1852, living in 1910 Boston, MA. m. int. Feb. 25, 1874, Isaac N. Sanborn of Baldwin. m. (2) ___ Sandberg of E. Northfield, MA.
6. CLARA JOSEPHINE, b. Mar., 1855, d. Apr. 21, 1883, ae 28 yrs. 21 das. m. Aug. 16, 1878 Henry Edgar Richards of Limington.
7. SUMNER DINGLEY, b. July 22, 1857, d. Feb. 15, 1933, Windham. m. Nov. 28, 1887, Florence S. Norton of Porter, she b. Feb. 8, 1868, d. Oct., 1908 Porter.
ii.   ROBERT THURSTON, b. Oct. 10, 1817, d. Aug. 5, 1884, Oxford. m. Mar. 27, 1842, Lucy Jane Gilman of Baldwin, she d. July 21, 1903, ae 80 yrs. 9 mos. Framingham, MA. They lived in W. Baldwin and later in Oxford.
iii.   JOSEPH, settled in Alexander, ME.

BRACKETT, ABRAHAM, b. 1760, Falmouth, d. July-Aug., 1815, Limington. He came with his brother Joshua from Falmouth in 1783 and settled on western half of adjoining lot at bottom of Strout's Hill. A Revolutionary Soldier. m. May 12, 1785, in Buxton, Susanna Miller, both of Limington, she d. before 1810. She probably sister to Thomas, Mary (Miller) McArthur and Catherine (Miller) Mulloy of Limington. Children:
i.   SALLY, b. 1786, d. 1816, Limington.
ii.   TABITHA, b. Sept. 20, 1787, d. Dec. 4, 1885, ae 98 yrs. 2 mos. 14 das. Cornish. m. Dec. 25, 1805, Samuel Guilford of Scarboro. m. (2) Apr. 22, 1819, Daniel Pugsley of Cornish.
iii. WILLIAM, d. ae 20 yrs.

iv. **BETSEY**, b. 1790, d. Oct. 29, 1869, ae 79 yrs. 3 mos. Dayton. m. int. Mar. 15, 1828, Richard Mayberry of Gorham.
v. **BENJAMIN**, b. 1792, d. Oct. 23, 1837, ae 45 yrs. Westbrook. m. int. Dec. 22, 1816, Dorcas Irish of Gorham, he of Limington, she m. (2) Oct. 22, 1839, Nathaniel R. Staples, both of Limington, she b. Apr. 10, 1791, Gorham. Children:
  1. **WILLIAM**, b. 1818, d. Jan. 1, 1838, ae 20 yrs. Westbrook.
  2. **JANE**, b. 1819, d. Jan. 1, 1838, ae 18 yrs. 6 mos. Westbrook.
  3. **MEHITABLE SMITH**, b. 1820, Limington, living 1850, ae 38 yrs. Scarboro. m. July 25, 1840 in Westbrook, Freeman Libby of Scarboro, she of Westbrook.
  4. **ANN**, b. Nov., 1821, d. Apr. 5, 1883, Scarboro. m. June 30, 1844, William Thayer Newcomb, she of Portland.
  5. **RUHAMAH**, b. 1825, d. Dec. 15, 1838, ae 13 yrs. Westbrook.
  6. **MARY ELIZABETH**, b. 1827, d. Jan. 6, 1838, ae 11 yrs. Westbrook.
  7. **DORCAS**, b. Aug. 20, 1829, d. Nov. 19, 1883. S. Berwick. m. Nov. 24, 1850, Charles Tatterson of S. Berwick, she of Limington.
vi. **JANE**, b. Feb., 1794, d. May 1, 1814, ae 20 yrs. 3 mos. Portland. m. John Tolman of Portland (buried Eastern Cemetery, Portland).
vii. **ANNA**, b. Dec. 7, 1795, d. Sept. 26, 1848, ae 52 yrs. Westbrook. m. June 12, 1820 in Westbrook, Moses Winslow of Westbrook, she of Limington.
viii. **ABRAHAM**, b. ca 1797, living 1830, Bridgton. m. Aug. 31, 1821, Mary Fickett, both of Limington, she b. Mar. 22, 1797, Westbrook, d. Apr. 26, 1878, Vineland, NJ. They living Bridgton in Apr., 1837. Children:
  1. **CLEMENT**, b. July 8, 1824, Limington.
  2. **SOLOMON STROUT**, b. Jan. 1, 1826, Limington.
  3. **CHARLES HENRY**, b. Aug. 6, 1830, Bridgton.
  4. **RUTH ORREN**, b. Nov. 13, 1833, Bridgton.
ix. **DENNIS**, b. May 7, 1799, d. Oct. 31, 1855, Bridgton. m. July 24, 1824, Eleanor C. Bisbee both of Bridgton.
x. **THOMAS**, b. 1800-1805, d. 1821, Limington.
xi. **EDWARD**, b. Jan. 6, 1806, d. Nov., 1869, Biddeford. m. Dec. 9, 1827, Abigail Berry of Standish, he of Jackson.

BRACKETT, ISAAC, b. July 5, 1782, Lyman, d. Dec. 19, 1838, Limington. He came to Limington by 1809 and moved to Cornish in 1862. He lived in Emery Corner section, later Irving Nason's place. m. Feb. 25, 1809, Margaret Ricker of Waterboro, he of Limington, she b. May 16, 1789, d. Aug. 25, 1839. Children born in Limington.
i. **MARY**, b. Sept. 12, 1810, d. Oct. 10, 1886, Cornish. m. Jan. 23, 1834, William L. O'Brien of Cornish, he of Limington, he b. July 21, 1803, Cornish, d. Sept. 14, 1885.
ii. **MEHITABLE B.**, b. Feb. 6, 1812, Limerick, d. Apr. 5, 1893, Portland. m. Dec. 4, 1828, Cotton Bean of Limerick, she of Limington.

iii. NATHANIEL R., b. Nov. 2, 1813, d. Jan. 8, 1853, ae 39 yrs. 2 mos. 7 das. East Parsonsfield. m. Nov. 20, 1839, Pamelia Foss, both of Limington, she b. Mar. 29, 1819, d. Mar. 9, 1897, Brownfield. Children:
1. MARY ELLEN, b. Mar. 29, 1842, d. May 7, 1899, N. Vernon, IL. m. July 13, 1859, Joseph F. Dearborn.
2. CHARLES G., b. Apr. 9, 1844. d. Feb. 6, 1931, ae 74 yrs. 8 mos. 20 das. Waterboro.
3. MARIA J., b. June 2, 1847, d. July 22, 1873, E. Parsonsfield. m. Nov. 29, 1866, Samuel F. Perry.
4. ABBIE F., b. Aug., 1850, d. Nov., 1906, Parsonsfield. m. Nathan W. Fenderson of Parsonsfield.
iv. TIMOTHY, b. June 12, 1815, d. Oct. 19, 1880. m. Nov. 20, 1839, Sally W. Davis, both of Limington, she b. July 3, 1820, Limington, d. Dec. 7, 1854, Limington. m. (2) int. Feb. 9, 1855, Elizabeth B. Cobb both of Limington, she d. July 15, 1864, ae 27 yrs. Cornish. They moved to Cornish in the fall of 1859. Children:
1. ISAAC NEWELL, b. Feb. 27, 1841, d. June 24, 1899, Cornish.
2. BENJAMIN FRANKLIN, b. May 20, 1846, d. Dec. 4, 1907, ae 61 yrs. 6 mos. 4 das. Portland. He came to Portland at ae 14 yrs.
3. HOWARD, b. Mar. 22, 1856.
4. SARAH, d. Feb. 24, 1860, ae 14 mos. Limington.
5. CARRIE, b. Dec. 12, 1860, d. Nov. 14, 1940, ae 79 yrs. 11 mos. 2 das. Cornish.
v. ISAAC, b. July 10, 1822, Limington, d. Feb. 22, 1900, ae 78 yrs. 7 mos. 18 das. Bangor. m. May 17, 1843, Almira W. Weeks, both of Parsonsfield. m. (2) Nov. 18, 1862 Sarah M. Weeks of Limerick.
vi. SARAH, b. May 13, 1825, d. June 29, 1896 ae 71 yrs. 1 mo. Saco. m. int. Dec. 2, 1843, Nahum McKusick of Limerick, she of Limington. He b. July 19, 1819, d. Feb. 25, 1901 in Saco.

BRACKETT, JOSHUA, b. July 31, 1762, Falmouth, d. June 10, 1849, ae 86 yrs. 11 mos. Limington. He came with his brother, Abraham, from Falmouth in 1783 and settled on lot 8, range F on adjoining lot of his brother. The farm is occupied by Manley Brackett, his descendent. He was a Revolutionary Soldier. m. May 6, 1784, Lydia Hasty of Limington, she b. June 6, 1767, Scarboro, d. Nov. 6, 1841, Limington. Children born in Limington.
i. JOSEPH, b. Nov. 10, 1785, d. Aug., 1855, Casco. He was a veteran of War of 1812 and by 1819 removed to Raymond. m. Feb. 8, 1810, Lydia Pugsley of Cornish, she b. ca 1782. m. (2) Sept. 22, 1853, Mrs. Sally Jackson, both of Casco, she living 1855, ae 80 yrs. Casco. Children:
1. LYDIA, b. June 27, 1810, d. Oct. 18, 1859. m. Benjamin Jones.
2. ESTHER C., b. Oct. 26, 1811. m. Stephen Caldwell.
3. LORANA, b. July 11, 1813, d. Sept. 14, 1832.

4. **JOSHUA**, b. May 26, 1815, d. Feb. 21, 1899, ae 84 yrs. 8 mos. 25 das. Portland. m. Sarah Strout of Raymond. m. int. (2) Dec. 14, 1840, Caroline Wright of Naples, he of Raymond. She d. May 24, 1900, ae 88 yrs. 1 mo. Westbrook, both buried in Evergreen Cemetery, Portland.
5. **ROBERT**, b. Aug. 9, 1817, Raymond, d. July 29, 1895, Casco.
6. **JOSEPH**, b. Sept. 26, 1819, Raymond, d. July 9, 1894, S. Casco.
7. **THOMAS**, b. May 9, 1821, Raymond, d. July 26, 1881, Salem, MA.
8. **SAMUEL**, b. Apr. 19, 1823, Raymond, living 1860, Casco.
9. **MARTHA M.**, b. May 10, 1825, Raymond. m. Nov. 22, 1846, Charles Mayberry of Naples, she of Casco.
10. **BENJAMIN**, b. Nov. 22, 1827, Raymond, d. Sept. 20, 1849, Casco.
11. **MARY E.**, b. June 5, 1830, d. Mar. 16, 1899, Casco. m. Apr. 19, 1851, William Hamlin, both of Casco.
12. **JOHN HASTY**, b. Nov. 30, 1830. m. Aug. 26, 1854. Emeline Mann, both of Casco.

ii. **ELIZABETH**, b. Feb. 23, 1787, d. May 17, 1855, ae 67 yrs. Gorham. m. Dec. 31, 1807, Thomas Mulloy, both of Limington, he b. 1783, Limington, d. June 11, 1870, ae 87 yrs, Gorham.

iii. **DOROTHY**, b. June 13, 1789, d. June 21, 1878, ae 89 yrs. Limington, given as Miss Dorothy. m. int. Mar. 25, 1832, William Richardson, both of Limington. She either didn't marry him or he went insane and she left him.

iv. **ROBERT**, b. Sept. 15, 1791, d. Apr. 24, 1876 of typhoid pneumonia, ae 84 yrs. 7 mos. Limington m. Oct. 28, 1818, Alphia Libby of Limington, she b. June 21, 1799, Scarboro, d. Nov. 26, 1884, ae 85 yrs. 5 mos. Children:
1. **RUFUS**, b. Feb. 11, 1819, d. Aug. 23, 1822, ae 3 yrs. 7 mos. Limington.
2. **ELIZABETH**, b. Jan. 24, 1821, d. May 18, 1849, Lewiston. m. Feb. 8, 1847, Edward Clark, he of Cambridge, MA, she of Limington.
3. **HARRIET J.**, b. Dec. 6, 1822, d. Feb. 9, 1896, Lewiston. m. int. Mar. 16, 1850, Edward Clark of Somerville, MA, he b. June 16, 1815, Limington, d. Nov. 7, 1885, Lewiston.
4. **ROBERT HASTY**, b. July 21, 1825, d. June 16, 1898, Limington. m. int. Jan. 21, 1851, Eunice F. Strout of Limington. Children born in Limington:
   (1) **GEORGIA ANNA**, b. May 6, 1851, d. July 11, 1913, Limington. m. int. Jan. 27, 1875, Gilman S. Ilsley, of Limington.
   (2) **CALEB PAGE**, b. Mar. 5, 1853.
   (3) **ELIZA STROUT**, b. July 10, 1854, d. Apr. 29, 1945, Limington. m. Seldon Greenlaw of Limington.
   (4) **HARRY HERMAN**, b. Aug. 14, 1856, d. Dec. 2, 1916, Chelsea, MA.

(5) **WILLIAM WALLACE**, b. Mar., 1858, d. Feb. 23, 1934, ae 75 yrs. 11 mos. 9 das. Portland.
(6) **ALBERT R.**, b. Nov. 4, 1860, d. Nov. 10, 1863, ae 2 yrs.
(7) **ELLEN FLORENCE**, b. June 27, 1863, d. Jan. 29, 1938, ae 75 yrs. 7 mos. 2 das. Cornish. m. Edwin Small of Cornish.
(8) **ALBERT LEE**, b. Feb. 27, 1865, d. Sept. 6, 1910, ae 45 yrs. 7 mos. Westbrook.
(9) **CORA LIZZIE**, b. May 18, 1866, d. July 30, 1909, Farmington. m. Mar. 24, 1888, Dr. Herbert Purington of Limington.
(10) **BLANCHE BUTLER**, b. Mar. 2, 1871, d. Feb. 12, 1958, Gorham. m. June 28, 1893, George Files of Gorham.
(11) **JOHN FREEMAN**, b. Jan. 28, 1872.
(12) **ALICE MAUD**, b. Apr. 28, 1873.

5. **CALEB**, b. Mar. 8, 1828, drowned June 21, 1856, ae 22 yrs. 3 mos. in Little Ossipee River.
6. **ALMIRA B.**, b. Nov. 10, 1830, d. Jan. 19, 1904. ae 73 yrs. 2 mos. 9 das. Gorham. m. Dec. 10, 1851, George Carll, both of Limington.
7. **JAMES FRANKLIN**, b. Mar. 16, 1833, d. Aug. 30, 1921, Limington. m. May 15, 1858, Harriet O. Rounds of Buxton, he of Limington, she b. May 5, 1858, Buxton, d. Mar. 3, 1879, ae 41 yrs. 1 mo. m. (2) Nov. 25, 1880, Zelinda W. Foss of Limington, she b. Oct. 4, 1844, Limington, d. Apr. 6, 1931, Limington. (His farm house burned Oct. 10, 1879.) Children:
   (1) **ANSON LESLIE**, b. July 23, 1859.
   (2) **ROBERT GERRY**, b. Nov. 11, 1862.
   (3) **FRANK ALBERT**, b. May 13, 1864, d. Apr. 1, 1928, ae 63 yrs. 10 mos. 18 das. Hollis.
   (4) **MARY G.**, b. Dec. 26, 1868.
   (5) **GEORGE M.**, b. Dec. 26, 1874, d. Oct. 6, 1957, ae 82 yrs. 9 mos. 13 das. Limington.
   (6) **HARRIET EMMA**, b. Nov. 22, 1882.
   (7) **GUY ALLEN**, b. July 20, 1884.
   (8) **ROY FROST**, b. July 26, 1886.
8. **CHARLES A.**, b. Sept. 10, 1836, d. Sept. 11, 1905, Gorham. m. Aug. 20, 1857, Frances Woodman Libby of Limington.
9. **FREDERICK K.**, b. June 20, 1838, d. Dec. 9, 1930, Limington. m. June 9, 1863, Clara Hubbard Moody, both of Limington, she b. Sept. 8, 1845, Limington, d. Nov. 3, 1926, Limington. Children:
   (1) **EFFIE**, b. Aug. 11, 1864, d. Dec. 13, 1939. m. Charles Small, both of Limington.
   (2) **EUNICE F.**, b. Apr. 18, 1866, d. Sept. 12, 1889.
   (3) **GERTRUDE CLARA**, b. Sept. 12, 1877. m. May 10, 1902, Fred M. Tufts of Limington.
   (4) **RUTH M.**, b. Mar. 17, 1884.

	10. **FRANCES ELLEN**, b. Mar. 22, 1841, d. Apr. 27, 1910, Auburn. m. Dec. 22, 1867, Erastus Green Strout, both of Limington.
v.	**ESTHER**, b. Dec. 17, 1793, d. June 7, 1842, Bridgton. m. int. Nov. 16, 1817, William Libby, both of Limington.
vi.	**JOSHUA**, b. Apr. 18, 1796, d. 1828, New York City, lived trade of blacksmith in Limington and in early manhood went to Portland. He went to New York in 1828 and while at work there was seized with illness and died. m. Apr. 20, 1821, Lydia Adams of Boston, MA.
vii.	**LYDIA**, b. Apr. 12, 1798, d. Nov. 6, 1855, ae 57 yrs. Sebago. m. Nov. 30, 1815, Robert Staples, Jr., both of Limington, he b. Nov. 4, 1792, Limington, d. Mar. 26, 1876, Sebago.
viii.	**MARY**, b. Mar. 22, 1800, d. July 15, 1830, Bridgton. m. Mar. 29, 1820, Samuel Ingalls of Bridgton, he d. Nov. 4, 1880, ae 80 yrs. Bridgton.
ix.	**HANNAH**, b. July 6, 1802, d. Feb. 21, 1872, Bridgton. m. July 3, 1831, Samuel Ingalls of Bridgton. He d. Nov. 4, 1880, ae 80 yrs. Bridgton.
x.	**SAMUEL**, b. Mar. 29, 1805, d. Sept. 25, 1859, LaCrosse, WI. m. int. Jan. 14, 1827, Susan Foss of Limerick, she b. 1806, Limington, d. Jan. 1, 1897.
xi.	**ALMIRA**, b. Oct. 9, 1806, d. Nov. 4, 1863, Naples. m. June 12, 1828, Francis Ingalls Jr. of Bridgton, she of Limington, he d. Mar. 14, 1864, ae 67 yrs. 11 mos. Bridgton.

BRACKETT, NATHANIEL, b. Jan. 29, 1780, Lyman, d. Oct. 20, 1871, ae 91 yrs. 8 mos. 21 das. Cornish. He came from Lyman in 1801 and later about 1831 removed to Cornith. m. Nov. 16, 1805, Alice Ricker of Waterboro, he of Limington, she b. Nov. 6, 1783, d. Dec. 21, 1865, ae 83 yrs. 1 mo. 15 das. Parsonsfield. Children:

i.	**SALLY C.**, b. Oct. 28, 1806, d. Sept. 1, 1878, ae 71 yrs. 10 mos. 3 das. unm. Cornish.
ii.	**EUNICE R.**, b. July 25, 1808, d. Feb. 4, 1834, ae 25 yrs. 6 mos. Cornish.
iii.	**PHEBE**, b. Mar. 18, 1813, d. Dec. 2, 1902, ae 87 yrs. m. Nov. 3, 1848, Enoch Allen of Parsonsfield.
iv.	**MOSES H.**, b. Sept. 27, 1818, Lyman, d. Oct. 24, 1897, Limerick.

BRACKETT, REUBEN, b. Mar. 23, 1764, Berwick, d. Apr. 21, 1846, ae 82 yrs. Limington. He came from Berwick in 1787 and settled on Allen Hill Road, which became the Josiah Marston farm. He was a Quaker. m. Jan. 10, 1791 in Buxton, Jane McArthur, both of Limington, she b. Aug. 8, 1773, d. Nov. 4, 1857, ae 84 yrs. Limington. Children:

i.	**REUBEN**, b. Dec. 14, 1791, d. Dec. 3, 1867, Denmark, IA. m. in Vassalboro, Nov. 26, 1817, Eliza Stackey.
ii.	**MARY**, b. May 18, 1794, d. Sept. 30, 1859, unm.
iii.	**OLIVER**, b. June 19, 1798, d. Nov. 25, 1798.
iv.	**OLIVER**, b. June 18, 1801, d. Apr. 18, 1869, Ohio.

v. ELVIRA, b. Feb. 21, 1804, d. Nov. 16, 1875, Limington. m. Sept. 8, 1825, Josiah Marston of Sandwick, NH, he b. Apr. 3, 1796, Sandwick, NH, d. Oct. 8, 1886, ae 90 yrs. 6 mos. Limington. He lived in his father-in-law's place.
vi. JANE H., b. June 23, 1808, d. July 27, 1820.
vii. JOSEPH J., b. Feb. 8, 1814, d. 1892, MN. m. Sept. 21, 1840, Ann Maria Fluent of Westbrook.

BRACKETT, SAMUEL, b. Aug. 8, 1757, Berwick, d. Oct. 31, 1850, ae 93 yrs. 3 mos. S. Limington. He came from Berwick, bought land in 1780, lot 5, range H, and later lived on Limerick-Limington line where his son John W. Brackett lived. He was a Quaker. A Revolutionary Soldier. m. Apr. 26, 1781 in Berwick, Mary Wentworth, she b. May 16, 1762, Berwick, d. Jan. 24, 1852 in 90th yr., S. Limington. Children:
i. WENTWORTH, b. Sept. 3, 1782, d. Sept. 20, 1807.
ii. SAMUEL, b. Sept. 14, 1784, d. Feb. 3, 1872, ae 89 yrs. Limerick. m. int. Feb. 7, 1813, Abigail (Gray) Manson, widow of Benjamin, both of Limington, she d. May 9, 1838, ae 53 yrs. Limerick.
iii. JOHN W., b. Jan. 20, 1787, d. Jan. 29, 1872, ae 85 yrs. Biddeford. m. Aug. 28, 1817, Phebe Gilkey, both of Limington, he of Limerick, she b. Jan. 20, 1792, Limington, d. July 3, 1873, Biddeford. Children:
1. JAMES GILKEY, b. July 11, 1818, Limerick, d. Jan. 24, 1906, ae 87 yrs. 6 mos. 17 das. Biddeford. m. Elizabeth Thomas, dau. of Michael Thomas of Cornish. She d. Sept. 29, 1902 ae 80 yrs. Biddeford.
2. ISAAC, b. Feb. 28, 1820, d. July 3, 1826.
3. JOSEPH GILKEY, b. Dec. 3, 1823, d. Nov. 3, 1892, ae 70 yrs. 11 mos. Biddeford. m. Sept. 5, 1847, Emma Jane Hasty, both of Limington, she b. Aug. 31, 1827, Limington, d. Jan. 6, 1895, Biddeford. They lived on Limerick town line and in 1858 moved to Biddeford. Children:
(1) ADA EVELINE, b. Jan. 15, 1852, d. 1926 Biddeford.
(2) JOSEPH G., b. 1856, d. 1858.
(3) EMMA D., b. 1863, d. July 29, 1879, ae 16 yrs Buxton.
(4) SUSAN A., b. July 21, 1861.
(5) INEZ SUSAN, b. July 21, 1861, d. 1936.
4. ELIZABETH, b. 1824, d. Aug. 3, 1915 ae 91 yrs. 3 mos. 26 das. Buxton. m. Feb. 13, 1848, Silas Elden of Buxton.
5. WENTWORTH, b. July 6, 1826, d. Sept. 2, 1830.
6. CHARLES HENRY, b. July 26, 1829, d. Aug. 26, 1898, Biddeford. m. June 16, 1856, Susan J. Hasty of Limington.
7. DENNIS G., b. Sept. 6, 1832, d. Aug. 22, 1847, ae 14 yrs. 10 mos. Limington.
8. MARTHA ANN, b. Oct. 31, 1834, d. Aug., 1855.
iv. DAVID, b. Feb. 2, 1789, Limington, d. Oct. 5, 1871, ae 82 yrs. 8 mos. 3 das. Jackson. m. int. Feb. 14, 1818 in Baldwin, Mary Bean of Limerick, he of Baldwin, she b. Oct. 2, 1802,

Limerick, d. Nov. 29, 1819, Jackson. m. (2) int. Mar. 13, 1825, Betsey Cook, both of Jackson. m. (3) int. Mar. 3, 1832, Olive Trueworthy of Unity, he of Jackson, she d. Jan. 18, 1882, ae 79 yrs. 3 mos. 10 das. Jackson.
v. NATHANIEL, b. Oct. 3, 1791, d. Feb. 27, 1815.
vi. DANIEL, b. Sept. 21, 1794, d. 1795.
vii. COMFORT, b. June 8, 1796, d. Mar. 23, 1860, ae 63 yrs. Standish. m. Apr. 16, 1827, Samuel Wiggin of Baldwin, she of Limington, he d. Jan. 12, 1882, ae 86 yrs.
viii. DANIEL, b. Sept. 5, 1799, d. Oct. 5, 1882, ae 83 yrs. unm. Biddeford.
ix. PHEBE, b. Jan. 26, 1804. m. Capt. Bradford Oakes of Kennebunk.
x. MARK, b. Mar. 3, 1802, d. Apr. 22, 1803.
xi. MARY, b. Feb. 18, 1811, d. Feb. 15, 1813.

BRADEEN, HENRY, b. June 17, 1782, Waterboro, d. Aug. 18, 1848, S. Limington. He came from Waterboro in 1803 and settled south of the cemetery there in Hardscrabble section. m. Sept. 29, 1803, Jemima Nason, both of Limington, she b. Dec. 11, 1782, Limington, d. Sept. 8, 1883, S. Limington. Children born in Limington.
i. SAMUEL, b. June 15, 1804, d. June 18, 1851, ae 47 yrs. Standish. m. Oct. 22, 1829, Rebecca W. Haskell, both of Limington, she d. May 18, 1842, ae 30 yrs. 3 mos. Limington. m. (2) int. Apr. 18, 1844, m. Dec. 30, 1847, Mrs. Mary (Tucker) Strout, widow of Oliver, both of Standish. Children:
1. ANDREW SHERBOURNE, b. 1833, living Standish in 1850. m. July 6, 1857 in Salmon Falls, NH, Mary A. Marr of Paris, he of Limington.
2. CHARLES H., b. 1836, living Standish in 1850.
3. MARCUS W., b. 1840, d. Oct. 1, 1866, ae 26 yrs. Limington.
ii. MARY FOWLER, b. May 6, 1807, d. Jan. 16, 1889, Westbrook. m. Nov. 3. 1831, Amos Andrews of Portland, she of Limington, he b. Feb. 18, 1800, Scarboro, d. Nov. 1, 1858, Westbrook.
iii. NANCY NASON, b. Jan. 22, 1808, d. Nov. 2, 1900, New Gloucester. m. May 22, 1834, Jacob Dearborn of Buxton, she of Limington, she b. Sept. 28, 1802, Buxton, d. Sept. 15, 1861, ae 58 yrs. 11 mos. 17 das. Limington. m. (2) Nov. 23, 1867, Seth Strout, both of Limington. Their place was located south of the Rapids Schoolhouse and burned about 1910. Children:
1. ALMEDA ELIZABETH, b. Aug. 29, 1835, Hollis, d. Sept. 13, 1915, New Gloucester, a resident about 18 mos. m. int. May 22, 1866, Smith Lewis Sawyer, both of Limington, he b. Sept. 2, 1829, Portland, d. July 28, 1905, New Gloucester.
2. JOSEPH H., b. Mar. 16, 1837, Hollis, d. Sept. 28, 1920, Biddeford. m. Jan. 1, 1873. Elizabeth C. Bullock of Biddeford.
3. ALBERT G., b. July 31, 1840, Limington, d. Oct. 16, 1909, ae 69 yrs. 2 mos. 16 das. Haverhill, MA.

4. **DELVINA NASON**, b. Aug. 6, 1844, Limington, d. Apr. 26, 1846, ae 1 yr. 9 mos.
5. **JACOB GREENVILLE**, b. July 26, 1846, d. Apr. 27, 1900.
6. **LOWELL A.**, b. Apr. 16, 1851, Limington, d. 1937, Biddeford.

iv. **JOHN NASON**, b. Apr. 21, 1810, d. Aug. 6, 1898, Buxton. m. Nov. 8, 1827 in Hollis, Betsey F. Haley both of Limington. She b. Aug. 21, 1816, d. Sept. 19, 1889 Buxton.
v. **HENRY**, b. Apr. 8, 1812, d. Aug. 2, 1815, ae 3 yrs. 4 mos.
vi. **DRUSILLA**, b. Mar. 8, 1815, d. Dec. 10, 1892, ae 77 yrs. Hollis. m. int. Aug. 20, 1841, m. Nov. 7, 1841, Samuel H. Berry of Scarboro, she of Limington, he d. July 12, 1889, ae 71 yrs.
vii. **HENRY JR.**, b. Aug. 7, 1817, d. Feb. 18, 1894, Limington. m. Feb. 24, 1844, Sarah Graffam, both of Limington, she b. Dec. 14, 1821, d. Feb. 22, 1886, Limington. m. (2) Mary Dixon, she in July, 1897, ae 67 yrs. Limington. Children, given by family register.
1. **MARIETTE**, b. May 8, 1845, d. June 25, 1879, Biddeford. m. Aug. 3, 1865 in Biddeford, Levi Towne Kilgore, b. Aug. 3, 1847, Mercer, d. Oct. 3, 1897, Biddeford.
2. **EDWARD CLINTON**, b. Apr. 5, 1847, d. Sept. 8, 1883, Togus. m. Kate Frances Chase.
3. **DELVINA N.**, b. May 22, 1849, d. July 25, 1893, ae 43 yrs. 3 mos. Bridgton. m. Oct. 2, 1871, Frank S. Staley of Bridgton.
4. **HENRY ALLEN**, b. Dec. 21, 1851, d. Nov. 7, 1919, Prentiss.
5. **SAMUEL N.**, b. Mar. 31, 1854, d. Sept. 24, 1883, Clear Creek, NE. m. int. Apr. 18, 1877, Elizabeth Williams of Boston, he of Limington.
6. **SUSAN S.**, b. Apr. 17, 1856, d. by Jan., 1890. m. int. June 28, 1877, Harris B. Moody of Gorham, he m. (2) Jan. 9, 1890, Ada E. Harmon at Gorham.
7. **ELLA F.**, b. July 8, 1859.
8. **SARAH EVIE**, b. Oct. 8, 1861, d. Dec. 28, 1863, ae 2 yrs. 2 mos. 20 das. of diptheria, Limington.
9. **PHILIP S.**, b. Aug. 6, 1865, d. June 21, 1886, ae 20 yrs., Limington.

viii. **JEMIMA**, b. Mar. 10, 1820, d. Sept. 15, 1825, Limington.
ix. **LOUISA**, b. Aug. 31, 1822, d. Sept. 6, 1825, Limington.
x. **MELVILLE C.**, b. Jan. 26, 1825, d. July 27, 1890, Limington. He ran the store at Hardscrabble on Mill Turn Road on Bradeen Hill. m. Aug. 23, 1854, in Portland, Catherine Parker of Portland, she b. Dec. 15, 1831, d. June 19, 1892. Children:
1. **CARRIE A.**, b. June, 1855, d. May 18, 1886, ae 30 yrs. 11 mos. Limington. m. July 2, 1884, G. Evans Files of Westbrook, she of Limington.
2. **CELIA M.**, b. 1857. m. Oct. 22, 1884, Charles A. Moses of Westbrook, she of Limington.
3. **MELVILLE NORRIS**, b. 1859, d. Nov. 22, 1942, San Francisco, CA.

4. **KATIE A.**, b. 1864, d. Feb. 4, 1887, Sanford. m. Aug. 18, 1883 in Somersworth, NH, Newton H. Fogg.
5. **CHARLOTTE BELL**, b. 1868, d. Feb. 6, 1919, ae 50 yrs. 5 mos. 22 das. Waterboro. m. ____ Emery.

BRADEEN, JOHN, b. June 19, 1762, Kittery, d. Feb. 14, 1819, N. Limington. He came from Kittery after Oct., 1799 and settled on Cornish-Limington line east of Ed. Guptill's place on Norton Road. His son, Samuel Bradeen, is buried on the place. m. Jan. 29, 1792, Jane Wilson, both of Kittery, she b. Mar. 22, 1770, Kittery, d. Jan. 22, 1847, Cornish. Children:

i. **JOHN**, b. Oct. 7, 1793, d. June 8, 1842, Cornish. m. Oct. 2, 1814, Eunice Merrifield of Limington, he of Cornish, she b. Mar. 3, 1796, Limington, d. Sept., 1867. Children:
    1. **MARGARET M.**, b. Jan. 31, 1815, d. May 4, 1847, ae 32 yrs. Cornish. m. Nov. 30, 1837, Walter Higgins Moody, both of Limington, he b. July 1, 1813, Limington, d. Aug. 28, 1892, ae 79 yrs. 1 mo. 27 das.
    2. **EUNICE M.**, b. Mar. 30, 1817, d. 1839.
    3. **ELMIRA B.**, b. June 31, 1819, d. Apr. 17, 1887. m. June 4, 1843 in Cornish, Parker Haley, both of Chelsea, MA.
    4. **ANNA M.**, b. June 20, 1821, d. July 2, 1890, ae 68 yrs. Limington. m. int. Feb. 19, 1844, Joshua McKenney of Limington, she of Cornish.
    5. **JOHN PRICHARD**, b. Aug. 29, 1823, d. Oct. 21, 1900, Cornish. m. Dec. 8, 1850, Mary A. Pugsley, both of Cornish.
    6. **SIMEON P.**, b. Mar. 15, 1826, d. Mar. 18, 1881, Cornish. m. Apr. 22, 1860, Mary A. Huntress of Hiram, he of Cornish.
    7. **MARY PUGSLEY**, b. Mar. 10, 1829, d. Nov. 25, 1859, Cornish. m. Dec. 17, 1856 Benjamin J. Stone, both of Cornish. He b. June 22, 1828, Cornish, d. Feb. 16, 1912, Cornish.
    8. **HANNAH P.**, b. Jan. 29, 1832, d. Feb., 1849, Cornish.
    9. **FRANKLIN AUGUSTUS**, b. Aug. 21, 1834, d. Mar. 31, 1903. m. int. May 29, 1876 Margaret Strout, both of Cornish. She d. Jan. 5, 1890, ae 43 yrs. 6 mos. Cornish.

ii. **PEGGY**, b. Mar. 1, 1796, d. July 17, 1819, Cornish. m. Apr. 4, 1813, Benaiah Guptill of Cornish, he b. Sept. 20, 1784, Waterboro, d. Feb. 16, 1860, ae 77 yrs. 4 mos. Chatham, NH.

iii. **EDMUND**, b. Oct. 19, 1797, was of Jefferson, CA, in 1842.

iv. **HIRAM**, b. Mar. 17, 1798, d. Mar. 27, 1798.

v. **JACOB**, b. July 8, 1799, living 1830, Limington, 1840, Porter. m. Feb. 19, 1820, Sally Merrifield, both of Limington, she b. Nov. 28, 1801, Limington, d. Feb. 21, 1844. m. int. Mar. 7, 1852, Abba J. Johnson of Porter. Children:
    1. **MARY ANN**, b. ca 1821, d. by Nov., 1846, Porter. m. Dec. 10, 1843, Jacob Lord, both of Porter.
    2. **HANNAH**, b. ca 1823, Porter.
    3. **CAROLINE**, b. 1829, living 1850, Porter, d. by Mar., 1852. m. Nov. 25, 1846, Jacob Lord, both of Porter.

vi. **ISAAC**, b. July 8, 1799, d. July 9, 1799.

vii. RICHARD WILSON, b. Sept. 29, 1802, d. July 9, 1865, ae 62 yrs. 9 mos. 10 das. Porter. m. Jan. 5, 1830, Sarah J. Guptill, both of Cornish, she d. Apr. 2, 1890, ae 82 yrs. 8 mos. 24 das.
viii. SAMUEL, b. Nov. 11, 1804, d. June 14, 1842, Cornish.
ix. HIRAM, b. May 18, 1808, d. Oct. 3, 1839. m. Feb. 10, 1839, Eliza L. Davis, both of Baldwin.
x. MARTIN, b. Mar. 24, 1810, d. Apr. 13, 1870, Berwick. m. Sept. 13, 1840, Sophronia Kezar of Parsonsfield, he of Limington.
xi. JANE WILSON, b. June 16, 1812, d. Apr. 21, 1839, Limington. m. Nov. 16, 1835, David Boothby of Limington.

BRAGDON, WILLIAM, b. July 14, 1754, Scarboro, d. Feb. 28, 1802, killed by a falling tree, N. Limington. He came from Scarboro in 1781 and settled on lot 11, range D, located on Christian Hill Road. He was buried in small family cemetery located in back of the house. His father was Elisha Bragdon, b. Mar. 7, 1717/8 who came to Limington about 1809 and died soon after the 1810 census. m. Aug. 3, 1780 in Scarboro, Sarah Hagens of Scarboro, she b. Jan. 17, 1761, Scarboro, d. Oct. 9, 1848, N. Limington. Children born in Limington:
i. ANNA, b. Feb. 10, 1781, d. Sept., 1799.
ii. ELIZABETH, b. June 30, 1783, d. Aug. 4, 1841. m. Nov. 7, 1812, Thomas Matthews of Porter, she of Limington.
iii. SARAH, b. Mar. 1, 1785, d. Dec. 30, 1855, ae 69 yrs. 10 mos. Limington, unm.
iv. ARTHUR, b. June 6, 1787, d. July 5, 1866, Limington. m. July 7, 1808, Betsey Small, both of Limington, she b. Nov. 18, 1789, Limington, d. Jan. 27, 1855, Limington. Children:
1. MARY, b. Nov. 14, 1807, d. Jan. 8, 1838, ae 30 yrs.
2. SEWALL, b. May 7, 1810, d. Aug. 6, 1830, Limington.
3. WILLIAM, b. June 1, 1812, d. Feb. 19, 1888, Limington. m. Mar. 9, 1834, Dorothy Cobb of Cornish, she d. May 18, 1869, ae 58 yrs. 1 mo. 19 das. Gorham. They living 1850 in Bridgton. Children:
(1) CHARLES WILLIAM, b. Mar. 12, 1837, Cornish, d. Oct. 25, 1882, ae 45 yrs. 7 mos. 13 das. N. Limington. m. Nov. 9, 1862, Sarah Frances Guptill of Cornish, she b. Nov. 13, 1843, Cornish, d. Nov. 9, 1865, ae 22 yrs. 6 mos. Limington. m. (2) Apr. 23, 1867, Celia Louisa Libby, both of Limington, she b. July 22, 1845, d. Sept. 18, 1916, Gorham. Children:
(i) FRED LYNN, b. Sept. 2, 1869, d. Nov. 10, 1923, Gorham.
(ii) SARAH FRANCES, b. Dec. 22, 1870.
(iii) DAVID OTIS, b. Feb. 11, 1878.
(iv) CHESTER MALCOLM, b. Aug. 25, 1880.
(v) NELLIE LOUISE, b. July 20, 1882.
(2) HARRIET OLIVE, b. May 8, 1834, Limington, d. Mar. 25, 1879, Gorham. m. Nov. 14, 1855, Asa Libby of Gorham, he d. Aug. 16, 1896, ae 67 yrs., native of Bridgton. They buried cemetery on Fort Hill Road, Gorham.

4. ISSACHAR, b. Aug. 28, 1814, d. Sept. 3, 1885, East Denmark. m. int. Dec. 7, 1843, Louisa Black, both of Limington, she b. May 21, 1823, Limington, d. Jan. 11, 1893, ae 70 yrs. Denmark. They buried in Laurel Hill Cemetery, Saco. Children:
   (1) ELVIRA, b. Dec. 28, 1844, Limington.
   (2) EDWIN, b. Dec. 1, 1847, Limington, d. Oct. 31, 1926, Newfield.
   (3) ALVARADA, b. Aug. 12, 1848, Bridgton, d. Dec. 4, 1922, Bridgton.
5. JOSIAH, b. Mar. 8, 1817, went away and never heard from.
6. JOHN KIMBALL, b. Dec. 3, 1819, d. Sept. 28, 1887, Buxton. m. July 4, 1849, Esther A. Brown of Standish, he of Limington, she d. Nov. 5, 1902, ae 71 yrs.
7. EDMUND, b. Sept. 11, 1821, d. July 7, 1840.
8. ELIZABETH, b. Aug. 18, 1826, d. Jan. 28, 1857, ae 31 yrs. m. Dec. 3, 1846, Sylvester Boothby of Limington.
9. ELVIRAH, b. Oct. 22, 1827, d. Oct. 20, 1844.
10. SEWALL, b. Mar. 11, 1830, d. Mar. 10, 1854.
11. LOREN, b. Oct. 22, 1822, d. Aug. 15, 1856, unm., an invalid.

v. SUSANNAH, b. Apr. 7, 1789, d. May 24, 1820. m. Nov. 19, 1807, James Jack, both of Limington. Children:
   1. NANCY, b. 1809, d. July 29, 1853, ae 44 yrs. Effingham, NH. m. Jan. 14, 1834, Henry McKenney, both of Limington, he d. Nov. 23, 1873, ae 60 yrs. 11 mos. Limerick.
   2. SAMUEL, b. 1810, d. Feb. 16, 1899, Denmark. m. Jan. 17, 1830, Mary Ann Berry, both of Denmark.
   3. SALLY, b. Dec. 15, 1812. m. Feb. 28, 1833, Samuel Cobb of Cornish, she of Limington.
   4. JAMES, b. Aug. 15, 1815, d. Jan. 21, 1886, ae 71 yrs. 6 mos. Portland. Buried in Eastern Cemetery, Portland.
   5. JANE W., b. Mar. 17, 1824, d. Aug. 13, 1889, ae 64 yrs. 6 mos. Limerick. m. Charles Boynton of Cornish.
   6. EDMUND B., b. Sept. 5, 1818, d. Nov. 11, 1863, Portland. m. Nov. 21, 1840, Sarah F. Newcomb of Denmark, he of Westbrook.

vi. WILLIAM, b. Dec. 30, 1791, d. July 18, 1879. He moved to Raymond and was back by 1836. m. Nov. 15, 1818, Hannah Bryant, both of Limington, she b. Sept. 1, 1800, Saco, d. Apr. 14, 1859, ae 58 yrs. 7 mos. Limington. Children:
   1. OREN, b. Feb. 17, 1819, d. Mar. 19, 1899, Portsmouth, NH.
   2. SUSAN ANN, b. Dec. 2, 1820, d. May 1, 1889, S. Boston, MA. m. Nov. 13, 1852, Stephen Abbott Stackpole of S. Boston, MA.
   3. JOHN RAYMOND, b. Mar. 28, 1823, Raymond, d. Apr. 19, 1896. m. Mar. 18, 1845, Sarah Black, both of Limington, she b. Dec. 18, 1820, Limington, d. Sept. 9, 1892, ae 73 yrs. 9 mos. 3 das. Standish. Children:
      (1) SUSAN ELLEN, b. Sept., 1847, d. May 4, 1864, ae 16 yrs. 8 mos., Baldwin.

(2) FREDERICK WARRINGTON, d. Apr. 11, 1864, ae 15 yrs., Baldwin.
  (3) SARAH E., d. Apr. 11, 1864, ae 8 yrs., Baldwin.
  (4) AURELLA HARRIS, d. Apr. 15, 1864, ae 8 yrs. Baldwin.
  (5) JOHN MILTON, d. Apr. 18, 1864, ae 3 yrs., Baldwin.
4. SALLY, b. Apr. 2, 1825, Raymond, d. Sept. 15, 1827, Raymond.
5. LOUISA, b. June 15, 1827, Raymond, d. Jan. 27, 1884 Cornish. m. Jan. 28, 1847, Rufus C. Norton of Baldwin.
6. FREEMAN, b. Aug. 2, 1829, Raymond, d. June 29, 1833.
7. GEORGE, b. Nov. 2, 1831, Raymond, d. May, 1904. m. int. Apr. 23, 1853, Amanda M. Sawyer, both of Limington, she b. Sept. 4, 1832, Limington, d. Mar. 6, 1910, Boston, MA. Children:
  (1) FRANK ADELBERT, b. Nov. 5, 1853, Limington, d. Aug. 14, 1929.
  (2) FREDERICK AUGUSTUS, b. Oct. 24, 1858.
  (3) GEORGE CLINTON, b. Apr. 1, 1862, d. Nov. 19, 1937, ae 74 yrs. 7 mos. 19 das. Limington.
  (4) LILLIAN BELL, b. June 15, 1864, d. July 9, 1890 N. Limington.
8. JAMES, b. Jan. 13, 1834, Raymond.
9. SUMNER, b. Jan. 12, 1836, d. June 20, 1884, Cornish.
10. SARAH, b. Feb. 6, 1838, d. Oct. 10, 1904, Parsonsfield. m. Dec. 12, 1879 in Hyde Park, MA, William Henry Garland.
11. FRANCES ELLEN, b. Mar. 2, 1842, d. July 2, 1846.

vii. EDMUND, b. Mar. 20, 1794, d. Apr. 4, 1880, ae 85 yrs. 15 das. W. Baldwin, he of Limington. He moved to CA with his son in 1877. m. int. July 22, 1821, Abigail Nason, both of Limington, she b. 1801, Limington, d. July 5, 1867, ae 66 yrs. Children:
1. HIRAM HIGGINS, b. Aug. 28, 1822, d. Jan. 27, 1897. m. Apr. 8, 1847, Caroline Amanda Dimock of Limington, he b. Oct. 26, 1826, Limington, d. Jan. 17, 1893. Children:
  (1) IDA F., b. 1850, Biddeford, d. Feb. 27, 1935. ae 84 yrs. 11 mos. 9 das. Limington. m. Jan. 11, 1868 William H. Sawyer of Limington.
  (2) EMMA F., b. 1852. m. int. Feb. 6, 1871, Alton Gould.
  (3) FRANK H., d. Jan. 10, 1865 ae 4 yrs. 5 mos.
  (4) EDWIN H., b. 1857.
  (5) HIRAM H. JR., living 1935, Trinity, CA.
2. HANNAH L., b. 1825, d. May 4, 1882, ae 57 yrs. 5 mos. Strong. m. int. Sept. 5, 1855, Silas Burbank of Limerick, she of Limington. He d. Jan. 5, 1891 ae 77 yrs.
3. LUCY N., b. 1827, d. Apr. 3, 1902, ae 74 yrs. 9 mos. 27 das. Hiram. m. May 9, 1863, Samuel Richardson of Standish, she of Limington.
4. ANNA B., b. Apr. 5, 1829, d. June 15, 1879. m. Nov. 7, 1852, Frederick A. Davis of Dunkird, NY, she of Limington.

5. **ALMEDA**, b. 1831, d. Apr. 26, 1846, ae 15 yrs. Limington.
6. **MARY JANE**, b. Oct. 31, 1836, d. Oct. 11, 1905, ae 68 yrs. 11 mos. 10 das. Parsonsfield. m. Nov. 6, 1865, Samuel F. Piper of Parsonsfield.
7. **DR. EDMUND**, b. May 7, 1843, d. Sept. 3, 1896, Martinez, CA. Grad. Bowdoin Medical in 1871. m. Nov. 9, 1866 Sarah Stevens, both of Limington, she d. Apr. 7, 1892 ae 52 yrs., Martinez, CA.

viii. **MEHITABLE**, b. Apr. 28, 1796, d. Sept., 1868, Porter. m. Feb. 25, 1816, Joseph Kimball of Porter, she of Limington.
ix. **SEWALL**, b. July 6, 1798, d. Jan., 1800.

BROWN, JOSEPH, b. 1793, Cornish, d. 1868, Standish. He lived in Hardscrabble, then moved to York's corner, Standish, where he is buried. m. int. May 4, 1815, Catherine Keating of Scarboro, he of Limerick, she b. 1795, Boston, MA, d. 1880, Standish. Children:
i. **MARY ELIZABETH**, b. about 1819, living in 1850 ae 31 yrs. Limerick. m. Sept. 18, 1842, Peletiah Brown Jr. of Limerick, she of Standish.
ii. **GEORGE W.**, b. 1820, d. Dec. 22, 1832, ae 12 yrs. 3 mos. Limington.
iii. **JOSEPH MADISON**, b. Mar. 1, 1824, d. May 3, 1900, ae 76 yrs. 2 mos. 2 das. m. Sarah J. York of Standish.
iv. **CATHERINE J.**, b. 1828.
v. **CHARLES F.**, b. 1832, d. Mar. 26, 1895, ae 63 yrs. 4 mos. 22 das. Standish.

BUCK, REV. JAMES, b. July 14, 1787, Fifeshire, Scotland, d. July 1, 1881, ae 93 yrs. 11 mos. Dayton. He was a Methodist preacher here 1821 to 1829, then removed to Dayton. m. 1808, in Prince Edward Island, Elizabeth Laird, she d. Mar. 11, 1879, ae 86 yrs. 3 mos. Dayton. Children: first three born Prince Edward Island, next two in Casco.
i. **JOHN**, b. 1812.
ii. **ELIZABETH**, b. 1815.
iii. **ANNA**, b. 1818.
iv. **ELIJAH**.
v. **JAMES I.**, b. Nov. 24, 1819.
vi. **ELISHA**.
vii. **ADAMS**, b. 1827.
viii. **THOMAS**, b. 1831, Hollis.

BULLOCK, CHRISTOPHER, b. Jan. 22, 1761, Scituate, RI, d. Apr. 29, 1825, ae 64 yrs. Parsonsfield. He came in 1812 and moved to Parsonsfield about 1818. After his death his widow moved back to Limington to live with her son, Rev. Jeremiah Bullock. m. Hannah ____, d. Feb. 7, 1847, ae 93 yrs. Limington at her son's, where she lived after her husband's death. Children born in Royalton, MA.
i. **MARY**, b. May 23, 1781, d. by Aug. 30, 1821, Newfield. m. Nov. 19, 1809, Joseph Davis of Newfield.
ii. **SARAH**, b. Dec. 7, 1783.
iii. **WESCOTT**, b. Oct. 28, 1785.

iv. REV. JEREMIAH, b. May 21, 1788, d. Dec. 16, 1849. Limington. He was founder of the Bullockittes. Minister in town Mar., 1821. m. June 25, 1817, Almira Wescott of Gorham, he of Limington, she m. (2) Feb. 16, 1851, Andrew Cobb of Bridgton, she d. Apr. 25, 1859, ae 62 yrs. 6 mos. Bridgton. Children:
1. REV. WESCOTT, b. July 7, 1818, Limington, d. Jan. 8, 1900, Biddeford. m. Feb. 19, 1840, Elmira Cove, both of Limington, she b. July 14, 1821, Limington, d. Dec. 6, 1895, Biddeford. They moved in 1849 to Biddeford. Children:
   (1) JEREMIAH, b. Aug. 4, 1840, d. Feb. 9, 1913, ae 72 yrs. 6 mos. 5 das. Parsonsfield. m. Feb. 24, 1859 Ellen Dixon, both of Parsonsfield.
   (2) MARTHA MARIA, b. Mar. 11, 1842, d. Apr. 25, 1845.
   (3) WILLIAM R. J., b. Oct. 27, 1843, d. Oct. 6, 1878, Biddeford.
   (4) MARTHA ELLEN, b. Apr. 29, 1845, d. Feb. 7, 1899, Biddeford. m. Edgar R. Clark of Biddeford.
   (5) DANIEL SEGON, b. Dec. 10, 1846, d. July 8, 1884, ae 37 yrs. 6 mos., Biddeford.
   (6) SALLY ANN, b. Apr. 3, 1848, d. Mar. 19, 1913, Biddeford.
   (7) ALMIRA, b. Feb. 4, 1850, d. May 6, 1918, Augusta.
   (8) ELIZABETH COBB, b. Sept. 3, 1852. m. Jan. 1, 1872, Joseph H. Dearborn of Biddeford.
2. MARY, b. 1821, Limington, d. May 17, 1880, ae 58 yrs. 6 mos. Saco at her daughter's, Mrs. Paul Lord Jr. They moved in 1855 to Bridgton. m. int. Jan. 9, 1842, Daniel Segon of Limington, he b. 1816, Harve, France, d. Sept. 12, 1872, ae 56 yrs. Bridgton. Children:
   (1) CYRUS MOODY, b. Apr. 4, 1846, d. Dec. 17, 1902.
   (2) ALBERT FRANKLIN, b. 1844, d. 1930.
   (3) ARTHUR B., d. Apr. 26, 1860, ae 2 mos.
   (4) NINA B., d. Mar. 6, 1897, ae 34 yrs. 9 mos. Bangor.
   (5) HARRIET, d. Apr. 22, 1871 ae 17 yrs. Bridgton.
   (6) THERSA ANNETTE, b. Dec. 24, 1858, d. May 16, 1908, Bridgton.
3. HARRIET M., b. Jan. 9, 1824, Limington, d. Jan. 9, 1898, ae 74 yrs, Bridgton. m. int. Mar. 7, 1842, Osborne Smith of Hollis, she of Limington. m. (2) Nov. 6, 1852, George W. Freeman, both of Bridgton.

v. CHRISTOPHER, b. June 18, 1792.
vi. STEPHEN, b. Jan. 13, 1795, d. June 16, 1875, ae 80 yrs. Hiram, formerly of Bridgton. m. June 25, 1816 at Fitchburg, MA, Betsey Chase, he of Limington, she d. Jan. 28, 1854, ae 60 yrs. 9 mos. Bridgton. Child:
1. WARREN CHASE, b. Aug. 26, 1817, Limington, d. Dec. 22, 1895, Aura, NJ, formerly of Bridgton. m. Aug. 14, 1843, Sarah A. Murch, both of Bridgton.
vii. HANNAH, b. Jan. 8, 1800, d. Feb. 1, 1877, ae 78 yrs. Burlington, IA. m. int. Sept. 4, 1824, Thomas Parsons of Par-

sonsfield, she of Cornish. They moved to Burlington, IA, in 1874.

BURNHAM, DAVID, b. Mar. 19, 1799, Hollis, d. Apr. 29, 1870, ae 71 yrs. 11 mos. Biddeford. He came in 1823. m. int. Feb. 18, 1822, Ruth Laselle, both of Waterboro, she b. Jan. 11, 1794, d. Nov. 26, 1879, Hallowell. Children:
i.   CHARLES, d. Aug. 12, 1897, ae 77 yrs.
ii.   HORACE.
iii. ALEXANDER, b. 1826, d. June 6, 1854, ae 28 yrs.
iv. GEORGE O., b. 1818.
v.   AARON, b. 1821.
vi. LEONARD, b. 1832.
vii. THOMAS, b. 1834.
viii. ROYAL, b. 1836.

BURNHAM, JOEL, b. Jan. 18, 1781, d. Feb. 3, 1866, ae 85 yrs. 18 das. Standish. He established a box and shook mill on Limington Falls on Saco River in 1825. m. Nov. 27, 1799, Anna (also given as Nancy Foss) in Scarboro, she d. Sept. 2, 1860, ae 77 yrs. 3 mos. 11 das. Standish. Children seen in Limington:
i.   AMOS, b. June 7, 1806, Hollis, d. May 10, 1872, Taunton, MA. m. Feb. 11, 1830, Sally M. Whitmore.
ii. NICHOLAS STICKNEY, b. Sept. 28, 1808, Hollis, d. Dec. 8, 1873, Standish. m. May 9, 1830, Elizabeth Chick of Limington, she d. Aug. 19, 1833, ae 26 yrs. m. (2) int. Nov. 1834, Thankful H. Whitney of Standish. m. (3) Nov. 21, 1841, Hannah Hutchinson of Standish.

CARLL, PELATIAH, b. Jan. 20, 1802, Saco, d. Feb. 15, 1888, Gorham. He came about 1839. m. int. Sept. 10, 1825, Mary S. Boody, both of Limington, she b. Dec. 9, 1806, Limington, d. Nov. 29, 1879, Gorham. Children:
i.   GEORGE W., b. Feb. 20, 1826, d. Jan. 24, 1895, ae 69 yrs. 11 mos. 4 das. Gorham.
ii.   BETSEY JANE, b. Sept. 17, 1828. m. int. Nov. 21, 1847, Andrew J. Anderson of Portsmouth, NH.
iii. COMFORT ANN, b. Apr. 11, 1830, d. July 23, 1843, Limington.
iv. ASENATH BOODY, b. May 14, 1832, d. Feb. 1, 1889, ae 56 yrs. 8 mos. 14 das. m. int. Feb. 26, 1853, Ivory Wentworth, both of Limington.
v.   MARY M., b. Oct. 26, 1834.
vi. PELATIAH GARDINER, b. Mar. 13, 1837, d. Dec. 31, 1894 Westbrook. m. int. Aug. 13, 1859, Almira Hasty, both of Limington.
vii. HENRY LEE, b. May 8, 1846, Limington, d. Feb. 13, 1900, ae 53 yrs. 8 mos. 5 das. Gorham.
viii. LUCY ELLEN, b. Sept. 2, 1841, d. Sept. 9, 1843, Limington.

CHAMBERLAIN, ABIA, b. Nov. 3, 1768, Pembroke, MA, d. Nov. 18, 1856, Cape Elizabeth. He came to East Limington and lived there 1803 to 1810. m. Sept. 14, 1794 in Freeport, Sybil Merrill, she b. Feb.

21, 1779, Falmouth, d. Jan. 17, 1841, Scarboro. Children, first five born in Freeport.
i. JOSHUA, b. July 1795.
ii. EARL, b. 1797.
iii. NATHANIEL, b. Dec. 27, 1798.
iv. MARY, d. ae 1 yr.
v. CHARLES, d. ae 1 yr.
vi. MARY, b. Jan. 8, 1804.
vii. CHARLES, d. ae 11 mos.
viii. CYRUS, b. July 1807.
ix. ELLEN PORTER, b. Mar. 7, 1809.

CHANEY, REUBEN, bapt. July 26, 1767, Wells, d. Apr. 27, 1843, N. Limington. He came from Wells in 1794 and settled in Bean Neighborhood at N. Limington. m. int. Oct. 2, 1796, Abigail Neal of Cornish, he of Limington, she b. Jan. 29, 1775, living 1840, N. Limington. Children:
i. BETSEY, b. 1798, d. June 27, 1886, ae 87 yrs. 6 mos. 27 das. Fryeburg. m. Mar. 12, 1815, Humphrey A. Chadbourne of Hiram, she of Limington. He d. Feb. 23, 1876 ae 76 yrs. 10 mos. Fryeburg.
ii. HANNAH, b. 1800, d. Sept. 25, 1892, ae 91 yrs. 10 mos. Wells. m. June 8, 1820, Daniel Littlefield of Wells, she of Limington.
iii. LYDIA, b. 1805, d. Sept. 4, 1880, ae 76 yrs., Hiram, she in 1860, ae 56 yrs., living with sister in Hiram.
iv. DANIEL, b. 1806, d. Dec. 8, 1880, ae 74 yrs. Limington. m. Jan. 1, 1829, Martha Jane Porter, both of Limington, she b. Feb. 9, 1806, Bridgton, d. Nov. 18, 1870, ae 64 yrs. 9 mos. 9 das. Limington. Children:
1. JULIA ANN, b. 1830, d. June 27, 1862 ae 32 yrs. 1 mo. 5 das. Cornish. m. Apr. 25. 1852, Daniel Pugsley of Cornish, she of Limington.
2. DEBORAH N., b. 1833. d. Oct. 21, 1899, ae 66 yrs. 8 mos. 23 das. Bridgton. m. Daniel F. Perkins.
3. ADALINE P., b. 1835.
4. HANNAH A., b. 1836, d. Apr. 9, 1909, ae 72 yrs. 8 mos. 11 das. Scarboro. m. Jan. 15, 1860, Moses W. Pugsley of Cornish, he d. Mar. 31, 1883, ae 56 yrs. 7 mos. Limington.
5. JANE AUGUSTA, b. Aug. 19, 1843, d. Mar. 17, 1914, ae 70 yrs. 6 mos. 4 das. m. int. May 3, 1875, John Cole of Cornish, he b. Feb. 16, 1819, Limington, d. Jan. 25, 1907, Limington.
6. DANIEL DUNBAN, b. 1843, d. Aug. 21, 1859, ae 16 yrs. Limington.
7. REUBEN ASHEL, b. Oct. 26, 1849, d. Oct. 23, 1919, Cornish.
v. PERSIS, b. 1807-1809. m. May 17, 1831 Rufus Gray of Cornish, she of Limington, both he and she d. between Mar. 1832 - Oct. 1834. Child:

        1. **ERASTUS GRAY**, d. Feb. 21, 1906, ae 73 yrs. 11 mos. Portland.
vi.   **MARY W.**, b. June, 1810, d. Jan. 10, 1879, ae 68 yrs. 6 mos. 20 das. Hiram. m. Mar. 18, 1832, Eli Wadsworth of Hiram, she of Limington, he d. Oct. 29, 1851, ae 50 yrs. Hiram.
vii.   **DEBORAH**, b. 1810-1813, d. Nov. 6, 1831, Limington.
viii. **ABIGAIL ANN**, b. May 26, 1814, d. Jan. 29, 1877, ae 62 yrs. 8 mos. 3 das. Limington. She left 4 sisters, 1 brother. m. May 3, 1840, Freeman McKenney, both of Limington.
ix.   **REUBEN JR.**, b. 1817, living 1850 Hiram, d. Apr. 12, 1856, ae 38 yrs. Hiram. m. int. Jan. 30, 1843, Betsey Durgin of Hiram, she d. Sept. 4, 1884, ae 65 yrs. 8 mos. 16 das. South Hiram. Child:
        1. **MARY ELLEN**, b. May 2, 1843, d. July 4, 1904, ae 61 yrs. 19 das. Hiram. m. Nov. 28, 1869 Robert Lord both of Hiram. m. (2) Otis Hodsdon of Hiram.

CHAPMAN, GEORGE, b. 1770, Kittery, d. June 27, 1851, ae 82 yrs. 1 mo. Baldwin. He came in 1808 from Sanford and left in 1830. m. Aug. 12, 1798 in Sanford, Olive Garey, she b. Sept. 10, 1776, Sanford, d. Oct. 15, 1847, ae 72 yrs. 1 mo. Baldwin. Children:
i.   **EUNICE**, b. July 6, 1799, Sanford, d. Sept. 21, 1883, Baldwin. m. Apr. 13, 1824, Calvin Lombard of Limington.
ii.   **ABRAHAM**, b. Apr. 28, 1801, d. Aug. 20, 1890, ae 89 yrs. Porter.
iii.   **OBED**, b. 1803, d. Oct. 19, 1882, ae 79 yrs. 7 mos. 23 das. Porter.
iv.   **JAMES**, living 1821, Limington.
v.   **WILLIAM**, b. 1807, d. Sept. 19, 1878, ae 71 yrs. 9 mos. Porter.
vi.   **GAREY**, b. 1809, living 1850, ae 41 yrs. Bucksport.
vii. **OLIVE**, b. Apr. 30, 1811, d. Jan. 1900, ae 88 yrs. 8 mos. 26 das. Lovell.
viii. **ISAAC**, b. June 23, 1813, d. Apr. 24, 1885, Lovell.
ix.   **MEHITABLE**, b. 1817, d. Aug. 5, 1838, ae 21 yrs. 3 mos.
x.   **SYLVANIA**, b. Feb. 10, 1820, d. June 22, 1893, ae 73 yrs. 4 mos. 12 das. Hiram.
xi.   **EBENEZER**, b. 1822, living 1850, Hiram.

CHASE, ABNER, b. Apr. 9, 1768, Saco, d. May 3, 1847, ae 79 yrs. E. Limington. He lived on the farm where the Octogon House is located at E. Limington. m. Jan. 15, 1798 in Saco, Elizabeth (Hight) Chase, widow of Amos Chase of Saco, she bapt. Aug. 14, 1768, Berwick, d. July 5, 1851, ae 83 yrs. Limington. Children by her former marriage to Amos Chase were:
i.   **BETSEY HIGHT**, b. Sept. 18, 1788, Saco, d. Apr. 14, 1878, Westbrook. m. Apr. 14, 1807, Edward Kennard Jr. of Limington, he b. Dec. 2, 1788, Kittery, d. Sept. 2, 1878, ae 89 yrs. 9 mos. Westbrook.
ii.   **HANNAH**, b. Oct. 11, 1790, Saco, d. Feb. 9. 1871, Saugus, MA. m. Apr. 1, 1810, William Waterhouse of Saco, she of Limington.

iii. EUNICE H., b. Jan. 31, 1793, Saco, d. Oct. 23, 1878, ae 85 yrs. 8 mos. Limington. m. Sept. 30, 1827, George Small of Limington, he b. Oct. 21, 1892, Gray, d. Nov. 7, 1865. Limington.

Children by Abner Chase were:
i. SARAH COLE, b. Aug. 25, 1798, d. July 11, 1840, ae 41 yrs. 10 mos. Baldwin. m. int. July 12, 1835, John Goodwin of Baldwin, she of Limington.
ii. MARY, b. 1803, d. Nov. 18, 1868, ae 65 yrs. Milan, NH. m. Oct. 8, 1823, Joshua Parker of Standish, she of Limington, he b. June 2, 1800, Standish, d. Apr. 25, 1878, ae 78 yrs. Milan, NH. They moved to Swedan, ME, in 1841.
iii. HARRIET, b. 1805, d. Oct. 17, 1818, ae 13 yrs. 6 mos.
iv. AMOS HILL, b. 1807, living 1860, Limington. m. int. May 23, 1836, Lydia Davis of Limington, she b. May 17, 1802, Limington, d. Nov. 7, 1856, ae 54 yrs. Limington. m. (2) int. June 4, 1859, Mary (Davis) Smith, widow of Alexander Smith of Limington, she d. Apr. 25, 1882, ae 86 yrs. Limington. Children:
   1. ELIZABETH, b. 1839, Limington, d. 1864, Limington. m. May 9, 1857, Darius Gustin, both of Limington, he d. Aug. 16, 1914, ae 77 yrs. 11 mos. 21 das. Gorham. Buried in Gorham village cemetery.
   2. DANIEL F., b. 1844, Limington, d. 1864.
v. JAMES MADISON, b. May 23, 1808, d. Apr. 22, 1878, Hiwatha, KS. m. July 5, 1835, Abigail Trull of Sweden, he of Limington. They moved west in 1858. Children:
   1. ELDRIDGE, b. July 24, 1836, Limington.
   2. HARRIET, b. Oct. 18, 1840, Limington.
   3. LEWIS E., b. Nov. 13. 1848, Limington.
vi. LYDIA ANN, b. Oct. 10, 1811, d. 1889. They in 1850 of Limington. m. Dec. 2, 1830, Thomas Blossom Stockin, both of Limington, he b. Jan. 1, 1805, Monmouth, d. Oct. 23, 1890, ae 85 yrs. 9 mos. Watertown, MA. Buried Evergreen Cem., Portland. Children:
   1. ABNER CHASE, b. Aug. 30, 1831, Limington, d. Jan. 11, 1901, Watertown, MA.
   2. THOMAS EDWIN, b. 1844, Limington, d. Oct., 1850.

CHASE, DEACON AMOS, b. Nov. 25, 1752, Saco, d. Mar. 22, 1825, ae 72 yrs. East Limington. He came with his father from Buxton as squatters and started to construct a sawmill in May or June, 1773 on Little Ossipee River at East Limington. He was granted 200 acres where he settled for having built the first mill. He was the first settler in town. His log cabin was located in area of Hubbard Avenue Road. He is buried in family cemetery where his two young grandsons are buried, near the mouth of Little Ossipee River. m. Apr. 28, 1774, Emma Elden of Buxton, he of Limington, she b. July 9, 1756, Biddeford, living 1810 census. Children born in Limington:
i. JOHN ELDEN, b. Aug. 31, 1775, d. May 7, 1810, ae 34 yrs. E. Limington. m. Jan. 13, 1797, Abigail Hooper of Gorham, she b. Dec. 19, 1778, Marblehead, MA, d. Jan. 30, 1875, ae 96

yrs. 1 mo. 10 das. Corinth, ME, she buried Mt. Hope cemetery, Bangor. She m. (2) Dec. 21, 1814, Abner Chase of Limington, brother of her husband, he b. Nov. 12, 1784, Limington, drowned Little Ossipee River, Apr. 24, 1816 at E. Limington. Children born in Limington:
1. **ELIZABETH**, b. Jan. 14. 1799, d. Dec. 4. 1832, Albany, ME. m. May 14, 1818, Joseph H. Waterhouse, both of Limington, he b. July 15, 1793, Standish, d. Apr. 2, 1869, Albany, ME.
2. **JOHN ELDEN**, b. Feb. 11, 1801, d. July 26, 1885, ae 84 yrs. Bradford. m. May 12, 1822, Fanny York of Standish, he of Limington, she d. Sept. 22, 1884, ae 84 yrs. Bradford. Children:
    (1) **LEWMAN G.**, b. Oct. 1822, d. Sept. 2, 1895, ae 72 yrs. 11 mos. Bradford. m. Oct. 2, 1844 Mary J. Lyshon both of Bradford.
    (2) **SUSAN N.**, b. 1826, d. May 28, 1894, ae 67 yrs. 9 mos. 3 das., Garland.
    (3) **ELIJAH G.**, b. June 7, 1833, d. Feb. 16, 1917, ae 83 yrs. 8 mos. 9 das.
3. **ABIGAIL**, b. Oct. 26, 1804, d. Dec. 10, 1882, ae 76 yrs. Baldwin. m. Sept. 7, 1823, Theophilas Dyer of Limington, he b. Apr. 20, 1802, Limington, d. Aug. 1870, Sebago.
4. **EMMA**, b. Feb. 10, 1807, d. July 12, 1824.
5. **HOOPER**, b. June 30, 1809, d. Dec. 15, 1898, Bangor. m. Nov. 6, 1831, Susan H. Small, both of Limington, she d. Jan. 31, 1842, ae 30 yrs. Limington. m. (2) Feb. 22, 1843, Mercy Pease of Cornish, she b. Aug. 7, 1813, Cornish, d. Nov. 25, 1883 Bangor. They moved to Bangor in 1851. Children.
    (1) **ERNESTINE**, b. 1833, Standish, d. Jan. 4, 1869, ae 35 yrs. 5 mos. Bangor. m. Moses Giddings of Bangor.
    (2) **FRANCES ELLEN**, b. 1837. m. John Frederic Bean.
    (3) **JOHN P.**, b. Jan. 14, 1847, d. May 30, 1870, Bangor.
    (4) **SIDNEY H.**, b. 1858, d. June 21, 1865. ae 7 yrs. 1 mo. 21 das.
ii. **ABNER**, d.y.
iii. **AMOS**, bapt. May 25, 1777, d. Nov. 7, 1831, Bangor.
iv. **ABNER**, b. Nov. 12, 1784, drowned in Little Ossipee River at E. Limington, Apr. 24, 1816. m. Dec. 21, 1814, Abigail (Hooper) Chase, widow of his brother. Children:
    1. **LEWMAN**, d. infancy.
    2. **SOPHRONIA**, b. Jan. 1, 1817, d. Apr. 16, 1887, ae 70 yrs. Portland. m. June 17, 1836, Sidney Thaxter of Portland.
v. **EMMA ELDEN**, b. July, 1787, d. June 20, 1828, Bridgton. m. Oct. 17, 1804, James I. Libby, both of Limington, he b. Jan. 11, 1779, Scarboro, d. Mar. 2, 1868, ae 80 yrs. Bridgton.
vi. **DEBORAH**, b. May 10, 1789, d. June 6, 1838, ae 40 yrs. m. Mar. 3, 1808, Josiah Chase, both of Limington, he b. June 11, 1784, South Berwick, d. June 4, 1851, Limington. Site of the present George Chase place at E. Limington, was his house, burned Feb. 27, 1814. Children born in Limington.

1. **JOSIAH E.**, b. Feb. 1, 1809, d. Feb. 27, 1814.
2. **AMOS**, b. Aug. 17, 1810, d. Feb. 27, 1814, both burned in house fire.
3. **COL. JOHN**, b. Mar. 17, 1812, d. Apr. 7, 1894, E. Limington. m. Aug. 19, 1832, Catherine Waterhouse of Saco, she b. Jan. 12, 1814, Saco, d. Dec. 29, 1835, Limington. m. (2) Sept. 11, 1837, Harriet B. Neal of Portland, she d. Feb. 2, 1854, ae 42 yrs. Limington. m. (3) int. Aug. 17, 1854, Mrs. Harriet M. (Knapp) Elder of Standish, widow of Freeman of Windham, she d. Oct. 30, 1885, ae 56 yrs. Limington. The only child of Harriet M. Knapp & Freeman Elder of Gorham, m. Nov. 17. 1850, was Augustus F. Elder, b. Feb. 1852, d. June 8, 1874. ae 22 yrs. 4 mos. Cedar Rapids, IA. He was at office of city engineer for several mos., 2 yrs. since graduating from Dartmouth College. Children born in Limington:
    (1) **MARTHA WATERHOUSE**, b. Mar. 3, 1833, d. Apr. 28, 1846, ae 13 yrs. Limington.
    (2) **WILLIAM H.**, b. July 29, 1838, d. Aug. 1, 1869. m. int. July 9, 1861, Lizzie H. Warren of Standish.
    (3) **JOHN FRANKLIN**, b. May 20, 1855, d. Feb. 3, 1938, Standish, moved to Saco in 1887. m. June 25, 1884, Lizzie Small of Limington.
    (4) **AMOS HOWARD**, b. June 1, 1857, d. Mar. 12, 1858.
    (5) **AMOS HOWARD**, b. Oct. 16, 1859, d. 1950, Limington. m. Jan. 26, 1887, Laura D. Larrabee, she b. 1859, d. 1950.
    (6) **SARAH ISABEL**, b. Apr. 30, 1869, d. Feb. 1, 1927, ae 57 yrs. 9 mos. 1 da. Limington.
4. **HANNAH ELIZA**, b. Dec. 2, 1814, d. Oct. 30, 1844, Hiram. m. July 13, 1832, Dominicus Harmon Jr. of Standish, she of Limington.
5. **SARAH**, b. Jan. 7, 1818, d. June 26, 1891, Westbrook. m. Mar. 26, 1861, William C. Brown.
6. **CAPT. JOSIAH ELDEN**, b. May 25, 1819. d. Jan. 16, 1898, ae 78 yrs. 7 mos. 21 das. Fairhaven, MA. He was a Whaling-sea captain, who built the Octogon House. m. June 7, 1854, Julia E. Brown of Hallowell, she b. Feb. 17, 1832, Hallowell, d. Sept. 15, 1915, E. Limington. Children:
    (1) **STEPHEN E.**, b. Aug. 8, 1855, Farmingdale, d. Aug. 8, 1865, E. Limington.
    (2) **FLORENCE ADA**, b. July 29, 1859, d. Dec. 4, 1883, Gorham. m. int. July 31, 1880, Fred Henry Johnson of Gorham.
    (3) **CHARLES NICHOLS**, b. June 26, 1865, d. Feb. 2, 1948, E. Limington. m. Oct. 6, 1887, Fannie E. Meserve, both of Limington.
    (4) **MARY EMMA**, b. Sept. 15, 1867, d. Mar. 11, 1949, ae 81 yrs. 5 mos. 25 das. Limington. m. Apr. 9, 1887, Michael Baker of E. Limington.

(5) JULIA E. (LOU), b. Feb. 1, 1875, Norfolk Island, Pacific Ocean. m. Aug. 21, 1895 in Fairhaven, MA, Christian B. Bors.
7. HARRIET N., b. Dec. 27, 1821, d. Mar. 28, 1859, Westbrook. m. Oct. 20, 1849 in Westbrook, William C. Brown of Gorham, he b. 1816, d. 1889.
8. CAPT. AMOS A., b. Oct. 25, 1828, d. Feb. 26, 1915, Westbrook. He was a sea captain, 44 yrs. at sea. m. Aug. 2, 1860, Louise D. Brown of Westbrook, he of Limington, she d. Jan. 20, 1910, ae 71 yrs. 10 mos. 10 das. Westbrook.
9. EMMA A., b. Apr. 9, 1830, d. Jan. 20, 1866, ae 34 yrs. 9 mos. E. Limington. m. Feb. 3, 1853, Henry Clinton Small, both of Limington.

vii. OLIVER SAWYER, b. Sept. 16, 1792, d. Mar. 31, 1825, ae 32 yrs. Limington. m. Nov. 15, 1822, Katherine Miller, both of Limington. Children:
1. EMMA E., b. Apr. 20, 1822, d. Sept. 15, 1857. m. May 16, 1842, Gideon L. Norcross.
2. STEPHEN SAWYER, b. May 4, 1823, living 1850 Limington. m. Nov. 1, 1857, Eliza Morey.

viii. MOSES, b. Apr. 14, 1796, d. Mar. 1, 1842, Scarboro. m. Mar. 5, 1818, Mary Libby of Limington, she b. Dec. 26, 1796, d. Mar. 16, 1862, Osage, IA. He was a veteran of 1812 and in 1826 moved to Scarboro. Four children born in Limington:
1. MESERVE, b. Apr. 12, 1819, d. May 19, 1819.
2. MARIA, b. June 14, 1820.
3. SUMNER BURNHAM, b. Oct. 4, 1821, d. Jan. 19, 1891, Osage, IA.
4. JACOB LIBBY, b. Oct. 27, 1823.

CHASE, JOSEPH, b. Oct. 10, 1754, Saco, d. Mar. 1, 1811, ae 56 yrs. Standish. (*Eastern Argus*, Apr. 18, 1811) gravestone gives Mar. 1, 1812. He lived in Standish, but his widow and some of his children came to Limington. He is buried in Burnham cemetery in Standish, located near E. Limington Bridge. m. Sept. 5, 1776, Olive Woodman in Buxton, he of Limington, she bapt. Feb. 1, 1756, d. Apr. 9, 1840, ae 87 yrs. Limington, she m (2) Oct. 10, 1816, Josiah Black of Limington, she of Standish. Children:
i. MARY, b. Apr., 1777, d. May 9, 1859. ae 82 yrs. 1 mo. Limington. m. Oct. 8, 1795, Benjamin Small of Limington, she of Standish, he b. Feb. 11, 1771, Scarboro, d. Sept. 9, 1845, Limington.
ii. DANIEL, b. June, 1779, d. unm. at sea.
iii. AMOS, b. Jan., 1781. m. int. Jan. 6, 1805, Hannah Chase of York, he of Limington.
iv. NATHAN W., b. Aug., 1782, d. Nov. 6, 1868, ae 85 yrs. Bangor. m. May 9, 1805 Annis M. Ayer, who d. June 17, 1867, ae 82 yrs. Bangor.
v. OLIVE GRAY, b. Apr. 27, 1786, d. Jan. 30, 1851, Limerick. m. int. Nov. 27, 1803, Abner Libby of Limington, she of Standish,

he b. May 29, 1781, d. Mar. 21, 1864, ae 82 yrs. 10 mos. Limerick.
vi. JOSEPH, b. Dec. 23, 1788, d. May 16, 1866, Upton.
vii. JOHN, b. May 25, 1790.
viii. SARAH C., b. Aug. 31, 1793, d. Mar. 18, 1874, Limerick. m. int. June 19, 1814, Stephen Libby, he b. Nov. 26, 1793, Limington, d. July 7, 1869, Limerick.

CHASE, JOSIAH, b. Feb. 7, 1772, York, d. Apr. 8, 1846, Carratuck, ME. He came from York in 1797 and lived at E. Limington where he established a clothier's business. He left soon after 1806. m. Aug. 12, 1793, Alice Bennett of Sanford, he of York, she b. Sept. 3, 1771, Sanford. Children:
i. EDWARD, b. Aug. 29, 1794.
ii. RUFUS, b. Apr. 21, 1796.
iii. GEORGE, b. May 24, 1798.
iv. SOPHIA, b. Aug. 23, 1800.
v. JOSIAH JR., b. July 7, 1805.
vi. ABIAL, b. Dec. 9, 1810.
vii. ELVIRA, b. Oct. 30, 1812.

CHICK, EPHRAIM, b. ca 1755, Falmouth, d. Dec. 30, 1806, ae 51 yrs. Falmouth. (*Eastern Argus*, Jan. 8, 1807). He came from Stroudwater section of Westbrook, about 1781 and settled on lot 8, range G, before returning to Stroudwater in 1800. m. Mar. 16, 1782, Phebe Cobb of Gorham. She d. Apr. 6, 1819, ae 63 yrs. Limington. She m. (2) Ammi Choat, who m. (1) Aug. 17, 1793, Marian Powers of Fryeburg, he of Brownfield. He b. Sept. 15, 1742, Kingston, d. 1816 Limington, NH. A Revolutionary soldier. Child:
i. JAMES SMALL, b. Nov. 24, 1782, Limington, d. Jan. 7, 1855, ae 72 yrs. Limington. m. Feb. 25, 1808 in Falmouth, Susanna R. West of Standish, she b. July 11, 1792, Standish, d. Jan. 5, 1859. ae 66 yrs. They buried Steep Falls cemetery. Children, except for the first, all born in Limington.
   1. SOPHIA ANN, b. Nov. 25, 1809, Falmouth, d. Aug. 22, 1883, ae 74 yrs. 6 mos. Falmouth. m. ___ Morrell. m. (2) Dec. 4. 1845, William Green of Westbrook, she of Portland.
   2. MARY JANE, b. Mar. 14, 1812, d. July 11, 1879, ae 67 yrs. 4 mos. Sebago. m. Oct. 9, 1831, George D. Crawford of Falmouth, she of Limington, he d. Jan. 19, 1884 ae 80 yrs. 3 mos. Sebago. Children:
      (1) JAMES PHINLEY, b. Feb. 2, 1835, d. Feb. 6, 1912, Baldwin, he for 50 yrs. resident of Baldwin.
      (2) CHARLES H., b. Nov. 25, 1836, Baldwin, d. June 29, 1914, Limington. m. Feb. 25, 1860, Mary Davis, both of Limington. Children:
         (i) FRED, b. Feb. 5, 1863, d. July 2, 1945, ae 83 yrs.
         (ii) CELIA M., b. June, 1865, d. May 6, 1939. ae 73 yrs. 10 mos. 24 das. Limington.

      (iii) **CHARLES H.**, b. June, 1867, d. Oct. 25, 1949, ae 82 yrs. 7 mos. 23 das. Limington.
    (3) **GEORGE HENRY**, b. Sept. 6, 1841, Falmouth, d. Jan. 17, 1922, Sebago, m. Apr. 1, 1867, Eliza J. Clough of Parsonsfield.
    SUSAN ANGELAR, b. 1848, Falmouth, living 1880, Limington.
3. **LYDIA M.**, b. May 15, 1814, d. Mar. 25, 1880, Chelsea, MA. m. Nov. 19, 1839, Jesse S. Morrison, both of Limington.
4. **LAVINIA**, b. Aug. 20, 1816, d. July 7, 1893, Denmark. m. Apr. 7, 1839, John Nason Jr., both of Limington, he b. May, 1814, d. Aug. 20, 1870, ae 56 yrs. 3 mos. Denmark.
5. **PHEBE COBB**, b. Mar. 6, 1819, d. Dec. 28, 1865, Portland. m. int. Apr 6, 1839, m. May 3, 1839, Joseph Green of Portland. He d. Apr. 2, 1865, ae 52 yrs. 11 mos. Children:
    (1) **ELIZA ANN**, b. June 1, 1837, Falmouth, d. Oct. 11, 1915, Limington. m. int. Nov. 28, 1856, Lyman Nason of Limington.
    (2) **GEORGE W.**, b. 1838, Limington.
    (3) **SUSAN P.**, b. 1840, Limington, living in 1908. m. George W. Morrison of Albany, ME.
    (4) **CYRUS**, d. Nov. 1, 1847, ae 5 yrs. Limington.
    (5) **HENRY M.**, b. 1846, Limington, d. May 4, 1934 Chelsea, MA.
    (6) **CYRUS D.**, b. 1849, Limington, d. Jan. 30, 1917 Everett, MA.
    (7) **WILLIAM JOSEPH**, b. 1851, d. Feb. 16, 1908, ae 56 yrs. 11 mos. 1 da. Limington.
6. **HENRY S.**, b. June 18, 1822, d. Oct. 30, 1885, Concord, NH. m. int. Apr. 29, 1848, Frances A. Sturgis of Standish, he of Biddeford, she b. July 17, 1829 Standish, d. Oct. 8, 1908. Children:
    (1) **WILLIAM H.**, d. July 23, 1929, ae 71 yrs., Boston, MA. m. Apr. 11, 1867, Anna S. Denton.
    (2) **CORA E.**, b. 1860, Standish. m. Mar. 25, 1896, Olin D. Page of Chelsea, MA.
7. **JAMES MONROE**, b. Nov. 30, 1824, d. May 17, 1892, ae 67 yrs. 5 mos. 17 das. Standish. m. July 16, 1848, Mary Jane Warren of Standish, he of Limington, she b. Dec. 25, 1829, Standish, d. Aug. 27, 1858, ae 28 yrs. 8 mos. 2 das. m. (2) int. Apr. 26, 1859, m. May 1, 1859, Rhoda A. Smith of Standish, she d. Apr. 21, 1912, ae 75 yrs. 3 mos. 25 das. Standish. Children:
    (1) **JAMES CYRUS C.**, d. Feb. 8, 1850, ae 2 mos. Limington.
    (2) **ERNESTINE A.**, b. Dec. 5, 1850, d. July 23, 1902, ae yrs. 7 mos. 2 das. Portland. m. Nov. 7, 1869 Rufus A. Roberts of Gorham. m. (2) July 3, 1880 in Effingham, NH. George H. Fogg.
    (3) **JOSEPHINE E.**, d. May 18, 1852, ae 1 yr. 5 mos. Limington.

(4) **MARY LIZZIE**, b. Mar. 20, 1860, d. Jan. 7, 1916, Portland. m. July 4, 1878 in Standish, Albert Rounds Fogg of Windham.
(5) **JOSEPHINE A.**, b. 1861, d. Feb. 11, 1881, ae 19 yrs. 2 mos. Standish.
(6) **JAMES HENRY**, b. Jan. 16, 1869, Standish, d. Mar. 30, 1936, Portland.
8. **NOAH BENNETT**, b. Sept. 15, 1826, d. Sept. 30, 1904, ae 78 yrs. 11 mos. 20 das. Standish. m. int. Apr. 20, 1851, Abigail Bean of Hollis, he of Limington, she d. Jan. 1, 1874, Standish. m. (2) Aug. 13, 1875 in Effingham, NH, Jennie L. Lord of Denmark, she b. May 6, 1858, Denmark, d. 1889. Moved about 1864 to Standish Plains, near Higgins Corners. Children:
   (1) **JAMES STILLMAN**, b. May 13, 1856, Limington, d. Apr. 27, 1922, Standish.
   (2) **GARDINER L.**, b. Mar. 10, 1861, Limington.
   (3) **ELDORA**, b. June 9, 1863, Limington.
   (4) **MARY ALMEDA**, b. Jan. 18, 1867, Standish.
   (5) **MAJOR F.**, b. Nov. 20, 1870, Standish.
   (6) **EDMOND**, b. Dec. 28, 1872, Standish.
   (7) **EDWARD WILLIS**, b. Sept. 17, 1876, Standish, one of Twins with (8) below.
   (8) **FRED W.**, b. Sept. 17, 1876, Standish.
   (9) **ABBY L.**, b. Nov. 1879, Standish.
   (10) **HARRY ANDERSON**, b. Aug., 1882, Standish.
   (11) **IDA MAY**, b. Apr. 23, 1884.
   (12) **FREEMAN ISAAC**, b. Oct. 26, 1887, Standish.
9. **JOSEPH EPHRAIM**, b. July 14, 1829, d. Feb. 24, 1902, Standish. m. Oct. 5, 1856, Sarah E. Mayo of Baldwin, he of Limington, she d. July 30, 1896, ae 70 yrs. E. Baldwin. Children:
   (1) **EDWARD M.**, b. Nov. 16, 1858, d. Dec. 31, 1925, Portland. m. Dec. 19, 1889, Lella B. Warren of Standish, he of Baldwin.
   (2) **RALPH SCOTT**, b. Sept. 13, 1863, d. July 15, 1922, Limington. m. int. Sept. 20, 1884, Cora Ella Nason, both of Limington.
10. **SUSAN R.**, b. June 3, 1832, d. Feb. 14, 1901, ae 68 yrs. 8 mos. 11 das. Sebago. m. Oct. 11, 1854, Thomas Thombs of Boston, she of Portland.
11. **SARAH ELIZA**, b. Dec. 27, 1836, d. July 18, 1933, ae 96 yrs. Melrose, MA. m. Mar. 5, 1889 Edward Warren Knight both of Chelsea, MA.
12. **SAMUEL B.**, b. Apr. 19, 1839, d. Apr. 21, 1839.

CHICK, NATHAN, he moved from Kittery to Falmouth (Stroudwater section, now Westbrook) and was the ancestor of the Limington Chicks. m. Jan. 8, 1742, Mary Small, she b. June 26, 1724, Kittery, and an heir to Francis Small. m. (2) in Falmouth, Aug. 6, 1789, Abigail (Wallace) Crockett, she came from Westbrook in Sept., 1819, as a pauper to live with her daughter, Patience (Wallace) Strout, she

d. by gravestone Dec., 1819, ae 83 yrs. She probably d. Jan., 1820, as given by Gorham and Limington death records. Her death notice given in Feb. 22, 1820 issue of Portland *Gazette*, giving her age as 85 yrs. Children: (all but Martha and Mary came to Limington as early settlers)

i.   SARAH, b. ca 1742, Kittery. m. int. Oct. 2, 1762, Jonathan Nason of Falmouth.
ii.   MARTHA, d. in Westbrook. m. June 12, 1788 in Falmouth, Jonathan Adams.
iii.   MARY, living 1797, Falmouth, buried in village in Gray, ME. m. Sept. 18, 1774 in Falmouth, Jonathan Thompson, he of Gray in 1803, in 1808 of Falmouth.
iv.   NATHAN, b. ca 1754, d. 1808, Limington.
v.   EPHRAIM, b. 1755, d. Dec. 30, 1806, ae 51 yrs. Falmouth.
vi.   PETER, b. July 16, 1761, d. Apr. 7, 1821, Limington.
vii.   ABIGAIL, b. Feb. 21, 1763, d. Mar., 1795, Gorham. m. June 25, 1782, Nicholas Cobb of Falmouth.
viii. ELIZABETH, b. June 7, 1765, d. May 10, 1843, Limington. m. Mar. 31, 1788 in Falmouth, Azariah Boody.
ix.   EUNICE, m. Apr. 13, 1788 in Falmouth, Job Foss. m. (2) Aug. 27, 1803, John Haskell.

CHICK, NATHAN, b. ca 1754, Falmouth, d. 1808, Limington. He settled early on 100 acres, lot 8, range E in Limington Village. m. in 1776, Hannah Small of Scarboro, he b. Nov. 7, 1758, Scarboro, living 1790. They m. in Falmouth, Sept. 19, 1776. m. (2) Sept. 10, 1797, Sally Tarbox, both of Limington, she may have been the Sarah Murch who married in 1791, James Tarbox and was his widow. She may have been bapt. Mar. 27, 1768, Biddeford, d. Dec., 1840, Limington. Children:

i.   WILLIAM, b. Dec. 5, 1778, d. Sept. 7, 1841, ae 65 yrs. 9 mos. Limington. m. July 17, 1800, Selina Sawyer of Standish, he of Limington, she d. Jan. 27, 1826, ae 44 yrs. 4 mos. Limington. m. (2) Aug. 10, 1826, Eliza Libby, both of Limington, she b. June 23, 1794, Scarboro, d. July 8, 1890. Children:
       1. HANNAH, b. Nov. 16, 1800, d. Dec. 28, 1800.
       2. LEVI, b. Apr. 4, 1802, Standish, d. May 24, 1876, ae 74 yrs. Limington. m. Nov. 11, 1830, Selina Hamblen of Brownfield, she b. June 24, 1806, Limington, d. Jan. 30, 1892, ae 86 yrs. 7 mos. 18 das. Limington. Children born in Limington.
            (1) ANN MARIA, b. Feb. 5, 1832, d. Oct. 13, 1864, ae 32 yrs. 8 mos. 8 das. Limington. m. int. Jan. 27, 1855, Dennis Marr Meserve, both of Limington.
            (2) EDGAR MELLEN, b. Apr. 21, 1833, d. June 16, 1894 of Bright's disease, Limington. m. int. May 16, 1858, Lizzie Gove, both of Limington, she b. July 8, 1831, Limington, d. July 4, 1911, Limington. Children:
                (i) CLARA E., b. Nov. 16, 1858, d. Feb. 15, 1938, Arlington, MA. m. May 9, 1878 Justin A. Davis of Hollis.

  (ii) HENRY CLINTON, b. Feb. 23, 1860, d. Aug. 3, 1905, Limington. m. July 7, 1884, Alice Wallace Goodall.
  (iii) FRED E., b. July 5, 1867, d. Nov. 19, 1942, ae 75 yrs. 4 mos. 4 das. Limington.
 (3) FREDERIC LOWELL, b. 1837, d. Nov. 9, 1903, Hampton, IL. He was in Civil War.
 (4) HENRY CLINTON, b. 1839, d. July 1, 1847, ae 7 yrs. 11 mos. Limington.
3. WILLIAM, b. Nov. 17, 1804, d. Oct. 12, 1872, Limington. He called "Blind Chick" and lived half-way up Strout's Hill. He was a pillar of the Baptist Church in town. m. May 24, 1825, Eleanor Pike of Saco, he of Limington, she b. Oct. 13, 1804, Saco, d. July 8, 1890, Somerville, MA. Children:
 (1) SARAH D., b. May 17, 1826. m. Sept. 2, 1847, S. E. Blake.
 (2) FREDERICK ALONZO, b. Jan. 24, 1828, d. May 7, 1828, ae 4 mos. Saco.
 (3) MARY S., b. Apr. 4, 1829, d. Nov. 10, 1905, ae 76 yrs. 7 mos. 6 das. m. Feb. 8, 1867 Jonathan Jenness of Boston, MA.
 (4) CHARLES HENRY, b. Apr. 1, 1833, d. Apr. 26, 1913 ae 80 yrs. 26 das. West Fairlee, VT. m. July 5, 1863, in Taunton, MA, Lois O. Brown.
 (5) JOHN PIKE, b. July 8, 1835, d. Jan. 21, 1916, ae 80 yrs. 6 mos. 13 das. Medford, MA.
 (6) ELIZABETH AMANDA, b. June 7, 1837, d. Dec. 12, 1911 ae 74 yrs. 6 mos. 5 das. Boston, MA.
 (7) FREDERICK ALONZO, b. Apr. 15, 1839, d. Dec. 2, 1865, ae 26 yrs. 7 mos. 17 das. Limington. m. Oct. 10, 1864. Mary Baldwin.
 (8) ANDREW S., b. June 16, 1841, in 1890 of Boston, MA.
 (9) MELBOURNE, b. Oct. 22, 1843, d. July 7, 1922, ae 78 yrs. 9 mos. 22 das. Leeds. m. Dec. 25, 1870, Lucy Ann Warren, both of Limington, she b. Mar. 11, 1853, Hiram, d. Mar. 5, 1916, Medford, MA. He lived on his father's place which burned Aug. 4, 1889. Children:
  (i) LAURA ETTA, b. Nov. 24, 1871.
  (ii) MARY LIZZIE, b. July 5, 1875.
  (iii) CHARLES EDWARD, b. Sept. 6, 1881.
  (iv) BERTHA, b. Mar. 26, 1891.
  (v) JUSTIN IVAN, b. Feb. 25, 1893.
 (10) WILLIAM H., b. Aug. 17, 1845, d. Mar. 16, 1906 ae 60 yrs. 6 mos. 27 das., Boston, MA. m. Jan. 1, 1868 in Boston, MA, Katie M. Moore both of Boston, MA. In 1870 of Boston, MA, and in 1890 of Chicago, IL.
 (11) HERBERT A., b. Aug. 11, 1850, d. May 27, 1897, ae 46 yrs. 9 mos. 16 das. Somerville, MA. m. Lizzie A. Boyle both of Somerville, MA.

4. **LETTICE**, b. May 1, 1807, d. Mar. 4, 1856, Limington. m. May 20, 1833, Sidney Chick, both of Limington.
5. **MAJOR**, b. May 23, 1810, or Apr. 22, 1810 by Bible record, d. June 27, 1810.
6. **GEORGE W. JR.**, b. May 19, 1811, living 1850, Albion. m. Oct. 22, 1834 in Limington, Mary K. Keay of Somersworth, NH, he of Limington.
7. **ABNER**, b. Oct. 7, 1814, d. Mar. 3, 1852, ae 38 yrs. Waterville. m. Sept. 28, 1836, Mary McKenney, both of Limington, she b. July 27, 1807, Limington, d. Nov. 29, 1841, Portland. m. (2) Nov. 6, 1842 in Portland, Sarah A. Swett of Portland. She m. (2) Mar. 18, 1860 in Waterville, Jeremiah Tilton. She b. Mar. 16, 1819, d. Nov. 9, 1896. Children:
    (1) **CHILD**, d. July 25, 1839, Limington.
    (2) **MALICEA**, d. June 3, 1840, Portland, ae 3 yrs.
    (3) **WILLIAM FRANCIS**, d. June 1, 1842, ae 8 mos. Limington.
    (4) **MARY**, b. Jan., 1843, d. Nov. 18, 1924, ae 81 yrs. 10 mos. Augusta. m. May 21, 1873, David T. Neal.
    (5) **FRANK W.**, d. May 26, 1923, ae 73 yrs. Bangor.
    (6) **SARAH J.**, d. Dec. 12, 1846, ae 5 wks.
    (7) **CHARLES A.**, d. Oct. 6, 1852, ae 5 yrs. 6 mos.
    (8) **EUGENE A.**, d. Dec. 23, 1854, ae 2 yrs. 3 mos.
8. **STEPHEN**, b. Oct. 23, 1816, d. Aug. 7, 1871, ae 56 yrs. Limerick. m. Nov. 28, 1838, Keziah C. Emery of Saco, he of Limington. Children:
    (1) **HATTIE C.**, b. Jan. 22, 1843, d. Dec. 11, 1931 Springfield, MO. m. int. July 14, 1872, m. July 24, 1872, Herbert S. Hill of Dyer Villi, IA. He b. Jan. 20, 1843, Saco.
    (2) **ADA**, b. ca 1855, d. 1870 of Limerick.
    (3) **CHILD**, d. Oct. 24, 1840, Limington.
    (4) **JUSTINA C.**, d. Feb. 17, 1853, ae 10 mos.
9. **HARRIET C.**, b. Jan. 22, 1819, d. May 23, 1842, ae 23 yrs. 3 mos. Limington.
10. **MARY ANN**, b. May 3, 1821, d. Oct. 23, 1844, Waterville, buried in Waterville with her brother Abner.
11. **ROXANNAH**, b. Feb. 8, 1828.
12. **CHARLES HENRY**, b. Feb. 6, 1830, d. ct. 2, 1831 Limington.
13. **ELIZABETH A.**, b. Feb. 1, 1834, d. Aug. 10, 1834 Limington.
14. **CAROLINE AVILDA**, b. Feb. 1, 1834, d. Sept. 9, 1834 Limington.

ii. **MARY**, b. ca 1783, d. Feb. 8, 1849, Casco. m. Dec. 18, 1800, Thomas Thompson of Falmouth, she of Limington. m. (2) Dec. 17, 1811, Elijah Cook of Casco.

iii. **JANE**, b. before 1790, d. Jan. 1, 1845, unm. Limington.

iv. **SHUAH**, b. 1787, d. Feb. 16, 1824, Limington. m. int. Nov. 8, 1807, Joshua Emery, both of Limington, she b. Sept. 19, 1788, d. Jan. 16, 1858, ae 69 yrs. 3 mos. 27 das. Limington.

v. **NATHAN**, b. 1789, d. Aug. 28, 1858, ae 68 yrs. Limington. He was a blacksmith in the village. m. Mar. 5. 1811, Sally Glass of New Gloucester, she b. Aug. 6, 1786, New Gloucester, d. Feb. 8, 1822, ae 31 yrs. Limington. m. (2) July 16, 1822, Barbara Foster, both of Limington, she b. 1794, Wentworth, NH, d. Feb. 9, 1874, ae 79 yrs. Limington. Children:
1. **SIDNEY**, b. 1812, d. Sept. 18, 1880, ae 67 yrs. Saco. He was living 1850 Limington, 1860 Limerick, 1870 Hollis and 1880 Saco. m. May 20, 1833, Lettice S. Chick, both of Limington, she b. May 1, 1807, d. Mar. 4, 1856, Limington. m. (2) Oct. 19, 1856, Mary Ann (Cole) Boody, both of Limington. They divorced June 2, 1868, she d. May 28, 1890 ae 76 yrs. 1 mo. 19 das. Wenham, MA. m. (3) by 1870, Jane Sawyer of Saco, she b. Aug. 23, 1820, Saco, d. Dec. 13, 1911, 83 yrs. Saco. Children:
    (1) **ALONZO**, d. Feb. 15, 1835, ae 4 mos. Limington.
    (2) **SARAH G.**, b. Aug. 6, 1838, d. Nov. 11, 1911, ae 74 yrs. 3 mos. 5 das. Saco. m. int. Dec. 29, 1858, Greenleaf Sawyer of Saco, she of Limerick.
    (3) **MARY FRANCES**, b. 1840, Sandwich, NH. m. Jan. 12, 1868 in Boston, MA, Jesse Lee Tolman of Scituate, MA, she of Boston.
    (4) **AVILDA CARRIE**, b. 1844, Sandwich, NH, d. June 30, 1890, ae 45 yrs. 5 mos. Saco.
2. **HENRY GLASS**, b. Oct. 17, 1815, d. June 26, 1894, ae 78 yrs. 8 mos. Plymouth, NH. m. Sally L. Buzzell, she d. Feb. 13, 1877, ae 55 yrs. Sandwich, NH. He m. (2) Nov. 6, 1887 in Sandwich, NH, Mrs. Elizabeth Lawrence.
3. **NATHAN**, b. Nov. 19, 1819, d. Aug. 23, 1886, ae 66 yrs. 9 mos. 4 das. Limerick. His remains taken to Limington for burial. m. May 23, 1847, Elizabeth G. Flanders of Buxton, he of Limerick, she d. Oct. 17, 1852, ae 33 yrs. 8 mos. Buxton. m. (2) Feb. 19, 1857 in Portland, Sarah E. (Hanscom) Stanleff, widow of Horace B. of Saco, both of Saco. After Nathan's death, she returned to New Gloucester, where she d. Mar. 7, 1911 ae 81 yrs.
4. **CHILDREN**, d. Aug. 26, 1826, Dec. 29, 1829, two d. in 1825, one d. 1823, all in Limington.
5. **ELIZA C.**, b. 1830, d. Sept. 1, 1899, ae 69 yrs. Cherokee, IA. In 1870 of Chicago, 1871 of Portland.
6. **ALBION K. PARIS**, d. Sept. 4, 1834, ae 2 yrs. 6 mos. Limington.
7. **ALBION K. P.**, b. 1834, d. Feb. 15, 1870, ae 36 yrs. Boston, MA, he was a printer there.
8. **CHARLES FRANKLIN**, b. July 24, 1837, d. Sept. 11, 1919, Tamworth, NH. He followed the sea for 33 yrs. from 18 to 51 years of age. m. Aug. 29, 1867, Mira Witham Gould, both of Limington. They were divorced in 1876. m. (2) Jan. 31, 1876 in Hudson, MA, Elvira Louise Durrell of Tamworth, NH.

9. **CAROLINE A.**, b. 1839, d. Dec. 4, 1913, ae 74 yrs. Cherokee, IA. m. Jan. 9, 1869 in Boston, MA, Dr. Royal L. Cleaves of Bridgton. He d. Apr. 15, 1914, ae 69 yrs. Cherokee, IA, moved there in 1870.
10. **WILLIAM BARTLETT**, b. July 25, 1848, d. June 24, 1919, Miles City, MT, formerly of Cherokee, IA. m. Sarah Delaney.

vi. **HAVEN**, b. ca 1798, d. Apr. 12, 1826, Limington. m. int. July 20, 1822, Mary Pike of Biddeford, he of Limington. She m. (2) Dec. 28, 1830 in Scarboro, Jonathan Richards of Scarboro, she d. Oct. 27, 1872 at 73 yrs. 3 mos. Buxton. One child: Haven, b. Apr. 12, 1823, Limington, d. Oct. 27, 1887, Haverhill, MA, formerly of Biddeford. m. Lavinia H. Webber.

vii. **JOHN**, b. 1799, d. Sept. 11, 1858, ae 58 yrs. Tamworth, NH. m. int. Sept. 9. 1822, Lucy Bryant of Tamworth, NH, he of Limington, she d. Apr. 16, 1846, ae 46 yrs. Tamworth, NH.

viii. **HANNAH**, b. 1800, d. May 17, 1836, ae 36 yrs. Dover, NH. m. July 27, 1825, James M. Bryant of Tamworth, NH, he d. Jan. 20, 1871, ae 66 yrs. 10 mos. 19 das.

ix. **SALLY**, b. 1807, d. Dec. 10, 1857, Cornish. m. July 13, 1826, Erving Foster, both of Limington, he b. May 3, 1804, Limington, d. Mar., 1885, Saco.

x. **JAMES MURCH**, b. 1809, d. July 23, 1867, ae 60 yrs. Limington. m. Mar. 13, 1854. Mary W. Eastman of Standish, he of Limington. Children:
1. **LUCY**, b. ca 1854, d. Oct. 26, 1865, ae 12 yrs. Limington.
2. **JAMES M. JR.**, b. ca 1857.
3. **SARAH**, d. Oct. 26, 1865, ae 7 yrs. Limington.

CHICK, PETER, b. July 16, 1761, Falmouth, d. Apr. 7, 1821, Limington. He came from section of Falmouth, now Westbrook (Stroutwater) in 1800 and settled in E. Limington. His mother was a Small heir. He was a younger brother to Nathan Jr. and Ephraim. m. Sept. 25, 1788, Abigail Haskell of Falmouth, she b. May 9, 1767, d. Apr. 1, 1842, Cornish. Children: First six born in Falmouth.

i. **GEORGE W.**, b. July 6, 1789, d. Jan. 13, 1850, ae 60 yrs. 6 mos. 7 das. Limington. m. int. Nov. 14, 1813, m. Jan. 2, 1814 in Kennebunk, Mary Varney of Hollis, he of Limington, she b. Dec. 21, 1794, Kennebunk, d. Nov. 27, 1872, ae 77 yrs. 11 mos. 16 das. Wakefield, MA. He was a good citizen, a worthy neighbor and a kind, affectionate husband and father. Children.
1. **ORIN**, b. June 5, 1815. d. July 8, 1869, Cornish, killed by flash of lightening hitting in his house. m. Dec. 18, 1837, Frances A. Boynton of Cornish, she b. Jan. 1, 1821, Hiram, d. Aug. 16, 1913, Hull, MA. Cemetery, Saco. Children born in Limington:
(1) **EVERAND WESTON**, b. 1842, d. May 4, 1889, ae 46 yrs. 5 mos. Biddeford.
(2) **LEROY**, b. 1845.
(3) **ELVIRA B.**, b. 1849, d. May 4, 1918, Saco. m. James P. Barrows of Saco.
(4) **E. JANE**, b. 1853.

(5) EDWIN P., b. 1857, d. May 25, 1898, Seattle, WA.
(6) HARRIET F., b. ca. 1863, m. June 1, 1892 in Boston, MA, James S. Blake of Boston, MA.
2. CAROLINE A., b. May 10, 1817, d. July 2, 1885, ae 68 yrs. Portland. m. Edward K. Boothby, both of Limington, he b. Oct. 2, 1819, Limington, d. Jan. 8, 1899, ae 79 yrs. 3 mos. 5 das. Portland. They are buried Evergreen Cemetery, Portland.
3. RACHEL M., b. Apr., 1819, d. Dec. 24, 1873, ae 54 yrs. 7 mos. 24 das. Wakefield, MA. m. int. Aug. 24, 1845, William J. Edgecomb of Limington, he d. June 16, 1856, ae 35 yrs. 3 mos. Buried Evergreen Cemetery, Portland.
4. WILLIAM FREEMAN, b. Feb. 2, 1822, living 1860, Limington, 1879, Boston, MA. He d. Dec. 20, 1897, Boston, MA. m. Jan. 18, 1848, in Biddeford, Jane Weeks of Saco.
5. MOSES S., b. Sept. 17, 1825, d. June 6, 1904, Limington. He lived in Chick's place, located north of Chase's Bridge over Little Ossipee River. m. July 4, 1859, Martha J. Tarbox of Biddeford, he of Westbrook, she b. Feb. 9. 1828, Limerick, d. Aug. 6, 1897, Limington. Children:
(1) AUGUSTUS SEWALL, b. Feb., 1861, d. July 28, 1926, ae 65 yrs. 4 mos. 29 das. Limington. m. Sept. 25, 1883, Emma J. Smith of Limerick, she b. Mar. 7, 1864 Stow, d. Feb. 17, 1949 Limington. Children:
   (i) CHARLES AUGUSTUS, b. Aug. 22, 1884.
   (ii) MYRTLE, b. May 20, 1896.
   (iii) CARRIE M., Jan. 6, 1893.
   (iv) HARRY MOSES, b. Jan. 6, 1893 (twin).
(2) EDWARD L., b. Oct., 1863, d. Jan. 15, 1942, ae 79 yrs. 2 mos. 28 das. Limington.
(3) ANNIE LIZZIE, b. Mar., 1865, d. Apr. 7, 1943. ae 78 yrs. 16 das. unm. Limington.
(4) EMMA CARRIE, b. Mar., 1868, d. Feb. 17, 1949. ae 80 yrs. 10 mos. 3 das. Limington.
6. ANNA A., b. 1828, d. Dec. 11, 1893, ae 64 yrs. Deering, ME. m. Dec. 3, 1854, Izatus V. Lang of Westbrook, she of Portland. He d. Jan. 10, 1907, ae 70 yrs. 21 das. Portland.
7. HANNAH E., b. June 9, 1835, d. May 29, 1854, ae 18 yrs. 11 mos. 20 das. Limington.

ii. LYDIA H., b. June 22, 1791, d. Aug. 4, 1870, Cornish. m. May 22, 1814, Levi Stone Libby, both of Limington.
iii. JOHN, b. Dec. 11, 1792, d. Oct. 30, 1794.
iv. ABIGAIL, b. Mar. 25, 1795, d. Jan. 18, 1875, ae 79 yrs. 9 mos. 24 das. Gorham. m. July 11, 1819, Isaac Richardson, both of Limington, he b. Feb. 24, 1794, Limington, d. Oct. 4, 1872, ae 78 yrs. 8 mos. Gorham.
v. JOHN, b. Nov. 14, 1796, d. Jan. 5, 1863, ae 66 yrs. 1 mo. 22 das. m. Oct. 15, 1820, Mary Hazeltine, both of Limington, she b. Apr. 15, 1791, Alfred, d. Dec. 25, 1860, ae 69 yrs. 8 mos. 10 das. m. (2) int. Jan. 24, 1862, m. Feb. 2, 1862 in Buxton,

Fannie W. Parsons of Buxton, she b. Dec. 16, 1827, Buxton, she d. Jan. 21, 1905, ae 78 yrs. 1 mo. 9 das. Poland. After her husband's death, she returned by 1864 to Buxton and in Oct., 1867 of Hollis. Children:
1. SALLY HAZELTINE, b. May 18, 1821, Limington, d. Mar. 24, 1899, ae 77 yrs. 8 mos. 6 das. Boston, MA. m. Nov. 2, 1845 Samuel S. Sawyer of New Bedford, he b. Sept. 8, 1822, d. Feb. 1, 1884, Boston, MA. Buried Forest Hill Cemetery, Jamaica Plains, MA.
2. JOHN COLBY, b. July 26, 1825, Limington, d. Jan. 4, 1906, ae 81 yrs. 6 mos. m. Nov. 14, 1850 at Fall River, MA, Mehitable M. Dresser, she b. May 9, 1825, Standish, d. Oct. 18, 1904, Boston, MA. He lived across from Ed Peter Chick's place, which burned June, 1881. Child:
    (1) EDWINA A., b. Oct. 7, 1851, Limington, d. Jan. 30, 1935. ae 83 yrs. 3 mos. 23 das. Boston, MA. m. int. Sept. 17, 1874, Oren M. Stafford of Boston. MA.
    (2) HOWARD S., b. Sept. 6, 1865, d. Dec. 23, 1915, ae 50 yrs. 3 mos. 17 das. Boston, MA.
3. JOHN HENRY, b. Mar. 23, 1865, Limington (born long after husband's death), d. Feb. 29, 1908, ae 42 yrs. 11 mos. 6 das. Poland.

vi. PETER, b. July 23, 1798, d. Oct. 13, 1848, Limington. m. Sept. 3, 1820, Mary Gilman of Standish, he of Limington, she b. Oct. 29, 1792, Standish, d. Jan. 27, 1875, ae 82 yrs., Limington. Children born in Limington:
1. PETER, b. Jan. 13, 1822, d. Jan. 22, 1892, Taunton, MA. m. May 1, 1850, in Taunton, MA., Lydia P. Hale of Taunton, she d. Aug. 11, 1903 ae 74 yrs. 8 mos. 16 das., Taunton, MA.
2. EDWARD GILMAN, b. Oct. 29, 1823, d. Sept. 6, 1872, Grass Valley, CA. He went to Thumb Valley in Sierra County in CA looking for gold in 1852.
3. SARAH ANN, b. Aug. 5, 1828, d. May 3, 1905, ae 76 yrs. 8 mos. 28 das. Sebago. m. July 5, 1857, Abraham J. Ward of Sebago, she of Limington.
4. ANDREW C., b. Sept. 23, 1830, d. Sept. 16, 1869, ae 38 yrs. 11 mos. 24 das. Taunton, MA. m. May 11, 1854, Olive Ann Woodman of Buxton, she b. May 17, 1828, Scarboro, d. Oct. 3, 1862, ae 34 yrs. Buxton. m. (2) June 6, 1864, Christianna L. Soule of New Bedford, he of Taunton, MA.
5. CHARLES EDWARD, b. Apr. 23, 1834, d. May 16, 1884, ae 50 yrs. 23 das. killed by caving in of a well in which he was at work at on John Guilford's place in Steep Falls. m. July 5, 1857, Amelia D. Spencer, both of Limington, she b. June 4, 1835, Limington, d. Feb. 28, 1910, Limington. Children:
    (1) ALFRED J., b. Apr. 1, 1858, d. Apr. 23, 1859, Limington.
    (2) MARIETTA (MARY E.), b. Apr. 2, 1860, d. Nov. 7, 1917, ae 57 yrs. 5 mos. 3 das. Standish. m. July 20,

       1878 in Hollis, Frank F. Davis of Hollis. m. (2) Charles Sanborn of Steep Falls.
       (3) **ALICE E. (NELLIE A.)**, b. Mar. 3, 1862, d. Aug. 17, 1895, Haverhill, MA, formerly of Parsonsfield. m. July 1, 1883, Lewis F. Alley, both of Limington.
       (4) **DELL HATTIE**, b. Feb. 6, 1864, d. Aug. 16, 1906. m. Sept. 6, 1888, Herbert H. Burrows.
       (5) **EDWARD PETER**, b. Feb. 1, 1866, d. July 1, 1950, Limington. m. Oct. 3, 1889, Annie B. Prescott both of Bradford, MA.
       (6) **ANDREW J.**, b. Apr. 15, 1875, d. Sept. 19, 1905, Buxton.
- vii. MARY, b. Apr. 13, 1801, d. Feb. 4, 1803.
- viii. EPHRAIM, b. Dec. 2, 1802, d. Sept. 11, 1804.
- ix. MARY, b. July 11, 1805, living 1850, ae 45 yrs. Parsonsfield. m. ca 1828, Joseph Smith of Parsonsfield, she probably of Cornish.
- x. 'LOUISA MARIA, b. Jan. 6, 1808, d. May 19, 1872, ae 66 yrs. 4 mos. Cornish. m. July 30, 1826, Edwin Ruthven Buswell of Eaton, NH, she of Cornish, he d. July 22, 1830, ae 24 yrs. Limington. m. (2) Mar. 19, 1832, Humphrey Barker, both of Cornish. He d. Oct. 3, 1853, ae 65 yrs. Cornish.
- xi. BETSEY, b. June 24, 1810, d. Aug. 12, 1833, ae 22 yrs. 3 mos., Limington. m. June 20, 1830, Nicholas Stickney Burnham of Standish.

CLARK, EBENEZER, b. Jan. 6, 1752, Kittery, d. Sept. 18, 1833, Limington. He came from Kittery in 1788 and settled on lot 12, range A. He was a Revolutionary War soldier and was at Battle of Bunker Hill. He is buried in Clark cemetery, located back of Ralph Sawyer's place, N. Limington. m. Nov. 11, 1778 at Kittery, Anna Hanscom, she d. Feb. 6, 1817, ae 65 yrs. Limington. Children:
- i. NATHANIEL ESQ., b. Feb. 4, 1783, d. Dec. 4, 1850, ae 67 yrs. 10 mos. Danville, ME, a few weeks after being thrown from his sleigh while visiting friends in Leeds, ME. He was a practical and progressive agriculturist and one of the best known and most influential citizens of his day. For sixteen consecutive years he represented the town of Limington in the state legislature, was State Senator for a time, served most acceptably as a member of the Governor's Council, was a member of the Board of Selectmen of Limington for a long period, being chairman of the Board for twenty years and for a large part of his life served as Justice of the Peace. He moved to Danville in 1837, m. Nov. 6, 1806, Mary Small, both of Limington, she b. June 29, 1787, Limington, d. Mar. 7, 1860, Milwaukee, WI. Children born in Limington.
    1. NANCY, b. Oct. 12, 1807, d. Feb. 24, 1871, Augusta. m. Dec. 28, 1837, Col. Nathaniel L. Ingersoll, both of Danville.
    2. SYLVIA C., b. Feb. 13, 1810, d. Mar. 8, 1863, Auburn. m. July 3, 1831, David Strout, both of Limington.

3. **MARY**, b. Nov. 29, 1812, d. Jan. 17, 1894, La Crosse, WI. m. William N. Lord.
4. **MOSES**, b. Mar. 23, 1815, drowned Dec. 11, 1825, ae 10 yrs. 8 mos., Horn Pond in Limington.
5. **ABIGAIL**, b. Oct. 7, 1817, d. Nov. 28, 1898, La Crosse, WI. m. Jan. 3, 1836, Cyrus K. Lord of Fryeburg.
6. **CAROLINE C.**, b. July 11, 1819, d. May 20, 1893, Milwaukee, WI.
7. **ISAAC SMALL**, b. Dec. 7, 1821, d. Jan. 23, 1894, Milwaukee, WI. He moved there in 1849.
8. **DR. DAVID SMALL**, b. Aug. 16, 1824, d. Dec. 20, 1907, Derry, NH. m. Oct. 15, 1855, Mary Latham of Fairfield, ME.
9. **STATIRA**, b. Feb. 26, 1828, lived Milwaukee, WI. m. George W. Lakin, he b. Mar. 29, 1816 Harrison, d. Sept. 13, 1884 Milwaukee, WI.
10. **MOSES WARREN**, b. Aug. 7, 1830, d. July 13, 1879, at 48 yrs. 11 mos., Hartford, CT, resident of Danville Junction.

ii. **MARY**, b. 1786, d. Mar. 27, 1845, ae 59 yrs. Lovell. m. Nov. 8, 1812, Daniel Hamblen, both of Limington, he b. Dec. 7, 1785, Gorham, d. Aug. 27, 1841, Limington.

iii. **ABIGAIL**, b. 1787, d. June 15, 1861, ae 73 yrs. 8 mos. m. Oct. 30, 1811, Isaac Small 3d, both of Limington, he b. Nov. 4, 1790, Limington, d. Dec. 6, 1832, ae 43 yrs. 1 mo. 2 das. Limington. m. (2) Nov. 17, 1839, Rev. Robert H. Noyes of New Gloucester, she of Cornish. He d. Feb. 14, 1854, ae 71 yrs. New Gloucester.

CLARK, EPHRAIM, b. May 14, 1756, Kittery, d. Aug. 12, 1847, ae 91 yrs. Limington. He came from Kittery in 1785 and settled on lot 7, range D, located in Limington Village. His place built in 1806 is located across from the Acadamy. He had an eventful career by sea and land in Revolutionary War. m. Aug. 3, 1785, Lucy Small of Limington, she b. Feb. 17, 1763, Scarboro, d. June 16, 1827, ae 64 yrs. Limington. Children born in Limington.

i. **NATHANIEL**, b. Dec. 24, 1785, d. Mar. 6, 1850, Limington. He was a maker of boats and shoes and chorester of Baptist church. He was a very genial man, kind and upright and highly respected. m. Oct. 13, 1808, Martha Small, both of Limington, she b. June 10, 1788, Limington, d. Jan. 20, 1826, Limington. m. (2) Oct. 22, 1826, Mary (Adams) Small, widow of David Small of Limington, she b. Jan. 20, 1795, Newfield, d. Dec. 27, 1868, Limington. Children born in Limington.

1. **IRA**, b. Feb. 6, 1809, d. Nov. 27, 1894, ae 84 yrs. 9 mos. 4 das. Limerick. He moved to Limerick at age 20 yrs.
2. **JULIA ANN**, d. Nov. 21, 1829, Limington.
3. **HON. CHARLES**, b. Nov. 4, 1813, d. Sept. 4, 1893, Lynn, MA. He was first Republican Marshall in state of Maine. m. Dec. 28, 1837, Maryann Garcelon of Lewiston, she b. Nov. 9, 1818, Lewiston, d. Dec. 4, 1840, Lewiston. m. (2) Sept. 30, 1844, Sarah Little of Auburn.

4. HARRIET S., b. Mar. 18, 1820, d. Feb. 9, 1899, Auburn. m. Barker Brooks of Auburn.
5. NATHANIEL, b. June 10, 1821, d. Oct. 30, 1902, Lynn, MA. m. Aug. 21, 1848 at Hallowell, Maria Ann Holbrook.
6. CHILD, d. Sept. 30, 1825 and another d. Nov. 5, 1825, both of Limington.
7. LEWIS, b. Aug. 24, 1827, d. Sept. 29, 1888, Limington. m. int. Sept. 19, 1852, Eleanor Small, both of Limington, she b. Sept. 27, 1827, Limington, d. Apr. 24, 1903, ae 75 yrs. 7 mos. Newton, MA. Children:
    (1) EDWIN LEWIS, b. July 18, 1852, Limington, d. Mar. 14, 1904, in 1890 of Sanford.
    (2) LIZZIE FRENCH, b. Sept. 8, 1855, Limington, d. Oct. 21, 1933, Sebago. m. Dec. 18, 1879, William H. Fitch of Sebago.
8. MARTHA, b. Apr. 13, 1829, d. May 17, 1892, Lewiston. m. July 16, 1850, Samuel Stephens Felt of Portland, he b. Oct. 12, 1832, Greenwood, ME, d. Nov. 27, 1901, buried in Evergreen Cemetery, Portland.
9. GEORGE ADAMS, b. Dec. 13, 1830, d. Jan. 24, 1899, Portland.
10. JULIA ANN, b. Sept. 8, 1832, d. Mar. 19, 1908, Sanford. m. Dec. 17, 1854, William H. Frost of Sanford, she of Limington. He b. May 26, 1823, d. 1892.
11. CORDELIA, b. Jan. 26, 1834, d. Sept. 26, 1867, Limington. m. int. Feb. 28, 1857, Nathan C. Small, both of Limington, she b. May 10, 1806, Limington, d. June 6, 1890, Limington.
12. SARAH, b. Sept. 19, 1825, d. y.
13. SARAH LITTLE, b. Jan. 30, 1838, d. Dec. 6, 1925, Brockton, MA. m. Mar. 6, 1859 Edward Payson Frost of Sanford. He d. Oct. 31, 1905, ae 68 yrs. 4 mos. Brockton, MA.

ii. SAMUEL, b. Sept. 28, 1788. m. Aug. 15, 1818, Harriet Sumner.
iii. JOHN, b. Jan. 24, 1791, d. Sept. 2, 1871, Baldwin. He was an intelligent man and for many years a member of Church of Christ. m. Nov. 12, 1813, Sally Hicks of Westbrook, she b. May 1, 1792, Westbrook, d. Sept. 28, 1867, ae 75 yrs. 4 mos. 27 das. Baldwin. m. (2) Dec. 8, 1867, Susan D. Goodwin of Baldwin, both of Baldwin, she b. May 19, 1801, d. July 10, 1872. Children:
1. EDWARD, b. June 16, 1815, d. Nov. 7, 1885, Lewiston. m. Mar. 1844, Martha L. Woods, she d. Apr. 7, 1846, ae 21 yrs. Baldwin. m. (2) Feb. 8, 1847, Elizabeth Brackett, both of Limington, she b. Jan. 24, 1821, Limington, d. May 18, 1849, Lewiston. m. (3) int. Mar. 16, 1850, Harriet J. Brackett of Limington, he of Somerville, MA, she b. Dec. 6, 1822, Limington, d. Feb. 9, 1896, Lewiston.
2. BELA S., b. Jan. 12, 1817, d. Feb. 26, 1881, ae 64 yrs. 1 mo. 14 das., Westbrook. m. Feb., 1845, Louisa F. Pride of Westbrook.

3. **EPHRAIM**, b. July 6, 1820, d. May 10, 1886, went to Nebraska.
4. **JOHN ADDISON**, b. Feb. 21, 1822, d. Oct. 25, 1849, Benecia, CA.
5. **EMILY**, b. Nov. 28, 1824, d. Sept. 17, 1873. m. Dec. 1, 1852, Asa Milliken, both of Baldwin.
6. **LUCY ANN**, b. Dec. 23, 1826, d. Jan. 30, 1873. m. Oct. 31, 1852, Thomas H. Patterson of Gray, she of Baldwin. m. (2) Sept. 12, 1858, Fred N. Burrell.
7. **SAMUEL HICKS**, b. June 19, 1829, d. Apr. 10, 1894, Enosburg, VT. m. Oct. 21, 1858, Martha Wentworth of Baldwin.
8. **MARY H.**, b. Feb. 14, 1832, d. Jan. 6, 1850, ae 18 yrs. Baldwin.
9. **SARAH H.**, b. Aug. 24, 1834, d. Sept. 10, 1910, ae 71 yrs. 16 das. unm.

iv. **MARY**, b. July 14, 1793, d. June 25, 1881, ae 88 yrs. Limington. m. June 29, 1825, Joshua Emery, both of Limington, he b. Sept. 19, 1788, Gorham, d. Jan. 16, 1858, Limington.

v. **EDWARD**, b. Aug. 9, 1795, d. Sept. 5, 1871, Limington. He was an intelligent, firm, reliable and excellent man. He lived on the old homestead across from the Academy built in 1806. m. Feb. 6, 1826, Abigail Hicks of Westbrook, he of Limington, she b. Aug. 22, 1802, Westbrook, d. Mar. 14, 1884, Limington. She was always very estimable woman. Children born in Limington:

1. **JULIA CAROLINE**, b. May 5, 1828, d. Nov. 30, 1913, ae 85 yrs. 6 mos. 25 das. Sebago. m. Apr. 29, 1854, Stephen P. Douglass of Sebago, she of Limington.
2. **CHILD**, d. Apr. 5, 1833, ae 13 das. Limington.
3. **LUCY ELLEN**, d. Oct., 1834, ae 6 mos. Limington.
4. **CHILD**, d. Nov. 11, 1831, Limington.
5. **MARY SHEPHERD**, b. Sept., 1835, d. July 2, 1910, ae 74 yrs. 9 mos. 22 das. Limington. m. int. Aug. 12, 1854, William Godding Lord, both of Limington. He b. Dec. 31, 1827, Hiram, d. Aug. 28, 1898, Limington.
6. **EDWARD HOWARD**, b. May 13, 1838, d. July 7, 1917, Togus, ME, resident of Rockland.
7. **JAMES SUMNER**, b. Feb. 16, 1841, d. Sept. 9, 1912, Sebago.
8. **LOUISE FRANCES**, b. Nov., 1844, d. 1923, unm.

vi. **EPHRAIM**, b. Apr. 6, 1797, d. Oct. 3, 1817, Limington.
vii. **LUCY**, b. July 22, 1799. d. Mar. 14, 1887, unm. Limington, she lame for more than 50 yrs. from a sickness, lived with Edward.
viii. **ELLIOT**, b. Jan. 3, 1803, d. Sept. 23, 1803.
ix. **ASENATH**, b. Aug. 26, 1804, d. May 9, 1884, ae 79 yrs. 9 mos. Sebago. m. Oct. 12, 1852, George Douglass of Sebago, she of Limington, d. May 17, 1888, ae 92 yrs. Sebago.
x. **ELLIOT**, b. May 25, 1807, d. Sept. 25, 1826, Limington.

CLARK, JACOB, b. Aug. 9, 1754, d. July 4, 1833, ae 79 yrs. Berwick. He came in 1796 from Rochester, NH, and settled on lot 4, range K, near Limerick town line. He was in Revolutionary War and after peace was declared, Captain Clark was employed by Gen. Knox to lot out several townships in Waldo County. m. Aug. 24, 1775 in Dover, NH, Mary Ricker, both of Dover, NH, she d. Nov. 20, 1830, ae 76 yrs. Children:
i. PEGGY, b. 1777, d. Jan. 17, 1864, ae 87 yrs. West Gorham. m. int. Jan. 5, 1800, Zebediah F. Jackson of Limington, he b. Sept., 1774, Newmarket, NH, d. Jan. 14, 1862, ae 87 yrs. 4 mos. Portland, formerly of Gorham.
ii. MARY, b. May 15, 1778, d. Oct. 8, 1863, ae 85 yrs. 6 mos. Limington. m. Jan. 30, 1798, James Staples, both of Limington, he b. May 10, 1773, d. Mar. 12, 1855, ae 81 yrs. 10 mos. Limington.
iii. SALOME, b. 1782, d. July 12, 1855, ae 73 yrs. Berwick. m. Nov. 3, 1803, Joseph Boody, both of Limington, he b. Jan. 31, 1782, New Durham, NH, d. 1816, Limington. m. (2) Oct. 29, 1818, Joseph Brackett of Berwick.
iv. ABIGAIL, b. 1782, d. Sept. 25, 1849, ae 67 yrs. Westbrook. m. July 12, 1800, Stephen Hall of Westbrook, he b. Jan. 23, 1767, Falmouth, d. July 12, 1843.
v. JACOB, b. 1784, Farmington, NH, d. Mar. 28, 1823, ae 39 yrs. Madison of New Vineyard. m. Feb. 21, 1808, Catherine Bean of Limerick, he of Limington, she b. Jan. 3. 1791, Limerick, d. Feb. 20, 1868, ae 78 yrs. New Vineyard.
vi. SAMUEL, b. Dec. 27, 1786, d. May 17, 1866, Gray. m. Dec. 24, 1807, Jane Libby, both of Gray, she d. Dec. 13, 1879, ae 89 yrs. 9 mos. Gray.
vii. WILLIAM, b. Mar. 10, 1788, d. Nov. 12, 1858, ae 70 yrs. 8 mos. Limerick. m. int. Apr. 15, 1809, Mehitabel Strout, both of Limington, she b. Aug. 7, 1787, Gorham, d. May 11, 1834, Limerick. m. (2) int. July 3, 1835, Sally Watson, both of Limerick, she b. Jan. 25, 1808, Limerick, d. Jan. 1, 1862, Limerick. Children:
1. FREEMAN STROUT, b. Mar. 18, 1810, d. Jan. 10, 1875, ae 64 yrs. 9 mos., buried Evergreen Cemetery, Portland.
2. MARY, b. Oct. 16, 1811, d. Nov. 17, 1811.
3. WILLIAM R., b. Oct. 3, 1812, d. Nov. 20, 1880, Effingham, NH. m. Sept. 23, 1844, Lydia Watson of Limerick, he of Effingham, NH.
4. JACOB, b. Mar. 1, 1815, d. Mar. 22, 1815.
5. MEHITABEL, b. Apr. 10, 1816, living 1850, Effingham, NH. m. May 4, 1837, Samuel Watson, both of Limerick.
6. ELISHA STROUT, b. Dec. 9, 1818, d. Mar. 25, 1896, ae 77 yrs. 3 mos. 11 das. Naples. m. Nov. 15, 1842, Elizabeth G. Stover of Limerick.
7. JACOB, b. Apr. 10, 1821, d. Feb. 23, 1892, Grand Valley, PA, buried in Limerick. m. Susan Blazo of Parsonsfield, who d. Dec. 20, 1885, Limerick, formerly of Effingham, NH.
8. EUNICE, b. Mar. 22, 1823, d. Mar. 28, 1823.

        9. SAMUEL, b. May 28, 1824, d. May 23, 1825.
       10. MARY S., b. Mar. 9, 1827.
       11. ANDREW, b. Oct. 29, 1831, d. Nov. 29, 1851, Limerick.
       12. SAMUEL, b. Oct. 7, 1837, d. May 4, 1838.
       13. ELIZABETH, b. Jan. 3, 1840.
       14. JOHN, b. Oct. 13, 1843.
       15. SARAH, b. Sept. 11, 1846.

viii. BENJAMIN, b. 1791, d. Aug. 25, 1839, ae 48 yrs. after very lingering illness, Berwick, at residence of Joseph Brackett. m. June 6, 1816, Margaret Libby, both of Limington.

ix. ZACCHEUS, b. Mar. 30, 1792, d. Feb. 1, 1866, Palmyra, moved to Palmyra after 1830, living there in 1837. m. int. Apr. 26, 1812, Betsey Philbrick of Parsonsfield, she b. July 30, 1796, Parsonsfield, d. July 1, 1870, Saco. Buried in Laurel Hill Cemetery, Saco. Children:

        1. MARY, b. 1813, d. May 24, 1892, ae 79 yrs. Parsonsfield. m. ___ Lougee.
        2. JACOB B., b. 1815, d. 1871, Saco.
        3. DANIEL L.
        4. SARAH FRANCES, d. Jan. 23, 1845 ae 23 yrs. Palmyra.
        5. LAFAYETTE, b. 1826.
        6. LEWIS W., b. 1828.
        7. EDGAR R., b. 1830, d. May 10, 1892 Biddeford.
        8. ELIAS ALBERT, d. June, 1837, ae 13 yrs. Palmyra.

x. SARAH R., b. May 31, 1800, d. July 20, 1868, Berwick. m. int. July 23, 1820, Israel H. Kelly of Bolton, MA, she of Limington. m. (2) Joseph Brackett of Berwick, he b. Feb. 27, 1810, Berwick, d. July 8, 1869, Berwick. They lived in Brooks and in 1842 moved to Berwick.

CLAY, BENJAMIN, b. June 7, 1753, Biddeford, d. Apr. 21, 1826, Limington. He came from Buxton in 1790 and 1792 moved to Limerick. In 1804, moved back again to Limerick and lived on a knoll just north of William Sawyer's old place on Sawyer's Mountain. He was a Revolutionary War soldier, wounded at battle of Bunker Hill. m. int. Oct. 2, 1779, Jane Hunnewell of Standish, she b. May 24, 1752, Scarboro, d. Mar., 1825, ae 72 yrs. 10 mos. Limington. m. (2) Nov. 2, 1825, Hannah (Marriner) (Dunn) Sawyer, widow of William, both of Limington, she d. Oct. 1835, ae 84 yrs. Limington. Children:

i.   RICHARD, b. 1780, Buxton. m. in NJ, moved to NY, and d. there in the 1820's.

ii. LYDIA, b. June, 1784, Buxton, d. 1847, Limington. m. May 5, 1822, Ebenezer Sawyer, both of Limington, he b. Dec. 16, 1757, Cape Elizabeth, d. Apr. 10, 1842, ae 84 yrs. Limington.

iii. POLLY, b. Feb. 18, 1791, in 1860 living in Limington with her brother. m. Jan. 7, 1830, Levi S. Whitten, both of Cornish. divorced in Apr., 1845, after she had been deserted for 14 yrs. He later of Fryeburg, she took back her maiden name.

iv. BENJAMIN JR., b. June 23, 1793, Limerick, d. Feb 1, 1875, ae 83 yrs. 8 mos. Biddeford. He living in 1860 on what is called Ben Clay's place, located just south of Frank Meserve's place, N. Limington. m. Dec. 30, 1821 in Cornish, Lucinda

Littlefield of Cornish, he of Limington, she b. Jan. 3, 1801, Wells, d. May 26, 1861, ae 60 yrs. 4 mos. 3 das. Limington. Children:
1. **HARRIET**, b. 1823. m. Henry Wallace of Saco.
2. **RACHEL**, b. Mar. 7, 1824. d. Mar. 23, 1909, Saco. m. Caleb Hopkinson Watson of Limington, he b. Dec. 22, 1818, d. Sept. 28, 1893, ae 74 yrs. Saco.
3. **JOHN HENRY**, b. 1827, lived in Lowell, MA. m. int. Nov. 9. 1865, Hattie Gould of South Hiram, he of Limington.
4. **MARY JANE**, b. Oct. 2, 1831, d. July 11, 1916, ae 84 yrs. 9 mos. 9 das. m. May 2, 1859, Joshua Watson, both of Limington, he b. Nov. 29, 1821, Limington, d. Sept. 21, 1889, ae 67 yrs. 9 mos. 22 das. N. Limington.
5. **ELVIRA**, d. ae 16 yrs.
6. **HENRY**, b. Oct. 19, 1836, d. several yrs before 1912, lived in Hiram. m. about 1862, Harriet Gould of Hiram, she d. May, 1912 Lake Port, NH.
7. **LYDIA ANN**, b. May 2, 1837, d. July 12, 1908 ae 73 yrs. Saco. m. Nov. 20, 1855, Ira J. Berry of Denmark, lived in Sweden, then in Saco. They living in 1870 Denmark, ME.
8. **ELIZA BEAN**, b. July 15, 1839, d. Dec. 29, 1865, ae 36 yrs. 5 mos. 19 das. m. Sept. 1, 1860, Thomas Waterhouse of Cornish, she of Limington.

COBB, ANDREW, b. Mar. 27, 1734, Falmouth, d. July 22, 1822, ae 88 yrs. 3 mos. 14 das. Limington. He lived in Gorham, but spent his last days with his son, Andrew, at Emery's corner. m. Hannah Green, d. Apr. 30, 1803, ae 69 yrs. Gorham. m. (2) Apr. 21, 1804, Hannah (Whitney) Fowler, widow of Moses, she d. Feb. 10, 1820, ae 83 yrs. Children seen in town:
i. **NICHOLAS**, b. Apr. 4, 1758, Falmouth, d. Jan. 18, 1830, Limerick. He came in 1786, bought lot 1, range G in Emery's Corner. m. June 25, 1782, Falmouth, Abigail Chick of Falmouth, she b. Feb. 21, 1763, Falmouth, d. Mar., 1795, Gorham. m. (2) Sept. 29, 1797 in Portland, widow Desire Rogers, she b. Jan. 26, 1761, Falmouth, d. Jan. 29, 1831, Limerick. Children:
1. **EUNICE**, b. Mar. 25, 1783, Falmouth, d. Oct. 17, 1783.
2. **NANCY**, b. Dec. 22, 1784, Falmouth, d. Jan. 25, 1857, Windham.
3. **MOLLY**, b. Jan. 17, 1787, d. Mar. 31, 1860, Windham.
4. **HANNAH**, b. Dec. 31, 1789, d. Oct. 16, 1869, Brunswick.
5. **MOSES**, b. May 2, 1783, Gorham, d. Mar. 29, 1826, Limerick.
6. **ABIGAIL**, b. Mar. 3, 1795, Gorham, d. Nov. 12, 1861, Parsonsfield.
7. **SARAH**, b. July 5, 1798, Gorham, d. June 20, 1855, Glenburn. she m. Mar. 28, 1837 in Brooks, Isaac Hoberts of China.
8. **JOSHUA**, b. Feb. 10, 1801, Gorham, d. Apr. 2, 1883, Parsonsfield.

9. **EMMA**, b. May 8, 1803, Gorham, d. Dec. 16, 1880, Fairbury, NE.
10. **DESIRE**, b. Mar. 4, 1806, Gorham, d. July 14, 1897, Brooks. m. Mar. 19, 1833, John Small, both of Limington, he b. Mar. 15, 1807, Limington, d. Jan. 15, 1899, Palmyra.

ii. **ANDREW**, b. Feb. 7, 1764, d. Dec. 10, 1845, ae 81 yrs. 10 mos. Limington. He came from Gorham in 1786, settled on lot 9, range M at Emery's Corner, foot of Sawyer's Mountain. His place known as Ebenezer Cobb's place, burnt Nov. 24, 1959. m. int. Dec. 14, 1782, Betsey Irish of Gorham, she d. Oct. 3, 1807, ae 49 yrs. Limington. m. (2) Dec. 10, 1808, Mrs. Mary (Cobb) Bangs of Gorham, widow of Ebenezer, she b. Sept. 5, 1770, Gorham, d. July 31, 1854, ae 83 yrs. 10 mos. 2 das. Limington. She m. (1) Dec. 30, 1787, Ebenezer Bangs of Gorham, who d. Jan. 10, 1807. Children of Mary & Ebenezer Bangs, born in Gorham.
1. **DANIEL**, b. Feb. 11, 1790.
2. **SYLVANUS**, b. Jan. 8, 1793.
3. **RUHAMAB**, b. Feb. 16, 1795.
4. **WILLIAM COBB**, b. May 29, 1797.
5. **ELIZABETH**, b. Nov. 26, 1799.

Children of Mary & Andrew Cobb:
1. **DORCAS**, b. June 13, 1783, Gorham, d. Sept., 1847, Alexander. m. int. Nov. 2, 1800, Samuel Dunn of Cornish, she of Limington.
2. **SAMUEL**, b. Mar. 11, 1785, Gorham, d. Dec. 8, 1854, ae 69 yrs. Bartlett, NH. m. Aug. 20, 1812, Eleanor Neal in Baltimore, MD, she d. Aug. 22, 1882, ae 89 yrs. 6 das. Children:
   (1) **ELIZA ANN**, b. May 30, 1815, d. Mar. 7, 1839, Garland, ME. m. Abel G. Hadley of Brownfield.
   (2) **BETSEY**, b. May 29, 1817.
   (3) **FANNY**, b. Apr. 20, 1819.
   (4) **ELEANOR NEAL**, b. Oct. 16, 1821.
   (5) **DANIEL BEAN**, b. Oct. 20, 1823.
   (6) **HARRIET JEWELL**, b. Dec. 7, 1825.
   (7) **MARY LONA**, b. Dec. 26, 1827.
   (8) **GARDINER NORTON**, b. Sept. 20, 1829.
   (9) **MARIA HALL**, b. Nov. 20, 1831.
3. **STEPHEN**, b. Jan. 19, 1787. m. int. Jan. 18, 1808, Phebe Coffin, both of Limington.
4. **LEVI**, b. Oct. 7, 1789, d. Feb. 10, 1810, ae 20 yrs. 4 mos. 3 das.
5. **ANDREW**, b. Sept. 20, 1791, d. Dec. 6, 1873, ae 82 yrs. Bridgton. m. Jan. 14, 1811, Betsey McKenney of Limington, she d. June 6, 1849, ae 58 yrs. Bridgton. m. (2) Feb. 16, 1851, Mrs. Almira (Wescott) Bullock, widow of Rev. Jeremiah of Limington, she d. Apr. 9, 1859, ae 62 yrs. 6 mos. Bridgton. m. (3) July 22, 1860, Mary Caroline (O'Brien) Quincy, widow of Joseph Quincy of Denmark,

she d. Nov. 3, 1880, ae 73 yrs. 3 mos. Medfield, MA. Children:
(1) **DOROTHY**, b. Apr. 9, 1811, Limington, d. May 18, 1869, ae 58 yrs. 1 mo. 19 das. Gorham. m. Mar. 9, 1834, William Bragdon, of Limington.
(2) **SAMUEL**, b. Dec. 21, 1812, Limington. m. Feb. 28, 1833, Limington, Sally Jack of Limington.
(3) **CYRUS**, b. July 8, 1814, d. Mar. 5, 1817.
(4) **BETSEY**, b. Feb. 5, 1816.
(5) **CATHERINE**, b. July 33 1817, Cornish, d. Jan. 3, 1834, Cornish.
(6) **CYRUS**, b. Nov. 27, 1819, Cornish, d. Jan. 3, 1876, Providence, RI.
(7) **RACHEL M.**, b. July 15, 1821, Cornish.
(8) **LUTHER**, b. June 20, 1823, Cornish.
(9) **MARY M.**, b. Dec. 11, 1824. Cornish.
(10) **ALMEDA H.**, b. Apr. 26, 1827, Cornish.
(11) **ELVIRA**, b. May 24, 1830, Cornish.
(12) **SARAH ANN**, b. Feb. 26, 1831, Cornish.
(13) **ANDREW SCOTT**, b. July 4, 1834, Cornish.

6. **EBENEZER**, b. July 17, 1795, d. Nov. 19, 1868, ae 73 yrs. 4 mos. 2 das. Osage, IA, 73 yrs. at home of Mrs. S. B. Chase. m. Nov. 3, 1816, Mary Meserve, both of Limington, she b. Mar. 12, 1799, d. Dec. 29, 1870, ae 71 yrs. 10 mos. Limerick. Children:
(1) **HARRIET**, b. July 15, 1817, Gorham, d. July 12, 1888, ae 71 yrs. Cornish. m. Dec. 14, 1837 in Cornish, Frost Guptill of Cornish, she of Limington, he d. Dec. 14, 1886, ae 78 yrs. Cornish.
(2) **DR. STEPHEN MESERVE**, b. Feb. 4, 1819, Gorham, d. Dec. 12, 1892, Musiatine, IA. m. Aug. 10, 1845, Mary Goodwin Bradbury of Limerick, he of Limington, she d. Dec. 17, 1851, ae 32 yrs. 6 mos. Limington. m. (2) Dec. 26, 1852, Harriet L. Mitchell, both of Limington.
(3) **ANDREW**, b. Jan. 29, 1823, Brownfield, d. Nov. 12, 1892, ae 69 yrs. 9 mos. 13 das. Limerick. m. Sept. 5, 1846, Caroline D. Cole of Limerick, she b. Nov. 22, 1822, Cornish, d. Nov. 16, 1891. He came when small boy to Emery's Corner.
(4) **ALMIRA BANGS**, b. Sept. 19, 1825, Brownfield. m. Sept. 3, 1846, Sumner Chase of Scarboro, she of Limington.
(5) **SARAH MESERVE**, b. July 29, 1829, d. Aug. 4, 1849, ae 20 yrs. 8 mos. Portland.
(6) **WILLIAM BANGS**, b. May 29, 1832, Limington.
(7) **ELIZABETH BEAN**, b. July 18, 1835, d. July 17, 1864, Cornish. m. Feb. 11, 1855, Timothy Brackett, both of Limington.
(8) **MARY ANN**, b. Feb. 9, 1842, living 1892, Deering, ME. m. Mar. 17, 1864, Joshua Rogers Cobb.

7. **DOROTHY**, b. Apr. 18, 1797, drowned Mar. 25, 1808 at Union Falls, Hollis.
8. **DESIRE**, b. July 5, 1800, d. Sept. 11, 1884, Porter. m. Sept. 15, 1822, James B. Sawyer, both of Limington, he b. Dec. 3, 1800, Limington, d. July 17, 1886, Porter.
9. **MARY BANGS**, b. Oct. 9, 1809, d. Mar. 11, 1889, Limerick. m. Feb. 18, 1827, Ebenezer Walker Jr. of Limington, he b. Nov. 3, 1800, d. Mar. 29, 1847, ae 46 yrs. 4 mos. Limington. m. (2) May 13, 1851, Nathaniel Ricker of Limington, she of Limerick.
10. **PHEBE SOUTHWICK**, b. Apr. 28, 1813, d. Sept. 11, 1884, Kennebunkport. m. Aug. 24, 1829, Benjamin R. Sawyer, both of Limington, he b. July 30, 1805, Limington, d. Feb. 7, 1887, Limerick.

iii. **NATHAN**, b. Mar. 3, 1767, Falmouth, d. Jan. 29, 1849, Cornish. He settled on lot 8, range M at Emery's Corner. m. May 6, 1792, Mary Sawyer, both of Limington, she b. May 15, 1775, Wells, d. Aug. 31, 1844, ae 69 yrs. 3 mos. 18 das. Limington. Children:

1. **WILLIAM**, b. July 1, 1794, d. Nov. 25, 1813.
2. **NICHOLAS**, b. June 5, 1796, d. Apr. 2, 1887, Poland. m. int. Jan. 12, 1818, Mary Sawyer of Cornish, he of Limington, she d. Nov. 27, 1879, ae 84 yrs. 3 mos. 18 das. Portland.
3. **EPHRAIM**, b. July 17, 1798, d. Oct. 7, 1882, Bartlett, NH. m. Mar. 31, 1822, Phebe Haley of Limington.
4. **NATHAN**, b. Oct. 30, 1800, d. May 7, 1864, Lovell. m. Dec. 26, 1825 in Cornish, Nancy Averill of Buxton, he of Limington.
5. **MARY**, b. Feb. 15, 1803, d. Nov. 28, 1893, Parsonsfield. m. Mar. 28, 1824, Samuel Colomy of Limington, he b. Dec. 14, 1796, d. Aug. 16, 1872, Parsonsfield.
6. JOEL, b. Mar. 15, 1805, d. Sept. 16, 1876, ae 71 yrs. 6 mos. Mona, IA. He went in 1853 to Rutland and to Mona, fall of 1874. m. Dec. 31, 1829, Lavina McKenney, both of Limington, she b. July 15, 1804, Limington, d. Aug. 4, 1845, Limington. m. (2) int. Nov. 9, 1845, Abigail (O'Brion) Ellis, widow of John of Cornish, he of Limington, she b. Mar. 24, 1805, Cornish, d. May 29, 1890, Fryeburg. Children:
    (1) **ELWIN AUGUSTUS**, b. Dec. 16, 1830, Limington, d. Jan. 11, 1919, Bridgton.
    (2) **DAVID M.**, b. Oct. 27, 1835, Limington.
    (3) **SUMNER L.**, b. June 29, 1837, Limington.
    (4) **DR. WILLIS FREDERICK**, b. June 14, 1847, Limington.
7. **LYDIA**, b. Apr. 13, 1807. m. Nov. 25, 1829, Humphrey McKenney, both of Limington, he b. Oct. 10, 1806, Limington, d. Dec. 25, 1872, Madison, Dane Co., WI.
8. **HIRAM**, b. Dec. 17, 1809, d. Dec. 19, 1809.
9. **HANNAH**, b. Nov. 28, 1810, d. Feb. 24, 1893, Effingham, NH. m. Feb. 10, 1839, Benjamin Leavitt of Effingham,

NH, she of Limington, d. Nov. 15, 1863, ae 61 yrs. Effingham, NH.
10. **DANIEL**, b. Apr. 18, 1813, d. Aug., 1816.
11. **ALBION PARIS**, b. June 14, 1815, d. Dec. 2, 1863, Culpepper, VA, in Civil War. m. Jan. 1, 1848, Betsey Eaton of Chatham, NH. She d. Oct. 11, 1879, ae 65 yrs. 9 mos. Chatham, NH.
12. **ALMIRA**, b. May 18, 1817, d. June 30, 1889, Bridgton. m. Feb. 14, 1839, Edmund Dearborn of Buxton, she of Limington.
13. **ELIZA ANN**, b. July 4, 1819, d. May 9, 1895, Hiram. m. Oct. 19, 1848, Silas Hale of Fryeburg.

COBB, ELISHA JR., b. June 10, 1761, Gorham, d. Mar., 1809, Limington. He came from Gorham by 1797 and settled on a farm in Hardscrabble section (then in Hollis) afterward owned by Benj Haskell. He was a Revolutionary War soldier. He is buried in Quaker cemetery (Maple Grove) marked with initials E.C. on a fieldstone. m. int. Sept. 14, 1790 in Gorham, Molly Murch of Biddeford, she d. Aug. 31, 1849, ae 82 yrs. Limerick. Children:
i. THANKFUL, b. Nov. 12, 1791, Gorham, d. Apr. 3, 1871, ae 80 yrs. in Saco. m. ____ Ryan, buried in Limerick.
ii. JOHN, b. Sept. 17, 1793. Gorham. He lived in Limington, there in 1830, then Minot, again in Limington and finally moved to Lowell, MA. m. int. Dec. 20, 1820, m. Jan. 25, 1820, Abigail Smith of Buxton, he of Minot.
iii. ELISHA, b. Nov. 7, 1795. Gorham, d. 1826, Freeport. m. Abigail Ellis of Freeport, she m. (2) Feb. 19, 1833, Solomon Atwood Jr. in New Gloucester.
iv. WILLIAM, b. Feb. 19, 1801, d. June 1, 1885, ae 84 yrs. 3 mos. 12 das. Limerick. Moved to Limerick in Mar., 1842. m. int. Jan. 24, 1824, Martha Libby, both of Limington, she d. Oct. 10, 1833, ae 29 yrs. 5 mos. Limington. m. (2) Feb. 9, 1837, Lucinda Gilpatrick of Limerick, he of Limington, she d. Sept. 19, 1883, ae 74 yrs. 8 mos. 22 das. Limerick. Children:
1. **MARY ELIZABETH**, b. May 12, 1825.
2. **ALBARONA F.**, Oct. 9, 1827, d. May 21, 1850, Limerick.
3. **EMILY B.**, b. Sept. 15, 1829.
4. **CHARLES**, b. Apr. 25, 1836, d. Dec. 30, 1869 Limerick.
5. **MARTHA A.**, b. Dec. 30, 1840, d. Oct. 20, 1900, Limerick. m. James H. Fogg.
6. **HENRY C.**, b. Feb. 2, 1842.
7. **EDWIN A.**, b. Mar. 13, 1844.
8. **JOSEPHINE**, b. Mar. 23, 1846.
9. **ALFRED**, b. June 10, 1848, d. May 2, 1850, Limerick.
10. **ALBERT T.**, b. Aug. 29, 1850.
v. BETSEY, d. 1819, unm. Limington.
vi. MARY, b. Mar., 1803, living 1875. m. Apr. 6, 1822, John Skillings of Gorham, moved to Strong.
vii. HANNAH, b. Nov., 1805, living 1875, Alfred. m. ____ McLaughlin of Boston, MA, joined the Shakers at Alfred.

COLE, CALEB, b. Jan. 1, 1781, Berwick, d. Apr. 18, 1851, Limerick. He was a Quaker, highly esteemed. He came in 1834. m. Mar. 4, 1802 at Berwick, Mary Hanson, she b. Oct. 26, 1779, d. Apr. 23, 1816, Berwick. m. (2) Oct. 30, 1817, Mary Randall of Limington, she b. Nov. 8, 1785, Limington, d. Jan. 3, 1866, ae 79 yrs. Limington. Children born in Berwick:

i. ELIZABETH, b. July 16, 1802. m. May 10, 1827 Thaddeus Brooks.
ii. JOHN, b. Sept. 28, 1803, d. Apr. 22, 1850, Saco. m. Jan. 26, 1832, Mary Ann Marshall of Saco, she d. Jan. 19, 1894 ae 82 yrs. 5 mos. 8 das. Saco.
iii. JEDEDIAH, b. July 19, 1805, d. Apr. 11, 1816, Sanford.
iv. EUNICE H., b. July 1, 1807, d. Dec. 13, 1835, Sanford.
v. IVORY H., b. June 15, 1809, d. Aug. 10, 1887, ae 78 yrs. 1 mo. 26 das. No. Limimgton. m. Sept. 19, 1833, Eliza Hopkinson of Limington, he of Sanford, she b. Oct., 1817, Limington, d. Nov. 24, 1901, ae 84 yrs. 1 mo. 24 das. Children:
   1. JOHN HOPKINSON, b. Sept. 7, 1836, d. July 7, 1900 Cornish. m. Feb. 23, 1861, Ann Maria Norton.
   2. WILLIAM J., b. Aug. 1, 1834, d. Sept. 23, 1839, Limington.
   3. WILLIAM HENRY, b. Jan. 10, 1841, d. May 30, 1936, Limington. m. Nov. 27, 1862, Abbie J. Sanborn of Baldwin, he of Limington. She b. Feb. 12, 1840, d. Dec. 6, 1912.
   4. LYDIA JANE, b. Sept. 13, 1844, d. Aug. 25, 1862, ae 17 yrs. 11 mos. 12 das. Limington.
   5. THADDEUS BROOKS, b. July 21, 1848, d. May 19, 1915. m. Dec. 4, 1869, Lydia F. Stone of Cornish.
   6. HANNAH ELIZABETH, b. Nov. 9, 1852, d. May 30, 1890. m. Mar. 5, 1869, Clark H. Norton, both of Limington.
   7. LUELLA TANDY, b. June 3, 1858, d. Dec. 16, 1878. m. int. Apr. 7, 1876, Charles L. Witham of Biddeford, she of Limington.
vi. LYDIA JANE, b. July 20, 1811, d. Apr. 16, 1867 Groveland, MA. m. Jan. 30, 1834 in North Berwick, Isaiah Varney of Wells. m. (2) Apr. 2, 1845 Gorham T. Tandy of E. Bradford, she of Sanford.
vii. WILLIAM A., b. Oct. 10, 1813, d. Oct. 10, 1815, Sanford.
viii. GEORGE, b. Feb. 13, 1816, d. Apr. 3, 1816, Sanford.
ix. HULDAH H., b. Oct. 17, 1818, living 1850, Limerick. m. Jan. 29, 1843, Samuel S. Libby, both of Limerick.
x. ISAIAH R., b. Apr. 18, 1821, d. Jan. 31, 1835, Limington.
xi. DR. JAMES RANDALL, b. Jan. 14, 1824, d. May 21, 1853, ae 29 yrs. 4 mos. Limerick, formerly of Saco. m. Mar. 30, 1850, Martha A. Hamilton, both of Westbrook, she d. Mar. 28, 1870, ae 45 yrs. 4 mos. 13 das.
xii. MARY ANN, b. July 17, 1827, d. Sept. 29, 1850, Limerick.

COLE, CHRISTOPHER, b. June 21, 1768, Berwick, d. Nov. 24, 1848, N. Limington. He came from Sanford in 1796 and settled in Bean neighborhood, next to Cornish line. He was a Quaker. m. Nov. 3, 1791

in Berwick, Hannah Hussey of Berwick, she b. Mar. 13, 1773, N. Berwick, d. June 15, 1867, ae 94 yrs. 3 mos. 2 das. N. Limington. Children:
i. PHEBE, b. Feb. 21, 1793, Sanford, d. Aug. 22, 1865. m. Feb. 21, 1810 in Scarboro, Theophilus Waterhouse, he b. Aug. 8, 1788, Scarboro, d. May 4, 1837, Limington. m. (2) Nov. 5, 1843, Stephen Guptill of Cornish, she of Limington, he b. Apr. 28, 1782, Waterboro, d. Dec. 26, 1864, ae 82 yrs. Cornish.
ii. WILLIAM, b. Feb. 27, 1795, Sanford, d. Aug. 14, 1869, Deerfield, NH. He was called "Quaker Billy," lived on Lou Libby's place. m. Aug. 14, 1817, Mary Rowe, both of Limington, she b. July 15, 1798, Baldwin, d. May 14, 1840, ae 41 yrs. 10 mos. Limington. m. (2) Sept. 19, 1841, Sarah Hussey at N. Berwick, she b. May 1, 1802, N. Berwick, d. Mar. 1, 1857, N. Berwick. m. (3) Jan. 20, 1860, Elizabeth Brackett at N. Berwick, she b. Apr. 23, 1798, N. Berwick, d. May 8, 1881, Deerfield, NH. Children born in Limington:
1. JOHN, b. Feb. 16, 1819, d. Jan. 25, 1907, ae 88 yrs. Limington. He lived on Whaleback Road in Bean neighborhood. m. July 25, 1841, Nancy W. Norton in Baldwin, both of Limington, she d. Sept. 20, 1871, ae 54 yrs. 5 mos. 23 das. Limington. m. (2) int. May 3, 1875, Jane A. Chaney of Limington, she b. Aug. 19, 1843, Limington, d. Mar. 17, 1914, ae 70 yrs. 6 mos. 4 das. Limington. Children born in Limington:
(1) MARY, b. Sept. 1, 1841, d. Dec. 30, 1887, ae 48 yrs. Limington. m. June 17, 1866, George Ward Libby, both of Limington, he b. Nov. 29, 1826, Limington, d. Feb. 26, 1899, Limington.
(2) STEPHEN D., b. 1845, d. Sept. 15, 1896, ae 51 yrs. 4 mos. 13 das. unm. Limington.
(3) WILLIAM PENN, b. Nov. 27, 1848, d. Feb. 29, 1920, Denmark. m. Dec. 19, 1893 Emma Johnson Blake of Limington, moved to Denmark in 1917.
(4) NANCY N., d. Dec. 13, 1852, ae 6 yrs. 10 das.
(5) EDWARD N., d. May 10, 1854, ae 14 das.
(6) NANCY F., d. Aug. 6, 1856, ae 14 das.
2. CHRISTOPHER, b. Dec. 26, 1822, d. Apr. 23, 1859, ae 36 yrs. 4 mos. Liminton. m. Oct. 19, 1846, Jane Woodman Norton, both of Limington, she m. (2) Oct. 5, 1868, Albert Newell Watson of Freedom, NH. Children:
(1) LINDLEY, b. Mar. 9, 1847, d. Mar. 23, 1866, Saco.
(2) LUCINDA, b. June 6, 1849. Moved to Biddeford. m. Ezekiel Emery of Kennebunk.
(3) GEORGE ALMOND, b. Apr. 26, 1852, d. Sept. 24, 1916, Winthrop, MA.
(4) JAMES ALBERT, b. Aug. 23, 1854, d. Mar. 18, 1935, Portland.
(5) BETSEY JANE, b. Aug. 9, 1857, d. Dec., 1940 Dover, NH. m. Edson M. Tyler. m. (2) Apr. 16, 1915 William W. Thompson. m. (3) in Somersworth, NH, Edgar O. Hall.

(6) **CHRISTINA**, b. Feb. 27, 1859, d. Mar. 28, 1910. m. Nov. 4, 1876, Edwin Towle of Freedom, NH.
3. **HANNAH P.**, Oct. 26, 1829, d. July 18, 1916, Epsom, NH. m. Feb. 15, 1851 in Standish, Jonathan Frost Cate, both of Limington. They in Deerfield, NH.
4. **RACHEL**, b. Mar. 28, 1832, d. June 28, 1920, Minneapolis, MN. m. Apr. 18, 1849 in Cornish, Mark Pease of Cornish, she of Limington, he d. Sept. 29, 1863, Minneapolis, MN. m. (2) Nov. 7, 1864 in Bloomington, MN, William Allen Stanchfield.
5. **SARAH PHEBE**, b. Aug. 29, 1843, d. 1907, York. m. Samuel Welch of Wells.

iii. **ELIZABETH**, b. Nov, 6, 1801, d. Jan. 18, 1881, ae 79 yrs. 2 mos. 2 das. m. Mar. 13, 1817, John Hopkinson, both of Limington, he bapt. June 24, 1792, d. Dec. 21, 1865, ae 65 yrs. 5 mos. 17 das. Limington.

COLE, ISAAC, b. Oct. 14, 1791, Buxton, d. Feb. 1, 1856, East Limington. He and his brothers, Noah and William, came to E. Limington by 1823 and were mill men. Noah left for Clinton with the Woodsums, but Isaac stayed and continued to operate a mill on the Saco. m. Mar. 26, 1813 in Buxton, Phebe Elbridge, she b. June, 1789 Buxton, d. Oct. 5, 1865, ae 76 yrs. 3 mos. Biddeford. Children:
i. **ABNER**, b. 1813, d. Oct. 5, 1822, ae 9 yrs. 10 mos. 4 das. Limington.
ii. **FRANCIS**, b. 1815, d. May 17, 1818, ae 2 yrs. 6 mos. 17 das. Limington.
iii. **MARY ANN**.
iv. **ELMIRA**.
v. **SALLY**, b. 1821, d. Jan. 25, 1823, ae 1 yr. 3 mos. 19 das. Limington.
vi. **FRANCIS J.**, b. 1827, d. Jan. 26, 1858, ae 30 yrs. 10 mos. m. May 5, 1854, Deborah Bean of Buxton, he of Limington.
vii. **SARAH M.**, b. 1831, living 1860, Limington.

COLE, LEVI, b. June 1, 1777, d. May 9, 1855, ae 77 yrs. 11 mos. 8 das. Porter. He came from Berwick to Cornish and from 1802 to 1806 lived in Limington and returned about 1813. After 1823 he left for Porter. m. Feb. 28, 1799, Eunice Thompson of Limington, he of Cornish, she b. Dover, NH, d. 1822, Limington. m. (2) Mar. 31, 1822, Lydia Sawyer, both of Limington, she b. Sept. 16, 1782, Wells, living 1850, Porter. Children:
i. **IRA**, b. 1801, d. Mar. 12, 1836, ae 35 yrs. Limerick.
ii. **JOSHUA**, b. ca 1812, d. June 27, 1849, Warren, IL, formerly of Limerick.
iii. **TOBIAS**, b. 1815, Limington, living 1850, Lovell, living 1860 of Hiram.
iv. **SYLVANUS**, b. ca 1816, Limington, d. Apr. 19, 1909, ae 93 yrs. Wilton.
v. **OLIVE**.
vi. **ALVAH**.

COLLOMY, DAVID, b. before 1774, d. Dec., 1827, N. Limington. He came from Standish about 1813 and settled at Collomy's corner on Whaleback Road, now Tucker Road. He was originally from New Durham, NH. m. Aug. 12, 1796, Polly Nason, both of New Durham, NH, she d. 1820, N. Limington. m. (2) June 23, 1822 in Limington, Martha (Nason) Horne, widow of William, who died 1821, Limington, she m. Nov. 6, 1803, William Horne, both of Limington. Their child was William Horne, b. Jan. 7, 1805, Saco. Martha d. July 21, 1830, Limington. Children:

i. SAMUEL, b. Dec. 14, 1796, New Durham, NH, d. Aug. 16, 1872, Parsonsfield. m. Mar. 28, 1824, Mary Cobb, both of Limington, she d. Nov. 28, 1893, ae 90 yrs. 9 mos. 13 das. Parsonsfield.
ii. DAVID, b. ca 1798, he left about 1817 to parts unknown.
iii. IVORY, he left New Durham, NH, about 1823 to go to Boston, MA, formerly lived in New Haven.
iv. POLLY, b. ca 1797, living 1870, ae 75 yrs., d. Feb. 5, 1887, ae 90 yrs. on town farm, Limington.
v. GEORGE, b. ca 1805, living 1870, ae 58 yrs., in 1880, ae 75 yrs. on town farm, Limington. He d. May 13, 1884 Limington.
vi. ELIZA ANN, b. Nov. 3, 1822, Limington.

COUSINS, ABRAHAM, b. July 9, 1783, Kennebunk, d. Aug. 24, 1854, Scarboro, while on a visit. He was an indentured apprentice to Maj. Joseph Meserve when he was 7 yrs. old, lived on Shaving Hill Road. m. Nov. 28, 1805, Annie Libby, both of Limington, she b. July 9, 1785, Limington, d. July 21, 1869, Limington. Children:

i. ELZIRA, b. Apr. 27, 1807, d. May 14, 1862, ae 55 yrs. 17 das. Sebago. m. Apr. 2, 1829, Samuel Meserve, both of Limington, he b. Apr. 3, 1804, d. Feb. 13, 1875, ae 70 yrs. 10 mos. Sebago.
ii. ROBERT, b. May 12, 1809. d. Dec. 30, 1884, Limington. m. int. Oct. 4, 1835, Betsey Emmons of Lyman, he of Limington, she d. May 2, 1895, ae 82 yrs. 6 mos. Limington. Child:
   1. BENJAMIN E., b. Apr. 17, 1854, Limington, d. Feb. 14, 1920, ae 65 yrs. 10 mos. Standish. m. Jan. 6, 1881 Sadie L. Witham of Denmark.
iii. ANNA, b. May 23, 1811, d. Feb. 26, 1895, Buxton. m. June 13, 1833, Nathaniel Norton, both of Limington, he b. Apr. 22, 1803, Limington, d. Apr. 17, 1872, Limington.
iv. JOSEPH, b. June 17, 1813, d. June 8, 1893, Porter. m. int. Mar. 8, 1813, Hannah Durgin of Porter, she d. May 29, 1893, ae 75 yrs. Porter.
v. ELIZA JANE, b. July 23, 1815, d. Feb. 24, 1897 ae 81 yrs. Porter. m. Mar. 3, 1837, Hiram Wormwood of Cornish, she of Limington.
vi. DAVID B., b. Aug. 2, 1817, d. Nov. 7, 1896, ae 73 yrs. 3 mos. 5 das. Limington. m. Nov. 28, 1839, Sylvia Marr, both of Limington, she b. Apr. 21, 1816, Limington, d. Oct. 14, 1864, Limington. m. (2) June 4, 1865, Sarah Jane Meserve of Limington, she b. Feb. 13, 1824, Limington, d. Dec. 18, 1893, Limington. Children born in Limington:

1. ANGELIA T., b. Aug. 19, 1840, d. Dec. 19, 1902, Westbrook. m. Aug. 4, 1860, Nathaniel P. Burnell of Baldwin, she of Limington.
2. CLARINDA B., b. Feb. 11, 1842, d. Jan. 22, 1923, Buxton. m. July 6, 1862, Charles Augustus Waterman of Buxton.
3. WILLIAM ATWOOD, b. Jan. 4, 1844, d. July 20, 1918, Cornish.
4. ANNAH, b. Oct. 16, 1844, d. June 22, 1848.
5. MARSHALL, b. Oct. 19, 1847. m. Nov. 2, 1875, Ida Elwell of Buxton, he of Limington.
6. CALEB M., b. July 9, 1850, d. July 24, 1916, Limington. m. int. Aug. 17, 1877, Julie E. Waterman of Buxton. m. (2) Minnie B. Kennison.
7. MARY ESTELLE, b. Mar. 22, 1853. m. Nov. 23, 1871, John Jose of Bar Mills.
8. CHARLES L., b. Mar. 22, 1853, d. June 19, 1907, Limington.
9. ADNA E., b. Jan. 9, 1855. m. Apr. 5, 1876, Miles Townsend of W. Buxton.
10. LUCILLE MARIA, b. July 7, 1866, d. 1938, Gorham. m. Lewis Harmon of Gorham.

vii. SABRA C., b. Sept. 5, 1823, d. July 21, 1895, ae 74 yrs. Westbrook. m. Benjamin Berry.

viii. ABRAM, b. Jan. 2, 1826, d. Dec. 15, 1903, ae 77 yrs. 11 mos. 13 das. Limington. m. Mar. 31, 1852, Elizabeth Dam Small, both of Limington, she b. Sept. 11, 1832, Limington, d. Oct. 5, 1911, Limington. He lived on Shaving Hill Road. Children born in Limington:
1. JULIA ETTA, b. Nov. 1, 1853, d. May 28, 1922, ae 69 yrs. 6 mos. 27 das. Biddeford. m. int. Oct. 27, 1875, Charles E. Small, both of Limington, he b. 1846, d. Aug. 17, 1924, ae 78 yrs.
2. HATTIE F., b. Sept. 3, 1856, d. Sept. 25, 1900, ae 44 yrs. 22 das. Portland. m. int. Oct. 27, 1885, Francis H. Parsons of Conway, NH.
3. ALLIE S., b. Aug. 12, 1858, d. Mar. 22, 1924, ae 65 yrs. 7 mos. 10 das. Portland. m. Feb. 13, 1886, Frank M. Bradbury, both of Limington.
4. CORA LOUISE, b. Jan. 7, 1866, d. June 6, 1959, Limerick. m. Feb. 28, 1894, Frank S. Cram of Limerick.
5. MABEL LOUISE, b. Feb., 1872, d. Aug. 12, 1930 Westbrook. m. Wilbur Leonard Roberts of Westbrook.

CROCKETT, DANIEL, b. Feb. 15, 1783, d. Sept. 24, 1851, ae 68 yrs. 7 mos. 9 das. Steep Falls. He lived in Steep Falls section. He was a member of Freewill Baptist church in Buxton. m. Nov. 30, 1809, Olive Smith of Hollis, he of Limington. She b. Aug. 4, 1785 Hollis, d. Oct. 6, 1861. Children:
i. NATHAN, b. 1810, d. Sept. 2, 1852, ae 43 yrs. Standish. m. int. Aug. 2, 1835, Mary Goodale, both of Limington, she m. (2) Oct. 16, 1861 in Standish, Abel Black, she of Standish.

ii. **MORRILL**, b. Feb. 17, 1815, d. Nov. 24, 1893, ae 78 yrs. 9 mos. 3 das. Steep Falls. m. int. Oct. 25, 1835, Eunice Graffam, both of Limington, she b. Oct. 10, 1813, d. Sept. 25, 1884, ae 68 yrs. Steep Falls (Limington) Children:
1. **JULIA BLANCHARD**, b. Mar. 15, 1837, d. Sept. 26, 1916, ae 79 yrs. 6 mos. 11 das. Westbrook. m. Sept. 13, 1856 Augustus James Staples both of Standish.
2. **JOHN B.**, b. Mar. 12, 1841, d. May 29, 1866, ae 25 yrs. 2 mos. 18 das. Steep Falls. He in Co. I, 30th ME Reg't.
3. **MELVILLE C.**, b. May 9, 1845, d. June 25, 1866, ae 20 yrs. 10 mos. Steep Falls.
4. **SARAH G.**, b. Aug., 1851, d. Jan. 2, 1928 Westbrook. m. Sept. 17, 1870 in Cornish, Mark F. Kimball of Standish.
5. **LAURA ELLA**, b. Apr. 13, 1859, d. Apr. 29, 1943 Standish. m. Nov. 19, 1879 Roscoe S. Emery, both of Limington.

CUTLER, HENRY, b. Aug. 17, 1794, Salem, MA, son of James & Huldah (Symonds) Cutler, d. July 26, 1872, ae 77 yrs. 11 mos. 9 das. Limington. After his father's death in 1795, his mother moved to Bridgton and he was left an orphan in 1798 when his mother died. He carried on the farm of widow Mial Jordan at Denmark before his marriage. After his marriage he settled on Cutler Row, located halfway between Limington Village and Slabstreet on Route 11. m. May 25, 1817, Mary Moody of Limington, he of Bridgton, she b. Feb. 22, 1794, Gorham, d. June 23, 1868, ae 74 yrs. 4 mos. 1 da. Limington. Children:
i. **MIAL JORDAN**, b. Apr. 18, 1818, Bridgton, d. Feb. 9, 1887, ae 68 yrs. 9 mos. 21 das. Limington. He was a maker of carriages located on Meserve's Brook, next to the bridge. m. int. Nov. 25, 1839, Maria Pingree of Denmark, she d. July 6, 1841, ae 26 yrs. 4 mos. Limington. m. (2) Jan. 4, 1842, Sarah K. Pingree of Denmark, he of Limington, she b. Mar. 13, 1819, Denmark, d. June 29, 1900. Children born in Limington.
1. **CHARLES HENRY**, b. Sept. 6, 1840, d. Jan. 3, 1903, ae 62 yrs. 3 mos. 28 das. m. int. June 10, 1863, Augusta D. Sawyer of Brooks, he of Limington. m. (2) June 30, 1876 in Salem, MA, Almira (Gould) Chick, wife of Charles Franklin Chick. They purchased the Susie Meserve's place from George W. Boothby in 1881.
2. **CYNTHIA**, b. Nov. 12, 1843, d. Apr. 27, 1844, Limington.
3. **OSBOURN P.**, b. May 4, 1845, d. May 22, 1846, Limington.
4. **OSBOURN P.**, b. Feb. 4, 1847, d. Oct. 3, 1849, Limington.
5. **CLINTON**, b. July 7, 1849, d. Mar. 12, 1893, Limington.
6. **WALLACE**, b. 1851, d. 1852.
ii. **HARRIET**, b. Aug. 14, 1820, d. June 1, 1897, ae 76 yrs. 9 mos. 13 das. Standish at res. of her daughter. m. July 8, 1841, George W. Boothby, both of Limington, he b. Aug., 1818, Limington, d. Mar. 22, 1894, ae 75 yrs. 7 mos. 8 das. Standish.
iii. **MARY ANN**, b. Aug. 28, 1822, d. Oct. 19, 1884, Denmark. m. Mar. 30, 1843, Edmund P. Pingree of Denmark, she of Limington.

iv. **WILLIAM**, b. Dec. 16, 1826, d. Apr. 22, 1908, ae 82 yrs. 4 mos. 6 das. Bridgton. m. int. Mar. 14, 1853, Almira B. Witham of Denmark, she b. June 20, 1828, Denmark, d. July 25, 1917, ae 88 yrs. 1 mo. 5 das. Bridgton. He was a carriage maker, his shop burnt May, 1879, located next to the bridge. Children:
    1. **MARIA**, b. Feb. 3, 1854, d. Aug. 11, 1883, East Denmark, at her father's home, buried in Steep Falls, ME. m. int. June 9, 1876, Charles H. Seeley of Standish, she of Limington.
    2. **HENRY**, b. 1856, d. June 21, 1893, ae 37 yrs. 8 mos. drowned in Moose Pond, Denmark.
    3. **LYDIA A.**, b. 1857.
    4. **AUGUSTA**, b. May, 1857, Limington, d. Mar. 15, 1911, ae 53 yrs. Bridgton. m. Abel C. Hinds of Denmark.
    5. **MARY H.**, b. Apr., 1864, d. Feb. 20, 1924, ae 59 yrs. 9 mos. 21 das. unm. Denmark.
v. **ELIZABETH**, b. Feb. 20, 1829, d. Apr. 22, 1910, ae 81 yrs. 2 mos. Limington. m. June 4, 1851, Benjamin Oscar Small, both of Limington, he b. Feb. 26, 1828, Limington, d. July 13, 1913, Limington.

DAVIS, EZRA, bapt. May 22, 1748, Biddeford, d. Oct. 15, 1826, ae 79 yrs. 7 mos. 5 das. S. Limington. He came in the summer of 1773 and settled on lot 5, range B and lot 5, range C, at S. Limington on Barbel Creek. He was the first settler to begin a farm in town. m. July 20, 1769, Susanna Hanscom, both of Saco, she d. Feb. 2, 1805, ae 60 yrs. Limington. m. int. (2) Mar. 29, 1807, Lucy Bigelow of Limerick, he of Limington. She was formerly living in Portsmouth, NH, she d. 1817, Limington. Children:

i. **SUSANNAH**, bapt. Sept. 16, 1770, Saco, d. Jan. 26, 1808, ae 38 yrs. Hollis. (*Eastern Argus*, Jan. 28, 1808) m. Oct. 3, 1789 in Buxton, Robert Nason of Hollis, she of Limington. He d. Jan. 17, 1835 about 43 yrs. Hollis. He m. (2) July 12, 1812 Catherine McDonald of Standish. Children born in Hollis:
    1. **SARAH**, b. Feb. 16, 1792.
    2. **ROBERT**, b. Feb. 6, 1794.
    3. **MARY**, b. Aug. 3, 1796.
    4. **EZRA DAVIS**, b. June 10, 1798, d. 1863.
    5. **BENIAH**, b. May 16, 1800, d. July 10, 1835.
    6. **DORCAS**, b. Oct. 4, 1802.
    7. **SAMUEL**, b. Jan. 8, 1805.
    8. **MARGARET**, b. Apr. 10, 1807.
ii. **SARAH**, bapt. Sept. 1, 1771, d. before June, 1805, Buxton. m. Aug. 5, 1792, William Hazeltine of Buxton.
iii. **EZRA**, bapt. Sept. 12, 1773, d. Apr. 20, 1836, ae 62 yrs. 7 mos. Limington. m. Dec. 24, 1801, Mehitable Rackliff of Standish, she b. Oct. 26, 1776, d. Mar. 31, 1862, Porter. He moved to Porter in 1832. Children:
    1. **MEHITABLE**, bapt. Nov. 1, 1803, d. Aug. 5, 1826, ae 23 yrs. 10 mos. Limington.
    2. **EZRA**, b. May 15, 1804, d. Nov. 20, 1887, Cornish, at home of John H. Cole. m. Dec. 29, 1831, Margaret Sutton,

both of Limington, she b. Mar. 18, 1805, Limington, d. July 10, 1852, ae 47 yrs. 5 mos. He m. (2) June 29, 1856, Mrs. Mercy (Small) Burbank of Hiram. Children:
  (1) **CHARLES B.**, b. June 9, 1835, d. Dec. 1, 1911, ae 76 yrs. 5 mos. 22 das. Hiram.
  (2) **CHARLOTTE**, b. June 9, 1835, Porter, d. Sept. 5, 1880, ae 45 yrs. 3 mos. Hiram.
  (3) **WILLIAM B.**, b. Apr. 18, 1837, Porter, d. Sept. 10, 1901, Kezar Falls.
  (4) **JOSEPH M.**, b. July 5, 1843, d. Jan. 3, 1863. ae 19 yrs. 6 mos. 8 das. Hiram.
3. **CHANDLER RACKLIFF**, b. Feb. 17, 1806, d. Oct. 19, 1882, Hiram. m. Mar. 5, 1835, Dorothy (Parker) Burnell, widow of Benjamin of Baldwin, he of Limington, she b. Sept. 15, 1803, Standish, d. Oct. 13, 1884, Hiram. Children:
  (1) **EZRA**, b. Dec. 28, 1836, d. Feb. 7, 1906 Denmark.
  (2) **MOSES P.**, b. Mar. 21, 1838, d. Apr. 10, 1911 Denmark.
4. **GEORGE D.**, b. Aug. 1, 1808, d. Dec. 17, 1847, ae 38 yrs. Parsonsfield, by an accident when a large stone fell on him. m. June 15, 1836, Nancy Hammons of Cornish, he of Limington, she b. Mar. 1, 1815, Cornish, d. Mar. 16, 1900. Children:
  (1) **FANNIE COLE**, b. 1837, Limington, d. Sept. 29, 1902, Parsonsfield. m. May 10, 1865, Seth Chellis of Parsonsfield
  (2) **GEORGE P.**, b. Dec. 24, 1842, d. Mar. 24, 1900, Parsonsfield.
  (3) **SARAH L.**, b. Feb. 5, 1845, d. Sept. 30, 1919. m. Dec. 27, 1865, Usher B. Thompson of Newfield.

iv. **ROBERT**, b. Aug. 28, 1775, Limington, d. Nov. 14, 1826, S. Limington. He was first white male born in town. He lived in present Harold Jenson's place at Barbel Creek, S. Limington. m. Oct. 24, 1799 in Arundel, Mary Tarbox of Kennebunk, she b. Sept. 26, 1779, Kennebunk, d. Jan. 24, 1878, ae 98 yrs. 4 mos. Limington, at residence of her son, Joseph, lived 76 yrs. She had 13 children, 46 grandchildren, 34 great-grandchildren and 2 great, great-grandchildren. Children born in Limington:
1. **ROBERT**, b. Aug. 20, 1800, d. Dec. 23, 1880, ae 80 yrs. 4 mos. 4 das. Boston, MA, buried Forest Hill Cemetery. He was a blacksmith. m. int. Jan. 28, 1824, Clarissa H. Stone of Limerick, she b. Dec. 18, 1794, Limerick, d. Dec. 17, 1883, ae 89 yrs. Boston, MA. Children recorded in Portland:
  (1) **LORENZO D.**, b. Mar. 4, 1825.
  (2) **DORCAS**, b. Dec. 22, 1828. m. John Ware.
  (3) **ESTHER**, b. Aug. 20, 1828. m. John Safford of Boston, MA.
  (4) **DANIEL FRANKLIN**, b. June 4, 1831.
  (5) **ALPHONZO**, b. Feb. 12, 1833.
  (6) **MARY JANE**, b. July 28, 1834.

(7) **THOMAS JEFFERSON**, b. Apr. 22, 1835.
2. **JOSEPH**, b. June 27, 1802, d. May 11, 1881, ae 78 yrs. 11 mos. Limington. He lived in his father's old place. m. Jan. 28, 1834, Betsey Lewis, both of Limington, she b. Mar. 1, 1799, York, d. Mar. 6, 1890, ae 78 yrs. 11 mos. Limington. Children:
   (1) **GEORGIANA**, b. 1835, d. Dec. 9, 1835, ae 9 mos. Limington.
   (2) **JEREMIAH**, b. Oct. 15, 1837, d. May 18, 1916, ae 79 yrs. 6 mos. 29 das. Limington. m. Feb. 18, 1858, Lucy Ann Atkinson of Saco, she d. Mar. 16, 1887, ae 53 yrs, Limington. m. (2) in 1873, Martha A. Perkins of Kennebunk, she b. Jan., 1835, Kennebunk, d. Sept. 17, 1906, ae 71 yrs. 7 mos. 17 das. Limington. Child:
      (i) **MARTHA IDA**, b. Feb. 14, 1860. m. int. Apr. 10, 1882, Charles Sumner Anderson, both of Limington.
   (3) **JOSEPH**, b. Nov. 1, 1839, d. Jan. 13, 1913, ae 75 yrs. Portland. m. Dec. 24, 1861, Priscilla Flood of Buxton, she b. Sept. 14, 1834, Buxton, d. Dec. 26, 1907, ae 73 yrs. 3 mos. Children:
      (i) **LIZZIE MARY**, b. Sept., 1863, d. May 4, 1932, ae 68 yrs. 7 mos. 10 das. Hollis. Buried in Gorham. m. Sept. 22, 1882, John Frank Ridlon of Limington, he b. Mar. 18, 1861 Sebago, d. Sept. 20, 1935 Portland.
      (ii) **LAURA A.**, b. Sept. 12, 1864, d. Nov. 12, 1884.
3. **EZRA**, b. May 10, 1804, living 1850, Portland. m. int. May 2, 1831, Dorcas Stacy of Waterboro, he of Limington. Child:
   (1) **TIMOTHY D.**, b. Mar. 15, 1836, Limington, d. July 5, 1920, Portland.
4. **SUSANNAH**, b. Apr. 4, 1806, d. Dec. 13, 1868, ae 62 yrs. 7 mos. 9 das. S. Casco. m. int. Dec. 14, 1838, Nathaniel Strout of Raymond, she of Limington.
5. **MARY O.**, b. Feb. 5, 1808, d. Apr. 13, 1872, Limington. m. Apr. 27, 1829, Ezekiel Larrabee, both of Limington, he b. Jan. 30, 1804, Limington, d. Feb. 26, 1885.
6. **LUCRETIA**, b. Jan. 31, 1810, d. July 17, 1845, ae 35 yrs. 5 mos. 17 das. Limington. m. Apr. 1, 1834, Dennis Johnson, both of Limington, he b. Oct. 11, 1810, Limington, d. Jan. 21, 1891, Limington.
7. **JEREMIAH**, b. Dec. 13, 1811, d. Aug. 19, 1836, Lynn, MA.
8. **SAMUEL**, b. Jan. 6, 1814, d. Feb. 9, 1878, ae 64 yrs. 1 mo. 1 da. Harrison. He and his son of Harrison, ran a stage line between Bridgton and Portland for a number of yrs. His place at Limington corner burned July 31, 1869. In 1860 of Limerick. m. int. Nov. 25, 1843, Abigail Irish Larrabee, both of Limington, she b. May 9, 1821, Limington, d. Oct. 1, 1900, Farmington, ME. Children born in Limington:

(1) SUMNER C., b. Nov. 29, 1844, d. Sept. 24, 1917, ae 73 yrs. 9 mos. 25 das. Harrison. m. Sept. 22, 1876 Sarah C. Murphy of Bridgton, she d. Mar. 2, 1894, ae 42 yrs. 10 mos. 28 das. Harrison.
(2) ALBANUS K., b. Mar. 17, 1846, d. May 21, 1868, ae 23 yrs. 2 mos. 5 das. Bridgton.
(3) JAMES BAXTER, b. Feb. 22, 1847, d. Apr. 2, 1865, Petersburg.
(4) EMMA CARRIE, b. Dec. 20, 1849, d. Nov. 25, 1941, ae 91 yrs. 11 mos. 5 das. m. William Henry McDonald of Farmington.
(5) MARY, b. about 1856, living 1917. m. E. J. Leighton of Boston, MA.
(6) ABBIE H., d. Oct. 18, 1857, ae 2 yrs. 9 mos. 13 das.
(7) CHARLES L., b. May 23, 1860, d. Feb. 5, 1889, ae 28 yrs. Harrison.
(8) GEORGIE A., d. Aug. 25, 1865, ae 9 yrs. 7 mos. 27 das. Limington.
9. EUNICE H., b. Sept. 21, 1815, d. Sept. 5, 1869. ae 53 yrs. Franklin, NH. m. int. Jan. 3, 1836, Moses M. Burbank of Lynn, MA. He d. Jan. 8, 1890, ae 73 yrs.
10. BENJAMIN, b. Aug. 2, 1817, d. Dec. 21, 1844, ae 27 yrs. 4 mos. A few days before his death, he went to Portland to visit his two brothers.
11. SARAH Y., b. July 29, 1819, d. May 18, 1850, ae 30 yrs. 9 mos. Cornish. m. Feb. 25, 1838, Stephen Chick, he of Cornish, he d. Oct. 15, 1892, ae 81 yrs. Cornish.
12. CHARLES T., b. June 2, 1821, living in 1878, 1880 Auburn. m. (1) Lucy Jane Vickery of Auburn, she d. Sept. 19, 1853, ae 35 yrs. Auburn.
13. DORCAS, b. Sept. 29, 1823, d. Sept. 20, 1824.
v. KEZIAH, bapt. Nov. 13, 1779, living in 1850, ae 73 yrs. Pittsfield. m. June 20, 1802, John Berry, both of Limington.
vi. ELIZABETH, bapt. Nov. 13, 1779, living 1850, Limington. m. Apr. 5, 1802, Edward Small, both of Limington.
vii. BENAIAH, bapt. Sept. 1, 1782, d. Apr. 14, 1838, ae 58 yrs. New Limerick, formerly of Sebago. He left Sebago about 1834. m. July 1, 1804, Mary Wingate of Limerick, he of Limington. m. (2) Mar. 28, 1834. Lorana Davidson of Denmark, he of Sebago. He moved in 1808 to Baldwin.
viii. MARGARET, bapt. June 12, 1785, d. Jan. 7, 1837, ae 53 yrs. Limington. m. int. Nov. 29, 1811, Nathaniel Cousens of Hollis.
ix. MARY, b. Apr. 11, 1786, d. Nov. 21, 1825, ae 39 yrs. 7 mos. 10 das. Limington.

DAVIS, JAMES, bapt. June 15, 1760, Biddeford, d. Mar. 21, 1836, ae 76 yrs. Lincoln. He came from Saco and lived in Hardscrabble after his marriage, then a part of Hollis. He left after 1830 and moved with his sons to Lincoln, ME. m. Nov. 11, 1781, Sarah Nason, he of Saco, she bapt. May 8, 1762, Buxton, d. May 16, 1850, ae 88 yrs. Lincoln. Children recorded in Limington:

i.   JAMES, b. Aug. 22, 1782, d. Nov. 7, 1858, ae 76 yrs. Phillips, ME. m. June 26, 1803, Olive Haines of Buxton, he of Limington, she b. Nov. 16, 1778.

ii.   CHARITY, b. Apr. 3, 1785. m. int. June 15, 1800, Josiah Norton Jr., both of Limington, he b. June 3, 1775, d. July 24, 1831, ae 56 yrs. Portland. Children:
       1. ASA, d. in Portland hospital, Jan. 7, 1813, soldier in War of 1812. m. Nancy Quincy.
       2. JAMES, d. July 25, 1837, Bangor, formerly of Portland. m. Feb. 27, 1822, Dorothy Blake in Westbrook, he of Portland.
       3. AARON.

iii.   ROBERT, b. July 29, 1787, d. Sept. 21, 1851, ae 64 yrs. 2 mos. Sebago. He once lived in Westbrook, there in 1820, 1832, of Sebago. m. Apr. 24, 1814, Polly Cook, both of Baldwin, she d. Feb. 17, 1865, ae 68 yrs. 3 mos. 25 das. Sebago, she m. (2) Oct. 22, 1859, David Paine, both of Baldwin. Children (in 1881, eleven were living):
       1. CHARITY, b. Feb. 17, 1817, Baldwin, d. July 15, 1893, Conway, NH. m. John McRoberts, he b. Dec. 17, 1810, Antrim, Ireland, d. Feb. 28, 1880, Baldwin.
       2. JAMES, b. ca 1816. He left ME in 1838, ae 22 yrs. He living in 1881, Eastersa, IN.
       3. BETSEY H., b. Oct. 2, 1819, Westbrook, d. Sept. 2, 1876, Sebago. m. Issac E. Davis of Sebago.
       4. IRENE, b. about 1820, living 1850 ae 30 yrs. Westbrook. m. Dec. 13, 1846, Royal S. Kallock, both of Westbrook.
       5. ELIZA ANN, b. July 5, 1822, d. Aug. 18, 1907, ae 85 yrs. 1 mo. 12 das. m. Oct. 4, 1849 in Sebago, Samuel L. Paine of Baldwin, she of Sebago.
       6. SARAH, b. Sept. 4, 1823, d. Mar. 14, 1906, ae 82 yrs. 6 mos. 10 das. Sebago. m. Mar. 26, 1843, Joseph T. Bickford of Limington, she of Sebago.
       7. WILLIAM L., b. Mar. 4, 1825, Westbrook, d. May 19, 1900, ae 75 yrs. 2 mos. 15 das. Harrison.
       8. ROBERT, b. July, 1827, d. Jan. 26, 1899, ae 69 yrs. 5 mos. Portland.
       9. SIMEON, b. Jan. 28, 1829, d. Feb. 4, 1906, Boston, MA. m. May 1, 1854, Eliza Young both of Sebago.
       10. CHARLES F., b. Aug. 28, 1831, Sebago, d. Apr. 15, 1915, ae 83 yrs. 7 mos. 21 das., Gorham.
       11. MARTHA G., b. 1835. m. May 9, 1854 Ralph W. Roode of Sebago.
       12. SEWELL T. M., b. 1838, in U. S. Army in Liverpool, England, in 1881.
       13. MARY, b. ca. 1841, d. few yrs. ago from 1881 in IL. m. Greenlief Chute, they in 1860 of Casco.

iv.   EZRA, b. Sept. 1, 1789, living 1850, Brownville, ME. m. Sept. 19, 1813, Hannah Stevens, both of Limington, she b. Sept. 26, 1796, living 1850, Brownville.

v. JOHN, b. Feb. 13, 1792, living 1830, Sebago, in May, 1831, Lincoln. m. int. Feb. 17, 1816, Lydia Nason of Hollis, she d. Nov. 26, 1849, ae 63 yrs. 8 mos. 13 das. Lincoln, ME.
vi. SARAH, b. Apr. 9, 1794, d. 1817, Limington. m. int. Oct. 12, 1816, James Young, both of Limington, he b. May 19, 1786, Limington, d. Dec. 24, 1852, Limington.
vii. MOSES, b. May 13, 1796, d. Dec. 20, 1860, Limington. m. int. Aug. 20, 1820, Betsey Smith, both of Limington, she d. Feb., 1860, ae 67 yrs. Children:
1. SARAH, d. Jan. 2, 1833, ae 12 yrs. Limington.
2. CYRUS JR., b. 1822.
3. HULDAH S., b. 1823, d. Nov. 3, 1845, ae 22 yrs. 3 mos.
4. MARY, b. 1824, d. May 19, 1844.
5. CHILD, d. Feb. 25, 1829, Limington.
6. HANNAH, b. 1828. m. Nov. 4, 1849, Edward C. Rand, both of Limington.
7. JOSEPH S., b. Feb. 3, 1833, d. June 8, 1876, ae 42 yrs. 4 mos. 1 da. Haverhill, MA.
8. JAMES LEWIS, b. 1835, living 1858, Limington.
viii. MARY, b. May 3, 1796, d. Apr. 25, 1882, Limington, burned to death. m. int. Dec. 18, 1826, Alexander Smith, both of Limington, he b. Mar. 13, 1795, Buxton, d. July 9, 1854, ae 60 yrs. 4 mos. Limington.
ix. AARON, b. Apr. 27, 1798, d. Feb. 25, 1881, ae 82 yrs. China, was living in 1828 in Sebago. m. int. Oct. 15, 1818, Eliza Cook of Baldwin, he of Baldwin.
x. SIMON, b. Feb. 8, 1802, d. Aug. 1, 1858, ae 56 yrs. Lincoln. m. July 7, 1828, Sally Cook, both of Westbrook.
xi. CYRUS, b. Oct. 4, 1805, living 1830 Limington, living 1832 of Sebago. m. int. Nov. 19, 1827, Margaret Davis of Sebago, he of Limington, she d. Nov. 30, 1832, ae 27 yrs. She daughter of Benaiah.

DAVIS, JOHN, bapt. May 24, 1751, Biddeford, d. before Oct. 26, 1818, South Limington. He came from Saco and lived in Hardscrabble section of Limington, that was annexed from Hollis in 1798. He was a brother to Sarah (Davis) Berry, Ezra, Nichols and James Davis and Jemima (Davis) Ridlon, all of whom came to early Limington. He may have been the John Davis of Gorham who m. Feb. 14, 1784, Molly Harper of Falmouth. m. (2) Aug. 8, 1801, Apphia Rowe of Standish, he of Hollis, she b. Nov. 6, 1766, Standish, d. Aug. 26, 1836, Limington. Children:
i. JOSEPH, b. Apr. 10, 1786, d. Apr. 22, 1875, ae 89 yrs. Hudson, NH, while on a visit to a friend, he of Andover, MA. He was living with daughter, Emeline M. in Andover, MA, in 1870 census. He sold farm in Limington in 1842 and moved to Wilmington where he lived until Apr., 1865, when moved to Andover, MA. m. int. Nov. 27, 1808, m. Dec. 8, 1808, Phebe Small, both of Limington, she b. Sept. 25, 1790, Limington, d. Apr. 5, 1868, ae 77 yrs. 6 mos. Andover, MA. Children b. in Limington:

1. EMELINE M., b. Aug. 22, 1809, d. Mar. 12, 1893, ae 82 yrs. 7 mos. 15 das. Andover, MA. m. Mar. 16, 1842 in Wilmington, MA, Joseph Tyler, both of Woburn, MA, he b. 1798, Woburn, MA, d. Feb. 17, 1876, Wilmington, MA.
2. JOSEPH H., b. Aug. 10, 1811, d. May 28, 1865, ae 56 yrs. Woburn, MA, buried Laurel Hill Cemetery, Saco. He was a noted left-hand artist, noted for his primitive water-colored printings, and was an inventor. He left same time as his father and was in 1847 of Newfield. m. Nov. 15, 1835, Elizabeth Patterson of Saco, he of Limington, she b. Oct. 25, 1795, Biddeford, d. Mar. 15, 1890, Saco.
3. RICHARD SMALL, b. Jan. 30, 1813, d. July 24, 1814, Limington.
4. ANNE MITCHELL, b. May 2, 1815, d. Jan. 11, 1824, Limington.
5. JOHN NELSON, b. Apr. 21, 1818, d. Dec. 5, 1823, Limington.
6. RICHARD, b. Jan. 6, 1821, went to CA gold rush.
7. PHEBE PLUMMER, b. Apr. 2, 1823, Limington, d. May 9, 1906, ae 83 yrs. 1 mo. das. Pepperell, MA. m. Nov. 27, 1851 in Andover, MA, Daniel Scott of Andover, MA, she of Wilmington, MA.
8. LAURA ANN, b. Apr. 23, 1826, living 1863, Hamilton, OH. m. Oct., 1843 in Wilmington, MA, John L. Calef of Lyman, she of Wilmington, MA.
9. SARAH S., b. May 10, 1828, d. Apr. 27, 1886, Woburn, MA. m. Oct., 1852 in Ballardsville, MA, John Marston.
10. SILVESTER, b. Aug. 24, 1830, d. Feb. 23, 1831, Limington.
11. ALFRED NELSON, b. June 13, 1832, d. Feb. 20, 1902, Webster, MA.

ii. JOHN, b. 1797, d. Oct. 6, 1857, ae 60 yrs. 7 mos. Limington. m. int. Sept. 13, 1823, Sarah M. Miller, both of Limington, she d. Jan. 1, 1889, ae 92 yrs. 8 mos. 27 das. Limington. Children:
1. SUSAN M., b. Oct., 1824, d. July 8, 1893, ae 68 yrs. 8 mos. 10 das. Portland. m. May 10, 1849, James Low of Westbrook, she of Limington.
2. ROBIE, d. June 26, 1844, ae 22 yrs. Limington.
3. MARY, b. Dec. 6, 1826, d. Mar. 7, 1902, Sebago. m. Feb. 25, 1860, Charles A. Crawford, both of Limington, he b. Nov. 25, 1836, Baldwin, d. June 29, 1914, Limington.
4. TRYPHENA, b. 1830, d. Apr. 11, 1852, ae 22 yrs. 2 mos.
5. ALMIRA, b. 1832, Cornish, living 1850, Limington.
6. HENRY FREEMAN, b. 1835, in 1890 of Hartford, CT.
7. JOHN McARTHUR, b. ca 1836, d. Sept. 24, 1852, ae 16 yrs. Limington.
8. SARAH, b. ca 1838, d. Feb. 25, 1905, ae 67 yrs. Portland. m. int. Aug. 6, 1859, Charles E. Cooley, both of Limington.

iii. LYDIA, b. May 17, 1802, d. Nov. 7, 1856, ae 54 yrs. m. int. May 23, 1836, Amos Hill Chase, both of Limington.

iv. EUNICE, b. June 18, 1804, living 1850, ae 46 yrs. Portland. m. Mar. 12, 1834, Henry Porter, both of Limington.
v. APPHIA, b. Feb. 3, 1806, d. Jan. 22, 1859, Old Orchard. m. int. Feb. 15, 1845, Henry Googins of Saco, she of Limington.
vi. THEODORE M., b. July 16, 1808, living 1880, Standish. m. Oct. 24, 1832, Margaret M. Wentworth, both of Limington, she b. Apr. 1, 1811, Limington, d. Feb. 11, 1843, Standish.

DAVIS, NICHOLAS, b. May 2, 1753, Biddeford, d. Feb. 14, 1832, ae 78 yrs. 9 mos. 12 das. Hollis. He came to S. Limington after his discharge from the service and settled on bank of Little Ossipee river near the site of Davis bridge. His house once sat on four acre lot at Horseshoe Bend before it was moved by Walter Davis to Cape Elizabeth. m. June 23, 1777, Charity Haley of Biddeford, she b. Mar. 10, 1755, Biddeford, d. Jan. 15, 1809, ae 52 yrs. Limington. m. (2) int. May 13, 1809, Rosina Merrill of N. Yarmouth. m. (3) Sept. 18, 1817, Abigail (Cookson) Smith, widow of Edward of Hollis and went to live on the Smith farm in Hollis. Children:
i. JOHN, bapt. 7, 1778, Saco, d. Apr. 19, 1799, ae 20 yrs.
ii. NICHOLAS, b. Jan. 4, 1780, Limington, d. Oct. 16, 1866, Sebago. m. Sept. 23, 1804, Martha Warren of Gorham, he of Limington, she b. Jan. 16, 1787, Gorham, d. Apr. 17, 1816, ae 23 yrs. 3 mos. 1 da. Limington. m. (2) Dec. 29, 1816, widow Ruth (Goodwin) Blake of Buxton, he of Limington, she b. Apr. 1, 1788, Gorham, d. Sept. 30, 1852, ae 64 yrs. 5 mos. 29 das. Sebago. m. (3) May 30, 1853, Salome (Marr) (Staples) Thomas of Baldwin. Children:
1. MARGARET D., b. Mar. 16, 1805, Standish, d. Nov. 30, 1832, ae 27 yrs. m. int. Nov. 19, 1827, Cyrus Davis of Limington, he b. Oct. 4, 1805, Limington.
2. WARREN, b. Dec. 24, 1806, Standish.
3. LOUISA, b. Jan. 24, 1808, Limington, d. Mar. 28, 1897, Baldwin. m. Jan. 19, 1826, Frederick Spencer of Limington.
4. SOPHRONIA, b. June 11, 1811, Limington, d. Mar. 20, 1899, ae 88 yrs. 9 mos. 17 das. Portland. m. int. Mar. 4, 1833, Gerry Rounds Jr. of Buxton.
5. MARTHA WARREN, b. Aug. 21, 1812, Limington. m. Samuel Warren of Buxton.
6. EZEKIEL WARREN, b. June 17, 1814, Limington, d. Nov. 27, 1849, CA. m. Apr. 18, 1838 in New Bedford, MA, Sarah Rice.
7. ELIZA WARREN, b. Apr. 17, 1816, Limington, d. Oct. 31, 1847, Baldwin. m. Feb. 10, 1839, Hiram Bradeen, both of Baldwin, he b. May 18, 1808, Limington, d. Oct. 3, 1839.
8. MARY ANN, b. Apr. 10, 1818, Gorham, d. Sept. 16, 1837.
iii. NOAH, b. Dec. 16, 1783, d. July 4, 1831, Standish. m. May 19, 1806, Sally Larrabee, both of Limington, she b. 1783, Limington, d. June 11, 1868, ae 86 yrs. 6 mos. Standish. Children born in Standish.
1. JOHN, b. Aug. 11, 1806.

2. **SALLY**, b. Oct. 19, 1808, m. Nov. 28, 1830 Nathaniel Libby.
3. **NANCY**, b. July 22, 1811, Standish, d. Aug. 29, 1893, Gorham. m. ____ Libby.
4. **WILLIAM**, d.y.
5. **MARY**, b. Nov. 18, 1815, living in 1850 ae 32 yrs. Scarboro. m. May 12, 1839, George W. Marean of Standish.
6. **SAMUEL LARRABEE**, b. 1817, d. Jan. 17, 1907, ae 89 yrs. 9 mos. 13 das. Standish.
7. **ELIZA ANN**, b. Aug., 1822, d. Jan. 25, 1899, ae 76 yrs. 3 mos. 10 das. Portland. m. Aug. 16, 1843, Ivory Libby of Buxton.

iv. **ELISHA**, b. Apr. 14, 1785, d. May 19, 1837, ae 52 yrs. Hollis. m. Sept. 12, 1807, Susan Larrabee, both of Limington, she d. Apr. 6, 1862, ae 77 yrs. Hollis. Children:
1. **CHARITY**, b. 1810, d. May 1, 1848, ae 38 yrs. Standish. m. Nov. 8, 1835, William Marean of Standish, she of Limington.
2. **MARTHA**, b. 1813, d. Nov. 16, 1858, ae 45 yrs. Buxton. m. Aug. 7, 1831, Robert Parker Marr of Standish, she of Limington, he b. July 29, 1803, Limington, d. Jan. 27, 1850, Conway, NH.
3. **ORRIN**, b. Feb. 3, 1816, d. Jan. 8, 1899, ae 82 yrs. 11 mos. 17 das. Hollis.
4. **ABIGAIL B.**, b. Jan. 3, 1818, d. June 27, 1873, ae 55 yrs. 5 mos. 24 das. Standish. m. May 30, 1841, Stephen R. Gowen of Standish, he d. Feb. 25, 1879, ae 63 yrs. 3 mos. Standish.
5. **PAULINA**, b. June 5, 1819, d. May 31, 1843 ae 29 yrs. Standish. m. int. Aug. 15, 1835 John Enoch Marean of Standish.
6. **ELISHA**, b. Mar. 20, 1820, d. Dec. 30, 1902, ae 82 yrs. 9 mos. Hollis. m. Jan. 3, 1846, Louisa Haley, both of Limington.

v. **CHARITY**, b. Aug. 10, 1787. m. Mar. 30, 1806, William Merrill Jr. of Buxton, she of Limington.

vi. **SARAH**, b. Oct. 12, 1789, she not living, but he was in 1830, Sebago. m. Mar. 14, 1811, Timothy Goodwin of Buxton, she of Limington. They of Limington up to 1816, also 1825, and went to Sebago, (1833-1834), later to Anson. He b. Apr. 19, 1783. Children: In 1830 census of Sebago, two sons born 1810-15, dau. 1820-25. Listed of Sebago 1831-34.
1. **JOSEPH**.
2. **JOHN**.
3. **SALLY**.
4. **ELIZA ANN**.
5. **CHILD**, d. Sept. 3, 1825, Limington.
6. **CHILD**, d. Sept. 6, 1825, Limington.

vii. **MARGARET**, b. 1793, d. Apr. 29, 1799, ae 6 yrs.
viii. **WILLIAM M.**, b. Mar. 5, 1796, d. Sept. 17, 1864, Waterboro. m. Nov. 4, 1819, Mary Waterhouse, she of Standish, he of

Limington, she d. May 29, 1871, ae 71 yrs. 2 mos. 26 das. Portland. Children:
1. **SARAH WATERHOUSE**, b. July 3, 1820, d. Feb. 7, 1854. m. Nov. 20, 1839, Timothy Brackett, both of Limington.
2. **WILLIAM GOODWIN**, b. June 16, 1825, d. Apr. 19, 1903, Portland. m. Mar. 4, 1849, Rhoda Neal of W. Gardiner.
3. **NICHOLAS LUTHER**, b. June 7, 1827, d. July, 1891, Rutland, VT.
4. **JOSHUA**, b. Aug. 11, 1831, d. Oct. 6, 1834, ae 3 yrs. 1 mo. 26 das.
5. **JOSHUA**, b. Sept. 26, 1834, d. Oct. 21, 1899, ae 65 yrs. 25 das. Portland.
6. **MARY ELIZABETH**, b. Feb. 4, 1837. m. Nov. 6, 1864, John D. Reed of Yarmouth.

ix. PAULINA, b. July 7, 1798, d. Nov. 17, 1871, ae 73 yrs. 4 mos. 15 das. Limington. m. int. Jan. 17, 1819, Issac Gove, both of Limington.
x. JOHN, b. 1818, d. Aug. 18, 1840, ae 22 yrs. 6 mos. in GA.
xi. EDWARD SMITH, b. 1820, d. Sept. 18, 1838, ae 18 yrs. Hollis.

DELANO, AMAZIAH, b. Nov. 11, 1758, N. Yarmouth, d. Oct. 22, 1850, ae 92 yrs. Gray. He came in 1815 and left in 1823. Revolutionary soldier. m. June 16, 1782, Margaret Austin, she b. 1759, Dighton, MA, d. 1805, Gray. m. (2) Betsey Thompson, she d. Nov. 11, 1862, ae 92 yrs. Gray, she m. (2) Feb. 9, 1852, John Leighton of Falmouth. Children seen in town:
i. ENOS, b. June 16, 1791, Gray, d. Mar. 29, 1868, Fairfield. m. Mar. 28, 1810 in N. Yarmouth, Hannah Larrabee Prince. She b. Apr. 6, 1788, d. Oct. 14, 1870, ae 82 yrs. 6 mos. 8 das. Falmouth. Children born by N. Yarmouth record.
1. **AMOS PRINCE**, b. Dec. 17, 1810, N. Yarmouth, d. Jan. 22, 1879, Winslow.
2. **MARGARET AUSTIN**, b. July 27, 1813. m. Dec. 29, 1833, Cyrus Noyes in Yarmouth.
3. **AMAZIAH**, b. Apr. 10, 1815, Limington, d. Aug. 18, 1874, Falmouth.
4. **SALLY BOOTHBY**, b. Mar. 23, 1817, Limington, d. Apr. 23, 1818, Limington.
5. **LUCY NASON**, b. Feb. 6, 1819, Limington, d. Jan. 16, 1894, Deering. m. Feb. 11, 1841 in Falmouth, Edward Noyes.
6. **STEPHEN**, b. May 4, 1821, Limington, d. June, 1850, unm. in VA.
7. **WILLARD GREENLEAF**, b. July 11, 1824, N. Yarmouth, d. June 18, 1864. Petersburg, VA.
8. **BARZILLAI SMALL**, b. Aug. 15, 1826, N. Yarmouth, d. Feb. 23, 1868, Fairfield.
9. **WILLIAM PRINCE**, b. Aug. 21, 1829, N. Yarmouth.
ii. JUDITH, b. 1792, d. July 20, 1834, ae 42 yrs. N. Yarmouth. m. Oct. 8, 1808 in Gray, Larrabee Harris, he b. Dec. 31, 1780, N. Yarmouth, d. Mar. 9, 1849, Yarmouth. Lived in Limington 1813, 1817. Children:

1. **LYDIA**, b. Jan. 7, 1809, N. Yarmouth.
2. **AMAZIAH DELANO**, b. Nov. 18, 1810, N. Yarmouth.
3. **STEPHEN LARRABEE**, b. Aug. 15, 1812, Limington.
4. **ALMIRA**, b. Sept. 25, 1814, Limington, d. Mar. 4, 1840 Yarmouth.
5. **ASENATH**, b. Oct. 21, 1818, Limington.
6. **JANE BERRY**, b. May 27, 1819.
7. **EZEKIEL DELANO**, b. Oct. 3, 1820, N. Yarmouth.
8. **JOSEPH RUSSELL**, b. Nov. 26, 1822, N. Yarmouth.
9. **OLIVE RUSSELL**, b. May 25, 1825.
10. **ELIZA**, b. Aug. 27, 1827, N. Yarmouth.

DESHON, NOAH, b. Mar. 2, 1799, Waterboro, d. Nov. 9, 1891, ae 92 yrs. Limington. He came as old man to Limington, after his sons came. m. Oct. 14, 1826, Judith Folsom of Wakefield, NH, she d. Aug. 27, 1859, ae 60 yrs. Children:
i. JOHN HERRICK, b. Sept. 29, 1829, Wakefield, NH, d. Nov. 15, 1908, Limington. m. int. Aug. 13, 1851, m. Sept. 3, 1851 in Biddeford, Elmira G. Edgecomb of Limington.
ii. BRADFORD, b. Sept. 3, 1831, Waterboro, d. July 22, 1910, Limington.
iii. ORIN, b. 1833, d. Dec. 9, 1889, ae 56 yrs. 4 mos. South Limington.
iv. CAROLINE JANE, b. June 5, 1841, d. Feb. 6, 1923, Limerick. m. int. Nov. 6, 1861, William Manson, both of Limington.

DIMOCK, DR. HENRY, b. July 6, 1780, Durham, CT (son of Daniel and Thankful (Merriman) Dimock), he d. May 23, 1852 Limington. He received in Sept., 1804 his doctor certificate and in 1808 moved from Durham, CT, to Limington, settled in Limington Village. m. Sept. 25, 1803, Nancy Whitmore, she b. Dec. 12, 1786, Middletown, CT, d. Jan. 19, 1859, Limington. Her brother, Sidney B. Whitmore, b. July 24, 1781, d. May 19, 1859, Limington. Children:
i. MARIA WHITMORE, b. July 7, 1806, d. Feb. 11, 1892, ae 85 yrs. 7 mos. 9 das. Sterling, MA. m. July 10, 1845, Dr. Daniel Mann of Boston, MA, she of Limington, he b. Dec. 26, 1803, Raymond.
ii. HENRY ROBINSON, b. Nov. 3, 1809, d. Oct. 30, 1862, Washington, NC. He graduated from Union College in 1833. He taught school and later studied law. m. Mary M. Owens of Washington, DC.
iii. NANCY ZIPORAK W., b. Dec. 23, 1811, d. Sept. 15, 1879, St. Paul, MN. m. May 31, 1833 at Saco, Henry Paul Pratt of Saco, she of Limington. He b. July 26, 1813, d. May 8, 1855, ae 41 yrs. St. Paul, MN, formerly of Skowhegan. He was a newspaper publisher in Skowhegan until 1852 when he moved to MN.
iv. WILLIAM, b. Apr. 27, 1817, d. Mar. 11, 1883, Limington. He established a store in the village, was a prominent citizen and successful businessman and merchant. m. Dec. 5, 1846, Jane Swett of Hollis, he of Limington, she b. Oct. 18, 1820, Pitts-

field, NH, d. Feb. 23, 1890, ae 69 yrs. 4 mos. Biddeford, at her daughter's. Children born in Limington.
1. HELEN A., b. 1849, in 1903 of Biddeford, living Oct., 1910, San Francisco, CA. m. July 31, 1873. Dr. John Lord, both of Limington, he b. June 25, 1842, Porter, d. Jan. 21, 1903, Biddeford.
2. EDWIN S., b. 1850, d. Dec. 27, 1853, ae 3 yrs. 2 mos.
3. CHARLES EDWARD, b. Oct. 9, 1854, d. Apr. 5, 1917, Limington. m. June 9, 1881, Emma M. Foss, both of Limington, she b. Sept. 27, 1853, Livington, d. Feb. 6, 1942, Livington. Child:
  (1) WILLIAM A., b. Jan. 25, 1895, Limington, d. Mar. 24, 1952, Limington.
4. EMOGENE M., b. 1857, living 1917, San Francisco, CA. m. ___ Gover. m. (2) ___ Bassett.
v. FRANKLIN BENJAMIN, b. Sept. 16, 1819, d. Mar. 22, 1883, Augusta. He in 1840 had an interest in *Somerset Journal*.
vi. AMELIA AUGUSTA, b. Nov. 26, 1821, d. Sept., 1888, Rangeley. m. ___ Chaney.
vii. ALONZO KING, b. Sept. 26, 1824, d. Sept., 1888. He in Dec. 1849 of Limington, moved to Sebago, in 1853 went to Saco, 1861 of Lincoln.
viii. CAROLINE AMANDA, b. Oct. 26, 1826, d. Jan. 17, 1893. m. Apr. 8, 1847, Hiram H. Bragdon, both of Limington, he b. Aug. 28, 1822, Limington, d. Jan. 27, 1897.
ix. FREDERICK CLARK, b. Nov. 16, 1828, Brunswick, d. Jan., 1903, Minot. He moved to Minot in 1874. In Apr., 1876 sent to insane hospital at Augusta. m. Nov. 16, 1848, Matilda Richardson, both of Limington, she b. May 31, 1827, Limington, d. Mar. 26, 1911, Minot. Children born in Limington:
  1. AMELIA AUGUSTA, b. Nov. 2, 1849, d. Sept. 15, 1903, Standish. m. Oct. 31, 1867, Alonzo T. Rand of Standish.
  2. HAMLET SCRANTON, b. July 7, 1851, d. Oct. 28, 1880, Minot.
  3. EVA G., b. Dec. 31, 1852, d. Jan. 12, 1885 Cornish. m. Feb. 6, 1879, Albert J. Richardson of Cornish, she of Minot.
  4. FREDERICK W., b. May 20, 1857, d. Feb. 29, 1936, Minot.
  5. HENRY RICHARDSON, b. Oct. 20, 1858, d. Mar. 1, 1913, Minot.
  6. EMMA GENE, b. Sept. 24, 1863, Limington, d. Feb. 27, 1948, Auburn. m. Apr. 22, 1885, Elmer Percy Atwood.

DOUGLASS, JOHN, b. 1755, Scarboro, d. Mar. 5, 1851, ae 96 yrs. W. Bridgton, formerly that part that was Denmark. He was a Revolutionary soldier, came to Limington by 1789 and settled at foot of Douglass Mountain on lot 10, range G, in 1819, settled in Denmark, now W. Bridgton, bottom of Pleasant Mountain. m. June 7, 1781, Mary Stone, both of Scarboro, she bapt. June 6, 1756, Scarboro, living Sept., 1795, Limington. m. (2) Aug. 20, 1797, Mary Gray of Cornish, he of Limington, she b. ca 1770, d. Jan. 6, 1845, West Bridgton. Children:

i. CHARLOTTE, bapt. Oct. 18, 1778, Scarboro, was child of his wife, but was raised in the family, she d. Aug. 7, 1868, ae 91 yrs. Baldwin. m. int. Feb., 1798, Daniel Rounds, both of Limington, he b. Jan. 4, 1768, Buxton, living 1842, Limington.

ii. JOHN, b. Dec., 1782, Scarboro, d. May 6, 1872, ae 89 yrs. 5 mos. Sebago. m. Sept. 22, 1805, Mary Pugslay of Cornish, he of Limington, she b. 1786, Sanford, d. 1864, Sebago. They moved in 1825 to Sebago and settled near Douglass Mountain there. Eleven children born in Limington:

1. MARY, b. Mar., 1805, d. Oct. 25, 1877, ae 72 yrs. 7 mos. 25 das. Sebago. m. Nov. 8, 1826, Morrill Jewett, both of Cornish.
2. REBECCA, b. Feb. 14, 1808, d. June 9, 1882 Sebago. m. Mar. 23, 1833, Anthony Dyer of Limington, he b. Mar. 23, 1810, Limington, d. June 7, 1850, ae 40 yrs. Sebago.
3. ESTHER S., b. 1809. d. Feb. 2, 1892, ae 81 yrs. 8 mos. 10 das. Sebago. m. May 5, 1833, Benaiah Jewell, both of Sebago.
4. ANDREW STONE, b. Sept. 21, 1810, d. Oct. 31, 1893, ae 83 yrs. 1 mo. 11 das. Sebago. m. Apr. 1, 1835, Desire Irish of Limerick, he of Sebago, she b. Sept. 20, 1809, d. Nov. 9, 1890, Sebago.
5. JOHN, b. Nov. 12, 1812, d. June 24, 1877, ae 64 yrs. 7 mos. 31 das. S. Hiram. He was thrown from a wagon and killed. He left 5 sisters, 4 brothers. m. Apr. 25, 1838, Abigail Norton of Limington, he of Sebago.
6. RUFUS, b. 1816, d. 1886, Sebago. m. Oct. 2, 1840 in Hiram, Lucy Ann Gray, she b. Jan. 1, 1817, d. Dec. 1888, Sebago.
7. SETH, b. 1817, d. July 5, 1894, ae 77 yrs. 8 mos. 12 das. W. Gorham. m. Irene M. Haley of Sebago, she d. Aug. 31, 1900, ae 79 yrs. 9 mos. Gorham.
8. OLIVE, b. 1821, d. 1822, Limington.
9. DANIEL, b. Aug. 30, 1835, d. Sept. 4, 1901, ae 76 yrs. 5 das. Sebago. m. int. Mar. 24, 1849, Mary Ann Lowell of Hiram.
10. HANNAH, b. Sept. 26, 1827, d. Dec. 12, 1912, ae 85 yrs. 2 mos. 16 das. Gorham. m. Aug. 20, 1849, William H. Whitney, both of Sebago.
11. OLIVE, b. Nov. 29, 1830, d. Oct. 17, 1872, Hiram. m. May 6, 1856, Albert Lowell of Hiram, she of Sebago.

iii. HANNAH, b. 1784-1790, d. Aug. 10, 1832. m. Aug. 6, 1815, George Wentworth, both of Limington.

iv. ELISHA, b. Apr., 1789, Limington, d. Oct. 7, 1861, ae 72 yrs. 6 mos. 7 das. Limington. He lived at his Douglass Mountain farm, near where his father settled. m. int. Feb. 20, 1813, Esther Stone of Limerick, he of Limington. It is not believed that they married, as she did marry June 27, 1813, Joseph Spinney of Eliot, she of Limerick. m. (2) Mar. 3. 1814, Betsey Blake of Gorham, she b. Feb. 7, 1791, Gorham, d. May 11, 1843, ae 52 yrs. 3 mos. 4 das. Limington of hemorage of the

lungs. m. (3) int. May 25, 1843, Salome B. Morton, she b. Dec. 29, 1903, d. May 28, 1875, Limington. He buried at Woodlawn Cemetery, Westbrook. Children:
1. ELIAS, b. Aug. 28, 1814, Gorham, d. June 19, 1883, ae 68 yrs. 9 mos. 22 das. Cornish. m. Apr. 5, 1838, Sally Meserve, both of Limington, she b. July 24, 1807, Limington, d. Apr. 28, 1872, Limington. Children:
   (1) SEWALL H., b. Jan. 16, 1848, d. Sept. 12, 1912, Cornish. He lived on Cornish High Road, now called Douglass Road.
   (2) GEORGE MESERVE, b. 1840, Bridgton, d. Sept. 16, 1909, Cornish.
2. ORIN, b. Jan. 7, 1816, Gorham, d. Mar. 30, 1898, ae 82 yrs. 2 mos. 23 das. Sebago. m. Nov. 21, 1839, Lydia Ann Walker, both of Limington, she b. Sept. 15, 1816, Limington, d. Sept. 28, 1883, Sebago. Moved to Sebago in 1840.
3. EDMUND, b. Jan. 7, 1816, d. Aug. 8, 1892, Windham. m. Sept. 21, 1848, Eunice S. Boody, both of Limington, she d. May 30, 1857, ae 41 yrs. Windham.
4. FREEDOM, b. Mar. 2, 1818, d. Oct. 24, 1886, ae 68 yrs. 7 mos. 22 das. Gorham. m. Elizabeth A. Knight, she b. Apr. 12, 1818, d. Aug. 12, 1885, ae 67 yrs. 4 mos.
5. ELISHA JR., b. Oct. 16, 1824, Limington, d. Mar. 5, 1907, ae 82 yrs. 4 mos. 17 das. Westbrook. m. June 4, 1854 in Standish, Ellen E. Patrick of Buxton, he of Gorham.
6. ELIZA, b. Aug., 1826, d. May 26, 1918, ae 92 yrs. 8 mos. 26 das. Westbrook. m. (1) Dec. 4, 1851, George T. Blake of Gorham, she of Limington. m. (2) David Davidson.
7. LEWIS, b. Oct. 19, 1829, Limington, d. Aug. 3, 1902, ae 72 yrs. 9 mos. 15 das. Gorham. m. Hannah Patrick. m. (2) Mar. 12, 1876, Mrs. Frances H. (Libby) Fogg, widow of Harmon.
8. CHILD, d. Aug. 3, 1833, ae 1 yr. Limington, of Whooping Cough.
9. LEONARD, b. Nov. 27, 1835, Limington, d. Apr. 29, 1911. m. Oct. 27, 1870, Mary Abigail Purington, both of Limington, she b. Jan. 1, 1844, Limington, d. June 26, 1922, Limington.
10. CHARLES LORING, b. Oct. 29, 1844, Limington, d. Oct. 30, 1914, Cornish. m. Dec. 18, 1870, Betsey J. Guptill of Cornish, he of Limington.
11. HENRY ALMON, b. 1846, Limington, d. Feb. 9, 1899, Cornish. m. int. June 6, 1872, Mary C. Guptill of Cornish.

v. OLIVE, d. 1817, Limington. m. May 1, 1817, Jedediah Robinson, both of Limington, he b. Sept. 13, 1789, d. Feb. 20, 1831, Limington.

vi. ABIGAIL, d. Mar. 14, 1831, Denmark. m. Apr. 26, 1824, Asa Libby, both of Denmark.

vii. GEORGE MESERVE, b. 1796, d. Jan. 31, 1886, ae 91 yrs. Sebago. He moved to Cornish, then to Douglass Mountain, Sebago. m. Mar. 20, 1823, Nancy Pease of Cornish, he of

Baldwin, she b. Aug. 21, 1802, Cornish, d. Jan. 11, 1852, ae 49 yrs. Sebago. m. (2) Oct. 12, 1852, Asenath Clark of Limington, he of Sebago, she b. Aug. 26, 1804, Limington, d. May 9, 1884, ae 79 yrs. 9 mos. Sebago.

viii. DANIEL, b. Feb. 4, 1801, d. Dec. 24, 1879, ae 79 yrs. Bridgton. m. Sept. 20, 1822, Mary A. Sawyer of Fryeburg, he of Denmark, she b. July 27, 1805, d. May 21, 1881, Bridgton.

ix. LUTHER, b. 1804, d. Aug., 1873, ae 70 yrs. Bridgton. m. July 30, 1824 in Denmark, Eliza Sawyer of Fryeburg, she d. Dec. 11, 1840, ae 36 yrs. Denmark. m. (2) Oct. 10, 1841, Hannah Dyer of Cape Elizabeth, she d. Feb. 4, 1885, ae 82 yrs. 3 mos.

x. MARY, b. ca 1803, d. soon after 1822. m. Sept. 21, 1822, Nathaniel Kimball, both of Denmark, he d. Apr. 4, 1881, ae 81 yrs. 3 mos. Bridgton.

xi. JAMES, b. ca 1802, d. July 26, 1838, Denmark.

xii. EARL, b. July 17, 1810, d. May 24, 1877, ae 66 yrs. 10 mos. Sweden. m. Sept. 9, 1838, Eunice I. Emerson of Bridgton, he of Denmark, she b. May 14, 1814, d. Dec. 20, 1873, ae 60 yrs. 4 mos. 16 das. Sweden.

xiii. FRANKLIN, b. before 1810. He deeded land to his brother, Luther, in Denmark in 1830.

xiv. WILLIAM, b. 1820. m. Caroline D. Page.

DURGIN, JOSHUA, b. Oct. 22, 1771, d. 1816, N. Limington. He came in 1802 from Limerick and his widow left in 1835 for Brownfield. m. int. June 1, 1795, Sally Folsom, both of Waterboro, she b. July 20, 1771, Lee, NH, d. Sept. 2, 1863, ae 94 yrs. 1 mo. Brownfield.

i. SUSANNA, b. July 12, 1795, Limerick. m. Robert Stover of Portland.

ii. BENJAMIN, b. July 22, 1798, Limerick, d. Aug. 29, 1870, Brownfield. m. Sept. 20, 1825, Martha Wingate Folsom of Tamworth, NH, he of Limington, she d. Dec. 22, 1855, ae 90 yrs. 6 mos. Brownfield.

iii. SALLY, b. June 28, 1801, Limerick, d. Mar. 29, 1856, ae 55 yrs. 9 mos. Fryeburg. m. Dec. 9, 1821, Ephraim Hubbard, both of Limington.

iv. JOSHUA, b. May 25, 1804, d. Nov. 1, 1881, Brownfield. m. Jan. 8, 1829, Nancy Hubbard, both of Limington. Children born in Limington.
   1. JAMES HENRY, b. Nov. 15, 1829, d. 1905, Brownfield.
   2. SARAH E., b. Jan. 21, 1831.
   3. CYRUS S., b. Aug. 23, 1833.

v. JAMES BROOKS, b. Oct. 17, 1807, d. Oct. 30, 1883, Brownfield. m. Aug. 12, 1824 in Standish, Annis Tibbetts.

vi. MARYANN, b. 1811, d. Apr. 13, 1892, ae 80 yrs. 10 mos. Brownfield. m. int. June 14, 1837, William Jones, both of Limington. m. (2) William Leavitt of Brownfield.

vii. ELIZABETH, b. 1811, a twin.

DYER, DANIEL, b. 1756, Cape Elizabeth, d. Jan. 16, 1817, ae 61 yrs. S. Limington. He came from Cape Elizabeth about 1780 and settled on lot 3, range B. A Revolutionary Soldier. m. int. Feb. 5, 1777, Ruth Cash, both of Cape Elizabeth, she is sister of Nathaniel Cash of Limington, who m. Lucy Strout of Cape Elizabeth in 1780. Children born in Limington.

- i. DANIEL, b. Nov. 16, 1780, d. May 5, 1838, Sebago, with smallpox. He moved to Baldwin in 1818. m. Nov. 28, 1804, Martha Johnson, both of Limington, she b. Nov. 17, 1781, Limington, d. Sept. 23, 1852, Sebago. Children:
    1. BETSEY, b. Feb. 23, 1806, d. Dec. 13, 1873, Sebago. m. int. Apr. 2, 1826, Thomas Butler Jr. of Limerick, she of Sebago. He b. Feb. 8, 1798, d. Nov. 20, 1843, Sebago.
    2. MATTHEWS, b. Apr. 10, 1808, d. Apr. 5, 1889, Sebago. m. Nov. 13, 1831, Lydia Davis of Baldwin, he of Sebago.
    3. ANTHONY, b. Mar. 23, 1810, d. June 7, 1850, ae 40 yrs. Sebago. m. Mar. 23, 1833, Rebecca Douglass both of Sebago.
    4. MARTHA, b. Feb. 11, 1813.
    5. LEMUEL, b. Mar. 12, 1817, d. Aug. 20, 1885, ae 68 yrs. 5 mos. Lovell, formerly of Sebago. m. Apr. 25, 1843, Mary Jane Winslow of Lovell, he of Sebago.
    6. DANIEL J., b. 1822, Sebago, living 1850, ae 28 yrs. Sebago. m. int. July 9, 1846, Eunice C. Moody of Sebago, he of Limington.
    7. SYBIL ANN, b. May 24, 1823, Sebago, d. Sept. 21, 1891, ae 69 yrs. 3 mos. Casco. m. Mar. 25, 1843, George R. Winslow of Casco, she of Sebago.
- ii. SAMUEL, b. Feb. 8, 1783. m. Dec. 1, 1808, Martha Bacon, both of Gorham, she b. Mar. 17, 1790, Gorham, d. Sept. 29, 1872, Topsham. Children:
    1. ALVAN, b. May 15, 1810, d. Jan. 23, 1831.
    2. ELIZA, b. Mar. 22, 1812, d. July 20, 1825, Topsham.
    3. SALLY, b. Sept. 21, 1813, d. Aug. 31, 1830, Topsham.
    4. CALVIN, b. Sept. 12, 1815, d. Jan. 2, 1898, Topsham.
    5. SAMUEL JR., b. Mar. 14, 1817.
    6. FANNY, b. Nov. 21, 1818, d. Sept. 21, 1835.
    7. HENRY, b. Aug. 18, 1820.
    8. JOHN, b. Apr. 16, 1822.
    9. NATHANIEL, b. Oct. 25, 1825, d. July 15, 1828.
    10. MARTHA, b. Oct. 25, 1823, d. Sept. 9, 1843.
    11. LOUISA, b. July 21, 1827, d. July 16, 1828.
    12. LEVI GEORGE, b. May 5, 1829, d. Jan. 3, 1885, Sherbrooke P.Q., formerly of Casco.
- iii. WILLIAM, b. May 11, 1785, d. Dec. 15, 1847, ae 62 yrs. 7 mos. Unity. Moved to Unity in 1806. m. Nov. 5, 1801, Eunice Bither, both of Limington, she b. Dec. 24, 1781, d. Oct. 24, 1853, ae 72 yrs. 10 mos. Unity.
- iv. BETSEY, b. Sept. 9, 1787, living 1850, 1860 and 1870, Charleston. m. Feb. 4, 1807, Matthew Duran Jr. of Durham, he b. Apr. 3, 1781, Durham, d. June 22, 1848, ae 67 yrs. 2 mos. Charleston.
- v. ELSAH, b. Jan. 27, 1790. m. Nov. 29, 1807, Richard Drake, both of Limington.

vi. **RUTH**, b. Mar. 21, 1792, living 1830, Limerick, living 1860, ae 68 yrs. Casco. She d. Dec. 3, 1885 New Gloucester. m. Dec. 3, 1817, George Butler of Limerick, she of Limington, he ae 64 yrs. in 1860, Casco.
vii. **STEPHEN CASH**, b. July 9, 1794, d. July 31, 1832, ae 36 yrs. Waterboro. m. Dec. 3, 1821, Esther Spaulding of Durham, he of Unity, she m. (2) Nov. 14, 1839, Joseph Porter of Veazie. Children:
1. **JOSEPH SPAULDING**, b. Jan. 26, 1823, Limington, living 1850, ae 27 yrs. Searsport.
2. **WILLIAM COLBY**, b. Apr. 21, 1824, Bradford.
3. **EUNICE**, b. July 20, 1824, d.y.
4. **DANIEL**, b. Jan. 10, 1827, Limington, d. Nov. 22, 1907, Winterport, ME.
viii. **RACHEL**, b. Dec. 27, 1796. m. Aug. 21, 1824, John Garey both of Baldwin (?).
ix. **BENJAMIN**, b. Feb. 23, 1800, living in 1880 Palermo, ME. m. Feb. 3, 1826 in Charleston, Louisa Silvester of Freedom.

DYER, ISAAC, b. Feb. 4, 1760, Falmouth, d. Oct. 31, 1843. ae 83 yrs. Limington. He settled on Dyer's Hill in Steep Falls section of town in 1792. A Revolutionary Soldier. m. Feb. 14, 1782, Mary Watson, both of Cape Elizabeth, she d. July 19, 1822, ae 60 yrs. Limington. m. (2) Nov. 28, 1823, Abigail Dyer of Scarboro, he of Limington, she b. Jan. 29, 1773, Cape Elizabeth, living 1853, Cape Elizabeth. She d. June 1, 1871 ae 93 yrs. 7 mos. Cape Elizabeth? Children.
i. **MARY**, b. 1783, Cape Elizabeth, d. Mar. 1, 1841, ae 57 yrs. Limington. m. Nov. 23, 1806, Dr. Thomas Foster, both of Limington, he d. Jan. 18, 1849, ae 83 yrs. Limington.
ii. **WATSON**, b. June 6, 1786, Cape Elizabeth, d. Apr. 22, 1879, ae 92 yrs. 10 mos. 16 das. Limington. The oldest man in town. He lived on Dyer's Hill. m. Jan. 3, 1814, Abigail Merrow of Standish, he of Limington, she b. Sept. 20, 1791, Hollis, d. June 27, 1882, ae 90 yrs. 9 mos. 7 das. Limington. Children born in Limington.
1. **ALMIRA**, b. 1817, d. Feb. 9, 1891, ae 73 yrs. 7 mos. 18 das. Parsonsfield. m. Apr. 21, 1842, Chase Parker Boothby, both of Limington, he b. July 1, 1815, Limington, d. Feb. 17, 1900, Parsonsfield.
2. **AMOS**, b. ca 1819, d. Oct. 7, 1825, Limington.
3. **RHODA G.**. b. Dec. 20, 1820, d. Nov. 29, 1883, ae 62 yrs. 11 mos. Readfield. m. int. Feb. 15, 1845, Jonathan A. Fenderson of Parsonsfield, she of Limington, he b. Nov. 18, 1821 Parsonsfield, d. Aug. 8, 1891 Readfield.
4. **ABIGAIL**, b. Sept. 21, 1823, d. May 27, 1876, ae 52 yrs. 6 mos. 6 das. unm. Limington.
5. **MARY ANN**, b. ca 1828, living 1850, Springfield. m. int. Dec. 3, 1848, Isaac Whitney of Standish.
6. **MARGARET**, b. 1827, d. May 28, 1886, ae 59 yrs.
7. **AMOS**, b. May 15, 1828, d. Jan. 25, 1900, ae 71 yrs. 8 mos. 10 das. Limington. m. Elizabeth Dayton of Digby,

NS, she b. Aug. 23, 1823, Digby, NS, d. Jan. 17, 1915, Limington.
8. MARSHALL, b. Apr. 3, 1829, d. June 23, 1896, ae 67 yrs. 2 mos. 21 das. Bangor.
9. FREEMAN S., b. Sept. 5, 1831, d. Jan. 1, 1871, ae 39 yrs. 3 mos. 25 das. Limington.
10. LUCINDA, b. June, 1834, d. Sept. 1, 1883, ae 49 yrs. 2 mos. 24 das. unm. Limington.

iii. WHITE, b. Oct., 1788, Cape Elizabeth, d. Aug. 15, 1873, ae 84 yrs. Baldwin. m. Feb. 6, 1812, Olive Merrow of Standish, she of Limington, she d. Jan. 3, 1874, ae 79 yrs. 10 mos. Sebago, formerly of Baldwin. Children:
1. MOSES R., b. Jan. 19, 1814, d. June 26, 1893, ae 79 yrs. 5 mos. Sebago, he came to Sebago at age of 21 yrs.
2. ARTHUR, b. Oct. 19, 1815, d. Aug. 19, 1844, ae 28 yrs. 10 mos. Baldwin. m. July 11, 1841 Nancy Wiggins of Baldwin.
3. ISAAC, b. Mar. 12, 1821, d. Mar. 31, 1889, ae 69 yrs. 19 das. Baldwin.
4. ORINDA, b. 1819, d. 1839.
5. CHARLES BECKET, b. Jan. 1, 1827, d. Apr. 29, 1902, ae 75 yrs. Baldwin.
6. JAMES EMERY, b. 1828, d. 1865.
7. GARDINER, b. 1831, d. Aug. 29, 1851, Limington.

iv. SARAH, b. May 25, 1790, Cape Elizabeth, d. Dec. 10, 1873, Limington. m. Nov. 11, 1810, Thomas Boothby, both of Limington, he b. July 16, 1789, Limington, d. Apr. 19, 1863, Limington.

v. ELIZABETH, b. July, 1795, d. Aug. 19, 1842, ae 49 yrs. unm. Limington. She had a fever and became insane.

vi. JERUSHA, b. Feb., 1797, d. Jan. 29, 1884, ae 87 yrs. Baldwin. m. Dec. 13, 1849, Ebenezer Sawyer of Baldwin, he b. Dec. 14, 1789, Limington, d. Oct. 10, 1877, ae 87 yrs. Baldwin, she burned to death by her clothes taking fire.

vii. ISAAC, b. Aug. 19, 1800, d. July 31, 1874, Baldwin. He left Limington in 1821 and settled in Baldwin, where he had a tavern. He one of the founders of Republican Party. m. Oct. 25, 1825 in Gorham, Pamelia Dyer of Gorham, he of Baldwin, she d. Sept. 9, 1847, ae 47 yrs. 8 das. Baldwin. m. (2) Aug. 7, 1850, Martha L. Osgood, widow of Henry Mattocks of Danville, VT.

viii. THEOPHILUS, b. Apr. 20, 1802, d. Aug., 1870, Standish. m. Sept. 7, 1822, Abigail Chase, both of Limington, she b. Oct. 24, 1804, Limington, d. Dec. 10, 1882, Baldwin. He buried in Richville section of Standish, beside the road, no marker. Children:
1. EMMA CHASE, b. 1829, d. 1917 Saco. m. Feb. 19, 1854, Abel H. Kelly of Saco, he of Standish.
2. JOHN CHASE, b. 1837, Sebago, d. Feb. 7, 1912, ae 75 yrs. 16 das. Westbrook. m. Nov. 6, 1868 in Biddeford, Sarah C. Rand both of Standish.
3. CHILD, d. Mar. 29, 1825, Limington.

ix. ASA M., b. 1805, d. Mar. 13, 1868, ae 61 yrs. Baldwin. m. Dec. 20, 1832, Sally H. Anderson, both of Limington, she b. Dec. 26, 1806, Limington, d. 1885, Baldwin. Children:
1. HANNAH M., b. 1836, Standish, d. Apr. 25, 1928, ae 92 yrs. 11 mos. 15 das. Gray. m. Nov. 28, 1867, Noah Jewett of Cornish.
2. OSBORN, b. 1837, d. Aug. 2, 1865, ae 27 yrs. Baldwin.
3. SARAH JANE, b. 1840, d. 1902.
4. CLARINDA, b. 1845, d. Aug. 31, 1865, ae 20 yrs. 7 mos. 26 das. Baldwin.

x. DAVID B., b. Dec. 25, 1807-8. m. int. Nov. 20, 1831, Catherine H. Bryant of Standish, he of Limington. Children:
1. JOHN COLBY, b. June 24, 1835, Baldwin.
2. ALLISON BRYANT.

EDGECOMB, NICHOLAS, b. May 13, 1741, Saco, d. Jan., 1815, S. Limington. He came from Saco in 1777 and settled on lot 3, range C, near Mulloy's Mountain. His house is one of the oldest in town, now owned by Stanley Haley. A Revolutionary Soldier. m. July 7, 1763 at S. Berwick, Mary Nason, she b. Apr. 3, 1745, Kittery, d. May 28, 1774, Saco. m. (2) Mar. 17, 1778, Elizabeth Tarbox of Biddeford, he of Limington, she bapt. July 3, 1757, Biddeford, d. 1820, S. Limington. Children:
i. MAJOR NICHOLAS, b. Feb. 17, 1766, d. Oct. 24, 1847, ae 81 yrs. 8 mos. 7 das. S. Limington. He lived in his father's old place. m. June 20, 1789, Sarah Tarbox of Biddeford, she bapt. May 17, 1767, Biddeford, d. May 24, 1805, Limington. m. (2) Oct. 17, 1805, Eunice (Strout) Edgecomb of Limington, widow of his brother. m. (3) Oct. 4, 1807, Rebecca Gilpatrick, both of Limington. m. (4) Apr. 29, 1810, Hannah Weatherbee, both of Limington, she b. 1776, living 1860 ae 84 yrs. Limington. Children born in Limington.
1. SARAH, b. Apr. 10, 1790, d. Sept. 6, 1814, Limington. m. Nov. 26, 1809, George Manson, both of Limington, he b. Nov. 2, 1786, Gorham, d. Feb. 25, 1863, Limington.
2. SHUAH, b. Dec. 17, 1791, d. May 2, 1794.
3. CAPT. JOHN, b. Dec. 13, 1793, d. Nov. 9, 1870, ae 76 yrs. 11 mos. Limington. m. Oct. 4, 1817, Sarah Edgerly, both of Limington, she b. Sept. 16, 1799, Limington, d. Aug. 12, 1882, he 82 yrs. 11 mos. 4 das. Limington. Children:
(1) DEA. CHARLES, b. Oct. 22, 1818, d. July 18, 1893, he 74 yrs. 8 mos. 26 das. Limington. m. Dec. 26, 1843, Isabella Manson, both of Limington, she b. 1818, Limington, d. 1887, Limington. He lived in old Strout place on Gammon Road, S. Limington. Children:
(i) MARTHA ALCIENA, b. Jan. 11, 1848, d. Dec. 9, 1869, ae 21 yrs. 10 mos. 18 das. Limington.
(ii) ELLA A., b. Jan. 23, 1850, d. Mar. 8, 1875, S. Limington. m. int. Nov. 17, 1874, John Chadbourne of Waterboro, she of Limington.

(iii) SUMNER CHARLES, b. July 10, 1852, d. Mar. 5, 1934, ae 81 yrs. 7 mos. 25 das. Limington. m. int. Nov. 19, 1873, Lena Clara Edgecomb, both of Limington, m. Nov. 27, 1873 in Buxton, she d Oct. 15, 1933, ae 78 yrs. 9 mos. Limington. Children:
    a. JOHN M., b. Sept. 27, 1879.
    b. HOWARD S., b. Mar. 14, 1884.
    c. CHARLES FREEMAN, b. July 6, 1896.
(2) SARAH, b. July 9, 1820, d. Aug. 10, 1882, Limington. m. Nov. 19, 1843, Reuben Gilkey, both of Limington, she b. Sept. 23, 1818, Limington, d. Dec. 3, 1899, Limington.
(3) ABIGAIL, b. Nov. 30, 1822, d. Oct. 10, 1905, ae 82 yrs. 10 mos. 6 das. Limerick. m. Dec. 12, 1842, Charles A. Tufts of Limerick, he b. May 12, 1818, Limington, d. Aug. 13, 1878, Limerick.
(4) ISAAC EDGERLY, b. June 11, 1828, d. Feb. 15, 1901, ae 72 yrs. 8 mos. 5 das. Hollis. m. Oct. 28, 1848, Eliza Strout, both of Limington, she d. May 1, 1883, ae 55 yrs. 11 mos. Limington. m. (2) Mar. 19, 1884, Susan (Boothby) Libby, widow of Orville, both of Limington. m. (3) Nov. 23, 1892, Mrs. Sarah Wells of Hollis. Children:
  (i)   ALPHONZO ISAAC, b. May 4, 1849, d. June 4, 1903, Buxton.
  (ii) LORING S., b. Feb. 23, 1854, d. Dec. 5, 1927, Kennebunk. m. June 27, 1879, Ella M. Rich, both of Standish, moved to Limerick in 1890.
  (iii) IDELLA, b. May 24, 1859, d. Mar. 13, 1930, Bangor. m. Alfred L. Davis of Sebago, he b. Mar. 15, 1855, Sebago, d. Sept. 21, 1937.
  (iv) MAVILLA, d. June 5, 1861, ae 6 yrs. Limington.
  (v) WILBUR, b. Sept., 1859, d. July 16, 1930, ae 69 yrs. 10 mos. 8 das. Limington. m. June 9, 1883, Florence P. Staples of Standish.
(5) MARY J., b. May 20, 1837, d. Jan. 13, 1924, Limerick. m. May 20, 1868, Leonard Pease Thompson, both of Limington, he b. Aug. 6, 1838, Limington, d. July 8, 1916, Limington.
(6) MARTHA, b. May 20, 1837, d. Feb. 16, 1911, Limington. m. in Biddeford, Mar. 18, 1857, James Monroe Hopkinson, both of Limington, he b. May 5, 1828, Limington, d. Feb. 22, 1889, Limington.
4. SUSANNA, b. Jan. 7, 1796, d. Nov. 15, 1803, Limington.
5. OLIVER, b. Mar. 27, 1798, d. July 3, 1800, Limington.
6. MARK, b. Mar. 8, 1800, d. Dec. 8, 1803, Limington.
7. REV. JOSEPH, b. June 25, 1803, d. May 12, 1892, Mt. Vernon, ME. He left Limington in 1830, ordained in 1838, E. Livermore. m. Jan. 23, 1826, Evelina Foss, both of Limington, she b. May 16, 1806, Limington, d. Mar. 28,

1849, ae 43 yrs. Vienna of consumption. m. (2) Mar. 4, 1850, Mrs. Eliza (Manson) Foss of Limington, he of Vienna. Children:
  (1) SHUAH MATILDA, b. ca 1828. m. int. Aug. 27, 1848, Joseph Greely.
  (2) HANNAH JANE, b. ca 1830. m. July 16, 1848, Richard Dearborn of Vienna.
8. NICHOLAS, b. May 8, 1805, d. June 2, 1805, Limington.
9. NICHOLAS, b. June 4, 1807, d. July 9, 1887, Limington. m. June 30, 1831, Irene Johnson, both of Limington, she b. Aug. 9, 1809, Limington, d. Nov. 30, 1884, ae 75 yrs., Limington. She confined to her bed past 4 years. Children born in Limington.
  (1) FREEMAN HENRY, b. Apr. 22, 1832, d. Dec. 28, 1898, ae 66 yrs. 7 mos. 6 das. Watertown, MA, by accident, was run over by cars and was instantly killed. He buried in family lot at S. Limington. m. Apr. 5, 1855, Hannah Jennie Randall, both of Limington, she b. June 10, 1832, Limington, d. Apr. 6, 1896, Watertown, MA.
  (2) FRANKLIN DANIEL, b. 1835, d. Aug. 20, 1899, Ottumwa, IA, formerly of Geneseo, IA. He came to Geneseo, IA in 1855.
  (3) HARRISON BENJAMIN, b. June 1, 1835, d. May 29, 1898, ae 63 yrs. 4 mos. 28 das. Saugas, MA. m. May 12, 1857, in Biddeford, Mary H. Stone of Cornish, she d. June 12, 1866, ae 28 yrs. 1 mo. 12 das. Limington. m. (2) Mar. 2, 1868 in Haverhill, MA, Louisa C. (Wetherell) Harmon, both of Haverhill, MA. He was buried in family cemetery, S. Limington.
  (4) EUNICE MARILLA, b. 1841, d. May 1, 1894, ae 53 yrs. Manchester, NH. m. Aug. 27, 1863 in Portsmouth, NH, Seth Emery of Biddeford.
10. MARY, b. 1809, living 1860, Limington. m. Sept. 10, 1838, Stephen Merrill Jr., both of Limington. Child:
  (1) WILLIAM K., d. July 4, 1862, ae 18 yrs. Hilton, NC, parents of S. Limington.

ii. ROBERT, bapt. May 8, 1768, d. 1811, Montville, ME. m. Nov. 7, 1792 in Buxton, Susanna McKenney, both of Limington. They moved in 1808 to Montville, ME. Children born in Limington:
  1. MARY, b. Nov. 7, 1794, Limington, d. July 19, 1884, Camden, ME. m. Sept. 28, 1815, Joseph French, both of Montville.
  2. HUMPHREY, bapt. Nov. 5, 1797, living 1830, Montville. m. Lovey W. Drew of Barnstead, NH.
  3. ELIZABETH, bapt. June 15, 1800.
  4. ROBERT, b. Oct. 9, 1806, living 1850, Montville. m. Dec. 28, 1828, Polly Clifford, both of Montville.
  5. SUSANNAH, bapt. Nov. 12, 1809.

iii. WILLIAM NASON, bapt. Aug. 19, 1770, d. 1804, S. Limington, by a falling tree. m. Sept. 3. 1792, Eunice Strout of Gorham, he of Limington, she m. (2) Oct. 17, 1805, Nicholas

Edgecomb of Limington, his brother. Children born in Limington:
1. **BENJAMIN**, b. July 5, 1793, d. Mar. 14, 1832, ae 28 yrs. 8 mos. 9 das. S. Limington. m. Dec. 28, 1814, Polly Gove, both of Limington, she d. Sept. 26, 1837, ae 40 yrs. 11 mos. S. Limington. Children:
   (1) **WILLIAM**, b. 1815, d. Sept. 19, 1871, ae 55 yrs. 10 mos. Saco.
   (2) **EUNICE**, b. Oct. 10, 1818, d. Mar. 28, 1845, ae 26 yrs. 5 mos. 18 das. m. Nov. 26, 1835, Alvah Mulloy, both of Limington, he d. Mar. 29, 1842, ae 27 yrs. Portland.
   (3) **JOHN**, b. 1821, d. Mar. 2, 1841, ae 20 yrs. 9 mos. 24 das. Limington.
   (4) **CLEMENT JACKSON ADAMS**, b. 1824, d. Apr. 4, 1912, ae 78 yrs. Portland.
   (5) **BENJAMIN F.**, living 1911, Baltimore, MD.
   (6) **JAMES LOWELL**, b. 1827, d. June 2, 1865, ae 37 yrs. 9 mos. 17 das. Brighton, MA.
   (7) **ELMIRA GOVE**, b. Aug. 16, 1830, d. Nov. 6, 1910. m. Sept. 3, 1851, John Deshon of Biddeford, she of Limington.
   (8) **MARY ARVILDA**, b. Aug. 5, 1832, d. Mar. 11, 1890, ae 57 yrs. 8 mos. 3 das. Limerick. m. Aug. 26, 1851, Benjamin A. Sawtelle of Limerick, she of Limington, he b. Apr. 29, 1829, Sidney, d. Mar. 4, 1890, Limerick, when 7 yrs. came to Cornish.
2. **WILLIAM**, b. Feb., 1798, d. July 23, 1860, ae 62 yrs. 6 mos. Limington. m. int. Nov. 22, 1818, Hannah Johnson, both of Limington, she b. May 28, 1801, Limington, d. Dec. 26, 1835, ae 34 yrs. 7 mos. Limington. m. (2) int. Aug. 28, 1836, Comfort Amanda Hasty of Limington, she b. Feb. 8, 1802, Limington, d. Sept., 1876, Aroostook County, she m. (2) int. July 31, 1861, Samuel Drew of Smyrna, she of Limington. Children born in Limington:
   (1) **ELISHA**, b. 1819, Limington, d. Aug. 1, 1880, ae 61 yrs. Almhouse in RI, Boston, MA. m. June 17, 1844, Harriet C. F. Babb of Buxton, he of Limington.
   (2) **WILLIAM JOHNSON**, b. 1821, Limington, d. June 16, 1856, ae 35 yrs. 3 mos. Westbrook. m. int. Aug. 24, 1845, Rachel Chick, both of Limington, she d. Dec. 24, 1873, ae 54 yrs. 7 mos. 24 das. Wakefield, MA.
   (3) **BETSEY J.**, b. July 26, 1825, d. Mar. 29, 1901, ae 75 yrs. 8 mos. 3 das. Malden, MA. m. Oct. 23, 1843, Jason Cook of Sebago, she of Limington.
   (4) **NATHANIEL J.**, b. Sept. 20, 1826, d. Jan. 27, 1892, Limington of pneumonia. m. int. Sept. 21, 1850 in Saco, Susan E. Morrill of Buxton, he of Saco, she d. July 21, 1868, ae 35 yrs. 11 mos. 5 das. Limington. m. (2) int. Dec. 12, 1873, Mary J. (Merrill) Elder of Saco, she d. Aug. 15, 1915, ae 85 yrs. 7 mos. 9 das.

He was one of Limington's prominent citizens, spent most of his days here. He lived near Quaker Lane, place moved to Limerick. Children born in Limington:
- (i) **LIZZIE J.**, b. Aug. 7, 1851, d. Mar. 9, 1933, Westbrook. m. Orlando Smith of Hollis.
- (ii) **WILLIAM HERBERT**, b. 1853, d. July 10, 1873, ae 19 yrs. 9 mos. Limington, of consumption.
- (iii) **CLARA LENA**, b. Oct., 1856, Limington, d. Oct. 15, 1933, ae 78 yrs. 9 das. Limington. m. int. Nov. 19, 1873, Sumner Charles Edgecomb, both of Limington.
- (iv) **HOWARD A.**, d. Dec. 29, 1864, ae 1 yr. 3 mos. 11 das. Limington, of croup.
- (v) **FRANK**, b. 1859, d. June 30, 1890 in insane hospital at Augusta of dropsy. Remains taken home.
- (vi) **SUSAN E.**, b. Sept., 1862, d. Mar. 29, 1912, ae 49 yrs. 6 mos. Portland. m. Dec. 28, 1891 in Portland, George W. Strout, both formerly of Limington.

(5) **ALMON AUGUSTUS**, b. 1828, d. Dec. 20, 1891, ae 63 yrs., Charlestown, MA, resident there 30-40 yrs. m. Maria Gowen.

(6) **HANNAH J.**, b. 1831, d. Sept. 1, 1857, ae 26 yrs. m. Oct. 22, 1856 in Concord, MA, Simon Dennett Hatch of Belmont, MA, he b. Jan. 21, 1830, Lyman, d. Jan. 12, 1912.

(7) **BENJAMIN F.**, b. 1837, d. June 24, 1843, ae 6 yrs.

(8) **SALLY M.**, b. Mar. 2, 1840, d. Mar. 28, 1907, ae 67 yrs. 8 mos. 26 das. Patten, Me. m. William G. Drew of Dyer Brook.

(9) **OLIVE FRANCES**, b. Mar., 1841, d. Mar. 2, 1928, ae 86 yrs. 11 mos. 28 das. Belmont, MA. m. Dec. 30, 1858, Lemuel Hatch of Watertown, MA, she of Limington.

(10) **MARY E.**, b. May 21, 1842, d. Mar. 5, 1878. m. Sept. 6, 1863 Samuel Philpot of Dyer Brook. He b. Apr. 29, 1830, d. June 12, 1895.

3. **MEHITABLE**, b. Jan. 6, 1800, d. Nov. 12, 1876, ae 76 yrs. 10 mos. 6 das. Limington. m. Dec. 23, 1819, Isaac Strout, both of Limington.

4. **POLLY**, b. 1802, d. May 13, 1884, ae 82 yrs. Limington. m. int. Feb. 21, 1827, Gilbert Strout Jr., both of Limington.

- iv. **MARY**, bapt. Feb. 14, 1773, d. Dec., 1817, Limington. m. Dec. 20, 1793 in Buxton, Benjamin Nason of Limerick, he b. July 12, 1770, Buxton, d. Sept.-Dec. 8, 1817, Limington.
- v. **SARAH**, bapt. Nov. 16, 1779, Limington.
- vi. **BENJAMIN**, bapt. Sept. 2, 1782, Limington.

EDGERLY, RICHARD, b. June 12, 1762, d. Nov. 23, 1840, ae 78 yrs. 5 mos., S. Limington. He came from Berwick in Mar., 1796, and settled on Gove Ridge Road, now called Dole's Ridge, near the Limerick town line. The place is now owned by Ralph Weston. He had been a professor of religion over 40 yrs. and a member of the Free-Will Baptist Church in Limington. A Revolutionary Soldier. m. Sept. 5, 1782, Abigail Bickford of Durham, NH, she d. Mar. 12, 1849, ae 89 yrs. S. Limington. Children:

i. DEA. SAMUEL, b. July 5, 1786, New Durham, NH, d. Oct. 3, 1875, Dixmont. He distinguished by high traits of character. He sold his father's place and in 1846, moved to Dixmont. m. Sept. 5, 1805, Mary Libby, both of Limington, she b. Feb. 29, 1788, Limington, d. 1809, Limington. m. (2) Jan. 2, 1811, Susanna (Butler) Thurston of Limerick, widow of Rook, she d. May 26, 1845, ae 66 yrs. 6 mos. Limington. m. (3) Feb. 23, 1846, Eliza (Staples) Hasty, widow of Dominicus of Limerick, he of Limington. Children:

1. ABIGAIL, b. May, 1808, d. May 1, 1891, ae 82 yrs. 11 mos. 19 das., Boston, MA. m. int. June 4, 1837, m. Aug. 6, 1837, John Mellon of Portland, she of Limington. m. (2) Sept. 2, 1861, Rev. James Stevens of Vasselboro, she of Limington, he d. Oct. 21, 1886, ae 87 yrs. 4 mos., Boston, MA.
2. STEPHEN, b. July 27, 1814, d. Mar. 15, 1904, Bridgton. He moved to New Limington section of Bridgton in 1846. m. Dec. 26, 1836, Sally Bradeen of Waterboro, he of Limington, she d. June 10, 1885, ae 64 yrs. 10 mos. Bridgton. Children, first five born in Limington:
   (1) GEORGANNA F., b. Dec. 4, 1837, d. Jan. 25, 1877. m. Nov. 19, 1857, Nathan H. Pendexter, both of Bridgton.
   (2) ORIN BRADEEN, b. July 2, 1839, d. May 22, 1876, ae 37 yrs. 10 mos. Bridgton.
   (3) JASON K., b. Jan. 17, 1841, d. Feb. 12, 1841.
   (4) JOANNA EATON, b. Apr. 29, 1842, Waterboro, d. June 26, 1895, ae 53 yrs. 2 mos. Bridgton. m. June 3, 1871 Marshall B. Stone of Bridgton.
   (5) SUSAN E., b. May 14, 1844, d. 1928. m. Mar. 1, 1863, George A. Willard, both of Bridgton.
   (6) MARY JANE, b. Jan. 25, 1847, Bridgton, d. Feb. 8, 1916, Bridgton. m. Charles B. Dodge.
   (7) CHARLES A., b. Dec. 25, 1849, Bridgton, d. Jan. 31, 1887, Bridgton.
   (8) SARAH ELIZABETH H., b. May 30, 1853, Bridgton, d. Dec. 30, 1866, ae 14 yrs. Bridgton.
   (9) WILLIAM H., b. 1857, d. Jan. 8, 1879, ae 22 yrs. 1 mo. Bridgton.
   (10) SAMUEL BRADEEN, b. Mar. 23, 1859, d. May 27, 1865, Bridgton.
3. SARAH, b. Nov. 24, 1815, d. Nov. 16, 1877, Standish. m. Jan. 22, 1835, Thomas Jefferson Tufts of Limerick, she

of Limington. He b. Aug. 5, 1810, Limerick, d. Aug. 30, 1895, Westbrook.
4. **MARY SUSAN**, b. July 13, 1817, d. May 26, 1880, ae 62 yrs. 10 mos. 12 das. Biddeford. m. Feb. 25, 1836, Alvin Chadbourne Gove, both of Limington, he b. Apr. 10, 1813, Limington, d. Sept. 3, 1898, Biddeford.
5. **ROOK THURSTON**, b. Sept. 8, 1819, d. Aug. 27, 1883, Pittsfield. m. Dec. 6, 1843, Sarah Goodwin Gove, both of Limington, she b. Apr. 2, 1823, Limington, d. Sept. 13, 1846, ae 23 yrs. 5 mos. Limington. m. (2) Jan. 13, 1848, Sarah Jane Gove, both of Limington, she b. Aug. 28, 1827, Limington, d. Nov. 29, 1898, Dover. He moved to Dixmont 1855-57. Children, who were born in Limington.
   (1) **HANNAH JANE**, b. 1845.
   (2) **JASON KNOWLTON**, b. Nov. 26, 1848.
   (3) **MARY OLIVIA**, b. Feb. 27, 1850.
   (4) **ESTHER AMANDA**, b. June 13, 1851.
   (5) **EVANGELINE ST. CLAIR**, b. Dec. 4, 1853, d. Jan. 10, 1864.
   (6) **HORACE G.**, b. Oct. 9, 1854, d. Jan. 4, 1864, Dixmont.
   (7) **SAMUEL T.**, d. Jan. 14, 1864 ae 2 yrs. Dixmont.

ii. JACOB, b. 1792, New Durham, NH, d. June 28, 1870, ae 78 yrs. Bath. m. June 12, 1814, Mary Merrill, both of Limington, she d. Mar. 22, 1851, ae 55 yrs. 7 mos. Limerick. m. (2) Jan. 24, 1853, Harriet Merrill of Brunswick, she of Limerick, she d. Apr. 29, 1879, ae 77 yrs. Bath. Children:
1. **SAMUEL STILLMAN**, b. 1814, d. Apr. 18, 1885, Glencoe, LA.
2. **SUSAN B.**, b. 1817. m. int. Mar. 19, 1841 in Limerick, Horace C. Johnson of Limerick.
3. **EMILY**, b. 1818, d. Mar. 10, 1870, ae 52 yrs. 2 mos. unm. N. Bath.
4. **JOHN M.**, b. 1820, d. Civil War, Alexandria, VA.
5. **ISAAC**, b. Mar. 13, 1822, d. May 13, 1890, Limerick. m. Oct. 15, 1851, Olive Jane Cole of Cornish, she b. Apr. 13, 1830, Cornish, d. Oct. 6, 1905, Limerick, she was the dau. of Henry Cole and Susan Hill of Cornish. Children:
   (1) **FRANK SUMNER**, b. Apr. 10, 1854, Limerick. m. Cora Abbie Allen.
   (2) **MARY MERRILL**, b. Feb. 13, 1857, Limerick. m. Erastus Woodman Boynton.
   (3) **HENRY LEE**, b. Sept. 11, 1858, Limerick.
   (4) **GEORGIE A.**, b. Jan. 1, 1866, Limerick, d. Jan. 20, 1940, Augusta, buried in Sanford. m. Feb. 15, 1885, Limerick, William H. Stacey, both of Limerick, he b. Nov. 14, 1857, Salem, MA, d. June 27, 1924, Sanford.
   (5) **WALTER QUIMBY**, b. Dec. 19, 1867, Limerick.
   (6) **EDWIN EVERETT**, b. Jan. 9, 1872, Limerick, d. Mar. 9, 1913. m. Apr. 29, 1894, Limerick, Florence Isabelle Brown.
6. **CHILD**, d. 1825, Limington.

   7. **LOREN B.**, b. 1827, living 1860, Bath.
   8. **WILLIAM M.**, b. June 18, 1829, d. June 12, 1892, Bath.
   9. **ALMENA**, b. 1832, living 1860, Bath.
   10. **GEORGE W.**, b. Apr. 20, 1834, d. Oct. 5, 1861, ae 27 yrs. 5 mos. Limerick of typhoid fever.
   11. **CHARLES S.**, b. 1838, Limerick, d. Sept. 17, 1875, ae 37 yrs. Bath.
   12. **RICHARD**, b. 1840, Limerick, living 1860, Bath.
iii. ISAAC BICKFORD, b. May 15, 1794, Berwick, d. Jan. 30, 1884, Princeton. m. int. Oct. 2, 1814, m. Oct. 2, 1814 in Westbrook, Elizabeth Huntress of Falmouth, he of Limington, she d. 1819, Limington. Children:
   1. **MIRANDA ELIZABETH**, b. 1813.
   2. **EDMUND HUNTRESS**, b. 1815, Limington, d. May 29, 1875.
iv. URSULA, b. June 28, 1797, d. Aug. 28, 1859, Clinton. m. int. Feb. 13, 1814, Joseph P. Manson, both of Limington, he b. June 2, 1793, Limington, d. Apr. 18, 1883, Clinton.
v. SARAH, b. Sept. 16, 1799, d. Aug. 12, 1882, ae 82 yrs. 11 mos. 4 das. Limington. m. Oct. 4, 1817, John Edgecomb, both of Limington, he b. Dec. 13, 1793, Limington, d. Nov. 9. 1870, Limington.

EDMUNDS, ASA, b. Aug. 19, 1757, Dudley, MA, d. May 3, 1838, Belfast. He was one of that gallant band of picked men, who under Maj. William Burton, on the night of July 9, 1777, crossed over to RI, and succeded in capturing and bringing off Maj. Gen. Prescott of the British Army. He came by 1786 and in 1797 moved to Standish. m. Eunice Hawley, she d. June 3, 1843, ae 86 yrs. Belfast. Child:
i. ALVAN, b. July 21, 1780, d. June 6, 1843, ae 63 yrs. Belfast.

EMERY, DANIEL, b. Sept. 20, 1798, Biddeford, d. Mar. 25, 1860, N. Limington. He lived in N. Limington and was buried on Fred McKenney's place, on route 25, near Davis Bridge, before his grave stone was moved to Limington Village Cemetery. m. Nov. 27, 1820, Sally Moody, both of Limington, she b. Sept. 24, 1799, Limington, d. Jan. 5, 1843, Limington. m. (2) Apr. 26, 1843, Nancy Thompson, both of Limington, she b. Nov. 2, 1801, Buxton, d. Mar. 20, 1853, ae 51 yrs. 8 mos. Limington. m. (3) Jan. 10, 1855, Alice J. Whitten of Cornish, he of Limington, she d. Mar. 25, 1860, ae 61 yrs. Limington. Children born in Limington.
i. OLIVE, b. Oct. 22, 1821, d. Aug. 21, 1846, ae 24 yrs. 10 mos. m. Dec. 7, 1843. Royal F. Webster of Gray, he of Limington, he b. Nov. 7, 1817, Gray, d. Dec. 18, 1846. Child:
   1. **DANIEL E.**, b. Dec. 27, 1844, Gray, d. Mar. 10, 1913. When 1 1/2 years old, moved to Limington to live with his grandparents, Daniel Emery. When 18 years, moved to farm where he died. m. July 28, 1869, Kate M. (Kimball) Emery, widow of Alonzo L. Emery. Children:
    (1) **BENJAMIN H.**, b. Nov. 17, 1871.
    (2) **DELBERT M.**, b. July 1, 1881.

ii. LORING, b. Mar. 8, 1824. d. Mar. 13, 1888, Portland. m. int. Nov. 3, 1849, Emeline S. Small, both of Limington, she b. Sept., 1825, Limington, d. Mar. 4, 1909, ae 83 yrs. 5 mos. 16 das. Standish. Children:
1. **BENJAMIN FRANKLIN**, b. Apr. 16, 1853, d. Aug. 26, 1930, Portland. m. July 13, 1874. Alma J. Small, both of Limington, she b. July 6, 1852, d. Mar. 18, 1900. He m. (2) Nov. 25, 1905 in Standish, Mrs. Mary E. (Messerean) Robinson.
2. **SARAH ELLA**, d. July 6, 1852, ae 12 mos. 3 das.
3. **SUSAN A.**, b. 1855, d. Mar. 30, 1943. m. int. Feb. 9, 1881, Charles M. Freeman of N. Newfield, she of Limington. m. int. Nov. 21, 1875, Winfield S. Sanborn of Naples, she of Limington.
4. **GILBERT A.**, b. 1858, d. July 2, 1930, ae 72 yrs. 11 mos., Limington.
5. **JOHN S.**, d. Nov. 5, 1859, ae 4 mos. 13 das.
6. **ROSCOE S.**, b. Dec. 2, 1857, d. Feb. 8, 1927, ae 69 yrs. 2 mos. 6 das. Limington. m. Nov. 19, 1879, Laura E. Crockett, both of Limington.
7. **CLARENCE ALONZO**, b. Apr. 14, 1867, d. 1952, lived in Steep Falls.
iii. BENJAMIN L., b. Sept. 18, 1828, d. Sept. 12, 1852, ae 24 yrs.
iv. ALMON L., b. Sept. 15, 1830, d. Aug. 6, 1874, ae 43 yrs. 10 mos. 2 das. m. int. Jan. 6, 1855, Lucy B. (Hanson) Moulton, both of Limington, she b. Mar. 8, 1830, Hiram, d. June 15, 1917, ae 87 yrs. 3 mos. 7 das. Children:
1. **CHARLES E.**, b. Sept. 8, 1855, Limington, d. Feb. 1, 1941, Limington. m. int. Sept. 18, 1876, Addie E. Harmon of Buxton, she d. Mar. 4, 1933, ae 77 yrs. 5 mos. 27 das. Limington.
2. **HELEN E.**, b. 1861, d. Mar. 26, 1934, ae 72 yrs. 7 mos. 26 das. Portland.
v. CAROLINE E., b. Dec. 22, 1833, d. 1869, ae 33 yrs. Portland. m. Aug. 20, 1854 in Cornish, Samuel Tate of Westbrook.
vi. ALONZO L., b. Apr. 12, 1837, d. Apr. 22, 1867, ae 30 yrs. 10 mos. Limington. m. int. Aug. 24, 1858, Kate M. Kimball of Burlington, VT, he of Limington.
vii. INFANT BOY, b. Apr. 12, 1837, d. Apr. 13, 1837, Limington.

EMERY, JAMES, b. 1763, Buxton, d. 1844, Limington. He moved to Emery's corner in 1798 from Gorham, now located in Limerick. A Revolutionary Soldier. m. int. June 14, 1783 at Gorham, Mercy Dunn of Cornish. m. (2) July 14, 1796 in Gorham, Sarah Fogg, she b. June 20, 1768, d. Dec. 22, 1840, ae 72 yrs. 6 mos. Limington. Children:
i. NATHANIEL, b. July 1786, d. 1803.
ii. JOSHUA, b. Sept. 19, 1788, d. Jan. 16, 1858, ae 69 yrs. 3 mos. 7 das. Limington. m. int. Nov. 8, 1807, Shuah Chick, both of Limington, she b. 1787, d. Feb. 16, 1824, Limington. m. (2) June 29, 1825, Mary Clark, both of Limington, she b. July 14, 1793, Limington, d. June 25, 1881, ae 88 yrs. Children:
1. **NATHANIEL**, b. 1810, d. Sept. 13, 1827.

2. **LOUISA**, b. Mar. 8, 1812, d. Nov. 7, 1889, ae 77 yrs. Somersworth, NH. m. Aug. 23, 1827, Nathaniel Blake, both of Limington.
3. **LUCINDA**, b. May 10, 1819, d. Dec. 26, 1893, ae 74 yrs. 7 mos. 16 das. Limington. m. June 18, 1844, Edmund T. Boody, both of Limington, he b. Apr. 4, 1823, Limington, d. June 28, 1894, ae 71 yrs. 2 mos. 24 das. Limington.
4. **CHARLES**, b. Feb. 15, 1824, d. 1882, Pittsfield, MA. m. June 18, 1844, Charity Fogg, she d. Sept. 18, 1882, ae 88 yrs. 18 das. Springfield, MA.
5. **ARVILDA**, b. between 1825-30, d. Aug. 25, 1831, Limington.
6. **OSGOOD**, (adopted child) b. Mar. 2, 1828, d. Mar. 3, 1899, ae 71 yrs. 1 da. Parsonsfield. m. Oct. 17, 1854, Elizabeth Holmes, both of Limington, she b. Oct. 15, 1837, d. Jan. 18, 1908.

iii. HANNAH, d. 1790.
iv. REV. JAMES, b. Aug. 22, 1794, d. Nov. 22, 1844, Tamworth, NH. m. Sept. 15, 1814, Hannah Whitehorn, both of Limington, she d. Apr. 11, 1859, ae 66 yrs. 6 mos. Tamworth, NH. Children born in Limington:
1. **SALLY**, b. Dec. 18, 1816.
2. **JAMES**, b. Apr. 11, 1818, d. Apr. 13, 1888, Tamworth, NH.
3. **JOHN**, b. Dec. 13, 1821.
4. **COLBY**, b. Feb. 23, 1823.
5. **WILLIAM**, b. Feb. 14, 1827, d. Apr. 22, 1833, Tamworth, NH.

v. MARTHA, b. Nov. 4, 1797, d. Jan. 11, 1838, Raymond. m. int. May 1, 1836, Rev. Nathaniel Strout of Raymond, she of Limington, he b. Mar. 15, 1805, Limington, d. June 23, 1872, S. Casco.
vi. HANNAH, b. June 12, 1804, d. Jan. 28, 1852, unm.
vii. SARAH, b. May 13, 1806, d. Apr. 29, 1877, Limerick. m. May 16, 1830, George Staples of Limerick, she of Limington.
viii. JOSEPH, b. July 4, 1808, d. Mar. 11, 1866, Limerick. m. Oct. 22, 1837, Sarah Ann Libby of Berwick.
ix. JEREMIAH, b. Aug. 13, 1812, d. Apr. 5, 1896, ae 83 yrs. 7 mos. 18 das. Cornish. m. Oct. 22, 1837, Susan Libby of N. Berwick, he of Limington.
x. MARY, b. Nov. 4, 1814, d. Feb. 18, 1848, ae 47 yrs. unm. Limington.

FENNIX (PHOENIX), GEORGE, b. Aug. 11, 1774, Kittery, d. Feb. 1866, Portage City, WI. He came in 1800 from Sanford and in 1818 moved to Phillips. m. June 2, 1795, Elizabeth Wilson of Kittery, she b. July 28, 1772, d. Sept. 3, 1851, ae 78 yrs. WI. Children:
i. GEORGE P., b. Mar. 14, 1796, Sanford. m. Nov. 29, 1817, Olive Lord, both of Limington.
ii. SAMUEL WILSON P., b. Jan. 7, 1799, Sanford.
iii. ELIZA P., b. Aug. 7, 1800, d. Oct. 23, 1802.
iv. SON, b. Nov. 7, 1802, d. infancy.
v. ELIZA P., b. Mar. 12, 1804.

vi. **ROBERT MOORE**, b. Oct. 24, 1806.
vii. **DAU.**, b. Sept. 15, 1808, d. infancy.
viii. **CAROLINE P.**, b. Sept. 10, 1809.
ix. **WASHINGTON P.**, b. Sept. 30, 1811, d.y.
x. **RUTH**, b. Mar. 26, 1813.
xi. **LIBERTY P.**, b. Oct. 22, 1815, d. Nov. 26, 1819, Phillips.
xii. **CHILD**, d. infancy.

FENNIS (PHOENIX), JOHN P., b. Jan. 3, 1770, Kittery, d. Oct. 1, 1853, Boston, MA. During the War of 1812, he was captured by an English privateer. In 1802-03, was of Cornish, 1820 of Limington. m. int. June 4, 1791, Joanna Wilson of Kittery, she d. July 9, 1825. m. (2) Asenith Kenniston. Children:
i. **JOHN WILSON P.**, b. Apr. 15, 1794. drowned in Delaware Bay, Sept. 12, 1820.
ii. **JOANNA P.**, b. July 21, 1795. m. Sept., 1820, Mark Pease of Cornish, he born Sept. 22, 1798. m. (2) 1825, Lavinia Morton of Jackson.
iii. **RICHARD P.**, b. Aug. 28, 1797, d. Sept. 3, 1847, Buxton.
iv. **SARAH P.**, b. Nov. 9, 1799. m. int. June 16, 1822, Daniel Wentworth of Limington.
v. **RHODA P.**, b. Jan. 16, 1805, d.y.
vi. **ABIGAIL**, d. Jan. 4, 1836, Limington.
vii. **LUCINDA P.**, b. Dec. 27, 1807, living 1836.
viii. **SOPHRONIA P.**, b. Oct. 4, 1822.
ix. **JOHN P.**, b. May 12, 1825.

FOGG, CHARLES, b. June 6, 1763, Scarboro, d. Sept. 24, 1839, Lowell, MA, while on a visit to his youngest daughter. He came from Scarboro in 1786 and settled on lot 12, range F. He left in 1816 for Brownfield, he was a resident of Limington about 27 yrs. A Revolutionary Soldier. m. Oct. 14, 1788, Anna Small of Scarboro, she b. Mar. 24, 1760, Scarboro, d. June 12, 1833, ae 73 yrs. Brownfield. Children:
i. **HANNAH**, b. Mar. 15, 1792, d. May 17, 1869, ae 77 yrs. 2 mos. 2 das. Lowell, MA. m. George R. Smith of Gorham.
ii. **SARAH F.**, b. May 26, 1794, d. July 15, 1855, Limington. m. int. Oct. 26, 1817, John Sawyer of Limington, she of Brownfield, he b. Nov. 7, 1792, Limington, d. Apr. 20, 1871, Limington.
iii. **DAVID B.**, b. Aug. 27, 1796, d. Apr. 22, 1871, Brownfield. m. Apr. 18, 1821, Betsey Black of Limington, he of Brownfield, she b. Feb. 22, 1798, Limington, d. Feb. 29, 1892, Brownfield.
iv. **CHARLES JR.**, b. Nov. 18, 1798, d. Mar. 20, 1870, Lowell, MA. m. Aug. 4, 1827, Hannah Wentworth, both of Brownfield.
v. **NANCY**, b. July 8, 1801, d. July 14, 1886, unm. Lowell, MA.
vi. **DOROTHY F.**, b. Feb. 29, 1804, d. Feb. 3, 1896, ae 91 yrs. 11 mos. 5 das. Baldwin. m. Nov. 10, 1830, Orrin Weeman of Standish, she of Brownfield, he b. 1809, Standish, d. Aug., 1879, Hiram.
vii. **CATHERINE**, b. 1807, living Dec., 1890, Portsmouth, NH. m. Apr. 27, 1853, Paul Vinal of Benton, MA.

viii. MARY F., b. 1808, d. Jan. 1, 1891, ae 83 yrs. Lowell, MA. m. July 29, 1826, Elisha A. Thomas, both of Brownfield.

FOGG, DANIEL, b. Nov. 10, 1766, Scarboro, living 1810 Gorham. He came from Scarboro after his marriage and settled on lot 9, range A. He left in 1808 for Gorham. A Revolutionary Soldier. (There was a Daniel Fogg living in 1822-25 in Harrison.) m. Sept. 6, 1789 in Scarboro, Eunice March, she b. May 30, 1767, Scarboro. Children:
i. LUCY MARCH, b. Apr. 10, 1790, d. Jan. 1, 1829, Buxton. m. Dec. 3, 1819, Benjamin Hawkes, both of Buxton.
ii. EUNICE, b. Sept. 27, 1791, d. Sept. 24, 1853, Limington. m. int. Oct. 21, 1810, Benjamin Norton, both of Limington, he b. July 27, 1786, Sanford, d. Apr. 7, 1865, Limington.
iii. HIRAM, b. 1793, d. June 7, 1816, ae 24 yrs. Gorham of smallpox. m. Mar. 22, 1812, Betsey Gaubert, both of Bowdoinham, she m. (2) Sept. 20, 1817, Joseph Taylor, both of Limington, she b. Aug. 18, 1791, Bowdoinham, d. early part of 1821, Limington. Child:
  1. ALBERT, b. ca 1816 or before. (Town of Limington got him and his mother, in Apr., 1817, from Bowdoinham. He was taken in Apr., 1822, into Maj. Elias Foss's family until he was 14 yrs. old.)
iv. ELIZABETH, d. before 1819. m. Nov. 30, 1816, Timothy Bacon of Gorham.
v. MARY, b. 1793, living 1850, ae 57 yrs. Freedom, NH (also there in 1860 and 1870 census). m. Dec. 4, 1817 in Buxton, Thomas Rice of Buxton, she of Limington, he b. May 21, 1792, d. Dec. 24, 1854, ae 62 yrs. Freedom, NH.
vi. JANE, b. ca 1796, living 1874, Williamsburgh on Long Island, NY. m. William Woodman of Buxton.
vii. SUSAN, b. Mar., 1799. d. May 7, 1877, ae 78 yrs. 1 mo. 12 das. Naples. m. John Jackson of Naples, he d. Feb. 20, 1881, ae 84 yrs. 4 mos. Naples.
viii. DANIEL, b. June 3, 1801, d. July 13, 1883 of Waterford, but d. in Bridgton. m. May 4, 1823, Hannah Snow Whitney.
ix. IVORY SMALL, b. Aug. 10, 1803, d. 1871-2. m. Dec. 2, 1830 in Boston, MA, Hannah A. Cleveland.
x. LYDIA MARCH, b. Dec. 21, 1807, d. Jan. 2, 1871, Medford, MA. m. May 1, 1826 in Otisfield, Ivory Hall Scribner of Otisfield, he d. July 16, 1889 ae 84 yrs. Wakefield, MA.
xi. MARGARET E., b. Jan. 26, 1808, d. July 8, 1888, Bridgton. m. Sept. 11, 1856, Capt. Robert A. Sanborn, both of Sebago, he b. Aug. 22, 1886 ae 80 yrs. Sebago.
xii. MIRIAM, b. 1808, d. Feb. 10, 1895, ae 87 yrs. Gorham. m. May 31, 1832, Elden Gammon of Gorham, he of Saco.
xiii. LOUISA, b. Sept., 1810, d. May 22, 1869, ae 58 yrs. 8 mos. Otisfield. m. Dec. 10, 1837, Seth Winship of Otisfield.
xiv. DESIAH L., b. 1813, d. Mar. 30, 1888, ae 75 yrs. unm. Wakefield, MA.

FOGG, GEORGE, b. Dec. 16, 1760, Scarboro, d. Aug. 26, 1842, ae 83 yrs. Wales, Me. He came from Scarboro after his marriage, settling on

lot 12, range E. He moved to Wales in 1806. A Revolutionary Soldier. His farm later became the town farm in Limington. m. Aug. 1, 1785 in Scarboro, Lydia Marr of Scarboro. m. (2) int. Feb. 9, 1806, Catherine Marr of Wales, he of Limington, she b. July 2, 1766, d. Mar. 7, 1844, Wales. Children born in Limington.
- i. LUTHER R., b. Nov. 27, 1786, d. May 16, 1854, Brooks. m. Nov. 18, 1811 in Belfast, Nancy Cilley of Washington, she b. Apr. 15, 1794, Brooks, d. Apr. 21, 1868, Brooks.
- ii. CALVIN, b. May 2, 1788, d. Mar. 1, 1856, Brooks. m. 1817, Sally Hambleton of Berwick.
- iii. MARGARET, b. July 11, 1790, d. Jan. 20, 1833, Monmouth. m. Apr. 8, 1810, Ichabod B. Andrews of Monmouth.
- iv. CATHERINE, b. Nov. 27, 1792, d. July 29, 1863. m. Mar. 29, 1835, Samuel Roberts Jr. of Turner.
- v. REUBEN, b. Jan. 11, 1797, d. Oct. 4, 1869, Wales. m. Dec. 20, 1845, Mary Wood of Wales. m. (2) May 27, 1856, Mrs. Mary S. Nason.
- vi. GEORGE, b. Apr. 12, 1800, d. Sept. 23, 1877, ae 77 yrs. 5 mos. Brooks. m. Nov. 21, 1821, Esther Roberts.
- vii. JOHN, b. Apr. 3, 1802, d. Mar. 5, 1888, Jackson, ME.

FOGG, JOSEPH, b. June 29, 1743, Scarboro, d. Aug. 24, 1819, ae 80 yrs. Harrison. He came in 1790 from Gorham and in Oct., 1813, with his sons to Harrison. In 1820, a widow Fogg was listed in tax list up until 1821; was this his widow? m. 1767, Mercy Berry of Scarboro, she b. Aug. 10, 1748, Scarboro, living 1820 Harrison. Children:
- i. JOSEPH, b. Jan. 1, 1769, living 1850 Harrison. m. int. Aug. 4, 1799, m. Feb. 5, 1800, Lydia Weeks of Limerick, she d. Mar., 1850, ae 81 yrs. Harrison. Children:
  1. SALLY, b. June 23, 1801, d. 1813.
  2. JOHN W., b. Mar. 27, 1803, d. Feb. 22, 1887, Harrison.
  3. HANNAH, b. Jan. 25, 1805, d. July 18, 1896, Westbrook. m. Levi Pray of Waterford.
  4. ELIAS, b. Dec. 31, 1806, d. Aug. 13, 1852, ae 46 yrs. 7 mos. 12 das. Harrison.
  5. OLIVE, b. Mar. 19, 1809, d. Aug., 1810, ae 17 mos.
  6. JAMES W., b. Mar. 23, 1812, d. Oct. 4, 1865, ae 53 yrs. 6 mos. Waterford.
- ii. LEMUEL, b. May 9, 1771, d. May 7, 1862, Standish. He went to Harrison and in 1822 moved to Standish. m. Apr. 6, 1797, Rebecca Powers, both of Limington, she d. Apr. 13, 1851, ae 73 yrs. 3 mos. Standish. Children:
  1. JANE, b. 1798, d. Feb. 14, 1878, Westbrook. m. int. Aug. 6, 1819, m. Oct. 13, 1819, John Hall of Otisfield, she of Harrison.
  2. STEPHEN, b. 1807, d. Feb. 2, 1841, ae 34 yrs. 20 das. Standish. m. July 12, 1829, Hannah Weeman of Standish.
  3. RICHARD, b. 1810, living 1850, Standish with his father.
  4. MIRIAM, b. 1813, living 1850, Standish.
  5. MOSES, b. 1817, drowned in Saco River, living 1850, Standish.

      6. **ISRAEL H.**, b. 1820, d. Feb. 21, 1901, ae 83 yrs. 9 das. Springvale.
      7. **ENOCH**, b. 1820, d. July 13, 1858, Gorham.
iii.   **ELIAS**, b. before 1774, living 1827, 1841 Harrison. m. Jan. 29, 1795, Hannah Irish, both of Limington. Child:
      1. **JOSEPH F.**, b. 1796, d. Nov. 15, 1827, ae 32 yrs. Harrison. m. Feb. 11, 1822, Sally Rich, both of Harrison.
iv.   **RICHARD**, b. 1783, d. Apr. 27, 1853, ae 70 yrs. Harrison. m. Achsah Stuart of Gorham, she d. Mar. 3, 1858, ae 65 yrs. 7 mos. Gorham.
v.   **JOHN**, b. ca 1785, living 1827, Harrison.
vi.   **LYDIA**, d. Nov. 27, 1824, Limington. In 1822 of Buckfield, a single woman.
vii.   **DOROTHY**, b. between 1794-1800. m. Apr. 3, 1821, Jacob York, both of Bethel, he b. June 13, 1799.
viii.   **MERCY**, b. Jan. 1, 1797, living 1830, Success, NH. m. Abiather Bean of Bethel, later of Success, NH.

FOSS, MAJOR ELIAS, b. June, 1766, Scarboro, d. Apr. 16, 1848, ae 81 yrs. 10 mos. Limington. He enlisted in Revolutionary War at age 15 years, on Jan. 13, 1781. He came from Scarboro before April, 1793 and settled on lot 11, range E, known as Edmund Sawyer's farm, located on N. Road. m. Mar. 16, 1788 in Scarboro, Susannah Patten Hagens of Scarboro, she b. July 8, 1767, Scarboro, d. June 28, 1811, Limington. m. (2) Dec. 26, 1811, Anna Libby of Scarboro, he of Limington, she b. May 19, 1770, Scarboro, d. Oct. 27, 1861, ae 91 yrs. 6 mos. Limington. Children:
i.   **JOSIAH**, b. Jan. 5, 1789, d. May 13, 1815, ae 26 yrs. 3 mos. Limington.
ii.   **EDMOND HAGENS**, b. May 27, 1792.
iii.   **BETSEY**, b. Dec. 18, 1798, d. Sept. 4, 1867, Limington. m. Nov. 30, 1815, Chase Parker, both of Limington, he b. Aug. 20, 1792, Limington, d. Aug. 28, 1866, Limington.
iv.   **ANNA**, b. Oct. 28, 1803, d. Aug. 28, 1819, Limington.
v.   **ELIAS JR.**, b. Oct. 4, 1806, d. Mar. 6, 1885, ae 77 yrs. Parsonsfield. m. July 4, 1830, Jane D. Parker of Parsonsfield, he of Limington, she d. Oct. 16, 1888, ae 83 yrs. 2 mos. 15 das. Parsonsfield. Children:
      1. **ANGELINE**, b. Aug. 29, 1831, d. Apr. 8, 1907, Parsonsfield. m. Dec. 21, 1856, Jonathan Woodman Trueworthy, both of Parsonsfield.
      2. **EDMUND J.**, b. Mar. 9, 1835, d. Mar. 25, 1892, Lewiston.
vi.   **SUSANNA**, b. Mar. 9, 1809, d. Dec. 4, 1885, Parsonsfield. m. May 14, 1837, Samuel Sawyer, both of Limington, he b. May 1, 1799, Limington, d. Mar. 1, 1860, Limington.

FOSS, GEORGE, b. 1762, Scarboro, d. Sept. 11, 1826, ae 64 yrs. Wales, Me. He was of Limington by 1786 and left for Wales after July, 1797. A Revolutionary Soldier. m. Mar. 23, 1787, Mary Harmon of Standish, he of Scarboro, she m. (2) Samuel Robinson of Wales, she b. Sept. 7, 1769, Standish, d. Jan. 21, 1852, ae 82 yrs. Wales.

FOSS, JOB, b. 1766, Scarboro, (maybe a twin to Maj. Elias) drowned May 6, 1801, ae 35 yrs. Stroudwater River, Falmouth. After his marriage he settled on lot 7, range G, on Strouts Hill. He left with his brother-in-law, Ephraim Chick for Stroudwater in April, 1800. m. Apr. 13, 1784, Eunice Chick in Falmouth, she m. (2) int. Aug. 27, 1803, John Haskell of Standish, she of Falmouth. By her 2nd husband, she had four children born in Scarboro.
Children of Eunice & John Haskell.
i.   SOLOMON, b. 1805, living 1860, Standish.
ii.   EPHRAIM CHICK, b. June, 1806, d. Sept. 11, 1858, ae 52 yrs. 3 mos. Conway, NH.
iii. FRANCIS, b. 1808, living 1850, Denmark, living 1860, Standish, ae 52 yrs., she 48 yrs. m. May 9, 1833, Jemima Nason of Limington, he of Standish.
iv. MEHITABLE, d. about 10 yrs. of age.
Children of Eunice & Job Foss:
i.   EBENEZER, b. Jan. 16, 1785, d. Aug. 20, 1855, Standish. m. Nov. 21, 1811, Hannah York of Standish. Children:
     1. JOB, b. Feb. 4. 1813, d. Nov. 30, 1888, ae 75 yrs. 9 mos. 26 das. m. Oct. 26, 1867 Dorcas Fogg both of Standish.
     2. MARY, b. Oct. 26, 1815, d. Nov. 11, 1885, Salem, MA.
     3. MEHITABLE H., b. Oct. 24, 1818, d. Feb. 1, 1908, Dayton.
     4. EBENEZER, b. Jan. 22, 1821, d. Jan. 25, 1841, unm. Limington.
     5. EUNICE HASKELL, b. Jan. 22, 1825, d. Oct. 20, 1912, Lyman.
ii.   JOHN, b. Sept., 1794, d. July 18, 1861, ae 66 yrs. 9 mos. Rome, ME. m. Mary York, both of Standish. Child:
     1. RANDALL JOHN, b. Nov. 12, 1814, Standish, d. Apr. 7, 1895, Standish. m. Nov. 19, 1837, Eleanor Berry, both of Standish.
iii. HANNAH, b. 1795, d. Feb. 5, 1859, ae 63 yrs. 3 mos. Standish. m. Apr. 24, 1818, Ebenezer Higgins, both of Standish.
iv. NICHOLAS, d.y.
v.   MARTHA, b. July 18, 1800, Portland, d. Oct. 14, 1853, Standish. m. Sept. 11, 1823, Nathaniel Boulter of Standish.

FOSS, JOHN, b. 1750, Saco, d. June 23, 1837, ae ca. 88 yrs. S. Limington. He came from Saco in 1780 and settled on northern side of Foss Pond and southwestly side of Mulloy's Mountain. A Revolutionary Soldier. m. Sept. 1, 1773 in Scarboro, Susannah Millikan, she d. Nov. 9, 1843, ae 87 yrs. 2 mos. 3 das. South Limington. Children:
i.   LEMUEL, b. 1777, d. Jan. 18, 1859, ae 82 yrs. Limerick. He moved to Limerick and settled on Flowage on Little Ossipee River in Limerick. m. Sept. 19, 1802, Polly Bradeen of Waterboro, he of Limington, she d. Feb. 8, 1857, ae 77 yrs. Limerick. Children:
     1. SARAH, b. July 7, 1803, d. July 30, 1891, Limerick. m. Aug. 26, 1821, John Lang, both of Limerick.

2. S E W A L L , b. Apr. 14, 1805, d. Oct. 18, 1884, ae 79 yrs. Limerick. m. int. Aug. 14, 1824, Martha Webber of Waterboro, he of Limerick.
3. SUSAN, b. 1806, d. Jan. 1, 1897. m. int. Jan. 14, 1827, Samuel Brackett Jr. of Limington, he of Limerick.
4. I C H A B O D , b. 1807, living 1870, ae 63 yrs. Limerick. m. June 25, 1832, Louisa P. Pierce, both of Limerick. She d. Feb. 2, 1889, ae 78 yrs. Limerick.
5. LOUISA G., b. 1813, d. Sept. 22, 1845, ae 32 yrs. Limerick.
6. MARY ANN, b. 1814, living 1870, ae 56 yrs. Saco. m. int. July 3, 1835, John K. Grant of Saco, she of Limerick.
7. A L V I R A B . , b. 1815, d. Apr. 28, 1882, ae 66 yrs. 8 mos. Saco. m. int. Feb. 25, 1841, Benjamin Grant Jr. of Saco, she of Limerick.
8. H A N N A H , b. Mar. 2, 1818, d. Mar. 7, 1913, ae 95 yrs. 5 das. Waterboro. m. int. Sept. 5, 1836, William Cluff of Hollis, she of Limerick.
9. ROBERT, d.y.
10. A M A Z I A H L . , b. Nov. 23, 1821, d. Dec. 30, 1906, Limerick.

ii. SARAH, d. Sept. 16, 1831, Limington. m. int. July 24, 1804, m. Aug. 9, 1804, Enoch Strout, both of Limington.

iii. JOSEPH, b. Apr. 2, 1780, d. Aug. 4, 1864, ae 85 yrs. 4 mos. S. Limington. m. Nov. 4, 1804, Jane Manson, both of Limington, she b. Feb. 5, 1780, Gorham, d. Apr. 2, 1836, Limington. m. (2) Aug. 14, 1838, Martha (McLellan) Mansfield of Newfield, widow of John, she b. Apr. 21, 1797, Newfield, d. Dec. 29, 1883, ae 86 yrs. 8 mos. 5 das. Limington. Children b. in Limington:
1. RACHEL MANSON, b. 1805, d. Apr. 8, 1848, ae 43 yrs. Clinton, of consumption. m. Mar. 11, 1827, Charles Joy, both of Limington, he b. Apr. 20, 1807, living 1864, Canaan, ME.
2. E V E L I N A , b. May 16, 1806, d. Mar. 28, 1849, ae 43 yrs. Vienna, of consumption. m. Jan. 23, 1826, Rev. Joseph Edgecomb, both of Limington, he b. June 25, 1803, Limington, d. May 12, 1892, Mt. Vernon.
3. L O U I S A , b. Sept. 8, 1808, d. Oct. 4, 1882, ae 74 yrs. 26 das. Farmington. m. Nov. 13, 1833, Edward Staples, both of Limington, he b. June 7, 1809, Limerick, d. Mar. 31, 1897, ae 87 yrs. 10 mos. Farmington.
4. JOSEPH MANSON, b. 1810, d. Apr. 26, 1848, ae 38 yrs. Limington. He lived in Lynn, MA until 1838. m. int. Aug. 9, 1835, Abigail B. Newhall of Henniker, NH, he of Lynn, MA, she d. Dec. 16, 1840, ae 30 yrs. Limington. m. (2) Apr. 12, 1842, Eliza Manson, both of Limington, she b. Oct. 27, 1818, Limerick, d. Mar. 22, 1892, Mt. Vernon, she m. (2) int. Mar. 2, 1850, Rev. Joseph Edgecomb of Vienna, she of Limington. Children:
(1) **GEORGE BARTLETT**, b. 1838, d. Feb. 14, 1861, ae 23 yrs. 1 mo. 23 das. IA. m. Feb. 27, 1859 in Bid–

deford, Salome B. Gove of Limerick, he of Limington.
- (2) **FREEMAN CHANEY**, b. Apr. 4, 1844, Limington, d. May 19, 1919, Mt. Vernon. m. Oct. 6, 1875 Sarah C. Graves of Vienna, he of Mt. Vernon.
5. **ALLEN W.**, b. Mar. 26, 1813, d. Mar. 25, 1894, Limington. m. Dec. 20, 1838, Harriet Newall Frost, both of Limington, she b. Dec. 20, 1819, Limington, d. July 2, 1911, Limington. Children born in Limington:
   - (1) **MARY ABBY**, b. Feb. 1, 1842, d. June 24, 1868, ae 26 yrs. 4 mos. Limington. m. June 1, 1868, John G. Kinsley of Boston, MA, he b. Apr. 20, 1842, d. Jan. 20, 1886. she m. (2) Aug. 19, 1890 Mallon R. Joy.
   - (2) **ZELINDA W. FROST**, b. Oct. 4, 1844, d. Apr. 6, 1931, Limington. m. Nov. 25, 1880, James Franklin Brackett, both of Limington.
   - (3) **JOSEPH ALLEN**, b. Apr. 29, 1849, d. Mar. 22, 1850, Limington.
   - (4) **EMMA M.**, b. Sept. 27, 1853, d. Feb. 6, 1942, Limington. m. June 9, 1881, Charles E. Dimmock, both of Limington.
6. **JANE MANSON**, b. 1814–15, d. May 17, 1843, Wilton. m. Nov. 13, 1842, James B. Scales of Wilton, she of Limington, he b. Feb. 4, 1804, Farmington, d. 1885, Chesterville.
7. **BENJAMIN MANSON**, b. Mar., 1817, d. June 25, 1848, ae 31 yrs. 3 mos. Limington. He left wife and two small children.
8. **MARY BRACKETT**, b. Sept. 13, 1823, d. June 25, 1845, Wilton. m. Dec. 24, 1843, James B. Scales of Wilton.
9. **ABBIE ANN**, b. June, 1838, d. Feb. 26, 1911, ae 72 yrs. 7 mos. 27 das. Boston, MA. m. int. Jan. 1, 1859, Henry John Holland of Limerick, she of Limington.
10. **AMANDA**, b. 1842, living 1850, Limington, but gone in 1860.

iv. **ISAIAH**, b. Feb. 28, 1782, d. Apr. 24, 1869, ae 87 yrs. 1 mo. 24 das. S. Limington. (Also given as b. Dec. 1, 1781.) m. Apr. 7, 1808, Annah Jane Manson, both of Limington, she b. May 8, 1784, Gorham, d. Mar. 20, 1874, Limington. Children born in Limington:
1. **ALVIN WALLACE**, b. 1809, living 1860, ae 50 yrs. Portland. m. Apr. 18, 1835, Athalinda Smith, both of Lowell, MA, she b. Dec. 12, 1814, Ossipee, NH, d. Dec. 10, 1864, Mexico.
2. **JULIA ANN**, b. July 14, 1810, d. Jan. 28, 1908, ae 97 yrs. W. Buxton. m. int. Sept. 20, 1835, John Joy, both of Limington, he b. Apr. 24, 1809, Limington, d. Jan. 9, 1878, Limington.
3. **ROXANNA**, b. Jan. 10, 1812, d. Sept. 25, 1850, ae 38 yrs. 8 mos. 15 das. Limington. m. May 3, 1832, Alpheus Staples both of Limington, he b. Dec. 8, 1804, Limington, d. Feb. 28, 1872, Limerick.

4. **WENDALL S.**, b. Mar. 15, 1813, d. Sept. 14, 1894, ae 81 yrs. Eaton, NH. He worked at shoemaking 7 yrs. in Lynn, MA, in about 1846 of Eaton, NH. He in prison 4 yrs. for killing Harville Wentworth of Brownfield in 1886. m. June 12, 1836 Rebecca P. Townsend, both of Lynn, MA, she b. May 31, 1818 Lynn, MA, d. Feb. 6, 1872, ae 53 yrs. 8 mos. 5 das. m. (2) Feb. 11, 1873, Octavia Wentworth of Brownfield. Children by first wife:
   (1) **ABIGAIL FELTON**, b. Sept. 30, 1839, Lynn, MA, d. Sept. 11, 1842, ae 3 yrs. 11 das.
   (2) **NEWHALL**, b. Oct. 12, 1844, d. July 11, 1888, ae 64 yrs. Porter, he of Eaton, NH.
5. **ISABELLA**, b. 1814, d. Mar. 20, 1892, Limerick. m. Apr. 6, 1837, John Sedgeley of Limerick, she of Limington.
6. **MELINDA G.**, b. June 6, 1817, d. June 24, 1841, ae 24 yrs. 18 das. m. Dec. 31, 1840, William H. Staples of Saco.
7. **NATHANIEL M.**, b. Aug. 18, 1818, d. Sept. 3, 1904, ae 86 yrs. 16 das. unm. Limington.
8. **JEREMIAH L.**, b. Mar. 17, 1820, d. Mar. 21, 1901, ae 81 yrs. 4 das. Portland. m. June 20, 1847, Elizabeth Granville of Parsonsfield, he of Limington, she b. Aug. 31, 1824, d. Mar. 29, 1895, ae 65 yrs. 10 mos. 1 da. Limington. Children:
   (1) **MELINDA JANE**, b. May 7, 1848, Limington, d. Apr. 16, 1916, ae 67 yrs. 11 mos. 9 das. m. int. July 30, 1870, Cyrus Hastings Moody, both of Limington.
   (2) **LIZZIE ANN**, b. Oct. 8, 1855, Limington, d. Nov. 18, 1930, Portland. m. Clarence W. Johnson of Portland. Buried Evergreen Cemetery, Portland.
9. **ANNA JANE**, b. Sept. 5, 1828, d. Apr. 12, 1853, ae 25 yrs. 7 mos. 7 das. Saco

v. **SUSANNA**, b. Dec., 1783, d. Sept. 29, 1866, ae 82 yrs. 10 mos. Boothbay Harbor. m. int. Sept. 18, 1809, Benjamin E. Nason, both of Limington, he b. June, 1783, d. Dec. 6, 1871, ae 88 yrs. 5 mos. Boothbay Harbor.

vi. **EUNICE**, b. July 10, 1784, d. Nov. 3, 1854, Limington. m. Sept. 26, 1804, Daniel Johnson, both of Limington, he b. Sept. 5, 1779, Saco, d. June 17, 1838, Limington.

vii. **JOHN**, b. Aug. 29, 1793, d. Feb. 15, 1874, ae 80 yrs. Limington. m. Apr. 25, 1816, Jane Joy, both of Limington, she d. June 1, 1872, ae 81 yrs. 6 mos. 14 das. Limington. Children born in Limington:
1. **ELMIRA**, b. Nov. 25, 1816, d. Jan. 23, 1885, Limerick. m. Oct. 2, 1836, Levi Small, both of Limington, he b. May 15, 1815, Limington, d. Nov. 17, 1850, in CA of Cholera. m. (2) June 11, 1853, Leander Staples, both of Limington, he b. Apr. 23, 1810, Limington, d. Apr. 11, 1895, Limerick.
2. **PAMELIA**, b. Mar. 29, 1819, d. Mar. 9, 1897, Brownfield. m. July 24, 1839, Nathaniel Brackett, both of Limington, he b. Nov. 2, 1813, Limington, d. Jan. 8, 1853, East Par-

sonsfield. m. (2) Aug. 25, 1856, Jonathan Devereux, both of Parsonsfield.
3. **SOPHIA**, b. June 6, 1821, d. Feb. 23, 1896, Biddeford. m. May 18, 1847, Dr. James Sawyer of Saco, she of Limington.
4. **MATILDA**, b. July 18, 1823, d. Dec. 13, 1891. m. Apr. 3, 1845, Isaac H. Keith of Saco, she of Limington.
5. **SERENA B.**, b. Apr. 1, 1828, d. Sept. 17, 1890, Geneseo, IL. m. int. Oct. 27, 1874, Levi Sedgley of Geneseo, IL.
6. **JOHN HENRY**, b. Aug. 9, 1830, d. Nov. 3, 1832.
7. **ALMEDA**, b. June 25, 1833, d. May 18, 1909, Limington. m. int. Aug. 28, 1857, Leonard J. Strout, both of Limington.

viii. **HANNAH**, b. 1797, d. July 14, 1868, ae 71 yrs. 1 mo. Farmington. m. June 8, 1815, William Manson of Limerick, she of Limington, he d. Apr. 25, 1867, ae 73 yrs. 7 mos. Chesterville.

ix. **REV. NAHUM**, b. 1799, d. Mar. 24, 1880, ae 81 yrs. Topeka, KS. m. Mar. 24, 1827, Pamelia M. Libby, both of Limington, she b. Dec. 6, 1808, Limington, d. Dec. 19, 1872, Topeka, KS. He came to Effingham, NH, spring of 1846 and stayed until 1866, when they moved to Topeka, KS. Minister in Limington Feb., 1843. Children:
1. **PATIENCE**, b. 1828.
2. **ELEANOR ELLEN**, b. Nov. 12, 1829, d. Jan. 27, 1921, Topeka, KS.
3. **MILTON WILBURFORCE**, b. 1838, d. Apr., 1841, ae 2 yrs. 6 mos.
4. **GRANVILLE CLARKSON**, b. 1841, d. Feb. 1, 1921, Topeka, KS.

FOSTER, DR. THOMAS, b. ca 1766, d. Jan. 18, 1849, ae 83 yrs. Limington. He came from Wentworth, NH, about 1798, where he was a doctor from 1792-1795. He was first settled doctor in town and part-Indian. He often practiced on paupers. In early records, his last name was given as Forster. m. Polly C., she d. 1806, Limington. m. (2) Nov. 23, 1806, Polly Dyer, both of Limington, she b. 1783, Cape Elizabeth, d. Mar. 1, 1841, ae 57 yrs. Limington. Children:
i. **BARBARA**, b. 1794, Wentworth, NH, d. Feb. 9, 1874, ae 79 yrs. Limington. m. July 11, 1822, Nathan Chick, both of Limington, he d. Aug. 28, 1858, ae 68 yrs. Limington.
ii. **BREED**, b. Oct. 28, 1796, gone by 1810 census.
iii. **MERRITT C.**, b. Mar. 31, 1801, living 1850, Bancroft, ME, also 1860 & 1870. He was in Alexander, ME, but in Apr., 1837, moved back to town. In 1838 of Orono. m. Patience Smith, she b. Feb. 7, 1801. Children recorded in Alexander, ME:
1. **CHARLES T.**, b. Feb. 28, 1828.
2. **ERVING T.**, b. July 18, 1831.
3. **MERRITT C.**, b. Jan. 26, 1832.
4. **AMAZIAH C.**, b. Feb. 5. 1834.
5. **JACKSON**, b. Oct. 10, 1835.
6. **ASA**, b. Mar. 31, 1838.

        7. **MARY**, b. June 24. 1840.
        8. **ALMEDA**, b. Jan. 22, 1843.
iv.   **ERVING**, b. May 3, 1804, d. Mar., 1885, Saco. m. July 13, 1826, Sally Chick, both of Limington, she b. 1807, Limington, d. Dec. 10, 1857, Cornish. m. (2) int. Oct. 20, 1858, Sarah Pease of Cornish, he of Limington, she d. Jan. 31, 1872, ae 71 yrs. 5 mos. 26 das. Cornish. Children:
        1. **LUCY ANN**, b. June 12, 1827, d. Jan. 28, 1876, ae 48 yrs. 7 mos. 16 das. Malden, MA. m. int. Jan. 26, 1857, Stephen Willey of Charlestown, MA, she of Limington.
        2. **CHARLES**, b. 1830, Limington, drowned Oct. 20, 1851, ae 21 yrs. at Canton, MA.
        3. **SARAH**, b. ca 1832, living in 1850, Limington.
        4. **JAMES**, b. ca 1835, living in 1850, Limington.
        5. **ARTHUR**, b. ca 1838, living in 1850, Limington.
v.   **MARY W.**, b. Nov. 23, 1806, d. Mar. 27, 1850, ae 40 yrs. 9 mos. m. Nov. 21, 1831, Joshua Spencer, both of Limington, he b. 1800, Limington, d. Sept. 14, 1859, ae 59 yrs. Limington.
vi.   **ELIZA**, b. July 2, 1808.
vii.   **HANNAH H.**, b. June 16, 1812, d. Dec. 17, 1841, ae 28 yrs. Standish. m. Mar. 29, 1830, Obediah Weeman of Standish, she of Limington, he d. May 20, 1877, ae 72 yrs. 7 mos. Standish.
viii.   **JOANNA**, b. Apr. 15, 1815, d. 1818, Limington.
ix.   **JERUSHA DYER**, b. May 31, 1818, d. Apr. 11, 1841, Limington.

FROST, ISAAC, b. after 1755, d. July, 1826, Bethel. He came from Kittery by 1788 settled on lot 6, range F, now Steve Moody's farm. He left in 1802. m. Jan. 12, 1779 in Kittery, Abigail Clark of Kittery, she d. Aug. 16, 1840, ae 82 yrs. 4 mos. Poland Shakers at Poland. Children:
i.   **WILLIAM**, b. July 20, 1794.
ii.   **ISAAC JR.**, b. Apr. 1, 1794.
iii.   **MARY**, b. 1796.
iv.   **NATHANIEL**, b. Aug. 1, 1798.
v.   **EPHRAIM**, in 1818 of Paris.

FROST, JAMES, b. Apr. 26, 1740, Berwick, d. July 22, 1798, ae 59 yrs. Limington. He one of the Ossipee Proprietors and became their clerk. His house is located on Pine Hill Road and one of the oldest places in Limington. m. Sept. 24, 1767, Love Wingate, she b. July 15, 1750, d. Oct. 15, 1776. m. (2) Jan. 8, 1778, Eleanor (Small) Chapman at Falmouth. Children:
i.   **WINGATE**, b. Sept. 3, 1768, Falmouth, d. Mar. 9, 1856, Limington. He build brick house on Pine Hill Road in 1800. m. July 8, 1790, Elizabeth Mitchell of Standish, he of Limington, she b. May 15, 1766, d. May 4, 1799, Limington. m. (2) Mar. 23, 1800, Nancy Mitchell of Standish, she b. Mar. 21, 1782, Standish, d. June 6, 1848, Limington. Children born in Limington:
        1. **JAMES WINGATE**, b. June 6, 1791, d. Jan. 31, 1865, ae 73 yrs. Limington. m. Jan. 7. 1817, Nancy Davis of Standish, he of Limington, she b. Feb. 21, 1801, Standish, d.

Oct. 6, 1862, Limington. He lived an honest, exemplary Christian life, beloved and respected by all who knew him. Children born in Limington:
- (1) **HARRIET NEWELL**, b. Dec. 20, 1819, d. July 2, 1911, ae 91 yrs. 6 mos. Limington. m. Dec. 20, 1838, Allen W. Foss, both of Limington.
- (2) **HON. WILLIAM**, b. Jan. 4, 1822, d. Apr. 20, 1896, Boston, MA. m. Nov. 14. 1852, Zalinda Cluff of Lisbon, NH, she b. Nov. 23, 1832 Bath, NH, d. June 12, 1897, ae 74 yrs. 6 mos. Boston, MA.
- (3) **ABIGAIL DAVIS**, b. Feb. 24, 1824, d. Feb.' 22, 1901, m. June 22, 1843, Charles Thorndike of Brooks, she of Limington, he b. Apr. 2, 1820, Jackson, d. Sept. 10, 1845, Brooks. m. (2) Nov. 14, 1865, Benjamin Manson, both of Limington. Child:
  - (i) **HOWARD**, b. Mar. 29, 1844, d. Apr. 26, 1866.
- (4) **ELIZABETH M.**, b. Dec. 1, 1826, d. Mar. 14, 1922. m. Sept. 18, 1850, Daniel Blanding of North Providence, RI, she of Limington.
- (5) **ESTHER JANE**, b. May 19, 1829, d. Nov. 13, 1911, ae 82 yrs. 7 mos. Gorham. m. June 15, 1851, Charles Coffin Eaton of Buxton, she of Limington, he b. May 14, 1817, d. Mar. 12, 1898, Buxton.
- (6) **SARAH ANN**, b. Dec. 6, 1832, d. Oct. 23, 1904, m. June 26, 1852, Dr. Stephen C. Libby of Saco, she of Limington.
- (7) **NANCY MARIA**, b. Feb. 26, 1835, d. Mar. 19, 1933, Limington. m. May 20, 1868, William Cobb Pillsbury, both of Limington.
- (8) **CHARLES CARROLL**, b. May 3, 1838, d. Aug., 1864, Andersonville Prison.
- (9) **JAMES WOODBURY**, b. Jan. 5, 1842, d. Nov. 11, 1898, Grundy Center, IA.

2. NANCY, b. July 7, 1793, d. June 26, 1813.
3. EUNICE, b. Sept. 24, 1795, d. Mar. 26, 1796.
4. ESTHER, b. Jan. 9, 1797, d. July 4, 1882, Limington. m. Mar. 18, 1813, Simeon Strout, Jr., both of Limington.
5. OLIVER, b. June 4, 1801, Limington, d. Oct. 29, 1871, E. Boston, MA. He was a member of ME Legislature in 1832 and was deputy land agent of this state for 9 yrs. He went to Boston in 1850 and was for few yrs. a member of firm of Frost & Boulter, lumber dealers. He was in the city government several yrs. and in 1850 & 1858 in State Senate. For some time past he has been employed in appraiser's office of Boston Custom House. m. Apr. 24, 1825, Caroline King Warren of Buxton, moved to Boston in 1850. She b. July 10, 1801 Buxton, d. Aug. 13, 1885 Boston, MA.
6. EUNICE, b. July 7, 1803, d. July 19, 1861, Portland. m. Oct. 19, 1821, Josiah Davis of Standish, she of Limington.

7. **MARY F.**, b. Dec. 24, 1806, d. Apr. 11, 1893, Limington. m. Mar. 29, 1826, Dea. Joshua Small, both of Limington, he b. Aug. 10, 1799, Limington, d. Aug. 30, 1885, Limington.
8. **ELIZABETH**, b. Oct. 2, 1810, d. May 11, 1835, Limington. m. June 10, 1830, Abram Winslow, both of Limington, he b. Sept. 12, 1798, Falmouth, d. Mar. 6, 1881, Limington.
9. **NANCY**, b. Sept. 12, 1813, d. Mar. 23, 1865, Limington. m. Jan. 1, 1846, William Cobb Pillsbury, both of Limington, he b. Jan. 9, 1820, Scarboro, d. Sept. 15, 1895, Limington. His mother, Shuah (Milliken) (Pillsbury) Burton, b. Apr. 25, 1776, Scarboro, d. Nov. 20, 1864, Limington. Children:
    (1) **JOHN HENRY**, b. Dec. 20, 1846, d. Dec. 19, 1910, Waban, MA.
    (2) **JAMES FROST**, b. June 2B, 1849, d. May 17, 1926. m. int. Dec. 10, 1885, Mary E. Townsend of Hollis.
    (3) **ANNA FROST**, b. Mar. 17, 1852, d. Sept. 11, 1852.
    (4) **ALFRED F. H.**, b. May 18, 1856, d. Oct. 5, 1911, Poland Springs, but lived in Springfield, MA.
10. **MITCHELL**, b. May 2, 1816, d. Oct. 15, 1835, Limington of consumption.
11. **JOSHUA WINGATE**, b. Mar. 9, 1819, d. May 27, 1881, m. Apr. 25, 1847, Mary Higgin Whitmore, both of Limington, she b. Sept. 27, 1819, Limington, d. Sept. 4, 1908, Middleboro, MA.
12. **ZELINDA WING**, b. June 26, 1825, d. Dec. 6, 1842, Limington.

ii. **DOROTHY**, b. Mar. 22, 1770, d. Apr. 7, 1837, Limington. m. int. Nov. 14, 1789 in Buxton, Elisha Richardson both of Limington.

iii. **LOVE**, b. Dec. 1, 1771, Falmouth, d. Mar., 1854, Sangerville. m. Dec. 25, 1791 in Gorham, Nathan Wing of Limerick, she of Gorham, he b. Jan. 20, 1765, Conway, MA, d. Apr. 10, 1836, ae 72 yrs. Sangerville.

FROST, MOSES, b. June 3, 1766, Berwick, d. Sept. 20, 1850, Gorham. He came in 1790 and settled on lot 3, range E. He left in 1807 for W. Gorham. He was a brother to Isaac and nephew to James Frost. m. Apr. 15, 1790 in Buxton, Sarah McKenney, she b. Apr. 10, 1766, Scarboro, d. Nov. 10, 1839, Gorham. Children:

i. **DORCAS**, b. Mar. 2, 1791, d. Oct. 18, 1832. m. Feb. 3, 1829, Nahum Patterson.
ii. **THOMAS**, b. July 18, 1792, d. June 9, 1873. Skowhegan, formerly of Cornville.
iii. **DOMINICUS**, b. Feb. 15, 1794, d. Dec. 6, 1862, ae 69 yrs. Gorham.
iv. **REV. CHARLES**, b. Jan. 12, 1796, d. Feb. 11, 1850, Bethel.
v. **HENRY**, b. Jan. 8, 1798, d. July 3, 1826, ae 28 yrs. Gorham.
vi. **ELIZA**, b. Nov. 3, 1799, d. May 28, 1814, Gorham.
vii. **JAMES**, b. Jan. 11, 1802, lived in Skowhegan.
viii. **SUSAN**, b. May 10, 1804, d. May 7, 1842, Gorham.

ix. MARY ANN, b. June 5, 1806, d. Aug. 7, 1868, Buxton. m. James Bickford of Buxton.

GILKEY, JAMES, b. Apr. 29, 1756, Gorham, d. Apr. 29, 1831, S. Limington. He came from Gorham after his marriage and settled on lot 6, range E on Gilkey Brook on present Moody Road. A Revolutionary Soldier. m. int. May 17, 1782, Polly Marr, both of Gorham, she b. Aug. 30, 1763, Scarboro, d. Sept. 10, 1830, S. Limington. Children:

i. DENNIS, b. Oct. 4, 1786, d. Mar. 12, 1872, ae 85 yrs. S. Limington. m. Nov. 27, 1814, Betsey Hobson of Buxton, he of Limington, she b. Feb. 13, 1792, Buxton, d. Apr. 20, 1883, ae 91 yrs. 2 mos. 7 das. S. Limington. He lived in his father's place. Children:
   1. REUBEN, b. Sept. 23, 1818, Limington, d. Dec. 3, 1899, ae 81 yrs. 2 mos. 9 das. S. Limington. He lived on family homestead with his brother. m. Nov. 19, 1843, Sarah Edgecomb, both of Limington, she b. July 9, 1820, Limington, d. Aug. 10, 1882, Limington. Children:
     (1) ELIZABETH ADELIA, b. July 12, 1846, Limington, d. Jan. 21, 1837, ae 90 yrs. 6 mos. 9 das. Saco. m. Nov. 14, 1868, Simeon Fairfield Tufts, both of Limington, he b. Apr. 23, 1838, Limington, d. Jan. 28, 1917, Limington.
     (2) ABBIE ALCENA, d. Aug. 21, 1848, ae 6 mos. Limington.
     (3) MARTHA URSULA, b. 1860, d. Nov. 24, 1863, ae 3 yrs. 3 mos. Limington.
   2. SAMUEL HOBSON, b. Mar. 1, 1821, Limington, d. Feb. 17, 1916, ae 91 yrs. Portland. m. Dec. 26, 1846, Mehitable K. Stearns, both of Saco.
   3. JOSEPH, b. 1823, d. Sept. 14, 1830, Limington.

ii. CAPT. REUBEN, b. Dec. 19, 1788, d. May 23, 1868, Portland. m. Nov. 14, 1816, Eliza Marr, both of Limington, she b. May 28, 1796, Limington, d. June 1, 1830, Limington. m. (2) May 11, 1831, Phebe G. Marr, both of Limington, she b. Oct. 31, 1805, Limington, d. Dec. 22, 1867, W. Gorham. Children born in Limington:
   1. FIVE CHILDREN, d.y. in Limington in 1818, 1819, 1823, Feb. 21, 1825, Dec. 29, 1828.
   2. ISAAC, b. 1826, d. Aug. 21, 1833, ae 7 yrs. Limington.
   3. ELIZABETH C., b. June 11, 1833, d. Nov. 7, 1913, Portland. m. Jan. 17, 1854, Albion P. Sawyer of Garland, she of Gorham.
   4. MARY, b. 1836, d. Sept. 30, 1836, Limington.

iii. PHOEBE, b. Jan. 20, 1792, d. July 3, 1873, Limington. m. Aug. 28, 1817, John Brackett of Limerick, she of Limington, he b. Jan. 20, 1787, Limington, d. Jan. 29, 1872, Biddeford.

iv. MARY, b. Aug. 4, 1796, d. Jan., 1823, Limington. m. Oct. 18, 1821, Amos Hobson of Buxton, she of Limington.

v. MARTHA, b. Aug. 4, 1796, d. June 16, 1847, ae 51 yrs. Hollis. m. May 1, 1825, Amos Hobson of Hollis, she of Limington, he d. Feb. 18, 1883, ae 84 yrs. West Buxton.

vi. JOSEPH, b. 1800, d. Nov. 18, 1879, ae 79 yrs. Gorham, m. int. Nov. 9, 1828, Louisa Jackson of Limerick, he of Limington, she d. Sept. 30, 1888, ae 82 yrs. Portland, formerly of West Gorham. He moved about 1835 to Gorham. Children:
   1. ALPHONZO L., b. Nov. 7, 1829, d. May 30, 1920, Portland.
   2. FREDERICK.
vii. ELIZABETH, b. 1803, d. Feb. 21, 1824, ae 21 yrs. Limington.

GILKEY, JOHN, b. Jan. 25, 1764, Gorham, d. Mar. 27, 1813, Augusta, of fever during War of 1812. He lived in Hardscrabble section of S. Limington. In 1801, moved to New Portland. m. int. Mar. 14, 1789, Susanna Bacon of Barnstable, MA, she b. Feb. 22, 1773, Barnstable, MA, d. Aug. 10, 1840 ae 67 yrs. New Portland, ME. Children:
i. EBENEZER B., b. Sept. 12, 1790, Gorham.
ii. SALLY, b. Aug. 10, 1793.
iii. JOHN, b. Sept. 14, 1794.
iv. JAMES, b. Oct. 18, 1796.
v. ELMIRA, b. Aug. 29, 1798.
vi. GEORGE, b. Nov. 19, 1800, d. July, 1824.
vii. EDWARD, b. Nov. 26, 1802.
viii. MARY, b. Aug. 31, 1804.
ix. SAMUEL B., b. Jan. 10, 1807.
x. WILLIAM B., b. Jan. 10, 1807.
xi. MARY, b. Feb. 11, 1809.
xii. FREEMAN, b. May 11, 1811.

GOODALE, ELIAB, b. Feb. 3, 1783, Wells, d. 1867, Limington. He came from Wells in 1816 and settled in Steep Falls section of town. He enlisted in War of 1812 at Lancaster, NH. m. Phoebe Martin of Wells, she b. Feb. 4, 1786, York, d. 1869 Limington. Children:
i. SOPHRONIA, b. Sept. 4, 1807, Lancaster, NH, d. June 20, 1868, ae 61 yrs. Steep Falls. m. int. Apr. 20, 1825, Elisha Nason, both of Limington, he b. Aug. 21, 1806, Limington, d. Aug. 27, 1854, Standish.
ii. ELIZA A., b. July 9, 1814, Limington, d. Jan. 31, 1897, ae 72 yrs. 6 mos. 22 das. Wiscasset. m. ____ Hobson.
iii. MARY, b. 1816, living 1860, Standish. m. int. Aug. 2, 1835, Nathan Crockett, both of Limington, he d. Sept. 2, 1852, ae 43 yrs. Standish. m. (2) Oct. 16, 1861 in Standish, Abel Black, she of Standish.
iv. PHEBE JANE, b. July 18, 1821, living 1850, Saco. m. July 30, 1843, John F. Adams of Buxton, she of Limington.
v. DAVID NASON, b. 1822, living 1860 & 1870 Saco. m. int. Oct. 1, 1843, Hannah Haley, both of Limington.
vi. CHILD, d. Aug. 20, 1827, Limington.
vii. OLIVE R., b. July 16, 1830, Limington, d. July 20, 1898, ae 68 yrs. 4 das. Tamworth, NH. m. Jabez H. Hobson of Standish.

GOODWIN, ANDREW. He came about 1810 from Limerick and d. ca. 1813. m. Jan. 14, 1808, Priscilla Durgin, both of Limerick, she b. after 1785, d. 1816, Limington. Children:

i. MARY, b. 1810, Limerick, d. Feb. 19, 1891, Effingham, NH. m. int. Oct. 15, 1837, John Merrifield, both of Limington, he b. 1815, S. Berwick, d. Oct. 30, 1879, Porter.
ii. ELIZA.
iii. CYNTHIA.

GOODWIN, SAMUEL, bapt. June 19, 1777, York, d. 1816, Limington. His father, Amaziah, lived in Limington in 1797 and had for a very short time a corn mill, before moving to Waterboro. Samuel came from Waterboro in 1804 and in 1807 moved from Limerick and settled on lot 12, range C, on Ben Clay's place at N. Limington, where he is buried. m. Martha or Patty Rowe, daughter of Larazus of Baldwin, she d. Apr. 12, 1855, ae 83 yrs. Biddeford, she sold the place in 1832 and moved to Biddeford. Children:
i. JAMES, b. June 10, 1791, Limerick, d. Philadelphia, PA, unm. He was living in Limington in 1815.
ii. MARY, b. Oct. 20, 1793, Limerick, d. 1824, Limington. m. Dec. 15, 1814, Stephen Manson, both of Limington, he d. Mar. 15, 1872, ae 83 yrs. Waterford.
iii. MARTHA, b. July 20, 1797, d. Jan. 29, 1861, ae 63 yrs. 6 mos. Limington. m. Dec. 19, 1820, William Gove, both of Limington, he b. Jan. 16, 1793, d. June 14, 1870, Augusta.
iv. ELIZABETH, b. Apr. 7, 1800, d. before 1832. m. May 11, 1826, John Haley Jr., both of Limington, he b. Nov. 23, 1803, Limington, living 1850, Hiram.
v. SAMUEL, b. Oct. 30, 1803, d. Apr. 30, 1830, ae 26 yrs. 6 mos. unm. Limington.
vi. JOHN, b. Jan. 20, 1805, d. Mar., 1856, ae 42 yrs. Biddeford.
vii. BARBARA, b. Nov. 4, 1807, d. Aug. 29, 1866, unm. Biddeford.
viii. JANET B., b. 1810, d. Dec. 5, 1841, ae 31 yrs.
ix. BELINDA, b. July 5, 1813, d. Sept. 19, 1878, ae 65 yrs. Biddeford. m. Apr. 5, 1832, James Watson of Baldwin, she of Limington, he d. Sept. 7, 1849, ae 41 yrs. Saco. m. (2) Aug. 7, 1859, Mark Staples of Biddeford.
x. SALLY, d. Oct., 1821, ae 4 yrs. Limington.

GOULD, CLEMENT, b. 1779, Cape Elizabeth, d. Feb. 23, 1850, ae 71 yrs. N. Limington. He came in 1803, settling on lot 16, range E on Whale-back Road. They are buried cemetery at Steep Falls. m. Oct. 3, 1802 Mary Miles, she b. about 1778 Newmarket, NH, d. Aug. 13, 1857, ae 79 yrs. N. Limington. Children:
i. JACOB MILES, b. 1803, Falmouth, d. Jan. 24, 1893, ae 90 yrs. Limington. m. int. Sept. 18, 1858, Hannah Lowell of Baldwin, he of Limington, she d. Sept. 21, 1860, ae 50 yrs. Limington.
ii. JOHN, b. Dec. 27, 1807, d. Oct. 21, 1874, Limington. m. Jan. 13, 1842, Lucretia Norton, both of Limington, she b. Mar. 10, 1807, Limington, d. Sept. 20, 1887, ae 80 yrs. N. Limington.

GOVE, JOHN, b. June 24, 1766, d. July 24, 1818, ae 52 yrs. 1 mo. S. Limington. He settled after m. and by June, 1796 lived on Gove Ridge Road, where he is buried. A Revolutionary War Soldier. m. Jan. 3,

1791, Lois Bradeen, both of Waterboro, she b. Apr. 2, 1770, Waterboro, d. Dec. 27, 1852, ae 82 yrs. S. Limington. Children:
i. WILLIAM, b. Jan. 16, 1793, d. June 14, 1870, Augusta, in state hospital. He lived on Randall Cushing's place. m. Dec. 19, 1820, Martha M. Goodwin, both of Limington, she b. July 20, 1797, d. Jan. 29, 1861, ae 63 yrs. 6 mos. Limington. Children born in Limington:
  1. ELMIRA, b. July 14, 1821, d. Dec. 6, 1895, Biddeford. m. Feb. 19, 1840, Rev. Wescott Bullock, both of Limington, he b. July 7, 1818, Limington, d. Jan. 8, 1900, Biddeford.
  2. SARAH JANE GOODWIN, b. Apr. 2, 1823, d. Sept. 13, 1846, Limington. m. Dec. 6, 1843, Rook Thurston Edgerly, both of Limington, he b. Sept. 8, 1819, Limington, d. Aug. 27, 1883, Pittsfield.
  3. ARTHUR BOOTHBY, b. Mar. 25, 1825, d. Dec. 27, 1902, Boston, MA.
  4. SIMON M., b. Aug. 28, 1827, d. Aug. 28, 1852, ae 25 yrs. Limington.
  5. WILLIAM VANTINGLE, b. Dec. 7, 1829, d. Apr. 23, 1910, Augusta. m. int. Jan. 26, 1856, Sarah Jane Manson, both of Limington, he b. Sept. 6, 1832, d. May 11, 1910, Bridgton.
  6. MARTHA, b. Dec. 2, 1831, d. Sept. 1, 1832, Limington.
  7. ALBERT, b. Jan. 26, 1834, d. Jan. 24, 1835, ae 11 mos. Limington.
  8. ALBERT MANSON, b. May 15, 1837, d. Dec. 29, 1876, unm. Bakerfield, CA.
  9. OSGOOD ELBRIDGE, b. Dec. 20, 1839, d. Feb. 18, 1868, unm. Biddeford.
ii. ISAAC, b. Jan., 1795, d. Oct. 7, 1870, ae 75 yrs. 9 mos. 14 das. Limington. He lived in the old homestead on Gove's Ridge, which burned in 1896. m. int. Jan. 17, 1819, Paulina Davis, both of Limington, he b. July 7, 1798, Limington, d. Nov. 17, 1871, Limington. Children born in Limington:
  1. EUNICE, d. 1821, ae 1 yr. Limington.
  2. JOHN, b. Feb. 14, 1821, d. ca 1878, Cleveland, OH, he in state hospital at Augusta for number of yrs.
  3. ISAAC, d. Sept. 24, 1825. ae 1 yr. Limington.
  4. ISAAC HALEY, b. Nov. 2, 1828, lived in Portland, OR.
  5. PAULINA A., b. Aug. 10, 1832, d. Dec. 4, 1870, ae 38 yrs. 3 mos. 24 das.
  6. CHARLES, d. Sept. 2, 1836, ae 2 yrs. Limington.
  7. EUNICE ADELIA, b. May 2, 1836, d. June 10, 1913, ae 77 yrs. 1 mo. 8 das. Limington. m. int. Sept. 1, 1855, Edmund Dole of Limerick, she of Limington, he b. July 24, 1820, Limington, d. 1888, Limington. Children:
    (1) LOREN JEROME, b. Mar. 7, 1856.
    (2) CARRIE EMMA, b. Apr. 10, 1858.
    (3) EDMUND AUGUSTUS, b. Jan. 14, 1860.
    (4) JENNIE RAYMOND, b. Apr. 16, 1863.
  8. CHARLES FRANKLIN, b. Nov. 7, 1839, living 1860, Limington.

  9. **GARDNER BROOKS**, b. Apr. 9, 1841, d. Feb. 10, 1873, Limington, of measles. m. int. Apr. 27, 1861, Catherine R. Bradeen of Buxton. They had three children:

iii. **MARY**, b. 1796, d. Sept. 26, 1837, ae 40 yrs. 11 mos. Limington. m. Dec. 29, 1814, Benjamin Edgecomb, both of Limington, he b. July 5, 1793, Limington, d. Mar. 14, 1832, Limington.

iv. **JOHN**, b. Apr. 2, 1798, d. Dec. 26, 1865, ae 67 yrs. 8 mos. 27 das. Limington. m. Aug. 18, 1825, Rebecca Small, both of Limington, she b. Sept. 15, 1807, Montville, d. Apr. 26, 1894, Limington. Children born in Limington:

  1. **LOIS ANN**, b. Nov. 21, 1825, d. Oct. 6, 1860, ae 35 yrs. 11 mos. 15 das. Limington.
  2. **SARAH JANE**, b. Aug. 28, 1827, d. Nov. 29, 1898, Dover. m. Jan. 3, 1848, Rook Thurston Edgerly, both of Limington.
  3. **EUNICE**, b. Mar. 19, 1828. m. int. Oct. 6, 1849, Cyrus Hanscomb of Biddeford, she of Limington.
  4. **ELIZABETH**, b. July 8, 1831, d. July 4, 1911, ae 79 yrs. 11 mos. 26 das. Limington. m. int. May 16, 1858, Edgar Mellen Chick, both of Limington, he b. Apr. 21, 1833, Limington, d. June 16, 1894, Limington.
  5. **ALMON H.**, b. Jan. 18, 1833, d. Apr. 4, 1905, Lewiston. m. June 24, 1859, Jennie H. Tarbox of Hollis, he of Limington, she b. Feb. 5, 1835, Hollis, d. Apr. 2, 1911, Sanford.
  6. **JOHN RALPH**, b. Jan. 5, 1835, d. Dec. 22, 1912, Middleboro, MA.
  7. **FRANCIS M.**, b. Mar. 7, 1837, d. Feb. 4, 1911, ae 73 yrs. 11 mos. Old Orchard.
  8. **MARY SUSAN**, b. Aug. 29, 1839, d. Dec. 24, 1892, ae 54 yrs. 3 mos. 8 das. m. int. Sept. 12, 1859, Lewis D. Parker, both of Limington.
  9. **CLARISSA S.**, b. June 23, 1843, d. Apr. 8, 1860, ae 16 yrs. 9 mos. 16 das., while on a visit to her sister at Saco.
  10. **ABBIE A.**, b. Jan. 30, 1845. d. Mar. 25, 1911, ae 65 yrs. 1 mo. 26 das. Hollis. m. June 8, 1867, Henry M. Tarbox of Hollis, she of Limington.
  11. **JAMES LEWIS**, b. Sept. 29, 1851.

v. **EUNICE**, b. 1798, d. Apr. 22, 1819, ae 19 yrs. 5 mos. Limington.

vi. **PALATIAH TINGLEY**, b. Apr. 20, 1803, d. Oct. 5, 1885, ae 82 yrs. 5 mos. 15 das. Limerick. He moved to Limerick in 1850. m. int. Aug. 20, 1822, Elmira Jackson of Limerick, he of Limington, she b. May 2, 1803, Limington, d. Sept. 14, 1855, as 52 yrs. 4 mos. 15 das. Limington. m. (2) July 2, 1857, Mary Ann (Cole) Dearborn, widow of Richard of Limerick, she d. Mar. 23, 1888, ae 73 yrs. 6 mos. Biddeford. Children, by family register:

  1. **ABNER L.**, b. Dec. 20, 1822, Limerick, d. Feb. 24, 1909, Boston, MA.
  2. **CLARK JACKSON**, b. Mar. 30, 1824, d. Mar. 2, 1850, ae 25 yrs. 11 mos. 3 das. Biddeford.

3. **CHARLES G.**, b. Nov. 20, 1825, d. Nov. 8, 1895, Biddeford. m. int. Mar. 25, 1849 Abby A. Jordan of Pownal, he of Limington.
4. **HARRISON L.**, b. Nov. 17, 1827, d. Jan., 1909, Nevada City, CA.
5. **GREENLEAF**, b. Sept. 30, 1829, went to CA gold rush in 1859.
6. **ALVAN C.**, b. Oct. 7, 1831, d. Oct. 1, 1873, Nevada City, CA.
7. **MARGARET J.**, b. Mar. 20, 1833, d. Sept. 3, 1909, Biddeford. m. July 28, 1852 in Biddeford, Capt. Samuel B. Gilpatrick of Biddeford, she of Limington.
8. **SALOME B.**, b. Jan. 27, 1835, d. Aug. 6, 1908, Lynn, MA. m. int. Feb. 7, 1859, George B. Foss of Limington, she of Limerick. m. (2) S. Phillips Newhall of Lynn, MA.
9. **EMILY J.**, b. Feb. 2. 1837, d. Apr., 1906, unm. Lynn, MA.
10. **LOUISA G.**, b. Apr. 27, 1839, d. Oct. 9, 1856, Limington of consumption.
11. **AUGUSTUS J.**, b. Jan. 14, 1841, d. Nov. 8, 1887, Lynn, MA.
12. **GEORGE ALVIN H.**, b. Jan. 17, 1843, d. Sept. 21, 1911, Limerick.
13. **CLARK J.**, b. Nov. 27, 1847, d. June 2, 1852, Limington.
14. **LYDIA ELMIRA**, b. June 10, 1859, Limerick, d. Jan., 1835, Biddeford. m. June 10, 1879, George William Leavitt of Biddeford.

vii. **CHARLES JACOB**, b. 1808, Limington, d. June 2, 1862, ae 54 yrs. Boston, MA.
viii. **CHESLEY D.**, b. 1811, d. Apr. 25, 1865, CA, buried Evergreen Cemebery, Portland. He went in 1851 with brother, Alvan C. to CA. m. Mar. 11, 1832, Tryphena S. Jackson, both of Limington, she b. 1813, d. Sept. 30, 1899, Portland.
ix. **ALVAN CHADBOURNE**, b. Apr. 10, 1813, d. Sept. 3, 1898, Biddeford. m. Feb. 25, 1836, Mary Susan Edgerly, both of Limington, she b. July 13, 1817, Limington, d. May 26, 1880, Biddeford. Children:
1. **JOSEPHINE LOIS**, b. Feb. 21, 1837, Boston, MA.
2. **SUSAN EDGERLY**, b. Feb. 19, 1838.
3. **MARY ABBIE**, b. Sept. 27, 1840.
4. **SARAH ELIZABETH**, b. Sept. 27, 1840.
5. **TRYPHENA STUART**, b. June 11, 1842, d. July 3, 1867. m. Horace L. Piper of Parsonsfield.
6. **JULIA HOWE**, b. Nov. 11, 1845, Biddeford.
7. **EDWARD HOOPER**, b. July 14, 1847, Biddeford.
8. **LYDIA MURCH**, b. Apr. 24, 1852, Biddeford.

GRANT, DANIEL, b. Apr., 1763, Berwick, d. Dec. 25, 1840, ae 77 yrs. 8 mos. S. Limington. He was of Cornish by 1790 census and came in 1807 to Limington. m. Mar. 23, 1787, Susanna Strout, both of Gorham, she b. July 28, 1767, Gorham, d. Dec. 25, 1863, ae 97 yrs. 4 mos. 28 das. Limington. Children:

i. ELISHA, b. May 11, 1788, d. Dec. 1, 1848, ae 60 yrs. 6 mos. 20 das. Bridgton. m. int. Jan. 11, 1818, Dorcas Small, both of Limington, she b. June 6, 1797, Limington, d. Nov. 22, 1868, Bridgton. Children:
   1. FREEMAN STROUT, b. Jan. 29, 1819, Limington, d. Dec. 31, 1898, ae 79 yrs. 11 mos. 29 das. Bridgton. m. Lucy S. Bryant, who d. Feb. 21, 1884, ae 64 yrs. 8 mos. 10 das. Bridgton.
   2. ELIZA, b. Aug. 24, 1820, Bridgton, d. Feb. 21, 1884, Bridgton. m. in 1849, Dr. Alexander Boothby of Unity, he d. Sept. 10, 1853, ae 31 yrs. 10 mos. Bridgton.
ii. EUNICE, b. Oct., 1789, d. Apr. 26, 1864, ae 74 yrs. 6 mos. Windham. m. Nov. 30, 1826 in Gorham, Joseph Cook of Windham.
iii. DORCAS, b. 1793, d. May 6, 1880, ae 86 yrs. unm. Limington.
iv. BENJAMIN, b. Sept. 4, 1795, d. Sept. 14, 1884, ae 89 yrs. 10 mos. Limington. m. Jan. 17, 1823, Martha Manson of Limerick, he of Limington, she b. Feb. 2, 1798, Limerick, d. July 9, 1825, Limington. m. (2) int. Sept. 10, 1826, Caroline (Robinson) Emery, widow of John of Newfield, he of Limington, she b. Aug. 3, 1791, Limington, d. May 25, 1861, ae 69 yrs. 9 mos., Limington. Children:
   1. HARRIET A. C., b. 1823, d. Oct. 19, 1851, ae 28 yrs. 9 mos.
   2. MARTHA J., b. Apr., 1831, d. Aug. 16, 1888, ae 57 yrs. 4 mos. m. Evans McKeen.
   3. MARIA L., b. Dec. 24, 1832, d. Mar. 22, 1913, ae 80 yrs. 2 mos. 28 das. m. int. Apr. 19, 1855, Charles Johnson, both of Limington, he b. May 14, 1821, Limington, d. Feb. 21, 1882, Limington.
   4. LEANDER, b. ca 1835.
v. PATTY.
vi. MERCY, b. 1802, d. Mar. 8, 1873, ae 71 yrs. Newfield. m. Mar. 28, 1830, Jonathan Moody, he b. 1805, Ossipee, NH, d. May 24, 1861, ae 56 yrs. 4 mos. 29 das. Newfield.

GRANT, JAMES, b. 1736-40, Berwick, son of Peter & Mary (Lord), he living 1812, d. before April, 1819, Westbrook. He came to Limington from Berwick after purchasing land in 1778 and shortly after came to Scarboro. In 1784 he settled at Westbrook, then called Falmouth on site of present Ponderosa Golf course on River Road, next to Windham line. m. Aug. 16, 1776 in Berwick, Tabitha Gunnison of Kittery, she b. ca 1743, d. Apr. 12, 1819, ae 73 yrs., a widow in Westbrook, she is buried on the home place. He may have been married earlier and had children. One James Grant m. Dec. 25, 1760 in Berwick, Mary Hodsdon. One child:
i. JAMES JR., bapt. Sept. 1, 1782, Limington, d. Dec. 10, 1850, ae 68 yrs. Westbrook. m. Apr. 4, 1807, Lydia March of Gorham, she d. Feb. 15, 1868, ae 80 yrs. 6 mos. Westbrook.

GRANT, JAMES, b. ca 1756, Berwick, d. June 18, 1829, Limington. He moved to Gorham when young, then back to Berwick by 1784. In

1811 he came to Limington, where his children lived. m. int. July 16, 1784, Lois Harding, both of Gorham, she living in 1830, ae between 50-60 yrs. in Limington. Children:
i. REBECCA, b. 1786, d. May 5, 1830, ae 44 yrs. Limington. m. Aug. 6, 1806, George Robinson, both of Limington, he b. Apr. 3, 1783, Buxton, d. Jan. 21, 1875, Limington.
ii. SUSAN, b. 1789, d. Feb. 3, 1862, ae 73 yrs. Gorham, late of Limington.
iii. ABIGAIL, d. 1820, Limington. m. int. Nov. 7, 1819, George B. Strout, both of Limington, but didn't marry.
iv. POLLY, b. 1798, d. Jan. 22, 1859. ae 61 yrs. Gorham. m. May 15, 1831, Nathan Dyer of Gorham, she of Limington, he d. May 8, 1853, ae 56 yrs. Gorham.

GREENLAW, JOHN, b. Feb. 11, 1766, Deer Isle, d. June 2, 1842, Brownfield. He returned to ME after getting out of Army, married and settled near Emery's corner section of Limington. He left in 1803 for Parsonsfield and three yrs. later moved to Brownfield. m. Mar. 27, 1788, Lucy Whitney, both of Gorham, she b. Sept. 30, 1768, Gorham, d. Sept. 2, 1846, ae 76 yrs. 11 mos. Brownfield. Children:
i. EBENEZER, b. June 27, 1788, Gorham, d. Aug. 7, 1856, ae 68 yrs. 1 mo. 10 das. Brownfield.
ii. MOSES, b. Feb. 11, 1793, d. Feb. 3, 1824, Brownfield.
iii. BETSEY, b. Feb. 6, 1795, d. Feb. 24, 1862, Brownfield. m. Molly Dutch of Brownfield.
iv. RICHARD, b. July, 1797, d. Aug. 21, 1863, Brownfield. Child:
  1. JOHN, b. Mar. 26, 1839, Brownfield, d. June 2, 1890, ae 51 yrs. Limington. He came to Limington after m. and lived in old Capt. James Small's place on Horn Pond Road. m. May 26, 1864, Sarah A. Quint of Brownfield.
v. NATHANIEL, b. Dec. 8, 1799, d. 1883.
vi. SAMUEL, b. Sept. 28, 1806, d. Oct. 18, 1899, ae 93 yrs. Limington. He moved to Limington in Aug., 1856 and settled on Hagen's place on Christian Hill Road. m. Mar. 10, 1832 in Eaton, NH, Lydia Robertson of Eaton, NH, she b. Mar. 5, 1808, d. May 18, 1883, ae 75 yrs. Limington. Her body taken to Eaton, NH, her native place. Children:
  1. MARIA, b. Mar. 11, 1833, d. Oct. 4, 1844.
  2. ANNETTE P., b. Oct. 29, 1834, Brownfield, d. Apr. 28, 1908. m. Oct. 12, 1860, Gardiner F. Estes, both of Limington. m. (2) John P. Stone of MA, who d. Mar. 25, 1909, ae 71 yrs.
  3. ROSETTA R., b. Feb. 11, 1836, d. Sept. 25, 1905, Augusta. m. Nov. 29, 1860 in Limington, Charles Eliot of Boston, MA, she of Limington.
  4. ELIZABETH F., b. Dec. 28, 1838, d. July 27, 1863, ae 25 yrs. 7 mos.
  5. SUSANNAH C., b. Sept. 28, 1840, d. Jan. 6, 1892, Lynn, MA.
  6. EBENEZER, b. Aug. 3, 1842, Conway, NH, d. Dec. 26, 1905, Limington. m. Emma D. Parker.
  7. ALANSON, b. June 3, 1844, Conway, NH, d. May 16, 1904.

8. MARILLA, b. Jan. 3, 1846, d. Jan. 2, 1892.
9. SELDEN M., b. July 25, 1850, d. Dec. 17, 1924, Limington. m. int. Apr. 26, 1876, Eliza S. Brackett, both of Limington.
10. MELVILLE, b. Oct. 12, 1851, Conway, NH, d. Feb. 12, 1919.

HAGENS, WALTER SIMONTON, b. Nov. 26, 1765, Scarboro, son of Dr. Edmund Hagens, d. Sept. 29, 1847, ae 81 yrs. 11 mos. Limington. He came from Scarboro in 1786 and settled on lot 10, range D on Christian Hill Road, on farm where he is buried. A Revolutionary Soldier. m. int. Oct. 29, 1787 in Buxton, m. Feb. 28, 1788 in Scarboro, Polly Libby, both of Limington, she b. Mar. 9, 1767, Scarboro, d. Oct. 1, 1841, ae 74 yrs. 7 mos. Limington. They both of Limington. Children born in Limington:
i. ANNA, b. May 12, 1788, d. Dec. 7, 1849, ae 61 yrs. Topsham. m. May 30, 1816, George Frost Richardson, both of Limington, he b. June 13, 1790, Limington, d. Oct. 13, 1845, Gorham.
ii. BETSEY, b. May 26, 1790, d. Dec. 25, 1858. m. int. Jan. 1, 1807, Barzillai Small, both of Limington, he b. Nov. 11, 1782, Limington, d. Nov. 24, 1842, Limington.
iii. OCTAVIA, b. Feb. 14, 1792, d. July 29, 1840, Limington. m. May 12, 1811, Moses Moody, both of Limington, she b. Apr. 4, 1786, Gorham, d. Oct. 17, 1838, Limington.
iv. CAPT. AARON, b. June 18, 1794. d. Aug. 18, 1837, ae 43 yrs. 2 mos. Limington. He lived on his father's homestead. He had his name changed to HIGGINS. m. May 13, 1822, Harriet Libby, both of Limington, she b. Feb. 20, 1799, d. June, 1880, Aspen Hill, VA, at res. of her son. she m. (2) int. Feb. 4, 1850, John W. Lane of Hollis, she of Limington, he d. Sept. 15, 1889, ae 71 yrs., Washington, DC. Children:
1. MARIA, b. Aug. 7, 1822, d. Oct. 23, 1846, ae 24 yrs. 2 mos. Limington.
2. WALTER, b. May 28, 1825, d. Jan. 26, 1916, Washington, DC. m. Jan. 6, 1850, Almeda C. Lane of Hollis, she b. Apr. 7, 1823, Hollis, d. Aug. 25, 1915, ae 92 yrs. 4 mos. Washington, DC.
3. PRISCILLA L., b. Oct. 11, 1828, d. Feb. 6, 1833, ae 4 yrs. 4 mos. Limington.
4. MARY AVILDA, b. Oct. 6, 1834, d. Sept. 12, 1857, ae 22 yrs. 11 mos. Limington.
v. MARY, b. Aug. 16, 1796, d. Aug. 3, 1854, ae 57 yrs. Bridgton. m. Mar. 30, 1817, Elisha Strout, both of Limington, he b. May 29, 1790, Limington, d. Sept. 27, 1872, Swedan.
vi. HANNAH L., b. Nov. 3, 1799, d. June 23, 1844, ae 45 yrs.
vii. ORINDA, b. 1802, d. Aug. 22, 1841, ae 39 yrs. Limington. m. Aug. 16, 1822, Capt. Henry Small Thompson, both of Limington, he b. Mar. 19, 1802, Limington, d. Oct. 20, 1873, Cornish.

viii. JOHN, b. 1805, d. Jan. 11, 1844. ae 39 yrs. Limington. m. June 3, 1834, Olive W. O'Brien of Cornish, she d. July 22, 1838, ae 31 yrs. 5 mos. 2 das. Porter.
ix. IRENE, b. Mar. 11, 1808, d. Aug. 28, 1899, Cornish. m. Mar. 16, 1834, John Marr, both of Limington, he b. Mar. 11, 1807, Limington, d. June 26, 1878, Cornish.

HALEY, JOHN, b. Feb. 8, 1762, Kittery, d. Jan. 6, 1829, ae 63 yrs. 11 mos. S. Limington. He came from York in 1800 and settled on Fred Randall's place, located near Edgecomb's Bridge. m. Feb. 21, 1788, Sally Garey, both of York, she b. Dec. 19, 1768, York, d. Dec. 9, 1845, ae 79 yrs. S. Limington. Children:
i. JOSEPH, b. July 28, 1789, York, d. Apr. 20, 1830, Portland. m. int. Mar. 28, 1812, Jane Milliken, both of Limington, she b. May 15, 1788, d. Apr. 14, 1848.
ii. SARAH, b. Apr. 11, 1792, Waterboro, d. Jan. 8, 1860, ae 68 yrs. S. Bridgton, m. Dec. 24, 1812 Levi Berry both of Limington.
iii. JOHN, b. Apr. 13, 1792, d. infancy.
iv. BENJAMIN, b. 1793, d. 1856, Augusta, at State Hospital, moved from Hollis to Limington in 1838. m. int. Mar. 31, 1817, Phebe Dyer of Hollis, he of Limington, she sent to insane hospital in Mar., 1843, left 1861. Children:
1. RUTH, b. Nov., 1818, d. Mar. 24, 1891, ae 72 yrs. 4 mos. Waterboro. m. Dec. 20, 1841, Ivory Hamilton of Waterboro.
2. SARAH, b. Jan. 9, 1819, d. Feb. 19, 1881, ae 62 yrs. 1 mo. 10 das. m. Feb. 2, 1837, Isaac Kelley of Limington, he b. 1814, Baldwin, d. Aug. 11, 1871, Saco, ae 57 yrs. 7 mos. 27 das. Saco.
3. HANNAH, b. Sept. 11, 1823, d. Apr. 22, 1897, ae 73 yrs. 7 mos. Saco. m. Oct. 1, 1843, David Goodale, both of Limington.
4. SUSAN P., b. Sept., 1826, d. Mar. 2, 1908, ae 81 yrs. 5 mos. 14 das. Waterboro. m. Oct. 2, 1844, Atkinson Seavey, both of Limington.
5. DORCAS, b. 1828, d. Feb. 2, 1901 ae 72 yrs. 8 mos. 22 das., Saco, she m. Will Clark of North Saco.
6. BENJAMIN F., b. July 23, 1831, Hollis, d. Feb. 19, 1899, Biddeford. m. Nov. 30, 1854, Almira M. Seavey of Limington, she b. Aug. 19, 1831, Scarboro. d. Nov. 9, 1903, Saco. When seven yrs. came to Limington to carry on a farm until 1859, when he came to Biddeford.
7. OLIVER C., b. 1835.
8. ABIGAIL, b. 1838. m. 1899 Abbie Eastman of Haverhill, MA.
v. WILLIAM, b. Feb. 13, 1796, Waterboro, d. Oct. 18, 1877, ae 81 yrs. 8 mos. Sebago. m. Apr. 13, 1815, Polly Johnson, both of Limington, she b. Feb. 23, 1794, Limington, d. Mar. 17, 1874, Sebago. They moved to Sebago in 1818.
vi. MARY, b. Oct. 28, 1798, living 1850, ae 49 yrs. Sebago. m. int. Mar. 30, 1828, William H. Strout Jr., both of Limington, he b.

        Oct. 7, 1793, Limington, d. Mar. 12, 1836, Limington. m. (2) int. Oct. 20, 1842, John Usher, both of Limington.
vii.   RUTH GAREY, b. Sept. 1, 1800, d. Mar. 9, 1879, Limington. m. Oct. 5, 1819, Noah Randall, both of Limington, he b. Sept. 17, 1800, Limington, d. Apr. 18, 1868, Limington.
viii.   PHEBE, b. Feb. 20, 1802, d. Oct. 25, 1875, ae 73 yrs. 8 mos. 5 das. Bartlett, NH. m. Mar. 31, 1822, Ephraim Cobb, both of Limington, he b. July 17, 1798, d. Oct. 7, 1882, Bartlett, NH.
ix.   JOHN, b. Nov. 23, 1803, living 1850, Hiram. m. May 11, 1826, Eliza Goodwin, both of Limington, she b. Apr. 7, 1800, Limerick, d. before 1832. m. (2) Sarah Tripp of S. Hiram.
x.   OLIVER, b. June 6, 1805, d. May 5, 1871, Waterboro. m. Dec. 2, 1828, Abigail Frazier, both of Limington. m. (2) Mar. 31, 1838 at Waterboro, Mary Googins of Waterboro, he of Limington, she d. June 2, 1863, ae 49 yrs.
xi.   DANIEL, b. Sept. 23, 1806, d. Apr. 9, 1879, ae 72 yrs. Bridgton. m. Martha L. Adams of Tamworth, NH.
xii.   ELIZABETH, b. Aug. 8, 1808, d. May 17, 1867, ae 59 yrs. m. int. June 27, 1833, Eliakim Robinson, both of Limington, he b. Mar. 29, 1802, Limington, d. Oct. 17, 1887, Limington.
xiii. BARZILLAI, b. Aug. 8, 1810, d.y.

HAMBLEN, GERSHOM, b. Sept. 16, 1745, Barnstable, MA, d. Jan., 1809, Limington. He came from Gorham in 1797 and settled on the western side of Saco River on Hamblen Brook. He and wife are buried at Wheelwright corner near where they settled. m. int. Dec. 17, 1774, Deborah Jenkins, both of Gorham, she b. Feb. 2, 1752, Barnstable, MA, d. Sept. 29, 1810, ae 58 yrs. Limington. Children born in Gorham:
i.   HANNAH, b. Nov. 14, 1775, d. Oct. 8, 1836, ae 61 yrs. Portland. m. Apr. 20, 1802, Joab Black, both of Limington, he b. Nov. 4, 1780, d. Oct. 29, 1821, Limington.
ii.   ELIZABETH, b. Mar. 12, 1778, d. Mar. 21, 1851, ae 74 yrs. 11 das. Lincoln. m. int. Jan. 4, 1801, Daniel Mann, both of Limington, he b. Feb. 25, 1770, Wrentham, MA, d. Dec. 10, 1814, while in the service at Buffalo, NY.
iii.   EBENEZER, b. July 9, 1780, d. in Canada while in service in War of 1812.
iv.   JACOB, b. May 4, 1783, d. Feb. 5, 1866, ae 82 yrs. 9 mos. Limington. m. Nov. 24, 1808, Jane Small, both of Limington, she b. Feb. 28, 1789, Limington, d. Mar. 24, 1836, Limington. m. (2) Mar. 18, 1838, Susan (McDonald) Usher, she of Buxton, he of Limington, widow of Robert, who d. Oct. 22, 1824, she d. Sept. 8, 1852, ae 64 yrs. Cornish. He moved Mar., 1852 to Cornish. Children by Bible record:
      1. JOSHUA, b. Apr. 18, 1810, d. May 24, 1873, Lovell. m. Aug. 23, 1832, Sally K. Boothby, both of Limington, she b. Oct. 14, 1811, Standish, d. Nov. 28, 1888, Lovell.
      2. LEONARD, b. Nov. 5, 1811, d. Apr. 3, 1846, ae 34 yrs. 5 mos. Bangor. m. int. Mar. 18, 1837, Sally Thaxter of Limington, he of Bangor, she d. Dec. 24, 1840, ae 27 yrs. Bangor.
      3. EMILY, b. Sept. 11, 1813, d. Jan. 21, 1814.

4. EMILY, b. Nov. 20, 1814. d. Oct. 12, 1899. Kezar Falls. m. Aug. 20, 1837, Henry Lord of Cornish, she of Limington.
5. SAMUEL, b. May 13, 1817, drowned July 14, 1834, while playing in Saco River.
6. JACOB, b. Sept. 25, 1819, d. June 4, 1891, North Adams, MA.
7. JOHN A., b. Jan. 25, 1822, d. Aug. 31, 1892, Bangor.
8. TIMOTHY F., b. Mar. 25, 1824, d. Dec. 25, 1829.
9. MARY J., b. May 18, 1826, d. Dec. 18, 1879, Bridgton. m. Theophilus Barker of Bridgton.
10. JAMES P., b. July 8, 1829, living in 1888, Galesburg, IL, d. Feb. 7, 1911 Marshalltown, IA. m. Jan. 2, 1852, Susan S. Hopkinson of Limington, she d. Apr. 26, 1880, ae 47 yrs. 7 mos. Galesburg, IL.
11. TIMOTHY F., b. Oct. 8, 1831, went to Lewistown, IL, in 1852, d. Mar. 13, 1914, Lewistown, IL.

v. SAMUEL, b. May 4, 1783, in 1817, of Topsham, ME.
vi. DANIEL, b. Dec. 7, 1785, d. Aug. 27, 1841, Limington. m. Nov. 8, 1812, Mary Clark, both of Limington, she b. 1786, Kittery, d. Mar. 27, 1845, ae 59 yrs. Lovell. Children:
1. JULIANNA, b. Aug. 17, 1813, d. Sept. 15, 1821, ae 8 yrs.
2. EBENEZER CLARK, b. Dec. 16, 1815, d. 1906, Lovell. m. int. Aug. 9, 1840, Adenath Chadbourne of Fryeburg, he of Limington, she d. Dec. 27, 1881, ae 64 yrs. 2 mos. Lovell.
3. MOSES C., b. Apr. 21, 1820, d. Jan. 27, 1868, ae 47 yrs.
4. HENRY, d. Apr. 22, 1822, ae 1 yr. Limington.
5. ANDREW HOBSON, b. July 14, 1825, living in 1885 Long Island. m. Nov. 27, 1861, Emily Augusta Cobb.
6. DANIEL, b. Mar. 2, 1831, Limington, d. Feb. 6, 1910, ae 78 yrs. 11 mos. 5 das. Portland.
vii. MARY, b. June 18, 1788, d. Feb. 12, 1836, ae 47 yrs. 8 mos. unm. Buxton, she moved from Limington in 1833.
viii. ICHABOD, b. Apr. 17, 1791, d. June 5, 1871, Lovell. m. Oct. 11, 1815, Lydia Webb Fickett of Gorham, she d. Nov. 21, 1879, ae 85 yrs. 6 mos. Lovell, formerly of Cape Elizabeth. They moved to Lovell in 1839 and settled on Hamblen Hill. Children:
1. SARAH N., b. Oct. 30, 1816. m. Martin W. Fickett of Portland.
2. MARTHA PHINNEY, b. Dec. 25, 1818. m. June 25, 1843 at Lovell, Jacob Andrews of Lovell, in 1865 moved to Exira, IA.
3. CHARLES, b. Jan. 17, 1821, d. Jan. 4, 1890, ae 69 yrs. Lovell. m. Sarah Russell of Boston, MA.
4. JULIA ANN, b. Feb. 23, 1823. m. Nov. 10, 1846 in Lovell, John McDaniels of Lovell. He went in 1869 to IA.
5. HON. JOHN GERSHOM, b. June 6, 1825, d. Apr. 18, 1880, Lovell.
6. LUCY ELLEN, b. Aug. 20, 1827, lived in MA. m. Benjamin Russell of Lovell.

7. **NANCY H.**, b. May 18, 1829. m. Rev. John S. Pottle of Lovell. He went to Exira, IA.
8. **REV. ISAAC SMALL**, b. Mar. 24, 1833, d. Aug. 19, 1891, Winthrop. He graduated from Colby College in 1858, and in 1868 Newton Theological.
9. **COL. SAMUEL**, b. Feb. 7, 1836, Standish, killed in Civil War by being thrown from a load of lumber in TX.
10. **WINFIELD SCOTT**, b. Feb. 15, 1829, Standish, living in 1909, Ridgway, PA.

ix. **STATIRA**, b. Apr. 17, 1795, d. Nov. 2, 1865, ae 70 yrs. 6 mos. 12 das. Limington. m. May 20, 1821, Rev. Andrew Hobson of Buxton, she of Limington, he b. Sept. 10, 1795, d. May 1, 1877, ae 81 yrs. East Cambridge, MA.

HAMBLEN, SETH LEWIS, b. Jan. 1, 1765, Barnstable, MA, d. Nov. 10, 1834, Shenango, NY. He came from Standish in 1802 and left early in 1811 for Brownfield. m. Sept. 25, 1791 in Gorham, Jerusha Sawyer of Standish, she b. Sept. 15, 1772, Falmouth, d. Apr. 18, 1851, Fryeburg. Children:
i. **ISAAC SAWYER**, b. Apr. 27, 1792, Standish.
ii. **LEWIS**, b. June 16, 1794, Standish.
iii. **THOMAS**, b. June 24, 1796, d. June 25, 1796, Standish.
iv. **JAMES MOORE**, b. Apr. 23, 1798, Standish.
v. **LETTICE**, b. Mar. 19, 1800, d. Mar. 18, 1803.
vi. **BARBARA**, b. Apr. 5, 1802.
vii. **ELIJAH**, b. Apr. 2, 1804.
viii. **SALINA**, b. June 24, 1806, d. Jan. 30, 1892, Limington.
ix. **TEMPERANCE**, b. Sept. 25, 1808.
x. **SETH**, b. Sept. 25, 1811, Brownfield.

HANSCOM, DANIEL, b. Sept. 9, 1758, Scarboro, d. Apr. 17, 1826, N. Limington. He came after m. from Scarboro and settled at Hanscom's Corner. They are buried in cemetery on Hanscom's Hill. m. Dec. 10, 1789, Mary Dam of Cape Elizabeth, she of Scarboro, she b. Nov. 10, 1769, d. Feb. 7, 1843, N. Limington. Children:
i. **ANNA**, b. Jan. 17, 1791, d. Dec. 9, 1846, unm. Limington.
ii. **ABIGAIL or NABBY**, b. Oct. 7, 1792, d. July 16, 1826, Scarboro. m. June 29, 1815, Daniel Libby of Scarboro, she of Limington. He d. Sept. 7, 1820, ae 34 yrs. 6 mos. 6 das. Scarboro. Their children went to live with their mother's relatives in Limington. Children:
1. **HANNAH**, b. July 4, 1816, Scarboro, d. Oct. 2, 1858, ae 36 yrs. unm. Limington.
2. **FREEDOM**, b. July 28, 1819, Scarboro, d. Aug. 24, 1888, Limington. m. Dec. 18, 1846 in Baldwin, Mary Ann Babb of Limington, she b. Mar. 22, 1828, Sebago, d. Mar. 6, 1855, Limington. Children:
(1) **EDWIN HANSCOM**, b. 1848, d. Aug. 20, 1871.
(2) **JOHN FRANKLIN**, b. July 29, 1852, d. Jan. 15, 1906, Standish.
iii. **ELISHA**, bapt. Nov. 23, 1794.
iv. **BETSEY**, bapt. Aug. 30, 1797, d.y.

v. BETSEY, b. June 5, 1799, d. Sept. 3, 1869, ae 61 yrs. unm. Limington.
vi. HANNAH, b. Oct. 3, 1801, d. Jan. 1828, unm. Limington.
vii. MAJ. DANIEL, b. May 15, 1804, d. Jan. 15, 1870, ae 65 yrs. 8 mos. Limington.
viii. JOHN, b. Aug., 1806, d. Dec. 8, 1870, ae 64 yrs. 3 mos. 15 das. Limington. m. July 15, 1829, Eliza Staples, both of Limington, she d. July 16, 1830, ae 17 yrs. 3 mos. 11 das. Limington. m. (2) Dec. 8, 1831, Mary Ann Norton, both of Limington, she b. Jan. 9, 1811, Limington, d. Nov. 24, 1876, Limington. Children born in Limington:
  1. EDWIN, b. 1829, d. Oct. 24, 1830, ae 11 mos. 3 das. Limington.
  2. ELIZA, b. Dec. 13, 1832, d. Aug. 17, 1898, ae 66 yrs. 8 mos. 4 das. Limington. m. int. Jan. 6, 1855, John Franklin Babb, both of Limington, he b. May 14, 1830, Limington, d. Dec. 17, 1908, Limington. He lived at foot of hill by Hanscom School.
  3. HANNAH N., b. May 31, 1835, d. June 27, 1901, Limington. m. Mar. 2, 1854, Edwin Wedgewood Meserve, both of Limington, he b. Nov. 27, 1827, Limington, d. Mar. 8, 1900, Limington.
ix. MARY S., b. 1810, d. Dec. 26, 1856. m. Aug. 28, 1856, Daniel Norton, both of Limington, he b. Feb. 1, 1808, Limington, d. Mar. 18, 1864, Limington.

HARDY, ABEL, b. Oct. 9, 1743, Bradford, MA. He settled in Hardscrabble very early. He left in 1796 for Hampden. m. Sept. 9, 1766, Sarah Chase at Peperrellboro. Children all baptized in Buxton, except Sarah and Rebecca:
i. SARAH, bapt. Sept. 13, 1767, d. Apr. 11, 1839, ae 72 yrs. Limington. m. Aug. 28, 1791 in Buxton, William Anderson of Limington.
ii. REBECCA, bapt. May 28, 1769.
iii. ABEL, bapt. Sept. 9, 1771, d. in infancy.
iv. AMOS, b. 1771.
v. ABEL, bapt. May 5, 1776, d. June 9, 1863, ae 87 yrs. Newburgh, ME.
vi. SAMUEL, bapt. Sept. 12, 1779.
vii. BENJAMIN.

HASKELL, BENJ, b. 1772, Falmouth, d. Feb. 1, 1861, Limington. He settled near Chase's Falls, E. Limington in 1809. m. Jan. 28, 1796, Catherine Jordan of Raymond, he of Windham, she living 1850, ae 72 yrs. Limington. Children:
i. ELIZABETH, b. 1797, d. Mar. 28, 1837, ae 40 yrs. 2 mos. Bonny Eagle, Hollis. m. May 16, 1826, William Nason of Hollis, she of Limington.
ii. WILLIAM FREEMAN, b. 1799, Falmouth, d. Dec. 25, 1880. m. Sept. 10, 1829, Hannah Allen of Limerick, he of Limington, she b. Sept. 18, 1803, Limerick, d. Feb. 7, 1881. Children born in Limington:

      1. **ARDELIA**, b. 1832, d. Oct. 11, 1900, ae 78 yrs. 4 mos. Buxton.
      2. **CATHERINE E.**, b. 1833, living 1850, Limington.
      3. **DEBORAH MALINDA**, b. 1844. m. ____ Hutchinson of Buxton.
      4. **WILLIAM F.**, b. 1846, d. Aug. 27, 1872, Limington. m. int. Apr. 9, 1869, Emma Irish, both of Limington.

iii.   **MARTHA H.**, b. 1802, d. Feb. 3, 1871, ae 69 yrs. Standish. m. Nov. 22, 1826, Nathaniel H. Lane of Hollis, she of Limington.

iv.   **CATHERINE AMANDA**, b. 1807, living 1860, & 1870, Hollis. m. Dec. 4, 1831, Bruce B. Lane of Standish, she of Limington.

v.   **MARY ANN**, b. 1818, d, June 20, 1868, unm. Limington.

HASKELL, LEVI QUIMBY, b. Sept., 1788, Standish, d. June 3, 1837, ae 48 yrs. 9 mos. Limington. He came in 1815 and lived on bank of Saco River in Hardscrabble section. He lived in Slippy Dick Davis's place and was buried across from the road overlooking the river. m. Aug. 29, 1811, Abigail Waterhouse of Standish, she d. Jan. 30, 1855, ae 65 yrs. 5 mos. Standish, formerly of Limington. Children:

  i.   **REBECCA WATERHOUSE**, b. Jan. 12, 1812, Standish, d. May 18, 1842, ae 30 yrs. 3 mos. Limington. m. Oct. 22, 1829, Samuel Bradeen, both of Limington, he b. June 15, 1804, Limington, d. June 18, 1851, Standish.

  ii.   **JOSEPH WATERHOUSE**, b. Feb. 11, 1815, Standish, d. May 30, 1886, Pownal. m. Dec. 30, 1835, Theodotia Grant of Pownall, he of Limington, she d. Jan. 5, 1899, ae 83 yrs. 9 mos. Chelsea, MA. They moved in 1854 to Lewiston. Children:
      1. **LEVI QUIMBY**, b. Aug. 24, 1837, d. Mar. 31, 1864, Limington.
      2. **WILLIAM AMAY**, b. May 5, 1839, d. Oct. 1, 1840.
      3. **MARY ELIZA**, b. July 2, 1841, d. Aug. 27, 1914, Pownal. m. William Tufts of Pownal.
      4. **HARRIET FRANCES**, b. May 16, 1843, d. Mar. 17, 1917, Lewiston.
      5. **ALICE VAN LOANI**, b. Feb. 14, 1845, d. Apr. 26, 1867, unm. Biddeford.
      6. **JOSEPH CLIFFORD**, b. Feb. 22, 1847.
      7. **HIRAM BRACKETT**, b. Nov. 27, 1848, d. Apr. 21, 1891, Chelsea, MA.
      8. **NATHANIEL DYER**, b. Aug. 30, 1850.
      9. **RACHEL DYER**, b. May 15, 1852, d. Mar. 28, 1872, Pownal.
      10. **SOLOMON**, b. Mar. 4, 1854, d. Sept. 13, 1856, Lewiston.
      11. **EDGAR**, b. Dec. 25, 1855, Lewiston.
      12. **THEODOTIA**, b. Apr. 3, 1859, Lewiston, d. May 3, 1860, Lewiston.

iii.   **SARAH**, b. Aug. 21, 1818, d. Mar. 2, 1906, Standish. m. Oct. 16, 1834, Elisha Strout Jr. of Standish, she of Limington, he b. Mar. 18, 1816, Limington, d. Feb. 27, 1892, Standish.

iv.   **LEVI**, b. June 5, 1825, d. Dec. 16, 1860, ae 35 yrs. 6 mos. 11 das. Limington. m. int. Oct. 25, 1856, Salome Maria Sawyer,

both of Limington, she m. (2) Apr. 8, 1864, Frank P. Stone, both of Limington. Children:
1. **CARRIE W.**, d. May 2, 1877, ae 20 yrs. 3 mos. Limington.
2. **BENJAMIN LLEULLYN**, b. July 26, 1866, ae 5 yrs. 10 mos. 8 das. Limington.

v. **LOUISA MARIA**, b. Jan. 30, 1828, d. July 23, 1900, Saco. m. Oct. 17, 1850, Harding Z. Stone, both of Limington, he b. Nov. 24, 1824, Limington, d. Apr. 17, 1853. m. (2) Dec. 4, 1853, Walter Hagens Moody of Cornish, she of Standish. He d. Aug. 28, 1892 ae 79 yrs. 1 mo. Limington. m. (3) Simeon D. Mudgett.

vi. **BENJAMIN**, b. Sept. 24, 1832, d. Oct. 15, 1911, Mechanic Falls. m. int. Nov. 15, 1855, Mary Sawyer, both of Limington, she b. Aug. 3, 1834, d. June 8, 1903, ae 68 yrs. 10 mos. 5 das. Children:
1. **ELIZABETH**, d. unm.
2. **EMMA F.**, d. July 24, 1893, ae 24 yrs. 8 mos. 6 das. Limington. m. Eugene J. Storer, both of Limington.

HASTY, ROBERT, b. Feb. 2, 1714, Londonderry, Ireland, d. Oct. 29, 1810, Limington. He came from Scarboro about 1783 and settled on lot 5, range K on top of Staples Hill. m. int. Dec. 16, 1744 at Falmouth, Hannah Jordan. m. (2) June 12, 1760 in Scarboro, Elizabeth (Larrabee) Watson, widow of John, she b. May 18, 1732, Scarboro, d. Jan. 24, 1819, Limington. Children seen in Limington:

i. **CAPT. DAVID**, b. ca 1756, Scarboro, d. Oct. 7, 1834, ae 76 yrs. 10 mos. Jackson, of lung fever, while on a visit to his sons. He settled on lot 5, range I, known as Edgar Wentworth farm on Staples Road. A Revolutionary Soldier. m. Oct. 18, 1781, Susannah Jordan of Cape Elizabeth, he of Scarboro, she b. Nov. 20, 1763, living 1850, ae 87 yrs. Limington. Children:
1. **ELIZABETH**, b. Jan. 22, 1782, Scarboro, d. Apr. 17, 1864, ae 87 yrs. 1 mo. 26 das. Jackson. m. Sept. 4, 1800, Stephen Evans, both of Limington, he d. Apr. 25, 1827, ae 46 yrs. Jackson. m. (2) May 15, 1831, John Johnson of Cape Elizabeth, she of Limington. Children:
   (1) **AMERICA**, b. Sept. 1, 1803, living 1850, Dixmont. m. Jan. 4, 1831, Louisa Packard of Troy, he of Jackson.
   (2) **EMILY**, b. May 22, 1805, living 1850, Jackson. m. int. Nov. 8, 1825, Elnathan White, both of Jackson.
   (3) **WASHINGTON**, b. Nov. 20, 1811, living 1850, Troy. m. May 25, 1837, Mehitable M. Mitchell, both of Jackson.
   (4) **SUSAN B.**, b. Nov. 6, 1814, lived Montville. m. Apr. 3, 1841, Horace C. Johnson, both of Limerick.
   (5) **DAVID H.**, b. Dec. 15, 1816, d. Oct. 15, 1818.
2. **BENJAMIN**, b. Dec. 16, 1787, d. Feb. 17, 1870, ae 86 yrs. Jackson. He moved to Jackson between 1832-35. m. Apr. 11, 1811, Sarah Evans of Limerick, he of Limington, she d. Jan. 21, 1883, ae 89 yrs. 2 mos. 21 das. Jackson. Children:

(1) **LYDIA**, b. 1810, d. Jan. 20, 1844, ae 34 yrs. 10 mos. Jackson. m. int. Oct. 12, 1834, Jefferson M. Hobbs of Troy, she of Jackson.
(2) **JORDAN**, b. Sept., 1812, d. Apr. 23, 1864, ae 51 yrs. 5 mos. Jackson.
(3) **DANIEL**, b. Mar. 31, 1816, d. June 21, 1886, ae 70 yrs. 2 mos. 21 das. Jackson.
(4) **ELIZABETH**, b. 1818, living 1850, ae 32 yrs. Jackson, d. 1857.
(5) **EUNICE**, d. June 1, 1826, ae 4 yrs. Limington.
(6) **CHILD**, d. 1823, Limington.
(7) **WILSON M.**, b. 1827, d. Oct. 10, 1851, ae 23 yrs. 10 mos. Jackson.
(8) **EBEN M.**, b. Mar., 1828, d. Sept. 7, 1858, ae 30 yrs. 5 mos. Jackson.

3. **DOMINICUS**, b. Oct. 7, 1789, d. Oct. 30, 1843, ae 53 yrs. Limerick. He lived next to Limington line in Limerick on Gove Ridge Road. m. int. Oct. 4, 1817, Eliza Staples, both of Limington, she m. (2) Feb. 23, 1846, Samuel Edgerly of Limington, she of Limerick, she b. Sept. 24, 1798, Limington, d. Dec. 18, 1882, North Shapleigh. Children:
(1) **REV. OLIVER STAPLES**, b. June 19, 1818, Limerick, d. 1910, Arapahoe, NE. m. Nov. 23, 1843, Mercy Jane L. Strout of Limington, he of Limerick. They moved to NE in 1882.
(2) **ROSANNA**, b. May 26, 1821, d. July 12, 1906. m. Nov. 26, 1840, Nathaniel Brackett, both of Limington.
(3) **ELEANOR**, b. Apr., 1823, d. Dec. 14, 1903. m. June 27, 1848, Ezra B. Seavay of Saco, she of Limerick.
(4) **HARRIET**, b. Oct. 17, 1828, d. Jan. 18, 1922, Medford, MA. m. Nov. 30, 1848, Fisher A. Parsons of Dedham, MA, she of Limerick.
(5) **JAMES EDWIN**, b. May, 1836, d. July 4, 1885, Dakota. m. int. Jan. 25, 1857, m. Feb. 11, 1857 in Sanford, Mary A. Stevens of Limington, he of Limerick. Moved to NE Dec., 1883 from S. Limington.

4. **ROBERT**, b. Nov. 12, 1791, d. Sept. 11, 1844, ae 53 yrs. Webster. m. June 22, 1826, Abigail Manson of Limerick, he of Lisbon, she d. Sept. 26, 1889, ae 83 yrs. 8 mos. Limerick. After he d. family came to Limington and in 1855 to Limerick. Children:
(1) **IRENE M.**, b. July 28, 1827, Lisbon, d. Aug. 3, 1848, ae 21 yrs. 6 mos.
(2) **ROBERT**, b. Feb. 2, 1829, Lisbon, d. Oct. 29, 1903, Goodwin Mills.
(3) **MARK MANSON**, b. July 5, 1832, Farmington, now Greene, d. Sept. 6, 1910, ae 78 yrs. 3 mos. 1 da. Limerick. m. Mar. 28, 1857 Aurelia B. Day of Limerick.

(4) SEWALL H., b. Mar. 9, 1834, d. Jan. 21, 1912, ae 76 yrs. 10 mos. 12 das. Bangor.
(5) ALONZO S., b. Nov. 28, 1838, Webster, d. Jan. 20, 1923, Saco.
(6) CHARLES FREDERICK, b. Nov. 29, 1841, Webster, d. Sept. 21, 1918, Augusta (State Hospital).

5. SUSANNA, b. July 4, 1796, d. Sept. 15, 1854, ae 59 yrs. Limerick. m. Aug. 25, 1815, Nicholas Pierce of Limerick, he of Limington, he d. May 16, 1867, ae 76 yrs. 8 mos. Limerick.

6. WALTER, b. Sept. 6, 1798, d. in CA. m. Dec. 3, 1819 in Londonderry, NS, Elizabeth Cook of Nova Scotia, and lived together until Apr., 1843, when separated, divorced in 1859, she of Biddeford. She b. Dec. 25, 1798, d. Dec. 7, 1888, ae 90 yrs. 16 das. Limerick. Children:
   (1) SUSAN, b. Apr. 3, 1821. m. Sept. 30, 1846, Isaac Bosworth of Dedham, MA, she of Limington.
   (2) GEORGE WASHINGTON, b. May 11, 1823, Economy, NB, d. Mar. 10, 1890, Salmon Falls, buried in Saco.
   (3) MARGARET D., b. Oct. 11, 1827, d. Dec. 15, 1887, ae 59 yrs. 2 mos. 4 das. Limerick. m. Mar. 7, 1852, Benjamin S. Sawyer, both of Limerick.
   (4) ELIZA JANE, b. Oct. 1, 1832.
   (5) MARY ELIZABETH, b. Oct. 20, 1834. m. Fred Burckhatter of Truchie, CA.
   (6) ANDREW JACKSON PERRY, b. Aug. 5, 1836, d. Nov. 9, 1872, ae 36 yrs. 3 mos. Limerick.

7. DAVID, b. Feb. 29, 1800, d. Dec. 23, 1881, Jackson. m. June 8, 1826, Betsey Watson, of Limerick, he of Limington, she b. Dec. 26, 1801, d. Nov. 6, 1862, Jackson. Children born in Limington:
   (1) EMMA JANE, b. Aug. 31, 1827, d. Jan. 6, 1895, Biddeford. m. Sept. 8, 1847, Joseph Gilkey Brackett, both of Limington, he b. Dec. 3, 1823, Limington, d. Nov. 3, 1892, Biddeford.
   (2) DAVID J., b. Apr. 16, 1831, d. Sept. 18, 1908, Thorndike.
   (3) SUSANNA J., b. Feb. 4, 1833, Limington, d. May 27, 1918, ae 84 yrs. 5 mos. 18 das. Biddeford. m. June 16, 1856, Charles Henry Brackett of Biddeford, she of Jackson.
   (4) MARY LOUISE, b. Feb. 12, 1836, d. Aug. 10, 1895, m. James Kimball.
   (5) ALICE ELIVA, b. Mar. 25, 1837. m. Martin B. Tilton of Dixmont.
   (6) LORAINE BOODY, b. Feb. 29, 1840, d. Jan. 17, 1841, ae 10 mos. 18 das. Jackson.

8. SEWALL, b. Sept. 30, 1805, d. Apr. 10, 1890, ae 83 yrs. 6 mos. Limington. He lived on home place on Staples Road. m. Oct. 23, 1836, Hannah Lougee of Limerick, he of Limington, she d. Feb. 4, 1883, ae 66 yrs. Limington, of consumption. Children:

(1) **ALMIRA**, b. Feb. 12, 1838, d. May 14, 1919, Westbrook. m. int. Aug. 13, 1859, m. Aug. 20, 1859, Gardiner Peletiah Carll, both of Limington, he b. Mar. 13, 1837, d. Dec. 31, 1894.
(2) **HENRY**, b. Aug. 29, 1839, d. Feb. 29, 1908, Limington. He always lived on the same farm. m. Nov. 4, 1863, Mary E. Moors of Gorham, he of Limington, she b. June 15, 1839, Poland, d. Feb. 26, 1909, Limington. Child:
   (i)   EDNA M., b. Oct., 1870, d. Dec. 27, 1943, ae 73 yrs. 2 mos. 13 das. Limerick.
(3) **GEORGE WASHINGTON**, b. Feb. 18, 1841, d. Aug. 13, 1913. m. int. Feb. 9, 1873, Frances E. Libby of Standish, she d. Feb. 28, 1883, ae 38 yrs. 5 mos. 17 das. Limington. m. (2) May 5, 1884 in Limerick, Dorcas Newcomb of Scarboro.
(4) **LUCY ELLEN**, b. July 7, 1843, d. Sept. 14, 1844, Limington.

ii.   **ROBERT**, b. Oct. 19, 1764, Scarboro, d. Mar., 1856, ae 91 yrs. 5 mos. Parsonsfield. He moved to Parsonsfield from Limington about 1850. A Revolutionary War Soldier. m. Mar. 17, 1787 in Parsonsfield, Mary Boody, both of Limington, she d. Oct. 31, 1833, ae 67 yrs. Limington. m. (2) int. Oct. 3, 1836, Mary (Libby) Milliken, widow of Isaac of Newfield, he of Limington, she d. Jan. 3, 1876, Parsonsfield, within 6 days of being 100 years old. Children:
1. **WILLIAM**, b. Feb. 15, 1788, d. Mar. 5, 1872, ae 84 yrs. 15 das. Limerick. He left Limington by 1835 for Limerick. m. Feb. 13, 1809, Mary Strout of Limington, she d. June 8, 1868, nearly 76 yrs. Limerick. Children:
(1) **EMMA JANE**, b. Sept. 25, 1809, d. Jan. 3, 1827, ae 16 yrs. Limerick.
(2) **SIMEON STROUT**, b. July 21, 1812, d. Apr. 15, 1878, ae 65 yrs. 9 mos. 15 das. Limerick. m. Jan. 5, 1833, Sarah G. Watson, both of Limerick, she d. Jan. 15, 1901, ae 85 yrs. 6 mos. Chelsea, MA.
(3) **MARY ANN**, b. Sept. 13, 1814, d. May 8, 1866, Cornish. m. Nov. 12, 1838, Thurston P. McKusick of Cornish.
(4) **ESTHER STROUT**, b. Aug. 27, 1818, d. Apr. 6, 1866, ae 47 yrs. 7 mos. 13 das. Cornish. m. int. Mar. 30, 1839, Eliab P. Day of Cornish, she of Limerick, he b. Jan. 9, 1815, d. June 17, 1889, Cornish.
(5) **ROBERT H.**, b. Dec. 12, 1822, Lisbon, d. Apr. 22, 1909, Pasadena, CA. m. Dec. 15, 1844 Margaret Gillespie.
(6) **SALOME**, b. Dec. 13, 1828, Limerick, d. Dec. 16, 1838.
(7) **JOHN W.**, b. Dec. 15, 1829, Limerick, d. Feb. 4, 1854, Calleo, South America.

(8) **GEORGE WILLIAM**, b. June 26, 1832, Limerick, d. Sept. 1, 1874, ae 43 yrs. Limerick. m. int. Feb. 4, 1856, Lydia Stover, both of Limerick.
(9) **CAROLINE**, b. June 17, 1835, d. June 19, 1835.
2. **SALOME**, b. Dec. 10, 1792, d. May 30, 1870, Limington. m. Sept. 18, 1817, Charles Kimball, both of Limington, he b. June 15, 1791, Newmarket, NH, d. June 10, 1872, Limington.
3. **MARY ANN**, b. Jan. 1, 1795, d. Mar., 1871. m. int. Feb. 25, 1831, Stephen Fenderson of Parsonsfield, she of Limington.
4. **COMFORT AMANDA**, b. Feb. 8, 1802, d. Sept., 1876. m. Aug. 28, 1836, William Edgecomb, both of Limington. m. (2) July 31, 1861, Samuel Drew of Smyrna, she of Limington.
5. **JOHN W.**, b. Aug. 14, 1804, d. Mar. 17, 1840, ae 56 yrs. Limington. m. May 11, 1831, Mary Ann Pease of Parsonsfield, he of Limington. Children:
   (1) **SALLY P.**, b. Dec. 9, 1833, d. Oct. 15, 1836, ae 2 yrs, 10 mos.
   (2) **LOVINA P.**, b. Sept. 5, 1836, d. Oct. 5, 1909, Parsonsfield. m. George C. Lord.
   (3) **ALONZO P.**, b. Oct. 9, 1838, d. Mar. 16, 1882.
   (4) **JOHN WATSON**, b. Aug. 9, 1840, d. Jan. 24, 1918 in Parsonsfield.
6. **GEORGE B.**, b. Jan. 5, 1810, d. 1882, Parsonsfield. m. Dec. 22, 1841, Mary (Pease) Hasty, both of Limington, widow of his brother. Children:
   (1) **ADALINE SARAH**, b. May 28, 1842, Limington, d. Dec. 26, 1899, ae 57 yrs. 7 mos. 18 das. Parsonsfield. m. Jan. 1, 1865, George B. Tarbox of Parsonsfield.
   (2) **EMELINE K.**, living 1911 San Francisco, CA. m. William H. James.

iii. **LYDIA**, b. June 6, 1767, d. Nov. 6, 1841, Limington. m. May 6, 1784, Joseph Brackett, both of Limington, he b. July 31, 1762, Falmouth, d. June 10, 1849, Limington.

iv. **MARY**, b. Oct. 12, 1772, Scarboro, d. May 15, 1845, ae 72 yrs. 6 mos. Limington. m. Nov. 18, 1790, Dominicus McKenney, both of Limington, he b. June 6, 1768, Scarboro, d. Apr. 2, 1843, Limington.

HEARD (HURD), ISAAC, b. Mar. 21, 1764, Dover, NH, d. Dec. 26, 1845, ae 81 yrs. 9 mos. N. Limington. He came in 1793 and settled in Bean neighborhood, north end of lot 3, range I. The place was sold to John Franklin McKenney in 1892. m. int. Jan. 31, 1795, Martha Farnham of Shapleigh, she b. Feb. 29, 1769, d. July 23, 1828, ae 59 yrs. 4 mos. Limington. Children:
i. **JACOB**, b. May 13, 1796, d. Feb. 2, 1815.
ii. **JAMES**, b. Oct. 10, 1797, d. Oct. 19, 1797.
iii. **CAPT. JAMES**, b. Mar. 8, 1801, d. Jan. 16, 1860, ae 58 yrs. 10 mos. Porter. m. int. Apr. 14, 1828, Mary Jane Perkins, both of

   Limington, she d. Sept. 26, 1842, ae 31 yrs. 8 mos. 6 das. Limington. m. (2) Aug. 17, 1843, Eunice McKenney of Limington, he of Porter, she b. Aug. 1812, Limington, d. July 10, 1898, ae 85 yrs. 10 mos. 15 das. Porter.
iv. HANNAH, b. Sept. 11, 1798, d. July 5. 1880, unm. Limington.
v. ISAAC JR., b. June 12, 1803, d. June 5, 1886, ae 83 yrs. 11 mos. 23 das. Limington. m. Amelia Perkins, she b. July 6, 1804, Lancaster, NH, d. Mar. 15, 1832, ae 27 yrs. 8 mos. Limington. m. (2) int. Mar. 30, 1833, Olive Knight Lord, both of Limington, she b. Nov. 21, 1806, Limington, d. Aug. 30, 1857, Limington. Children:
 1. **DR. ISAAC P.**, b. July 18, 1826, d. Feb. 21, 1863.
 2. **MARTHA J.**, b. Nov. 17, 1828, Frysburg, d. Mar. 12, 1899, ae 70 yrs. 3 mos. 25 das. Raymond. m. Aug. 11, 1864 in Portland, Eli Goss. m. (2) Apr. 14, 1896, Roger Mason of Raymond.
 3. **AMELIA D.**, b. Sept. 27, 1831, d. 1890.
 4. **ANDREW JACKSON**, b. Jan. 2, 1835, d. Dec. 6, 1891, Limington. m. Oct. 4, 1857 at Freedom, NH, Hannah Catherine Bangs of Limerick, he of Limington, she b. Apr. 16, 1839, Limerick, d. May 24, 1871, Limington. m. (2) Feb. 3, 1872, Annie Merrill of Cornish. Children b. in Limington:
  (1) **OLIVE ELIZABETH**, b. July 13, 1858, d. Mar. 14, 1915, ae 57 yrs. 8 mos. Boston, MA. m. Dec. 17, 1878, Frank A. Bragdon of Boston, MA.
  (2) **CARRIE BELLE**, b. Sept. 9, 1861, d. June 20, 1927. m. int. Dec. 30, 1883, William Bion Hasty of Waterboro, she of Limington.
  (3) **LOUIS ELMER**, b. Nov. 12, 1864, d. Aug. 14, 1867, Limington.
  (4) **EUGENE CLIFTON**, b. Jan. 5, 1867, d. Mar. 7, 1870.
  (5) **LOUIS EUGENE**, b. Apr. 2, 1870, d. June 15, 1870.
  (6) **HAMMOND C.**, b. Nov. 19, 1873, d. Aug. 20, 1874.
  (7) **HARRY CONRAD**, b. Mar. 5, 1876.
  (8) **ROY HAMMOND**, b. Jan. 25, 1881.
vi. JANE, b. July 10, 1805, d. Feb. 24, 1842. m. Mar. 16, 1835, William Perkins, both of Cornish.
vii. BETSEY, b. July 10, 1808, d. Feb. 3, 1890. m. Sept. 20, 1831, Ira C. Chase of Parsonsfield, she of Limington.
viii. JOSEPH F., b. Jan. 5, 1811, d. Apr. 26, 1845, Porter.

HOBSON, ENOCH BILLINGS, b. June 6, 1810, Buxton, d. Mar. 25, 1888, Limington. He came between 1850-60 from Limerick and lived on Quaker Lane where Charles Hobson lived. m. Dec. 9, 1832, Nancy Frost Strout of Limington, he of Buxton, she b. Jan. 19, 1814, Limington, d. Aug. 21, 1883, Limington. Children:
i. ARVILDA LANE, b. July 29, 1834, d. Nov. 27, 1899, ae 65 yrs. 3 mos. 29 das. Standish. m. Mar. 9, 1858, Jacob D. Wadleigh, both of Parsonsfield.
ii. SIMEON S., b. Sept. 29, 1836, d. Apr. 30, 1838.

iii. SIMEON STROUT, b. Apr. 29, 1839, d. Apr. 26, 1922, Great Falls, MT. m. May 26, 1861, Addie Hannah Bickford of Parsonsfield, he of Limington, she b. May 18, 1842, Parsonsfield, d. Aug. 27, 1863, Limington. In 1889 he lived in Utica, MT, where he had one of the finest stock ranches in the state, 1300 acres situated on Judith River.
iv. SAMUEL L., b. Apr. 29, 1839, d. same day.
v. STEPHEN WINGATE, b. Mar. 11, 1841, Buxton, d. Apr. 6, 1905. m. Dec. 11, 1875, Florence E. Libby of Saco.
vi. AURELIA AMELIA, b. Nov. 7, 1844, Buxton, d. Apr. 6, 1902, Scarboro. m. int. Aug. 28, 1867, David Meserve Walker, both of Limington, he b. May 23, 1836, Limington, d. May 23, 1917, Limington.
vii. FRANK A., b. Jan. 7, 1850, Limerick, d. Jan. 8, 1901, MT. He was farmer and merchant at S. Limington. He was postmaster at S. Limington, 1874 to 1886. In 1890 he moved to MT.
viii. EMMA M., b. Oct. 9, 1853, d. Dec. 21, 1882, ae 29 yrs. 1 mo. S. Limington, after a long illness.

HOBSON, CAPT. JABEZ, b. Sept. 4, 1790, Buxton, d. May 6, 1875, ae 84 yrs. 8 mos. Limington. He came from Buxton in 1834 and settled at Steep Falls on Limington side where he was a prosperous lumberman. He owned a sawmill and built the Coolbroth place, west of the bridge. He is buried in Village cemetery at Gorham. m. May 15, 1814, Betsey Hancock, both of Buxton, she b. Sept. 12, 1792, d. Apr. 26, 1867, ae 74 yrs. 7 mos. 1 da. Limington. Children all born in Buxton, except last two:
i. SEWALL, b. Mar. 26, 1815, d. June 26, 1896, Conway, NH. m. int. Oct. 25, 1835, m. Nov. 22, 1835 in Parsonsfield, Martha A. Buzzell of Parsonsfield, she b. May 16, 1816, Parsonsfield, d. Oct., 1855. m. (2) Dec. 21, 1859, Mrs. Ann (Emery) Thompson, widow of Levi, both of Limington, she b. Mar., 1823, Windham, d. Mar., 1895. Children:
1. EPHELINDA, b. Jan. 12, 1837, d. Dec. 22, 1909 Standish. m. Nov. 8, 1857, Gideon Tucker of Standish, she of Limington.
2. ANN ELIZABETH, b. Aug. 5, 1838. m. int. Oct. 7, 1855, Andrew J. Steward, both of Limington. m. (2) Dec. 11, 1859, Marshall Paine of Standish.
3. FRANCES ADELAIDE, b. July 25, 1840, d. Apr. 19, 1841.
4. EDWARD CLINTON, b. Mar. 25, 1843, d. Apr. 1, 1847, ae 4 yrs. Limington.
5. MARTHA ALMA, b. May 31, 1848. m. Sept. 12, 1868, Stephen Hobson Cousins of Standish, she of Limington.
6. JAMES EDWARD, b. Mar. 31, 1851, Limerick, d. Apr. 20, 1927, Manchester, NH.
7. SEWALL M., b. 1859, Conway, NH.
ii. REBECCA A., b. Nov. 20, 1816, d. Feb. 27, 1899, ae 82 yrs. 3 mos. 7 das. Gorham. m. int. Apr. 24, 1836, Dr. James M. Buzzell of Parsonsfield, she of Limington.
iii. ELIZA, b. Dec. 2, 1818, d. Jan. 1, 1821.

- iv. **ELIZA ANN**, b. Feb. 14, 1821, d. Mar. 3, 1852, ae 31 yrs. Limington. m. int. Apr. 13, 1843, Samuel S. Bangs, both of Limington.
- v. **ETHELINDA**, b. Feb. 14, 1823, d. Aug. 28, 1826.
- vi. **ALMEDA**, b. June 2, 1826 Buxton, d. Dec. 2, 1894, ae 68 yrs. 6 mos. Gorham. m. int. Nov. 2, 1845, Ivory Harmon of Saco, she of Limington.
- vii. **ELLEN FRANCES**, b. July 8, 1834. d. Feb. 13, 1924. m. Dec. 14, 1861, Phineas I. Paine of Standish.
- viii. **JABEZ**, b. Jan. 14, 1837, d. July 30, 1905, Buxton. m. int. Jan. 3, 1858, Eliza J. Smith of Standish, he of Limington. She b. Dec. 26, 1836, d. Apr. 25, 1927 Peabody, MA.

HODSDON, NATHAN JR., b. 1773-4. d. Sept. 7, 1832, Limington. He settled on River Road in E. Limington, where his widow lived before 1860, when she moved to Bridgton with Mrs. Arvilla Melissa (Sawyer) William, formerly of Limington. In town Apr. 1805. m. Oct. 5, 1801 in Berwick, Hannah Spencer, both of Berwick, she living 1850, ae 71 yrs. Limington and in 1860 ae 79 yrs. Bridgton. Children:
- i. **DANIEL**.
- ii. **JOSEPH**.
- iii. **JOSIAH**.

HOOPER, ROBERT JR., bapt. Apr. 27, 1757, Marblehead, MA, d. May 11, 1836, E. Limington. He moved from Windham in 1802 to E. Limington. m. Sept. 21, 1777, Elizabeth Whittaker of Salem, MA, she b. Mar. 27, 1757, d. May 13, 1783, ae 27 yrs. Portland. m. (2) July 24, 1786 in Windham, Vashti Mann, she d. Dec., 1849, ae 83 yrs. East Limington. Children:
- i. **ABIGAIL**, b. Dec. 19, 1778, Marblehead, MA, d. Jan. 30, 1875, ae 96 yrs. 1 mo. 10 das. Corinth. m. Feb. 13, 1797, John E. Chase of Limington, she of Gorham, he b. Aug. 31, 1775, d. May 7, 1810, ae 34 yrs. Limington. m. (2) Dec. 21, 1814, Abner Chase, both of Limington, he b. Nov. 12, 1784, drowned in Little Ossipee River, Apr. 24, 1816.
- ii. **ROBERT**, b. Oct. 15, 1780, living 1850, Limington. He taught school in 1804. m. int. Oct. 28, 1810, Bridget Earle, both of Limington, she d. Nov. 6, 1842, Limington. Children:
  1. **JOHN CHASE**, called "Chase," b. 1811, d. Jan. 11, 1831, Limington.
  2. **ROBERT**, b. Jan. 31, 1813, d. Mar. 21, 1861, Portland, buried Evergreen Cemetery, Portland. m. Susan L. ____, she b. Oct. 10, 1816, d. Mar. 3, 1902.
  3. **HENRY**, one d. 1816, and other child d. Apr., 1819, Limington.
  4. **JOSIAH H.**, b. Mar. 16, 1819, d. 1913, Gorham, NH.
  5. **NANCY**, living 1823, Limington.
- iii. **JOHN**, soldier at Plattsburgh in 1814.
- iv. **MARY**.
- v. **NANCY W.**, m. Dec. 1, 1814, Isaac Lunt of Cumberland.
- vi. **SUSAN**, m. int. Feb. 25, 1826 in Saco, John Webster Holmes of Saco.

vii. CHARLOTTE NEAL, b. 1798. m. William Boothby. m. (2) Levi Sargent.
viii. AMOS MANN, b. Nov. 1, 1800, d. Sept. 30, 1884, Walpole, MA.
ix. HENRY, d. at sea.
x. ELIZABETH W., b. July 30, 1787, d. May 28, 1875 Grandview, Java. m. Nov. 27, 1806, John Henry Small, both of Limington, he b. Dec. 19, 1782, Scarboro, d. Mar. 1, 1834, Howland.
xi. CATHERINE M., b. May 17, 1807, living 1880. m. Feb. 29, 1824, Col. Tristram Holmes of Saco, she of Limerick, he b. Fall of 1801, Scarboro, d. Dec. 4, 1888, ae 78 yrs. South Parsonsfield, at home of his daughter, where he lived. He came to Limington from Saco. Children:
   1. SUSAN S., b. 1825, d. Sept. 4, 1863 Scarboro. m. Jan. 31, 1847, Nathaniel F. Tukey, both of Lowell, MA, in Dracut, MA. He d. Feb. 26, 1852, ae 25 yrs. S. Limington. She in 1850 of Standish. m. Feb. 20, 1858, Benjamin Meserve of Scarboro, she of Limington. Children:
      (1) TRISTRAM LEWIS, d. June 8, 1850, ae 2 yrs. 6 mos. Steep Falls.
      (2) ABBIE CATHERINE, d. Oct. 1, 1850, Standish.
      (3) ABBY H., b. 1853, living 1880, ae 27 yrs. Limington. m. Oct. 2, 1880, Frank L. Tibbetts, both of Limington.
   2. JOHN HENRY, b. 1826, d. 1905, Hollis.
   3. ROSCOE G., b. Mar. 20, 1829, d. Mar. 15, 1899, Newfield. At age 17 yrs. he went to Boston until 1864 and in 1870 moved to W. Newfield until 1882, then to Boston nearly 7 yrs. and back to Newfield.
   4. DANIEL OSGOOD, b. Sept. 18, 1835, d. Nov. 4, 1913, ae 79 yrs. 1 mo. 20 das. Limington. m. Oct. 14, 1857 in Boston, MA, Arvilla J. Goodwin.
   5. ELIZABETH, b. Oct. 15, 1837, d. Jan. 18, 1908. m. Oct. 17, 1854, Osgood Emery, both of Limington, he b. Mar. 2, 1828, d. Mar. 3, 1899.
   6. JAMES B., b. 1840, d. Oct. 23, 1878, ae 38 yrs. 8 mos. Limington, of lung fever.
   7. BRAINARD J., b. Mar. 31, 1844, d. May 12, 1904, Portland, buried Evergreen cemetery, Portland.

HOPKINSON, CALEB, b. Aug. 30, 1749, Bradford, MA, d. Feb. 19, 1841, ae 91 yrs. 6 mos. Limington. He came from Buxton to Limington in 1811; he was one of the first settlers of Buxton; he was one of the body guards of Gen. Gates in the Revolution; he lived in town with his daughter, Mary (Hopkinson) Watson. m. Dec. 6, 1770 in Buxton, Sarah (Clay) Safford, widow of Stephen, she bapt. Apr. 27, 1743, Biddeford, d. Nov. 14, 1833, ae 90 yrs. Limington. Children seen in town.
i. RACHEL, b. Jan. 5, 1784, Buxton, d. by Feb., 1813. m. Sylvanus Bangs, he b. June 17, 1781, Buxton, d. Jan., 1863, Webster, ME.
ii. MARY, b. May 4, 1786, Buxton, d. Aug. 9, 1852, ae 67 yrs. 3 mos. m. Oct. 24, 1805, John Watson of Waterford, she of

Buxton, he b. Oct. 14, 1780, Buxton, d. Nov. 20, 1861, Limington.

HOPKINSON, JOSES, b. Aug. 7, 1754, Bradford, MA, d. 1807, Limington. He came in 1807 from Buxton. A Revolutionary soldier. (One Mr. Hopkinson d. in 1840, Limington, ae about 90 yrs.) m. May 8, 1777, Elizabeth Merrill, both of Buxton, she d. Dec. 6, 1815, Buxton. Children: (three seen in town)

i. **JOHN**, b. July 5, 1791, Buxton, d. Dec. 21, 1856, ae 65 yrs. 7 mos. 17 das. He in Limington in 1815. m. Mar. 13, 1817, Elizabeth Cole, both of Limington, she b. Nov. 6, 1801, Limington, d. Jan. 18, 1881, Limington. Children:
   1. **ELIZA**, b. Oct., 1817, d. Nov. 24, 1901, ae 84 yrs. 1 mo. 24 das. m. int. Sept. 11, 1833, Ivory Cole of Sanford, she of Limington, he b. June 15, 1809, Sanford, d. Aug. 10, 1887, Limington.
   2. **WILLIAM J.**, b. 1823, d. July 15, 1837, ae 14 yrs. Limington.
   3. **CHILD**, d. Jan. 22, 1833, Limington.

ii. **SAMUEL**, b. Oct. 2, 1793, Buxton, d. July 29, 1880, Limington. m. Mar. 26, 1818, Eliza Small, both of Limington, she b. Dec. 13, 1798, Limington, d. Feb. 14, 1880, Limington. Children born in Limington.
   1. **SALLY B.**, b. June 24, 1818, d. Dec. 25, 1898, ae 80 yrs. 6 mos. Portland. m. Dec. 30, 1841, Jesse Ridlon of Hollis, she of Limington, he b. Feb. 16, 1818, Hollis, d. May 18, 1874, ae 56 yrs. 3 mos. 2 das. Limington.
   2. **ISRAEL SMALL**, b. July 20, 1821, d. July 26, 1864, ae 43 yrs. 4 das. Limington. m. int. Jan. 7, 1850, Octavia M. Thomas of Gorham, he of Limington.
   3. **WILLIAM**, b. July 25, 1823, d. Feb. 7, 1843 ae 19 yrs. 6 mos. 13 das. Limington.
   4. **ELIZA ELLEN**, b. Oct. 21, 1828, d. Dec. 28, 1907, ae 79 yrs. 8 mos. 8 das. S. Windham. m. Jan. 30, 1849, Samuel T. Bickford, both of Limington.
   5. **SUSAN S.**, b. Sept. 15, 1832, d. Apr. 26, 1880, ae 47 yrs. 7 mos. Galesbury, Ill. m. Jan. 2, 1853, James P. Hamblen of Gorham, she of Limington.
   6. **CHILD**, d. 1841, Limington.

iii. **JESSE**, b. 1795, d. Jan. 8, 1875, ae 79 yrs. Limington. m. May 7, 1823, Polly Meads, both of Limington, she b. Mar. 31, 1795, Harvard, Ma, d. Oct. 23, 1873, Limington. Children:
   1. **ALANSON GRANVILLE**, b. Dec. 24, 1823, d. Jan. 15, 1896, Cleveland, OH. Graduated from Dartmouth College in 1851.
   2. **JAMES MONROE**, b. May 5, 1828, d. Feb. 22, 1889, S. Limington. m. Mar. 18, 1857, Martha Edgecomb, both of Limington, she b. May 20, 1837, Limington, d. Feb. 16, 1911, Limington. Child:
      (1) **CEBRA E.**, d. Oct. 26, 1864, ae 5 yrs. Limington.
   3. **SEBA M.**, b. 1832, d. May 10, 1855, ae 22 yrs. 10 mos. Cleveland, OH. A few weeks previous to her death, she

left home accompanying her brother, Alanson, to his home and labored after the death of his wife.

HUBBARD, ASA, bapt. Oct. 26, 1766, Wells, d. 1797, Limington. He came from Cornish in 1795 and his widow left after she married and returned to Cornish. m. Sept. 3, 1791, Lydia Chaney, both of Wells, she m. (2) int. Sept. 25, 1808, William Chadbourne of Cornish, she of Limington, she d. Dec. 22, 1857, ae 92 yrs. 7 mos. Fryeburg. Children:
i. REUBEN, b. Feb. 22, 1793, d. Apr. 24, 1859, ae 66 yrs. 2 mos. Thorndike. m. Nov. 14, 1816, Almira Stevens, both of Limington, she b. Aug. 23, 1795, d. Dec. 6, 1869, Thorndike. They left town after Feb., 1827. Children:
   1. ASA, b. Oct. 7, 1817, Limington, d. Mar. 28, 1859, ae 41 yrs. Thorndike. m. Hannah Linscott of Cornish.
   2. AARON SMALL, b. Apr. 22, 1820, Limington, d. Dec. 9, 1855, Thorndike. m. Dec. 7, 1840 in Thorndike, Maryann Harmon of Harrison.
   3. JOSEPH CHANEY, b. Dec. 22, 1822, Limington, d. 1910, Lawrence, MA m. Nov. 9, 1844, Margaret Stevens, both of Thorndike.
   4. CHILD, d. 1823, Limington.
   5. BETHIAH, b. Nov. 15, 1824, d. Apr. 21, 1852, Thorndike.
   6. WHEELWRIGHT, b. Jan. 20, 1828, d. Nov, 20, 1854.
ii. HANNAH, b. 1795, Limington, d. Nov. 26, 1881, ae 86 yrs. 11 mos. E. Fryeburg. Moved to Cornish, ae 14 yrs. m. Mar. 23, 1819, Rev. John Pike Jr., both of Cornish, he d. Nov. 27, 1877, ae 84 yrs. Fryeburg.

HUBBARD, HEARD, bapt. Oct. 5, 1760, Wells, d. May 30, 1826, ae 64 yrs. Hiram. He came from Cornish in 1796 and settled on lot 13, range I. He lived on Hubbard's Hill, just north of Ralph Bragdon place. He left for Hiram by 1822. A Revolutionary soldier. m. Mar. 4, 1792, Ruth Allen of Sanford, he of Cornish, she b. Feb. 17, 1769, d. Dec. 12, 1845, ae 76 yrs. 10 mos. Hiram. Children:
i. HANNAH, b. Dec. 28, 1792, d. Dec. 14, 1862, Parsonsfield. m. July 8, 1818, James Fogg of Ossipee, NH, she of Limington, he d. Nov. 4, 1858, ae 65 yrs. 7 mos. W. Parsonsfield.
ii. ALLEN, b. Jan. 28, 1795, d. Nov. 21, 1877, ae 82 yrs. 10 mos. Limington. m. Jan. 3, 1820, Sarah Bradbury Lord of Parsonsfield, she d. Mar. 19, 1887, ae 86 yrs. 9 mos. 7 das. Hiram. Child:
   1. JOHN ALLEN, b. Nov. 3, 1820, Hiram, d. Feb. 24, 1893, ae 72 yrs. 3 mos. 21 das. Limington. m. Nov. 17, 1842, Hannah Hubbard Pike of Fryeburg, she b. Oct. 8, 1818, Fryeburg, d. Jan. 24, 1897, ae 78 yrs. He was a millwright, living 1850 Hiram. Child:
     (1) SILAS, b. Jan. 7, 1851, Houlton, d. Jan. 26, 1921, Limington. m. Aug. 1, 1869, Mary S. Libby of Limington, she b. Dec. 25, 1841, Limington, d. Feb. 21, 1931, Limington.
   2. MARY, b. Aug. 5, 1860, Houlton.

	3. **ALLEN**, b. Dec. 17, 1843, Aroostook, d. Mar. 10, 1855, Houlton.
	4. **SARAH**, b. May 14, 1848, Fryeburg, d. Sept. 29, 1855, Houlton.
	5. **ALBERT**, b. May 3, 1853, Houlton, d. Aug. 28, 1855, Houlton.
iii.	**EPHRAIM**, b. Feb. 28, 1798, d. Mar. 29, 1880, Brownfield. m. Dec. 9, 1821, Sarah Durgin, both of Limington, she b. June 28, 1801, Limerick, d. Mar. 29, 1856 Fryeburg.
iv.	**DORCAS**, b. Jan. 10, 1800, d. Aug. 12, 1803.
v.	**DORCAS HUBBARD**, b. Aug. 8, 1803, d. Sept. 9, 1853, ae 50 yrs. 1 mo. Gorham. m. Dec. 13, 1829, Artemas Richardson, both of Hiram.
vi.	**ANNA (NANCY)**, b. Jan. 6, 1805, d. Oct. 6, 1881, Brownfield. m. Jan. 8, 1829, Joshua Durgin, both of Limington, he b. May 25, 1804, Limington, d. Nov. 1, 1881, Brownfield.
vii.	**EUNICE**, b. July 4, 1807, d. 1837.
viii.	**RUTH ALLEN**, b. Sept. 26, 1809, d. Dec. 6, 1880, ae 71 yrs. 1 mo. 10 das. Hiram. m. Nov. 30, 1834, Walter F. Watson of Hiram, he d. July 3, 1880, ae 68 yrs. Hiram.
ix.	**JOHN ALLEN**, b. Dec. 1, 1812, d. Jan. 30, 1816.

IRISH, EBENEZER, b. Apr. 5, 1764, Gorham, d. Jan. 22, 1851, Fryeburg. He came from Gorham after m. and settled on lot 9, range H on Shaving Hill Road. In 1795 of Standish and in 1800 of Limington. He finally left in 1805. m. int. Jan. 1, 1785, Martha Morton, both of Gorham, she b. May 19, 1762, Gorham, d. Dec. 15, 1824, ae 67 yrs. Fryeburg. Children:

i.	**SALLY**, b. 1787, d. Feb. 21, 1820, ae 33 yrs. Fryeburg.
ii.	**MARY**, b. Mar. 4, 1788, d. Mar. 22, 1875, Fryeburg. m. Nov. 9, 1809, William Fessenden.
iii.	**STEPHEN**, b. July, 1792, d. Jan. 8, 1863, ae 70 yrs. 6 mos. Stow, ME. m. Apr. 3, 1817 in Fryeburg, Hannah Abbott.
iv.	**NANCY**, b. 1794, d. before 1830. m. Dec. 3, 1817 in Fryeburg, Moses Abbott of Fryeburg. He d. Mar. 19, 1862, ae 69 yrs. 7 mos. 5 das.
v.	**ELIZABETH**, b. Sept. 30, 1796, d. Mar. 16, 1869, Fryeburg. m. Feb. 6, 1821 in Fryeburg, Isaac Abbott of Fryeburg.
vi.	**MARTHA**, b. Mar. 14, 1800, d. Apr. 22, 1877 Topeka, KA. m. Jan. 23, 1834, Abiel Frye Whiting of Stow. He b. 1801, Lovell, d. June 11, 1875, Topeka, KA.
vii.	**DOROTHY**, b. Oct., 1802, d. Apr. 29, 1887, Fryeburg. m. Dec. 3, 1822 in Fryeburg, Ebenezer Howe of Fryeburg.
viii.	**MEHITABLE C.**, b. Dec. 10, 1804, d. Apr. 5, 1885, Cornish. m. Apr. 11, 1832 in Fryeburg, James Guptill of Cornish, she of Fryeburg.

IRISH, OBEDIAH, b. July 17, 1765, Gorham, d. Apr. 17, 1852, ae 86 yrs. Sebago. He came to Limington shortly before m. and settled on lot 8, range M. He left for Standish in 1796 and in 1803, he moved to Limerick and left for Sebago in 1830. m. Jan. 7, 1790, Mary Deane of

Gorham, he of Limington, she b. Sept. 29, 1766, d. 1853, Sebago. Children:
i. WILLIAM, b. 1791, d. June 4, 1860, ae 69 yrs. Chatham, NH. He came to Sebago by 1830. m. Sept. 21, 1815, Lucy Carle, both of Limerick, she b. Apr. 6, 1794, d. July 4, 1869, Fryeburg.
ii. ASA, b. July 2, 1793, Limerick, d. Feb. 26, 1881, ae 87 yrs. 7 mos. 24 das. Sebago. m. Nov. 24, 1813, Patience Rankin, both of Limerick.
iii. MARY, b. Mar. 30, 1797, d. Apr. 30, 1854, Lowell. m. Apr. 1, 1816. John Warren, both of Limerick. He b. Dec. 22, 1788, d. Mar. 26, 1888, Lovell.
iv. MARTHA, b. Aug. 2, 1799, d. Sept. 4, 1864, ae 66 yrs. Limerick. m. int. Oct. 3, 1818, Benjamin Durgin of Stoneham, she of Limerick. He d. Dec. 24, 1869, ae 75 yrs, Limerick.
v. HANNAH C., b. Sept., 1800, d. May 21, 1882, ae 81 yrs. 8 mos. 19 das. Limerick. m. Dec. 2, 1824, John Evans, both of Limerick. He d. Oct. 26, 1860, ae 65 yrs. 3 mos. 6 das., Limerick.
vi. DEAN SNOW, b. 1803, d. Apr. 6, 1874, ae 71 yrs. 3 mos. Bridgton. He came to Sebago by 1833. m. Nov. 30, 1826, Mehitable Small, both of Limerick, she d. Aug. 12, 1860, ae 54 yrs. Naples.
vii. JOHN, b. 1805, d. Dec. 21, 1828, ae 23 yrs. Limerick.
viii. DESIRE, b. Sept. 20, 1809, d. Nov. 9, 1890, Sebago. m. int. Mar. 8, 1835, Andrew Douglass of Sebago, she of Limerick, he b. Sept. 21, 1810, Limington, d. Oct. 31, 1893, Sebago.
ix. ESTHER, b. 1811, d. Sept. 27, 1871, ae 60 yrs. 5 mos. 21 das. Chatham, NH. m. Jan. 16, 1834, Rice Guptill of Cornish, she of Limerick. He d. May 29, 1874, ae 63 yrs. 11 das., Chatham, NH.

JACKSON, BARTHOLOMEW, b. 1748, Durham NH, d. Sept. 27, 1837, ae 89 yrs. Wales. He came from Scarboro in 1776 and settled on lot 6, range H. He moved in 1793 to Wales, ME. A Revolutionary soldier. m. (one on July 16, 1777), Susannah Small of Limington, she b. Mar. 14, 1750, Scarboro, d. Dec. 26, 1837, ae 88 yrs. Wales. Children:
i. ABIGAIL, b. Aug. 14, 1770, Scarboro.
ii. MARY, b. Jan. 30, 1773, Scarboro, d. May 2, 1855, ae 82 yrs. 3 mos. Wales. m. Nov. 29, 1792 in Topsham, Joseph Small of Wales.
iii. SUSANNA, b. 1774, d. Dec. 4, 1861, ae 87 yrs. Wales. m. David Jenkins of Litchfield.
iv. PATIENCE, m. Sept. 5, 1796, Isaiah Jenkins of Litchfield, she of Wales, he d. June, 1842.
v. SAMUEL, b. May, 1780, d. July 2, 1813, ae 33 yrs. 1 mo. 14 das. at Augusta in Army, resident of Wales. m. Feb. 2, 1808 in Wales, Polly Gray, both of Wales, she m. (2) Mar. 3, 1831, Aaron Murch, both of Wales.
vi. JUDITH, b. 1790, d. Dec. 14, 1860, ae 70 yrs. 3 mos. Baldwin. m. Isaac Small of Limington, he b. July 26, 1790, d. Mar. 15,

1820, Wales. m. (2) Benjamin Getchell. They living 1829, S. Monmouth.

JACKSON, ELI, b. ca 1759, Cape Elizabeth, d. Nov. 29, 1825, ae 66 yrs. N. Limington. He was a son of Solomon and Sarah (Jordan) Jackson. He moved after m. from Cape Elizabeth to Lewiston, then returned briefly before moving to Limington in 1814. He settled on Jackson flats, next to his father-in-law on Davis Brook. He is buried in a unmarked grave on his place. A Revolutionary soldier. He was a cousin to Robert and Bartholomew Jackson. m. Nov. 17, 1785 in Scarboro, Hannah McKenney, both of Cape Elizabeth, she d. Dec. 28, 1825, ae 62 yrs. Limington. Children:

i. SOLOMON, b. Aug. 23, 1788, Lewiston, went to sea and never returned.
ii. MARTHA (PATTY), b. June 3, 1790, Lewiston, d. Dec. 2, 1873, ae 84 yrs. 5 mos. 12 das. E. Baldwin. m. Oct. 20, 1814, John Wentworth, both of Limington, he b. Apr. 6, 1791, Limington, d. Mar. 10, 1856, Baldwin.
iii. JAMES, b. June 23, 1793.
iv. SALLY, b. July 3, 1795, Lewiston (stone gives June 9, 1796), d. Aug. 9, 1883, ae 87 yrs. Westbrook. m. Sept. 17, 1815, Alexander Bailey, she of Baldwin.
v. ABIGAIL, b. Dec. 3, 1796, Lewiston, living 1855, Clinton, MA. m. Oct. 29, 1815 in Falmouth, Mark Sawyer of Westbrook, he d. Apr. 21, 1852, ae 58 yrs. Leominister, MA.
vi. ELI, b. July, 1799, d. May 3, 1872, ae 72 yrs. 9 mos. 5 das. Baldwin. m. Oct. 20, 1837 in Baldwin, Betsey Sanborn of Baldwin, she d. Apr. 7, 1884, ae 83 yrs. 10 mos. 2 das. Baldwin. Children:
1. MARYANN, b. 1837, d. Dec. 17, 1914, ae 78 yrs. 4 mos. Baldwin. m. Dec. 25, 1854, Noah Emerson Milliken of Baldwin.
2. HANNAH, b. 1839, d. 1875. m. Mar. 19, 1865, Daniel Whitten of Baldwin.
3. ANDREW, b. 1842, d. July 11, 1866, ae 23 yrs. 10 mos. 6 das. E. Baldwin.
vii. DANIEL W., b. 1802, living 1850 & 1860 Westbrook. m. May 20, 1827 in Westbrook, Ann T. Ross.
viii. BETSEY, b. Feb., 1805, Cape Elizabeth, d. Nov. 9, 1889, ae 84 yrs. 7 mos. 28 das. Limington. m. Nov. 29, 1821, William McKenney, both of Limington, he b. May, 1797, Limington, d. Feb. 20, 1881, Limington.
ix. ABEL, b. 1809, living 1835, Limington. In 1850 of Parsonsfield. m. Mar. 23, 1843, Abiah Merrill of Parsonsfield, he recently of Limington.
x. CATHERINE, b. 1811. m. May 12, 1833 in Westbrook, Joseph French of Westbrook, he d. Dec. 20, 1847, ae 37 yrs. 6 mos.

JACKSON, ROBERT, b. 1750/1, Durham, NH, d. Sept. 3, 1809, Unity. He came from Scarboro about 1780 and settled on lot 6, range G on Quaker Lane. He left in 1802 for Unity. A Revolutionary soldier. m.

Feb. 17, 1774 in Newmarket, NH, Olive Farnham of York, she b. Dec. 31, 1753, York, d. Oct. 21, 1828, ae 74 yrs. Unity. Children:
i. ZEBEDIAH F., b. Sept., 1774, Newmarket, NH, d. Jan. 14, 1862, ae 87 yrs. Portland, formerly of Gorham. He was of Limerick in 1815 and years later of West Gorham. m. int. Jan. 5, 1800, Margaret Clark, both of Limington, she b. 1777, d. Jan. 17, 1864, ae 87 yrs. 8 mos., W. Gorham. Children:
1. SALOME, b. 1801, d. June 4, 1827, ae 26 yrs. Limerick. m. Nov. 6, 1817, Abner Libby of Limington, she of Limerick.
2. WALTER, m. int. Feb. 22, 1818, Sally Durgin of Ossipee, NH, he of Limerick.
3. ELMIRA, b. May 2, 1803, Limington, d. Sept. 14, 1855, ae 52 yrs. 4 mos. 12 das. Limington. m. Sept. 1, 1822, Peletiah T. Gove of Limington, she of Limerick, he d. Oct. 5, 1885, ae 82 yrs. 5 mos. 15 das. Limerick.
4. LOUISA, b. 1806, d. Sept. 30, 1888, ae 82 yrs. Portland, formerly of W. Gorham. m. int. Nov. 9, 1828, Joseph Gilkey of Limington, she of Limerick, he d. Nov. 18, 1879, ae 79 yrs. Gorham.
5. FEMALE CHILD, b. Oct., 1819, ae 12 yrs. Limerick.
6. TRYPHENA S., b. 1813, d. Sept. 30, 1899, Portland. m. Mar. 11, 1832, Chesley D. Gove, both of Limington, he b. 1811, Limerick, d. Apr. 25, 1865 in CA.
7. OLIVE FARNHAM, b. Jan., 1817, Limington, d. Dec. 25, 1897, ae 80 yrs. 11 mos. 18 das. m. int. June 8, 1840, Micajah C. Strout of Limington, she of Gorham.
8. JANE JEWELL, b. 1820, d. Aug. 10, 1868, Portland. m. George Waterhouse of Gorham.
ii. BETSEY, b. 1776, d. July 20, 1831, Vassalboro. m. July 24, 1816, Jacob Taber of Vassalboro, she of Unity.
iii. HANNAH, b. Mar. 16, 1778, d. July 21, 1813, Unity. m. Aug. 16, 1795, Jacob Trueworthy, both of Limington, he b. July 10, 1771/2, d. Mar. 5, 1848, ae 77 yrs. Unity.
iv. OLIVE, b. Feb. 10, 1780, d. July 2, 1863, Unity. m. Oct. 27, 1805 in Unity, James Berry of Unity, formerly of Limington, he b. 1778, d. Aug. 11, 1830, Unity.
v. ROBERT, b. 1782, d. Aug. 5, 1854, ae 72 yrs. Troy.
vi. PETER GILMAN, b. Aug. 14, 1783, d. Apr. 27, 1857, Unity. m. int. Jan. 1812, Lydia Carpenter of Waterboro, he of Limerick.
vii. MARY, b. July 23, 1785, d. Aug. 1, 1813, Jackson. m. Apr. 12, 1808, John Rich of Gorham.
viii. SUSANNA, b. Aug. 23, 1787, d. Oct. 6, 1882, Unity. m. Feb. 3, 1805 in Unity, Daniel Small of Unity.
ix. JUDITH, b. Aug. 19, 1793, d. Oct. 26, 1886, Belfast. m. May 1811, Joseph Rich, he b. June 15, 1782 Limington, d. Sept. 30, 1871.
x. LUCY, b. 1794, in 1850, ae 52 yrs. Belfast, 1860, ae 66 yrs., 1870, ae 78 yrs. Unity. m. Oct. 18, 1829, Ezekiel T. Hatch, both of Jackson.

xi. **PATIENCE**, b. Sept. 10, 1794, d. Mar. 19, 1884. ae 89 yrs. 6 mos. 9 das. Jackson. m. int. Dec. 24, 1818, Amos Hatch of Jackson, she of Unity, he d. Oct. 31, 1855 ae 65 yrs. Jackson.
xii. **MEHITABLE**, b. Apr. 13, 1796, d. Mar. 29, 1862, Unity. m. Dec. 26, 1814 in Unity, Elisha Parkhurst.
xiii. **ASA**, b. 1800, d. July 4, 1829, ae 29 yrs. unm. Jackson.

JOHNSON, WILLIAM, b. Apr. 18, 1744, Kittery, d. Apr. 10, 1830, Hollis. He came from Saco and settled on lot 5, range A, next to Johnson Cemetery about 1780. The place had remained in the family for many years. A Revolutionary soldier. m. Apr. 17, 1770, Martha Cater of Kittery, she d. Nov. 5, 1822, Limington. He left her and married (2) Desire ___, b. ca 1761, d. four or five yrs. after he did at Noah Haley's, Hollis, July 4, 1836. She in 1820 ae 59 yrs. by pension report. Children:

i. **DENNIS**, bapt. May 19, 1771, Saco, d. Nov. 28, 1841, Sebago. m. Dec. 1, 1791 in Buxton, Rhoda Johnson, both of Limington, she d. Mar. 17, 1846, ae 71 yrs. 1 mo. Saco, she of Sebago. Children:
   1. **DESIRE**, b. Sept. 1, 1792, Limerick, d. Dec. 5, 1866, ae 73 yrs. Prescott, WI. m. Nov. 12, 1812, Artemus Meads, both of Limington.
   2. **POLLY**, b. Feb. 23, 1794, d. Mar. 17, 1874, ae 80 yrs. 25 das. Sebago. m. Apr. 13, 1815, William Haley, both of Limington.
   3. **JOHN**, b. Mar. 11, 1796.
   4. **WILLIAM**, b. Jan. 18, 1799. m. Jan. 14, 1819, Lydia Elliot of Parsonsfield, he of Limington.
   5. **DENNIS**, b. Dec. 15, 1800, d. Sept. 15, 1855, ae 55 yrs. Hollis, Salmon Falls.
   6. **JAMES WHITCOMB**, b. Mar. 10, 1802, d. July 9, 1863, Hollis. m. int. Aug. 10, 1823, Jane Manson of Limington, he of Portland, she d. Aug. 7, 1838, ae 36 yrs. Saco.
   7. **DANIEL**, b. Mar. 27, 1804, living 1855, Hollis. m. Sept. 22, 1824, Joanna Edgecomb of Hollis, she d. Apr., 1884, ae 81 yrs. Hollis.
   8. **RHODA**, b. Apr. 15, 1806, d. Mar. 25, 1807.
   9. **CARPENTER BURLINGHAM**, b. May 22, 1807, d. Apr. 20, 1874, Hollis.
   10. **BATHSHEBA**, b. Jan. 2, 1811, d. Jan. 15, 1867, ae 56 yrs. 13 das. m. int. Jan. 29, 1832 in Hollis, Samuel Tarbox of Biddeford. He d. Sept. 27, 1861 ae 84 yrs. Biddeford.
ii. **SARAH**, bapt. May 9, 1773, Saco, d. Nov. 5, 1855, ae 82 yrs. Bradford. m. int. Aug. 2, 1795, James Strout, both of Limington, he b. Oct., 1774, Cape Elizabeth, d. July 29, 1855, ae 80 yrs. 8 mos. Bradford.
iii. **WILLIAM**, b. Mar. 26, 1775, d. Aug. 22, 1836, ae 61 yrs. 5 mos. Limington. He lived about halfway between the homestead of his father and Nason's Mills. m. Oct. 27, 1797, Betsey Lord of Buxton, he of Limington, she b. Mar. 15, 1776, d. Jan. 7, 1848, ae 71 yrs. 8 mos. Children:

1. **PHEBE**, b. May 22, 1798, living 1880, Standish. m. int. Apr. 19, 1840, Moses Wood, both of Limington, he b. Aug. 27, 1805, Newburyport, MA, d. June 5, 1888.
2. **BETSEY**, b. July 7, 1799.
3. **HANNAH**, b. May 28, 1801, d. Dec. 26, 1835, ae 34 yrs. 7 mos. Limington. m. Nov. 22, 1818, William Edgecomb, both of Limington, he b. Feb., 1798, Limington, d. July 23, 1860, ae 62 yrs. 6 mos. Limington.
4. **WILLIAM**, b. Nov. 5, 1802, d. Aug. 24, 1868, ae 64 yrs. 9 mos. 19 das. m. Feb. 8, 1827, Olive Moody, both of Limington, she b. Feb. 27, 1796, Limington, d. Feb. 3, 1833, Limington. m. (2) int. Nov. 26, 1833, Sally L. Hutchinson, she b. Apr. 21, 1807, Standish, d. May 17, 1865, ae 58 yrs. Limington. They lived some time in Sedgley neighborhood near the Limerick line and later in Hollis. Children:
    (1) **NANCY E.**, b. June 2, 1834, d. July 13, 1835.
    (2) **ELIZA**, b. Jan. 9, 1836, d. Dec. 7, 1921, ae 85 yrs. 10 mos. 28 das. Hiram. m. Dec. 9, 1860, David Thorn of Standish, she of Limington, he d. Aug. 19, 1865, ae 29 yrs. 1 mo. 10 das. m. (2) int. Oct. 13, 1865. James A. Perkins of Standish, she of Limington.
    (3) **MATTHIAS**, b. Feb. 9, 1838, d. May 9, 1877, unm. Hollis.
    (4) **NANCY E.**, b. Oct. 25, 1840, d. May 25, 1926, Hollis. m. Oct. 6, 1860, Thomas Jefferson Rummery of Hollis, she of Limington.
    (5) **SARAH MARIA**, b. Mar. 7, 1843, d. Oct. 24, 1920, ae 77 yrs. 7 mos. 17 das. Hollis. m. John S. Davis of Standish.
    (6) **MARY A.**, d. May 3, 1848, ae 2 yrs. 1 mo.
5. **NATHANIEL**, b. July 5, 1805, d. June 17, 1826, drowned in Saco River, Hollis.
6. **ISAAC L.**, b. Jan. 5, 1807, d. Apr. 23, 1875, Standish. m. Dec. 31, 1834 in Standish, Hannah B. Whitney, she b. Oct. 31, 1810, d. Dec. 8, 1886, Standish.
7. **MARTHA**, bapt. Mar. 14, 1810, d.y.
8. **DENNIS**, b. Oct. 11, 1810, d. Jan. 21, 1891, ae 80 yrs. 3 mos. 10 das. Limington. He lived on his father's homestead next to Johnson cemetery. He held several offices of trust in town and was a man highly respected by all who knew him. m. Apr. 1, 1834, Lucretia Davis, both of Limington, she d. July 17, 1845, ae 35 yrs. 5 mos. 17 das. Limington. m. (2) Mar. 29, 1846, Lucinda F. Pugsley, both of Limington, she d. Aug. 17, 1910, ae 85 yrs. 5 mos. Children born in Limington.
    (1) **FIDELIA F. (DELIA)**, b. Jan., 1837, d. Apr. 11, 1915, ae 78 yrs. 3 mos. Lyman. m. Nov. 27, 1856, Joseph W. Higgins of Buxton, she of Limington, he d. Aug. 16, 1864, ae 30 yrs. in Civil War. m. (2) int. Mar. 22, 1866, Micajah H. Strout of Limington, he d. July 10, 1884, ae 44 yrs. Biddeford.

(2) **ANNA L.**, b. Jan. 12, 1839, d. Jan. 26, 1915, ae 76 yrs. 14 das. Waterboro. m. Apr. 30, 1864, Charles Ervin Randall, both of Limington, he b. Sept. 22, 1837, Limington, d. Oct. 27, 1892, ae 55 yrs. Lyman. m. (2) Mar. 26, 1899 at Lyman, Hiram H. Chadbourne of Waterboro.
(3) **ROBERT DAVIS**, b. Apr. 20, 1841, d. May 14, 1861, Limington, of lung fever.
(4) **HANNAH A.**, b. Sept. 1, 1843, d. Aug. 9, 1911, Biddeford. m. int. May 24, 1864, Winborn A. Small, both of Limington, he b. Jan. 5, 1844, Limington, d. Sept. 6, 1923, Biddeford.
(5) **CHARLOTTE P.**, b. June 9, 1848, d. Dec. 21, 1924, Limington. m. Nov. 5, 1870 in Cornish, James Edward Randall, both of Limington, he b. May 4, 1846, Limington, d. Feb. 3, 1915, Limington.
(6) **MILLARD FILLMORE**, b. June 7, 1849, d. Dec. 31, 1917, Limington, ae 68 yrs. 6 mos. 24 das. m. 1877, Hattie E. Johnson, both of Limington, she d. Mar. 31, 1917, ae 58 yrs. 11 mos. 2 das. Limington. Child:
  (i) **NELLIE MAY**, b. June, 1882, d. Mar. 22, 1922, ae 40 yrs. 9 mos. 13 das. Limington. m. Frank Moulton.
(7) **LUCRETIA J.**, b. 1859, d. before 1870, Limington.
9. **OLIVER**, b. Oct. 20, 1812, d. Mar. 2, 1886. m. May 28, 1843, Jane T. Cook of Sebago, he of Limington, she b. Dec. 4, 1817, Sebago, d. May 27, 1888, ae 69 yrs. 5 mos. Limington. Children:
  (1) **HENRIETTA**, b. Apr., 1847, d. Aug. 28, 1895, ae 48 yrs. 4 mos. Limerick. m. int. July 20, 1880, Ephraim Durgin of Limerick.
  (2) **ORIANNAH**, b. Mar. 17, 1849, d. Jan. 1, 1858, ae 8 yrs. 9 mos. 14 das.
10. **ELIZA**, b. Mar. 27, 1815, d. June 29, 1891, Hollis. m. int. Oct. 17, 1836, m. Nov. 17, 1836, Horatio Bryant, both of Limington, he b. Nov. 8, 1807, d. July 31, 1889, Hollis.
iv. **JOHN**, bapt. June 1, 1777, Saco, d. Sept. 27, 1855, ae 77 yrs. Biddeford.
v. **DANIEL**, b. Sept. 5, 1779, Saco, d. June 17, 1838, of smallpox, Limington. He held several offices of trust in town and was a man highly respected. m. Sept. 26, 1804, Eunice Foss, both of Limington, she b. July 10, 1784, Limington, d. Nov. 3, 1854, Limington. He was a farmer and lived on the property deeded to him by his father. Children born in Limington.
  1. **JOHN**, b. Jan. 22, 1805, d. Nov. 23, 1846, Sebago. m. Nov. 27, 1834 in Bridgton, Lucinda Foster of Bridgton, she b. Nov. 23, 1809, Sebago, d. Sept. 27, 1888, ae 78 yrs., S. Bridgton, formerly of Sebago.
  2. **ISAIAH**, b. June 22, 1806, d. Nov. 28, 1806.
  3. **JOSEPH**, b. Sept. 23, 1807, d. Feb. 10, 1877, ae 69 yrs. Limington. He lived on old homestead, next to Johnson cemetery. A devoted Christian. m. Dec. 25, 1834, Mary

York of Standish, she b. Oct., 1809, Standish, d. Jan. 14, 1888, ae 78 yrs. 3 mos. Limington. Children born in Limington.
(1) **MARTHA A.**, b. Oct., 1835, d. Feb. 10, 1864, ae 28 yrs. 3 mos. 20 das. Limington. m. int. Mar. 14, 1854, Marshall Lewis Richardson, both of Limington, he b. Aug. 28, 1828, Limington, d. Sept. 5, 1909.
(2) **SUSAN A.**, b. Apr. 14, 1841, d. Feb. 14, 1846.
(3) **DAVID E.**, b. Feb. 11, 1842, d. Aug. 2, 1918, ae 76 yrs. 5 mos. 22 das. Limington. m. Nov. 17, 1866, Ruth A. Miles of Limerick, he of Limington, she d. May 15, 1890, ae 50 yrs. 2 mos. Limington. m. (2) in 1893, Lena E. ____, who d. May, 1939, Gilmanton, NH. Child:
  (i) **ABBY SUSAN**, b. July 25, 1877, Limington, d. May 17, 1954, S. Berwick. m. Charles B. Hutchins.
(4) **LOUISA FRANCES**, b. July 1, 1847, d. Feb. 3, 1866, ae 18 yrs. 7 mos. Limington.
4. **IRENE**, b. Aug. 9, 1809, d. Nov. 30, 1884, ae 75 yrs. 3 mos. 21 das. Limington. m. June 30, 1831, Nicholas Edgecomb Jr., both of Limington, he b. Jan. 4, 1807, Limington, d. July 9, 1887, Limington.
5. **MARTHA**, b. Apr. 13, 1811, d. Feb. 21, 1872, Geneseo, IL, formerly of Skowhegan. m. Oct. 14, 1839, Levi R. Sedgley, both of Limington, he b. Oct. 18, 1812, d. 1890, Geneseo, IL. m. (2) int. Oct. 27, 1874, Serena B. Foss of Limington, she b. Apr., 1828, Limington, d. Sept. 17, 1890, Geneseo, IL.
6. **FREEMAN**, b. Jan. 11, 1813, d. Apr. 10, 1876, ae 63 yrs. 3 mos. S. Bridgton. He moved to S. Bridgton about 1836. m. int. Apr. 13, 1833, Eliza Moore, both, of Limington, she b. 1806, Limington, d. Sept. 9, 1835, Limington. m. (2) Oct. 24, 1837 in Bridgton, Mary Ann Foster, both of Bridgton, she d. Mar. 10, 1889, ae 73 yrs. 9 mos. S. Bridgton. Children:
  (1) **CHILD**, d. Mar. 30, 1834, Limington.
  (2) **CHILD**, d. Sept. 16, 1835, ae 6 mos. Limington.
  (3) **CHILD**, b. Dec. 20, 1836, Limington.
  (4) **ELIZA A.**, b. June 30, 1837, S. Bridgton, d. Dec. 20, 1917, Bridgton. m. Nov. 28, 1862, Alvin Ingalls, both of Bridgton.
  (5) **MARY J.**, b. Mar. 25, 1841, South Bridgton. m. May 17, 1868, Thomas M. Keniston of Bridgton.
  (6) **SARAH**, b. Mar. 25, 1840, living 1889. m. James Sheppard, removed to Los Angeles, CA.
  (7) **ALVAH**, b. Sept. 3, 1843, d. Apr. 1, 1913, S. Bridgton.
  (8) **LAURAITE (LAURA E.)**, b. Mar. 11, 1849, d. Nov. 19, 1873. m. John M. Murch of S. Bridgton.
7. **DANIEL**, b. Mar. 2, 1815, d. Apr. 28, 1875, Portland, he went to Portland about 1850. Buried Western Cemetery.

m. int. Nov. 10, 1841, Mary L. Nason, both of Limington, she b. 1814, Hollis, d. Nov. 24, 1890, Portland. Children:
   (1) **NEWELL A.**, b. 1843, Limington, d. Feb. 1, 1916, Portland. m. May 27, 1874, Henrietta M. Dyer, both of Cape Elizabeth.
   (2) **CHARLES H.**, b. 1845, Limington.
   (3) **DANIEL F.**, b. 1848, Limington, d. June 6, 1905, ae 57 yrs. 4 mos. Portland. He was a well-known carpenter and joiner; at ae 3 yrs. he was brought to Portland by his father, who was a well-known carpenter during his life time.
8. **ISAIAH**, b. Nov. 27, 1816, d. Aug. 4, 1893, ae 76 yrs. 8 mos. 9 das. Franklin, NH. m. Sept. 28, 1848, Martha Ann Staples, both of Limington, she b. Aug. 18, 1828, Limerick, d. Aug. 1, 1890, ae 60 yrs. 10 mos. 14 das. Franklin, NH. Children:
   (1) **AUGUSTA**, b. 1849, living 1860, Franklin, NH.
   (2) **LENDALL NICKERSON**, b. July 9, 1852, S. Limington, d. Dec. 29, 1905, ae 53 yrs. 5 mos. 20 das. Franklin, NH.
9. **EUNICE**, b. Feb. 9, 1818, m. Nov. 19, 1843, Amos Thomes, both of Limington.
10. **CHARLES**, b. May 14, 1821, d. Feb. 21, 1882, ae 60 yrs. 10 mos. 7 das. Limington. m. int. Oct. 19, 1855, m. Apr. 4, 1856 in Buxton, Maria L. P. Grant, both of Limington, she b. Dec. 24, 1832, Limington, d. Mar. 22, 1913. He ran a grist mill in Milan, NH. Children born in Limington:
   (1) **CLARENCE W.**, b. May 17, 1856, d. May 22, 1903, ae 47 yrs. 5 das. Portland. m. Lizzie Ann Foss, both of Limington, she b. Oct. 8, 1855, Limington, d. Nov. 18, 1930, Portland.
   (2) **HATTIE E.**, b. Apr., 1858, d. Mar. 31, 1917, ae 58 yrs. 11 mos. 2 das. Limington. m. 1877, Millard F. Johnson, both of Limington, he d. Dec. 31, 1917, ae 68 yrs. 6 mos. 24 das. Limington.
   (3) **LIZZIE C.**, b. Oct. 23, 1862, d. Aug. 2, 1930, ae 67 yrs. Limington. m. James M. Smith, he b. Feb. 5, 1863, d. May 8, 1931, Hollis.
11. **LYDIA ANN**, b. July 13, 1823, d. Aug. 13, 1860, Buxton. m. int. Aug. 17, 1845, Benjamin Harmon of Buxton, she of Limington. He d. Oct. 6, 1889, ae 69 yrs. Limington.
12. **ALMEDA**, b. May 19, 1825, m. int. Oct. 20, 1849, Franklin Harmon.
13. **NATHANIEL**, b. Aug. 23, 1827, d. Sept. 10, 1849 of typhus fever, Limington.

vi. **MARTHA**, b. Nov. 17, 1781, d. Sept. 23, 1852, Sebago. m. Nov. 28, 1804, Daniel Dyer Jr., both of Limington, he b. Nov. 16, 1780, Limington, d. May 5, 1838, Sebago.

vii. **REBECCA**, b. June 16, 1787, d. Mar. 23, 1860, Denmark. m. Nov. 24, 1805, James Coolbroth of Buxton, she of Limington, he b. Apr. 5, 1786, Buxton, d. Mar. 24, 1860, Denmark.

JOY, REUBEN. b. Feb. 20, 1770, Berwick, d. May 27, 1845, S. Limington. He came from York and settled in Sedgley neighborhood. m. Nov. 15, 1796, Eunice Warren, both of York, she b. Dec. 30, 1769, Barwick, d. Oct. 17, 1831, ae 61 yrs. 9 mos. S. Limington. Children:
i. HIRAM, b. Feb. 23, 1797, York, d. Aug. 7, 1870, ae 73 yrs. 8 mos. 14 das. Limington. m. Jan. 1, 1822, Celia Libby of Limerick, he of Limington, she b. Mar. 3, 1799, Limerick, d. Sept. 3, 1823, ae 24 yrs. 6 mos. m. (2) int. Jan. 12, 1834, Elizabeth Nason, both of Limington, she bapt. Nov. 3, 1808, d. Dec. 16, 1891, ae 83 yrs. 5 mos. Limington. Children:
   1. ALBION KEITH PARIS, b. July 18, 1823, d. Feb. 17, 1889, Winchester, MA, graduated from Harvard Law school in 1847.
   2. CHARLES CLIFFORD, b. Feb. 23, 1835, d. Jan. 13, 1862, Limerick, of consumption.
   3. MARY ELIZABETH, b. May 27, 1838, d. Aug. 22, 1848, ae 10 yrs. 2 mos. 15 das. typhoid fever, Limington.
   4. OLIVE, b. July 24, 1840, d. Aug. 9, 1840, Limington.
   5. SARAH ELLEN, b. Aug. 23, 1843, d. July 22, 1845, ae 1 yr. 11 mos. Limington.
ii. SARAH, b. Feb. 11, 1800, York, d. Oct. 8, 1863, ae 63 yrs. 7 mos. 27 das. m. July 8, 1849, Jonah Johnston of Standish, she of Limington.
iii. MARY E., b. Sept. 21, 1803, d. Nov. 17, 1830, Limington.
iv. EUNICE, b. Nov. 27, 1807, d. Feb. 8, 1829, ae 21 yrs. 2 mos. 11 das. Limington.
v. JAMES WARREN, b. Feb. 17, 1811, d. Mar. 30, 1892, Limington. m. Nov. 21, 1843, Emily Cox Boothby, both of Limington, she b. Mar. 5, 1824, Limington, d. June 23, 1912, Hollis, at home of her nephew. Child:
   1. EUNICE JANE, b. Sept. 12, 1848, d. Jan. 22, 1872, unm. Limington, of quick consumption.

JOY, SAMUEL, b. Mar. 25, 1781, Berwick, d. Dec. 9, 1834, S. Limington. He came from York in 1808 and settled on Joy farm, last occupied by Joseph Joy. He and his family were buried in family cemetery across from the house, but their bodies were removed in 1909 to a large cemetery in Hollis, near W. Buxton. m. Oct. 23, 1806, Frances Joy of Berwick, she b. Apr. 24, 1776, d. Jan. 11, 1853, S. Limington. Children:
i. CHARLES, b. Apr. 20, 1807, living 1850 and 1860 in Clinton, in 1864 of Canaan. m. Mar. 11, 1827, Rachel Manson Foss, both of Limington, he d. Apr. 8, 1848, ae 43 yrs. of consumption, Clinton. They moved to Clinton in 1829.
ii. JOHN, b. Apr. 24, 1809, d. Jan. 9, 1878, ae 68 yrs. 6 mos. 15 das. Limington. He was a highly esteemed neighbor and citizen, an honest man. m. Oct. 25, 1835, Julia Ann Foss, both of Limington, she b. July 14, 1810, Limington, d. Jan. 8, 1908, W. Buxton. Children:
   1. SABARY, b. May 17, 1836, d. Sept. 21, 1837, Limington.
   2. SAMUEL WOODBURY, b. Sept. 20, 1837, d. Aug. 11, 1929, Portland. Woodbury and family are buried in Western

cemetery, Portland. m. int. July 28, 1862, Mary H. Thompson of Hollis. Children:
(1) **FRANK**, b. 1868, d. 1927.
(2) **MINNIE**, b. Oct. 29, 1869, d. Sept. 28, 1961, unm.
(3) **CHARLES**, b. 1872, d. 1876.
(4) **FRED**, b. 1873, d. 1898.
3. **WENDELL S. F.**, b. 1839, d. May 8, 1891, Portland, buried in Evergreen Cemetery, Portland.
4. **HANNAH G.**, b. Nov. 30, 1840, d. Dec. 31, 1918, ae 78 yrs. 1 mo. 1 da. Saco. m. Edmund Warren of Buxton.
5. **WILLIAM BRADFORD**, b. Aug. 10, 1842, d. Sept., 1912, Kennebunk. m. int. June 13, 1864 Mary E. Higgins of Buxton.
6. **SABARY**, b. Feb., 1845, d. Mar. 16, 1928 Saco. m. Oct. 7, 1871 in Saco, Joseph T. Wentworth of Portland.
7. **SARAH ELLEN**, b. Aug. 10, 1845, d. Mar. 29, 1924, unm. Saco.
8. **JOHN COLBY**, b. Aug. 16, 1847, d. Sept. 20, 1854, Limington.
9. **JOSEPH ALLEN**, b. Sept. 5, 1849, d. Mar. 21, 1918, ae 63 yrs. 6 mos. 16 das. unm. Limington.
10. **ROXANNA S.**, b. Sept. 21, 1851, d. June 27, 1905, Lewiston.

iii. **WOODBURY**, b. July 27, 1812, d. Aug. 26, 1836, Limington.
iv. **SABARY**, b. Mar. 21, 1815, d. May 22, 1835, Limington.

KELLEY, ISAAC, b. 1814, Baldwin, d. Aug. 11, 1871, ae 57 yrs. 7 mos. 27 das. Saco. He lived in Hardscrabble on road going towards old mill site. The house burned May, 1880. (His father, Isaac Kelley, d. Apr. 18, 1833, Limington, m. Aug. 6, 1803, Mrs. Sally Sanborn, both of Baldwin.) m. Feb. 2, 1837, Sarah Haley of Hollis, he of Limington, she d. Feb. 19, 1881, ae 62 yrs. 1 mo. 10 das. Children born in Limington:
i. **ELIZABETH**, b. Feb. 11, 1839, d. Mar. 1, 1923, Standish. m. int. Nov. 6, 1860, m. Nov. 17, 1860 in Saco, Thomas Marquis Smith of Standish.
ii. **ISAAC B.**, b. Mar. 15, 1841, d. Apr. 10, 1911, Biddeford. m. int. July 11, 1866, Lucia A. Furlong of Limerick.
iii. **EMMA JANE**, b. Aug. 7, 1843, d. Oct. 28, 1859, Limington.
iv. **CHARLES C.**, b. Feb. 19, 1846, d. Aug. 18, 1921, ae 79 yrs. Hollis.
v. **CAROLINE A.**, b. Feb. 7, 1849, living in 1911 Dover, NH.
vi. **ELLEN M.**, b. July 19, 1851, d. June 6, 1925.
vii. **ELIZA A.**, b. Feb. 21, 1854, d. Apr. 24, 1933, ae 79 yrs. 1 mo. 3 das. Hollis.
viii. **LUCINDA M.**, b. Mar. 13, 1857, d. Apr. 18, 1876.
ix. **LORING F.**, b. May 6, 1860, d. Greenville, SC, living in 1911.

KENERSON or **KENISTON, NATHAN**, b. between 1780-90, d. 1847, Limington. m. int. Dec. 25, 1806, Lydia Nason, both of Limington, she b. ca 1786, living 1860, ae 74 yrs. Limington, with her nephew, John Nason. Children:

i. STEPHEN, b. 1809, living 1850, ae 41 yrs. Cornish. m. Jan. 29, 1829, Dorcas Knight, both of Parsonsfield, she b. July 13, 1811, d. Jan. 17, 1868, ae 57 yrs. 6 mos. Waterboro.
ii. BENJAMIN, m. Feb. 17, 1834, Mary Burnham of Standish.
iii. JONATHAN NASON, b. Mar. 16, 1815, d. Dec. 18, 1885, ae 70 yrs. 9 mos. Biddeford.
iv. JOSHUA.
v. ISAAC, b. Mar. 16, 1818, living 1849, Taunton, MA. m. int. Nov. 29, 1839, m. Dec. 25, 1839, both of Portland, Eliza Ann Burnham, both of Standish, she m. (2) Sept. 13, 1866, Charles D. Caper, both of New Bedford, MA.
vi. NATHAN.
vii. FREEMAN, b. July 16, 1821, in 1830 with John Gove of Limington.
viii. JOHN, b. Sept. 24, 1826.
ix. COLBY, b. July 16, 1830.

KENNARD, EDWARD, b. May 24, 1757, Kittery, d. Sept. 18, 1829, ae 67 yrs. Bridgton. He came from Eliot in 1807 and settled on lot 10, range E. He left in 1807 for Conway, NH, and in 1816 moved to Bridgton. A Revolutionary soldier. m. June 1, 1785 in Kittery, Mary Hanscom of Kittery, she d. Apr. 1, 1833, ae 69 yrs. Bridgton. Children:
i. EDWARD JR., b. Dec. 2, 1788, d. Sept. 2, 1878, ae 89 yrs. 9 mos. Westbrook. m. Apr. 14, 1807, Elizabeth H. Chase, both of Limington, she b. Sept. 18, 1788, Saco, d. Apr. 14, 1878, ae 89 yrs. 7 mos., Westbrook. Children:
   1. ELIZA, b. Jan. 14, 1808, d. May 25, 1889, Limington. m. Mar. 19, 1829 in Bridgton, Maj. Henry Small of Limington, she of Bridgton, he b. Apr. 29, 1799, Limington, d. Feb. 24, 1879, Limington.
   2. EUNICE CHASE, b. Dec. 9, 1811. m. Merrick Monroe.
   3. ESTHER, b. Nov. 11, 1813, d. Apr. 19, 1898, Westbrook. m. Cyrus King.
   4. MARY ANN, b. Sept. 20, 1816, d. 1885, Westbrook. m. William Cox of Westbrook.
   5. HARRIET C., b. Aug. 18, 1819, d. May 5, 1873. m. Charles Allen.
   6. JULIA ANN, b. Jan. 4, 1822, d. Feb. 14, 1911, ae 87 yrs. Portland. m. Hanson Clay.
   7. CAROLINE H., b. Oct. 14, 1825, d. Aug. 15, 1860, ae 37 yrs. 10 mos. Westbrook. m. Oct. 27, 1842, Paul B. Burnham, both of Westbrook.
ii. MOSES, b. Mar. 23, 1792.
iii. NATHANIEL, b. Oct. 14, 1794, Limington, d. Apr. 11, 1868, Bridgton. m. Abigail Wales.
iv. MOLLY, b. July 20, 1797.
v. JAMES, b. Oct. 1, 1800, d. Feb. 27, 1827, ae 21 yrs. Bridgton.

KENNARD, JOHN, b. Feb., 1765, d. July 10, 1848, ae 83 yrs. 5 mos. Cornish. He came from Wells and was of Cornish in 1798. He lived in Limington from 1802 to 1806 when he returned to Cornish. m. Feb. 1,

1794, Margaret Merrifield, both of Wells. m. (2) by May 1806, Mary Pendexter of Cornish, she b. 1767, d. 1850, Cornish. Children:
i. NATHANIEL, b. Sept. 11, 1795, Limington, d. Apr. 11, 1868, Bridgton.
ii. MARK, b. ca 1798, living in 1850, ae 52 yrs. Porter.
iii. DORCAS, d. Aug. 29, 1886, ae 86 yrs., Cornish, unm.
iv. GEORGE, d. Jan. 25, 1888, ae 84 yrs., Porter. m. Dec. 2, 1830 in Parsonsfield, Jerusha Pendexter of Parsonsfield.
v. HENRY, m. int. Aug. 20, 1827, Ziporah Dearborn of Parsonsfield, he of Cornish.
vi. EDMUND, b. 1807, d. Apr. 24, 1881, ae 74 yrs. 3 mos. 17 das., Cornish. m. int. Nov. 28, 1867, Almira Pendexter, both of Cornish.
vii. ASENATH, b. ca 1810, living in 1850, ae 40 yrs., Porter.
viii. JAMES W., b. ca 1811, d. June 2, 1886, ae 75 yrs., Cornish.
ix. ANNIE W., b. 1813, d. June 26, 1888, ae 74 yrs. 9 das. Porter. m. Nov. 21, 1846, Isaac Pearl of Porter, she of Cornish.
x. NOAH WASHINGTON, b. 1814, d. Mar. 14, 1885, Porter. m. int. Dec. 27, 1841, Betsey Pendexter, both of Parsonsfield.

KETTELL, JAMES, b. Aug. 9, 1764, Cambridge, MA, d. May 25, 1823, ae 57 yrs. Gorham, late post master of Limerick. He was a baker in Portland in 1797 and came to Limington in 1802. He was of Limerick in 1808. For some yrs. he formally represented the town of Limington in Legislature of MA. m. Apr. 10, 1792, Polly Quincy, both of Portland, she bapt. Dec. 15, 1765, living 1831, Limerick. Children:
i. CHILD, d. Feb. 14, 1793, Portland.
ii. JAMES, b. Dec. 24, 1793, Portland, d. Sept. 12, 1855, Boston, MA.
iii. CATHERINE L., m. Oct., 1829 in Eastport, Stephen Smith of W. Machais.
iv. ELIZABETH C., m. int. Jan. 29, 1829 at Saco, Lewis Willson of Calais.
v. JACOB QUINCY, b. Sept. 6, 1803.
vi. SALLY SHERBURNE, bapt. Nov. 2, 1806.

KIMBALL, CHARLES, b. June 15, 1791, Newmarket, NH, d. June 10, 1872, Limington. He was 7 yrs. old when brought to town. He purchased in 1815 land on Norton Road, where Eugene Storer later lived. m. Sept. 18, 1817, Salome Hasty, both of Limington, she b. Dec. 10, 1792, Limington, d. May 30, 1870, Limington. Children born in Limington.
i. ROBERT HASTY, b. Sept. 22, 1819, d. May 15, 1898, Somerville, MA. m. Nov. 19, 1843, Nancy Boothby, both of Limington, she b. May 20, 1820, Limington, d. July 5, 1892, Cornish.
ii. CHILD, d. 1822, Limington.
iii. MARY ELIZABETH, b. Oct. 7, 1824, d. Jan. 24, 1906. m. May 12, 1855, Ezekiel S. McKenney, both of Limington, he b. Jan. 16, 1821, Limington, d. May 15, 1860, Limington. m. (2) June 21, 1861, William P. McKenney of Sebago, she of Limington.

iv. EMELINE A., b. Jan. 10, 1827, d. July 13, 1843, ae 16 yrs. 6 mos. Limington.
v. HARRIET JANE, b. Aug. 9, 1830, d. Mar. 6, 1912.
vi. ABIGAIL ANN, b. Feb. 19, 1834, d. Feb. 25, 1920, Cornish. m. Sept. 26, 1854, Noah W. Barker of Cornish, she of Limington.

KNIGHT, MOSES LORD, b. Alfred, d. 1840, Swedan. He came to town in 1806 and moved in 1821 to Swedan. m. Sept. 28, 1806 in Waterboro, Susanna Smith of Alfred, he of Limington, she d. Feb. 13, 1839, Swedan. Children:
i. AARON SMITH, b. July 2, 1808.
ii. SALLY, b. May 12, 1813.
iii. MOSES LORD, b. Apr. 21, 1816.
iv. JOHN, b. Aug. 13, 1818.
v. MARY, b. Oct. 20, 1820, d. Oct. 31, 1838.
vi. HARRIET WOODBURY, b. May 19, 1823.
vii. SAMUEL B. F., b. Sept. 10, 1826.

LARRABEE, ISAAC, bapt. May 18, 1755, Scarboro, d. summer of 1843, ae 92 yrs. He moved to town by 1788 and left for Standish in 1795. He remained in Standish until about 1815, when he moved to Sebago in that part forming town of Naples. m. int. Apr. 19, 1781, Sarah Freeman of Gorham, he of Scarboro, she b. May 9, 1761, Falmouth. Children:
i. MARY, b. Dec. 23, 1786, d. Sept. 8, 1859, ae 72 yrs. 8 mos. 16 das. Portland. m. Jan. 24, 1824, Ebenezer Cobb.
ii. BENJAMIN, b. June 14, 1791, d. Apr. 6, 1860, ae 69 yrs. 11 mos. Naples. m. Jan. 1, 1817 in Baldwin, Hannah Martin of Baldwin.
iii. ISAAC, b. 1794, d. Feb. 19, 1873, ae 76 yrs. 11 mos. 17 das. Baldwin. m. Sept. 17, 1818, Sally Martin of Baldwin.

LARRABEE, SAMUEL, bapt. July 1, 1753, Scarboro, d. Jan. 9, 1836, ae 84 yrs. Limington. He came from Scarboro by 1779 and settled first at Ruin Corner on lot 10, range A and later purchased Nathan Wing's farm on Shaving Hill Road. A Revolutionary soldier. m. Apr. 11, 1776, Elizabeth Blake of Gorham, she d. Feb. 20, 1837, ae between 70 - 80 yrs. Limington. Children:
i. ABIGAIL, b. Nov. 16, 1777, Scarboro, d. 1816, Limington. m. int. Aug. 2, 1799, Seth Blake, both of Gorham, he b. Apr. 26, 1778, Gorham, d. between 1853-1855, Limington.
ii. CAPT. SAMUEL, b. July 3, 1779, d. July 12, 1849, ae 70 yrs. Limington. He lived on his father's place. m. int. June 5, 1802, Martha or Patty Irish of Gorham, he of Limington, she b. Dec. 4, 1782, Gorham, d. Mar. 6, 1846, ae 62 yrs. Limington. m. (2) Dec. 21, 1848, Ann Irish, both of Limington, she b. Dec. 5, 1793, Gorham, d. Oct. 26, 1864, ae 70 yrs. 10 mos. 11 das. Limington. Children:
1. EZEKIEL, b. Jan. 30, 1804, d. Feb. 26, 1885, Limington. m. Apr. 27, 1828, Mary O. Davis, both of Limington, she b. Feb. 5, 1808, Limington, d. Apr. 13, 1872, Limington.

He lived across from his father's place on Shaving Hill Road. Children born in Limington:
(1) **DORCAS**, b. Dec. 15, 1828, d. July 30, 1868, Monterey, MI. m. Jan. 10, 1849, George Shaw of Somersworth, NH, she of Limington.
(2) **LUCRETIA ORAVILLE**, b. Nov. 23, 1830, living 1880, Limington. m. Nov. 11, 1849, Sylvester Fergerson of Eliot, she of Limington.
(3) **GEORGEANNA**, b. Sept. 23, 1832, d. Nov. 5, 1833, Limington.
(4) **HENRY L.**, b. Sept. 1, 1834, d. Feb. 28, 1873, Brooklyn, NY. m. Sept. 30, 1860 Caroline J. Nelson in Brooklyn, NY.
(5) **ROBERT DAVIS**, b. Feb. 28, 1836, d. Sept. 5, 1838, Limington.
(6) **ANNETTE M.**, b. Jan. 30, 1838, in 1890 of Montreal, Canada. m. Nov. 17, 1859, John A. Moore of Aligan, MI, she of Limington.
(7) **BENJAMIN FRANKLIN**, b. Aug. 29, 1841, d. Nov. 23, 1920, ae 79 yrs. 2 mos. 16 das. Boston, MA.
(8) **McIVAH**, b. Sept. 4, 1843, in 1896 Boston, MA.
(9) **GEORGE CLINTON**, b. July 17, 1845, d. Dec. 6, 1886, Harrison.
(10) **EZEKIEL WHITMORE**, b. June 24, 1849, d. July 7, 1869, ae 19 yrs.
2. **NANCY**, b. Aug. 29, 1807, d. Apr. 11, 1858, ae 50 yrs. 5 mos. Limington. m. Jan. 25, 1829, Andrew Staples of Limerick, she of Limington, he b. July 3, 1808, Limerick, d. Oct. 18, 1860, ae 52 yrs. 10 mos. Limington. Children:
(1) **MARTHA ANN**, b. Aug. 18, 1829, Limerick, d. Aug. 1, 1890, ae 60 yrs. 10 mos. 14 das. Franklin, NH. m. Sept. 28, 1848, Isaiah Johnson, both of Limington.
(2) **TRISTUM**, b. Sept. 30, 1831, Limerick, d. Oct. 21, 1856, ae 25 yrs. 2 mos. Limington.
(3) **EMILY JANE**, b. Oct. 14, 1834, d. Nov. 4, 1861, ae 27 yrs. Franklin, NH. m. David E. Brown.
(4) **ALMON**, b. Jan. 4, 1837, Brownfield.
(5) **S. EDWIN**, d. June 27, 1865, ae 23 yrs. 8 mos.
(6) **ROSANTHA**, b. Mar. 12, 1843, d. Feb. 17, 1862 ae 19 yrs. Franklin, NH.
(7) **LOUISA F.**, b. 1844, d. Apr. 10, 1847, ae 7 mos.
(8) **CHILD**, d. Feb. 16, 1847, ae 7 das.
(9) **ANDREW**, d. July 26, 1851, ae 3 yrs. 1 mo.
(10) **NANCY ELLENA**, d. May 5, 1850, ae 3 yrs. 1 mo.
3. **ELIZABETH**, b. July, 1808, d. Apr. 22, 1861, ae 52 yrs. 9 mos. Limington. m. Feb. 23, 1831, Parmenio Libby, both of Limington, he b. Nov. 22, 1791, Scarboro, d. Oct. 14, 1875, Limington.
4. **EBENEZER IRISH**, b. Jan. 12, 1810, d. May 20, 1891, Limington. He was a harness maker for many yrs. in the village. m. May 23, 1837, Mary S. Thaxter, both of

Limington, she b. Sept. 14, 1818, Gray, d. Apr. 21, 1910, Portland. Children born in Limington.
   (1) **ROYAL THAXTER**, b. Jan. 22, 1838, d. Apr. 4, 1882, ae 44 yrs. 3 mos. Limington. He was a stage driver, known as "Rod." m. int. Oct. 26, 1861, Mary L. Lewis, both of Limington, she b. 1839, d. 1884, Biddeford. m. (2) int. Jan. 2, 1875, Margaret Larrabee of Limington.
   (2) **SARAH H.**, b. Dec. 4, 1839, d. Feb. 4, 1921, Saco. m. int. Oct. 21, 1857, Benjamin F. Small, both of Limington, he b. July 20, 1837, Limerick, d. Jan. 11, 1909, Limington.
   (3) **MARY ABIGAIL**, b. July 23, 1842, d. Apr. 26, 1894, ae 51 yrs. 9 mos. Portland. m. int. Nov. 16, 1868, m. Nov. 22, 1868, Moses Tolman Calkins of Bangor.
   (4) **LOUISA HELEN**, b. Oct. 9, 1845, d. 1923, Portland. m. Nov. 24, 1870, Joseph Ralph Libby of Boston, MA.
   (5) **MANSON GREENLIEF**, b. May 15, 1850, d. June 22, 1937, ae 87 yrs. 2 mos. 27 das. Limington. m. Apr. 2, 1873, Eva Annah Larkin of Boston, MA. m. (2) Alice May Miles of Limington.
   (6) **LIZZIE D.**, b. July 21, 1855, d. Oct. 17, 1867, Limington.
5. **MARTHA D.**, b. May 4, 1812, d. June 11, 1910, ae 98 yrs. 3 mos. 11 das. Biddeford. m. Nov. 15, 1836, James A. Carlisle of Biddeford, she of Limington.
6. **RUHAMAH IRISH**, b. 1814, d. May 11, 1862, ae 47 yrs. 10 mos.
7. **JOSEPH**, b. 1818, d. May 4, 1880, Limington. m. July 20, 1839, Mary Ann Mulloy, both of Limington, she b. 1820, Limington. Children born in Limington.
   (1) **EDWARD P.**, b. 1840, in 1890 of CA.
   (2) **CHARLES A.**, b. 1843, d. Apr. 3, 1869, Boston, MA, he was wounded at Petersburg.
   (3) **DANIEL I.**, b. 1845, d. June 3, 1865, Andersonville Prison.
   (4) **MARTHA A.**, b. 1848, d. Oct. 24, 1864, ae 16 yrs. Gorham.
   (5) **MARGARET J.**, b. 1851, d. Jan. 17, 1929, ae 76 yrs. Danvers, MA. m. int. June 2, 1875, Royal T. Larrabee of Biddeford.
   (6) **JOHN P.**, b. 1854, in 1890 of Chicago, IL.
   (7) **ALBERT**, b. 1856, d.y.
8. **DANIEL J.**, d. Sept., 1824. Limington.
9. **ABIGAIL IRISH**, b. May 9, 1821, d. Oct. 1, 1900, ae 79 yrs. 5 mos. Farmington. m. Dec. 10, 1843, Lemuel Davis, both of Limington, he b. Jan. 8, 1814, Limington, d. Feb. 9, 1878, Harrison.
10. **JAMES IRISH**, b. Dec. 25, 1823, d. Nov. 25, 1895, Limington. He lived on old home place. m. July 3, 1851, Sarah L. Thompson, both of Limington, she b. May 9,

1831, Limington, d. Feb. 12, 1876, ae 44 yrs. 9 mos. Limington. m. (2) Mar. 10, 1879, Cynthia D. Hill of Buxton, he of Limington, she b. Oct. 7, 1826, d. Mar. 25, 1893, ae 66 yrs. 5 mos. 18 das. Limington. Children born in Limington.
    (1) MARTHA ANNA, b. Apr. 2, 1852, d. Sept. 12, 1867, ae 15 yrs. 5 mos. 10 das.
    (2) NELLIE A., b. Sept. 7, 1856, d. July 4, 1919, unm. Wells, she was a school teacher.
    (3) JAMES WILLIS, b. Oct. 9, 1860, d. Nov. 11, 1938, Limington. m. Katherine Dort of Woolwick, MA, she b. Mar. 22, 1863, d. Aug. 28, 1925.
iii. SUSANNA, b. 1785, d. Apr. 6, 1862, ae 77 yrs. Hollis. m. Sept. 12, 1807, Elisha Davis, both of Limington, he b. Apr. 14, 1785, Limington, d. May 19, 1837, ae 52 yrs. Hollis.
iv. SARAH, b. 1783, living 1855, Standish, d. June 11, 1868, ae 86 yrs. 6 mos. m. May 19, 1806, Noah Davis, both of Limington, he b. Dec. 16, 1783, Limington, d. July 4, 1831, Standish.
v. BETSEY, b. 1785, d. May 1, 1858, unm., a fool.

LIBBY, AARON, b. Mar. 18, 1745, Scarboro, d. May, 1798 of a fever, Limington. He came from Scarboro and settled on lot 9, range B, located on North Road, between the ballfield and Ruin Corner. He lost his wife and daughter, who d. in the same house and another daughter at Stroudwater of similiar complaints. m. May 29, 1766, Elizabeth Weeman of Cape Elizabeth, she d. Mar. 1799, Limington. Children:
i. MARY, b. Mar. 9, 1767, Scarboro, d. Oct. 1, 1841, Limington. m. Feb. 27, 1788, Walter Simonton Hagens of Limington, he b. Nov. 26, 1765, Scarboro, d. Sept. 29, 1847, Limington.
ii. JOHN, b. Jan. 3, 1769, Scarboro, d. 1801 or 1802. m. Mar. 26, 1793, Phebe Jordan of Cape Elizabeth, he of Limington, she b. Aug. 31, 1772, d. Aug., 1855, she m. (2) Sept. 12, 1805, William Hazeltine of Buxton, she of Limington. Children:
    1. DORCAS, b. May 5, 1794, living 1850, Cape Elizabeth. m. May 3, 1813, Francis Maxwell of Cape Elizabeth, he b. Mar. 18, 1794, Cape Elizabeth. They moved to Danville about 1816.
    2. RUTH, b. Aug. 1, 1806.
    3. SUSAN, b. Apr. 27, 1809.
    4. PHEBE, b. Aug. 14, 1813.
iii. HANNAH JORDAN, b. May 28, 1773, Scarboro, d. Feb. 10, 1799, Stroudwater. m. Jan. 24, 1793, Jonathan Sparrow, both of Limington, he b. Dec. 25, 1768, Eastham, MA, d. Aug. 20, 1843, Portland.
iv. SETH, bapt. Mar. 1, 1778, Scarboro, d. ca 1800, unm.
v. EUNICE, b. Aug. 29, 1790, d. Apr. 29, 1874, Wales. m. Jan. 31, 1802, Wentworth Lombard of Wales, both of Limington.
vi. ELIZABETH, b. Feb. 28, 1783, d. July 4, 1886, Cape Elizabeth. m. Apr. 3, 1803, Major Moses Moody, both of Limington, he b. July 21, 1781, Scarboro, d. Oct. 2, 1843, Scarboro.
vii. ANNIE, d. May, 1798, the day following her father's burial, unm. Limington.

LIBBY, ABNER, b. Dec. 27, 1766, Scarboro, d. May 5, 1843, Scarboro, on a visit. He came from Scarboro in 1792 and settled on part of lot 8, range D, next to the church in the village. m. Nov. 15, 1789 in Scarboro, Anna Harding, she b. Aug. 30, 1767, Eastham, MA, d. Dec. 30, 1857, ae 90 yrs. 4 mos. Limington. Children:
i. ELIAS, b. Mar. 12, 1790, Scarboro, d. Mar. 29, 1871, Limerick. m. Nov. 28, 1809, Jane Jewell of Scarboro.
ii. DEC. PARMENIO, b. Nov. 22, 1791, Scarboro, d. Oct. 14, 1875, Limington. He was named for an Indian that passed by the day he was b. For more than 46 yrs. he was a deacon of the Congregational Church. m. Nov. 10, 1814, Eunice Jewell, both of Limerick, she d. Apr. 16, 1820, ae 27 yrs. Limington. m. (2) Nov. 4. 1822, Fanny Ward of Fryeburg, he of Limington, she d. Sept. 12, 1829, ae 31 yrs. Limington. m. (3) Feb. 23, 1831, Eliza Larrabee, both of Limington, she b. July, 1808, Limington, d. Apr. 22, 1861, ae 52 yrs. 9 mos. Limington. Children all born in Limington, except first one.
  1. ROSETTA THOMPSON, b. Sept. 20, 1815, Limerick, d. Apr. 14, 1887, Limington, by taking Paris Green. m. Sept. 3, 1843, Moses Blake, both of Limington, b. Jan., 1812, Limington, d. June 15, 1886, ae 74 yrs. 4 mos. 17 das. Limington.
  2. ANNA HARDING, b. May 17, 1817, d. Mar. 8, 1893, Toledo, OH.
  3. EUNICE JEWELL, b. Apr. 6, 1819, d. Mar. 24, 1820, Limington.
  4. EUNICE JEWELL, b. Sept. 21, 1823. m. James Myrick.
  5. GEORGE WARD, b. June 30, 1825, d. June 19, 1826, Limington.
  6. GEORGE WARD, b. Nov. 29, 1826, d. Feb. 26, 1899, Limington. He lived in Bean neighborhood. m. June 17, 1866, Mary Cole, both of Limington, she b. Sept. 1, 1841, Limington, d. Dec. 30, 1887, Limington. Children born in Limington.
    (1) FANNY WARD, b. Nov. 15, 1866. m. Ivory Weston Cole, both of Limington.
    (2) EDWARD NORTON, b. July 17, 1868.
    (3) NANCY CHARLOTTE, b. May 16, 1870, d. Aug. 2, 1975, Chathamport, MA. m. Benjamin Frank Meserve, Dec. 25, 1888, both of Limington.
    (4) EUNICE, b. May 26, 1872. m. Fred Buxton Small of Cornish.
    (5) LEWIS, b. Mar. 8, 1874, d. Feb., 1931, Limington.
  7. ASA CHARLES, b. Sept. 3, 1839, d. May 30, 1886, Limington. m. int. Sept. 10, 1856, Adaline Hill of Buxton.
  8. FANNY WARD, b. Nov. 29, 1831, d. Dec. 12, 1902, ae 71 yrs. 13 das. Portland. m. July 2, 1854, Sylvester Marr of Portland, she of Limington, he b. May 16, 1830, Limington, d. Jan. 2, 1898, Portland.

9. **MARTHA**, b. Apr. 11, 1833, d. 1921, Portland. m. Feb. 4, 1855, Joshua Small Boothby, both of Limington, he b. Mar. 7, 1829, Limington, d. Mar. 11, 1894, Limington.
10. **JAMES IRISH**, b. Sept. 15, 1835, living 1890, Portland.
11. **JOHN**, b. Dec. 21, 1837, d. 1921. m. June 17, 1865, Mary Ellen Bean, both of Limington, she b. Nov. 15, 1844, Limington, d. Jan. 29, 1899, Limington.
12. **MARY ELIZABETH**, b. Mar. 10, 1840, d. Sept. 3, 1864, unm.
13. **HENRY**, b. Sept. 5, 1842, d. Apr. 24, 1914, Limington. m. Feb. 18, 1873, Nellie M. Moody, both of Limington, she b. Oct. 10, 1850, Limington, d. Apr. 1, 1916, Limington.
14. **NANCY YEATON**, b. Sept. 23, 1845, d. Nov. 29, 1941, ae 96 yrs. 2 mos. 26 das. Lincoln. m. July 15, 1868, George G. Hackett.
15. **FRANKLIN**, b. Apr. 6, 1848, living 1890, CA.
16. **ALBERT JOHNSON**, b. Feb. 13, 1851, d. Apr. 5, 1885, Portland.

iii. **STEPHEN**, b. Nov. 26, 1793, d. July 7, 1869, Limerick. m. Aug. 3, 1814, Sarah Chase of Standish, he of Limington.
iv. **ABNER**, b. July 4, 1796, d. Feb. 12, 1881, Limerick. m. Nov. 6, 1817, Salome Jackson of Limerick, he of Limington, she b. 1801, Limington, d. June 4, 1827, ae 26 yrs. Limerick. he m. (2) Sept. 22, 1828 Almira Allen.
v. **MARGARET**, b. Sept. 19, 1798. m. June 6, 1816, Benjamin Clark, both of Limington, he d. Aug. 25, 1839, ae 48 yrs. Berwick.
vi. **JOHN**, b. Jan. 15, 1801, d. Aug., 1801.
vii. **JOHN**, b. Jan. 11, 1803, d. Aug. 18, 1868, St. Louis, MO.
viii. **BETSEY PETTIGILL**, b. Aug. 13, 1805, d. Apr. 29, 1837, ae 32 yrs. 8 mos. Portland. m. July 5, 1826, Joel Allen of Portland, she of Limington, he b. Jan. 14, 1802, Limington, d. July 15, 1873, Portland.
ix. **CHARLOTTE NEAL**, b. Nov. 17, 1807, d. Apr. 28, 1888, Cincinnati, OH. m. Oct. 22, 1828, Almon L. Sawyer of Exeter, NH, she of Limington, he b. Aug. 5, 1803, Norwich, VT, d. Oct. 20, 1878, Cincinnati, OH. Before m. he was in partnership with John Libby of Limerick.
x. **ISAAC HARDING**, b. Aug. 14, 1813, d. Dec. 24, 1860, Limington. He lived in his father's place. m. Dec. 25, 1833, Caroline Matilda Waldron, both of Limington, she b. Sept. 15, 1813, Wolfeboro, NH, d. July 1, 1898, Cornish. Children born in Limington:
1. **ALMON AUGUSTUS**, b. Oct. 6, 1834, d. July 21, 1865, ae 29 yrs. 8 mos. Limington, of consumption. He was a mechanic by trade. m. Jan. 24, 1861, Mary M. Durgin of Limerick.
2. **JULIA CAROLINE**, b. Sept. 18, 1836, d. Nov. 26, 1842, ae 6 yrs. 2 mos. Limington.
3. **CHARLOTTE ELIZABETH**, b. Sept. 30, 1840, d. May 16, 1858, ae 18 yrs. Limington, of consumption.
4. **LEONIDAS**, b. June 14, 1842, d. Oct. 7, 1859.

5. FRANK ORVILLE, b. May 23, 1846, d. Oct. 6, 1869, ae 23 yrs. 4 mos. Limington, of consumption. m. Feb. 5, 1869, Susan Abbie Boothby, both of Limington.
6. JULIA CAROLINE, b. July 16, 1849, d. Apr. 2, 1851.
7. ELLA ANN, b. June, 1852, d. Feb. 20, 1853.
8. ISAAC HARDING, b. May 17, 1855, d. Feb. 14, 1883, Strong. He was ordained May 17, 1878, Chatham, NH.

LIBBY, HARVEY, b. Dec. 18, 1763, Scarboro, d. Feb. 28, 1849, Limington. He also was called Meserve Libby. He came from Scarboro and settled on lot 7, range I, located on Shaving Hill Road. The Libby's place is still standing and on the farm he is buried. A Revolutionary soldier. m. Mar. 16, 1790, Sarah Small, both of Limington, she b. Aug. 15, 1770, Cape Elizabeth, d. Nov. 1, 1830, ae 69 yrs. 2 mos. Limington. m. (2) May 4, 1831, Polly Strout, both of Limington, she b. May, 1780, Gorham, d. Oct. 5, 1855, ae 75 yrs. 4 mos. Limington. Children born in Limington.

i. JOHN, b. Oct. 7, 1790, d. Dec. 2, 1862, Sebago. m. Feb. 13, 1816, Mary Libby, both of Limington, she b. May 5, 1788, Limington, d. Oct. 7, 1875, Sebago.

ii. SARAH, b. Oct. 14, 1792, d. Mar. 22, 1873, Cornish. m. Jan. 21, 1813, Humphrey Small, both of Limington, he b. June 13, 1787, Limington, d. Mar. 17, 1862, Cornish.

iii. JAMES FRAZIER, b. Nov. 23, 1794, lost during War of 1812.

iv. MARY, b. Dec. 26, 1796, d. Mar. 16, 1862, Osage, Iowa. m. Mar. 5, 1818, Moses Chase, both of Limington, he b. Apr. 14, 1796, d. Sept. 1, 1831, Scarboro.

v. NATHANIEL, b. Mar. 25, 1799, d. June 16, 1834, ae 35 yrs. 2 mos. 21 das. m. May 5, 1825, Elizabeth L. Staples, both of Limington, she b. Apr. 12, 1804, Limington, d. Jan. 22, 1832, Limington.

vi. JACOB SMALL, b. Apr. 20, 1801, d. Mar. 28, 1822, ae 20 yrs. 11 mos. Crushed by a falling chimney on Richardson's place.

vii. ANNA, b. May 17, 1803, d. Apr. 5, 1894, ae 90 yrs. 10 mos. 19 das. Scarboro. m. Dec. 9, 1824, John McArthur Staples, both of Limington, he b. Nov. 13, 1800, Limington, d. July 1, 1886, Scarboro.

viii. DOROTHY, b. Aug. 20, 1805, d. Dec. 9, 1829, Limington. m. Apr. 14, 1825, Abraham Tyler, both of Limington, he b. Mar. 7, 1798, Limington, d. Jan. 23, 1834, Limington.

ix. ELMIRA, b. Aug. 21, 1807, d. May 21, 1807, Limington. m. Mar. 10, 1831, Joseph D. Small, both of Limington, he b. Nov. 11, 1806, Limington, d. Nov. 7, 1838, ae 32 yrs. Limington.

x. STATIRA, b. Aug. 21, 1807, d. May 31, 1855, ae 47 yrs. 9 mos. 10 das. Limington. m. Nov. 25, 1830, Sewall Thompson, both of Limington, he b. Dec. 17, 1805, Limington, d. Aug. 23, 1888, Limington.

xi. ROBERT, b. July 3, 1809, d. May 14, 1829, Limington.

xii. DAVID SMALL, b. July 10, 1811, d. Nov. 20, 1878, Limington. He lived in his father's place. m. Mar. 28, 1839, Martha L. Small, both of Limington, she b. Oct. 10, 1815, Limington, d. Sept. 7, 1887, Limington. Children born in Limington.

    1. **FRANCES WOODMAN**, b. Mar. 28, 1840. m. Aug. 20, 1857, Charles A. Brackett, both of Limington.
    2. **ABBIE JOHNSON**, b. Feb. 18, 1842, d. Oct. 17, 1912, Ipswich, MA. m. Jan. 1, 1873, John Manson Purington, both of Limington.
    3. **CELIA LOUISE LIBBY**, b. July 22, 1845, d. Sept. 18, 1916, Gorham. m. Apr. 27, 1867, Charles William Bragdon, both of Limington.
    4. **MARTHA ELLEN**, b. Sept. 13, 1847.
    5. **FRANK WILLARD**, b. July 17, 1850, d. Feb. 26, 1904, Limerick.
    6. **STEPHEN MILLARD**, b. Sept. 25, 1857, d. Mar. 25, 1897, Limington.

xiii. **STEPHEN MESERVE**, b. Jan. 18, 1815, d. Feb. 3, 1855, Limerick. m. int. Oct. 20, 1838, Lois S. Chase of Buxton.

LIBBY, HENRY, b. Apr. 14, 1774, Scarboro, d. Feb. 19, 1847, ae 72 yrs. 10 mos. Limington. He came from Scarboro in Feb., 1809. He was a worthy member of the Congregational Church. m. Mar., 1794, Margaret Meserve, both of Scarboro, she b. Nov. 30, 1775, Scarboro, d. Sept. 20, 1841. Children:

i.   **ELIZA**, b. June 23, 1794, Scarboro, living 1850, Limington. m. Aug. 10, 1826, William Chick, both of Limington, he b. 1776, d. Sept. 7, 1841, ae 65 yrs. 9 mos. Limington.
ii.   **MARGARET**, b. June 3, 1796, Scarboro, living 1870, Baldwin. m. Nov. 20, 1814, Joseph Tyler, both of Limington, he b. Oct. 10, 1792, Limington, living 1870, Baldwin.
iii. **SUSANNAH**, b. Sept. 3, 1798, Scarboro, d. Jan. 5, 1892, ae 93 yrs. 4 mos. Limington. m. int. Oct. 28, 1823, David Richardson, both of Limington, he b. July 3, 1806, Limington, d. Oct. 28, 1892, Limington.
iv. **HENRY**, b. Dec. 29, 1800, Scarboro, d. Sept. 5, 1828, Limington.
v.   **CHILD**, d. Oct. 30, 1804, in infancy.
vi. **JANE**, b. Mar. 1, 1803, Scarboro, d. May 19, 1834, unm. Limington.
vii. **NICHOLAS**, b. Oct. 25, 1806, Scarboro, d. Mar. 27, 1828, ae 22 yrs. Limington.
viii. **AGNES H.**, b. Nov. 23, 1808, Scarboro, d. Nov. 10, 1870, Limington. m. Sept. 24, 1837, Jacob Sawyer, both of Limington, he b. May 1, 1810, Limington, d. Aug. 9, 1886, Limerick.
ix. **GEORGE WASHINGTON**, b. Jan. 1, 1811, d. June 29, 1833, Limington.
x.   **MARIA**, b. Nov. 26, 1813, d. Feb. 11, 1873.
xi. **MARY ANN**, b. June 5, 1817, d. Oct. 23, 1834, Limington.

LIBBY, JESSE, b. 1747, Scarboro, d. ca 1832. He settled on lot 1, range F of three lots at E. Limington, near Wheelwright's corner. In 1797 he sold out to Gershom Hamblen and moved to Hampden. m. Dec. 6, 1769, Keziah March, both of Scarboro, she b. May 26, 1752. Children:
i.   **JESSE**.

ii. **DAVID**, b. Dec. 16, 1772.
iii. **SAMUEL MARCH**, b. Mar. 11, 1775.
iv. **ANNA**, b. Sept. 14, 1781.
v. **JANE**, b. Nov. 14, 1784.
vi. **RICHARD**, b. Oct. 28, 1790.
vii. **JOHN**, b. Aug. 26, 1793.

LIBBY, JOSEPH, b. June 27, 1750, Kittery, d. Feb. 7, 1835, ae 84 yrs. 1 mo. S. Limington. He came from Saco in fall of 1776 and settled on lot 2, range D, near Mulloy's Mountain. His grandson, Benjamin Carle Libby lived on his place until it was sold to George Manson. The place burned July 22, 1878 and the present house moved to the spot, now owned by Ralph Hasty's heirs. m. Jan. 18, 1773, Priscilla Carll, both of Saco, she b. Feb. 27, 1757, d. Oct. 14, 1828, ae 71 yrs. 7 mos. 17 das. Limington. Children:
i. **JOSEPH**, b. Mar. 7, 1773, Saco, d. May 19, 1838, Portland. m. Nov. 30, 1797, Lydia Kennard, both of Limington. She d. 1819.
ii. **BENJAMIN**, b. Apr. 30, 1775, Saco, d. Feb. 25, 1866, ae 90 yrs. 9 mos. 25 das. He moved to Limington with his parents when he was 2 1/2 yrs. old. He lived on his father's place. m. Dec. 25, 1797, Margaret McArthur, both of Limington, she d. June 30, 1814, ae 38 yrs. 7 mos. 5 das. Limington. m. (2) Nov. 10, 1816, Patience Ridlon, both of Limington. Children:
1. **FERDINAND**, b. Nov. 28, 1798, d. Jan., 1805, Limington.
2. **HARRISON**, b. Aug. 29, 1802, d. Feb. 3, 1805, Limington.
3. **BENJAMIN CARLE**, b. Apr. 24, 1804, d. Aug. 6, 1871, ae 67 yrs. 3 mos. Limington. m. May 24, 1827, Irene Meads, both of Limington, she b. Aug. 8, 1805, Limington, d. Sept. 4, 1876, Limington. Children:
(1) **MARGARET ANNA**, b. Dec. 17, 1827.
(2) **MARIA MEADS**, b. Nov. 22, 1829, d. May 16, 1908, Haverhill, MA.
(3) **PRISCILLA MOODY**, b. July 3, 1832, d. Jan. 28, 1846, Limington.
(4) **BENJAMIN FRANKLIN**, b. Apr. 12, 1834, d. Sept. 28, 1864.
(5) **PAMILIA FOSS**, b. Dec. 31, 1835.
(6) **ELBRIDGE OGDEN HOFFMAN**, b. Jan. 6, 1838.
(7) **MARY ELLEN**, b. Dec. 8, 1840, d. Aug. 30, 1885, Lowell, MA. unm., she of Cleveland, Ohio.
(8) **KATE JULIA**, b. Dec. 25, 1843.
(9) **HARRIET ISABELLE**, b. Oct. 8, 1846.
4. **ELEANOR**, b. Sept. 13, 1806, d. 1813.
5. **PAMELIA M.**, b. Dec. 6, 1808, d. Dec. 19, 1872, ae 64 yrs. Topeka, KS. m. Mar. 27, 1827, Nahum Foss, both of Limington, he b. 1799, Limington, d. Mar. 24, 1880, ae 81 yrs. Topeka, KS.
6. **MARGARET McARTHUR**, b. May 6, 1813, d. June 14, 1876 Buxton. m. July 21, 1842, Alvah Leavitt of Buxton, she of Limington, he b. Dec. 16, 1806, Buxton, d. Apr. 21, 1875.

iii. **SALLY**, b. Apr. 4, 1777, Saco, d. Oct. 16, 1865, Limington. m. Apr. 13, 1802, Samuel Thompson, both of Limington, he b. June, 1774, CT, d. during War of 1812.
iv. **DANIEL**, b. May 4, 1779, d. May 20, 1861, ae 82 yrs. Limington. m. Nov. 29. 1804, Dorcas McDonald, both of Limington, she d. Sept. 1, 1858, ae 73 yrs. Portland. Both buried in Evergreen Cemetery, Portland. Children:
   1. **ABNER**, went away from home when he was 27, never heard from again. On Mar. 1, 1828 he cohabited with Mary Swett of Limerick, a married woman. m. int. Mar. 28, 1828, Mary Hodgdon of Limerick, he of Limington.
   2. **DAVID**, b. June 2, 1807, d. Oct. 23, 1884, ae 77 yrs. 5 mos. Greenbush. m. int. Apr. 29. 1827, Charlotte Stevens of Limerick, she d. Dec. 24, 1873, ae 70 yrs. 2 mos. Greenbush, she of Limington.
   3. **FERDENAND**, b. June 1, 1809, d. Dec. 7, 1873, Augusta. m. int. Sept. 21, 1828, Jane Smith of Limerick, he of Limington, she d. Apr. 7, 1864, ae 56 yrs. Limington.
   4. **SALLY**, b. 1811, d. 1816, ae 5 yrs. Limington.
   5. **MARY M.**, b. 1816, d. 1867, Portland. m. Feb. 21, 1841, Robert Mitchell of Portland, she of Limington.
   6. **GIDEON**, he disappeared in 1848, he of Portland. m. Mar. 20, 1837, Lydia T. Horn of Somersworth, NH.
   7. **JANE**, b. 1821, d. July 9, 1892, ae 71 yrs. Portland. m. Dec. 19, 1842, George Green, both of Portland.
   8. **ARTHUR**, b. 1823, d. 1842, ae 22 yrs.
   9. **CAROLINE M.**, b. Sept. 17, 1826, d. Aug. 12, 1897, Troy, NY. m. Mar. 3, 1844, Jefferson Bowditch of Troy, NY.
   10. **ANSEL LEWIS**, b. 1827, d. Sept., 1870, Portsmouth, NH.
v. **SHUAH**, b. Nov. 10, 1781, d. May 25, 1813, ae 32 yrs. 6 mos. Limington. m. Dec. 25, 1799, Samuel Manson, both of Limington, he b. Nov. 8, 1775, Gorham, d. Feb. 2, 1869, Limington.
vi. **PATIENCE**, b. Nov. 14, 1783, d. Nov. 19, 1809, unm. Limington.
vii. **GIDEON**, b. Feb. 23, 1786, d. Aug. 15, 1812 of fever in West Indies.
viii. **MARY**, b. Feb. 29, 1788, d. July 22, 1809. m. Sept. 5, 1805, Samuel Edgerly, both of Limington, he b. July 5, 1786, New Durham, NH, d. Oct. 3, 1875, Dixmont.
ix. **DAVID**, b. May 13, 1790, left home as a young man on board ill-fated ship *Dash*.
x. **MARTHA**, b. May 3, 1792, d. May 8, 1797.
xi. **PRISCILLA**, b. May 20, 1797, d. Sept. 10, 1831, ae 35 yrs. 3 mos. 28 das. m. May 11, 1815, Simon Moody, both of Limington, he b. Dec. 9, 1791, Gorham, d. Aug. 28, 1870, Limington.
xii. **HARRIET**, b. Feb. 20, 1799, d. June, 1880, Aspen Hill, Va. m. May 13, 1822, Aaron Higgins, both of Limington, he b. June 18, 1794, Limington, d. Aug. 18, 1837, Limington. m. (2) Feb. 4, 1850, John W. Lane of Hollis, she of Limington, he d. Sept. 15, 1889, ae 71 yrs. Washington, DC.

LIBBY, PHILEMON, b. May 29, 1749, Scarboro, d. Dec. 22, 1811, Limington. He received from his wife's grandfather, lot 9, range E, located in Limington village. m. May 8, 1772, Martha Small, both of Scarboro, she b. Nov. 28, 1753, d. Aug. 27, 1837, ae 85 yrs. Limerick. After her husband's death, went to Limerick to live with her son, Abner. Children:

i. **RUFUS**, b. May 4, 1773, Scarboro, d. Dec. 5, 1858, Limerick. m. Apr. 25, 1793, Dorcas Strout, both of Limington, she b. May 1, 1773, Gorham, d. Dec., 1849, Limerick. Children:
  1. **WILLIAM**, b. Aug. 12, 1793, d. Mar., 1862, Great Falls, NH. m. int. Nov. 16, 1817, Esther Brackett, both of Limington, she b. Dec. 17, 1793, d. June 7, 1842, Bridgton.
  2. **PHILEMON**, b. Dec. 14, 1796, d. May 29, 1846. m. July 8, 1824, Eliza Strout, both of Limington, she b. May 3, 1798, Limington, d. July 10, 1826, Limington. m. (2) Sept. 20, 1829. Sally Libby of Limerick, he of Limington.
  3. **ALPHIA**, b. June 21, 1799. d. Nov. 26, 1884, Limington. m. Oct. 28, 1818, Robert Brackett, both of Limington, he b. Sept. 15, 1791, Limington, d. Apr. 24, 1876, Limington.
  4. **RUFUS**, b. Apr. 18, 1802, d. Dec. 29, 1848, Great Falls, NH. m. Martha Blake.
  5. **NATHANIEL**, b. July 6, 1804, d. Feb. 14, 1881, Evansville, WI. m. Oct. 11, 1827, Lucinda Berry.
  6. **MARTHA**, b. Nov. 21, 1809, d. May 13, 1862, Limerick. m. Nov. 28, 1830, William Libby of Limerick, she of Limington.
  7. **EUNICE**, b. Jan. 4, 1813.
  8. **SOLOMON**, b. Nov. 26, 1815, d. Jan. 28, 1869, Berwick.

ii. **PHILEMON**, b. July 7, 1775, Scarboro, d. May 14, 1852, Limington. m. Apr. 1, 1798, Liberty Norris, both of Limington, she d. Nov. 8, 1826, ae 50 yrs. Limington. Children:
  1. **SEWALL**, b. Aug. 28, 1798, d. July 29, 1838, unm. Limington.
  2. **SOPHIA**, b. Nov. 10, 1800, d. Dec. 6, 1878, Limington. m. Feb. 19, 1820, Daniel Small, both of Limington, he b. Jan. 19, 1800, Limington, d. Nov. 20, 1868, Limington.
  3. **HARRIET**, b. ca 1803, d. in infancy.
  4. **LUCY**, b. 1806, d. in infancy.
  5. **LUCY**, b. July 10, 1809, Conway, NH, d. Oct. 21, 1889, East Boston, MA. m. Oct. 13, 1829, William P. Leavitt of Exeter, NH, she of Limington.
  6. **LYDIA**, b. Jan. 28, 1811, Conway, NH, d. Feb. 8, 1888, Portland. m. Feb. 14, 1836, Thomas H. Hyde, both of Limington, he b. 1810, Ballincolly, Ireland, d. May 31, 1865, Limington. Enlisted in 7th ME Battery of Mounted Artillery and was killed just before Lee's surrender. Children:
    (1) **JOHN L.**, b. Feb. 20, 1838, d. Mar. 2, 1910, Portland.
    (2) **ELLEN M.**, b. July 14, 1841, d. 1909.

(3) DEXTER S., b. Aug. 14, 1844, d. Mar. 24, 1882, ae 30 yrs. 9 mos. Limington.
(4) EDWARD BRUCE, b. July 1, 1846, d. Apr. 17, 1932, Limington.
(5) GEORGIANNA, b. Sept. 4, 1847, d. Nov. 11, 1926, Limington.
7. HARRIET, b. Sept. 12, 1813, d. Sept. 21, 1887, ae 74 yrs. Portland. m. Sept. 10, 1836, Israel Boody, both of Limington.
8. SON, b. ca 1816, d. in infancy.
9. JOHN N., b. Aug. 28, 1819, d, Aug. 13, 1840, unm. Limington, a printer.

iii. EUNICE, b. Sept. 3, 1776, Scarboro, d. Oct. 23, 1782.
iv. JAMES, b. Jan. 11, 1779, Scarboro, d. Mar. 2, 1868, ae 80 yrs. Bridgton. m. Oct. 17, 1804, Emma Elden Chase, both of Limington, she b. July, 1787, Limington, d. June 20, 1828, Bridgton. m. (2) Oct. 26, 1829, Dolly (Brigham) Ball, widow of Reuban, she b. Dec. 21, 1784, d. Jan. 10, 1858 Bridgton. He moved to Bridgton in 1818. Children:
1. EMMA, b. Aug. 15, 1805, Limington, d. Mar. 30, 1884, Bridgton. m. Marshall Bacon.
2. ANN (NANCY), b. Oct. 5, 1807, Limington, d. Oct. 12, 1868, ae 62 yrs., Bridgton. m. int. Jan. 13, 1828, George Meserve of Limerick, she of Bridgton. m. July 14, 1842, Henry Pendexter of Bridgton.
3. DEBORAH C., b. Dec. 22, 1808, Conway, NH, d. Jan. 27, 1886, Lovell. m. Cyrus Meserve of Limerick, he b. Oct. 12, 1807, Limerick, d. Oct. 31, 1881, Lovell.
4. HARRIET, b. May 20, 1809, Conway, NH, d. Dec. 24, 1904. m. Nov. 8, 1828, Josiah Bacon.
5. JAMES ELDEN, b. Oct. 3, 1811, d. Mar. 24, 1893, ae 81 yrs. 5 mos. 1 da. Conway, NH.
6. MOSES N., b. July 15, 1812, Limington, d. June 16, 1882, Waltham, MA, formerly of Bridgton.
7. LORAINE A., b. Apr. 13, 1815, Limington, in 1896 of Boston, MA.
8. AMOS, b. Mar. 12, 1817, Limington, d. Feb. 18, 1894, Neponset, MA.
9. ABNER, b. Feb. 7, 1819, Bridgton, living 1896, Charlestown, MA.
10. OLIVER, b. Nov. 22, 1820.
11. DENNIS, b. Aug. 28, 1822.
12. LEWIS M., b. May 18, 1824, d. Feb. 22, 1901, Bridgton.
13. SAMUEL, b. Aug. 21, 1826.
14. SUSAN, b. June 2, 1828, d. Feb. 10, 1898, Henniker, NH.

v. ABNER, b. May 29, 1781, d. Mar. 21, 1864, ae 82 yrs. 10 mos. Limerick. He had his father's farm and occupied it until ca 1828, when he moved to Limerick with his mother and his younger children. m. int. Nov. 27, 1803, Olive Gray Chase of Standish, he of Limington, she b. Apr. 27, 1786, d. Jan. 30, 1851, ae 66 yrs. Limerick. Children:

1. MARTHA, b. May 30, 1804, d. Oct. 10, 1833, ae 29 yrs. 5 mos. Limerick. m. Mar. 18, 1824, William Cobb, both of Limington, he b. Feb. 19, 1801, Limington, d. June 1, 1885, Limerick.
2. JOSEPH CHASE, b. Oct. 11, 1805, d. June 13, 1879, Rockland.
3. OLIVE, b. May 12, 1808, d. Dec. 21, 1888, ae 80 yrs. 7 mos. Portland. m. Nov. 3, 1828, Eleazer McKenney of Portland, she of Limington, he b. Nov. 27, 1802, Cape Elizabeth, d. May 14, 1873, Portland.
4. ALPHEUS, b. July 7, 1811.
5. SARAH C., b. Oct. 3, 1813. m. Sept. 18, 1849, Rev. Alvin Felch of Limerick.
6. DELIA, b. Sept. 19, 1817, d. Mar. 31, 1852. m. Aug. 23, 1842, Rev. John Hubbard.
7. EDMUND, b. Oct. 7, 1819, d. June, 1897, Auburn.
8. ALVIN, b. Jan. 26, 1822, d. June 6, 1845, unm.
9. ABNER AUGUSTUS, b. Jan. 27, 1827, d. Feb. 17, 1866.

vi. MARTHA, b. Aug. 28, 1783, d. Jan. 3, 1877, Limington. m. Nov. 26, 1801, Isaac Mitchell, both of Limington, he b. Jan. 31, 1780, Standish, d. Jan. 26, 1863, Limington.
vii. EUNICE, b. Apr. 13, 1786, d. Jan. 9, 1787.
viii. ANNA SMALL, b. Jan. 29, 1788, d. Sept. 14, 1843, Limington. m. Nov. 25, 1805, David Otis, both of Limington, he b. Apr. 19, 1781, Barrington, NH, d. Oct. 17, 1844, Limington.
ix. DOROTHY, b. June 26, 1791, d. Mar. 11, 1879, Windham. m. Nov. 29, 1810, Francis Small, both of Limington, he b. May 2, 1785, Scarboro, d. July 17, 1865, Windham.
x. EUNICE, b. July 4, 1795, d. 1879, Gorham. m. Dec. 30, 1813, Benjamin March Tyler, both of Limington, he b. June 19, 1787, d. May 24, 1852, Sebago.

LIBBY, ROBERT, b. Oct. 20, 1761, Scarboro, d. Oct. 5, 1847, Sebago. He came to town in 1788 and left for Sebago in 1832. m. Mar. 31, 1785, Elizabeth March, both of Scarboro, she b. Jan. 16, 1759, Scarboro, d. Mar. 24, 1838, ae 80 yrs. 2 mos. 8 das. Sebago. Children:
i. ANNA, b. July 9, 1785, d. July 21, 1869, ae 85 yrs. 12 das. m. Nov. 28, 1805, Abraham Cousins, both of Limington, he b. July 9, 1783, Kennebunk, d. Aug. 24, 1854, Scarboro.
ii. POLLY, b. May 5, 1788, Limington, d. Oct. 7, 1875, Scarboro. m. Feb. 13, 1816, John Libby, both of Limington, he b. Oct. 7, 1790, Limington, d. Dec. 2, 1862, Sebago.
iii. ELIZABETH, b. Apr. 14, 1791, Limington, d. 1873, Sebago. m. Oct. 31, 1823, Joseph Blake of Brownfield, she of Limington.
iv. SALLY, b. Nov. 20, 1793, d. Mar. 22, 1859, ae 65 yrs. 4 mos. Sebago. m. int. Mar. 9, 1817, John Pugsley of Cornish, she of Limington, he b. Aug. 19, 1791, Cornish, d. Feb. 11, 1847, Sebago.
v. JANE, b. May 1, 1797, d. June 19, 1891, ae 94 yrs. 1 mo. 18 das. Sebago. m. July 13, 1826, John Meserve of Sebago, she of Limington, he b. Sept. 27, 1799, Limington, d. June 20, 1868, Sebago.

vi. LUCY MARCH, b. Mar. 23, 1800, d. Oct. 1, 1875, Sebago. m. Oct. 6, 1825, James Brown of Baldwin, she of Limington.

LIBBY, SHIRLEY, b. Jan. 3, 1813, Scarboro, d. June 28, 1881, Limington. He settled on Sawyer's Hill, south of Nellie P. Sawyer Place, on North Road. m. Apr. 18, 1839, Mary Eliza Sinclair of Portland, she b. Aug. 26, 1814, Portland, d. Oct. 17, 1869, ae 55 yrs. 1 mo. 22 das. Limington. m. (2) Apr. 1, 1870, Eliza Jane Butterfield, widow of Lauren, both of Limington, she d. Aug. 13, 1891, ae 88 yrs. Limington. Children b. in Limington.
- i. LUCY ELLEN, b. Jan. 19, 1840, d. Nov. 22, 1869, Scarboro. m. May 18, 1865, James F. Small of Scarborp.
- ii. MARY S., b. Dec. 25, 1841, d. Feb. 21, 1931, Limington. m. Aug. 1, 1869, Silas Hubbard of Limington.
- iii. LEWIS S., b. Apr. 19, 1846, he was a member of 30th Reg. and was lost at sea in ship *Pocahontas*, June 1, 1864, ae 18 yrs.
- iv. GEORGE F., b. Dec. 5, 1848, d. May 18, 1924, Portland. m. May 17, 1876, Clara E. Marston of Falmouth.
- v. CHARLES A., b. Aug. 14, 1851, d. Nov. 28, 1907, Arlington, MA. m. Nov., 1873, Maria Small of Limington.
- vi. EUNICE M., b. Apr. 20, 1856, lived Somerville, MA. m. Ed Cooper.
- vii. LIZZIE, b. Jan. 17, 1860, d. Dec. 12, 1891, unm. Somerville, MA.

LITTLEFIELD, FOREST, bapt. Aug. 24, 1790, living 1850, Bridgton. m. int. June 28, 1823, Lydia Sloper of Hiram, he of Limington, she d. June 9, 1884, ae 91 yrs. S. Bridgton. Children:
- i. ESTHER E., b. Nov. 12, 1823, Limington, d. June 14, 1846, ae 22 yrs. 7 mos. Bridgton.
- ii. ANDREW P., b. July 31, 1825, Limington, living 1850, Bridgton.
- iii. LYDIA, b. Mar. 9, 1829, Limington, d. Nov. 5, 1833, Limington.
- iv. BETSEY G., b. Mar. 4, 1831, Limington. m. Abraham Linscott of Cornish.
- v. ALEXANDER D., b. Mar. 10, 1834, Limington, living 1850, Bridgton.
- vi. MELINDA G., b. Aug. 28, 1838, Limington, d. Oct. 13, 1865, ae 28 yrs. 2 mos. Bridgton.

LOMBARD, CALVIN, b. May 25, 1748, Truro, MA, d. July 28, 1809, ae 62 yrs. Limington (*Eastern Argus*, Aug. 17, 1809). He came from Gorham ca 1792 and settled on lot 3, range G. m. in 1767, Martha Grant of Berwick. m. (2) Nov. 11, 1798, Mary (Walker) Earle of Berwick, she d. Jan., 1835, ae ca 80 yrs. Limington. Children:
- i. POLLY, b. Aug. 4, 1768.
- ii. MARTHA, b. Dec. 4, 1769, d. June 21, 1830, Buxton.
- iii. LUTHER, b. Jan. 24, 1771, lived in Jay and Augusta. m. Jan. 10, 1793, Mary Plummer of Monmouth.
- iv. DORCAS, b. Apr. 7, 1772, d. May 11, 1802.
- v. RACHEL, b. Aug. 5, 1773, d. Aug. 9, 1809, ae 38 yrs. Buxton. m. Nov. 22, 1795, Stephen Hopkinson of Buxton, she of Limington.

vi. **WENTWORTH**, b. Oct., 1776, d. Jan. 25, 1833, ae 56 yrs. Wales. m. Jan. 21, 1802, Eunice Libby, both of Limington.
vii. **HEZEKIAH**, b. Feb. 12, 1779.
viii. **SALOME**, b. Oct. 18, 1780, d. May 15, 1831, ae 49 yrs. 6 mos. 24 das. Limington. m. Apr. 10, 1800, Joshua McKenney, both of Limington, he b. Jan. 16, 1775, d. May 8, 1865, Limington.
ix. **CALVIN JR.**, b. Aug. 21, 1799, d. Dec. 13, 1871, Baldwin. m. Apr. 13, 1824, Eunice Chapman, both of Limington, she b. July 6, 1799, Sanford, d. Sept. 21, 1883, Baldwin.
x. **ELIZA M.**, b. Dec. 18, 1805, d. June 30, 1875, Hiram. m. Aug. 3, 1837, Samuel Huntress of Hiram.

LOMBARD, PAUL, b. June 30, 1766, Gorham. He came from Gorham and settled in 1791 on Paul Lombard's Hill, near Emery's Corner. He moved to Abbott, ME. m. Aug. 15, 1791, Betsey Libby of Scarboro. Child:
i. **BETSEY**, bapt. Jan. 21, 1795.

LORD, JAMES, b. Mar. 14, 1774, Berwick, d. Dec. 3, 1848, ae 74 yrs. 8 mos. N. Limington. He lived on his step-father's place at N. Limington, where he was one of five settlers in that section of town. m. int. June 18, 1799, m. Nov. 28, 1790, Hannah Durrell of Limerick, he of Limington, she b. ca 1779, Kennebunk, d. June 22, 1854, ae 74 yrs. Limington. Children:
i. **GEORGE STONE**, b. Nov. 1, 1800, d. Dec. 19, 1867, ae 67 yrs. Limington. He was elected representative from his native town in State Legislature in 1838 and many yrs. selectman. His place then owned by Herbert A. Veazie, was destroyed by fire Apr. 20, 1904, after being owned by Benjamin Small. m. Nov. 7, 1822, Olive Knight of Waterboro, he of Limington, she b. Sept. 1, 1802, Waterboro, d. Feb. 11, 1892, ae 89 yrs. 5 mos. 11 das. Limington. Children:
   1. **HANNAH**, b. July 26, 1824, Phillips. m. Nov. 4, 1857, Stillman McCartee, b. Mar. 19, 1797, Manchester, NH, d. Feb. 25, 1860. Children:
      (1) **LYDIA**, b. Oct. 9, 1821.
      (2) **JOHN**, b. July 18, 1825, Porter, d. Aug. 10, 1902, Porter.
      (3) **MOSES**, b. Dec. 2, 1826.
      (4) **ROBERT**, b. Feb. 2, 1829.
      (5) **JACKSON**, b. Oct. 10, 1830.
      (6) **ISAAC**, b. Nov. 22, 1832.
      (7) **MARY**, b. Sept. 29, 1835, Porter. d. May 9, 1898, Wakefield, NH.
      (8) **ELLEN M.**, b. July 1, 1839, Porter, d. Apr. 14, 1903, Limerick.
      (9) **DAVID C.**, b. Nov. 12, 1841, Porter, d. Dec. 27, 1876, Porter.
      (10) **SALLY C.**, b. July 14, 1844.
      (11) **LUCINDA**, b. Nov. 23, 1847.
   2. **ABIEL**, b. Oct. 17, 1826, Phillips, d. Jan. 17, 1827.

3. ELIZABETH, b. Dec. 24, 1827, Phillips, d. Mar. 20, 1911, ae 83 yrs. 2 mos. 28 das. Limington. m. Jan. 15, 1846, Alden Veazie, both of Limington, he d. Dec. 22, 1897, ae 74 yrs. Limington.
4. LYDIA, b. Mar. 3, 1832, d. Mar. 30, 1919. m. June 29, 1852, Asa Libby of Limerick, she of Limington.
5. GEORGE, b. Feb. 21, 1834, d. Jan. 11, 1859, ae 24 yrs. 10 mos. Limington. m. int. Apr. 9, 1855, Maria Elliot of Parsonsfield, she of Limington.
6. NEHEMIAH, b. Jan. 30, 1836, d. Dec. 17, 1857, ae 21 yrs. 10 mos. Limington.
7. SIMEON, b. June 23, 1838, d. Apr. 16, 1860, ae 21 yrs. 9 mos. Limington.

ii. DAVID DURRELL, b. Nov. 24, 1802, d. July 26, 1884, ae 82 yrs. Kingfield. He moved to Phillips and was there in 1850 census. He was found dead in a hayfield. m. July 1, 1824, Lydia Meserve, both of Limington, she b. Apr. 26, 1803, Limington, d. Mar. 11, 1880, Kingfield, ae 76 yrs. 11 mos.
iii. OLIVE KNIGHT, b. Nov. 21, 1806, d. Aug. 30, 1857, ae 50 yrs. 9 mos. m. Apr. 18, 1833, Isaac Heard, both of Limington, he b. June 12, 1803, Limington, d. June 5, 1886, Limington.
iv. JOHN KNIGHT, b. Nov. 8, 1809, d. Mar. 23, 1891, Stafford Springs, CT. m. Nov. 29, 1832, Sarah Spelman.
v. JAMES FREEMAN, b. Jan. 12, 1816, d. Mar. 7, 1888, ae 72 yrs, 1 mo. Waterboro. m. Sept. 20, 1838, Sarah B. Stevens, both of Limington, she b. June 1, 1817, Limington, d. May 11, 1875, ae 57 yrs. 11 mos. Waterboro.
vi. ISAAC MORRELL, b. Oct. 28, 1818, d. Dec. 28, 1838, Parsonsfield, by a fatal accident.
vii. FRIEND DRAKE, b. Mar. 3, 1822, d. Dec. 8, 1883, Newton Falls, MA. He graduated from Bowdoin Medical School in 1847. Friend D. Lord m. Jan. 29, 1856 Harriet H. Hill of Waterboro, he of Casco.
viii. SIMEON LOCKE, b. Mar. 8, 1826, d. Apr., 1859, Epworth, IA. He also studied medicine. m. Feb. 5, 1852 in Boston, Emily Jane Knight of Waterboro, he of Limington.

LORD, JOHN, b. Mar. 29, 1772, Berwick, d. Apr. 9, 1843, ae 71 yrs. N. Limington. He and his brother, James, lived on his step-father's place, located on southern half of lot 13, range H. Their mother, Olive Knight, m. Apr. 30, 1771 in Berwick, Adam Lord. Their father was b. Dec. 24, 1747, Berwick, a Revolutionary soldier who d. at West Point of smallpox Apr., 1782, resident of Waterboro for 10 yrs. before death, Olive m. (2) George Stone, an early settler who came in 1785, who d. Dec. 9, 1839, ae 84 yrs. 7 mos. N. Limington, she d. June 13, 1837, ae 84 yrs. 2 mos. Limington. She had no children by her second marriage. John m. Jan. 24, 1796, Eunice Libby of Barwick, he of Limington, she b. Jan. 31, 1774, d. May 29, 1843. ae 69 yrs. Limington. Children:
i. OLIVE, b. July 2, 1797, d. Mar. 11, 1843, Phillips. m. Nov. 29, 1817, George Fennix, both of Limington.

ii. JAMES, b. June 28, 1799, d. Nov. 25, 1873, ae 74 yrs. 4 mos. 27 das. Limington. m. June 13, 1822, Mary Meserve, both of Limington, she b. Dec. 4, 1797, Limington, d. Mar. 11, 1883, Limington. Children born in Limington.
  1. JOHN, b. July 9, 1823, d. Sept. 17, 1892, Leeds, WI. He went to WI Mar. 3, 1855, and back to Limington Mar. 2, 1867 and returned. m. int. Dec. 9, 1845, Abigail Mason of Porter, he of Limington.
  2. SARAH M., b. Feb. 1, 1833, d. Mar. 11, 1878, ae 45 yrs. 1 mo. 17 das. m. July 3, 1853, Henry Wentworth, both of Limington. He b. Apr. 4, 1831, Limington, d. Feb. 24, 1895, Limington.
  3. MARY, b. Mar. 10, 1836, d. Feb. 26, 1883, Limington. m. May 15, 1864, William W. Wentworth, both of Limington, he b. Dec. 7, 1817, Limington, d. Apr. 3, 1878, Limington. m. (2) Mar. 2, 1879, Rev. Henry Wentworth of Limington, she of Parsonsfield.
  4. JOSEPH M., b. June, 1845, d. Aug. 19, 1865, ae 20 yrs. 1 mo. 26 das.
  5. JAMES H., b. 1847.
iii. GEORGE, b. July 10, 1802, Brownfield, d. Jan. 19, 1865, Porter. m. Nov. 27, 1827, Lydia Meserve, both of Limington, she b. Jan. 14, 1802, Limington, d. Mar. 22, 1884, Porter. Children:
  1. MARY, d. Sept. 7, 1834, ae 6 yrs. 8 das. Porter.
  2. ELIZA M., b. Feb. 23, 1862, ae 31 yrs. 11 mos. 25 das. Porter. m. Mar. 17, 1850, Robert Sargent of Porter.
  3. EUNICE, b. May 27, 1832, Porter, d. July 1, 1902, Parsonsfield. m. Mar. 4, 1853, Josiah Emery Wentworth of Limington.
  4. SARAH J., b. Feb. 6, 1837, d. Aug. 28, 1909, ae 72 yrs. 6 mos. 22 das. m. Mar. 17, 1850, Levi Robbins, both of Porter.
  5. EMILY A., b. Sept. 30, 1840, d. Nov. 5, 1905 ae 66 yrs. Auburn. m. Aug. 11, 1860, Stephen E. Wentworth of Limington, she of Porter.
iv. PHEBE M., b. Nov. 7, 1803, Brownfield, d. Apr. 6, 1876, Portland. m. Nov. 8, 1827, Dennis Marr, both of Limington, he b. May 25, 1800, Limington, d. Oct. 25, 1862, Limington.
v. DANIEL, b. June 17, 1810, d. June 10, 1877, Limerick. m. Feb. 13, 1834, Louisa McKenney, both of Limington, she b. Dec. 1, 1812, Limington, d. Sept. 4, 1862, Limerick.

LYONS, WILLIAM, d. Sept., 1801, S. Limington. He settled in 1793 near Gilkey Brook on Moody Road at S. Limington. m. Peggy or Margaret Randall, sister to Elder Benjamin Randall of New Durham, NH, the founder of the Free-Will Baptist demonination, she m. (2) int. Sept. 4, 1803, Ephraim Leighton of Ossipee, NH. she of Limington, she d. Feb. 24, 1838, ae 78 yrs. Barnstead, NH, at residence of Joseph Hall.

McARTHUR, JOHN, b. Oct. 15, 1745, Perth, Scotland, d. Aug. 30, 1816, S. Limington. He came to America in 1765 and came from Cape

Elizabeth to S. Limington as third settler. He settled on lot 4, range D, later occupied by his son James, now Hollis Hogle's place on Moody Road, at Barbel Creek. m. Mar. 19, 1768, Mary Miller, both of Cape Elizabeth, she b. Feb. 11, 1750, Cape Elizabeth, d. Mar. 11, 1832, ae 82 yrs. 1 mo. Limington. Children:

i. ELEANOR, b. May 31, 1768, d. 1847, Durham. m. Feb. 21, 1793, Matthias Ridlon, both of Limington.
ii. JOHN, b. Jan. 19, 1771, d. May 19, 1771.
iii. JANE HARRISON, b. Aug. 8, 1773, Scarboro, d. Nov. 4, 1857, Limington. m. Jan. 10, 1791, Reuben Brackett, both of Limington, he b. Mar. 23, 1764, Berwick, d. Apr. 21, 1846, Limington.
iv. MARGARET, b. Nov. 5, 1775, d. June 30, 1814, ae 38 yrs. 7 mos. 25 das. Limington. She was first white female born in town. m. Dec. 25, 1797, Benjamin Libby, both of Limington, he b. Apr. 30, 1775, Saco, d. Feb. 25, 1866, Limington.
v. CATHERINE, b. June 12, 1778, d. Apr. 12, 1853, ae 75 yrs. Scarboro. m. Nov. 28, 1799, Hiram Staples, both of Limington, she b. Apr. 10, 1775, d. June 10, 1840, Limington.
vi. MARY, b. Mar. 21, 1780, d. Feb. 22, 1863, ae 81 yrs. 11 mos. Limington. She was unmarried, but had a child:
    1. JOHN, b. May 13, 1806, Limington, d. Sept. 8, 1870, ae 69 yrs. Augusta. m. Dec. 1, 1841, Elizabeth Irish of Gorham, he of Brooks.
vii. JOHN, b. Jan. 19, 1784, d. May 16, 1806, ae 22 yrs. Limington.
viii. PETER, b. Nov. 5, 1786, d. June 13, 1848, ae 64 yrs. 7 mos. Limington. m. int. Sept. 15, 1836, Mary Miller of Durham, he of Limington, she m. (2) Oct. 20, 1853, Joseph Macomber of Durham. Children:
    1. INFANT SON, d. Feb. 20, 1838, Limington.
    2. INFANT SON, d. Aug. 25, 1839, Limington.
    3. INFANT DAU., d. June 15, 1841, Limington.
ix. ARTHUR, b. Jan. 14, 1790, d. Nov. 29, 1874, ae 84 yrs. 10 mos. 15 das. Limington. He graduated from Bowdoin College in 1810 and in 1817 began law practice in Limington. He lived in McArthur's place in the village. m. Sept. 1, 1829, Sarah Prince Miltmore of Falmouth, he of Limington, she b. Feb. 13, 1805, Falmouth, d. July 4, 1881, Limington. Children born in Limington.
    1. MAJ. ARTHUR, b. Sept. 15, 1830, d. May 25, 1862, Winchester, VA. He graduated from Bowdoin in 1850 and was in 6th LA Inf. in the Civil War.
    2. COL. WILLIAM MILTMORE, b. July 7, 1832, d. Jan. 29, 1917, Limington. He graduated from Bowdoin in 1853. He went into Civil War and had a law practice as a pension agent.
    3. CATHERINE, b. Jan. 29, 1834, d. Nov. 30, 1864, unm. Limington. She graduated from Holyoke Seminary in 1853.
    4. DUNCAN, b. Apr. 5, 1837, d. Mar. 1, 1854, on a return voyage from Havre, France, on the ship *A. B. Thompson*.

5. CHARLES STUART, b. July 9, 1839, d. July 1, 1894, Pleasant Hill, MO. m. Isabella Painter and lived in MO. He graduated from Bowdoin in 1863. Child:
   (1) KATHERINE, b. May 23, 1874, Peculiar, MO. Came to Limington in 1912 to lived at the farm of her Uncle William, which she later inherited.
6. CAPT. MALCOLM, b. June 23, 1841, d. Jan. 12, 1886, unm. Limington. He graduated from West Point in 1865 and was in 17th Infantry in Army.

x. JAMES, b. June 29, 1792, d. June 26, 1877, Limington. He d. in house of his birth at Barbel Creek, where he lived. He ran a store in the Masonic building until he left shortly for Gorham in Feb., 1836, where he had a store. m. Jan. 9, 1817, Mary Small, both of Limington, she b. Jan. 6, 1798, Limington, d. June 3, 1881, ae 83 yrs. 5 mos., Limington. Children: (all born in Limington, except last one)
   1. MARY, b. Aug. 28, 1817, d. June 7, 1872, Saco. m. June 6, 1837, George Sawyer of Portland, he d. Nov. 28, 1878, ae 68 yrs. Saco. Buried Evergreen Cemetery, Saco.
   2. ELIZABETH, b. May 19, 1819, d. July 8, 1895, living 1860 and 1870 with her father at Limington. m. Apr. 16, 1839, Cyrus K. Smith of Gorham, she of Limington, he d. June 11, 1895, ae 78 yrs. Greenwich, NY.
   3. JANE HARRISON, b. Nov. 24, 1821, d. Dec. 14, 1899, ae 78 yrs. Portland. m. Stephen Cammett of Gorham, then of Portland, he b. July 17, 1817, Gorham, d. June 7, 1893, Portland.
   4. CAROLINE LOUISA, b. May 5, 1823. m. Dec. 20, 1839, Major R. Watson of Limington, she of Gorham, he b. Dec. 6, 1814, Gorham, d. Apr. 4, 1845 ae 31 yrs., Baldwin, formerly of Gorham. m. (2) May 22, 1859 in Limington, John W. Brock, both of Dover, NH.
   5. JAMES, b. Jan. 18, 1826.
   6. JOHN, b. July 4, 1830, d. Apr. 5, 1893, ae 62 yrs. 9 mos. 1 da. unm.
   7. CHARLES STUART, b. Nov. 25, 1832, d. Aug. 27, 1834, ae 21 mos. Limington.
   8. MARGARET, b. July 20, 1840, Gorham, d. July 7, 1895, ae 55 yrs. 5 mos. 7 das. Limington. m. Jan. 4, 1894, George Huntress of Limington.

xi. PAMELA M., b. Apr. 10, 1797, d. Mar. 21, 1861, ae 63 yrs. 11 mos. 11 das. E. Bridgewater, MA. m. Mar. 14, 1822, David Hammonds Cole, both of Limington, he b. Aug. 7, 1789, d. Jan. 9, 1841, ae 51 yrs. Portland. They moved to Saco, later to Portland. Children:
   1. AMANDA CATHERINE, b. Mar. 10, 1823, d. Oct. 29, 1904, E. Bridgewater, MA. m. Sept., 1844 in Saco, William Allen of Saco. He b. Sept. 27, 1816, E. Bridgewater, MA, d. Feb. 19, 1894, E. Bridgewater, MA.
   2. PAMELIA McARTHUR, b. Oct. 24, 1829, lived in 1863, E. Bridgewater, MA.

McDONALD, JOHN, b. Apr. 16, 1773, Gorham, d. Mar. 16, 1826, Limerick. He came from Buxton in 1796 and established across from the Congregational Church. In 1806 he moved to Limerick. m. Apr. 14, 1796, Lydia Wiley of Standish, he of Limerick, she b. Dec. 26, 1772, Andover, MA, d. Apr. 30, 1826, ae 53 yrs. Limerick. Children:
i. MARY, b. Jan. 28, 1797, d. Apr. 3, 1849, Limerick. m. Nov. 15, 1818, Capt. John A. Morrill, both of Limerick.
ii. ROBERT, b. Dec. 17, 1798, d. Nov. 20, 1867, Parsonsfield, formerly of Limerick.
iii. JOHN, b. Dec. 19, 1800, d. Jan. 1, 1867, Bangor. m. June 26, 1827, Olive Jefferds of Kennebunkport, he of Limerick.
iv. LYDIA, b. Aug. 11, 1802, d. Jan. 2, 1828, ae 26 yrs. Hampden. m. Nov. 9, 1821, William Emerson, both of Limerick. m. (2) May 2, 1826, Col. Daniel Emery of Hampden, she of Limerick.
v. SALLY, b. Mar. 23, 1804, d. Aug. 10, 1860, Limerick. m. Mar. 8, 1831, Jeremiah Ilsley, both of Limerick.
vi. HANNAH E., b. Aug. 29, 1806, d. Jan. 22, 1881, Bangor. m. Oct. 29, 1825, Isaac Merrill, both of Limerick.
vii. ABNER S., b. Aug. 5, 1808, d. Apr., 1842, Corpus Christe, TX.
viii. FRANCES, b. June 20, 1810, d. Nov. 25, 1895, Dover, NH. m. June 12, 1828, William Burr, both of Limerick.
ix. JAMES MADISON, b. May 22, 1812, d. Apr. 19, 1878, Princeton, NJ.
x. HON. MOSES, b. Apr. 8, 1814, d. Oct. 18, 1869, Saco. m. int. Aug. 22, 1841, Susan Annie Libby of Limerick.
xi. MIRIAM, b. Apr. 8, 1814, d. Oct. 6, 1879, Bangor. m. Apr. 24, 1834, Albert Dole of Bangor, she of Limerick.

McKENNEY, HUMPHREY, b. 1740-4, Scarboro, d. 1815, Limington. He came from Scarboro before Feb., 1780 and settled on lot 6, range H, on Quaker Lane. A Revolutionary soldier. m. Dec. 6, 1764, Elizabeth Small of Scarboro, she b. Mar. 14, 1745, Scarboro, d. Mar., 1822, Limington. His death is given in Windham Friends Records. Children:
i. SARAH, b. Mar. 10, 1766, d. Nov. 10, 1839, ae 73 yrs. Gorham. m. Apr. 15, 1790, Moses Frost, both of Limington, he b. June 3, 1766, Berwick, d. Sept. 20, 1850, Gorham.
ii. DOMINICUS, b. June 6, 1768, d. Apr. 2, 1843, ae 74 yrs. 10 mos. Limington. m. Nov. 18, 1790, Mary Hasty, both of Limington, she b. Oct. 12, 1772, Scarboro, d. May 15, 1845, Limington. He bought the northern end of lot 13, range F in 1805. Children:
1. BETSEY, b. Jan. 2, 1791, d. June 7, 1849, ae 58 yrs. Bridgton. m. Jan. 14, 1811, Andrew Cobb, both of Limington, he b. Sept. 20, 1791, Limington, d. Dec. 6, 1873, Bridgton.
2. HANNAH, b. Aug. 31, 1792, d. Apr. 4, 1867, ae 74 yrs. 7 mos. 4 das. Limington. m. Mar. 2, 1831, William Waterhouse, both of Limington. In 1850, they moved to Effingham, NH.

3. SUSAN, b. Mar. 28, 1794, d. June 7, 1880, ae 86 yrs. 2 mos. Gorham. m. May 20, 1821, Andrew Witherbee, both of Limington, he d. Dec. 21, 1861, ae 64 yrs. Gorham.
4. ROBERT, b. Nov. 8, 1795, d. June 5, 1878, S. Bridgton, m. Nov. 24, 1819, Sally Robinson, both of Limington, she b. Apr. 15, 1797, d. Apr. 27, 1886, Bridgton.
5. RACHEL, b. June 23, 1797, d. Oct. 21, 1823, Scarboro. m. Feb. 6, 1823, Aaron Libby of Scarboro, she of Limington.
6. MARY, b. July 31, 1801, d. Sept. 19, 1838, ae 37 yrs. 1 mo. 19 das. Effingham, NH. m. July 13, 1823, Benjamin Leavitt, both of Limington, he b. Sept. 14, 1802, d. Nov. 15, 1863, ae 61 yrs. Effingham, NH.
7. LYDIA, b. Aug. 12, 1803, d. Sept. 22, 1843, Scarboro. m. Oct. 21, 1821, Luther Libby of Scarboro, she of Limington.
8. LAVINA, b. July 15, 1804, d. Aug. 4, 1845, Limington. m. Dec. 31, 1829, Joel Cobb, both of Limington, he b. Mar. 15, 1805, Limington, d. Sept. 16, 1876, Mona Mitchell Co., IA.
9. HUMPHREY, b. Oct. 10, 1806, d. Dec. 25, 1872, ae 66 yrs. 2 mos. Madison, Dane Co., WI. He moved in 1836 to Bridgton and in 1850 of Chatham, NH. In 1854 moved to WI. m. Nov. 25, 1829, Lydia Cobb, both of Limington, she b. Apr. 13, 1807, Limington. Children:
    (1) FRANCIS N. J., b. Jan. 17, 1831, Limington, he was a lawyer in Madison, WI.
    (2) FRANKLIN B., b. Nov. 22, 1835, in 1884 of Champlin, MN, in 1896 of Nashville Center, MN.
    (3) CHARLINDA, b. May 2, 1836, Bridgton.
10. DOMINICUS, b. Dec. 20, 1807, d. Nov. 5, 1885, ae 77 yrs. 10 mos. Limington. He lived on Sky Ranch, on North Road, last occupied by Charles Gates McKenney. m. Mar. 31, 1836, Mary Kezar of Parsonsfield, she b. Oct., 1812, d. Nov. 14, 1848, ae 37 yrs. 3 mos. m. (2) Aug. 9, 1849, Mary Ann Flood of Buxton, he of Limington, she b. Apr. 16, 1822, Buxton, d. Sept. 28, 1902, ae 86 yrs. 6 mos. Her widowed mother, Mrs. Mary Flood, d. Mar. 15, 1874, ae 75 yrs. 3 mos. Limington, at her place. Children:
    (1) MELVILLE, b. Sept. 12, 1837, d. Feb. 16, 1843, ae 5 yrs. 5 mos. 4 das. Limington.
    (2) SETH L., b. Oct. 8, 1839, d. Feb. 14, 1843, ae 3 yrs. 4 mos. 6 das. Limington.
    (3) ABNER K., b. July 6, 1841. m. May 15, 1872, Mary Ellen Flood of Standish. She divorced him in 1885.
    (4) MARY, b. Mar. 21, 1845, living 1880.
    (5) SIMON, b. Mar. 1, 1848.
    (6) WILLIAM L., b. May 4, 1853, d. Mar. 25, 1903, ae 49 yrs. 10 mos. 21 das. m. Nov. 17, 1886, Vista Flood of Buxton, he of Limington. Children:
        (i) CHARLES GATES, b. Aug. 18, 1887, Buxton, d. Mar. 1962, Portland.

(ii) INFANT SON, d. Oct. 12, 1889, ae 3 mos., Buxton.
(iii) EVERETT, b. Nov. 6, 1896.
(7) ELLA FRANCES, b. Jan. 14, 1856, d. Apr. 2, 1872, ae 16 yrs. 2 mos. 18 das. Limington.
(8) CHARLES D., b. Aug. 23, 1862, d. Aug. 20, 1864, ae 2 yrs. 3 das.
11. ASENATH, b. Jan. 16, 1810, d. Feb. 23, 1871, m. July 4, 1832, John Larrabee of Scarboro, she of Limington, he b. Mar. 19, 1808, d. Feb. 23, 1880.
12. SALLY, b. Feb. 6, 1813, d. Sept. 14, 1884, Gorham. m. Apr. 9, 1839, Leander Moody, both of Limington, he b. May 21, 1815, Harrison, d. Mar. 5, 1879, Limington.
13. DAVID HASTY, b. Oct. 23, 1815, d. Feb. 27, 1893, ae 77 yrs. 4 mos. 10 das. Gorham. When 18 yrs. old, moved to Gorham. m. July 6, 1841, Rebecca McLellan of Gorham.

iii. ELIZABETH, m. Sept. 12, 1792, Charles McKenney of Cape Elizabeth, she of Limington. Only child born in Limington:
1. MARY, b. Nov. 26, 1793, Limington, d. Nov. 18, 1828, Limington. m. Apr. 9, 1820, George Manson, both of Limington.

iv. SUSANNA, m. Nov. 7, 1792, Robert Edgecomb, both of Limington, he bapt. May 8, 1768, d. 1811, Montville.

v. JOSHUA, b. Jan. 16, 1775, d. May 8, 1865, ae 90 yrs. 3 mos. 23 das. Limington. He purchased a farm in 1799 on Sawyer's Mountain. m. Aug. 22, 1798, Abigail Knox, both of Limington. m. (2) Apr. 10, 1800, Salome Lombard, both of Limington, she d. May 15, 1831, ae 49 yrs. 6 mos. 24 das. Limington. m. (3) Feb. 17, 1833, Mary (Robinson) Carter of Scarboro, he of Limington, she b. Aug. 3, 1784, d. Dec. 29, 1879, ae 95 yrs. Limington. Children b. in Limington.
1. HENRY, b. Mar. 24, 1801, d. Mar. 17, 1872, Auburn. He moved to Buxton (1833) and moved to Auburn in 1843. m. Dec. 4, 1825, Ruth Parker, both of Limington, she b. Sept. 25, 1804, Limington, d. Sept. 25, 1835, ae 32 yrs. Buxton. m. (2) Apr. 2, 1836, Hannah (Jose) Small, widow of Moses of Limington, she b. Apr. 4, 1808, Buxton, d. Mar. 5, 1898, Marietta, OH. Children:
(1) HANNAH E., b. May 3, 1826, d. Apr. 3, 1843, ae 17 yrs. unm. Limington.
(2) MARTHA, b. Nov. 20, 1827, d. May 17, 1832, ae 4 yrs. 5 mos. 27 das. Limington.
(3) ANN M., b. Apr. 7, 1829. living 1872 Auburn. m. Ephraim Morse of Auburn.
(4) SALOME PARKER, b. Dec. 3, 1831, Buxton, d. Jan. 11, 1921, Sea Breeze, FL. m. June 11, 1857, Nelson Dingley Jr. of Auburn.
(5) MARTHA, b. Jan. 16, 1833, d. Oct. 13, 1867, ae 34 yrs. 8 mos. 27 das. Auburn. m. in 1852 John William Perkins.
(6) RUTH, b. Oct. 4, 1834, d. Oct. 8, 1835, Buxton.

(7) **RUTH P.**, b. Mar. 12, 1837. m. May 7, 1863 Jeremiah Dingley Jr., both of Auburn.
(8) **ARDELIA**, b. Oct. 13, 1839, d. Feb. 20, 1855, unm. Auburn.
(9) **CAROLINE A.**, d. May 18, 1841, ae 2 yrs. 10 mos.

2. **CALVIN**, b. Jan. 9, 1805, d. Mar. 18, 1830, ae 24 yrs. 9 mos. 29 das. m. int. Oct. 21, 1827, Mary Parker, both of Limington, she m. (2) Oct. 5, 1834, Benjamin Moody, both of Limington. Child:
   (1) **MARANDA**, b. Dec. 11, 1828, Limington, d. Oct. 31, 1848, ae 19 yrs. 10 mos. 21 das. Limington, of typhoid fever. She was an orphan raised by her grandparents.

3. **SALOME**, b. Apr. 24, 1807, d. Mar. 30, 1874, ae 66 yrs. 11 mos. 6 das. Limington. m. Nov. 13, 1828, Ivory Estes, both of Limington, he d. June 23, 1884, ae 78 yrs. 2 mos. 1 da. Limington.

4. **MARY**, b. May 31, 1811, d. June 9, 1840, ae 29 yrs. m. Nov. 29, 1830, Gardner Flood of Buxton, she of Limington, he b. Apr. 19, 1810, Buxton, d. Nov. 13, 1897, Buxton.

5. **LOUISA**, b. Dec. 1, 1812, d. Sept. 4, 1862, ae 49 yrs. 9 mos. 3 das., Limerick. m. Feb. 13, 1834, Daniel Lord, both of Limington, he b. June 17, 1810, Limington, d. June 10, 1877, Limerick.

6. **ABIGAIL**, b. Nov. 11, 1816, d. Dec. 7, 1899, ae 83 yrs. Buxton. m. June 23, 1841, Gardner Flood of Buxton, she of Limington.

7. **JOSHUA**, b. June 22, 1821, d. Sept. 16, 1897, ae 76 yrs. 2 mos. 26 das. Limington. m. int. Feb. 19. 1844, Ann Bradeen, both of Limington, she d. July 1, 1890, ae 68 yrs. Limington. Children:
   (1) **WINBURN ADAMS**, b. Feb. 16, 1844, d. July 15, 1898, St. Crois Falls, WI. m. June 4, 1864, Martha Stone of Cornish.
   (2) **ELLEN L.**, b. June 20, 1848, d. Mar. 21, 1921, ae 72 yrs. 9 mos. Limington. m. int. Nov. 18, 1872, Charles Davis Estes, both of Limington, he b. Aug. 12, 1845, d. June 1, 1924, Limerick.
   (3) **ANNA AUGUSTA**, b. Aug. 11, 1850, d. Dec. 31, 1927, Cornish. m. int. Dec. 4, 1875, Levi Merrifield, both of Limington, he b. July 29, 1842, Limington, d. Oct. 28, 1904.
   (4) **HENRY HARDY**, b. Mar. 22, 1862, d. Feb. 28, 1922, Limington. m. Lizzie Bradbury, both of Limington.
   (5) **ARVILDA**, b. Nov. 25, 1863, d. Dec. 2, 1938. m. Willard Pugsley of Cornish.

vi. **HUMPHREY**, b. Oct. 15, 1780, d. Apr. 6, 1867, ae 80 yrs. 5 mos. 21 das. Limington. m. Nov. 17, 1808, Eunice Robinson, both of Limington, she b. Oct. 21, 1785, d. June 7, 1878, ae 92 yrs. 7 mos. 16 das. Limington. Children:

1. FREEMAN, b. Feb. 22, 1811, d. May 27, 1886, ae 75 yrs. 3 mos. 5 das. Limington. He for many yrs. a selectman and represented his district in State Legislature. m. May 3, 1840, Abigail Ann Chaney, both of Limington, she b. May 26, 1814, Limington, d. Jan. 29, 1877, ae 62 yrs. 8 mos. 3 das. Children born in Limington.
   (1) CHARLES FREEMAN, b. Nov. 26, 1842, d. Apr. 5, 1891, ae 49 yrs, Limington of Bright's disease. m. June, 1866, Hannah Gordan of Fryeburg, she b. Feb. 29, 1840, d. Aug. 2, 1941.
   (2) WINFIELD SCOTT, b. Sept., 1846, d. Jan. 4, 1923, Cornish. m. int. June 16, 1865, Hattie Boynton Thompson of Cornish.
   (3) FRANK H., b. 1854, living 1890, Cornish and in 1895 of Winnepig, Manitoba. m. Nov. 26, 1881, Katie Day of Cornish. He deserted her in Mar., 1882, and went to Canada.
2. EUNICE, b. Aug., 1812, d. July 10, 1898, ae 85 yrs. 10 mos. 15 das. Porter. m. Aug. 17, 1843, Capt. James Heard of Porter, she of Limington, he b. Mar. 8, 1801, Limington, d. Jan. 16, 1860, Porter.
3. SIMEON P., b. June 7, 1816, d. Sept. 14, 1891, ae 75 yrs. Biddeford. He admitted to York Bar in 1845 and practiced six yrs. in Turner before moving to Biddeford. m. July, 1850, Octavia Newbegin of Biddeford.

vii. MARY, b. Oct. 6, 1782, d. May 1, 1838, ae 56 yrs. Limington. m Sept. 20, 1804, Nathaniel Kennard Staples, both of ....ngton, he b. Sept. 20, 1777, d. Jan. 30, 1872, Limington.

viii. SIMON, d. Oct. 22, 1827, Limington. He lived on his father's place on Quaker Lane, now called Hobson Lane. m. Nov. 7, 1810, Lydia Small of Limerick, he of Limington, she m. (2) June 25, 1830, Israel Boody, both of Limington, she b. between 1780-1790, d. Mar. 11, 1836, Limington. Children:
   1. BETSEY (ELIZABETH), b. Sept. 15, 1811, d. June 25, 1840, ae 28 yrs. 9 mos. Limington. m. Jan. 19, 1834, Leander Staples, both of Limington, he b. Apr. 23, 1810, Limington, d. Apr. 11, 1895, Limerick.
   2. JOANNA COBB, b. 1812, living 1850, Effingham, NH, living Mar., 1900, Grow, part of Anoka, MN. m. June 14, 1840, William Staples, both of Limington.
   3. HENRY, b. 1813, d. Nov. 23, 1873, ae 60 yrs. 11 mos. Limerick. m. int. Dec. 5, 1833, Nancy Jack, both of Limington, she d. July 29, 1853, ae 44 yrs. Effingham, NH. m. (2) Apr. 23, 1860, Mehitable Watson, both of Limerick.
   4. JOSEPH W., b. 1816, living 1860, ae 45 yrs. Anoka, MN. m. July 14, 1836, Joanna Sedgley of Limerick, she b. Dec. 30, 1813, d. Jan. 29, 1843, Limerick. m. (2) Nov. 22, 1847, Mary A. Smith of Standish, she d. Oct. 29, 1875, ae 52 yrs. 8 mos. Anoka, MN.

ix. HENRY, d. before 1800, as a boy.

McKENNEY, JAMES. b. Mar. 11, 1742, Scarboro, d. 1813, N. Limington. He came from Scarboro in Jan., 1791 and settled on lot 13, range G. He is buried on his farm in family cemetery, located on high bank over looking Davis Brook. A Revolutionary soldier. m. June 6, 1765, Martha Noble of Scarboro, she living Nov., 1814 and probably d. that year. She bapt. May 22, 1746, Dover, NH. Children:

i. HANNAH, b. ca 1766, d. Dec. 28, 1825, Limington. m. Nov. 17, 1785 in Scarboro, Eli Jackson, both of Cape Elizabeth, he b. 1759, Cape Elizabeth, d. Nov. 29, 1825, ae 66 yrs. Limington.

ii. DAVID, b. before 1770, d. Aug. 3, 1847, Limington. m. Jan. 31, 1797, Elizabeth Guilford of Scarboro, she bapt. July 13, 1771, Scarboro, d. 1854, Limington. Children:

1. WILLIAM, b. May, 1797, d. Feb. 20, 1881, ae 83 yrs. 10 mos. Limington. He lived where his daughter Maria lived and buried. The cemetery contained no stone inscriptions. m. Nov. 29, 1821, Elizabeth Jackson, both of Limington, she b. Feb., 1805, Cape Elizabeth, d. Nov. 9, 1889, ae 84 yrs. 7 mos. 28 das. Limington. She was a very smart woman and was respected by all who knew her. Children b. in Limington.

    (1) DAVID, b. July 28, 1822, d. Mar. 1, 1894, ae 71 yrs. Baldwin. m. Mar. 24, 1848 in Waltham, MA, Pamelia Dearborn, formerly of Limerick, she b. Nov. 4, 1817, Limerick, d. Mar. 26, 1888, ae 72 yrs. Baldwin.

    (2) ROXANNA, b. Mar., 1824, d. Sept. 16, 1895, ae 71 yrs. 4 mos. Caribou. m. Aug. 15, 1841, Dominicus Harmon of Hollis, she of Limington, he b. Feb. 12, 1821, d. Sept. 2, 1888, Caribou.

    (3) ALMIRA B., b. 1827, d. Apr. 18, 1855, ae 27 yrs. Groton, MA. m. Sept. 5, 1848, Henry S. Wellington of Somerville, MA, she of Limington. He living 1857, Waltham, MA, and 1861 of Charlestown, MA.

    (4) MARY ELIZABETH, b. May, 1830, d. Jan. 20, 1894, ae 65 yrs. 7 mos. 20 das. Baldwin. m. Nov. 26, 1863, in Marriner, Thomas B. Marriner, he b. Nov. 21, 1827, Baldwin, d. Dec. 15, 1898, ae 71 yrs. 1 mo.

    (5) CATHERINE FRENCH, b. Mar. 12, 1833, d. Jan. 9, 1923, Baldwin. m. Warren I. Thorne of Hiram.

    (6) JOHN F., d. in infancy.

    (7) GEORGE WASHINGTON, b. Aug., 1837, d. Feb. 18, 1913, ae 76 yrs. 6 mos. unm. Limington. As a young man he went to Cambridge, MA, until May, 1863, where he was a ship's carpenter. He lived near where his grandfather is buried and it was his wish to be buried next to him. He was called "Racker".

    (8) SARAH BAILEY, b. Nov. 18, 1839, d. Dec. 31, 1924, ae 85 yrs. 1 mo. 13 das. Limington. m. Apr. 20, 1859 in Standish, David Marks Taylor, both of Limington, he b. July 29, 1835, Limington, d. Feb. 28, 1914, Limington.

(9) MARIA H., b. 1843, d. May 31, 1925, unm. Limington, she got lost in woods, placing a flag upon her grandfather's grave and her body found Oct. 31.
(10) JOHN FRANKLIN, b. Feb. 5, 1845, d. Jan. 5, 1914, Limington. m. Oct. 9, 1879, Artie S. Peabody Falker of Biddeford, he of Limington. Children:
   (i) FRANK LESTER, b. June 2, 1880.
   (ii) WILLIAM H., b. Feb. 8, 1882.
   (iii) ARTHUR FALKER, b. Aug. 6, 1885.
   (iv) EMERY J., b. Feb. 25, 1888.
   (v) HOWARD, b. Nov. 6, 1891.
   (vi) FRED C., b. Feb. 4, 1893.
(11) VIOLA, b. Sept. 27, 1848, d. ae 6 yrs. of diptheria, Limington. Shortly before she became ill, a bird came in the house from an opened window and circled around her head and left.

2. ELIZABETH, b. 1800-1810, d. Apr. 16, 1830, Limington.
3. MARY, b. Sept. 27, 1803, d. Nov. 27, 1873, Waterford. m. int. Sept. 10, 1820, Joshua Libby Marr, both of Limington, he b. May 7, 1797, Limington, d. Feb. 7, 1867, Waterford.
4. IRENE, b. 1810, d. Aug. 2, 1882, ae 71 yrs. 10 mos. Sebago. m. Sept. 11, 1834, Josiah McKenney of Baldwin, she of Limington, he b. Dec. 27, 1808, d. Sept. 15, 1904, Sebago.
5. DAVID.

iii. ABIGAIL, b. 1772, d. Oct. 31, 1865, ae 93 yrs. 6 mos. Baldwin. She living in 1860, ae 89 yrs. m. Dec. 26, 1791 in Baldwin, Josiah Sanborn of Baldwin, he d. June 2, 1816, ae 46 yrs. Baldwin.

iv. JAMES, b. May 20, 1775, d. Feb. 24, 1845, ae 70 yrs. Limington. m. Mar. 22, 1798, Jane Thorn of Baldwin, he of Limington, she b. Nov. 9, 1771, Standish, d. May 4, 1841, ae 70 yrs. Limington. Children:
1. DANIEL, b. May 29, 1799. d. Oct. 26, 1883, ae 84 yrs. 5 mos. N. Limington. m. Dec. 25, 1823, Eliza Thorn of Baldwin, he of Limington, she b. May 20, 1798, Danville, VT, d. July 3, 1874, ae 76 yrs. 1 mo. 13 das. Limington. Children:
   (1) ALBION P., b. Dec. 9, 1825, d. Apr. 26, 1841, ae 15 yrs. 4 mos. Limington.
   (2) MARGARET JANE, b. Feb. 3, 1828, d. Nov. 29, 1900, Limington. m. Oct. 22, 1861 at Parsonsfield, John D. Gordan of Dayton, he b. June 13, 1829, Dayton, d. Apr. 14, 1895, ae 65 yrs. 10 mos. 1 da.
   (3) JAMES L., b. Oct. 12, 1829, d. July 20, 1834, ae 4 yrs. 9 mos. Limington.
2. HANNAH, b. Sept. 9, 1807, d. Sept. 14, 1832, ae 25 yrs. Baldwin. m. Dec. 13, 1829, Joseph Cram of Baldwin, she of Limington, he b. Aug., 1802, d. Oct. 2, 1872, ae 70 yrs. W. Baldwin.

v. **DANIEL**, b. June 2, 1780, d. Sept. 14, 1855, ae 75 yrs. 3 mos. Sebago. He moved to Sebago soon after his m. on Dec. 1, 1803, Hannah Sanborn of Baldwin, he of Limington, she b. June 18, 1782, Standish, d. Sept. 19, 1857, Sebago.

vi. **ELIAS**, b. Nov. 27, 1784, Scarboro, d. Apr. 4, 1871, ae 86 yrs. 4 mos. 18 das. Limington. m. Nov. 27, 1806, Rachel Earle, both of Limington, she b. Nov. 26, 1784, Berwick, d. Sept. 7, 1872, ae 89 yrs. Limington. Children b. in Limington.

1. **MARY**, b. July 27, 1807, d. Nov. 29, 1841, Portland. m. Sept. 28, 1836, Abner Chick, both of Limington, he b. Oct. 7, 1814, Limington, d. May 3, 1852, ae 38 yrs. Waterville.
2. **JAMES EARLE**, b. Apr. 29, 1809, d. June 6, 1849, Limington.
3. **JOHN**, b. June 4, 1812, d. Oct. 22, 1899, Baldwin. m. int. Jan. 4, 1835, Abigail Jewell of Cornish, he of Limington, she b. 1814, Cornish, d. Nov. 12, 1890, ae 78 yrs. Limington. Children all born in Cornish.
    (1) **GEORGE**, b. 1836.
    (2) **CHARLES F.**, b. 1837.
    (3) **HENRY**, b. Sept. 10, 1839, d. Aug., 1925 Cornish.
    (4) **ENOCH**, b. 1842, d. Apr. 6, 1882, ae 40 yrs. 3 mos. Lynn, MA.
    (5) **JOHN J.**, b. 1844.
    (6) **JAMES**, b. 1852.
4. **ELIAS**, b. Mar. 7, 1815, d. Jan. 9, 1888, ae 73 yrs. Limington. m. May 28, 1840, Mehitable McIntire, she b. Aug. 15, 1820, Chatham, NH, d. Apr. 23, 1908, ae 87 yrs. 8 mos. 8 das. Limington. Children born in Limington.
    (1) **MARY C.**, b. Sept. 3, 1841, d. Sept. 21, 1915, ae 74 yrs. 1 mo. 18 das. Old Orchard. m. Oct. 28, 1862, John M. Norton, both of Limington.
    (2) **EMMA F.**, b. Apr. 14, 1844, d. Mar. 5, 1923, Cornish. m. Mar. 5, 1857, Jeremiah F. Kenneson of Brownfield, he b. Nov. 6, 1840, Brownfield, d. Apr. 28, 1912, Limington.
    (3) **ALBION K. PARIS**, b. May, 1845, d. Jan. 3, 1902, ae 55 yrs. 8 mos. 7 das., Limington. He worked in stable in Portland.
    (4) **EDWIN EBEN**, b. Sept. 8, 1847, d. Dec. 18, 1905, ae 58 yrs. 3 mos. 10 das. Mechanic Falls. m. May 2, 1885, Lizzie E. Morton of Poland, he of Limington.
    (5) **CLARA JANE**, b. 1850, d. Oct. 3, 1859, ae 9 yrs. Limington.
    (6) **FRED E.**, b. Dec. 20, 1859, d. Dec. 20, 1927, unm. Standish. He lived with his mother on Fred McKenney's place near bridge on Davis Brook on route 25.
5. **MAHALA**, b. Aug. 7, 1818, d. July 21, 1856, ae 38 yrs. Biddeford. m. Feb. 1, 1844, Asa Small, both of Limington, he b. Dec. 19, 1816, Limington, d. June 28, 1894, Limerick.

      6. **EZEKIEL S.**, b. Jan. 16, 1821, d. May 15, 1860, ae 39 yrs. 4 mos. Limington, of consumption. m. int. May 12, 1855, Mary A. Kimball, both of Limington, she m. (2) June 21, 1861, William P. McKenney of Sebago.

vii. **MARY**, b. July 15, 1788, d. Oct. 6, 1850, Hollis. m. Sept. 27, 1805, Joseph Wentworth, both of Limington, he b. Mar. 15, 1785, Kittery, d. Aug. 3, 1873, Hollis.

viii. **SOLOMON**, b. 1792, d. Sept. 7, 1832, Baldwin. He was called Myles. m. Jan. 13, 1815, Phebe Deshon of Arundel, he of Limington, she m. (2) June 14, 1837, Arundel, Stephen Hoyt. Children:
    1. **BENJAMIN**, b. Nov., 1815, Limington, d. Mar. 5, 1898, ae 82 yrs. 3 mos. 14 das. Kennebunkport.
    2. **SOLOMON J.**, b. Mar. 26, 1819.
    3. **JAMES**, b. Dec., 1819. d. Nov. 18, 1895, ae 75 yrs. 11 mos. 1 da. Bucksport.
    4. **PHEBE JANE**, b. June 2, 1825, d. Nov. 27, 1897, ae 72 yrs. 5 mos. 25 das. Biddeford. m. May 14, 1841, Ivory Clough.
    5. **EDITH**, b. 1825, d. Mar. 1, 1906, ae 81 yrs. 2 mos. Kennebunk. m. Nov. 25, 1840, Joshua Emery Jr. of Kennebunkport.

McLELLAN, DEA. EBENEZER, b. Nov. 28, 1805, Newfield, d. May 20, 1865, ae 59 yrs. 5 mos. 22 das. Limington. He came from Newfield and settled just north of the old Nicholas Edgecomb's place. His place was formerly owned by Rev. Jeremiah Bullock. He was a blacksmith and later moved to Standish. m. int. June 27, 1830, Annis Parker of Standish, he of Limington, she b. Feb. 4, 1807, Standish, d. June 29, 1838, ae 31 yrs. Limington. m. (2) int. Feb. 4, 1841, Dorcas Stone, both of Limington, she b. Oct. 23, 1814, Limington, d. Mar. 31, 1899, ae 84 yrs. 5 mos. 8 das. Limington. Children born in Limington.

i. **EMILY JANE**, b. 1831, living Apr., 1860. m. int. Nov. 9, 1854, Shirley A. Johnson of Portland, she of Limington.

ii. **ANNIS**, b. Dec. 13, 1841, d. Apr. 17, 1893, ae 51 yrs. 4 mos. 4 das. Standish. m. int. Apr. 20, 1867, Samuel M. Boothby of Limington, he b. July 1, 1824, Limington, d. Sept. 21, 1868, Limington. m. (2) int. June 1, 1875, Nelson E. Nason of Standish.

iii. **WALDO**, b. July 13, 1843, d. Dec. 21, 1929, Brighton, MA. m. Louisa M. Randall.

iv. **JAMES LEONARD**, b. Mar. 5, 1845, d. Jan. 16, 1908, unm. Boston, MA.

v. **SARAH F.**, b. 1844.

vi. **GEORGE**, d. June 19, 1835, ae 1 yr. 10 mos. Limington.

vii. **REBECCA**, d. Nov. 4, 1837, ae 1 yr. 6 mos. Limington.

viii. **MARY M.**, b. June 11, 1850, d. Mar. 29, 1912, S. Limington. m. Dec. 31, 1896, George Huntress of Limington.

ix. **JOHN**, b. 1853, d. Aug. 24, 1917, ae 61 yrs. 3 mos. 6 das. Standish.

x. **CHARLES**, b. 1858.

xi. MARTHA F., b. 1859, d. Apr. 2, 1893, ae 33 yrs. 10 mos. 11 das. Limington, she of S. Brockton, MA. m. Nov. 20, 1880, Wedgewood Moody, both of Limington.

MANN, DANIEL, b. Feb. 25, 1770, Wrentham, MA, d. Dec. 10, 1814, while at service at Buffalo, NY. He was a Lieut. and adjutant in War of 1812. He came from Gorham in 1801. His widow and children left in 1828 for Portland. m. Aug. 23, 1792, Hannah Phinney of Gorham, she d. Aug. 14, 1795, ae 21 yrs. Gorham. m. (2) int. Jan. 4, 1801, Elizabeth Hamblen, both of Limington, she b. Mar. 12, 1778, Gorham, d. Mar. 21, 1851, ae 74 yrs. 11 mos. Lincoln, at her daughter's, Catherine M. Edwards. Children by second wife:
i. DR. DANIEL, b. Dec. 26, 1803, Raymond. m. July 10, 1845, Maria Whitmore Dimock of Limington, he of Boston, MA, she b. July 7, 1806, d. Feb. 11, 1892, Sterling, MA.
ii. HANNAH ELIZA, b. 1806, d. Aug. 20, 1844, Salem, MA. m. M. F. Haley.
iii. CATHERINE, b. Apr. 9, 1809, Portland, d. June, 1870, Lincoln, m. Azariah Edwards of Lincoln.
iv. MARY HAMBLEN, b. Nov. 21, 1814, Portland, d. Jan. 12, 1853, Shrewsbury, MA. m. Ivory K. Maxwell of Lincoln.

MANNING, WILLIAM, b. Mar. 25, 1770, Charlestown, MA, d. Oct. 15, 1837, Parsonsfield. He came in 1801 and settled on bank of Davis Brook by the bridge on Route 117, where he had a gristmill. He left in 1823. m. Sept. 8, 1793 in Harpswell, Margaret Swan, she b. June 1, 1772, d. July 19, 1815, Limington. m. (2) int. Feb. 4, 1822, Mrs. Hannah Littlefield of Wells, he of Limington, she d. 1824. Children:
i. JANET, b. Sept. 28, 1794, d. Oct. 30, 1823, Effingham, NH.
ii. NANCY, b. Oct. 23, 1796, d. Feb. 14, 1828, Limington. m. Aug. 12, 1823, Zenas Elliot, both of Limington, he b. ca 1800, d. Feb. 4, 1856, he m. (2) June 29, 1828, Hannah Small, both of Limington, she b. June 12, 1802, Limington, d. Mar. 31, 1860, Limington.
iii. SUSANNA, b. Jan. 3, 1799, Cornish, d. Feb. 2, 1855. m. Joseph Burbank.
iv. JOSEPH, b. Oct. 27, 1800, d. Dec. 1, 1800.
v. MARY, b. Jan. 10, 1802, Limington, d. Sept. 9, 1855, Burlington, IA. m. Samuel Parsons.
vi. WILLIAM HOLMES, b. Dec. 11, 1803, Limington.
vii. THOMAS JEFFERSON, b. May 12, 1806, Limington, d. July 7, 1826, Limington.
viii. FRANKLIN, b. Jan. 12, 1808, Limington.
ix. HENRY, b. Mar. 31, 1810, Limington, d. Aug. 25, 1873 Newfield.
x. CLARISSA, b. Jan. 5, 1812, Limington.
xi. INFANT SON, d.y.

MANSON, WILLIAM, b. Mar. 16, 1750, Kittery, d. Nov. 27, 1819, S. Limington. He moved to Gorham after the birth of his first child and lived upon the Stephen Longfellow place about one and one-half miles from Saccarappa (Westbrook). In 1788 he came from Gorham and settled on Joy Road, near outlet of Foss Pond. It is said that at first he and his wife moved into a cooper shop, located near a large rock. He was a farmer and had a grist-mill on his place that kept him busy. A Revolutionary Soldier. m. Rachel Ames (Amee), she b. July 28, 1750, Kittery, d. Nov. 8, 1838, ae 88 yrs. 4 mos. S. Limington. Her last name was Ames. Children:

i. MARK, b. Feb. 24, 1772, Kittery, d. Oct. 2, 1845, ae 74 yrs. Farmington. After his marriage he settled in Limerick and in 1828 moved to Farmington. m. Apr. 12, 1792 in Buxton, Catherine Cox, both of Limington, she d. June 25, 1849, ae 74 yrs. Farmington.

ii. CAPT. WILLIAM, b. Dec. 4, 1773, Gorham, d. June 17, 1862, ae 88 yrs. 5 mos. Epsom, NH. He was a sea captain and sailed out of Portland harbor. His wife died leaving 3 children. m. Catherine ___, she d. Oct. 10, 1846, ae 69 yrs. 9 mos. 5 das. Epsom, NH. He lived in Limerick and left by 1827. Children:
   1. CHARLES ALBERT, b. Mar. 12, 1802, Limerick, d. June 2, 1886, Suncook, NH. He was a methodist minister.
   2. WILLIAM A., living when his mother d.
   3. LOUISA CATHERINE, b. Jan. 9, 1805, d. Jan. 16, 1881, Epsom, NH. m. Apr. 24, 1852, Uriah Fogg of Epsom, NH.
   4. EVELINA, b. 1813. d. Dec. 21, 1880, ae 77 yrs. 6 mos. Epsom, NH. m. int. Sept. 10, 1825, Capt. Edward F. Sanders of Chickester, NH, she of Limerick.
   5. MARIA JANE, b. 1812, d. May 31, 1827, ae 15 yrs. Somersworth, NH, formerly of Limerick.
   6. LUCRETIA, b. 1816, d. Nov. 14, 1834, ae 18 yrs. Somersworth, NH.

iii. SAMUEL, b. Nov. 8, 1775, Gorham, d. Feb. 2, 1869, ae 93 yrs. 3 mos. 6 das. Limington. After m. he moved to Limerick and returned in 1808. m. Dec. 25, 1799, Shuah Libby, both of Limington, she d. May 26, 1813, ae 32 yrs. 6 mos. Limington. m. (2) Oct. 15, 1814, Abigail Tarbox of Saco, he of Limington, she b. Sept. 29, 1789, d. July 29, 1847, ae 57 yrs. 10 mos. Limington. Children:
   1. JANE, b. 1802, d. Aug. 7, 1838, ae 36 yrs. Saco. m. int. Aug. 10, 1823, James Whitcomb Johnson of Portland, she of Limington. He b. Mar. 10, 1802, Limington, d. July 9, 1862, Hollis.
   2. JOSEPH, b. Apr. 6, 1804, Limerick, d. Jan. 21, 1903, Greene. He moved to Biddeford and in 1836 moved to Greene. m. Dec. 14, 1828, Martha R. Sedgley, both of Limington, she b. Jan. 4, 1804, Limington, d. Oct. 1, 1893, Greene. Children:
      (1) MARY A., b. Sept. 8, 1828, Limington, d. Dec. 26, 1834, ae 5 yrs. 3 mos. 18 das. Limington.
      (2) ALMON A., b. Nov. 8, 1831, Limerick.
      (3) MARTHA J., b. Apr. 15, 1836, Biddeford.
      (4) LORENZO DOW, b. Mar. 1, 1839, Greene.
   3. GEORGE, b. July 25, 1806, Limerick, d. Feb. 27, 1887, Limington. He lived on old Benjamin Libby's place and

in 1892 sold farm to George Washington Hasty. m. int. Apr. 7, 1834, Emeline Meads, both of Limington, she b. Jan. 21, 1809, Limington, d. Nov. 10, 1891, Bradford, MA. Children born in Limington.
  (1) **DR. MELVILLE HARRISON**, b. Apr. 16, 1835, d. Sept. 14, 1907, Worthington, MN. He graduated from Bowdoin Medical in 1863. m. Jan. 1, 1866, Elizabeth Libby Moody, both of Limington, she b. Oct. 4, 1840, Limington, d. Mar. 18, 1908.
  (2) **ALBERT GEORGE**, b. Nov. 10, 1836, d. Nov. 11, 1878, St. Paul, MN. m. int. Aug. 10, 1863, Anne Eliza Dunlap of Brunswick. He graduated from Bowdoin College in 1862.
  (3) **SHUAH AMANDA**, b. June 23, 1836, d. Jan. 8, 1923, Newton, MA. m. Jan. 5, 1865, Edwin Smith of Searsport, he b. Mar. 8, 1836, Searsport, d. Oct. 16, 1903, Ballardvale, MA.
  (4) **ARAMANTHA J.** (also **MARTHA J.**), b. Feb. 10, 1841, d. Apr. 18, 1871, ae 30 yrs. 2 mos. 18 das.
  (5) **ELLEN ADALAIDE**, b. Apr. 7, 1843, d. Apr. 3, 1930, Parsonsfield. m. Jan. 1, 1868, John W. Piper of S. Parsonsfield, she of Limington.
  (6) **JULIETTE MARIA**, b. 1845, d. Nov. 12, 1882, ae 37 yrs. 10 mos. 25 das. Oakland, CA.
  (7) **EUNICE ANNETTE**, b. Nov. 16, 1849. d. Mar. 13, 1890, Oakland, CA. m. Aug. 1, 1873, Simeon Pease Meads, both of Limington, he b. June 11, 1849, Limington, d. Oct. 1, 1940, Oakland, CA.
  (8) **ELVA MARY**, b. July 29. 1850, d. Dec. 25, 1931, ae 82 yrs. 4 mos. 26 das. Medford, MA. m. int. Sept. 11, 1875, Mark W. Dearborn of Northfield, NH, she of Limington.
4. **SHUAH LIBBY**, b. Sept. 8, 1808, d. June 30, 1872, Limington. m. Oct. 1, 1837, John Purington, both of Limington, he b. June 2, 1803, Limington, d. July 27, 1883, Limerick.
5. **BENJAMIN**, b. Dec. 16, 1810, d, Sept. 17, 1886, Limington. He lived in his father's place, which was about 200 feet from where George Manson lived in the old homestead. m. int. Mar. 22, 1837, Ceba C. Meads of Limington, he of Saco, she b. July 17, 1811, Limington, d. Feb. 17, 1865, Limington. m. (2) Nov. 14, 1865, Abby Davis (Frost) Thorndike, both of Limington, she b. Feb. 24, 1824, Limington, d. Feb. 22, 1901, ae 77 yrs. 5 das. Limington. Children:
  (1) **LORING A.**, b. 1838, d. Sept. 14, 1859, ae 22 yrs. Limington, he injured himself in helping his father to clear land, planning to be a minister.
  (2) **RANDOLPH MELBOURNE**, b. Apr. 25, 1839, d. Apr. 1, 1910, ae 70 yrs. 7 mos. 11 das. Worchester, MA. m. Jan. 5, 1861, Anna N. Chadbourne of Waterboro, he of Limington.

(3) **HARRIET C.**, b. 1843, d. Aug. 9, 1845, ae 2 yrs.
(4) **HERBERT L.**, b. 1847, d. Mar. 14, 1848, ae 11 mos.
(5) **SAMUEL**, b. 1847, d. Mar. 13, 1848, ae 10 mos.
(6) **CELESTIA M.**, b. 1849, living 1890, Biddeford. m. int. Aug. 26, 1870, Edwin A. Gowen of Biddeford, she of Limington, lived in Buffalo, NY.
(7) **CHRISTINA MARIA**, b. 1851. m. int. May 26, 1873, Marcus Alanson Granville Meads, both of Limington. They buried in Berkeley, CA.
(8) **LESLIE B.**, b. 1856, d. Oct. 19, 1864, ae 8 yrs. 6 mos. 19 das. Limington.
6. **ELIZA**, b. Feb. 23, 1811, d.y.
7. **FOSTER**, b. June 8, 1814, d. 1817, Limington.
8. **LORING TARBOX**, b. Sept. 15, 1815, d. Oct. 13, 1828, ae 13 yrs. Limington.
9. **WILLIAM**, b. Oct. 27, 1817, d. Apr. 23, 1819, Limington.
10. **LORENZO D.**, b. Mar. 28, 1820, d. June 12, 1838, Limington.
11. **DANIEL**, b. May 20, 1822, d. May 21, 1822, Limington.
12. **ELIZABETH W.**, b. Oct. 20, 1823, d. Nov. 17, 1823, Limington.
13. **EUNICE C.**, b. June 14, 1825, d. Feb. 13, 1848, ae 22 yrs. 10 mos. Limington, of consumption.
14. **MARIA A.**, b. May 30, 1830, d. Mar. 2, 1906, Limerick. m. int. Jan. 2, 1859, John Bennett Philpot of Limerick, she of Limington, he d. Dec. 31, 1908, ae 79 yrs. 5 mos. 31 das. Limerick.

iv. **JOHN**, b. Jan. 12, 1778, Gorham, d. Nov. 13, 1853, Eaton, NH. He settled in Limerick near the line of Limington, where he resided some 18 or 20 yrs., then he moved to Effingham, NH, and after a few yrs. to Eaton, NH. When his parents came to town, he was 10 yrs. old. m. Oct. 25, 1801, Sarah Small, both of Limington, she b. July 29, 1782, Limington, d. Feb. 20, 1811, Limerick. m. (2) Oct. 1, 1811, Elizabeth Emery of Limington, he of Limerick, she b. July 12, 1788, Lyman, d. Dec. 2, 1881, ae 93 yrs. Standish. Children: (first 10 born in Limerick)
1. **REV. BENJAMIN SMALL**, b. Mar. 5, 1802, d. Dec. 7, 1879, Raymond, NH. In spring of 1839, he came to preach at Limington, where he labored for 13 yrs. m. Aug. 30, 1827, Eliza Burnham of Newmarket, NH, she b. Mar. 20, 1804, Durham, NH, d. Jan. 15, 1866, ae 61 yrs. m. (2) Nov. 22, 1866, Mrs. Elizabeth G. Hoyt, she d. June, 1881, ae 72 yrs. Raymond, NH. Children:
   (1) **SARAH**, b. Aug. 8, 1828, d. Sept. 23, 1829.
   (2) **JOHN COLBY**, b, Oct. 2, 1830, Meredith, NH, d. Apr. 8, 1885, Pittsfield. He studied medicine at University of NY in 1853.
   (3) **HARRIET L.**, b. Oct. 5, 1833, Meredith, NH, d. Mar. 16, 1910, Boston, MA. m. May 30, 1851, Isaac B. Bean, both of Limington.

(4) **MARY ANN M.**, b. July 30, 1836, Candia, NH, d. Jan. 25, 1866, ae 27 yrs. 6 mos. m. July 11, 1865, Charles Joy.
(5) **JOSEPHINE R.**, b. Aug. 22, 1842, living 1892, Boston, MA. m. Aug. 20, 1862, Manson Seavey, he b. May 16, 1838 Sandown, NH, d. Aug. 31, 1896 ae 58 yrs. 3 mos. 5 das. Woburn, MA.
(6) **FRANKLIN B.**, b. June 15, 1845, Limington, d. July 31, 1852, ae 7 yrs. Limington, of typhoid fever.
2. **WILLIAM**, b. Sept. 30, 1803, d. Oct. 8, 1876, South Berwick, buried in Oak Grove cemetery, Gardiner.
3. **JOHN**, b. June 18, 1805, d. June 25, 1869, Rochester, NH.
4. **REV. MARK**, b. Feb. 26, 1807, d. Jan. 25, 1870, Jackson, NH.
5. **RACHEL**, b. Jan. 17, 1809.
6. **SALLY S.**, b. Jan. 15, 1811. m. Ephraim Leighton.
7. **JANE B.**, b. Jan. 5, 1812, d. Aug. 25, 1896, E. Brownfield. m. Dec., 1833 Thomas Giles of Eaton, NH, she of Freedom, NH.
8. **DANIEL C.**, b. Apr. 15, 1814, d. Mar. 8, 1896, Houlton.
9. **MARY**, b. June 8, 1816, d. May 2, 1837, Eaton, NH.
10. **ELIZA**, b. Oct. 27, 1818, d. Mar. 22, 1892, Mt. Vernon. m. Apr. 12, 1842, Joseph Manson Foss, both of Limington, he d. Apr. 26, 1848, ae 38 yrs. Limington. m. (2) Mar. 4. 1850, Rev. Joseph Edgecomb of Vienna, she of Limington.
11. **REUBEN B.**, b. Jan. 1, 1821, Effingham, NH, d. Oct. 26, 1824, Effingham, NH.
12. **ELVIRA B.**, b. Mar. 28, 1823, d. Nov. 3, 1824, Effingham, NH.
13. **JACOB**, b. Feb. 11, 1828, Eaton, NH, d. Feb. 17, 1895, Ossipee, NH.
14. **ELVIRA B.**, b. Sept. 30, 1829, Eaton, NH, d. Dec. 19, 1912, Standish.

v. **JANE**, b. Feb. 5, 1780, Gorham, d. Apr. 2, 1836, ae 56 yrs. Limington. m. Nov. 4, 1804, Joseph Foss, both of Limington, he b. Apr. 2, 1780, d. Aug. 4, 1864, Limington.

vi. **BENJAMIN**, b. May 17, 1782, Gorham, d. Feb. 9, 1811, ae 29 yrs. Limerick. m. Abigail Gray, she m. (2) int. Feb. 7, 1813, Samuel Brackett, both of Limington, she d. Apr. 6, 1838, ae 52 yrs. Limerick.

vii. **ANNA JANE**, b. May 8, 1784, Gorham, d. Mar. 20, 1874, ae 89 yrs. 10 mos. Limington. m. Apr. 7, 1808, Isaiah Foss, both of Limington, he b. Feb. 28, 1782, Limington, d. Apr. 24, 1869, Limington.

viii. **GEORGE**, b. Nov. 2, 1786, Gorham, d. Feb. 25, 1863, Limington, he lived in his father's place on Joy Road. m. Nov. 26, 1809, Sally Edgecomb, both of Limington, she b. Apr. 10, 1790, Limington, d. Sept. 6, 1814, Limington. m. (2) Apr. 9, 1820, Mary McKenney, both of Limington, she b. Nov. 26, 1793, Limington, d. Nov. 18, 1828, Limington. m. (3) Oct. 26, 1835, Polly McLellan of Gorham, he of Limington, she b. Feb. 17,

1800, Gorham, d. Sept. 16, 1875, Saco, she m. (2) Feb. 8, 1870, Rev. John Boothby of Saco, she of Limington. Children:
1. **CHARLES ALBERT**, b. Dec. 20, 1810, d. Oct. 2, 1878, ae 69 yrs. Clinton. m. Apr. 19, 1838, Lucinda Pettigrew of Sidney.
2. **SALLY EDGECOMB**, b. Sept. 27, 1812, d. Apr. 13, 1832, ae 19 yrs. 7 mos. Limington.
3. **JAMES WILEY**, b. Mar. 20, 1822, d. July 9, 1842, ae 20 yrs. Limington.
4. **ELIZA ANN**, b. Jan. 11, 1824, d. June 25, 1866.
5. **SIMON McKENNEY**, b. Sept. 27, 1826, d. Oct. 17, 1846, ae 20 yrs. Limington.
6. **WILLIAM**, b. Jan. 4, 1838, d. May 21, 1892, Limington. m. Nov. 13, 1861, Caroline J. Deshon, both of Limington, she b. June 5, 1841, Waterboro, d. Feb. 6, 1923, Limerick. Children born in Limington.
    (1) **DR. GEORGE FRANK**, b. Aug. 13, 1862, d. Oct. 11, 1898, Billerica, MA. He graduated from Dartmouth and Bowdoin Medical.
    (2) **CHARLES S.**, b. Sept. 10, 1864, d. May 1, 1941, Holliston, MA. m. int. Oct. 2, 1884 Lizzie E. Tufts of Limerick.
    (3) **ANNIE BELL**, b. Apr. 15, 1867, d. Aug. 5, 1957, Hollis. m. Collins W. Haley of Hollis.
    (4) **SEWALL E.**, b. Jan. 4, 1871, d. Dec. 3, 1953, Limington.
    (5) **LILLIAN**, b. Dec. 20, 1872, d. Apr. 17, 1942, unm. Hollis.
    (6) **ESTHER JANE**, b. Mar. 30, 1874. m. Elmer Tufts of Limerick.
    (7) **EDDIE**, b. Mar. 11, 1876, d. Apr. 9, 1877.
    (8) **WILLARD**, b. Jan. 7, 1879, d. July 22, 1909, Limington.
    (9) **ELIZABETH E.**, b. Oct. 31, 1881, d. Jan. 20, 1972. m. Flecher Clark of Sandwich, Mass.

ix. **STEPHEN**, b. 1789, Limington, d. Mar. 15, 1872, ae 83 yrs. Waterford. He moved to Waterford in 1858. Soldier in War of 1812. m. Dec. 15, 1814, Mary Goodwin, both of Limington, he b. Oct. 20, 1793, d. 1824, Limington. m. (2) Nov. 17, 1825, Dorcas (Dyer) Foss, widow of Sewall of Saco, she b. 1789, Hollis, d. Nov. 19, 1883, ae 84 yrs. 7 mos. Waterford, his son, Leonard W. Foss, b. Mar. 27, 1822, Saco, d. Aug. 7, 1902, Auburn. He moved to Minot from Saco in 1861, m. July 6, 1845, Nancy Randall of Limington, he of Chelsea, MA.
1. **ISABELL**, b. 1818, d. June, 1887, Limington. m. Dec. 26, 1843, Charles Edgecomb, both of Limington.
2. **MARTHA ANN**, b. 1820, d. Mar., 1845, ae 24 yrs. Casco. m. June 5, 1842, Elijah Cook of Casco, she of Limington.
3. **JAMES**, b. ca 1823.
4. **CHILD**, dau., d. Mar. 6, 1838, ae 11 yrs. 7 mos. Limington.
5. **FREEMAN**, b. 1830, living 1850, in 1872, Waterford.

6. SARAH JANE, b. Sept. 6, 1832, d. May 11, 1910, ae 77 yrs. 8 mos. 5 das. Bridgton. m. Feb. 1, 1856, William Van Tingle Gove, both of Limington.
7. CHARLES S., b. 1836, d. Dec. 28, 1868, ae 32 yrs. 8 mos. 22 das. Biddeford.
8. STEPHEN G., b. 1839, d. Nov. 14, 1925, ae 86 yrs. 6 mos. 24 das. Lowell.
9. MARY ELIZA, b. 1844, living 1860.

x. SALLY, b. 1790, d. Sept. 6, 1814, ae 24 yrs. Limington, unm.
xi. JOSEPH PETTIGREW, b. June 2, 1793, Limington, d. Apr. 18, 1883, ae 89 yrs. 10 mos. 16 das. Clinton. He moved in 1830 to Clinton. m. int. Feb. 13, 1814, Ursula Edgerly, both of Limington, she b. June 28, 1797, Limington, d. Aug. 28, 1859, Clinton. Children:
1. ELIZABETH W., b. ca 1818, living 1850, Clinton. m. int. Apr. 11, 1837, Jacob Weymouth, both of Clinton.
2. NATHANIEL, b. Dec. 31, 1818, d. Aug. 31, 1842, ae 23 yrs. Clinton. m. May 24, 1842, Hannah Weymouth.
3. SARAH.
4. COLBY, b. 1828, d. Feb. 21, 1906, ae 78 yrs. Clinton.
5. RICHARD EDGERLY, b. Oct. 30, 1825, d. Aug. 5, 1904, Hartland, ae 78 yrs. 9 mos. 9 das.
6. LOUISA JANE, b. 1833, d. Dec. 12, 1848, ae 15 yrs. 7 mos.

MARR, DENNIS, b. July 10, 1735, Kittery, d. June 19, 1812, Scarboro. He never came to Limington, but several of his children did. In 1835, the Marr heirs, many of whom lived at Limington, took measures to recover the immense property left by Earl of Marr in England and sent Arthur McArthur as their agent to Newcastle upon Tyne for this purpose. The property was said to be worth between 60-80 millions then. He and his wives are buried Evergreen Cemetery, Portland. m. Elizabeth (Winter) Larrabee, widow of Ivory, she d. Jan. 8, 1770, ae 35 yrs. Scarboro. m. (2) Aug. 7, 1770 in Scarboro, Sarah (Manson) Hutchins, half sister of William Manson of Limington, she b. Nov. 10, 1741, Kittery, d. Aug. 16, 1826, ae 83 yrs. Scarboro. Children born in Scarboro.

i. ELIZABETH, b. Dec. 23, 1761, d. Feb. 19, 1847, Standish. m. int. Aug. 16, 1788 in Buxton, Samuel Coolbroth of Buxton.
ii. MARY, b. Aug. 30, 1763, d. Sept. 10, 1830, Limington. m. int. May 17, 1782, James Gilkey, both of Gorham, he b. Aug. 30, 1763, Gorham, d. Sept. 10, 1830, Limington.
iii. CAPT. PELETIAH, b. June 19, 1765, d. Nov. 11, 1826, S. Limington. He settled on Moody Road on lot 5, range F, after his marriage. A Revolutionary soldier. m. Oct. 7, 1787, Sarah Tyler, both of Scarboro, she b. Apr. 4, 1768, Scarboro, d. Feb. 4, 1820, Limington. m. (2) int. Dec. 12, 124 in Scarboro, m. Jan. 8, 1825, Eunice Harmon of Scarboro, he of Limington. Children born in Limington:
1. BETSEY, b. Feb. 15, 1788, d. Oct. 28, 1811, Limington.
2. JAMES, b. Aug. 25, 1789, living 1855 on River Road in Baldwin. He went there by 1820. m. July 13, 1818,

Susanna Sutton of Limington, he of Baldwin, she b. ca 1798, Limington.
3. **PELETIAH**, b. Sept. 17, 1791, d. Sept. 17, 1791.
4. **ISAAC**, b. Sept. 16, 1792, d. Apr. 9, 1837, ae 44 yrs. 7 mos. 24 das. Buxton, of consumption. m. int. Oct. 12, 1817, Susan Pierce of Limerick, he of Limington, she b. between 1790-4, Limerick, d. Feb. 28, 1825, Limerick. m. (2) int. June 19, 1825, m. Aug. 4, 1825 in Scarboro, Ann Harmon of Scarboro, he of Limerick, she d. Aug. 12, 1874, ae 88 yrs. Saco. Children:
   (1) **JOHN**, b. Nov., 1819/20, he settled in Burnt Fort, GA.
   (2) **JOSEPH**, b. Jan. 2, 1822, he settled in Burnt Fort, GA.
   (3) **ADELAINE**, b. 1825, d. Aug. 31, 1866 ae 42 yrs. Saco. m. Aug. 4, 1825 in Scarboro.m. Joseph Leavitt.
5. **WILLIAM**, b. Oct. 20, 1794, d. Oct. 28, 1794.
6. **ADELINE**, b. Apr. 13, 1796, d. Aug. 12, 1820, ae 26 yrs. m. Nov. 11, 1817, Rev. Andrew Hobson of Buxton, she of Limington. He b. Sept. 10, 1795, Buxton.
7. **LAVINIA**, b. Apr. 13, 1798, d. Dec., 1825. m. Dec. 31, 1818, Samuel Wiggin of Baldwin, he of Limington. he m. (2) Apr. 16, 1827, Comfort Brackett of Limington, she of Baldwin.
8. **DENNIS**, b. Oct. 24, 1799, d. May 1, 1830, Scarboro. m. int. Dec. 24, 1826, Catherine Harmon of Scarboro, he of Limington. She b. Aug. 30, 1802, Scarboro.
9. **SALLY**, b. Feb. 10, 1802, d. May 1, 1829.
10. **ROBERT PARKER**, b. July 29, 1803, d. Jan. 27, 1850, Conway, NH. m. Aug. 8, 1831, Martha Davis of Limington, he of Standish, she d. Nov. 10, 1858, ae 45 yrs. Buxton, formerly of Standish. Children:
    (1) **WILLIAM D.**, b. June 8, 1833, d. Nov. 26, 1907, Biddeford. m. June 20, 1856 Mary F. Libby of Biddeford.
    (2) **SUSAN M.**, d. Sept. 2, 1848 ae 11 yrs. 10 mos.
    (3) **MARTHA A.**, b. Aug. 17, 1840, d. 1863. m. Sept. 25, 1859, Alvin Hobson of Hollis.
    (4) **SARAH H.**, d. Aug. 3, 1848, ae 2 yrs. 1 mo. Conway, NH.
    (5) **STATIRA**, b. Mar. 22, 1843, d. Oct. 11, 1858
    (6) **MARY A.**, b. May 28, 1848, d. Feb. 14, 1912, ae 61 yrs. 9 mos. m. Charles M. Andrews.
11. **TYLER**, b. Mar. 5, 1805, he went west and left his wealth to his niece, Maria (Anderson) Lane of Bonney Eagle.
12. **WILLIAM**, b. Oct. 20, 1806, d. July 6, 1822.
13. **MARTHA**, b. Nov. 17, 1808, d. Aug. 30, 1837.
14. **REBECCA**, b. July 17, 1810, d. Aug. 9, 1833, Limington. m. Nov. 6, 1832, Abraham Parker Anderson, both of Limington, he b. Oct. 13, 1809, Limington, drowned about 1835.
15. **LYDIA**, b. Nov. 17, 1812, d. Dec. 15, 1834, Limington.

iv. **ISAAC**, b. Apr. 24, 1767, d. May 27, 1847, ae 80 yrs. N. Limington. He settled on lot 13, range B, across from Voca-

tion Training Camp on Horns Pond Road. He was buried on his place, but body taken up and reburied at N. Limington cemetery. m. Jan. 29, 1789 in Scarboro, Lydia Jameson, she b. June 3, 1764, d. Dec. 26, 1846, ae 82 yrs. Limington. Her mother, widow Callar of Kaller, d. Apr., 1840, ae 98 yrs. Limington, she was married 2 or 3 times; another daughter, Catherine Cox, was wife of Mark Manson, she as a widow came from Rockland or Thomaston. Had other children there who got her property, then daughter took her. Children b. in Limington:
1. SAMUEL, b. Nov. 15, 1790, d. Aug. 25, 1811, Limington.
2. CATHERINE, b. Mar. 24, 1792, d. July 9, 1821, ae 30 yrs.
3. ELIZABETH or BETSEY, b. May 28, 1796, d. June 1, 1830, Limington. m. Nov. 14, 1816, Reuben Gilkey, both of Limington, he b. Dec. 19, 1788, Limington, d. May 23, 1868, Portland.
4. SON, b. & d. Sept., 1798.
5. ISAAC, b. May 15, 1803, d. Sept. 15, 1867, ae 64 yrs. 6 mos. Limington. m. Nov. 13, 1826, Sally M. Stone, both of Limington, she d. Dec. 18, 1843, ae 39 yrs. Limington. m. (2) Nov. 4, 1844, Elizabeth Edgecomb of Limington, she d. Oct. 10, 1849, ae 29 yrs. m. (3) int. Mar. 17, 1850, m. Apr. 14, 1850 in Gorham, Elisa Morton of Gorham, he of Limington, she b. June 1, 1811, Jackson, d. Oct. 22, 1892, Limington, she m. (2) June 10, 1873, John Hancock of Limington, she of Standish.
6. PHEBE GILKEY, b. Oct. 31, 1805, d. Dec. 22, 1867, ae 62 yrs. 1 mo. 21 das. W. Gorham. m. May 11, 1831, Reuben Gilkey, both of Limington.

v. MARK MANSON, b. May 4, 1771, d. Apr. 7, 1826, N. Limington, by an accident on Hanscom's Hill, when a wheel passed over his head. His wife stayed in Scarboro until their frame house was built. He lived on Stone Road, on Emma (Marr) Grace's place. m. Apr. 8, 1792, Dorothy Meserve, both of Scarboro, she b. Apr. 4, 1767, Scarboro, d. Jan. 21, 1851, ae 83 yrs. 9 mos. N. Limington. Children:
1. WILLIAM PARKER, b. July 26, 1792, Scarboro, d. July 3, 1865, Freedom, NH. His body was brought to Limington and buried in Marr graveyard. m. Jan. 23, 1814, Anna Sawyer, both of Limington, she b. 1790, Limington, d. Apr. 28, 1860, ae 69 yrs. 7 mos. Limington. Children:
    (1) CATHERINE W., b. Feb. 13, 1815, d. Mar. 13, 1899, ae 84 yrs. 1 mo. Baldwin. m. Oct. 25, 1838, Christopher D. Sawyer of Baldwin, she of Limington.
    (2) ABIGAIL SAWYER, b. Oct. 7, 1817, d. Oct. 7, 1899, Gorham. m. Nov. 26, 1841, Nathaniel Boynton, both of Limington.
    (3) DOROTHY, b. Oct. 7, 1817, d. Oct. 25, 1889, ae 72 yrs. Baldwin, at her sister's, Mrs. Sawyer.
    (4) ANNIS, b. ca 1820, d. in childhood.
    (5) ELIZA G., b. ca 1824, d. May, 1844, ae 20 yrs. Limington.

(6) **WILLIAM**, b. between 1815-20, d. Aug. 20, 1827, Limington.
(7) **MARK**, b. Oct. 28, 1827, d. Sept. 18, 1905, Bridgton. m. Nov. 15, 1849, Martha Brooks of Freedom, NH, he of Limington, she b. May 22, 1830, d. Feb. 25, 1917, Everett, MA.
(8) **CHILD**, d. Oct. 26, 1833, ae 4 mos. Limington.
2. **POLLY**, b. Oct. 17, 1794, d. Sept. 14, 1846, ae 52 yrs. 9 mos. 28 das. unm. Limington.
3. **ABIGAIL**, b. May 14, 1797, d. Sept. 20, 1892, ae 95 yrs. 4 mos. 6 das. Limington. m. Oct. 21, 1824, William Meserve, both of Limington, he b. Oct. 19, 1795, Limington, d. Apr. 6, 1884, Limington.
4. **DENNIS**, b. May 25, 1800, d. Oct. 25, 1862, Limington. m. Nov. 8, 1827, Phebe M. Lord, both of Limington, she b. Nov. 7, 1803, Brownfield, d. Apr. 6, 1876, Portland. Children born in Limington:
   (1) **SAMUEL**, b. Aug. 12, 1828, d. Dec. 27, 1828, Limington.
   (2) **SYLVESTER**, b. May 16, 1830, d. Jan. 2, 1898, ae 67 yrs. 9 mos. 16 das. Portland. m. July 2, 1854, Fannie W. Libby of Limington, he of Portland.
   (3) **SALLY**, b. Jan. 21, 1833, d. Feb. 27, 1833, Limington.
   (4) **JOHN FAIRFIELD**, b. Feb. 5, 1835, d. Aug. 20, 1905, ae 70 yrs. 6 mos. 15 das. Portland.
   (5) **WILLIAM P.**, b. Nov. 22, 1836, d. Aug. 18, 1900, Limington. m. Nov. 22, 1873, Harriet A. McDonald, she b. Jan. 7, 1853, d. Oct. 25, 1955, Limington.
   (6) **SAMUEL D.**, b. July 18, 1843, d. Aug. 27, 1897. m. Feb. 2, 1880, Jane Boothby, both of Limington.
5. **SALLY**, b. Mar. 14, 1804, d. Feb. 1, 1825, ae 20 yrs. 8 mos. 21 das. Limington.
6. **JOHN**, b. Mar. 11, 1807, d. June 26, 1878, ae 71 yrs. 3 mos. Cornish. m. Mar. 16, 1834, Irene Higgins, both of Limington, she d. Aug. 28, 1899, ae 91 yrs. 5 mos. 7 das. Cornish. He moved in 1854 to Cornish. Children born in Limington:
   (1) **CYRUS G.**, b. Oct. 11, 1835, d. Feb. 5, 1913, ae 78 yrs. 3 mos. 25 das. Cornish.
   (2) **ARVILDA W.**, b. Feb. 24, 1836, d. Aug. 31, 1910, Cornish. m. Feb. 25, 1864, Benjamin Storer both of Cornish. m. Jan. 24, 1871 Reuben Small both of Cornish.
   (3) **AARON HAGENS**, b. Sept. 13, 1838, d. Dec. 20, 1910, Cornish.
   (4) **JOHN COLBY**, b. Sept. 21, 1841, d. 1907, Cornish.
   (5) **MARY JANE**, b. Nov. 26, 1847, d. Dec. 7, 1906, Cornish, unm.
7. **SAMUEL**, b. Sept. 11, 1810, d. July 9, 1821 or June 1, 1830, Limington.

vi. DENNIS, b. Apr. 23, 1773, d. July 11, 1856, ae 83 yrs. Buxton. m. Mar. 12, 1797. Sarah Morris, both of Limington, she b. Mar. 7, 1777, d. Mar. 8, 1829. m. (2) Mary (Boothby) Elder, she b. Apr. 5, 1793, d. Sept. 15, 1855, ae 62 yrs. Buxton.
vii. ROBERT PARKER, b. July 27, 1776, d. Feb. 1, 1842, ae 65 yrs. Scarboro. m. int. Mar. 25, 1797 in Buxton, Olive Plaisted of Buxton.
viii. WILLIAM, b. July 2, 1778, d. infant, ca 1 yr. old.
ix. SARAH, b. July 26, 1780, d. Jan. 21, 1857, ae 76 yrs. 5 mos. 25 das. Albany. m. Mar. 6, 1804, Clement Wescott of N. Yarmouth, he d. May 2, 1863 ae 92 yrs. 3 mos.
x. CATHERINE SURPLUS, b. Aug. 16, 1782, d. Mar. 16, 1864, ae 81 yrs. 7 mos. Cape Elizabeth. m. Nov. 12, 1801, Samuel Skillings of Cape Elizabeth.
xi. LYDIA, b. Dec. 19, 1784, d. Aug. 2, 1824, N. Yarmouth. m. Oct. 23, 1806, William Wescott of N. Yarmouth.

MARR, JAMES, bapt. Nov. 10, 1754, Scarboro, d. Oct. 27, 1832, ae 79 yrs. N. Limington. He moved to Limington from Scarboro in 1792 and settled on Horne Pond Road. He and his wife and members of the family are buried on Willard Boothby's farm at Ruin corner in unmarked graves next to the barn. A Revolutionary soldier. m. July 24, 1783, Lydia Libby, both of Scarboro, she b. Mar. 2, 1765, d. Feb., 1825, Limington. Children:
i. HANNAH LARRABEE, bapt. Jan. 9, 1785, Scarboro, d. Aug. 7, 1831, ae 48 yrs. Eaton, NH. m. Nov. 7, 1802, Paul Gray, both of Limington, he d. Mar. 20, 1870, ae 92 yrs. Standish. He sold in Feb., 1815 and moved to Eaton, NH, up to 1835, then moved to Dixmont and in 1850 of Standish. Children:
1. JOHN, b. July 1, 1803, d. May 30, 1877, Brownfield.
2. LYDIA, b. ca 1822, d. Jan. 1, 1878 ae 56 yrs. m. Apr. 22, 1843, Greenleaf Bachelder of Eaton, NH.
3. HANNAH, b. 1809, living 1850, Brownfield. m. Oct. 17, 1830, Nahum Johnson of Brownfield.
4. SHUAH, b. 1811, d. Jan. 27, 1862, ae 41 yrs. 6 mos. Standish.
5. JAMES M., b. July, 1813, d. May 4, 1868, ae 54 yrs. 10 mos. Standish.
6. BETSEY, b. 1816, living 1850, Conway, NH. m. Jan. 15, 1846, Sampson Head of Conway, NH, she of Gray.
7. MARTHA ANN, m. Feb. 15, 1849, Stephen Grener of Lovell.
8. SALOME M., b. 1817, d. Sept. 12, 1853, ae 36 yrs.
9. PAUL.
10. ISRAEL SMALL, b. 1825, d. Apr. 4, 1842, ae 16 yrs. 8 mos. Standish.
ii. WILLIAM, b. Dec. 25, 1786, Scarboro, d. Oct. 11, 1873, ae 88 yrs. Baldwin. He lived in old Sutton farm at Ruin corner. By 1832 he had moved to Standish, where he was living 1850 & 1868, in 1870 of Baldwin. m. int. June 17, 1810, Susanna Gray, both of Limington. m. (2) Apr. 15, 1815, Mary (Sawyer) Sutton, widow of William, both of Limington, she d. Sept. 5,

1838, ae 48 yrs. Limington. m. (3) Sept. 27, 1842, Ruth K. Barker, both of Standish, she d. Mar. 6, 1866 about 45 yrs. Standish. Children:
1. SYLVIA, b. Apr. 21, 1816, d. Oct. 14, 1864, Limington. m. int. Aug. 11, 1839, David B. Cousins, both of Limington, he b. Aug. 2, 1817, Limington, d. Nov. 7, 1896, Limington.
2. MARIA, b. ca 1819. m. int. Apr. 12, 1838, Albert Small, both of Limington, he b. Mar. 7, 1818, Limington, d. Dec., 1885, Portland.
3. ROXANNA.
4. MARY ANN, b. 1823, d. Sept. 6, 1848.
5. JULIA W., b. ca 1824, d. by Apr., 1849. m. Sept. 25, 1845, Isaac James Waldron of Limington, she of Standish, he b. 1819, d. June 20, 1909, Tewksbury, MA.

iii. JAMES, b. May 3, 1787, Scarboro, d. Apr. 1, 1859, North Leeds, WI. He moved west in 1856. m. int. Oct. 1, 1811, m. Nov. 21, 1811, Lydia Hobson of Buxton, he of Limington, she b. Sept. 21, 1793, Burton, d. Sept. 22, 1813, ae 20 yrs. Limington, she burned to death, had a child 9 mos. old. m. (2) Oct. 10, 1819, Elmira Sawyer, both of Limington, she d. Nov. 11, 1881, ae 87 yrs. Arlington, WI. Children:
1. BETSEY, b. 1813, d. Jan. 10, 1879, ae 66 yrs. Newfield. m. Mar. 13, 1836 James Merrow both of Buxton.
2. CHILD, d. June 25, 1826, Limington.
3. CHILD, d. 1827, Limington.
4. STEPHEN, b. 1822, d. Mar. 3, 1860, ae 38 yrs. Arlington, WI.
5. RUFUS K., b. 1828, d. May 29, 1863, ae 35 yrs. Leeds, WI. m. Mar. 31, 1853, Mary Jane Marr, both of Limington.
6. SALLY JANE, b. Mar. 9, 1833, d. Jan. 16, 1922, Poynette, WI. m. June 16, 1853, Lothrop L. Phinney of Gorham, she of Limington, he d. Oct. 8, 1918, ae 96 yrs. 1 mo. 2 das. Poynette, WI.

iv. SALOME, b. 1791, Durham, living 1853, also 1860 in Baldwin. m. Nov. 15, 1812, John Staples, both of Limington, he b. Sept. 18, 1789, Portsmouth, d. Nov. 1, 1850, Salem, MA, she left him by 1821 and had a daughter Eliza (Staples) Hanscom, wife of John Hanscom, she d. July 16, 1830, ae 17 yrs. 3 mos. 11 das. Limington. m. (2) int. Nov. 12, 1826, Samuel Thomas of Baldwin, he of Limington. m. (3) May 30, 1853 at Baldwin, Nicholas Davis of Limington, she of Baldwin.

v. RUFUS, b. ca 1795, d. Mar. 27, 1827, ae 32 yrs. Limington.

vi. JOSHUA LIBBY, b. May 7, 1797, d. Feb. 7, 1867, ae 69 yrs. 9 mos. Waterford. He living 1850 in Limington. m. Oct. 19, 1820, Mary McKenney, both of Limington, she b. Sept. 27, 1803, Limington, d. Nov. 27, 1873, ae 70 yrs. 2 mos. Waterford. Children born in Limington.
1. SAMUEL J., b. Mar. 6, 1821, d. Apr. 18, 1900, ae 81 yrs. Sweden. He came in 1843 to Waterford. m. Oct. 6, 1844, Almira Sanborn of Baldwin, he of Waterford, she d. Oct. 24, 1893, ae 72 yrs. 9 mos. 13 das. Norway.

2. LOUISA, b. 1822-23, Limington, living June, 1860, Madison, WI. m. William Leaver, lived Osborne, KS.
3. MARY JANE, b. Mar. 17, 1829, d. June 20, 1904, ae 75 yrs. 3 mos. 3 das. Sweden. m. int. Mar. 28, 1853, m. Mar. 31, 1854, Rufus K. Marr, both of Limington, he d. May 29, 1863, ae 35 yrs. Leeds, WI. m. (2) Dec. 23, 1874 Calvin Hapgood, b. Sept. 3, 1818 Waterford, d. Sept. 26, 1883 Sweden, ME.

vii. LYDIA HILL, bapt. Oct. 18, 1798, she living 1823, with her sister, Salome (Marr) Staples in Limington. m. Mar. 5, 1822, Israel Small Jr., both of Limington, he d. 1823, Limington. One Lydia Small of Limington married Dec. 22, 1835, Daniel Cole Jr. of Cornish.

viii. BENJAMIN L., b. Feb. 2, 1804, d. May 30, 1883, ae 79 yrs. Baldwin. He moved to Baldwin in 1835. m. Oct. 30, 1831, Elmira Norton, both of Limington, she d. Apr. 19, 1898, ae 84 yrs. 2 mos. 4 das. Weymouth, MA, at her daughter's. Children:

1. JAMES W., b. Dec. 25, 1831, Limington, d. Mar. 29, 1883, ae 51 yrs. 3 mos. m. Dec. 9, 1870 Mary Louise Louis of Freybrug, he of Baldwin.
2. LYDIA ANN, b. Mar. 23, 1833, Limington, d. Oct. 19, 1914, Cornish. m. Dec. 19, 1878 John Milton Pease of Cornish.
3. SARAH E., b. Sept. 26, 1836, Baldwin, d. Oct. 25, 1915, Baldwin. m. Apr. 21, 1899, William Gilpatrick of Hiram, she of Baldwin.
4. HIRAM N., b. July, 1838, d. 1852.
5. HARRIET, b. July 8, 1840, d. Jan. 21, 1891 N. Weymouth, MA. m. George W. Batchelder of Baldwin.
6. HANNAH, b. Mar., 1843, d. Mar., 1925 Charleston, MA. m. Aug, 27, 1866, Isaiah C. Libby of Limington, she of Baldwin.
7. MARY JANE, b. Oct. 14, 1846, lived in Weymouth, MA. m. Jan. 18, 1873, Charles Henry Cash.
8. BENJAMIN W., b. Apr. 7, 1848.
9. LEONARD PHILMORE, b. Oct. 23, 1850, d. July 8, 1858, Baldwin.
10. THOMPSANNA L., b. 1853. m. Charles McLeod of Prince Edward Island.
11. SIDNEY F., b. 1859, living in 1925.
12. HIRAM MILTON, b. 1861.

MARSTON, JOSIAH, b. Apr. 3, 1796, Sandwich, NH, d. Oct. 8, 1886, ae 90 yrs. 6 mos. Limington. He lived on Reuben Brackett's farm on Allen Hill Road. He was a Quaker. m. Sept. 8, 1825, Elvira Brackett of Limington, she b. Feb. 21, 1804, Limington, d. Nov. 16, 1875, Livington. Children:

i. SARAH B., b. June 12, 1826, d. Jan. 28, 1892, Limerick. m. May 28, 1852, Dr. Richard Meserve, both of Limington, he b. Dec. 4, 1819, d. Nov. 9, 1904.
ii. ANNA ELVIRA, b. Jan. 15, 1831, d. Sept. 16, 1872, unm.

iii. REV. GEORGE H., b. June 5, 1833, d. Apr. 29, 1865, Limington. m. June 1, 1859, Amy E. Andrew of Buxton.
iv. MARY B., b. Sept. 20, 1835, d. Feb. 8, 1892, Limerick. m. Aug. 29, 1877, Ivory Franklin Libby of Limerick.
v. OLIVER B., b. Jan. 18, 1839, d. Dec. 19, 1841.
vi. ELIZABETH EMERY, b. Jan. 5, 1843, d. Aug. 16, 1937, ae 94 yrs. 7 mos. 11 das. Winchester, MA.
vii. JANE H., b. Dec. 10, 1845, d. May 7, 1867, ae 21 yrs. 5 mos. unm. Limington.

MEEDS (MEADS), FRANCIS, b. Oct. 28, 1765, Harvard, MA, d. Apr. 21, 1847, S. Limington. He came from Harvard, MA. by way of Waterboro in May, 1801 and settled on lot 6, range F. The farm is now known as the Steve Moody's place on Moody Road. m. Sept. 8, 1790 at Harvard, MA, Mary Crouch of Harvard, she b. Nov. 22, 1770, Harvard, MA, d. Sept. 2, 1862, ae 91 yrs. 9 mos. 11 das. Limington. Children:

i. ARTEMAS, b. Feb. 11, 1791, Harvard, MA, d. Jan. 26, 1844, ae 53 yrs. Standish, of inflammatory fever. m. Nov. 12, 1812, Desire Johnson, both of Limington, she b. Sept. 1, 1792, Limerick, d. Dec. 5, 1866, ae 73 yrs. Prescott, WI. Children (first 2 born Limington):
   1. LUCINDA, b. Jan. 25, 1813, d. Jan. 20, 1859, ae 45 yrs. 9 mos. Standish. m. Nov. 26, 1840, Job Foss, both of Standish, he b. Feb. 4, 1813, Standish, d. Nov. 30, 1888, Standish.
   2. FRANCIS, b. Oct. 27, 1817, d. Sept. 27, 1893, Biddeford. m. int. Oct. 29, 1840, Susan Pierce of Hiram.
   3. JOHNSON, b. Nov. 2, 1818, Limerick, d. Feb. 2, 1842, ae 25 yrs. Biddeford.
   4. JASON, b. Feb. 10, 1820, Limerick, d. in 1842 at sea.
   5. CEPHAS, b. Dec. 5, 1821, Limerick, d. Sept. 5, 1891 and is buried in CA.
   6. STILLMAN A., b. Aug., 1823, Limerick, d. Feb. 11, 1909, Leominister, MA.
   7. DANIEL J., b. Apr. 20, 1825, Denmark, d. Apr. 23, 1908.
   8. ALDEN, b. June 12, 1826, Denmark, d. May 24, 1865, Stillwater, MA.
   9. LEANDER, b. Mar. 16, 1828, drowned Aug. 1, 1831, ae 3 yrs. 4 mos. 12 das. in Saco.
   10. EMMELINE, b. Apr. 24, 1830, Standish, d. June 2, 1831, ae 13 mos. Standish.
   11. ALONZO D., b. July 24, 1833, Standish, d. Jan. 23, 1863, ae 30 yrs. 6 mos. Fort Ridgeley, MN. He enlisted in summer of 1862, Co. A, 6th Reg't, MN.
   12. MARY A., b. May 21, 1834, Standish, d. Dec. 16, 1901, Stillwater, MN.
   13. CHARLES H., b. July 24, 1836, Standish, d. Apr. 30, 1915, Stillwater, MN.
ii. COL. CEPHAS, b. Aug. 17, 1792, d. Jan. 28, 1881, Limington. He lived on his father's place. m. June 28, 1820, Mary L. Chick of Cornish, he of Limington, she d. Jan. 30, 1869, ae 72 yrs. Limington. Children born in Standish:

1. SIMEON PEASE, b. Mar. 18, 1822, d. Oct. 13, 1848, Limington, of typhoid fever. m. Nov. 6, 1844, Ann Maria Libby, both of Limington, she b. Nov. 6, 1825, d. Jan. 1, 1854, ae 29 yrs. Limington. Children (born in Limington):
   (1) SIMEON PEASE, b. June 11, 1849, d. Oct. 1, 1940, ae 91 yrs. 8 mos. Oakland, CA. He licensed to preach June, 1874 at Free-Will Baptist Church at S. Limington. He graduated from Bowdoin in 1872. He came in 1876 to CA. m. Aug. 1, 1873, Eunice Annette Manson, both of Limington, she b. Nov. 16, 1849, Limington, d. Mar. 13, 1890, Oakland, CA.
   (2) WILLIS HOWARD, b. Feb. 22, 1846, d. Aug. 15, 1910, lived in Cleveland, OH. Graduated from Bowdoin College in 1870.
   (3) MARICUS ALANSON GRANVILLE, b. Apr. 26, 1847, d. Jan. 18, 1935, Berkeley, CA. Graduated from Dartmouth College in 1872. m. int. May 26, 1873, Christina Maria Manson, both of Limington, both buried in Chapel of Chimes Cemetery, Berkeley, CA.
2. MARY JANE, b. May 2, 1826, d. May 21, 1850, ae 24 yrs. Limington.
3. AMANDA IRENE, b. May 18, 1828, d. Feb. 3, 1924, ae 95 yrs. 8 mos. 15 das. Limington. m. Nov. 21, 1862, Rev. Benjamin Small Moody of Parsonsfield, she of Limington, he b. Aug. 8, 1823, Limington, d. June 4, 1898, Limington.
iii. MARY, b. Mar. 31, 1795, d. Oct. 23, 1873, ae 78 yrs. 7 mos. Limington. m. May 7, 1823, Jesse Hopkinson, both of Limington, he b. 1795, Buxton, d. Jan. 8, 1875, ae 79 yrs. Limington.
iv. CLARISSA, b. Apr. 29, 1797, d. May 12, 1806, Limington.
v. ALMIRA, b. May 8, 1802, d. May 31, 1803, Limington.
vi. MARIA K., b. Aug. 8, 1805, d. Mar. 29, 1880, ae 74 yrs. 7 mos. 21 das. Limington.
vii. IRENE, b. Aug. 8, 1805, d. Sept. 4, 1876, Limington. m. May 24, 1827, Benjamin Carll Libby, both of Limington, he b. Apr. 24, 1804, Limington, d. Aug. 6, 1871, Limington.
viii. EMELINE, b. Jan. 21, 1809, d. Nov. 10, 1891, ae 82 yrs. 10 mos. 8 das. Bradford, MA. m. int. Apr. 7, 1834, George Manson, both of Limington, he b. July 25, 1806, Limington, d. Feb. 27, 1887, Limington.
ix. CEBA C., b. July 17, 1811, d. Feb. 17, 1865, ae 53 yrs. 7 mos. Limington. m. int. Mar. 22, 1837, Benjamin Manson, both of Limington.

MERRIFIELD, LEVI, b. 1770, Wells, d. Nov. 16, 1855, ae 85 yrs. 8 mos. N. Limington. He came in 1794 from Wells and settled on lot 12, range M, next to Merrifield Brook on Norton Road. He and his family are buried in family cemetery, across the road. His father, Simeon Merrifield, bapt. Sept. 5, 1742, Wells, came late in life to live with him and d. Sept. 8, 1829, Simeon m. Sept. 24, 1765 in Berwick, Elizabeth Hearl and m. (2) int. Aug. 5, 1791, Patience (Linscott) Sears of York, he of Wells. Levi m. Feb. 28, 1794, Anna Mace of Berwick, he of Wells, she b. Dec. 3, 1767, Kittery, d. Jan. 27, 1863, ae 95 yrs. 2 mos. Limington. Children (born in Limington):

i. ANDREW, b. Sept. 13, 1794, d. Dec. 19, 1855, ae 61 yrs. 3 mos. 6 das. Porter. m. May 10, 1818, Jane Anderson Berry, both of Limington, she d. Sept. 16, 1862, ae 66 yrs. 7 mos. Porter.

ii. EUNICE, b. Mar. 3, 1796, d. Sept., 1867. m. Oct. 2, 1814, John Bradeen of Cornish, she of Limington, he b. Oct. 7, 1793, Kittery, d. June 8, 1842, Cornish.

iii. MARGARET, b. Nov. 27, 1797, d. Aug. 23, 1815, unm. Limington.

iv. LEVI JR., b. Dec. 25, 1799, d. Nov. 26, 1889, ae 89 yrs. 11 mos. N. Limington. He lived in his father's place, where he was born. m. Dec. 25, 1828, Anna Hussey of Berwick, he of Limington, she b. Mar. 11, 1802, Kittery, d. Oct. 7, 1899, ae 97 yrs. 6 mos. 7 das. Limington. Children (born in Limington):

    1. GARDNER DENNETT, b. Feb. 4, 1831, d. Nov. 28, 1914, ae 83 yrs. 9 mos. 4 das. Cornish. m. int. Oct. 17, 1856, m. Oct. 25, 1856 in Cornish, Sarah Ann Merrifield, both of Limington, she b. June 26, 1831, Hiram, d. July 6, 1858, ae 27 yrs. 10 das. Limington. m. (2) Sept. 22, 1860, Sarah Boothby, both of Limington, she b. Jan. 5, 1838, Limington, d. Oct. 10, 1915, Cornish. Children:

       (1) SARAH A., b. June 19, 1858, d. July 18, 1910, Steep Falls. m. July 28, 1878, Rufus Leslie Meserve, both of Limington, he b. Aug. 27, 1858, Limington, d. Apr. 27, 1929.

       (2) LUCINDA W., b. Feb. 15, 1862, d. Apr. 27, 1921, ae 59 yrs. 2 mos. 15 das. Cornish. m. Apr. 18, 1880, Frederick Meserve, both of Limington, he b. Oct. 16, 1856, Limington, d. June 17, 1892, Cornish.

       (3) FRED GARDNER, d. Nov. 8, 1889, ae 20 yrs. 4 mos. 20 das. N. Limington.

    2. LUCINDA, b. Jan. 26, 1836, d. Aug. 26, 1854, Limington. m. Jan. 1, 1854, Daniel Wentworth, both of Limington.

    3. LEVI, b. July 29, 1842, d. Oct. 28, 1904, ae 62 yrs. 2 mos. 29 das. m. int. Dec. 4, 1875, Augusta Ann McKenney, both of Limington, she b. Aug. 11, 1850, Limington, d. Dec. 31, 1927, Cornish.

v. SALLY, b. Nov. 28, 1801, d. Feb. 21, 1844. m. Feb. 19, 1820, Jacob Bradeen, both of Limington.

vi. ANNA MERRIFIELD, b. Apr. 15, 1804, d. Sept. 16, 1837, Limington. m. int. Dec. 5, 1822, Forest Pugsley, both of Limington, he b. July 9, 1800, Sanford, d. Dec. 7, 1872, Cornish. Children:

    1. JEREMIAH, b. Feb. 12, 1823, d. Apr. 6, 1891, Porter.
    2. REBECCA, b. May 31, 1825, d. Jan. 3, 1869, Cornish.
    3. LEVI M., b. Apr. 29, 1827, Cornish, d. July 6, 1876, Cornish.
    4. SALLY ANN, b. Sept. 10, 1829, d. Dec. 29, 1850, Cornish.
    5. CALVIN, b. Oct., 1831, d. Dec. 17, 1864, Cornish.

  6. NANCY, b. Feb. 5, 1834, d. Sept. 16, 1911, Porter.
  7. MARINDA, b. Apr., 1837, d. Apr., 1838, Limington.
vii. HANNAH, b. July 5, 1806, d. Oct. 11, 1840, Cornish. m. Feb. 24, 1825, Josiah Taylor, both of Limington, he b. Aug. 18, 1800, Sanford, d. Nov. 13, 1886, Limington.
viii. MARY, b. Aug. 5, 1809, d. 1840, Limington. m. Feb. 26, 1827, Benjamin Pugsley of Cornish, she of Limington, he d. Feb. 29, 1888, ae 87 yrs. Cornish.
ix. JEREMIAH, b. June 28, 1811, d. Sept. 3, 1825, Limington.

MESERVE, BENJAMIN, b. May 10, 1770, Scarboro, d. Jan. 1, 1825, ae 54 yrs. 8 mos. N. Limington. He came from Scarboro after his m. had settled on northern side of lot 12, range C, on what is known as Frank S. Meserve's farm. m. Jan. 2, 1794, Hannah McKenney, both of Scarboro, she b. May 6, 1766, Scarboro, d. Dec. 18, 1835, ae 69 yrs. 7 mos. Limington. Children (born in Limington):
i. WILLIAM, b. Oct. 19, 1795, d. Apr. 6, 1884, ae 89 yrs. 5 mos. 3 das. Limington. m. Oct. 21, 1824, Abigail Marr, both of Limington, she b. May 14, 1797, Limington, d. Sept. 20, 1892, Limington. Children:
  1. HENRY, b. July 25, 1826, d. Mar. 15, 1901, Limington. m. int. Feb. 2, 1857, m. Feb. 5, 1857, Laura Anne Stone, both of Limington, she b. Sept. 25, 1834, Porter, d. Dec. 28, 1863, Limington. Children (born in Limington):
   (1) FRANK STONE, b. Jan. 5, 1858, d. Dec. 3, 1909, ae 51 yrs. 11 mos. 28 das. Limington. m. Apr. 28, 1894, Susie M. Cram, she b. Jan. 14, 1867, Standish, d. May 7, 1921, Limington.
   (2) HENRY LINCOLN, b. Sept. 14, 1859, d. Mar. 20, 1908, Limington, by the grip. m. Lena Maud Abbott, both of Limington, she b. May 16, 1869, Limington, d. June 5, 1894, Limington. Children:
    (i) AVA M., b. Aug. 22, 1887.
    (ii) WILLIAM HENRY, b. Aug. 26, 1888.
    (iii) LAURA A., b. Aug. 25, 1890.
  2. WILLIAM FOSTER, b. Nov. 6, 1828, d. Jan. 20, 1901, Limington. m. Dec. 15, 1858, Nancy B. Stone, both of Limington, she b. Nov. 4, 1836, Porter, d. Sept. 1, 1907, Limington.
   (1) GEORGIA A., b. Oct. 31, 1860, Limington, d. Jan. 9, 1917, Standish. m. Mar. 30, 1880, Clarence E. Ridlon of Standish.
   (2) WILLIAM APPLETON, b. Mar. 14, 1864, Limington, d. Aug. 21, 1907, Limington. m. Jan. 19, 1888, Annette Frances Boothby of Baldwin. She d. Apr. 19, 1899. m. (2) Sept. 24, 1904, Ellen J. (Strout) Baker.
   (3) FANNIE AYER, b. Aug. 8, 1866, d. Apr. 18, 1939, ae 72 yrs. 8 mos. 10 das. E. Limington. m. Oct. 6, 1887, Charles N. Chase, both of Limington.
   (4) FRED LEAVITT, b. July 5, 1872, d. Aug. 16, 1940, ae 68 yrs. 1 mo. 11 das. Limington. m. Edith Greenlaw, both of Limington.

3. DENNIS MARR, b. May 24, 1831, d. June 28, 1912, Lewiston. m. Jan. 28, 1855, Ann Maria Chick, both of Limington, she b. Feb. 5, 1832, Limington, d. Oct. 13, 1864, Limington of dipheria. m. (2) Feb. 2, 1865 in Buxton, Eliza Jane Hamlen, she b. Feb. 21, 1837, Lewiston, d. Aug. 24, 1914, Lewiston. In 1861 moved to Buxton, then to Brownfield and in 1876 to Lewiston. Children:
 (1) WILLIAM CLINTON, b. Apr. 4, 1857, d. 1864.
 (2) HATTIE ABBIE, b. July 16, 1858.
 (3) FREDERICK STILLMAN, b. Sept. 10, 1860.
 (4) ERNEST LEROY, b. July 27, 1862, d. Apr. 3, 1863.
4. ANNIS MARR, b. Aug. 31, 1836, d. Sept. 26, 1914, Limington.
5. JOHN A., b. Sept. 20, 1836, d. Mar. 22, 1885, ae 48 yrs, 6 mos. 2 das. Hollis. m. Nov. 29, 1860, Elisabeth Knight of Hollis, he of Limington, she d. Mar. 4, 1891, ae 55 yrs. Hollis.

ii. ISAAC, b. Sept. 7, 1797, d. June 7, 1867, ae 69 yrs. 9 mos. Brownfield. m. int. Sept. 3, 1837, Eliza Stone, both of Limington, she b. July 27, 1806, d. Aug. 19, 1857, ae 50 yrs. Brownfield.

iii. ROBERT McKENNEY, b. June 15, 1799, d. Dec. 8, 1880, ae 81 yrs. 6 mos. Gorham. m. July 20, 1828 in Westbrook, Mehitable Sawyer of Gorham. He moved to Westbrook and in 1836 to Gorham. She d. June 5, 1865 ae 70 yrs. Gorham.

iv. JOHN, b. Mar. 28, 1801, d. Aug. 9, 1880, ae 79 yrs. 5 mos. Farmingdale. m. Elizabeth Frost of Limington, she d. July 1, 1877, ae 73 yrs. Farmingdale.

v. HANNAH, b. May 26, 1803, d. Feb. 1, 1878, ae 74 yrs. 3 mos. 25 das. Limington. m. Nov. 10, 1825, Isaac Stone, both of Limington, he b. Apr. 21, 1800, Limington, d. June 11, 1870, Limington.

vi. JOSEPH, b. Aug. 2, 1805, d. Oct. 11, 1875, Brownfield. m. int. Apr. 18, 1829, Sally Black, both of Limington, she d. Dec., 1836, ae 32 yrs. Brownfield.

vii. BENJAMIN, b. July 26, 1808, d. Jan. 28, 1883, ae 74 yrs. 6 mos. Scarboro. m. Jan. 8, 1831, Betsey Carter, both of Scarboro, she b. Apr. 9, 1809, Scarboro, d. July 21, 1857, Scarboro. m. (2) Feb. 20, 1858 in Scarboro, Mrs. Susan (Holmes) Tukey, widow of Nathaniel, who d. Feb. 26, 1852, ae 25 yrs. Limington. When Benjamin was a baby he carried the two-quart jug when his father moved from the log cabin into the framehouse, so that he could say that he helped move.

MESERVE, GEORGE, b. 1768, Scarboro, d. June 12, 1843, Limington. He settled on Meserve Mountain, now known as Sawyer's Mountain. m. Apr. 2, 1790, Jemima Libby of Scarboro, she d. June 16, 1840 in her 70's, Limington. Children:
i. DAVID, b. 1790, d.y.
ii. SUSANNA, b. July 6, 1793, d. Dec. 7, 1871, ae 78 yrs. 5 mos. Limington. m. Aug. 11, 1816, John Walker, both of

Limington, he b. Jan. 14, 1793, Waterboro, d. Nov. 15, 1863, Limington.
iii. STEPHEN, bapt. July 2, 1797, d. Jan. 13, 1874, ae 77 yrs. Gorham. m. int. Sept. 15, 1818, Polly Dearborn, both of Limington, she d. Dec. 29, 1866, ae 73 yrs. 3 mos. 18 das. Gorham. They buried in Buxton. (*Morning Star*, Mar. 20, 1867) Children:
1. GEORGE W., b. Dec. 12, 1820, d. June 26, 1897, ae 76 yrs. 6 mos. 8 das. Limerick. m. int. Oct. 5, 1843, Elizabeth D. Staples, both of Limington, she b. Apr. 11, 1825, Limington, d. Nov. 27, 1905, Limerick.
2. ELIZA D., b. Aug. 8, 1824, d. Mar. 29, 1900, ae 75 yrs. 7 mos. 21 das. Limerick. m. May 15, 1847, Sewell McKenney, both of Limington, he b. Oct. 14, 1822, d. Nov. 21, 1907, Limerick.
iv. MARY, b. Mar. 12, 1799, d. Dec. 29, 1870, ae 71 yrs. 10 mos. m. Nov. 4. 1816, Ebenezer Cobb, both of Limington, she b. July 17, 1795, d. Nov. 19, 1868, Limington.
v. SALLY, b. July 24, 1807, d. Apr. 28, 1872, Limington. m. Apr. 5, 1838, Elias Douglass, both of Limington, he b. Aug. 28, 1814, Gorham, d. June 19, 1883, Cornish.

MESERVE, MAJ. JOSEPH, b. Oct. 26, 1763, Scarboro, d. Jan. 25, 1845, ae 81 yrs. N. Limington. He came to Scarboro with his uncle in 1782 when 19 yrs. old and settled on lot 13, range A, on the farm where he is buried. He had a son, John, b. Mar., 1788, d. July 29, 1872, ae 84 yrs. 4 mos. Dayton. Maj. Joseph m. July 24, 1788, Mary Stone, both of Limington, she b. Apr. 2, 1760, Scarboro, d. Nov. 17, 1845, ae 74 yrs. Limington. Children:
i. ABIGAIL, b. Mar. 15, 1790, d. July 18, 1858, unm. Limington.
ii. RUFUS, b. Aug. 9, 1792, d. Aug. 6, 1852, Limington. He lived and was buried on his place, the Frances (Stone) Sayles's place. He was killed by an ox-wheel passing over his head. m. Feb. 27, 1817, Sally Sutton, both of Limington, she b. Apr. 10, 1792, Limington, d. Feb. 3, 1854, ae 61 yrs. 10 mos. Limington. She was a kind neighbor and affectionate in all her relationships. Children:
1. JOSEPH, b. Mar. 25, 1816, d. Oct. 11, 1875, Limington. m. Jan. 2, 1845 in Ossipee, NH, Olive M. Foss of Freedom, NH, he of Limington, she b. Aug. 29, 1818, d. Nov. 7, 1869. Children:
(1) RUFUS EDGAR, b. Dec. 29, 1852, d. July 3, 1854, Biddeford.
(2) ELIZA A., b. June 11, 1857, d. Apr. 2, 1875, Limington.
(3) WILBUR E., b. Apr. 19, 1859, d. Jan. 29, 1893, ae 34 yrs. 9 mos. 8 das. Biddeford.
2. MARY, b. Aug. 2, 1822, d. Aug. 16, 1822, Limington.
3. EDWIN WEDGEWOOD, b. Nov. 27, 1827, d. Mar. 8, 1900, ae 72 yrs. 3 mos. 11 das. Limington. He and his twin brother had a mill on Whaleback Brook, known as Twin Mills. m. Mar. 2, 1854, Hannah N. Hanscom, both

of Limington, she b. May 31, 1835, Limington, d. June 27, 1901, Limington. Children (born in Limington):
(1) **SARAH ELLA**, b. Apr. 14, 1855, d. Oct. 18, 1921, ae 66 yrs. 6 mos. 4 das. Cornish. m. Apr. 24, 1872, John P. Moody, both of Limington, he b. Sept. 1, 1850, Limington, d. Mar. 8, 1921, Gorham.
(2) **FREDERICK**, b. Oct. 16, 1856, d. June 17, 1892, Cornish. m. Apr. 18, 1880, Lucinda W. Merrifield, both of Limington, she b. Feb. 15, 1862, Limington, d. Apr. 25, 1921, Cornish.
(3) **HIRAM NEWELL**, b. Feb. 16, 1858, d. Apr. 5, 1924, Meredith, NH.
(4) **JOHN H.**, b. May 19, 1861, d. May 1, 1907, Meredith, NH.
(5) **BENJAMIN FRANK**, b. June 4, 1863, d. May 3, 1897, ae 34 yrs. m. Dec. 25, 1888, Nancy C. Cole of Limington.
(6) **GEORGE H.**, b. Jan. 9, 1865, d. Aug. 10, 1946, Cornish. m. Mar. 26, 1887, Lizzie J. Cole of Limington.
(7) **CHARLES W.**, b. Jan. 14, 1867, d. Oct. 3, 1888, Limington, ae 21 yrs. 8 mos. 18 das. (fell from an apple tree).
(8) **EBEN S.**, b. Dec. 1, 1872, d. Feb. 23, 1942, ae 69 yrs. 2 mos. 22 das. Arlington, MA.
4. **CHARLES WEDGEWOOD**, b. Nov. 27, 1827, d. June 19, 1892, from effects of paralytic shock, Limington. m. Nov. 29, 1855, Hannah A. Norton, both of Limington, she b. Aug. 28, 1836, Limington, d. May 8, 1889, Limington. Only child:
(1) **RUFUS LESLIE**, b. Aug. 27, 1858, Limington, d. Apr. 27, 1927, Standish. m. July 28, 1878, Sarah Ann Merrifield, both of Limington, she b. June 19, 1858, Limington, d. July 18, 1910, Steep Falls. Children:
   (i)   **CLIFTON HOWARD**, b. Feb. 10, 1879, d. July 24, 1879, ae 5 mos. 11 das.
   (ii)   **ALLIE MAY**, b. July 18, 1880.
   (iii)   **BLANCHE ETHEL**, b. June 4, 1882, d. Nov. 26, 1882.
   (iv)   **CHARLES MURTON**, b. Oct. 10, 1883, d. Sept. 8, 1894, Limington.
   (v)   **HARRY PRESTON**, b. June 23, 1887, d. Oct. 8, 1887.
   (vi)   **NELLIE EVELYN**, b. Feb. 7, 1889.
   (vii)   **EDWIN ELMER**, b. Feb. 9, 1892, Cornish.
5. **ISAAC G.**, b. July 21, 1833, d. Mar. 18, 1898, ae 64 yrs. 7 mos. 28 das. Naples. m. Nov. 20, 1859, Emily Norton, both of Limington, she b. May 6, 1836, Limington, d. Sept. 18, 1911, Naples. Moved to Naples in Dec., 1860.

iii. **TABITHA**, b. July 6, 1796, d. Jan. 25, 1861, ae 63 yrs. 7 mos. Limington. m. int. Mar. 23, 1833, James Anderson, both of Limington, he d. Aug. 25, 1851, ae 54 yrs. 4 mos. Limington.

iv. MARY, b. Dec. 4, 1797, d. Mar. 11, 1883, ae 85 yrs. 3 mos. Limington, she was confined in bed for two yrs. m. June 13, 1822, James Lord, both of Limington, he b. June 28, 1799, d. Nov. 25, 1873, Limington.
v. LYDIA, b. Apr. 26, 1803, d. Mar. 11, 1880, Kingfield. m. int. May 30, 1824, David Durrell Lord, both of Limington, he b. Nov. 24, 1802, Limington, d. July 26, 1884, Kingfield.
vi. CAPT. BENJAMIN, b. Aug. 20, 1805, d. May 28, 1875, Buxton. m. Feb. 4, 1830, Hannah Anderson, both of Limington, she b. June 8, 1804, Limington, d. Oct. 17, 1885, Standish (Bonney Eagle). He moved to Standish in 1836. Only child:
    1. DR. ALBION K. PARRIS, b. June 8, 1833, Limington, d. Sept. 16, 1904, Portland.
vii. SOLOMON, b. June 26, 1812, d. 1872, Gorham. m. Sept. 21, 1837, Harriet N. Roberts of Buxton, he of Limington, she b. 1818, d. 1868, Gorham. Children:
    1. ALMEDA B., b. 1839, Limington, d. Feb. 20, 1910, ae 70 yrs. 7 mos. 24 das. Westbrook. m. Adalbert W. Shaw of Westbrook.
    2. EBENEZER R., b. Dec. 5, 1840, d. July 26, 1916.
    3. FRANKLIN, b. 1846, d. 1889.
    4. CHARLES E., b. 1848, d. 1879.
    5. GEORGE A., b. 1861, d. 1888.

MESERVE, NATHANIEL, b. Apr. 20, 1747, Scarboro, d. Jan. 18, 1825, ae 78 yrs. Limerick. He came from Scarboro ca 1782 and settled on northern side of lot 8, range F, on Shaving Hill Road. He in 1823, moved to Limerick, with his son, Silas. A Revolutionary soldier. m. Feb. 25, 1773, Anna Hunnewell of Scarboro, she b. June 27, 1750, Scarboro. He m. (2) int. Oct. 10, 1789 in Buxton, Sarah Jordan, both of Limington. She d. May 1, 1828, ae 82 yrs. Limerick. Children:
i. DANIEL, b. Feb. 23, 1775, d. 1814, in War of 1812. He went to Montville in 1806, two yrs. later went to Belmont. Enlisted at Belfast in July, 1812.
ii. HANNAH, b. July 15, 1777, d. May 19, 1865, ae 81 yrs. 10 mos. Limington. m. Jan. 17, 1813, Thomas Meserve Jr. of Scarboro, she of Limington.
iii. LUCY, b. July 15, 1780, d. Mar. 13, 1855, ae 71 yrs. Limington. m. Oct. 13, 1820, John Jacobs, both of Limington, he d. Oct. 2, 1843, ae 68 yrs. Limington. He was a native of Russia. He m. (1) May 11, 1802 in Berwick, Lydia Spencer of Berwick. Children:
    1. MARY ANN, d. July 5, 1828, Limington.
    2. JOHN, b. between 1802-10, d. Nov. 29, 1832, Howland.
    3. NATHANIEL NEWELL, b. Nov. 1, 1823, d. May 27, 1899, ae 75 yrs. 7 mos. 26 das. Limington. In June, 1879, he purchased Asa Boothby's farm, he of Saco.
iv. NATHANIEL JR., b. Apr. 6, 1782, d. Apr. 1861, Scarboro. He living 1850 in Freedom, NH, ae 66 yrs. He moved from Limington to Freedom, NH, in 1812. m. Mary Jane Ware, who d. July 3, 1850, ae 63 yrs. 9 mos. Freedom, NH.

v. SILAS, b. June 13, 1785, d. Mar. 2, 1858, Limington. m. Apr. 18, 1812, Patience Irish of Gorham, he of Limington, she b. Dec. 4, 1782, Gorham, d. Feb., 1866, Limington. Children:
  1. JAMES IRISH, b. May 1, 1813, living 1860, Limington. m. int. June 15, 1855, m. June 16, 1855 in Sanford, Mary Ann Staples, both of Limington.
  2. DANIEL, b. Sept. 11, 1815, d. Mar. 20, 1830, Limerick.
  3. WILLIAM, b. Sept. 23, 1817, he moved to Sherman, ME.
  4. DR. RICHARD HUNNWELL, b. Dec. 4, 1819, d. Nov. 9, 1904. m. May 28, 1852, Sarah B. Marston, both of Limington, she b. June 12, 1826, Limington, d. Jan. 28, 1892, Limerick.
  5. DAVID, b. Jan. 1, 1822, in 1855, living 1858 in Milan, NH, and d. in Washburn, AR.
  6. SARAH JANE, b. Feb. 13, 1824, d. Dec. 18, 1893, Limington. m. June 4, 1865, David B. Cousins, both of Limington, he b. Aug. 2, 1817, Limington, d. Nov. 7, 1896, Limington.
  7. STEPHEN J., b. 1826, d. Dec. 20, 1902, ae 76 yrs. 7 mos. Vassalboro, ME.
  8. ANN, b. 1828, d. Aug. 4, 1843, ae 14 yrs. 11 mos. Limerick.
vi. MEHITABLE, b. Mar. 1, 1788, d. May 17, 1863, ae 75 yrs. Mt. Vernon. m. Jan. 3, 1811, Jacob Storer of Cornish, she of Limington, he d. Feb. 25, 1863, ae 78 yrs. Mt. Vernon.

MESERVE, SAMUEL SMALL, b. Dec. 3, 1772, Scarboro, d. Oct. 20, 1852, N. Limington. He came from Scarboro and settled on lot 12, range B, where he and his wife are buried. The farm was last known as George Haley's place, located on Horne Pond Road. m. Jan. 19, 1797, Elizabeth McDaniel of Scarboro, she b. Aug. 10, 1775, Scarboro, d. May 31, 1842, North Limington. Children (born in Limington):
i.   PARNEL FOSTER, b. Sept. 2, 1797, d. 1817, Limington.
ii. JOHN, b. Sept. 27, 1799, d. June 20, 1868, ae 68 yrs. 8 mos. 24 das. Sebago. m. July 13, 1826, Jane Libby of Limington, he of Sebago.
iii. LYDIA, b. Jan. 14, 1802, d. Mar. 22, 1884, ae 82 yrs. 2 mos. 8 das. Limington. m. Nov. 27, 1827, George Lord, both of Limington, he b. July 10, 1802, Brownfield, d. Jan. 19, 1865, Porter.
iv. SAMUEL, b. Apr. 3, 1804, d. Feb. 13, 1875, ae 70 yrs. 10 mos. Sebago. m. Apr. 2, 1829, Elzira Cousins, both of Limington, she b. Apr. 27, 1807, Limington, d. May 14, 1862, Sebago. Children:
  1. RICHARD F., b. Jan. 13, 1831, Limington, d. Feb. 9, 1902, Sebago. m. Aug. 17, 1851, Mary Libby, both of Sebago.
  2. ABRAM COUSINS, b. Nov. 18, 1833, Limington.
  3. JOHN, b. Sept. 10, 1839, Sebago, d. July 10, 1917, Sebago.
v.   TIMOTHY, b. May 12, 1806, d. Sept. 30, 1889, Porter. m. Aug. 26, 1830, Sally Roberts of Buxton, he of Limington, she b. Apr. 16, 1809, Buxton, d. June 7, 1894, ae 85 yrs. 1 mo. 21 das. Porter. Children:

    1. EDWARD R., b. Oct. 19, 1831, Brownfield.
    2. LYDIA L., b. Feb. 16, 1833, d. July 26, 1866, Porter. m. Jan. 24, 1855, Daniel Wentworth of Limington.
vi. MARK MARR, b. Nov. 12, 1808, d. May 26, 1870, Steep Falls. m. Oct. 1, 1836, Mercy Jane Morrill of Williamsburg, he of Frankfort, she b. July 15, 1815, Sebec, d. May 16, 1855, ae 39 yrs. 9 mos. St. Albans. He worked on the railroad at Steep Falls at time of his death. He m. Mar. 14, 1858, Mrs. Mary Chute of Sebago.
vii. ELIZA, b. Feb. 23, 1811, d. 1844, Wolfboro, NH, m. Mar. 19, 1837, Daniel Jenness of Wolfboro, NH, she of Limington.
viii. RICHARD FORSTER, b. June 8, 1814, d. Aug. 14, 1828, ae 14 yrs. Limington.

MILLER, JOHN, b. ca 1753, Cape Elizabeth, d. Nov. 27, 1825, Limington. He came from Standish about 1799. He is thought to have been a brother to Mary (Miller) McArthur, Anna (Miller) Mulloy and Susanna (Miller) Brackett, all of Limington. A Revolutionary soldier. m. Feb. 25, 1794, Polly (Sawyer) Wood, widow of John Jr. of Standish, he of Baldwin, she b. ca 1768, d. Aug. 20, 1826, Limington. Children:
i. SARAH MOORE, b. 1796, Standish, d. Jan. 1, 1889, ae 92 yrs. 8 mos. 27 das. Limington. m. int. Sept. 13, 1823, John Davis, both of Limington, he d. Oct. 6, 1857, ae 60 yrs. 7 mos. Limington.
ii. JENNIE, bapt. May 21, 1797, Standish.
iii. SUSAN, b. 1802, d. Mar., 1821, an invalid, Limington.
iv. CATHERINE, b. June 20, 1803, Standish, living 1873. m. Nov. 15, 1822, Oliver Chase, both of Limington, he b. Sept. 16, 1792, Limington, d. Mar. 31, 1825, ae 32 yrs. Limington.
v. ANNA, b. 1805, d. Jan. 2, 1830, non compos mentis, Limington.
vi. GEORGE, b. 1807, d. Sept. 6, 1823, ae 16 yrs. 11 mos. 23 das. Limington.
vii. CYRUS, b. 1810, d. Sept. 27, 1826, Limington.
viii. EUNICE. m. Nathaniel Norcross.
ix. JAMES, town support of him, May, 1814.

MILLER, THOMAS, b. before 1765, Cape Elizabeth, d. 1801, S. Limington. He came from Cape Elizabeth and settled on lot 5, range F on Moody Road. He is said to have been a Quaker. A Revolutionary soldier. m. Sept. 21, 1786 in Buxton, Elizabeth Smith of Hollis, he of Limington, she probably one bapt. Sept. 26, 1762, Biddeford, (dau. of Daniel and Susan (Haley) Smith?), she d. Nov., 1822, Limington. Children:
i. DANIEL, b. 1788, Limington, d. July 21, 1862, ae 74 yrs. Bridgton. m. Nov. 26, 1812, Patience Stevens, both of Limington, she b. 1797, Berwick, d. June 6, 1881, ae 74 yrs. 4 mos. N. Baldwin. He moved to Denmark in 1817. Children:
    1. WILLIAM, b. Jan. 17, 1812, Limerick, d. June 16, 1906, Baldwin.
    2. STEPHEN, b. Oct. 7, 1814, Limington, d. Feb., 1848, New Orleans, LA.

3. **MARY**, b. June 16, 1816, Limington, d. Jan. 5, 1819, Denmark.
4. **EUNICE**, b. Jan. 27, 1820, Denmark, d. Nov. 24, 1886, N. Baldwin. m. Mar. 10, 1838, William Thorn Jr., both of Bridgton.
5. **DANIEL**, b. Jan. 25, 1823, d. July 21, 1862.
6. **PATIENCE**, b. July 4, 1825, d. June 6, 1881. m. Aug. 12, 1854, William S. Libby, both of Bridgton.
7. **LEONA**, b. Apr. 22, 1827, d. June 6, 1881.
8. **THOMAS**, b. Sept. 1, 1829, Denmark, d. July 10, 1909, Bridgton.
9. **DAVID**, b. June 29, 1830, d. July 16, 1831, Denmark.
10. **JAMES O.**, b. June 10, 1832, Denmark, d. Oct. 22, 1916, Hiram.
11. **MARY JANE**, b. Aug. 10, 1834, d. Oct. 8, 1876.

ii. **JOHN JR.**, b. ca 1790, lived in Boston. He on Limington tax list 1806, 1807, 1815.
iii. **MARY**, b. Dec. 28, 1791, d. May 17, 1869, Vassalboro. m. Mar. 23, 1815, Stephen Taber, both of Vassalboro.
iv. **BENJAMIN**, b. 1793, d. Dec. 8, 1871, ae 78 yrs. Barnard, ME. m. int. Dec. 10, 1820, Betsey Evans of Limerick, he of Limington, she d. June 22, 1863, ae 66 yrs. Barnard, ME.
v. **WILLIAM**, b. 1798, in 1845 ae 47 yrs. Lovell, in 1846 and Sept., 1847 of Portland and d. there. He was a veteran of War of 1812, in Apr., 1866 of Windham and d. soon after in Portland. m. in 1838, of Swedan with wife Eliza. Children:
   1. **GEORGE**.
   2. **EVERLINE**.
   3. **HARRIET**.
vi. **THOMAS**, b. ca 1801, d. in CA. m. Aug. 31, 1823 in Vassalboro, Jane Moody Pratt of Vassalboro, she b. Oct. 27, 1802, Portland, she a Quaker and he not a member.

MILLIKEN, CAPT. JOEL, b. July 12, 1762, Scarboro, d. Nov. 14, 1839, Portland. He lived in Limington from 1810 to 1819. m. May 25, 1784, Abigail Carll of Scarboro.

MILLIKEN, JOSIAH, b. Apr. 4, 1758, Scarboro, d. Jan. 7, 1833, Limington. He resident of Limington for 5 yrs.; formerly of Scarboro. A Revolutionary soldier, buried at W. Baldwin cemetery. m. (3) Nov. 1, 1812 in Limington, Sally (Hopkinson) Ridlon, widow of Robert of Hollis, he of Baldwin, she of Limington, she bapt. June 28, 1779, d. Oct. 31, 1860, ae 82 yrs. 12 das. Baldwin.

MILLIKEN, PHINEAS, b. Sept. 22, 1767, Scarboro. m. Aug. 2, 1787, Sarah Foss of Scarboro, after m. he came to Limington and left before 1797.

MITCHELL, ISAAC ESQ., b. Jan. 31, 1780, Standish, d. Jan. 26, 1863, ae 83 yrs. Limington. He built a house for $300 in the village from land purchased from Philemon Libby, after his m. He was an intelligent and leading citizen. m. Nov. 26, 1801, Martha Libby, both of

Limington, she b. Aug. 28, 1783, Limington, d. Jan. 3, 1877, ae 93 yrs. 4 mos. 4 das. Limington, she lived an earnest and consistent Christian life. Children (born in Limington):

i. ABNER, b. Apr. 25, 1803, d. Feb. 8, 1883, Alfred. He moved in 1845 to Alfred. m. Apr. 7, 1825, Lucy Small, both of Limington, she b. Oct. 23, 1793, Limington, d. Feb. 11, 1875, Limington. Children (born in Limington):
  1. ALBION LEWIS, b. May 27, 1826, m. Jan. 27, 1850, Isabel Frances White of Alfred, he of Exeter, NH, she d. Feb. 22, 1860, ae 33 yrs., Onoroura, Louisa Co., IL.
  2. MARY CORNELIA, b. Dec. 26, 1827, d. May 25, 1890.
  3. MARTHA, b. Jan. 14, 1831, Portland, d. Feb. 15, 1910 Alfred.
  4. ABNER, b. May 25, 1829, d. Aug. 28, 1830.
  5. ISAAC, b. Nov. 13, 1832, Gorham.
  6. SARAH MARCH, b. May 13, 1834, d. Mar. 21, 1921, Canterbury, NH.
  7. ANNA LOUISA, b. June 24, 1836, d. 1919.
  8. CLEMENT ADAMS, b. Feb. 24, 1838.

ii. LEWIS, b. Apr. 6, 1805, d. Sept. 23, 1861, Haverhill, MA. m. Nov. 11, 1829, Frances Dearborn Wedgewood of Exeter, NH, she b. Sept. 22, 1807, d. Mar. 25, 1873. Children:
  1. LEWIS FRANCIS, b. May 6, 1831, d. Aug. 30, 1839.
  2. ORIANNA, b. Feb. 8, 1834, Exeter, NH, d. Oct. 1, 1895, Haverhill, MA. m. Feb. 4, 1854, Samuel Dana Wingate of Stratham, NH. m. (2) Hon. James Monroe Lovering.
  3. ELLEN EDWARD, b. Nov. 4, 1838, d. Apr. 16, 1904. m. B. Franklin Swasey of Limerick. m. (2) Aug. 1, 1882, Joseph E. Knight of Haverhill, MA.
  4. FANNY DEARBORN, b. June, 1841, Hampton, NH, d. Sept. 3, 1882. m. Aug. 11, 1865 Thomas Leavitt.
  5. HARRIET MARIA, b. Mar. 1, 1844. living 1895, unm. Haverhill, MA.
  6. ISAAC HURD, b. May 2, 1845, d. June 21, 1845.
  7. ISAAC LEWIS, b. Aug. 26, 1846, in 1895 of Haverhill, MA.
  8. EMMA ELIZABETH, b. July 12, 1849.
  9. DR. GEORGE WILLIAM EVERETT, b. Feb. 18, 1853.

iii. ISAAC LEE, b. July 11, 1807, d. May 7, 1872, Limington. He was town clerk and post master in town. m. Aug. 12, 1830, Catherine Adams of Newfield, he of Limington, she b. Jan. 21, 1811, Limerick, d. Sept. 28, 1896, ae 85 yrs. 8 mos. 7 das. Limington. Children (born in Limington):
  1. HARRIET SMALL, b. May 27, 1831, d. July 21, 1889, Muscatine, IA. m. Dec. 26, 1852, Dr. Stephen Meserve Cobb, both of Limington, he b. Feb. 4, 1819, Gorham, d. Dec. 12, 1892, Muscatine, IA.
  2. HENRY LEE, b. Aug. 2, 1833, d. July 21, 1904, ae 70 yrs. 11 mos. 17 das. Limerick. m. Feb. 24, 1861, Martha W. Bradbury.
  3. ELIZABETH ADAMS, b. Feb. 13, 1836. m. Sept. 14, 1856, Ezra B. Pike of Hiram, she of Limington. In 1890 living in Brentwood, NH.

- 4. LUCILLA C., b. Apr. 10, 1839, d. Nov. 6, 1918, ae 79 yrs. 7 mos. Limington. m. int. Mar. 29, 1860, Malcolm Bradford Cole, both of Limington, he b. July 15, 1839, Limington, d. Mar. 14, 1907.
- 5. ALPHEUS LIBBY, b. Sept. 4, 1841, d. Apr. 18, 1865, ae 23 yrs. Davenport, IA, drowned in Mississippi River.
- 6. LUCY CATHERINE, b. Sept. 16, 1848, d. Mar. 18, 1904, Limington. m. Jan. 20, 1878, Winfield Scott Small, both of Limington, he b. May 29, 1850, Limington, d. Oct. 9, 1919, Limington.
- 7. JOHN ADAMS, b. May 14, 1855, d. July 25, 1856.

iv. HARRIET S., b. Dec. 28, 1809, d. Dec. 15, 1863, Howland. m. int. Nov. 6, 1830, m. Dec. 1, 1830, James Godfrey Small of Howland, she of Limington, he b. Aug. 19, 1807, Limington, d. Dec. 18, 1885.

v. PHILEMON LIBBY, b. Oct. 16, 1812, d. Jan. 23, 1895, Rock Island, IA. He lived in Davenport, IA. m. Oct. 11, 1837, Catherine N. Hall, of Exeter, NH, she b. July 10, 1814, d. Oct. 3, 1868.

vi. ANNA, b. Dec. 29, 1815, d. Apr. 6, 1818, Limington.

vii. ANNA (NANCY), b. Aug. 9, 1820, d. Aug. 25, 1896, ae 76 yrs. 15 das. Worcester, MA. m. Dec. 3, 1846, Winborn Adams, both of Limington, he b. Nov. 27, 1815, Newfield, d. Jan. 24, 1892, Limerick.

MOODY, GEORGE LIVINGSTON, b. 1761, Kittery, d. Jan. 18, 1838, ae 77 yrs. S. Limington. He came from Saco about 1797 and settled nearly across from the Joy place on Joy Road. He entered the Army when at 15 and continued through the war. He was for many years an exemplary Christian of the Methodist order. m. May 20, 1787, Rebecca Woodbury, both of Saco, she d. July 11, 1839, ae 73 yrs. S. Limington. Children:

i. SALLY, bapt. Aug. 5, 1789, Saco, living 1850, ae 61 yrs. Limington. m. May 30, 1811, John Malloy, both of Limington, he b. before 1790, d. 1815, Limington.

ii. MARY, bapt. Sept. 18, 1791, Saco, d. Sept. 4, 1792, ae 1 yr. Saco.

iii. REBECCA, bapt. June 1, 1794, Saco, d. ca 1867, Portland. m. Jan. 15, 1824, Charles Blake of Gorham, she of Limington, he b. Nov. 6, 1800, Gorham, d. May 19, 1870, ae 69 yrs. 6 mos. Portland.

iv. GEORGE JR., bapt. July 2, 1797, Saco, d. Dec. 20, 1864, ae 68 yrs. 5 mos. Fayette. m. Jan. 27, 1820, Susanna E. Dunham of Brunswick, she d. Feb. 8, 1836, ae 36 yrs. Limington. m. (2) Nov. 27, 1836, Nancy Dearborn, both of Limington, she d. Aug. 26, 1868, ae 62 yrs. Fayette.

v. MARY, bapt. July 9, 1799, Saco, d. Sept. 14, 1864, ae 65 yrs. 5 mos. unm. Portland. She buried Evergreen cemetery with her sister.

vi. LOIS, b. 1802, d. Oct. 23, 1884, ae 82 yrs. Rockingham County Farm, Brentwood, NH. m. Sept. 9, 1838, Jonathan Tasker, both of Somersworth, NH.

vii. ELIZABETH, bapt. July 15, 1807, b. 1806, d. 1882, Portland. m. Sept. 22, 1825, Joseph Blake Jr. of Gorham, she of Limington, he b. Apr. 15, 1803, Gorham, d. July 3, 1835, buried Evergreen Cemetery, Portland.

MOODY, JOSEPH, b. Sept. 2, 1763, Scarboro, d. July 28, 1809, ae 46 yrs. Limington, of pelrid fever. He came from Gorham in 1796 and settled in the village on Thaddeus Richardson's farm. m. July 10, 1783, Elizabeth Plaisted, both of Scarboro, she b. June 4, 1765, Scarboro, d. Jan. 3, 1843, Limington. Children:
i. ELIZABETH, b. Oct. 14, 1783, Scarboro, d. Aug. 27, 1833, ae 50 yrs. 10 mos. Limington. m. Sept. 15, 1805, Benjamin Blake of Gorham, she of Limington, he b. May 31, 1783, Gorham, d. Dec. 31, 1864, Limington.
ii. MOSES, b. Apr. 4, 1786, Gorham, d. Oct. 17, 1838, Limington. m. May 12, 1811, Octavia Hagens, both of Limington, she b. Feb. 14, 1792, Limington, d. July 29, 1840, Limington. Children;
1. WALTER HAGENS, b. July 1, 1813, d. Aug. 28, 1892, ae 79 yrs. 1 mo. 27 das. Limington. He lived in William M. Richardson's place in the village. m. int. Nov. 12, 1837, Margaret Bradeen, both of Limington, she b. Jan. 31, 1815, Cornish, d. May 4, 1847, Cornish. m. (2) July 1, 1850, Sarah B. Wentworth. She d. Aug. 28, 1892 ae 79 yrs. m. (3) Dec. 4, 1853, Louisa M. (Haskell) Stone, widow of Harding Z., she of Standish, he of Cornish. Children:
(1) EUNICE BRADEEN, b. Nov. 24, 1839. d. May 7, 1893, ae 53 yrs. 2 mos. 13 das. Limington. m. Dec. 9, 1859, Martin B. Richardson, both of Limington.
(2) ANN MARIA, b. Sept. 10, 1841.
(3) JOHN B., b. Mar. 2, 1843, living 1880, Limington, in 1890 Montreal, Canada. Moved to Melrose, MA.
(4) CLARA H., b. Sept. 8, 1845, d. Nov. 3, 1926, ae 81 yrs. 1 mo. 27 das. Limington. m. June 9, 1863, Frederick Brackett of Limington.
(5) NELLIE M., b. Oct. 10, 1850, d. Apr. 1, 1916. m. int. Jan. 18, 1878, m. Feb. 18, 1878, Henry Libby, both of Limington.
(6) NEWELL J., b. Oct. 25, 1852.
(7) SARAH, b. July 15, 1858.
(8) MABEL M., b. June 1, 1869.
(9) EDITH ROSEMOND, b. June 30, 1872.
2. CYRUS S., b. Dec., 1814, d. Aug. 31, 1843, ae 28 yrs. 8 mos. Limington. m. int. Oct. 24, 1841, Mary Jane Boothby, both of Limington, she m. (2) Aug. 2, 1850, Henry C. Moore, both of Limington, she d. Nov. 5, 1889, ae 70 yrs. S. Bridgton, formerly of Limington.
3. NEWELL, b. Sept., 1823, d. Nov. 1, 1855, ae 32 yrs. 2 mos. Limington. m. int. June 1, 1853, Mary R. Small, both of Limington, she b. Mar. 6, 1822, Limington, d. Oct. 21, 1853, Limington.

iii. ESTHER, b. Jan. 1, 1787, Gorham, d. Mar. 1, 1846, Limington. m. May 25, 1806, David Miller Moore, both of Limington, he b. Aug. 23, 1783, Hancock, NH, d. Jan. 1, 1859, Limington.

iv. DANIEL, b. Sept. 15, 1789, Gorham, d. Sept. 24, 1867, ae 78 yrs. 9 das. Limington. m. Dec. 1, 1814, Elizabeth Small, both of Limington, she d. Aug. 27, 1852, ae 56 yrs. 6 mos. Limington. m. (2) int. Sept. 6, 1853, Mrs. Eliza Merrill of Porter, he of Limington, she d. Mar. 30, 1875, ae 81 yrs. 4 mos. Gray. Children:
1. LEANDER, b. May 21, 1815, Harrison, d. Mar. 5, 1879, ae 63 yrs. 9 mos. 14 das. Limington. m. Apr. 30, 1839, Sarah F. McKenney, both of Limington, she b. Feb. 5, 1813, Limington, d. Sept. 14, 1888, Gorham. He moved to Chatham, NH, and returned by 1846. He once lived on Moody Mountain for which it was named for him. His place on Horne Pond Road, near Hanscom's Corner, burned Apr. 8, 1879. Children:
    (1) CYRUS HASTINGS, b. Mar. 8, 1840, Chatham, NH, d. Dec. 1, 1895, ae 55 yrs. 8 mos. 23 das. Limington. m. Aug. 6, 1870 in Limerick, Melinda Jane Foss, both of Limington, she b. May 7, 1848, Limington, d. Apr. 16, 1916. Children:
        (i) LILLIAN MITCHELL, b. Dec. 21, 1871, d. Nov. 23, 1892, Limington.
        (ii) SALLY ELIZABETH (SADIE), b. June 23, 1874, d. 1931. m. George M. Brackell, both of Limington.
        (iii) HARRIET C., b. Feb. 17, 1878, d. Feb. 8, 1940, Newburyport, MA. m. Dec. 12, 1900, George F. Strout, both of Limington.
        (iv) LEANDER JEREMIAH, b. Apr. 3, 1879, d. July 11, 1961, Gorham.
        (v) JAMES McARTHUR, b. June 26, 1882.
    (2) MARY ELIZABETH, b. Dec. 30, 1841, Chatham, NH, d. Nov. 7, 1912, ae 69 yrs. 10 mos. 17 das. Springfield, MA. m. Nov. 9, 1866, Frederick Elwell of Gorham, she of Limington.
    (3) SARAH JANE, b. May 20, 1846, Chatham, NH. m. Alpheus Boothby of Gorham.
    (4) HARRIET ABBY, b. July 13, 1849, Limington, d. Mar. 18, 1928, Morristown, NJ. m. int. Jan. 8, 1870, Henry F. Coffin of Gorham.
    (5) JOHN P., b. Sept. 6, 1850, d. Mar. 8, 1921, Gorham. m. Apr. 24, 1872, Sarah Ella Meserve, both of Limington, she b. Apr. 14, 1855, Limington, d. Oct. 18, 1921. Children:
        (i) ALPHEUS G., d. Apr. 16, 1875, ae 14 mos. 11 das. of brain fever, Limington.
        (ii) HANNAH MABEL, b. Sept., 1875, d. Mar. 18, 1937. m. Bertrand Herrick of Gorham.
    (6) HANNAH A., b. July 28, 1855, d. Apr. 1, 1856.

(7) ANNA P., b. Feb. 25, 1857, d. June 30, 1927, E. Orange, NJ. m. Dec. 25, 1880, Judson Albert Sedgley of Limerick, she of Limington. m. (2) William P. Coffin.
2. JANE, b. Oct., 1817, d. Feb. 9, 1843, ae 25 yrs. 4 mos. Limington. m. June 11, 1840, Arthur Boothby, both of Limington, he b. Jan. 29, 1816, Limington, d. June 10, 1891, Limington.
3. JAMES McARTHUR, b. Sept. 7, 1821, Limington, d. Sept. 16, 1891, Gorham. m. int. Feb. 4, 1849, Lydia L. Witherbee of Effingham, NH, he of Limington, she b. Sept. 26, 1824, Limington, d. Nov. 27, 1887, Gorham.
4. REV. BENJAMIN SMALL, b. Aug. 8, 1823, Limington, d. June 4, 1898, ae 74 yrs. 9 mos. 27 das. Limington. He began for himself as a merchant in town of Porter, but later removed to a farm in Parsonsfield, studied for the ministry at New Hampton, NH, ordained at S. Wheellock, VT; after 5 yrs. he removed to Limington to care for his wife's father. m. Dec., 1846, Hannah Edgecomb of Parsonsfield, she b. Mar. 9, 1826, Parsonsfield, d. May 24, 1855, Parsonsfield. m. (2) Clarinda Elizabeth Neal, she d. May 3, 1861, ae 32 yrs. 9 mos. 9 das. N. Parsonsfield. m. (3) Nov. 21, 1862, Amanda J. Meads of Limington, he of Parsonsfield, she b. May 18, 1828, Limington, d. Feb. 3, 1924, Limington. Children:
(1) FRANK, b. June 2, 1850, Porter, d. Nov. 20, 1897, unm. S. Limington. He was deaf and dumb.
(2) WEDGEWOOD NEAL, b. May 2, 1860, Parsonsfield, d. Sept. 21, 1910. m. int. Nov. 15, 1880, Martha F. McLellan, both of Limington.
(3) ELIZABETH, b. Jan. 27, 1863, Parsonsfield, d. Feb. 23, 1919. unm. Boston, MA.
(4) STEPHAN J., b. Oct. 12, 1871, Wheellock, VT.
5. MOSES, b. Aug. 2, 1839, d. Jan. 21, 1864, killed at Gettysburg and buried at Arlington National Cemetery.

v. CAPT. SIMON, b. Dec. 9, 1791, Gorham, d. Aug. 28, 1870, ae 78 yrs. 8 mos. 19 das. Limington. He lived in the village. m. May 11, 1815, Priscilla Libby, both of Limington, she b. May 20, 1797, Limington, d. Sept. 10, 1831, ae 35 yrs. 3 mos. 28 das. Limington. She formerly of Lebanon, NH. m. (2) July 4, 1833, Harriet W. Hubbard, both of Limington, she b. Dec. 10, 1815, Guildhall, VT, d. Feb. 4, 1896, ae 80 yrs. 1 mo. 16 das. Cornish. Her mother, Mehitable, wife of Josiah Hubbard of Lowell, MA, d. July 22, 1863, ae 71 yrs. 8 mos. Limington, with her daughter. Children:
1. CAPT. JOSEPH, b. June 6, 1815, Limington, d. Apr. 23, 1856, Limington. He suffered much of his last 15 yrs. of rheumatic fever. m. Aug. 21, 1838, Mary Small Boothby, both of Limington, she m. (2) int. Feb. 23, 1859, Abijah Usher of Hollis, she b. Dec. 23, 1817, Limington, d. Mar. 7, 1869, Hollis.

2. **GIDEON LIBBY**, b. Oct. 2, 1816, Limington, d. Dec. 31, 1855, ae 39 yrs. 3 mos. Limington.
   3. **BENJAMIN LIBBY**, b. Sept. 9, 1823, Limington, d. Oct. 8, 1824, Limington.
vi.   MARY, b. Feb. 22, 1794, Gorham, d. June 23, 1868, ae 74 yrs. 4 mos. 1 da. Limington. m. May 25, 1817, Henry Cutler of Bridgton, she of Limington, he b. Aug. 17, 1794, Salem, MA, d. July 26, 1872, Limington.
vii. O L I V E M ., b. Feb. 27, 1796, Limington, d. Feb. 3, 1833, Limington. m. Feb. 2, 1827, William Johnson, both of Limington, he b. Nov. 5, 1802, Limington, d. Aug. 24, 1868.
viii. BENJAMIN, b. Sept. 2, 1797, Limington, d. Dec. 4, 1867, ae 70 yrs. 3 mos. 3 das. S. Limington. m. Oct. 17, 1820, Sally Young, both of Limington, she b. Dec. 17, 1795, Limington, d. Sept. 29, 1833, Limington. m. (2) Oct. 5, 1834, Mary Parker McKenney, widow of Calvin, both of Limington, she b. May 8, 1806, Limington, d. May 12, 1837, Limington. m. (3) Mar. 21, 1838, Catherine (Staples) Libby, widow of Capt. Nathaniel, both of Limington, she b. Nov. 6, 1810, Limington, d. Mar. 29, 1885, ae 72 yrs. 3 mos. W. Gorham. Children (born in Limington):
   1. **ORIN**, d. Dec. 27, 1826, ae 5 yrs. Limington.
   2. **HANNAH Y.**, b. Sept. 1, 1823, d. Sept. 6, 1908, ae 80 yrs. 5 das. Limington. m. Dec. 10, 1846, Frederick Richardson, both of Limington, he b. Mar. 13, 1820, Standish, d. Jan. 22, 1898, Limington.
   3. **ALBION KING PARRIS**, b. Jan. 24, 1826, d. Jan. 15, 1903, Saco.
   4. **O R R I N**, b. 1829, living 1850, Limington, moved to KS. m. int. Oct. 12, 1850, m. Nov. 5, 1851 in Saco, Elizabeth B. Atkinson of Saco, he of Limington. He living in 1871, Maysville, AR.
   5. **DR. DANIEL**, b. Apr. 26, 1831, d. Apr. 29, 1889, Clinton. Began practice in Clinton in 1864, graduated from Bowdoin and Dartmouth colleges.
   6. **CHILD**, d. Sept. 30, 1833, Limington.
   7. **BENJAMIN C.**, b. July, 1835, d. Sept. 11, 1845, ae 10 yrs. Limington.
   8. **SARAH Y.**, b. 1839, d. Nov. 14, 1904, ae 65 yrs. Hastings, MN. m. Aug. 30, 1866, William Thompson, both of Limington, he b. Aug. 14, 1832, Limington, d. July 27, 1902, Hastings, MN.
   9. **ELIZABETH LIBBY**, b. Oct. 4, 1840, d. Mar. 18, 1908. m. Jan. 1, 1866, Melville Harrison Manson, both of Limington, he b. Apr. 16, 1835, Limington, d. Sept. 14, 1907, Worthington, MN.
   10. **HARRIS BENJAMIN**, b. Sept. 29, 1846, d. Feb. 2, 1929, Westbrook. Buried Woodlawn Cemetery m. July 7, 1871, Susan Bradeen of Limington, he of Gorham. m. (2) Jan. 9, 1890, Ada E. Harmon at Gorham.
   11. **CHARLES MELLEN**, b. Apr., 1852, d. Apr. 12, 1905, ae 52 yrs. 11 mos. 2 das. Thomaston.

ix. SALLY, b. Sept. 24, 1799, Limington, d. Jan. 5, 1843, ae 43 yrs. Limington. m. Nov. 27, 1820, Daniel Emery, both of Limington, he b. Sept. 20, 1798, Biddeford, d. Mar. 25, 1860, Limington.
x. BARBARA, b. Aug. 14, 1801, Limington, d. Apr. 27, 1822, Limington.
xi. HANNAH, b. May 20, 1804, Limington, d. Feb., 1813, Limington.
xii. JANE, b. Mar. 12, 1806, d. Mar. 7, 1818, Limington.
xiii. LAVINA, b. June 6, 1809, d. Oct. 26, 1891, Portland. m. Dec. 27, 1827, Josiah Black, both of Limington, he b. Oct. 31, 1802, Limington, d. Mar. 21, 1876, Portland.

MOODY, MAJOR MOSES, b. July 21, 1781, Scarboro, d. Oct. 12, 1843, ae 62 yrs. Scarboro. He came after 1801 from Scarboro and settled on lot 3, range F. He returned to Scarboro about 1816. m. Apr. 3, 1803, Elizabeth Libby, both of Limington, she d. July 4, 1886, ae 103 yrs. 4 mos. 6 das. Cape Elizabeth. Children:
i. MAJOR, b. Feb. 4, 1804, d. June 22, 1839, ae 36 yrs. Scarboro. m. Sept. 7, 1827, Nancy Hunnewall of Scarboro.
ii. BENJAMIN, b. Feb. 21, 1806, d. Jan. 8, 1837. m. Nov. 2, 1828, Rhoda Bowie, both of Cape Elizabeth.
iii. ELIZA, b. Mar. 23, 1808, d. Jan. 28, 1853, Scarboro. m. Dec. 31, 1829, David Plummer of Cape Elizabeth.
iv. MARY ANN, b. Mar. 31, 1810. m. Mar. 31, 1829. William Plummer, both of Cape Elizabeth.
v. EUNICE L., b. Mar. 22, 1812, d. May 18, 1890. m. Abner G. Green.
vi. MOSES L., b. Oct. 22, 1814, d. Nov. 22, 1836, ae 22 yrs. Scarboro.
vii. HANNAH H., b. Feb. 28, 1817, Baldwin, d. July 17, 1865, Boston, MA. m. June 9, 1839, Moses M. Allen of Portland, she of Scarboro.
viii. JOHN L., b. Oct. 14, 1819, Cape Elizabeth, d. Oct. 2, 1848, Scarboro. m. Nov. 15, 1845, Charlotte Libby.
ix. SARAH JANE, b. July 9, 1822, Cape Elizabeth, d. Mar. 14, 1826, Cape Elizabeth.
x. PRISCILLA, b. Dec. 8, 1824, Cape Elizabeth. m. June 28, 1846, Francis Cash of Cape Elizabeth.

MOORE, CHARLES HENRY, b. Jan. 16, 1840, Parsonsfield, d. Jan. 23, 1922, ae 82 yrs. 7 das. Fairfield. He came from Parsonsfield and lived on "Beaver Berry" Road, going towards Hardscrabble. He left in 1917 and moved to Fairfield. His sister, Mary Jane Moore, b. Dec. 29, 1828, Parsonsfield, d. July 8, 1882, ae 53 yrs. 6 mos. Limington, m. (1) Nov. 20, 1847, Erastus A. Berry of Limington, who d. June 6, 1860, ae 37 yrs. Limington, m. (2) Apr. 21, 1861, John Strout, both of Limington. Charles m. Sept. 14, 1862, Katie E. Lewis, both of Limington, she b. Nov. 5, 1845, Limington, d. Dec. 27, 1887, ae 43 yrs. 2 mos. 29 das. S. Limington of consumption. m. (2) Sarah West of St. John, NB. She b. Oct., 1854 St. John, NB. Children:

i.   GERTRUDE A., b. July 16, 1863, d. Sept. 22, 1889, ae 26 yrs. 2 mos. 6 das. Limington, of consumption.
ii.   CHARLES ALFRED, b. Feb. 3, 1865, d. Nov. 29, 1890, ae 25 yrs. 9 mos. 26 das. Dover, NH, formerly of Hollis Center.
iii.   LIZZIE MARTHA, b. Feb. 20, 1867, d. May 28, 1908, ae 41 yrs. 3 mos. 8 das. Standish. m. Mar. 19, 1885, Charles S. Perry of Standish.
iv.   WILLIS AUBREY, b. 1868, living 1890, S. Limington, living in 1922.
v.   MARILLA H., b. 1872, d. Oct. 8, 1889, ae 17 yrs. Limington, of consumption, while coming down with the measles, took a cold bath and died.
vi.   FRANK, b. 1875, lived Cambridge, MA, living in 1922.
vii.   FLORA M., b. 1879, d. Mar. 31, 1881, not quite 2 yrs. Limington.
viii.   BERTHA, b. 1883, d. May 30, 1892, ae 8 yrs. 10 mos. Limerick, of brights disease.
ix.   GLADYS, b. 1895, Limerick.

MOORE, DAVID MILLER, b. Aug. 23, 1783, Hancock, NH, d. Jan. 1, 1859, Limington. He came in 1801 and was of Limerick in 1810 for a few yrs. but returned. He was a farmer and brickmaker. m. May 25, 1806, Esther Moody, both of Limington, she b. Jan. 1, 1787, Gorham, d. May 1, 1846, ae 59 yrs. 4 mos. Limington. Children:

i.   E L I Z A, b. 1806, d. Sept. 9, 1835, Limington. m. int. Apr. 13, 1833, Freeman Johnson, both of Limington, he b. Jan. 11, 1813, Limington, d. Apr. 10, 1876, S. Bridgton.
ii.   MARY G., b. Dec. 6, 1808, d. Apr. 30, 1889, ae 80 yrs. 4 mos. Gorham. m. Mar. 1, 1832, Ervin Small, both of Limington, he b. Jan., 1809, Gray, d. Oct. 1, 1890, ae 81 yrs. 10 mos. Cape Elizabeth.
iii.   JOSEPH, b. Sept., 1810, d. Oct. 8, 1830, Limington.
iv.   DAVID JR., b. May 23, 1812, Limerick, d. Oct. 27, 1876, ae 64 yrs. 5 mos. Gorham. He was a merchant and farmer. m. Nov. 27, 1837, Elizabeth Small of Limington, he of Poland, she b. July 14, 1817, Limington, d. Sept. 21, 1865, Gorham. m. (2) Dec. 9, 1866, Mrs. Harriet (Davis) Paine both of Gorham. She was the widow of Francis Paine of Standish, who d. July 1, 1861, ae 31 yrs. 6 mos. Standish. She d. May 23, 1878, ae 40 yrs. 6 mos. Children:
   1. MARY E., b. June 15, 1839, Poland, d. Feb. 26, 1909, ae 69 yrs. 8 mos. 11 das. Limington. m. Nov. 4, 1863, Henry Hasty of Limington, she of Gorham.
   2. HENRY W. S., b. July 7, 1842, d. Mar. 26, 1846, ae 4 yrs. 8 mos. 9 das. Limington.
   3. CHARLES S., b. July, 1843, d. Aug. 30, 1863, ae 20 yrs. 1 mo. 3 das. Gorham.
   4. ISAAC W. S., b. 1845, d. Sept. 4, 1846, ae 1 yr. 1 mo. 8 das. Limington.
   5. ELLA F., b. 1847, d. 1893. m. _____ Robinson.

6. **EVELYN M.**, b. Oct. 26, 1848, Limington, d. Aug. 31, 1919, ae 70 yrs. 10 mos. 5 das. Gorham. m. Nichols S. Billings of Gorham.
7. **LIZZIE B.**, b. 1856, d. Aug. 11, 1899, ae 43 yrs. Gorham.
8. **DAVID C.**, b. June 23, 1868 Gorham. After his mother's death, he and his sister were adopted by Grenville Rich of Standish. He took the name of Herbert Leroy Rich and d. Mar. 10, 1913, Standish.
9. **ANNIE**, b. Nov. 21, 1873, Gorham, d. Jan. 5, 1953.
10. **HENRY S.**, b. Dec. 12, 1874, Gorham. He was adopted and took the name of Henry Johnson.

v. **JOHN**, b. Sept. 6, 1814, Limington, d. July 2, 1878, ae 64 yrs. Limington. m. int. Aug. 16, 1840, m. Aug. 20, 1840, Harriet S. Boothby, both of Limington, she b. July 4, 1817, Limington, d. Dec, 28, 1859, Limington. m. (2) Oct. 20, 1860, Hannah (Irish) Cook, widow of Solomon C. Cook of Gorham, she b. July 21, 1832, Gorham, d. Dec. 22, 1892, ae 61 yrs. 5 mos. Standish. Children:
1. **ABBIE W.**, b. 1840, living 1880, Deering, Portland. m. Peter S. Thompson of Portland.
2. **SARAH E.**, b. 1843, d. Oct. 30, 1864, ae 21 yrs. 4 mos. Steep Falls, of consumption.
3. **MARY S.**, b. 1850, d. Mar. 16, 1883, ae 33 yrs. Portland, of consumption. m. Henry Hamilton of Portland.
4. **HATTIE E.**, d. Oct. 6, 1866, ae 6 mos. 24 das.
5. **JOHN L.**, b. Aug. 22, 1869, d. 1952. m. Jan. 16, 1892, Lizzie Graffam in Limington.

vi. **ESTHER**, b. Dec. 8, 1816, d. Mar. 2, 1832, Limington.
vii. **JANE W.**, b. Aug. 25, 1818, Limington, d. Dec. 9, 1906, Limington. m. int. Dec. 19, 1837, m. Jan. 1, 1838, James Dunning Stackpole Webster of Gray, he b. Nov. 11, 1810, Gray, d. Feb. 3, 1876, Limington.
viii. **HENRY C.**, b. Sept. 21, 1820, Limington, d. Oct. 21, 1863, ae 43 yrs. 1 mo. Limington. m. int. Dec. 20, 1842, Mary Ann French of Norway, he of Limington, she d. Dec., 1849, ae 29 yrs. E. Limington. m. (2) Aug. 2, 1850, Mary Jane (Boothby) Moody, widow of Cyrus, both of Limington, she d. Nov. 5, 1889, ae 70 yrs. S. Bridgton, formerly of Limington. Children:
1. **CATHERINE (KATIE M.)**, b. ca 1845, Limington. m. Jan. 1, 1868 in Boston, MA, William H. Chick of Boston, MA.
2. **DAVID ERVING**, b. ca 1847, Limington.
3. **OLIVE A. B.**, d. Mar. 28, 1857, ae 8 mos. 3 das.

ix. **SIMON**, b. June 2, 1822, d. Dec., 1822, Limington.
x. **PRISCILLA M.**, b. Jan. 18, 1826, Limington, d. Mar. 10, 1852, ae 26 yrs. 4 das.
xi. **MARIA G.**, b. June 18, 1828, Limington, d. Feb. 18, 1865, Portland. m. Nov. 29, 1849, William B. Irish of Gorham, he b. Feb. 27, 1828, Gorham.
·xii. **OLIVE**, b. Dec. 6, 1831, Limington, d. June 7, 1852, ae 22 yrs. 2 mos. Limington.

MORRISON, SAMUEL, bapt. July 26, 1761, Wells, d. Oct. 13, 1842, Linneus. He came from Wells by 1790 and was the first to settle on Sawyer's Mountain. He moved in 1817 to New Limerick. A Revolutionary soldier. m. Dec. 4, 1779 in Wells, Margaret Webber, both of Wells. She d. Nov. 25, 1831 ae 67 yrs. Linneus. Children:
i. NANCY, b. 1781, d. Apr. 3, 1844, ae 63 yrs. Belfast Academy Grant, now Ludlow. She moved to New Limerick in 1829 from Parsonsfield.
ii. ISAIAH, b. Feb. 20, 1784, d. Mar. 28, 1874, ae 90 yrs. 1 mo. 9 das. Linneus. m. Sept. 8, 1808, Sally Linscott of Hollis, he of Limerick.
iii. EDMUND, b. 1787, d. Aug. 17, 1872, ae 85 yrs. 5 mos. Linneus. m. int. Jan. 24, 1807, Jemima Rumery of Hollis, he of Limerick.
iv. JOHN. m. Sept. 13, 1812, Margaret Lord of Parsonsfield, he of Limerick.
v. SAMUEL, b. 1791, d. July 26, 1863, Linneus. m. May 30, 1810, Charity Mudgett of Parsonsfield, he of Limerick, she b. Nov. 2, 1784, d. Nov. 21, 1856, Linneus.
vi. ELIAS, living 1820, Cornish. m. Mar. 4, 1819, Mary Judkins of Cornish, he of Limerick.
vii. STEPHEN, b. 1794, living 1850, Symyra. He d. ae 86 yrs. m. Elizabeth Drew, formerly of Limerick.
viii. IVORY, he d. ca 1832 ae 41 yrs. m. Aug. 9, 1814, Mehitable Perry of Parsonsfield, he of Limerick, she m. (2) Dec. 12, 1834, James Wormwood of Cornish.
ix. DOLLY, b. 1800, living 1850, ae 50 yrs. Houlton. Living in 1882. m. Joseph Goodnough of New Limerick.
x. MARGARET, b. 1802, living 1850, Eddington. Living in 1882. m. Charles Spooner of New Limerick.
xi. MEHITABLE, b. 1804, living Belfast Academy Grant in 1850. m. Royal B. Coolbroth of Buxton.

MORTON, EBENEZER, b. 1738, d. 1809, Jackson, ME, by a falling tree. He came by 1790 from Gorham and in 1800 went to Jackson as one of its first settlers. m. Dec. 27, 1758, Sarah Whitney, both of Gorham, she b. Aug. 15, 1739, d. Feb., 1831, ae 91 yrs. 6 mos. Limington. Children (all born in Gorham):
i. MARY, b. Mar. 6, 1760. m. Moses Downs, they left town in 1802 for VT.
ii. MARTHA, b. May 19, 1762, d. Dec. 15, 1824, Fryeburg. m. Jan. 1, 1785, Ebenezer Irish, both of Gorham, he b. Apr. 5, 1763, Gorham, d. Jan. 22, 1851, Fryeburg.
iii. JOSEPH, b. Feb. 9, 1765, Gorham, d. Aug. 13, 1825, Otisfield. He came by 1790 and left in 1802 for Otisfield. m. Nov. 22, 1789, Lydia Lombard of Gorham. m. (2) int. Mar. 7, 1808, Eunice Emery of Poland, he of Otisfield. Children:
1. FANNY, m. Apr. 2, 1812, Joshua Lombard.
2. LYDIA.
3. MATTHIAS, b. 1792, d. 1855 Andover, MA.
4. EBEN, b. Dec. 8, 1799, d. Oct. 12, 1868 Paris, ME.

5. **RICHARD**, b. 1793, d. Sept. 28, 1861 ae 67 yrs. 10 mos. Paris, ME.
6. **JOHN**.
7. **SALLY**, b. Aug. 4, 1854 ae 50 yrs. She m. Joseph Files of Thorndike.
8. **ESTHER**, b. Aug. 13, 1801. m. Ebenezer Crowell.
9. **LAVINIA**.
10. **JOSEPH BARKER**, b. 1806, Poland.

iv. **ELISHA**, b. Jan. 25, 1771, d. Apr. 1, 1834, Plymouth. m. Feb. 18, 1796, Bathsheba Lombard of Gorham, came in 1800 to Jackson, in 1810 went to Thorndike.

v. **MATTHIAS**, b. Aug. 31, 1767.

vi. **EBENEZER**, b. July 15, 1771 or 1773, Gorham, by family record, d. July 17, 1813, Jackson, by a falling tree. He came in 1800 to Jackson. m. Aug. 6, 1798, Betsey Boody, both of Limington, she b. Jan. 15, 1777, New Durham, NH, d. Feb. 4, 1846, Limington, she m. (2) Feb. 26, 1828, Joseph Miller Thompson of Cornish, she of Limington, he b. Nov. 12, 1751, Exeter, NH, d. Nov. 18, 1840, Limington. Children:
   1. **MATTHIAS**, b. Nov. 1, 1798, Limington, d. Apr. 10, 1876, ae 77 yrs. 5 mos. Cumberland.
   2. **MARY**, b. Jan. 15, 1800, Limington, d. Aug. 1, 1887, Casco. m. May 2, 1827, Thomas Cook of Casco. m. (2) Apr. 20, 1850, Robert Cook of Casco.
   3. **MARGERY H.**, b. Apr. 28, 1802, Jackson, d. Mar. 22, 1884, ae 81 yrs. 1 mo. 28 das. Limington. m. Dec. 6, 1827, Michael Sawyer, both of Limington, he b. June 7, 1795, Limington, d. Oct. 28, 1876, Limington.
   4. **SALOME**, b. Dec. 29, 1803, Jackson, d. May 28, 1875, Limington. m. May 25, 1843, Elisha Douglass, both of Limington, he d. Oct. 7, 1861, ae 72 yrs. 6 mos. 7 das. Limington.
   5. **ROBERT**, b. Feb. 28, 1805, Jackson, d. Dec. 18, 1869, Windham. m. Oct. 9, 1853 in Windham, Emma D. Boody, he moved in 1853 to Windham.
   6. **SARAH**, b. Jan. 9, 1807, Jackson. m. Dec. 16, 1833, Daniel Schellinger of Poland, she of Gorham.
   7. **RANSOM**, b. Jan. 8, 1809, Jackson, d. Sept. 12, 1877, ae 68 yrs. 4 das. m. int. July 29, 1829, Abigail Rand, both of Windham. m. (2) July 15, 1860, Olive E. Walker of Limington, she b. July 22, 1820, d. June 4, 1889, Limerick.
   8. **ELIZA**, b. June 11, 1811, Jackson, d. Oct. 22, 1892, ae 81 yrs. 9 mos. 21 das. Limington. m. June 19, 1850, Isaac Marr, both of Limington, he b. May 15, 1803, Limington, d. Sept. 15, 1867, Limington. m. (2) int. June 10, 1873, John Hancock of Limington, she of Standish. He d. Apr. 20, 1874, m. (3) Isaiah Pingree of Denmark.

vii. **JOSIAH**, b. July 14, 1773, one d. July 18, 1842, ae 76 yrs. Owego, NY. m. int. June 15, 1800, Charity Dawes, both of Limington. They moved in 1816 to VT.

viii. **DANIEL**, b. Nov. 11, 1776, d. 1833.

MORTON, WILLIAM, b. Dec. 29, 1767, Gorham, d. Nov. 4, 1832, ae 65 yrs. Belmont. He was in town in 1790 and moved to Cape Elizabeth. m. Nov. 29, 1787, Lydia Strout of Cape Elizabeth, he of Gorham, she b. ca 1770, Cape Elizabeth, living May, 1842, Corinna.

MOULTON, JOHN, b. Nov. 5, 1786, Newbury, MA (son of Cutting Moulton of Parsonsfield), d. Oct. 22, 1838, Limington. He came from Parsonsfield before 1820. m. Feb. 23, 1809, Hannah Foster, both of Parsonsfield, she d. Oct. 7, 1833, ae 42 yrs. Limington. m. (2) Feb. 12, 1835, Deborah (Smith) Strout, widow of Benjamin, both of Limington, she b. Feb. 19, 1791, Hollis, d. Dec. 18, 1864, Baldwin, she m. (2) June 12, 1839, Ezekiel Milliken, both of Baldwin. Children:
i. MARY, b. Oct. 9, 1808, Scarboro.
ii. ELIZA, b. May 21, 1812, Parsonsfield, d. July 17, 1893, Westbrook. m. 1837, Samuel Clement.
iii. JOSEPH, b. 1814, d. Dec. 28, 1883, ae 69 yrs. Westbrook.
iv. LUCY.
v. GEORGE.
vi. JOHN JR.
vii. LYDIA.

MULLOY, DENNIS, b. 1750, Ireland, d. Apr. or May, 1821, S. Limington. He came from Cape Elizabeth as an early settler in 1777 and settled on northern end of lot 4, range D on Mulloy Mountain. m. int. Aug. 10, 1776, Anna Miller, both of Cape Elizabeth, she d. Nov. 27, 1795, Limington. m. (2) Oct. 2, 1796, Catherine McIntosh of Gorham, he of Limington, she d. Aug. 31, 1847, ae 94 yrs. Thorndike, ME. Children:
i. THOMAS, b. 1783, d. June 11, 1870, ae 87 yrs. 6 mos. Gorham. He moved in 1824 to Gorham. m. Dec. 31, 1807, Elizabeth Brackett, both of Limington, she b. Feb. 23, 1787, Limington, d. May 17, 1855, ae 67 yrs. Gorham. Children:
   1. JAMES, b. Apr. 17, 1809, d. Jan. 7, 1850, Gorham. m. Feb. 2, 1832, Nancy Bartlett, both of Westbrook.
   2. JOSHUA, b. Apr. 27, 1812, d. Oct. 20, 1813.
   3. DENNIS, b. Feb. 5, 1810, d. Mar. 11, 1816.
   4. ROBERT, b. July 20, 1813, d. July 11, 1832, Gorham.
   5. JOHN, b. Mar. 3, 1816, d. in Boston, MA.
   6. JOSHUA, b. Oct. 21, 1818, d. 1870, San Francisco, CA.
   7. LYDIA, b. Aug. 2, 1820, d. Sept. 18, 1878. m. Solomon Meserve of Gorham.
   8. HARRIET, b. Dec. 15, 1822. m. Oct. 5, 1848, George McIntosh, both of Westbrook. m. (2) Charles Roberts.
   9. FRANCIS B., b. Apr. 24, 1825, d. Nov. 14, 1859, Gorham.
ii. WILLIAM, b. before 1784. m. May 31, 1804, Hannah Sawyer at Portland, she m. (2) Aug. 31, 1809, James Boyd, both of Portland. He was an Irishman. Child:
   1. ANN, b. 1805, d. Dec. 31, 1837 ae 32 yrs. Portland. m. Dec. 12, 1824 in Portland, Ebenezer Johnson Jr. of Portland.

iii. EDWARD, b. Sept. 2, 1784, d. Oct. 9, 1869, Somersworth, NH. He moved in 1864 to Somersworth, NH. m. June, 1809, Abigail Libby of Limerick, he of Limington, she b. Mar. 15, 1786, d. by 1813, Limington. m. (2) May 26, 1814, Margaret Boothby, both of Limington, she b. Jan. 8, 1787, Limington, d. Apr. 22, 1821, Limington. m. (3) int. Feb. 23, 1823, Margaret Tarbox, both of Limington, she d. Feb. 17, 1860, ae 77 yrs. Limington. Children:
1. WILLIAM, b. 1810.
2. ALVAH, b. Sept. 19, 1814, d. Mar. 29, 1842, ae 27 yrs. Portland, of consumption. m. Nov. 26, 1835, Eunice Edgecomb, both of Limington, she d. Mar. 28, 1845, ae 26 yrs. 5 mos. 18 das. Limington.
3. ABIGAIL, b. 1817, d. Mar. 24, 1841, ae 24 yrs. Limington.
4. MARY ANN, b. 1820. m. July 20, 1839, Joseph Larrabee, both of Limington, he b. 1818, Limington, d. May 4, 1880.
5. DENNIS, b. July 6, 1823, d. Sept. 6, 1882, Limington. m. Nov. 27, 1845, Ellen Jane Young of Great Falls, NH. She d. Dec. 20, 1881, ae 56 yrs., Berwick.
6. JOSEPH, b. Mar., 1827, d. 1896, Lynn, MA. m. Nov. 27, 1851, Martha Ann Pinkham in Berwick, she b. Dec. 6, 1832, d. Aug. 24, 1853, Limington.
iv. JOSEPH, b. Sept. 2, 1786, d. Aug. 24, 1829, ae 45 yrs. Dover, NH, where he was working, but resident of Limerick. m. May 9, 1807, Hannah B. Gilpatrick of Limerick, he of Parsonsfield, she m. (2) Apr. 5, 1835, Jacob Banks of Parsonsfield, she d. Feb. 6, 1867, ae 79 yrs. 9 mos. 6 das. Parsonsfield.
v. JOHN, b. before 1790, d. 1815, Limington. m. May 30, 1811, Sally Moody, both of Limington, she bapt. Aug. 5, 1789, Saco, living 1850, ae 61 yrs. Limington. Children:
1. NANCY, b. 1811, d. May 4, 1848, ae 38 yrs.
2. ANDREW, b. 1814, living 1850, ae 36 yrs. Limington.
3. ELIZA, b. 1818.
vi. ANNA, b. Oct., 1790, d. Apr. 4, 1860, ae 69 yrs. 1 mo. Limington. m. Mar. 12, 1812, John Berry, both of Limington, he d. Nov. 25, 1856, ae 73 yrs. Limington.
vii. DENNIS, bapt. Jan. 1, 1791, Limington, d.y.
viii. DENNIS, bapt. Nov. 29, 1795, Limington.
ix. MARY, bapt. July 9, 1799, Limington.
x. JANE, b. May, 1800, d. Aug. 20, 1872, ae 72 yrs. 2 mos. 21 das. Thorndike. m. Jan. 6, 1820, Ezekiel Boothby, both of Limington, he b. Mar. 5, 1797, Limington, d. June 7, 1882, Thorndike.

NASON, BENJAMIN, bapt. July 12, 1770, Buxton, d. Sept. 16 – Oct. 3, 1817, S. Limington. The town of Limington voted Sept. 9, 1817 that wife and daughter of Benjamin Nason to be put to care of James Davis and voted Mr. Nason to be put to lowest bidder for his support for 3 months, if he lives so long. He was a brother to Joseph, John, Samuel, Robert and Edward, who lived also in Hardscrabble. Benjamin left in 1797, went to Waterboro and back Dec., 1800. m. Dec. 20, 1793 in

Buxton, Mary Edgecomb of Limington, he of Hollis, in that part annexed in 1798 to Limington, she bapt. Feb. 14, 1773, d. Dec., 1817, S. Limington. Children:
- i. **NICHOLAS EDGECOMB**, bapt. Feb. 13, 1805, d. Apr. 14, 1865, ae 63 yrs. 7 mos. Hollis. He in 1850 and 1860 of Clinton. m. Nov. 25, 1840 Martha Patrick of Limington.
- ii. **ELIZABETH**, bapt. Nov. 3, 1808, d. Dec. 16, 1891, ae 83 yrs. 5 mos. Limington. m. int. Jan. 12, 1834, Hiram Joy, both of Limington, he b. Feb. 23, 1797, York, d. Aug. 7, 1870, Limington.
- iii. **JEMIMA**, a daughter?, b. 1797, d. June 23, 1886 ae 80 yrs. Brownfield. m. Nov., 1816, John Thorn of Standish, she of Saco.

NASON, EDWARD, b. Mar. 31, 1764, Buxton, d. May 5, 1856, ae 92 yrs. Kenduskeag. He purchased 600 acres in Hardscrabble section in 1796 where he had an interest in a family-operated sawmill. He lived in Limington until 1819, when he lived in Hollis; was there in 1830 census. He followed lumbering for a business. He came in 1833 to Levant, now Kenduskeag. m. Jan. 3, 1793, Abigail Small of Limington, he of Hollis in that section that was annexed in 1798 to Limington, she b. Apr. 4, 1773, Scarboro, d. Oct. 16, 1804, Limington. m. (2) July 7, 1805, Susannah K. Small, both of Limington, she b. June 2, 1786, Limington, d. Jan. 23, 1868, ae 81 yrs. 7 mos. 21 das. Kenduskeag. Children:
- i. **EDWARD**, b. Apr. 24, 1794, d. Dec. 12, 1872, ae 78 yrs. 7 mos. 18 das. Brownville. He moved in 1833 to Atkinson, where he operated mill from 1858 to 1868, then moved to Brownville. m. May 31, 1818, Annie Elwell of Buxton, he of Hollis. She b. Mar. 16, 1797, Buxton, d. Feb., 1887, Rhonville, CA. Children:
  1. **ITHIEL BLAKE**, b. 1829, Limington, moved to CA.
  2. **MERRITT E.**, b. 1827.
  3. **EDWARD**, b. 1831, twin to William.
  4. **WILLIAM**, b. 1831, twin to Edward.
  5. **PHOEBE S.**, b. June 13, 1820.
  6. **OLIVER K.**, b. 1834.
  7. **BENJAMIN E. S.**
  8. **ABBIE A.**
- ii. **WILLIAM**, b. May 7, 1796, d. Jan. 7, 1876, ae 79 yrs. 8 mos. Raymond. m. May 16, 1826, Elizabeth Haskell of Limington, he of Hollis, she d. Mar. 28, 1837, ae 40 yrs. 2 mos. Hollis. Children:
  1. **BENI HASKELL**, b. May 22, 1837, d. Feb. 13, 1908, Raymond.
  2. **WILLIAM F.**, b. 1835, d. June 16, 1889, ae 54 yrs. Raymond.
- iii. **BENJAMIN SMALL**, b. July 1798, d.y.
- iv. **PHEBE**, b. Feb. 8, 1800.
- v. **BENJAMIN SMALL**, b. Feb. 26, 1802.

vi. ABIGAIL, b. Oct. 5, 1804, d. June 25, 1846, Limerick. m. int. July 29, 1831, Joseph B. Boody of Limington, she of Buxton, he b. May 25, 1811, Limington, d. July 22, 1884, Limington.
vii. MARY, b. Aug. 26, 1806, d. June 21, 1884, Naples. m. May 8, 1828, Josiah Mayo of Standish, she of Buxton.
viii. OLIVER K., b. Dec. 14, 1809, d. Jan. 27, 1891, ae 82 yrs. 2 mos. Kenduskeag. m. Oct. 10, 1836 in Bradford, Sarah J. Holland. He moved from S. Standish to Levant in Mar., 1833 and about 1840 moved back to Kenduskeag.
ix. AARON S., b. 1811, d. 1902. m. Nov. 4, 1834, Mehitable Rackleff, both of Standish.
x. SARAH ANN, b. ca 1813, d. June 30, 1835 about 22 yrs. Saco.
xi. ELIZA ANN, b. 1817. m. Sept. 28, 1843, George G. Murch, both of Westbrook.
xii. RICHARD H., b. 1818, living 1850, ae 30 yrs. Levant.

NASON, JOHN, b. May 29, 1758, Buxton, d. before 1805, S. Limington. He moved to Nason's Falls on Little Ossipee River in 1780 from Buxton and established a mill. In 1798 that section of Hardscrabble was annexed to Limington. A Revolutionary soldier. His father, Dea. John Nason, d. June, 1809, ae 82 yrs. in Phillipsburg (Hollis), he formerly of Buxton (*Eastern Argus*, June 15, 1809). John m. June 17, 1781, Mary Fowler of Buxton, she m. (2) June 11, 1807, Isaac Strout, both of Limington, she b. ca 1760, d. Oct. 30, 1845, Limington. Children:
i. MARY, bapt. Sept. 14, 1783, d.y.
ii. JEMIMA, b. Dec. 11, 1782, Limington, d. Sept. 8, 1883, ae 100 yrs. 9 mos. Limington, at her daughter's, Mrs. Nancy (Bradeen) (Dearborn) Strout of Nason Mills. m. Sept. 29, 1803, Henry Bradeen, both of Limington, he b. June 17, 1782, Waterboro, d. Aug. 10, 1848, Limington.
iii. BENJAMIN EDGECOMB, b. June, 1783, d. Dec. 6, 1871, ae 88 yrs. 5 mos. Boothbay. m. int. Sept. 8, 1809, Susanna Foss, both of Limington, she b. Dec., 1783, Limington, d. Sept. 29, 1866, ae 82 yrs. 10 mos. Boothbay. They moved in 1815 to Effingham, NH, until they moved in 1831. Children:
1. BENJAMIN E., b. 1812, d. Oct. 4, 1885, ae 73 yrs. Boothbay.
2. MOSES, b. Apr. 14, 1811, Freedom, NH, d. June 28, 1898, ae 87 yrs. 2 mos. 14 das. Westport.
3. JOHN FREEMAN, b. 1813, d. May 7, 1859, ae 46 yrs. 1 mo. 10 das. Freedom, NH.
4. FREEDOM, b. June 22, 1822, Freedom, NH, d. Jan. 24, 1907, ae 84 yrs. 7 mos. 2 das. Freedom, NH.
5. CLARISSA, d. Oct. 9, 1845, ae 21 yrs.
iv. NANCY (ANN), bapt. Sept. 19, 1788, d. Apr., 1860, ae 73 yrs. Limington. m. int. Nov. 26, 1812, David Berry, both of Limington, he d. Nov. 4, 1849, ae 59 yrs. Limington.
v. MOLLY, bapt. Dec. 1, 1791.
vi. RUTH, bapt. Dec. 1, 1791.

vii. **MARTHA**, bapt. May 13, 1796, moved to Scarboro, where children were b. by Aug., 1815. m. Dec. 22, 1813, John S. Russell, both of Limington.
viii. **MOSES**, bapt. May 13, 1796, minor in Oct., 1806, b. Apr. 17, 1794, d. Nov. 22, 1854 ae 58 yrs. Dixmont. He m. Feb. 12, 1822, Mary Berry of Limington.
ix. **JOHN**, bapt. Sept. 6, 1797, minor in Oct., 1806.
x. **HENRY**, b. 1801, living 1850, ae 48 yrs. Newport and 1860 of Corinna and in 1870, ae 67 yrs. Newport, ME.

NASON, JONATHAN, b. Aug. 1, 1741, Kittery, living 1823, Limington. He came from Stroudwater section of Westbrook in 1780's and settled one mile east of the village, on northern part of lot 8, range C. His cellar hole is located in southwest part of Nason field, next to brook, last owned by John Meserve. m. Dec. 23, 1762, Sarah Chick, both of Falmouth, she and he living in Oct., 1826. Their death dates not seen in Limington, she b. ca 1742, Kittery, ME. (Was she admitted to Alm House in Portland, Oct., 1828? One widow Nason, d. June, 1828, ae 87 yrs. Saco - seems to fit her dates. *Palladium*, July 9, 1828). Children:

i. **DAVID**, b. 1762-1765, d. Sept. 22, 1838, Limington. He lived on his father's grant and no doubt was buried in Nason graveyard on hill, back of Donald Taylors. m. Feb. 24, 1791, Martha Vineton of Gorham, he of Limington. m. (2) May 10, 1797, Sarah Smith of Hollis, he of Limington, she b. after 1767, d. May 9, 1835, Limington. m. (3) int. Dec. 6, 1835, Hannah (Knight) Guptail of Waterboro, wife of William, who left her in 1826 and went to Granger, NY. William Guptail m. (2) in 1828, and d. Apr. 21, 1860 Granger, NY. Children:

1. **REV. SAMUEL VINETON**, b. 1794, living 1850, ae 56 yrs. Newport, ME. He was veteran of War of 1812. He was ordained June, 1830 at Free-Will Baptist Church of Garland. In 1832 of Exeter, 1833 of Corinna, 1838 of Bradford, 1841 of Charleston, and in 1848 of Newport. m. int. July 16, 1814 in Buxton, Sally R. Vaughan, she b. May, 1797, Leominister, MA, d. Oct. 28, 1868, Buxton, she m. (2) Nov. 13, 1855, William Leavitt of Buxton, she of Newport. He b. Mar. 23, 1800 Buxton, d. Jan. 30, 1867, Buxton. Children:
   (1) **ABIGAIL VAUGHAN**, b. June 19. 1816.
   (2) **SAMUEL**, b. Nov. 3, 1818, d. July 20, 1820.
   (3) **SAMUEL B.**, b. Dec. 31, 1820.
   (4) **JOHN BUZZELL**, b. Apr. 26, 1823.
   (5) **ELLIOT**, b. Oct. 1, 1825.
   (6) **HENRY PRATT**, b. Jan. 8, 1828.
   (7) **MARTHA ANN**, d. Oct. 13, 1840, ae 13 mos. Charleston.
   (8) **EBENEZER A.**, d. Nov., 1833, ae 5 mos. 13 das. Corinna.
2. **CAPT. DAVID**, b. 1795, d. Sept. 7, 1875, ae 80 yrs. Hollis. He lived in Limington, Hollis (18 yrs. 1818-1837), again in Limington (1837-43), Standish (about 11 yrs. 1843-1854), and back to Limington (1854-56). m. Nov. 14,

1816, Betsey E. Ridlon of Hollis, he of Limington, she b. Oct. 4, 1799, d. June 18, 1841, ae 41 yrs. 8 mos. Limington. m. (2) int. Sept. 28, 1841, Abigail Alley, both of Limington, she b. Dec. 2, 1810, Cornish, d. Jan. 11, 1895, ae 87 yrs. Children:
(1) **JACOB**, b. 1818, living 1850, ae 32 yrs. Biddeford. m. Apr. 1, 1843, Susan Ridlon of Hiram, he of Hollis. She b. Feb. 7, 1824, d. Sept. 20, 1846 Hiram. m. (2) Sept. 23, 1848, Hannah E. Witham, both of Biddeford.
(2) **RACHEL**, b. 1819, d. Sept. 8, 1838, ae 19 yrs.
(3) **DAVID F.**, b. 1822, d. Nov. 3, 1832, ae 11 yrs.
(4) **HENRY**, b. 1825, Hollis, d. Oct. 8, 1883, ae 58 yrs. 1 mo. Biddeford. m. Feb. 14, 1848, Rhoda Smith of Hollis, he of Limington, she b. Sept. 19, 1828, d. Apr. 4, 1905, Biddeford.
(5) **JOSHUA**, b. Apr., 1827, d. Dec. 17, 1912, ae 85 yrs. 7 mos. 25 das. Biddeford. m. Nov. 16, 1851, Shuah Nason, both of Standish.
(6) **SAMUEL B.**, b. July, 1829, d. Nov. 7, 1901, ae 72 yrs. 3 mos. Biddeford. m. Sept. 23, 1849, Abby H. Hammond, both of Biddeford, she d. May 14, 1898, ae 68 yrs. 6 mos. Biddeford.
(7) **ABIGAIL**, b. 1830.
(8) **ELIZABETH**, b. 1831, d. Dec. 19, 1898, ae 67 yrs. Biddeford. m. Charles B. Clark.
(9) **THOMAS R.**, b. 1898, d. Dec. 31, 1898, ae 65 yrs. 9 mos. Hollis.
(10) **LOANTHA ARVILDA**, b. 1837, d. Oct. 30, 1893, ae 56 yrs. 5 mos. Limington. She m. (1) Mar. 25, 1853, Benjamin Richards of Biddeford, (?) m. (2) Aug. 16, 1868 Stuart F. Anderson of Limington.
3. **SARAH**, b. 1796, d. June 11, 1865. ae 69 yrs. Limington. m. Nov. 30, 1815, Peter Graffam of Baldwin, she of Limington, he b. 1793, Limerick, d. Mar. 14, 1874, ae 81 yrs. Steep Falls, Standish (*Daily Times*, Apr. 17, 1874). Children:
(1) **EUNICE**, b. Oct. 10, 1813, d. Sept. 25, 1881, Limington. m. int. Oct. 25, 1835, Morrill Crockett, both of Limington.
(2) **SUSAN**, b. 1819, d. Apr. 17, 1881, ae 62 yrs. 17 das. m. Dec. 3, 1842, Robert Ridlon of Casco, she of Limington. He d. Oct. 22, 1905 ae 85 yrs.
(3) **SARAH**, b. Dec. 14, 1821, d. Feb. 22, 1886, Limington. m. int. Feb. 24, 1844, Henry Bradeen Jr., both of Limington.
(4) **ELIAS**, b. 1824, d. Jan. 22, 1887, ae 62 yrs. Steep Falls. m. Sept. 9, 1852, Lydia A. Dunn of Gorham, he of Limington.
(5) **DAVID NASON**, b. Mar. 20, 1827. killed within 24 hrs. of Lee's surrender, Apr. 9, 1865. m. Kate W. Fletcher, b. Jan. 24, 1841, Augusta, d. Oct. 5. 1871, Baldwin. In 1860, they were living in Saco.

- (6) **JOSEPH TAYLOR**, b. Oct. 22, 1831, d. Feb. 12, 1892, Saco. Member 27th ME Reg't, Co. A, a sergeant, lived in Saco greater part of his life; a river driver was his early vocation, left wife. m. int. Dec. 16, 1853, Fannie M. Hanson, both of Saco, she b. Mar. 27, 1837, d. Jan. 26, 1880, Saco.
- (7) **WILLIAM**, b. Mar. 12, 1832, d. June 23, 1913, Mexico. m. Apr. 2, 1859, Louisa B. Smith of Parsonsfield, he of Limington, she d. Nov. 1, 1887, ae 50 yrs. 27 das. m. (2) int. 1889, Sadie L. Seavey of Freeport, NH.
- (8) **MARANTHA**, b. 1835, m. int. Feb. 18, 1857, Edward A. Brown of Standish.
- (9) **NANCY JANE**, b. Oct. 14, 1837, d. Apr. 25, 1901, ae 63 yrs. 5 mos. 11 das. Standish. m. int. Dec. 8, 1856, m. Dec. 18, 1856 in Sanford, Seth Decker, both of Limington, he d. Jan. 22, 1898.
- (10) **CAROLINE**, b. Sept. 3, 1840, d. July 30, 1897, ae 56 yrs. 10 mos. 27 das. Standish. m. Phineas Sawyer of Steep Falls.
4. **EUNICE**, b. 1798, d. Nov. 6, 1874, ae 76 yrs. Biddeford. m. Oct. 18, 1817, Joseph York of Standish, she of Limington, he d. Sept. 22, 1876, ae 80 yrs. 6 mos. 18 das. Biddeford.
5. **MARTHA VINETON**, b. 1800, living Apr., 1872, Porter. m. Oct. 21, 1817, Joseph Taylor, both of Limington, he b. 1789, Wells, d. Apr. 2, 1861, Porter.
6. **NANCY**, b. 1802, living 1860, Old Town. m. Sept. 23, 1823, David Bryant of Raymond, she of Limington. He b. July 21, 1802.
7. **ENOCH**, b. Aug. 26, 1804, d. Mar. 10, 1871, ae 66 yrs. 6 mos. 14 das. Limington. m. June 6, 1824, Lydia Black of Gray, he of Limington, she b. June 12, 1802, N. Yarmouth, d. Nov. 7, 1881, ae 78 yrs. 5 mos. 6 das. E. Limington. Children:
    - (1) **LYMAN M.**, b. Aug. 25, 1824, Gray, d. May 24, 1904, Limington. m. Nov. 30, 1856, Eliza Ann Green, both of Limington, she b. June 1, 1837, Falmouth, d. Oct. 11, 1915, ae 78 yrs. 4 mos. 10 das. Limington. Children:
        - (i) **LIZZIE E.**, b. Sept. 6, 1858, d. Feb. 2, 1884, unm. E. Limington.
        - (ii) **ANNA E.**, b. Apr. 5, 1860, d. Mar. 10, 1875, Limington.
        - (iii) **ROYAL M.**, b. Dec. 1, 1863, d. June 6, 1871, Limington. drowned in Saco River.
        - (iv) **CORA ELLA**, b. Apr. 15, 1865, d. Oct. 13, 1958, Limington. m. Sept. 20, 1884, Ralph Chick of Limington.
        - (v) **WILLARD MERRILL**, b. Dec. 16, 1867, d. Jan. 14, 1958, E. Limington. m. Sept. 23, 1893 Flora Nason both of Limington.

- (vi) **EVERETT ROYAL**, b. Feb. 7, 1871, d. Nov. 28, 1942, Limington. m. Jan. 18, 1896, Harriet Nason of Hollis.
- (vii) **CLARENCE A.**, b. Apr. 28, 1873, d. June 10, 1958, Windham.
- (viii) **EVELYN**, b. Feb. 27, 1874, d. Mar. 9, 1878.

(2) **RHODA W.**, b. Oct. 9, 1826, Limington, d. Dec. 4, 1907, ae 81 yrs. 1 mo. 26 das. Limington. m. July 9, 1850, Morrill Benjamin Sanborn, both of Limington, he b. Sept. 16, 1823, Harrison, d. Aug. 16, 1865 of swamp fever in Civil War. Children:
- (i) **DIANTHA A.**, b. Sept. 30, 1850, d. Oct. 6, 1922, Limington. m. int. May 15, 1867, George Otis Perkins, both of Limington. He b. Oct. 19, 1837, Unity Plantation, d. Nov. 27, 1922, Limington.
- (ii) **ENOCH AUGUSTUS**, b. Apr. 17, 1852, d. Jan. 30, 1939, Bridgton. m. Sept. 18, 1875, Annie E. Noble of Denmark.
- (iii) **LYMAN BRACKETT**, b. 1854, lived in Leominister, MA, in 1915.
- (iv) **BENJAMIN FRANKLIN**, b. Feb. 17, 1858, d. Jan. 25, 1914 Waterford, ME.
- (v) **IDA EMMA**, b. Apr., 1858, d. 1945, Limington. m. int. Oct. 26, 1872, Jerome L. Black, both of Limington. m. (2) Maynard Miller, both of Limington.
- (vi) **ALFRED P.**, d. Nov. 1, 1923, ae 63 yrs. 5 mos. 23 das. Limington.
- (vii) **LYDIA**, d. Apr. 20, 1897, ae 34 yrs. 3 mos. 7 das. Limington. m. Nov. 26, 1881, John J. Brown, both of Limington.

(3) **NELSON E.**, b. Dec. 19, 1829, d. Mar. 27, 1912, ae 82 yrs. 3 mos. 5 das. Standish. m. Nov. 8, 1849, Elizabeth J. Nason of Standish, he of Limington, she d. May 9, 1872, ae 38 yrs. 17 das. Standish. m. (2) int. June 1, 1875, Annis (McLellan) Boothby, widow of Samuel M. of Limington. Children:
- (i) **ANGELIA V.**, b. July 11, 1851, d. Jan. 5, 1921, lived in Portland. m. Feb. 26, 1870, in Standish, George H. Burnham of Standish.
- (ii) **NELSON C.**, b. Sept. 26, 1852, Limington, d. June 14, 1938, Standish. m. Nov. 24, 1874 Cynthia E. Burnham both of Standish.
- (iii) **LEROY**, b. Jan. 25, 1858, Standish, d. Nov. 21, 1925, Standish.

(4) **DAVID**, b. Apr. 18, 1839, Limington, d. July 23, 1863 Limington. m. Mar. 29, 1859, Sarah F. Nason of Standish, he of Limington, she b. Sept. 20, 1842, Standish. Child:
- (i) **HOWARD M.**, b. 1861, d. May 13, 1886, ae 25 yrs. Limington. m. Aug. 12, 1881, Rosa

(Wentworth) Eastman, both of Limington, she m. (2) Daniel Porter of Steep Falls.
 (5) **WILBURN**, b. Sept. 2, 1859, Standish, d. Aug. 19, 1866.
8. **ELISHA**, b. Aug. 21, 1806, d. Aug. 27, 1854, ae 48 yrs. Standish. m. Apr. 20, 1825, Sophronia Goodale, both of Limington, she b. Sept. 4, 1807, Lancaster, NH, d. June 20, 1868, Standish. He moved in 1835 to Steep Falls, Standish. Children:
 (1) **ZELINDA F.**, b. Sept. 13, 1826, Limington. m. Sept. 2, 1846, Benjamin P. Hale, both of Limington.
 (2) **SAMUEL A.**, b. Mar. 5, 1828, Limington, d. Aug. 27, 1891, ae 62 yrs. Steep Falls. m. June 15, 1849, Olive C. Smith, both of Standish.
 (3) **ELSA D. (ELLEN)**, b. Apr. 26, 1830, Limington, living 1850, Limington. m. Sept. 2, 1846, Samuel Towle, both of Standish.
 (4) **DORCAS C.**, b. May 28, 1832, Limington, d. Sept. 19, 1847, Standish.
 (5) **ELISHA F.**, b. Mar. 16, 1835, Limington, d. 1877, Gorham. m. Oct. 30, 1860 in Standish, Martha A. Watson of Saco.
 (6) **SOPHRONIA J.**, b. Feb. 15, 1836, Standish, d. Sept. 25, 1838, Standish.
 (7) **HORACE E.**, b. Mar. 9, 1838, Standish.
 (8) **JAMES W.**, b. Mar. 6, 1842, Standish. m. int. Aug. 22, 1863, Annette Bangs of Limington, he of Island Pond, NH.
 (9) **SARAH F.**, b. Sept. 20, 1842, Standish. m. int. Mar. 23, 1859, David Nason of Limington, she of Standish.
 (10) **DAVID W.**, b. Apr. 8, 1845, Standish, d. Sept. 11, 1845, Standish.
 (11) **CHARLES E.**, b. Jan. 2, 1849, Standish, d. Sept., 1937, W. Gray.
9. **JOHN**, b. 1807, Limington, living 1870, Limington. m. Nov. 8, 1827, Betsey Nason, both of Limington, she b. ca 1807, Limington, living 1860 Limington, ae 53 yrs. Children b. in Limington.
 (1) **ALMIRA B.**, b. Mar. 25, 1831, d. Aug. 25, 1900, ae 69 yrs. 5 mos. Bridgton. m. int. Feb. 19, 1855, William Riley of Bridgton, she of Limington.
 (2) **OSGOOD**, b. July 27, 1835, d. Dec. 25, 1905, ae 70 yrs. 5 mos. Bridgton. He lived in Limington, Bridgton, Standish, Casco and Gorham. m. int. July 4, 1856, Lucy Ann Nason, both of Limington, she b. Oct., 1835, Conway, NH, d. June 5, 1905, Casco. Children:
  (i)   **MARY ELIZA**, b. ca 1859.
  (ii)   **CHARLES HENRY**, b. ca 1863.
 (3) **HARRIET B.**, b. 1841, d. Dec. 12, 1888, ae 47 yrs. Limington. m. June 6, 1865, James Nason, both of Limington, he b. Aug. 30, 1840, d. 1913, Limington.

(4) JOHN F., b. Apr. 22, 1842, d. Apr. 23, 1890 ae 47 yrs. Limington. unm. In 1889 he was sick and died soon after. m. of a John Nason were: (1) int. Nov. 25, 1863, Martha M. Haskell, both of Limington. (2) int. Feb. 14, 1868, Mary Frances Haskell of Standish. (3) int. July 26, 1869, Lovina A. Nason, both of Limington. (4) int. Dec. 16, 1871, Eliza Harmon, both of Limington.
10. ASENATH, b. 1812, d. Apr. 5, 1834, ae 22 yrs. 1 mo. Limington.

ii. JAMES, b. between 1761-65, living Apr. 6, 1830 and d. that yr. in Porter; moved to Porter after 1813, purchasing land in Porter May, 1816, lot 15, range G. m. Nov. 8, 1792, Sarah Nason, both of Limington, she was probably a daughter of Isaac Nason of Poland and a sister to Simon, b. Feb. 3, 1776, Gray. m. (2) Sept. 13, 1801, Abigail Morrill of Cornish, he of Limington, she b. between 1770-75. living Aug., 1847, Porter. Children:
1. LUCY, b. Dec. 16, 1793.
2. SARAH, b. Feb. 1, 1803.
3. JACOB MORRILL, b. Oct. 24, 1804, living 1850, Stow, buried Woodlawn cemetery, Biddeford, but no stone. m. Dec. 9, 1830, Thankful Mary Weeks, both of Porter, b. May 12, 1813, Porter, d. Sept. 19, 1897, Saco.
4. SALOME, b. Nov. 21, 1807.
5. ABIGAIL M., b. 1814, m. Mar. 8, 1835, Albert W. Silver of Compton, NH, she of Porter.

iii. ENOCH, b. Nov. 27, 1770, d. Sept. 20, 1851, Cornish. He moved to Standish in 1822 and there in 1832. m. int. Sept. 13, 1794, Lucy Durrell of Limerick, he of Limington, she b. Jan., 1772, d. May 30, 1847, ae 75 yrs. 4 mos. Cornish. Children:
1. ABIGAIL, b. 1801, d. July 5, 1867, ae 66 yrs. Limington. m. int. July 22, 1821, Edmund Bragdon, both of Limington, he b. Mar. 20, 1794, Limington, d. Apr. 4, 1880, W. Baldwin.
2. THADDEUS, b. Apr. 15, 1803, d. Dec. 5, 1885, Hampden. m. Mar. 13, 1823, Narcissa Stone of Limington, he of Standish, she b. Oct. 23, 1802, Limington, d. Sept. 3, 1880 Hampden. They moved to Dixmont about 1833.
3. ENOCH JR., b. June 24, 1806, living 1860 and he gone by 1870, d. by 1872, Limington, buried in unmarked grave in Goshen section of N. Limington next to Half Moon Pond. Lived once in Brownfield and Standish. m. Jan. 17, 1828, Eleanor Nason of Limington, he of Standish, she b. ca 1805, d. Jan. 14, 1885, Baldwin. Children:
(1) HENRY, b. Aug. 10, 1827, Limington, living in 1860 and 1880 in Standish.
(2) IRENE, b. Apr. 15, 1831, Limington.
(3) SHUAH, b. May 2, 1832, d. Oct. 27, 1869, ae 37 yrs. 5 mos. 25 das. Biddeford. m. Nov. 16, 1851, Joshua Nason, both of Standish.

(4) LUCY ANN, b. Oct, 1835, Conway, NH, d. June 5, 1905, ae 69 yrs. 7 mos. 27 das. Casco. m. int. July 5, 1856, Osgood Nason of Limington.
(5) HARDING L., b. 1840, Conway, NH, d. Sept. 13, 1906, ae 66 yrs. Conway, NH. m. May 16, 1863, Lucinda F. Thorne of Baldwin, he of Limington. He buried in Bridgton.
(6) ISAAC, b. Apr. 27, 1842, d. Mar. 22, 1906, ae 64 yrs. 11 mos. 23 das. Salem, NH. m. int. Sept. 14, 1863, Eliza B. Thorne of Standish.
(7) MARY E., b. 1844, d. June 2, 1900, Standish. m. Sept. 20, 1868, Elias F. Parker of Limington, she of Standish.
(8) ELLEN M., b. May 3, 1846, Conway, NH, d. Oct. 26, 1901, ae 56 yrs. 5 mos. 23 das. Baldwin. m. int. Nov. 3, 1862, Asel Pray of Baldwin.
(9) EMMA A., d. Mar. 15, 1852, ae 3 yrs. Standish.
4. DURRELL, b. Sept. 25, 1808, d. July 8, 1880, ae 71 yrs. 9 mos. 13 das. Limerick. m. Sept. 15, 1833, Roxanna Haley of Parsonsfield, he of Standish, she b. Apr. 12, 1809, d. Sept. 22, 1878, ae 69 yrs. 5 mos. 10 das. Limerick. Children:
(1) IRVING, b. Mar. 21, 1836, d. Jan. 9, 1918, ae 81 yrs. 9 mos. Limerick. m. int. Jan., 1858, Hannah Pray of Parsonsfield, he of Cornish, she d. Apr. 22, 1866, ae 29 yrs. 6 mos. Limington. m. (2) int. Apr. 19, 1867, Jennie M. Randall, both of Limington, she d. May 15, 1874, ae 32 yrs. 10 mos. 7 das. Limerick.
(2) HANNAH MELISSA, b. Feb. 23, 1840, d. 1863, Lyman. m. July 26, 1862, Alonzo Roberts of Lyman, she of Cornish.
5. MARY D., b. 1813, d. Aug. 26, 1880, ae 67 yrs. Cornish. m. Feb. 26, 1832, Benjamin Haley of Cornish, she of Standish, he d. Apr. 7, 1885, ae 87 yrs. Cornish.

iv. JONATHAN, b. Sept. 14, 1773, d. Mar. 24, 1847, ae 74 yrs. 3 mos. 20 das. Denmark. He was a very clever and peaceful man. He was a blacksmith at Slabstreet and in Jan., 1841 moved to Denmark, that part that became W. Bridgton, next to Pleasant Mountain. m. Sept. 15, 1799, Jemima Nason, both of Limington, she d. July 2, 1854, ae 77 yrs. Denmark, she lived with her son, John. Children:
1. MARTHA H., b. Mar. 16, 1801, d. July 27, 1879, Denmark, she buried with her parents in W. Bridgton cemetery.
2. LYDIA, b. Mar., 1804, d. Nov. 30, 1863, ae 59 yrs. 8 mos. Bridgton. m. May 20, 1826, Reuben Riley of Bridgton, she of Limington, he d. Nov. 13. 1883, ae 79 yrs. 9 mos. Bridgton.
3. BETSEY, b. 1807, living 1860, ae 53 yrs. Limington. m. Nov. 8, 1827, John Nason, both of Limington, he b. 1807, Limington, living 1870, Limington.
4. JAMES, b. 1801-10, d. Oct. 15, 1831, Limington.

5. **JEMIMA**, b. 1813, living 1860, ae 48 yrs. and 1870 Standish. m. May 9, 1833, Francis Haskell of Standish, she of Limington. They did live in Denmark in 1850.
6. **JOHN**, b. May, 1814, d. Aug. 20, 1870, ae 56 yrs. 3 mos. Denmark. m. Apr. 7, 1839, Lavinia Chick, both of Limington, she b. Aug. 20, 1816, Limington, d. July 4, 1891, E. Denmark. Children (all born in Denmark, except the first):
   (1) **JAMES**, b. Aug. 30, 1840, Livington, d. 1913. m. June 6, 1865, Harriet B. Nason, both of Limington, she b. 1841, Limington, d. Dec. 12, 1888, Limington. Children:
      (i) **HARRIET F.**, b. Oct. 9, 1866, d. Jan. 15, 1930, Limington. m. Charles Harmon.
      (ii) **JAMES A.**, b. Dec. 15, 1868, d. Aug. 19, 1944, Limington.
      (iii) **JOHN E.**, d. May 30, 1892, ae 21 yrs. 2 mos. 6 das. Limington.
   (2) **SAMUEL BRAD**, b. Mar. 29, 1842, Denmark, d. Jan. 23, 1907, Bridgton.
   (3) **SIMON**, b. May 21, 1845, Denmark, d. Jan. 16, 1915, Waterford.
   (4) **JOHN HENRY**, b. Feb. 17, 1844, d. Apr. 29, 1911, Harrison.
   (5) **JONATHAN**, b. May 21, 1847, d. Feb. 2, 1915, Barre, VT.
   (6) **MELVILLE OSCAR**, b. Feb. 27, 1849, d. Dec. 5, 1908, W. Bridgton.
   (7) **SARAH LIZZIE**, b. Mar. 26, 1851, d. Feb. 24, 1917, Denmark. m. John H. Martin of Bridgton.
   (8) **LAVINA ABBY**, b. Mar. 25, 1853, d. June 9, 1919, Denmark.
   (9) **WILLIAM GRANVILLE**, b. Apr. 4, 1855, d. Feb. 17, 1942, Bridgton.
   (10) **REUBEN RILEY**, b. May 11, 1857, d. July 6, 1929 Waterford.

v. NATHAN, b. ca 1780, d. ca 1836, Denmark. After m. (2), moved to Bridgton; a few years later, removed to Denmark. m. May 27, 1798, Susanna Smith, both of Hollis, she d. Mar. 9, 1826, Limington. m. (2) int. May 14, 1826, Mary Wentworth, both of Limington, she m. (2) Mar. 1, 1839, Jabez Ricker of Waterboro, she of Limington, she m. (3) Sept. 8, 1849, Ebenezer Whitten, both of Waterboro. Children:
1. **WASHINGTON**, b. Mar. 4, 1825, Bridgton, d.y.
2. **FREEMAN**, b. Aug. 11, 1827, Bridgton, d. Aug. 9, 1895, Waterboro.
3. **SUSAN**, b. July 17, 1829.
4. **NATHAN JR.**, b. Apr. 27, 1831, Bridgton, d. Aug. 27, 1897, ae 66 yrs. 4 mos. Kingston, NH.
5. **JONATHAN**, b. Jan. 27, 1833.
6. **JOHN S.**, b. 1836, d. Dec. 23, 1916, ae 81 yrs. Portland.

           7. STEPHEN W., b. 1839, Denmark, d. July 12, 1904, ae 65 yrs. 3 mos. 12 das. Portland.
vi.   SIMON, b. between 1774-1780, he living May, 1844, Standish, d. by June, 1846. m. int. July 7, 1805, Esther Merrifield, both of Limington. They moved to Standish about 1828. Children:
           1. ELEANOR, b. 1806, d. Jan. 14, 1885, ae 78 yrs. Baldwin. m. Jan. 17, 1828, Enoch Nason Jr. of Standish, she of Limington, he b. June 24, 1806, Limington.
           2. PHOBE, b. 1808, d. May 25, 1877, ae 68 yrs. 10 mos. Bangor, her body taken to Limington. m. Nov. 7, 1829. Benjamin Hussey of Cornish, he d. Jan. 24, 1832, ae 28 yrs. Limington. He left wife and two children. m. (2) June 10, 1838, Benjamin Weeman of Standish, he d. Aug. 16, 1843, ae 56 yrs. Standish.
           3. ISAAC, b. 1815, living 1884. m. June 24, 1846 in Blandford, MA, Betsey Hughes, he of Standish. He living 1878, Bridgton and after his marriage, in Abbington, MA.
           4. SIMON JR., b. 1819, d. June 17, 1890, ae 71 yrs. Baldwin. m. Oct. 17, 1841, Nancy Hammons of Cornish, she d. Jan. 7, 1904 ae 85 yrs. 14 das. Baldwin. Children:
              (1) EDMUND HAMMONS, b. Apr. 24, 1842, Limington, d. Apr. 17, 1919, ae 76 yrs. 11 mos. Cornish. m. July 4, 1875 Ella F. Boynton of Cornish.
              (2) HORATIO, b. June 22, 1847, Limington, d. Feb. 23, 1915, ae 67 yrs. 8 mos. 1 da. Baldwin.
vii. LYDIA, b. 1786, living 1860, ae 74 yrs. in Limington, with her nephew, John Nason, living 1861 in Standish. m. int. Dec. 21, 1806, Nathan Kenerson, both of Limington.
viii. SHUAH, b. 1787, living in 1850, ae 63 yrs. in Cornish with her nephew, Stephen Kennison.

NASON, JOSEPH, bapt. May 12, 1760, Buxton. He lived in Hardscrabble section of town in then Hollis. m. Oct. 11, 1781, Hannah McLucus of Buxton. Children (all bapt. July 20, 1797, Limington):
i.   JOHN, b. Apr. 1, 1782, Hollis. m. int. Dec. 4, 1802, Susanna York of Standish, he of Hollis.
ii.   LYDIA, b. Mar. 13, 1786, Hollis, d. Nov. 26, 1849, ae 63 yrs. 8 mos. 13 das. Lincoln, ME. m. int. Feb. 17, 1816, John Davis of Limington, she of Hollis.
iii. JOSEPH, b. Aug. 20, 1788, Hollis, d. Jan. 28, 1827, ae 38 yrs. Hollis. (*Kennebunk Gazette*, Feb. 17, 1827) m. Apr. 20, 1809, Hannah Norton of Buxton, she b. Apr. 21, 1785, Buxton, d. Oct. 29, 1826. They were in town in 1810 and by 1813 of Hollis, in 1823 of Limington. Children:
           1. JOSHUA, b. Sept. 16, 1809, d. Jan. 8, 1887 Saco.
           2. JAMES, b. Mar. 27, 1811, Buxton, d. Aug. 18, 1892, ae 81 yrs. 4 mos. 22 das. Mechanic Falls.
           3. CHARLES.
           4. JOSEPH.
           5. EMELINE, b. 1819, d. Feb. 8, 1886 Buxton. m. Dec. 9, 1850 William S. Bradbury both of Buxton.

        6. MARY, b. Mar. 11, 1821, Buxton, d. June 16, 1894, ae 72 yrs. Gorham. m. Dec. 25, 1848, Joseph Skillings Jr. of Gorham.
        7. HANNAH, b. Sept. 10, 1823, Buxton, d. July 29, 1896, Minneapolis, MN. m. Dec. 7, 1843, Samuel Dunnells Jr., both of Buxton.
iv. MARY, bapt. July 20, 1797.
v. AARON, b. Aug. 19, 1793, Hollis, d. June, 1817 Orono.
vi. HANNAH, b. June 19, 1796, Hollis.

NORTON, BENJAMIN, b. ca 1749, d. Jan./Nov. 1810, Limington. He came from Sanford in 1789 and settled in Cornish and by 1798 in Limington, settling on lot 13, range K, near the Cornish line. A Revolutionary soldier. m. Oct. 1, 1767 in Wells, Elizabeth Day of Wells. m. (2) Hannah (Stanley) Powers, widow of Timothy of Sanford, she d. Dec. 13, 1834, ae 83 yrs. Limington. Children:
i. EDWARD STANLEY, b. May 21, 1783, Sanford, d. June 14, 1876, ae 93 yrs. 24 das. Limington. He was brought to town when 7 yrs. old. m. Nov. 7, 1805, Nancy Johnson, both of Limington, she b. Mar. 16, 1785, Epping, NH, d. Mar. 14, 1851, Limington. Children (born in Limington):
    1. SALLY P., b. Dec. 16, 1805, d. June 21, 1873, Limington. m. Mar. 8, 1829, Nathaniel Stone, both of Limington, she b. Apr. 13, 1803, Limington, d. May 13, 1887, Limington.
    2. LUCRETIA, b. Mar. 10, 1807, d. Sept. 20, 1887, Cornish. m. Jan. 13, 1842, John Gould, both of Limington, he b. Dec. 27, 1807, Limington, d. Oct. 21, 1874, Limington.
    3. ABIGAIL B., b. Feb. 11, 1809, d. Jan. 6, 1891, ae 82 yrs. Cornish. m. May 4, 1832, Nathaniel Pease of Cornish, she of Limington.
    4. GILMAN J., b. July 4, 1811, d. Apr. 3, 1895, Porter. m. Aug. 11, 1836, Abra Fox of Porter.
    5. WARREN JOHNSON, b. Mar. 18, 1812, d. Jan. 20, 1817.
    6. NANCY, d. ae 2 yrs.
    7. NANCY W., b. Jan. 25, 1815, d. Sept. 27, 1871, ae 54 yrs. 5 mos. 23 das. Limington. m. July 25, 1841, John Cole, both of Limington, he b. Feb. 16, 1819, Limington, d. Jan. 25, 1907, Limington.
    8. ELIZA, b. Feb. 21, 1817.
    9. CAROLINE P., b. Dec. 19, 1820, d. Dec. 26, 1901, ae 81 yrs. 7 das. Baldwin. m. Nov. 7, 1851 in Portsmouth, NH, James Norton of Baldwin, she of Limington.
    10. CHARLOTTE, b. Mar. 11, 1822, d. Apr. 3, 1863, Porter. m. Sept. 9, 1845, Moses B. French of Porter, he d. Nov. 29, 1904, ae 81 yrs. 10 mos. 12 das. Limington.
    11. EDWARD WARREN, b. July 24, 1825, d. Nov. 26, 1896, ae 71 yrs. 5 mos. 5 das. Limington. m. Dec. 13, 1862, Lucinda Babb, both of Limington, she b. Feb. 26, 1839, Sebago, d. Dec. 31, 1921, Limington. Children:
        (1) FRANCIS ALBERT, b. Sept. 16, 1863.
        (2) MINNIE E., b. Sept. 17, 1865.

12. FRANCES ANN, b. Sept., 1827, d. June, 1860, La Cross, WI. m. Feb. 11, 1856, Albert A. Johnson of La Cross, WI. she of Limington.

ii. BENJAMIN JR., b. July 27, 1786, Sanford, d. Apr. 7, 1865, Limington. m. Dec. 6, 1810, Eunice Fogg, both of Limington, she b. Sept. 27, 1791, Limington, d. Sept. 24, 1853, ae 62 yrs. Limington. Children (born in Limington):

1. MARY ANN, b. Jan. 9, 1811, d. Nov. 24, 1876, ae 65 yrs. 10 mos. 15 das. Limington. m. Dec. 8, 1831, John Hanscom, both of Limington, he b. Aug., 1806, Limington, d. Dec. 8, 1870, ae 64 yrs. 3 mos. 15 das. Limington.
2. ORREN, b. Nov. 16, 1811, d. May 4, 1895, Porter. m. Nov. 5, 1832, Susan Guilford of Cornish, he of Limington, she b. Nov. 17, 1812, Portland, d. Oct. 19, 1910, ae 97 yrs. 11 mos. 1 da. Hiram.
3. ALMIRA, b. Feb. 10, 1814, d. Apr. 19, 1898, Weymouth, MA. m. Oct. 30, 1831, Benjamin Marr, both of Limington, he b. Feb. 2, 1804, Limington, d. May 30, 1883, Baldwin.
4. FREEMAN, b. Jan. 14, 1817, d. Feb. 2, 1882, Baldwin. m. int. July 15, 1841, Hannah H. Milliken, both of Limington, she d. May 8, 1895, ae 78 yrs. 6 mos. 23 das. Baldwin.
5. RUFUS CONWAY, b. Nov. 29, 1818, d. July 20, 1889, Cornish. m. Jan. 28, 1847, Louisa Bragdon, both of Limington, she b. June 15, 1827, Raymond, d. Jan. 27, 1884, Cornish.
6. ADELINE, b. Feb. 8, 1821, d. May 29, 1895, Baldwin. m. May 17, 1845 in Fryeburg, John Chadbourne Jr. of Cornish, she of Limington.
7. JANE WOODMAN, b. May 11, 1823, d. May 4, 1905, Freedom, NH. m. int. Sept. 24, 1846, Christopher Cole, both of Limington, she m. (2) Oct. 5, 1868, Albert Newell Watson of Freedom, NH.
8. LOUISA, b. July 22, 1825, d. Jan. 4, 1901, W. Baldwin. m. int. Sept. 30, 1847, Thomas Rowe of Baldwin, he d. Nov. 30, 1889, ae 65 yrs. W. Baldwin, formerly of Cornish.
9. GARDINER, b. May 15, 1827, d. 1829.
10. HARRIET M., b. Aug. 18, 1829, d. Jan. 9, 1852. m. int. Mar. 22, 1851, m. Mar. 18, 1851, William D. Jewell of Sebago, she of Limington.
11. GARDINER R., b. Aug. 21, 1831, d. Oct. 19, 1904, ae 73 yrs. 2 mos. 7 das. Denmark. m. int. May 13, 1853, Lydia Allen of Denmark.
12. BENJAMIN FRANKLIN, b. June 2, 1834, d. Mar. 12, 1862, ae 27 yrs. 9 mos. 10 das. Limington. m. Oct. 20, 1855, Eliza Jane Walker, both of Limington, she b. May 21, 1835, d. Feb. 14, 1921, Limington, she m. (2) Sept. 6, 1877, Peter Gilman Cram of Baldwin, he b. Jan., 1823, Baldwin, d. Jan. 17, 1899, ae 76 yrs. Limington.
13. HANNAH A., b. Aug. 28, 1836, d. May 8, 1889, Cornish. m. Nov. 29, 1855, Charles W. Meserve, both of

Limington, he b. Nov. 27, 1827, Limington, d. June 19, 1892, Limington.
iii. BETSEY, b. Aug. 25, 1790, Sanford, d. Sept. 29, 1878, unm. Limington.

NORTON, NATHANIEL, b. Aug. 1, 1762, Sanford, d. Nov. 22, 1831, ae 69 yrs. 3 mos. 23 das. N. Limington. He came from Sanford and settled on lot 12, range L, where he is buried on the Cornish line. A Revolutionary soldier. m. Mar. 31, 1796, Hannah Sawyer, both of Limington, she b. Apr. 26, 1780, Wells, d. May 20, 1858, ae 78 yrs. 24 das. Limington. She was a member of Free-Will Baptist Church for more than 14 yrs. Children:
i. CHARLES, b. Oct 27, 1798, Limington, d. Dec. 3, 1873, ae 74 yrs. 1 mo. 17 das. Limington. m. May 18, 1826, Mary Pugsley of Cornish, he of Limington, she b. Oct. 5, 1798, Cornish, d. July 17, 1879, Limington. Children:
1. CEPHAS, b. Dec. 24, 1831, d. Mar. 8, 1915, Limington. m. May 10, 1855, Rebecca Sargent of Brownfield, he of Limington, she b. Nov. 16, 1833, d. Sept. 24, 1916, ae 82 yrs. 10 mos. 21 das. He purchased Robert Kimball's farm on Norton Road in 1872. Children:
(1) CARRIE, b. July 30, 1854. m. Dec. 25, 1879, Charles E. Boothby of Limington.
(2) CHARLES H., b. Aug. 9, 1859, d. Dec. 27, 1910, Limington.
(3) LEWIS MELVIN, b. Aug. 4, 1862, d. Mar. 8, 1950, Haverhill, NH.
(4) LIZZIE M., b. Aug. 12, 1864, d. Mar. 8, 1950, Cornish. m. Emgene Storer.
(5) GEORGE S., b. Sept. 30, 1867.
(6) JAMES A., b. Oct. 17, 1869, d. Sept. 18, 1908.
(7) WILLIE L., b. Nov. 1, 1871, d. Oct. 3, 1872.
(8) EUGENE E., b. Oct. 3, 1877, lived in Gorham.
2. ASENATH, b. Apr. 8, 1832, d. May 25, 1899, Limington. m. Nov. 17, 1853, Simon M. Estes, both of Limington, he b. Mar. 15, 1829, Limington, d. July 28, 1882, killed by lightning, Limington, she m. (2) int. Nov. 16, 1883, Robert Brackett of Naples, she of Limington. Children:
(1) SUSAN M., b. July 13, 1854, d. Jan. 22, 1911.
(2) FRANK E., b. Sept. 7, 1856, d. Apr., 1927. m. Nov. 20, 1883, Clara Nason, both of Limington.
(3) MARIETTA, b. Nov. 25, 1858, d. June 23, 1908. m. Nov. 16, 1882, Henry H. Butterfield of Baldwin, she of Limington.
(4) OLIVE JENNIE, b. Sept. 14, 1862, d. Nov. 3, 1944. m. Dec. 29, 1882, George A. Foss of Lowell, MA, she of Limington, he b. Mar. 15, 1855, Saco, d. July 24, 1931.
(5) CHARLES ALBERT, b. Apr. 3, 1868, d. 1951.

(6) **IVORY**, b. Mar. 25, 1875. m. Dec. 23, 1908, Lillian Louise (Boynton) Stone of Limington.
(7) **SARAH F.**, b. May 13, 1864, d. Nov. 22, 1940. m. Oct. 8, 1879, Malville Thorn of Standish.
3. **MARY ANN**, b. Aug. 12, 1835, d. Dec. 24, 1910 Hiram. m. Mar. 13, 1864, Robert Harmon Tripp of Hiram, he b. Apr. 15, 1839, Hiram, d. July 4, 1872, ae 32 yrs. 1 mo. 20 das. Limington. m. (2) int. Mar. 30, 1874, Frank L. Barnes of Hiram, she of Limington.
4. **CHARLES H.**, b. May 9, 1838. d. Jan. 9, 1839, ae 8 mos.

ii. **REBECCA**, b. Mar. 2, 1801, d. Mar. 24, 1825, ae 24 yrs. 22 das. unm. Limington.

iii. **NATHANIEL**, b. Apr. 22, 1803. d. Apr. 17, 1872, Limington. m. June 13, 1833, Ann Cousens, both of Limington, she b. May 23, 1811, Limington, d. Feb. 26, 1895, Buxton. Children:
1. **SARAH JANE**, b. 1834, m. Dec. 6, 1867 in Freedom, NH, Daniel Townsend of Buxton.
2. **DAVID C.**, b. Apr. 30, 1837, d. Sept. 26, 1912, Limerick. m. Sept. 28, 1861, Fidelia (Delia) Berry, both of Limington.
3. **JOHN M.**, b. June 26, 1838. m. Oct. 28, 1862, Mary C. McKenney, both of Limington, she d. Sept. 21, 1915, ae 74 yrs. 1 mo. 18 das. Old Orchard.

iv. **ABIGAIL**, b. Sept. 25, 1805, d. Aug. 16, 1888, Porter. m. Apr. 25, 1838, John Douglass of Sebago, she of Limington, he b. Nov. 12, 1812, Limington, d. June 24, 1877, S. Hiram.

v. **DANIEL**, b. Feb. 1, 1808, d. Mar. 18, 1864. Limington, of typhoid fever. m. Aug. 28, 1833, Mary S. Hanscom, both of Limington, she b. 1810, Limington, d. Dec. 26, 1856, Limington. m. (2) Dec. 2, 1860, Mary Ann Paine, both of Limington. Children:
1. **WILLIAM HENRY**, b. Dec. 1, 1833, d. Jan. 22, 1898, Cornish, ae 63 yrs. 1 mo. 21 das. m. Dec. 25, 1863, Francena Norton of Baldwin.
2. **EMILY**, b. May 6, 1836, d. Sept. 18, 1911, ae 75 yrs. 4 mos. 12 das. Naples. m. Nov. 20, 1859, Isaac G. Meserve of Limington.
3. **EDWIN HANSCOM**, b. June, 1839, d. Oct. 27, 1910, ae 70 yrs. 4 mos. 4 das. Standish. m. Mary Etta Norton of Limington, she d. Dec. 25, 1883 ae 37 yrs. Standish.
4. **DANIEL WARREN**, b. July 7, 1844, d. Jan. 30, 1915, Standish.

vi. **IVORY**, b. Apr. 2, 1810, d. Mar. 28, 1888, ae 77 yrs. N. Limington. m. Jan. 20, 1842, Jane B. Sawyer, both of Limington, she b. June 8, 1813, Limington, d. June 4, 1908, Standish.

vii. **REUBEN**, b. May 22, 1812, d. July 30, 1890 Burlington, CO. m. June 9, 1839, Sarah Jane Brooks of Portland.

viii. **EBENEZER**, b. Oct. 7, 1814, d. July 28, 1886, Porter. m. May 9, 1844, Martha Sargent of Brownfield, he of Cornish, she b. Sept., 1824, Brownfield, d. Dec. 17, 1912.

ix. HANNAH, b. Dec. 25, 1816, d. May 22, 1900, ae 83 yrs. 4 mos. 25 das. Cornish. m. int. Nov. 13, 1842, John Pugsley of Cornish.
x. MARY, b. Aug. 15, 1819, d. Dec. 18, 1886. m. Jan. 4, 1854, Richard Sargent Jr. of Brownfield, she of Limington.

ORDWAY, JONATHAN BURBANK, b. June 20, 1762, Gofftown, NH, d. July, 1850, Orono. He left town after June, 1793 and went to Unity. m. int. Apr. 23, 1785 in Standish, Mehitable Rackliff, she d. May 17, 1838, ae 73 yrs. Newport. Children:
i. JONATHAN, b. 1791, d. May 17, 1847, Knox.
ii. WILLIAM G., b. Mar. 24, 1793, d. Sept., 1836, Orono.
iii. HIRAM, b. Jan. 9, 1797, Unity, d. Newport.
iv. SOPHIA, b. Jan. 10, 1799, Belfast.
v. ABIAL, b. 1801, Unity, d. May 20, 1877 Newport, ME.
vii. WALTER H., b. 1803.
viii. LEONARD, b. 1808.

O'RION, JOHN, b. 1731, Ireland, d. Dec. 18, 1823, ae 92 yrs. Poland. He lived in Portland, Cape Elizabeth, about 39 yrs. (came in 1763). He lived in Limington from 1799 to 1816. A Revolutionary soldier. m. Feb. 23, 1767, Molly Miller, both of Cape Elizabeth, she d. Oct. 2, 1821, ae 84 yrs. Poland, buried Mountain View cemetery, Auburn. Children:
i. MOLLY.
ii. DANIEL.

OSBORNE, REV. CHARLES F., b. Mar. 15, 1800, Lee, NH, d. Jan. 24, 1856, ae 55 yrs. 10 mos. 11 das. Gorham. He was a Free-Will Baptist minister of the Limerick and Limington church, at W. Limington, now Emery's corner. He moved in 1855 to Gorham. m. Susan C. Leavis, she d. Apr. 22, 1874, ae 76 yrs. 9 mos. 9 das. Pittsfield, at home of son-in-law, H. S. Nickerson. Children:
i. HARRIET S., b. Sept., 1830. m. Hanover S. Nickerson of Pittsfield.
ii. ELLEN MARIA, b. Mar., 1831, lived with her sister in Pittsfield.
iii. CHARLES H., b. Dec., 1832, d. 1917, Gorham (triplet)
iv. SUMNER C., b. 1832, d. Mar. 5, 1855, ae 22 yrs. 2 mos. (triplet)
v. SUSAN CAROLINE, b. 1832, d. Aug. 23, 1848, ae 15 yrs. 8 mos. Limington. (triplet)
vi. JOHN ANDREW PIERCE, b. Aug. 13, 1834, d. July 15, 1879, ae 44 yrs. 11 mos. Bellingham, MA.
vii. THOMAS L., d. Sept. 28, 1848, ae 20 yrs. 9 mos. Limington.
viii. MARY ABIGAIL, b. Aug. 13, 1834, d. Mar. 18, 1852, ae 17 yrs. 7 mos. 3 das. Limington.
ix. WOODBRIDGE G., b. July 14, 1837, Scarboro.

OTIS, CAPT. DAVID, b. Apr. 19, 1781, Barrington, NH, d. Oct. 17, 1844, Limington. He came in 1802 from Barrington, NH, and settled in the village; was a soldier in War of 1812. m. Nov. 28, 1805, Anna

Small Libby, both of Limington, she b. Jan. 29, 1788, Limington, d. Sept. 14, 1843, ae 55 yrs. Limington. Children (born in Limington):
i. LOUISA, b. Apr. 7, 1807, d. Mar. 12, 1898, ae 90 yrs. 11 mos. 5 das. Standish. m. Sept. 29, 1829, William Paine of Standish, he of Limington, he b. Jan. 12, 1796, d. Nov. 8, 1881, Standish.
ii. STEPHEN, b. Apr. 7, 1810, d. June 7, 1822, ae 12 yrs. 2 mos. Limington.
iii. JAMES LIBBY, b. Nov. 7, 1812, d. Dec. 26, 1885, Cornish. m. Feb. 13, 1839, Mary Poole Clark of Cornish. He moved in 1836 to Cornish.
iv. SALLY, b. Sept. 7, 1815, d. 1817, Limington.
v. STEPHEN, b. Apr. 20, 1823, d. Nov. 4, 1907, Alameda, CA. m. Oct. 12, 1848, Harriet G. Dennet of Hollis.
vi. JANE, b. Nov., 1825, d. Dec. 28, 1825, Limington.

PAGE, REV. CALEB FESSENDEN, b. Feb. 15, 1797, Fryeburg, d. Nov. 6, 1873, ae 73 yrs. 8 mos. Milton Mills, NH. He was pastor of Limington Congregational Church from 1823 to Feb., 1835. He was 17 yrs. in Bridgton, from 1833 to 1850, 5 yrs. in Granby, CT, 5 yrs. in Granville, MA, 3 yrs. in Tolland, MA, 4 yrs. in Colebrook, NH, and 8 yrs. in Milton Mills, NH. He graduated from Bowdoin College in 1820. m. int. Jan. 8, 1824, Sarah B. Felch of Limerick, he of Limington, she d. May 24, 1839, ae 41 yrs. Bridgton. m. (2) Nov. 12, 1840, Mary Jefferds of Kennebunk, he of Bridgton, she b. June 19, 1808, d. July 2, 1842, ae 33 yrs. Bridgton. m. (3) Mrs. Mary Dow Coddington. Children:
i. ALPHEUS FELCH, b. Dec. 7, 1824, Limington, d. Dec. 28, 1880, Bucksport. He graduated from Bowdoin Medical in 1849.
ii. HELEN MARIA, b. July 5, 1826, Limington, d. by 1870, Tariffville, CT. m. Gilbert A. Taylor of New Haven, CT.
iii. EDWARD P., b. Sept. 8, 1830, Limington, d. Nov. 11, 1831, ae 14 mos. Limington.
iv. SARAH LOUISE, b. Nov. 14, 1836, Bridgton, d. Jan. 1, 1872, ae 33 yrs. Milton, NH.
v. ALBERT F., b. 1849, d. June 20, 1890, Bucksport.

PARKER, ABRAHAM, bapt. Jan. 18, 1767, Saco, d. Aug. 22, 1805, E. Limington. He settled on lot 3, range B of 30 acre lots, on River Road at a place called Parker's Rips on Saco River at E. Limington. The place which was where his son Chase lived, was last occupied by Thomas Brackett before it burned. m. Oct. 20, 1791, Mary Mitchell of Standish, she b. Aug. 19, 1770, Standish, d. Sept. 5, 1843, Limington. she m. (2) June 11, 1815, Maj. Thomas Harmon of Buxton, she of Limington, he b. Apr. 11, 1756, Scarboro, d. Jan. 15, 1834, Buxton. Children:
i. CHASE, b. Aug. 20, 1792, d. Aug. 28, 1866, ae 74 yrs. 8 das. E. Limington. m. Nov. 30, 1815. Betsey Foss, both of Limington, she b. Dec. 18, 1798, Limington, d. Sept. 4, 1867, Limington. Children (born in Limington):
1. SON, b. June, 1816, dead.
2. SON, b. June, 1817, dead.

3. **SUSAN FOSS**, b. Mar. 23, 1819, d. Jan. 15, 1884, ae 64 yrs. 10 mos., Woodfords, Portland. m. Nov. 25, 1841, Capt. James Madison Small, both of Limington, he b. Sept. 25, 1811, Limington, d. Apr. 26, 1887, ae 65 yrs. 10 mos., Independence, CA.
4. **ABRAHAM**, b. June 9, 1821. He living 1850, ae 32 yrs, Westbrook. He went west during the gold rush and settled in 1863 in Independence, Inyo County, CA. m. Jan. 15, 1845, Mary Riggs, both of Westbrook, who d. in 1848, ae 22 yrs. Only child:
    (1) FRANK CHASE, b. May 31, 1846, Limington, d. 1924, Baldwin. m. int. Mar. 20, 1868, Abby M. Rounds of Baldwin, he of Limington. In 1870, he went west in covered wagon and lived with his father for 7 yrs.
5. **ELIAS FOSS**, b. June 5, 1823, d. Oct. 9, 1909, ae 86 yrs. 4 mos. 4 das. Standish. In 1870 in Standish. m. Sept. 20, 1868, Mary E. Nason of Standish, he of Limington. He went west to CA gold fields, and returned.
6. **RUTH**, b. June 5, 1823, d. 1823, Limington.
7. **CHASE**, b. July 11, 1825, d. Dec. 11, 1890, ae 65 yrs. 5 mos. Quincy, MA.
8. **DOMINICUS**, b. Apr. 25, 1827, lived in MA.
9. **CYRUS**, b. Aug. 30, 1829.
10. **CHILD**, d. Sept., 1831.
11. **ELIZABETH**, b. Oct. 10, 1832, d. Sept. 22, 1911, ae 78 yrs. 11 mos. 12 das. Taunton, MA. m. John Cushing.
12. **SAMUEL**, b. Aug. 18, 1834.
13. **SON**, d. Oct., 1836 (twin).
14. **SON**, d. Oct., 1836 (twin).
15. **SON**, d. Mar. 9, 1838.
16. **MARY FRANCES**, b. Mar. 9, 1838, d. Mar. 3, 1893, ae 54 yrs. 11 mos. 24 das. Standish. m. Apr. 27, 1861, Winthrop B. Dresser of Standish.
17. **CHARLES M.**, b. Sept. 20, 1840, d. Feb. 5, 1841, Limington.

ii. **SARAH**, b. Aug. 22, 1794, d. May 17, 1884, ae 89 yrs. 8 mos. 26 das. Parsonsfield. m. Dec. 5, 1811, Israel Boothby, both of Limington, he b. Sept. 25, 1785, Limington, d. Mar. 7, 1869, Parsonsfield.
iii. **ANNA**, b. Oct. 20, 1796, d. Apr. 13, 1853, Limington. m. Nov. 23, 1816, David Boothby, both of Limington, he b. Dec. 20, 1794, Limington, d. Jan. 16, 1868, Gorham.
iv. **ELIZABETH**, b. May 30, 1799, d. Feb. 4, 1802.
v. **DOMINICUS**, b. July 27, 1801, d. July 13, 1851, near Austin, TX, late of Bangor.
vi. **RUTH**, b. Sept. 25, 1804, d. Sept. 25. 1835, ae 32 yrs. Buxton. m. Dec. 4, 1825, Henry McKenney, both of Limington, he b. Mar. 24, 1801, Limington, d. Mar. 7, 1872, Auburn.
vii. **MARY**, b. May 8, 1806, d. May 12, 1837, Limington. m. int. Oct. 21, 1827, Calvin McKenney, both of Limington, he b. Jan. 9, 1805, Limington, d. Mar. 18, 1830, Limington. m. (2)

Oct. 5, 1834, Benjamin Moody, both of Limington, he b. Sept. 2, 1797, Limington, d. Dec. 4, 1867, Limington.

PLAISTED, SIMON, b. June 24, 1770, Scarboro, d. Mar. 6, 1860, Limerick. He arrived by Oct., 1795 and was a properous farmer and for several yrs. a selectman. His father, Samuel, b. June 25, 1727, d. Dec., 1806, Limington and lived in family of Joseph Moody. Simon m. int. Nov. 6, 1796, Hannah Small, both of Limington, she d. Mar. 14, 1834, ae 56 yrs. 7 mos. 3 das. Limington. m. (2) int. Sept. 26, 1835, Mrs. Sarah S. Paine, widow of Jonathan G. Standish, he of Limington, she d. Jan. 1, 1870, ae 73 yrs. 3 mos. Limerick. Children (born in Limington):

  i. SAMUEL, b. Feb. 17, 1800, d. Nov. 16, 1848, ae 48 yrs. 9 mos. Bridgton. m. Nov. 29, 1821, Eunice Strout, both of Limington, she b. Nov. 8, 1801, Limington, d. Dec. 3, 1835, Bridgton. m. (2) Aug. 7, 1837, Eliza Martin of Bridgton, she d. Oct. 12, 1848, ae 43 yrs. Bridgton. Children:
    1. ELIZA W., b. Mar. 29, 1822, d. May 26, 1900, ae 77 yrs. 1 mo. 25 das. Bridgton. m. July 3, 1841, Stephen March, both of Bridgton.
    2. POLLY, b. July 10, 1824, d. Dec. 3, 1837, ae 12 yrs. Bridgton.
    3. JOHN WALLACE, b. Apr. 4, 1828, Bridgton, d. Oct. 12, 1914, ae 86 yrs. 6 mos. 9 das. Worcester, MA.
    4. WILLIAM LEWIS, b. Oct. 2, 1830, Bridgton, d. May 14, 1909, ae 78 yrs. 7 mos. 11 das. Oxford, MA.
    5. SAMUEL, b. Nov. 12, 1832, Bridgton, d. Feb. 27, 1903, ae 69 yrs. 3 mos. 10 das. Boston, MA.
    6. EUNICE M., b. Dec. 3, 1834, d. May 21, 1899, ae 64 yrs. Westbrook. m. June 29, 1854, Lendall E. Goff, both of Westbrook.
    7. SIMON M., b. Apr. 1, 1838, d. July 14, 1920, N. Baldwin.
    8. HANNAH M., b. Jan. 9, 1840, d. Oct. 31, 1927, Sebago. m. Jan. 2, 1865, James Monroe Sanborn of Baldwin.
    9. ORLANDO V., b. Apr. 16, 1846, Bridgton, d. Feb., 1917, Bridgton.
    10. ABBY J., b. Feb. 16, 1841, Bridgton, d. Oct. 21, 1929, ae 87 yrs. 8 mos. 3 das. Worcester, MA. m. Samuel K. Milliken of Worcester, MA.
  ii. PHEBE, b. Dec. 3, 1802, d. Jan. 18, 1857. unm. Limington. She lived with her brother, John.
  iii. DOROTHY, b. June 13. 1804, d. Oct. 25, 1867, ae 63 yrs. 4 mos. 12 das. Baldwin. m. Mar. 16, 1827, Timothy Boothby, both of Limington, he b. Feb. 9, 1800, Limington.
  iv. HANNAH, b. Apr. 8, 1806, d. July 4, 1855, Hiram. m. Oct. 4, 1826, Joseph Chase Small, both of Limington, he b. Feb. 6, 1802, Limington, living 1866, Gorham.
  v. JOHN, b. Jan. 1, 1809, d. Nov. 23, 1883, ae 74 yrs. 10 mos. 22 das. Limington. He was a carpenter, always a good citizen and lead a consistent, blameless life. He was born and always lived on farm located on Shaving Hill Road, west of Taylor Brook. m. Nov. 16, 1840 in Portland, Thankful Babb, both of

Limington, she b. Apr. 10, 1821, Limington, d. Sept. 23, 1903, Limington. Children:
1. BRYON GREENOUGH, b. Jan. 18, 1842, d. Sept. 13, 1865, Limington. Wounded at Battle of Cedar Mountain, came home and died.
2. MARANTHA, b. Nov. 5, 1843, d. Apr. 2, 1846, Limington.
3. ROBERT ANDREWS, b. Oct. 5, 1846, d. Aug. 5, 1865, Limington.
4. ARABELLA, b. Nov. 27, 1848, d. Sept. 30, 1928, Everett, MA. m. Dec. 31, 1871 in Boston, MA, Alfred Small, both of Limington, he b. Nov. 9, 1834, Limington, d. Aug. 24, 1894, Limington. m. (2) Nov. 25, 1896 in Everett, MA, George Wilson Plaisted of Everett, MA.
5. GILMAN H., b. Aug. 26, 1850, d. May 8, 1868, Limington.
6. JOHN NEWTON, b. June 11, 1854, d. Mar. 14, 1929, Gorham. m. Dec. 25, 1879, Carrie Luella Small, both of Limington, she d. Apr. 10, 1930, ae 70 yrs. 1 mo. 13 das. Saco.
7. FRED WILLIAM, b. Apr. 1, 1858, d. Mar. 6, 1882, Pownal.
8. MARY ELIZABETH, b. Sept. 6, 1859, d. Sept. 3, 1933, W. Hampstead, NH. m. Oct. 25, 1883 in Chelsea, MA. Josiah Franklin Taylor, both of Limington, he b. Apr. 25, 1860, Limington, d. Aug. 31, 1940, W. Hampstead, NH.

vi. SIMON, b. Apr. 22, 1811, d. Jan. 17, 1889, Limerick. He moved in 1853 to Limerick. m. Oct. 6, 1842, Frances S. Thompson, both of Limington, she b. Aug. 16, 1815, Limington, d. Feb. 9, 1908, Limerick. Children:
1. HANNAH, b. July 6, 1844, d. 1913, Kittery. m. Charles L. Favour, both of Limerick.
2. MARY MEHVINAH, b. Jan. 24, 1848, d. Feb. 12, 1908, unm. Limerick.
3. SAMUEL SMALL, b. Feb. 4, 1850, d. Dec. 9, 1915. unm. Limerick. He and his sister, Mary, had scarlet fever and were left deaf and dumb.
4. SARAH HAVEN, b. Oct. 13, 1851, d. Mar. 9, 1945, ae 93 yrs. 4 mos. 26 das. S. Warwick. m. Sept. 24, 1878, George E. Hobbs of S. Warwick, she of Limerick.
5. HENRY FREEMAN, b. July 25, 1855, d. Sept. 23, 1936, Kittery.
6. WILLIAM WASHINGTON, b. July 8, 1858, Limerick, d. Oct. 29, 1928, Limerick. m. Apr. 23, 1893, Alice Ilsley, both of Limerick.

vii. BENJAMIN SMALL, b. Mar. 6, 1814, d. Mar. 12, 1888, ae 74 yrs. 6 das. Albion. m. Dec. 13, 1839, Lydia Woods of Unity, she b. Dec. 18, 1815, Unity, d. Dec. 22, 1872, ae 58 yrs. Albion. He moved in 1847 to Albion. Children:
1. MARY F., b. Sept. 23, 1840, d. Sept. 10, 1890, Unity. m. Feb. 3, 1873, Nathan P. Woods of Unity.
2. ALMEDA, b. May, 1843, Unity, d. Oct. 19, 1923, ae 80 yrs. 4 mos. 27 das. Somerville, MA. m. Joseph Edward Parsons.

3. **GEORGE WILSON**, b. Mar. 3, 1845, Unity, d. Sept. 8, 1922, Everett, MA.
4. **BENJAMIN SMALL**, b. Oct. 15, 1851, d. Dec. 29, 1903, ae 52 yrs. 2 mos. 14 das. China.
5. **CELESTA A.**, b. Oct., 1854, Unity, d. Apr. 11, 1925, ae 70 yrs. 5 mos. 21 das. Boston, MA. m. James Stanton.

viii. **MARY**, b. Oct. 14, 1816, d. Nov. 22, 1853, ae 37 yrs. unm. Limington.

PURINGTON, STEPHEN, b. July 25, 1748, Salisbury, MA, d. May 1, 1838, S. Limington. When quite young he moved to Berwick and after a short residence there moved to Waterboro, then to Limerick and finally to Limington in 1800. He settled near the Limerick town line on present route 11. He served in the Revolutionary War, but as the sentiments of the Friends were opposed to war, he destroyed his discharge. He belonged to the Society of Friends. m. Aug. 18, 1770, Hannah Guptill of Berwick. m. (2) Jan. 25, 1802, Mary Stinson of Gray, she b. May 27, 1765, Hopkinton, NH, d. May 11, 1844, Limington. Children by first marriage didn't appear in Limington, but were:

i. MOSES, b. Nov. 27, 1771, Berwick.
ii. MARY, b. July 31, 1773, Waterboro.
iii. JOHN, b. Dec. 16, 1776, Waterboro.
iv. STEPHEN, b. Oct. 7, 1778, Waterboro, d. 1798, Limerick.
v. ABIGAIL, b. Feb. 16, 1781, Waterboro.
vi. JACOB, b. June 25, 1784., Waterboro.
vii. ABIJAH, b. Jan. 26, 1789.

Children by second wife:

i. JOHN, b. June 2, 1803, Limington, d. July 27, 1883, ae 80 yrs. 2 mos. Limerick. He was born and lived on his father's farm until he died there. He was a farmer, a strong man and greatly esteemed; was for a number of years a selectman and an honored member of the Free Baptist church of Limington. m. Nov. 2, 1834, Martha Fellows of Wakefield, NH, he of Limington, she d. Mar. 19, 1836, ae 24 yrs. Limington. m. (2) int. Oct. 1, 1837, Shuah Libby Manson, both of Limington, she b. Sept. 8, 1808, Limington, d. June 30, 1872, Limington. Children:

1. PAULINA, d. May 4, 1836, ae 4 mos. Limington.
2. STEPHEN LORENZO, b. June 24, 1838, d. Dec. 16, 1908, Lewiston. He was mail agent on Boston & Maine R.R. m. Jan. 11, 1862, Jennie E. Harmon of Saco, she b. Sept. 6, 1841, Saco, d. Feb. 13, 1877, ae 35 yrs. 5 mos. Limington. m. (2) Jan. 29, 1878, Alvida Mulloy of Berwick, she b. Dec. 24, 1856, Limington, d. Oct. 10, 1933, Wakefield, MA. Children:
   (1) **DR. HERBERT HARMON**, b. Apr. 22, 1865, Saco, d. Jan. 7, 1934, ae 69 yrs. 1 mo. 16 das. Somersworth, NH. He graduated from Bowdoin College in 1891. m. Mar. 24, 1888, Cora Lizzie Brackett of Limington. m. (2) Sept. 29, 1910, Mrs. Helen (Small) Guptill.

(2) NETTIE SHUAH, b. Apr. 22, 1869, d. Aug. 21, 1896, ae 27 yrs. 4 mos. Limington. m. Oct. 7, 1886, Edward Alden Anderson, both of Limington.
(3) FRANK LINDLEY HOWARD, b. Mar. 25, 1872, d. Sept. 11, 1934, S. Portland. He graduated from Colby college in 1896 and Bates college. He was an attorney.
(4) ETHEL ALMIRA, b. June 3, 1882. m. June 27, 1906, Prof. Egbert H. Case of Lewiston.
(5) DANA STEPHEN, b. Oct. 4, 1884, Limington, d. July 2, 1954, S. Portland.
3. JOHN MANSON, b. Dec. 8, 1840, d. Sept. 20, 1914, Ipswick, MA. m. int. Dec. 14, 1872, m. Jan. 1, 1873, Abbie Johnson Libby, both of Limington.
4. MARTHA JANE, b. Dec. 8, 1840, d. May 8, 1912, Acton, ME. m. July 15, 1871, Horace Nathan Farnham of Acton, she of Limington.
5. MARY ABIGAIL, b. Jan. 1, 1844, d. June 26, 1922, Limington. m. Oct. 27, 1870, Leonard Douglass, both of Limington, he b. Nov. 27, 1835, Limington, d. Apr. 29, 1911, Limington.
6. JOSEPH L., d. Dec. 30, 1848, ae 11 mos. Limington.

ii. NAOMI STINSON, b. Mar. 7, 1806, d. Aug. 20, 1859, ae 53 yrs. 5 mos. 13 das. m. Mar. 25, 1848, Benning Parker, Esq. of Parsonsfield, he b. May 4, 1803, Parsonsfield, d. Oct. 18, 1874, ae 71 yrs. 5 mos. 14 das. Limington, of paralysis. He m. (1) Jan. 7, 1836, Sally L. Edgecomb of Parsonsfield, she b. Apr. 12, 1815, d. Jan. 8, 1847, he m. (2) int. July 1, 1867, m. July 7, 1867, Mrs. Mary Jane Day of Hiram, she of Limimgton. Children:
1. LEWIS D., b. May 26, 1837, m. int. Sept. 12, 1859. Mary Susan Gove of Limington.
2. SYBIL A., b. Jan. 7, 1843, d. July 8, 1919.

QUINCY, JACOB, bapt. June 21, 1761, d. Oct. 20, 1829, ae 68 yrs. Portland. He was in town by 1798 and operated a store in the village. In 1804, they left for Gorham. Buried in Eastern cemetery, Portland. m. July 6, 1793 in Portland, Anna (Nancy) Bigelow of Portsmouth, NH, she d. Sept. 1, 1863, ae 90 yrs. Portland. Children:
i. JOSEPH, b. 1796, d. Aug. 17, 1847, ae 51 yrs. Denmark. m. Apr. 2, 1826, Mary Haley of Hollis.
ii. ELIZA, bapt. Sept. 2, 1798, d. Feb. 27, 1894, ae 96 yrs. Portland. m. June, 1835, William Goodenow Esq. of Portland.
iii. JACOB, bapt. Aug. 24, 1800, d. Apr. 5, 1885, ae 85 yrs. 3 mos. Portland.
iv. ANNE, bapt. July 23, 1802. m. Rev. S. L. Pomroy.
v. MARY, m. Rev. Isaac Withrett.
vi. JOHN WILLIAM, d. Jan. 28, 1840, ae 39 yrs. Portland.
vii. CHARLES EDMUND, b. Feb. 25, 1805, Portland, d. Feb. 9, 1856.

RACKLIFF, BENJAMIN, b. Oct. 18, 1739, Scarboro, d. Dec., 1788, Limington. He lived in Scarboro until about 1781, when he moved to Standish. He came Mar., 1788 and settled on part of lot 6, range C, purchased from David Richardson. m. July 16, 1763, Sarah Jordan, both of Scarboro, she d. 1839, ae 97 yrs. Unity. Children:

i. JOANNA, b. Dec. 22, 1763, Scarboro. m. Sept. 12, 1784 Joseph Stevens of Gorham.
ii. MEHITABLE, b. June 23, 1765, Scarboro. m. int. Apr. 23, 1785, Jonathan Burbank Ordway, both of Standish.
iii. PHEBE, b. June 23, 1765, Scarboro. m. Dec. 2, 1788, Benjamin Libby.
iv. PAULINA, b. Apr. 24, 1767. m. int. Aug. 11, 1792 in Standish, Benjamin Frost.
v. JOHN, b. Jan. 22, 1769. m. Mar. 14, 1803, Lucy Libby.
vi. BENJAMIN JORDAN, b. Sept. 10, 1771, Scarboro. m. Mar. 28, 1793, Mary Small of Limington.
vii. CLEMENT, b. Apr. 8, 1775, Scarboro.
viii. SOLOMON, bapt. Apr. 23, 1776, Scarboro.
ix. DOMINICUS, bapt. Sept. 19, 1779, Scarboro, d. June 5, 1852. m. Anna Small of Limington.
x. SARAH, bapt. May 22, 1782, Standish.

RANDALL, JAMES, b. Oct. 27, 1758, Berwick, d. May 16, 1821, S. Limington. He came from Berwick after Nov., 1780 and settled on lot 5, range G on Moody Road. He lived nearly across from Quaker cemetery in what was known as Edward B. Randall's place, now gone. He was a Quaker and a Revolutionary soldier. m. Dec. 16, 1779, Mary Shorey, both of Berwick, she b. Aug. 17, 1763, d. Sept. 19, 1850, ae 87 yrs. 10 mos. S. Limington. Children:

i. NANCY, b. Oct. 6, 1780, Limington, d. Apr. 6, 1859, ae 78 yrs. China. m. Feb. 9, 1804, Isaac Jones of Windham, she of Limington, he b. Feb. 19, 1782, Windham, d. Mar. 30, 1857, China.
ii. JOHN, b. Sept. 4, 1783, went west, Low Clair River, WI. m. Oct. 12, 1806, Sarah Hanson of Gilmanton, NH. Children:
   1. RICHARD HANSCOM, b. Jan. 10, 1807.
   2. THANKFUL HUSSEY, b. Jan. 5, 1809.
   3. JEREMIAH, b. June 16, 1811.
iii. MARY, b. Nov. 8, 1785, d. Jan. 3, 1866, ae 79 yrs. Limington. m. Nov. 30, 1817, Caleb Cole of Berwick, he b. Jan. 1, 1781, Berwick, d. Apr. 18, 1851, Limerick.
iv. HULDAH, b. Apr. 22, 1788. m. Dec. 3, 1811, Silas Hanson of Gilmanton, NH, she of Limington.
v. JACOB, b. June 20, 1790, d. May 8, 1848, ae 57 yrs. Brooks. m. Mary Pierce, who d. Jan. 23, 1864, ae 69 yrs. He was living in 1827 in town. Children:
   1. JAMES, b. Nov. 9, 1814, d. Feb., 1820, Limington.
   2. ISAIAH, b. June 13, 1818, lived Jone City, CA.
   3. JACOB, b. Apr. 27, 1820, d. Oct. 18, 1892, ae 72 yrs. 5 mos. 21 das. China.
   4. DAVID, b. June 30, 1822, lived in Monroe.

vi. ELIPHALET, b. May 28, 1794. m. Eunice Stewart, he was living in town in 1812.
vii. ISAIAH, b. Aug. 20, 1797, d. Apr. 4, 1857, ae 59 yrs. Limington. m. Dec. 7, 1824, Eunice (Strout) Bean, widow of Eli, both of Limington, she b. May 29, 1790, Limington, d. July 31, 1852, Hollis, she m. (1) Dec. 6, 1816, Eli Bean of Limerick, she of Limington, he d. Dec. 2, 1819, ae 23 yrs. Brownfield. Children:
  1. ISAIAH, b. Apr. 3, 1824, Limington, d. Jan. 12, 1911, Biddeford; at the age of 15 yrs. (1839), he went to Saco. He was son of Olive Rose of Limington.
  2. HANNAH J., b. July 28, 1825. d. Feb. 24, 1830, ae 5 yrs. Limington.
  3. FRANCES, b. Sept. 12, 1827, d. Nov. 16, 1857.
  4. MARY S., b. May 13, 1829, d. Feb. 25, 1855, Buxton. m. Andrew H. Smith of Buxton.
  5. ISAAC J., b. Oct. 27, 1834, d. Apr. 3, 1888.
  6. HANNAH JENNIE, b. June 10, 1832, Limington, d. Apr. 6, 1896, Watertown, MA. m. Apr. 5, 1855, Freeman H. Edgecomb, both of Limington, he d. Dec. 28, 1898, ae 66 yrs. 7 mos. 6 das. Watertown, MA.
  7. NANCY ELLEN, b. May 31, 1837, d. Oct. 9, 1869, m. May 23, 1854, Charles E. Wentworth.
viii. NOAH, b. Sept. 17, 1800, d. Apr. 18, 1868, ae 67 yrs. 7 mos. 1 da. Limington, he lived on old John Haley's farm, where Fred Randall lives. m. Oct. 5, 1819, Ruth Garey Haley, both of Limington, she b. Sept. 1, 1800, Limington, d. Mar. 9, 1879, ae 78 yrs. 6 mos. 8 das. Limington. Children recorded in Buxton:
  1. CYNTHIA, b. Feb. 21, 1821, d. Nov. 26, 1893, ae 72 yrs. 9 mos. 5 das. Portland. m. Nov. 12, 1845, Eli Barnes of Cornish, she of Limington.
  2. NANCY, b. Dec. 13, 1822, d. Nov. 19, 1891, Buxton. m. July 6, 1845, Leonard W. Foss of Chelsea, MA, she of Limington, he b. Mar. 27, 1822, Saco, d. Aug. 7, 1902, Auburn.
  3. NOAH, b. Dec. 21, 1825, d. May 25, 1905, ae 75 yrs. 5 mos. 28 das. Scarboro. m. Dec. 17, 1848, Susan Huntress of Hiram, he of Limington, she b. Nov. 22, 1826, Hiram, d. Nov. 7, 1887, ae 60 yrs. 11 mos. 16 das. Limington. Children:
    (1) JOHN JAMES, b. Oct. 15, 1849, Saco, d. Mar. 16, 1900, ae 50 yrs. 6 mos. Amesbury, MA.
    (2) EMILY JANE, b. Dec. 10, 1850, d. Mar. 13, 1932, in Westbrook. m. Apr. 26, 1868, Alvin C. Moulton, both of Limington, he b. July 12, 1844, Parsonsfield, d. Jan. 25, 1880, ae 35 yrs. Limington. m. (2) Mar. 16, 1884, Rev. Henry F. Wentworth, both of Limington.
    (3) BENJAMIN F., b. Aug. 5, 1853, d. Nov. 24, 1882, 29 yrs. 3 mos. 19 das. Hollis. m. int. Feb. 7, 1874, Susan J. Scammons of Hollis.

    (4) EUNICE A., b. Jan. 20, 1855, d. June 23, 1923, Hollis. m. Charles E. Scammons of Hollis.
    (5) **SIMEON S.**, b. Aug. 11, 1856, d. Jan. 23, 1927, ae 70 yrs. 5 mos. 12 das. Limington. m. int. May 8, 1880, Kate L. Emery, both of Limington. She m. (2) Evelyn Smith. Children:
      (i) **MARION E.**, b. July 27, 1891.
      (ii) **GEORGE D.**, b. Sept. 14, 1892.
      (iii) **FRED E.**, b. Mar. 12, 1894.
    (6) **CHARLES E.**, b. Jan. 13, 1858, d. Dec. 23, 1910, ae 76 yrs. 6 mos. 23 das. Hollis.
    (7) **JESSE A.**, b. Dec. 6, 1863, d. Nov. 27, 1938, Old Orchard.
   4. **JAMES J. H.**, b. Jan. 22, 1829, d. Aug. 9, 1846, ae 17 yrs. 6 mos. Limington.
   5. **MARY JANE**, b. July 22, 1831, d. Feb. 26, 1921, ae 89 yrs. 7 mos. 4 das. Limington. m. Oct. 15, 1854, Jacob Townsend of Hollis.
   6. **CHARLES E.**, b. May 30, 1834.
   7. **DANIEL HALEY**, b. Oct. 10, 1839. d. Mar. 20, 1905 Auburn.
ix. HANNAH, b. Oct. 28, 1802, d. Mar. 23, 1884, ae 81 yrs. 4 mos. 24 das. Limington.
x. EDWARD BURROUGHS, b. Sept. 26, 1808, d. Feb. 2, 1889, Limington. He lived on old homestead which was purchased in Mar., 1888 by Jesse G. Harmon. m. Sept. 21, 1828, Ellen M. Powers. m. (2) Dec. 14, 1834, Rebecca (Longford) Sawyer, widow of Zebulon K. Sawyer of Falmouth, she b. Oct. 15, 1807, d. Mar. 12, 1891, ae 83 yrs. 5 mos. Limington, she had a son, Smith Longford Sawyer, b. Sept. 2, 1829, Portland, d. July 28, 1905, New Gloucester. Children:
  1. **ALBINA**, b. Jan. 20, 1832, Windham, d. May 26, 1898, ae 66 yrs. 4 mos. 6 das. unm. Limington.
  2. **CHARLES EVIN**, b. Sept. 22, 1837, d. Oct. 27, 1892, ae 55 yrs. 1 mo. 5 das. Lyman. m. May 14, 1864, Anna L. Johnson, both of Limington, she m. (2) Mar. 26, 1899, Hiram H. Chadbourne of Waterboro.
  3. **HARRIET E.**, b. Sept. 17, 1836, d. Jan. 20, 1904, ae 67 yrs. 4 mos. 3 das. m. Jesse G. Harmon of Buxton, he d. Jan. 29, 1904, ae 75 yrs. 3 mos. 12 das. Limington.
  4. **HULDAH JANE**, b. 1842.
  5. **JAMES EDWARD**, b. May 4, 1846, d. Feb. 3, 1915, ae 69 yrs. 9 mos. m. Nov. 5, 1870 in Cornish, Lottie P. Johnson, both of Limington, she b. June 9, 1848, Limington, d. Dec. 4, 1924, Limington.
  6. **MARY LOUISA**, b. Nov. 3, 1848, d. Apr. 20, 1925. m. Waldo McLellan of Limington.
  7. **ELLA R.**, b. 1851, d. Oct. 8, 1864, ae 13 yrs. 1 mo. Limington.

RANKINS, ANDREW, b. 1758, York, d. June 11, 1829, ae 72 yrs. Limerick. He came in 1798 and lived on Gove Ridge, left in 1802 for Limerick. By 1820 he had returned to Limington. A Revolutionary sol-

dier. m. int. Aug. 21, 1779, Martha Shaw, both of York, she d. Mar. 9, 1831, ae 71 yrs. Cornish. Children:
i. LUCY, b. 1784, living 1850 in Cornish. m. July 10, 1843, Moody Brown, both of Cornish.
ii. LUCRETIA, b. 1786.
iii. AGNES, b. 1788. m. Jan. 16, 1825, Asa Cole of Cornish. (given as Mrs. Anna Brooks).
iv. PATIENCE, b. July 9, 1795, d. Sept. 9, 1866 ae 71 yrs. Sebago. m. Nov. 24, 1813, Asa Irish, both of Limerick.
v. MARTHA, b. 1793. m. int. May 31, 1823, John Whiting, both of Limerick.

RICHARDSON, DAVID, b. Mar. 20, 1761, Newton, MA, d. July 3, 1827, ae 66 yrs. 5 mos. Limington. He came from Standish after having been deeded lot 6, range C in Apr., 1782. It became the Wiley Richardson's farm, now located at end of Richardson Road. m. July 1, 1784, Sarah Wiley of Andover, MA, she b. Sept. 10, 1762, d. Nov. 11, 1826, ae 64 yrs. 2 mos. Children:
i. DAVID, b. Sept. 13, 1785, d. Mar. 22, 1822, by fire when his place burned, located at bottom of Strout's hill. The house occupied by George Chick, was built on the site. m. Feb. 26, 1806, Anna Tyler, both of Limington, she b. Nov. 2, 1788, d. Feb. 13. 1861, Buxton, she m. (2) int. Dec. 25, 1824, m. Jan. 6, 1825, Theophilus Waterhouse of Standish, she of Limington. Children:
1. DAVID, b. July 3, 1806, d. Oct. 28, 1892, ae 86 yrs. Limington. m. Oct. 28, 1823, Susan Libby, both of Limington, she b. Sept. 3. 1799, Scarboro, d. Jan. 5, 1892, ae 93 yrs. 4 mos. 3 das. Limington. Children (born in Limington):
(1) HENRY, b. Nov. 26, 1823, d. May 29, 1906, Limington. He and his brother, David, lived alone on Richardson Hill, on Shaving Hill Road.
(2) CHARLES, b. July 24, 1825, d. Nov. 9, 1909, ae 84 yrs. 4 mos. Limerick.
(3) MATILDA, b. May 31, 1827, d. Mar. 26, 1911, Minot. m. int. Nov. 14, 1848, Frederick C. Dimock, both of Limington, he b. Nov. 16, 1828, Brunswick, d. Jan., 1903, Minot.
(4) ROXANNA, b. July 6, 1829, d. Aug. 15, 1833, Limington.
(5) DAVID MARK, b. Mar. 4, 1832, living 1880.
(6) MARTIN V., b. May 24, 1836, d. Oct. 5, 1924, ae 88 yrs. 4 mos. 11 das. Limington. m. Dec. 9, 1859, Eunice Bradsen Moody, both of Limington, she b. Dec. 24, 1839, Limington, d. Mar. 7, 1893, Limington. m. (2) in 1896, Gertrude Emma Gerry.
(7) MELINDA E., b. June 29, 1838, d. Dec. 29, 1933, ae 95 yrs. 6 mos. Mechanic Falls. m. Mar. 31, 1862, Sumner C. March of Windham.
2. JAMES M., b. Jan. 4, 1811, d. Aug. 12, 1892, ae 80 yrs. Hiram. m. Mar. 17, 1835, Maria L. B. Strout, both of

Limington, she b. Apr. 12, 1815, Limington, d. Feb. 1, 1849.
3. **BENJAMIN**, b. Aug. 15, 1812, Standish, robbed and murdered in TX in 1836, unm.
4. **NATHANIEL MARSHALL**, b. June 28, 1814, Standish, d. Apr. 11, 1890, ae 75 yrs. 10 mos. Steep Falls. m. Nov. 29, 1838, Miriam McDonald both of Sebago, she d. June 23, 1893 ae 80 yrs. 9 mos. 17 das. Standish.
5. **ISAAC**, b. Jan. 28, 1816, d. Mar. 22, 1822 in house fire, Limington.
6. **CHARLOTTE**, b. Apr. 28, 1817, d. Mar. 4, 1906, ae 89 yrs. 10 mos. 4 das. Limerick. m. Oct. 19, 1836 in Standish, Cyrus Fogg of Limerick.
7. **JOHN COLBY**, b. May 28, 1819, d. June 22, 1838, ae 19 yrs. 26 das.
8. **ALMIRA B.**, b. May 14, 1821, d. 1898, Parsonsfield. m. Jan. 17, 1841, Gilman Lougee of Parsonsfield.
9. **ANN MARIA**, b. Sept. 13, 1822, d. Jan. 19, 1911, Buxton. m. Sept. 29, 1841, Moses Strout of Standish, he b. Jan. 20, 1818, Limington, d. Oct. 23, 1900, Buxton.

ii. **JAMES**, b. Oct. 13, 1786, d. Jan. 16, 1840, ae 53 yrs. Limington. m. Jan. 28, 1814, Hannah Hibbert of Cornish, she of Limington, she b. Apr. 28, 1795, d. Sept. 16, 1825, Vernona, NY. He moved to Utica, NY in 1825. Children:
1. **JEREMIAH HIBBERT**, b. Sept. 26, 1814, Cornish.
2. **JOHN McDONALD**, b. Feb. 14, 1817. He high sheriff moved to Utica, NY, when 8 yrs. old; after residing there 20 yrs., moved to Marengo, IA.
3. **LYDIA McDONALD**, b. May 1, 1819, Limington.
4. **HANNAH O.**, b. Apr. 21, 1821, Limington.
5. **ABNER JAMES**, b. Feb. 6, 1823, Limington.

iii. **THOMAS**, b. Nov. 15, 1788, d. Dec. 12, 1873, ae 85 yrs. Limington. m. Aug. 18, 1811, Nancy Small, both of Limington, she b. Feb. 1, 1790, Limington, d. Aug. 17, 1879, ae 89 yrs. 6 mos. 17 das. Limington. Children:
1. **SARAH W.**, b. Feb. 7, 1812. m. June 21, 1854, Biddeford, Lewis Cady of Lowell, MA, she of Limington.
2. **FRANKLIN**, b. Jan. 7, 1814, d. June, 1819, Standish.
3. **BENJAMIN F.**, b. Oct. 10, 1815. Lived in Lowell, MA.
4. **MARTHA A.**, b. Mar. 11, 1817, Standish. m. Dec. 24, 1840, Rev. Lewis H. Witham of Saco, she of Limington, he d. Jan. 26, 1880, ae 73 yrs. Biddeford.
5. **FREDERICK**, b. Mar. 13, 1820, Standish, d. Jan. 22, 1898, Limington. m. Dec. 10, 1846, Hannah Y. Moody, both of Limington, she b. Sept. 1, 1823, Limington, d. Sept. 6, 1908, Limington. They lived on old homestead on Richardson Road. Children:
   (1) **LUELLA**, b. Oct. 10, 1847, d. Aug. 1, 1907, ae 59 yrs. 9 mos. 21 das. unm. Limington.
   (2) **MARIA N.**, b. Oct. 1, 1853, d. Mar. 25, 1915, ae 61 yrs. 4 mos. 24 das. Limington. m. Dec. 21, 1878, Bennet Pike of Portland, she of Limington.

(3) WILEY F., b. May 13, 1855, d. Aug. 17, 1939 ae 84 yrs. 2 mos. 7 das. Limington.
6. EZRA, b. Aug. 26, 1822, d. Apr. 11, 1905, ae 82 yrs. 7 mos. Gorham. m. Amanda H. Storer of Hiram.
7. EMILY JANE, b. Mar. 16, 1827, d. Mar. 14, 1897, Limington. m. Sept. 17, 1850, Sardis D. Underwood of Lowell, MA, he b. Oct. 5, 1819, d. July 12, 1891, Limington.
8. WILLIAM SMALL, b. June 1, 1830, d. Nov. 23, 1892, W. Scarboro. m. Nov. 28, 1867, Emeline Milliken Pillsbury of Scarboro, he of Limington. She b. July 12, 1839 Scarboro, d. June 5, 1908 Scarboro.
9. ERASTUS A., b. Dec. 25, 1831, d. Mar. 15, 1906, Limington. m. int. Oct. 23, 1856, m. Oct. 23, 1856 in Sanford, Betsey A. Strout, both of Limington, she d. Apr. 1, 1867, ae 30 yrs. 9 mos. 26 das. Limington. m. (2) Mar. 17, 1868, Martha E. B. Philpot of Limerick, she b. Feb. 2, 1848, Limerick, d. Mar. 15, 1906, ae 74 yrs. 3 mos. 10 das. Children:
(1) MARTHA MADORA, b. Feb. 22, 1869.
(2) WILLARD, b. 1866.
(3) FRED ELKANAH, b. June 4, 1874.

iv. CHARLOTTE, b. Oct. 2, 1791, d. Sept. 25, 1818, unm.
v. ISAAC, b. Feb. 24, 1794, d. Oct. 4, 1872, ae 78 yrs. 7 mos. 10 das. Gorham. m. July 11, 1819, Abigail Chick, both of Limington, he b. Mar. 25, 1795, Falmouth, d. Jan. 18, 1875, ae 79 yrs. 9 mos. 24 das. Gorham. Children:
1. LOUISA MARIA, b. Jan. 14, 1820, Standish, d. Dec. 14, 1889, Portland. m. Apr. 5, 1855, Isaac Cobb of Portland.
2. DOLLY FROST, b. Nov. 19, 1821, d. June 25, 1847, ae 25 yrs. Gorham. m. Dec. 25, 1844, Rufus Mosher of Gorham.
3. LYDIA McDONALD, b. Apr. 12, 1824, d. July 19, 1893, Gorham.
4. ISAAC, b. July 19, 1826, d. Feb. 12, 1888, ae 61 yrs. 6 mos. 4 das. Togus, he of Gorham.
5. FREEMAN HASKELL, b. July 26, 1828, d. Apr. 11, 1902, Gorham. m. Mar. 23, 1856, Abigail F. Irish of Gorham.
6. JOHN MORRILL, b. Dec. 13, 1830, Limington, d. Apr. 4, 1903, ae 72 yrs. 3 mos. 20 das. Westbrook. m. Nov. 20, 1853, Dorcas A. Freeman of Windham.
vi. ABNER, b. Oct. 24, 1796, d. June 17, 1886, Limington. m. Mar. 18, 1828, Olive T. Lewis of Hiram, he of Limington, she b. Jan. 8, 1804, d. June 17, 1889, ae 89 yrs. 7 mos. 24 das. Children:
1. MARSHALL LEWIS, b. Aug. 28, 1828, d. Sept. 5, 1909. m. int. Mar. 14, 1854, m. Mar. 4, 1854 in Buxton, Martha A. Johnson, both of Limington, she b. Oct. 20, 1835, d. Feb. 10, 1864, ae 28 yrs. 3 mos. 20 das. Limington. m. (2) Nov. 8, 1866, Mrs. Lydia Ann (Chadbourne) Durgin, Waterboro, he of Limington, she, widow of Zachariah of Limerick, who was b. Apr. 20, 1836, Waterboro, d. May

21, 1872. m. (3) Sept. 17, 1873, Eliza A. Jellerson of Biddeford, he of Limington, she b. Nov. 10, 1825, Lyman, d. July 11, 1913, ae 78 yrs. 7 mos. 21 das. Children:
  (1) **LETETIA EULALIA**, b. Aug. 27, 1855, d. Oct. 14, 1934, ae 79 yrs. 1 mo. Standish. m. Mar. 2, 1877, Henry Carlton Waldron, both of Limington.
  (2) **CLOVIS W.**, b. Apr. 11, 1858, d. June 7, 1913, ae 58 yrs. Cornish. He moved 30 yrs. ago to Cornish; for several yrs. town clerk.
  (3) **MABEL A.**, b. June 20, 1863, d Jan. 21, 1895, ae 31 yrs. 7 mos. Cornish. m. Oct. 10, 1883, Herbert H. Warren of Cornish. He d. Oct. 22, 1925 ae 70 yrs.
  (4) **JAMES CHADBOURNE**, b. May 18, 1869, d. Jan., 1925. m. May 30, 1891, Fannie Maud Waldron, both of Limington.
2. **GEORGE F.**, b. June 29, 1830, d. Nov. 17, 1837, Limington.
3. **MARY M.**, b. Oct. 21, 1832, living 1915, Cornish. m. Nov. 1, 1850, Francis N. Bacon of Lowell, MA, she of Limington. m. (2) in 1883, Thomas W. Treadwell of Cornish.
4. **ELIZABETH C.**, b. Feb. 27, 1835, d. Mar. 31, 1932, Gorham. m. Feb. 21, 1861, Cyrms Abbott, both of Limington, he b. Dec. 29, 1836, Limington, d. June 13, 1911.
5. **LUCINDA S.**, b. July 9, 1837, d. Jan. 26, 1922, ae 83 yrs. 11 mos. 24 das. Standish. m. Dec. 11, 1860, Royal H. Libby of Limerick.
6. **GEORGE AUGUSTUS**, b. Jan. 12, 1840, d. Dec. 12, 1918, Portland. m. Abbie J. Ridlon.
7. **CHARLOTTE A.**, b. May 28, 1842, d. Sept. 12, 1871.
8. **SARAH ABBY**, b. Jan. 25, 1845, d. July 1, 1865, Limington.
9. **HARRIET OLIVE**, b. Apr 16, 1849, d. May 4, 1888, ae 39 yrs. Limington. m. Feb. 24, 1869, Alpheus Spiller, both of Limington, he b. Sept. 24, 1846, Casco, d. June 21, 1929, ae 82 yrs. 8 mos. 7 das. Limington. Children (born in Limington):
  (1) **EDITH HOWARD**, b. Aug. 12, 1869, d. Mar. 19, 1888, Limington.
  (2) **CHARLOTTE ABBY**, b. July 8, 1871, d. Apr. 20, 1908, Webbs Mills, Casco. m. Jan. 1, 1906, Isaiah J. Winslow of Casco.
  (3) **ROBERT ABNER**, b. June 9, 1873.
  (4) **ELIZABETH E.**, b. Apr. 26, 1875.
  (5) **GLADYS E.**, b. Jan. 15, 1878.
  (6) **HARRIET O.**, b. Mar. 20, 1885.
  (7) **SYLVIA**, b. Oct. 25, 1881, d. Oct. 15, 1889.
  (8) **ARLENE M.**, b. Dec. 12, 1883.
  (9) **CHARLES ALPHEUS**, b. Sept. 21, 1886.
vii. **EZRA**, b. Nov. 12, 1799, drowned July 18, 1822.

viii. WILLIAM, b. July 13, 1802, d. July, 1847, was insane. m. July 7, 1822, Rebecca Frink of Gorham. m. int. Mar. 25, 1832, Dorothy Brackett, both of Limington. But, did they marry?

RICHARDSON, ELISHA, b. Mar. 21, 1766, Newton, MA, d. Feb. 7, 1852, ae 82 yrs. Baldwin. He settled on southern end of lot 8, range C on Pine Hill Road. The place was later occupied by Dr. Samuel M. Bradbury, a Quaker. m. int. Nov. 14, 1789 in Buxton, Dorothy Frost, both of Limington, she b. Mar. 22, 1770, Westbrook, d. Apr. 7, 1837, ae 67 yrs. Limington of consumption. Children:
i. GEORGE FROST, b. June 13, 1790, Limington, d. Oct. 13, 1845, ae 55 yrs. Gorham. m. May 30, 1816, Anna Maria Hagens, both of Limington, she b. May 12, 1788, Limington, d. Dec. 7, 1849, ae 61 yrs. Limington. Buried Topsham, ME. Children:
   1. JAMES FROST, b. July 29, 1819, Topsham, d. Aug. 22, 1819, ae 24 das. Topsham.
   2. ANN MARIA, b. Dec. 23, 1817, Topsham, d. Oct. 20, 1836, ae 18 yrs. 10 mos. Brunswick.
   3. SUSAN JANE, b. Sept. 17, 1820, Topsham, d. June 4, 1822, ae 20 mos. 18 das. Topsham.
   4. JAMES WILLIAM, b. Apr. 26, 1822, Topsham, d. Apr. 3, 1824, ae 2 yrs. Topsham.
   5. GEORGE WINGATE, b. June 29, 1824, Topsham, d. Sept. 30, 1825, ae 15 yrs. Topsham.
ii. JAMES, d. ca 15 yrs. old.
iii. MARY, b. July 12, 1808, d. Sept. 7, 1837, ae 29 yrs. Limington.
iv. ELIZA, b. July 12, 1808, d. Apr. 10, 1867, ae 58 yrs. 8 mos. 25 das. Baldwin. m. Mar. 25, 1848, John Goodwin of Baldwin, she of Limington.

RICHARDSON, THADDEUS, b. May 29, 1750, Newton, MA, d. Apr. 6, 1819, ae 69 yrs. Readfield. He came from Standish and settled on lot 8, range D in Limington village. In 1795, he sold and moved. m. int. Jan. 16, 1776, Mary Sanborn, both of Standish, she d. July 14, 1841, ae 87 yrs. Readfield. Children:
i. DAVID, bapt. May 7, 1777, Standish.
ii. THADDEUS, b. Oct. 7, 1780.
iii. DANIEL, b. Oct. 22, 1781, drowned 1806, Unity.
iv. EBENEZER, b. Nov. 6, 1784.
v. ASA, b. Nov. 11, 1787.
vi. MARY, b. Aug. 9, 1790.
vii. STEPHEN, b. July 15, 1792.
viii. JANE, b. Feb. 14, 1795.
ix. JOSEPH.

RIDLON, DANIEL, b. May 4, 1750, Saco, d. Jan. 20, 1847, Limerick. He came by Mar., 1780 and settled on southern end of lot 4, range C, which he sold in 1800 to Robert Edgecomb. He moved to Emery's corner section and is buried in cemetery near Elias Smith's. m. Nov. 19, 1778, Jemima Davis, both of Saco, she b. Aug. 24, 1751, d. Nov. 24, 1851, ae 100 yrs. Limerick. Children:

i.   DANIEL, b. Nov. 11, 1778, d. Mar. 24, 1868, ae 90 yrs. Porter. m. Nov. 21, 1799, Dolly Dyer, both of Limington. She d. Oct. 30, 1854, ae 67 yrs., Porter.
ii. JEMIMA, b. Sept. 11, 1780, d. June 14, 1871, ae 84 yrs. Avon. m. Nov. 12, 1804, Benjamin Haines of Buxton, he b. Sept. 11, 1784, d. Nov. 6, 1842, ae 60 yrs. Avon.
iii. PRISCILLA, b. 1784, living 1850, Limerick. m. July 10, 1808, Pelatiah Brown, both of Limerick.
iv. JOHN, b. Apr. 4, 1786, d. Apr. 4, 1849. m. 1801, Mary Holmes.
v.   EZRA, b. 1788, d. July 23, 1881, ae 93 yrs.
vi. PATIENCE, b. June 20, 1788, d. July 29, 1871, Cornish. m. int. Aug. 4, 1808, Simon Smith, both of Limerick. He d. July 12, 1859, ae 77 yrs. 23 das. Cornish.
vii. SALLY, b. Apr., 1791, d. May 10, 1875, ae 84 yrs, Standish. m. John Sands of Standish.
viii. LYDIA, b. Aug. 25, 1793, d. Oct. 11, 1839. m. Dec. 2, 1819, Simon Harmon, both of Cornish. He d. Apr. 23, 1874, ae 80 yrs. 11 mos. 15 das. Cornish.
ix. POLLY, b. Oct. 12, 1798, d. July 17, 1877, ae 79 yrs. Ossipee, NH. m. June 13, 1819, James Crowley of Cornish, he b. Apr. 28, 1793, d. Mar. 7, 1851. m. (2) Sept., 1853, William Sargent of Cornish, he b. 1775, d. July, 1873, Limington.

ROBINSON, ISAAC, b. Apr. 24, 1741, Andover, MA, d. Feb. 22, 1826, ae 85 yrs. Hampden, ME. He came from Saco and settled in 1773 on the Saco River at Hardscrabble in that part annexed from Hollis in 1798. He moved in 1797 to Hampden. m. Sept. 17, 1767, Betsey Chase in Saco, she b. Mar. 23, 1751, Newbury, MA, d. 1801, Orrington. Children:
i.   BEZALEEL, b. July 4, 1768, d. Oct. 12, 1769.
ii.   ISAAC, b. Mar. 4, 1770, d. Dec. 19, 1836, ae 66 yrs. Hampden.
iii. DANIEL, b. Apr. 6, 1772, d. May 3, 1829, Brewer.
iv.   AMOS CHASE, b. Aug. 1, 1774, d. Aug. 4, 1796.
v.   SALLY, b. Mar. 9, 1777, d. June 1, 1869, Hampden.
vi.   JOHN, b. Feb. 14, 1780, d. Apr. 4, 1802.
vii. DOLLY, b. May 9, 1782.
viii. ALPHEUS, b. Jan. 13, 1785, d. Feb. 9, 1828, Charleston, SC.
ix.   JOSEPH, b. Apr. 12, 1788.
x.   BETSEY, b. June 22, 1792, d. Sept. 4, 1877, Brewer.
xi.   RUFUS, b. June 22, 1794, d. 1815 at sea.

ROBINSON, JOHN, b. May 10, 1759, Cape Elizabeth, son of Jedediah and Elizabeth (Simonton) Robinson, d. Feb. 14, 1826, ae 65 yrs. 10 mos. S. Limington. He came from Buxton and from Scarboro in 1797 and settled on lot 1, range D on farm where he is buried. A Revolutionary soldier. m. Dec. 13, 1782, Deborah Cummings, both of Scarboro, she b. May 27, 1759. Cape Elizabeth, d. Sept. 3, 1843, ae 80 yrs. 3 mos. S. Limington. Children:
i.   GEORGE, b. Apr. 3, 1783, Buxton, d. Jan. 29, 1875, ae 91 yrs. 9 mos. 27 das. Limington, of paralysis. He was b. in Buxton and moved with his parents to Limington when about 12 yrs. old. On arriving to manhood he purchased a home in the

neighborhood of his father, where he resided until his death. He was oldest man in town, save one, when he died. He was an affectionate, trusty father, a kind and obliging neighbor and a worthy man. m. Aug. 6, 1806, Rebecca Grant, both of Limington, she d. May 5, 1830, ae 44 yrs. Limington. m. (2) June 29, 1831, Mehitable L. Cummings of Cape Elizabeth, he of Limington, she d. Apr. 14, 1860, ae 73 yrs. Limington. Children:

1. OLIVER, b. Aug. 7, 1807, d. Mar. 10, 1889, Bradford, MA, at home of his daughter, formerly of Saco. m. Jan. 1836, Ann Libby Cummings in Bangor, she b. Sept. 10, 1811, Cape Elizabeth, d. Mar. 4, 1901, Newburyport, MA. He moved in 1854 to Saco. Children:
    (1) CAROLINE LOUISE, b. Aug. 6, 1837, Township No. 4, 6th range (Pattern).
    (2) MARY ANN C., b. May 7, 1839, Township No. 4, 6th range (Palton, ME), d. Feb. 9, 1917, ae 77 yrs. 9 mos. 2 das. Limerick.
    (3) GEORGE WILLIAM, b. Jan. 7, 1841, Township No. 4, 6th range (Patton).
    (4) SUSAN FRANCES, b. Mar. 24, 1844, Limington.
    (5) CHARLES ALFRED, b. Oct. 7, 1845, Limington.
    (6) JAMES COLEMAN, b. Jan. 14, 1849, Portsmouth, NH.
    (7) ABBY ELIZABETH, b. June 30, 1851, Portsmouth, NH.
2. MARK L., b. Apr. 7, 1809, d. Sept. 22, 1886, ae 76 yrs. 5 mos. Biddeford. m. Dec. 29, 1833, Lavina Dyer, she b. June 5, 1809. m. (2) int. Aug. 23, 1860, Mehitable C. Boothby of Limington, he of Baldwin, she d. July 28, 1885, ae 71 yrs. 2 mos. Baldwin.
3. MEHITABLE B., b. Mar. 31, 1811, d. Sept. 20, 1889, ae 78 yrs. 5 mos. Boston, MA. m. Oct. 12, 1834, Thomas Fessenden of Portland, she of Limington.
4. LOUISA, b. 1813, d. Oct. 8, 1836, ae 23 yrs. Limington.
5. SUSANNA GRANT, b. 1815, living in 1860 ae 45 yrs. Saco. m. int. July 10, 1852, Joseph Foss of Saco, she of Limington.
6. NATHAN H., b. 1816, d. July 1, 1886, Limington. His barn and out building burned Sept., 1866, his aged father was then supported by him. He buried on town farm. m. int. July 17, 1859, Jennie M. Littlefield of N. Berwick, he of Limington. m. (2) int. Sept. 16, 1863, Sept. 22, 1863 in Buxton, Mrs. Sarah B. Donnerly of Alton Bay, NH.
7. ABIGAIL GRANT, b. 1818, d. Oct. 23, 1861, ae 43 yrs. 8 mos. m. Jan. 24, 1847, David Jones Horn of Lebanon, she of Limington.
8. JAMES GRANT, b. 1824, d. Mar. 7, 1845, ae 21 yrs. Woburn, MA of lung fever.

ii. MARY, b. Aug. 3, 1784, d. Dec. 26, 1879, ae 96 yrs. Limington. m. 1823, Benjamin Carter of Scarboro. m. (2) Feb. 15, 1833, Joshua McKenney of Limington, she of Scarboro.

iii. EUNICE, b. Oct. 21, 1785, d. June 7, 1878, ae 92 yrs. 7 mos. 16 das. Limington. m. Nov. 17, 1808, Humphrey McKenney Jr., both of Limington, he b. Oct. 15, 1780, Limington, d. Apr. 6, 1867, Limington.
iv. THOMAS CUMMINGS, b. Sept. 10, 1787, Falmouth, d. Apr. 7, 1867, ae 79 yrs. 10 mos. 24 das. Gorham, formerly of Baldwin. m. Betsey Brewster, she b. Oct. 17, 1788, Marblehead, MA, d. Mar. 25, 1876, ae 87 yrs. 5 mos. W. Bridgton. Children:
   1. JOHN LORING, b. Jan. 22, 1809, Windham, d. 1818, Limington.
   2. OREN, b. Oct. 17, 1811, Limington, d. Mar. 27, 1873, Bridgton.
   3. MARY JANE, b. June 17, 1813, Limington, d. Sept. 13, 1898, Hiram. m. Nov. 24, 1839 William Spencer of Baldwin.
   4. WILLIAM HENRY, b. Dec. 12, 1815, Limington, d. July 3, 1835, Limington.
   5. CHARLES BARKER, b. Mar. 22, 1818, d. Sept. 2, 1886, Moron White Co., IN.
   6. HUMPHREY McKENNEY, b. Nov. 14, 1820, Baldwin, d. Mar. 17, 1887 of Bridgton, in Lynn, MA. m. Oct. 21, 1846 Hannah Robinson, both of Westbrook.
   7. CHARLOTTE, b. Feb. 1, 1823, Baldwin.
   8. WILDER BOWERS, b. Apr. 3, 1825, d. July 22, 1883, Wolfeboro, NH, formerly of W. Bridgton.
   9. GREENLEAF SMITH, b. June 29, 1827, d. Aug. 22, 1828.
   10. OTIS, b. Feb. 16, 1830, Baldwin, living in 1883 MA.
   11. ROSCOE, b. July 6, 1832, d. Sept. 13, 1838.
v. JEDEDIAH, b. Sept. 13, 1789, d. Feb. 20, 1831, Limington. m. May 1, 1817, Olive Douglass of Limington, he of Cape Elizabeth, she d. 1817, Limington. m. (2) int. Oct. 15, 1821 Jane Burrows, who d. Aug. 7, 1855 ae 64 yrs. Cape Elizabeth.
vi. CAROLINE, b. Aug. 3, 1791, d. May 26, 1861, ae 69 yrs. 2 mos. Limington. m. Dec. 23, 1813, John Emery of Waterboro, she of Limington. m. (2) int. Sept. 10, 1826, Benjamin Grant, both of Limington, he b. Sept. 4, 1795, d. Sept. 14, 1884, Limington.
vii. LUCY, b. Aug. 4, 1793, Scarboro, d. Dec. 2, 1883, Benton. m. Dec. 2, 1818, Sargent Joy of Limington, she of Scarboro, he b. Feb. 27, 1796, Berwick, d. Nov. 4, 1881, Benton, he moved to Benton in 1835.
viii. JOHN, b. Feb. 15, 1795, d. Mar. 16, 1864, ae 69 yrs. 1 mo. 1 da. Limington of congestion of the lungs. m. Nov. 29, 1818, Sarah Boyd, both of Limington, she d. Mar. 16, 1829, ae 34 yrs. Limington, consumption of the lungs. m. (2) int. Jan. 26, 1833, Mrs. Dorcas Carter of Scarboro, he of Limington, she d. Sept. 5, 1886, ae 89 yrs. 3 mos. 21 das. Limington. Children:
   1. ALVIRA B., b. Mar. 4, 1819, d. May 22, 1880, ae 61 yrs. 2 mos. 17 das. Boston, MA. m. Oct. 4, 1840, Samuel Stillings of N. Berwick, she of Limington.
   2. JAMES, b. ca 1822.

3. **HANNAH B.**, b. 1826, d. Mar. 10, 1854, ae 28 yrs. Hiram. m. Oct. 21, 1846, Humphrey McKenney Robinson, both of Westbrook.
4. **SARAH B.**, b. Feb., 1828, d. Nov. 13, 1910, ae 82 yrs. 8 mos. 26 das. Westbrook. m. Nov. 11, 1849, William Wallace of Westbrook, she of Limington.
5. **DAVID BOYD**, b. Aug. 17, 1837, d. Nov. 20, 1916, Limington. m. int. Nov. 13, 1857. Melinda J. Huntress of Hiram, she b. Aug. 1, 1830, d. May 17, 1893, ae 56 yrs. 4 mos. 8 das. Limington. m. (2) Aug. 30, 1896, Mrs. Louise M. (Richardson) Jordan, widow of Larken Jordon of Denmark, she d. Mar. 29, 1900 ae 60 yrs. 9 mos. Limington.

ix. SALLY, b. Apr. 15, 1797, d. Apr. 27, 1886, Bridgton. m. Nov. 24, 1819, Robert McKenney, both of Limington, he b. Nov. 8, 1795, Limington, d. June 5, 1879, S. Bridgton.

x. MEHITABLE, b. Oct. 21, 1800, d.y.

xi. ELIAKIM, b. Mar. 29, 1802, d. Oct. 17, 1887, ae 84 yrs. 6 mos. 18 das. Limington. He lived on old homestead, which burned Feb., 1880, was rebuilt and burned again. m. int. June 20, 1833, m. June 27, 1833 Betsey Haley, both of Limington, she b. Aug. 8, 1808, d. Mar. 17, 1867, ae 59 yrs, Limington. m. (2) Feb. 6, 1868, Cordelia D. Hammon of Saco, widow of John, he of Limington. Children:
1. **MARY**, b. 1834.
2. **WILLIAM F.**, b. July 22, 1839.
3. **CHILD**, d. Aug., 1837, Limington.
4. **EDWIN A.**, b. Apr. 31, 1843.
5. **ALBERT C.**, b. Mar. 1, 1844.
6. **SARAH ELIZABETH**, d. June 16, 1847, ae 14 mos. 11 das. Limington.
7. **HENRY O.**, b. 1853.

xii. HARRIET, b. Jan. 28, 1804, d. Nov. 9, 1871 ae 68 yrs. 8 mos. Buxton. unm. She living in 1860 in Limington with her brother, George.

xiii. WILLIAM CUMMINGS, b. Jan. 29, 1806, d. May 5, 1868, ae 62 yrs. 6 mos. 7 das. Bangor. m. int. Mar. 14, 1831, Mary M. C. Elder of Cape Elizabeth, he of Limington, she b. Feb. 18, 1812, d. Nov. 21, 1841, ae 29 yrs. 9 mos. 3 das. Bangor. m. (2) Susan H. ____, d. Sept. 20, 1843, ae 24 yrs. Bangor.

ROSE, JOSEPH, bapt. Oct. 16, 1763, Saco, d. Jan. 4, 1841, ae 80 yrs. S. Limington. He came from Saco after his marriage and settled on lot 4, range G, at end of Quaker Lane. A Revolutionary soldier. By his pension record in 1833 he was partially blinded and had a hurt knee. m. May 16, 1784, Abigail Berry, both of Saco, she bapt. Oct. 13, 1762, d. Apr. 6, 1801, ae 42 yrs. S. Limington. m. (2) July 25, 1802, Sarah Rowe of Standish, she b. Aug. 20, 1762, Chester, NH, d. Mar. 3, 1845, ae 83 yrs. S. Limington. Children:

i. NATHANIEL, bapt. Apr. 17, 1785, Saco.

ii. ELIZABETH, bapt. Feb. 17, 1788, by father's pension record, she by June 1851 had married a Gatchell.

iii. **ABIGAIL**, bapt. July 25, 1790, d. Jan. 9, 1835, ca 40 yrs. Limington.
iv. **SARAH**, bapt. July 19, 1795, Limington. She living 1823 in Limington and by June, 1851 had married a Chamberlain.
v. **CHARITY**, bapt. July 19, 1795, Limington, d. Nov. 6, 1857, ae 63 yrs. Vassalboro. m. Mar. 13, 1821, James Stevens, both of Limington, he b. June 23, 1799, Wells, d. Oct. 21, 1886 Vassalboro.
vi. **OLIVE**, bapt. May 22, 1796, Limington, d. Aug. 19, 1850, ae 54 yrs. unm. Saco. She had a child by Isaiah Randall of Limington, named Isaiah Randall, b. Jan. 6, 1824, Limington, she buried in Saco.
vii. **JOSEPH**, bapt. Nov. 4, 1798, Limington, living 1850, Limington. In 1852 he sold his place to Samuel Bradeen and moved to Biddeford. m. int. Oct. 19, 1828, Sally Edgecomb of Hollis, he of Limington, she b. July 2, 1806. Children:
   1. **MARTHA ANN**, b. June 14, 1832, d. Nov. 3, 1907, Prophetstown, IL. m. July 19, 1857 in Dover, NH, Cyrus Emery Jr., she of Portland.
   2. **SAMUEL E.**, b. 1834.
   3. **ANDREW L.**, b. 1836.
   4. **JOSEPH F.**, b. 1838.
   5. **JOHN H.**, b. 1840.
   6. **JEREMIAH L.**, b. 1842.
   7. **ROSCOE**, b. 1845, living 1907, Portland, Ill.
   8. **SARAH A.**, b. 1847, living 1907. m. J. W. Olmstead of Seattle, WA.
viii. **SOLOMON**, bapt. Apr. 11, 1801, Limington.
ix. **RICHARD**, bapt. Apr. 11, 1801, Limington.
x. **AMBROSE PERKINS**, bapt. Oct. 3, 1804, Limington, d. Mar. 11, 1885, ae 81 yrs. 11 mos. Biddeford. He moved in 1849 to Saco. m. Dec. 9, 1824, Dorothy Cousins, both of Limington, she bapt. July 4, 1798, d. Sept. 20, 1836, Limington. m. (2) int. Apr. 11, 1837, Ruth Boody, both of Limington, she b. Apr. 13, 1801, Limington, d. Aug. 13, 1837, Limington. m. (3) int. Oct. 26, 1837, Mary Palmer of Buxton. Children:
   1. **NATHANIEL**, b. 1825, d. Aug. 26, 1897, ae 73 yrs. 24 das. Baldwin.
   2. **CHARLES H.**, b. 1829.
   3. **MORRILL**, b. 1831.
   4. **MARY JANE ROWE**, b. 1840, d. May 4, 1906, ae 66 yrs. 4 mos. Saco.
   5. **AMBROSE PALMER**, b. 1840.
   6. **CHILD**, d. Sept. 1, 1835, ae 2 yrs. Limington.
   7. **CHILD**, d. Feb. 28, 1836, Limington.

ROUNDS, DANIEL, b. Jan. 4, 1768, Buxton, living 1842, Limington. He settled in town after his marriage near half-moon pond. m. int. Feb., 1798, Charlotte Douglass, both of Limington, she bapt. Oct. 18, 1778, Scarboro as Charlotte Stone, d. Aug. 7, 1868, ae 91 yrs. Baldwin. Children:

i. SEWALL, b. 1799, d. Aug. 27, 1861, Limington. m. Feb. 1, 1827, Betsey Nason, both of Limington, she b. May 5, 1797, Hollis, d. June 19, 1868, Gorham. Children:
    1. ALMIRA, b. Oct. 18, 1831, d. Mar. 20, 1907, ae 75 yrs. 6 mos. 2 das. Baldwin. m. July 29, 1854, Isaac F. Spencer, both of Limington.
    2. ROBERT BERRY, b. Mar. 3, 1834, d. May 1, 1897, ae 63 yrs. 1 mo. 9 das. Gorham. m. int. Feb. 20, 1858, Elizabeth Irish of Gorham.
    3. SALLY, b. 1838, d. Feb. 7, 1858, ae 19 yrs. 10 mos. 12 das. with throat distemper.
ii. DANIEL, d. Apr., 1821, unm. Limington.
iii. SAMUEL, b. May 5, 1804, d. Dec. 14, 1866, Baldwin. m. July 4, 1830, Nancy Bishop of Gorham, she d. June 24, 1885, W. Baldwin.
iv. JOHN, b. Apr. 6, 1806, d. June 13, 1898, ae 92 yrs. 3 mos. 8 das. Baldwin. m. Feb. 4, 1836, Eunice Cram of Baldwin, she b. July 5, 1808, d. Nov. 25. 1892, Baldwin.
v. MARY, b. 1811, living 1850, Baldwin. m. Mar. 15, 1849, Isaac Spencer of Baldwin, she of Limington.
vi. JAMES, b. Oct. 6, 1816, d. June 3, 1906, ae 80 yrs. 7 das. Baldwin. He went in 1836 to W. Baldwin. m. Dec. 2, 1842, Elizabeth Harding of Baldwin.
vii. JANE, b. May 27, 1818, d. Feb. 1, 1903, ae 84 yrs. 8 mos. 5 das. Gorham. m. int. Apr. 21, 1839, m. May 5, 1839, Moses Goodwin of Baldwin, she of Limington, he b. June 2, 1808, Baldwin, d. Aug. 26, 1872, Gorham.

ROWE, LAZARUS, b. Jan., 1726, Greenland, NH, d. Sept. 14, 1829, ae 103 yrs. 8 mos. Limington. He was one of early settlers of Baldwin, spent last two yrs. with his youngest daughter, Patty (Rowe) Goodwin of N. Limington. He once was to be burned at the stake by Indians, but escaped. A Revolutionary soldier. m. Oct. 11, 1752, Molly Webber, both of Greenland, NH, she d. June 27, 1829, ae 103 yrs. 4 mos. Limington. Children (three sets of twins):
i. BENJAMIN, b. 1754, d. Mar., 1832, ae 78 yrs. Brooks. m. June 10, 1777, Jane Spencer, both of Berwick. He moved in 1800 to Jackson, then moved to Brooks.
ii. NOAH, b. 1754, d. 1849, Baldwin. m. int. Mar. 12, 1785, Mary Strout, both of Baldwin, she d. 1851, ae 86 yrs. Baldwin.
iii. MARY, m. June 6, 1777, Moses Spencer of Berwick. m. (2) Jan. 6, 1782, Benjamin Downs.
iv. JOANNA, b. Apr. 1, 1763, d. Nov. 20, 1859, ae 90 yrs. 7 mos. Baldwin. m. Dec. 1, 1785 in Standish, Christopher Noble Jr., both of Baldwin.
v. ELIZABETH, b. Apr. 1, 1763, Portsmouth, NH. m. John Noble.
vi. WEBBER, b. 1765, d. Feb. 5, 1851, ae 86 yrs. Baldwin. m. Mar. 18, 1788 in Standish, Rachel Sanborn of Baldwin.
vii. JACOB.
viii. MARTHA (PATTY), b. 1772, d. Apr. 12, 1855, ae 83 yrs. Biddeford. m. Samuel Goodwin, he bapt. June 19, 1777, York, d. 1816, N. Limington.

SAWYER, EBENEZER, b. Dec. 16, 1757, Cape Elizabeth, d. Apr. 10, 1842, N. Limington. He came from Cape Elizabeth by May, 1783 and settled in N. Limington. He and his wives are buried in Clark cemetery. He was a worthy townsman and Revolutionary soldier. m. int. July 10, 1779, Abigail Small, both of Cape Elizabeth, she b. July 21, 1760, Cape Elizabeth, d. between 1807-1810, Limington. m. (2) May 5, 1822, Lydia Clay, both of Limington, she b. June, 1784, Buxton, d. 1847, Limington. Children:

i. LEMUEL, b. 1781, d. Oct. 5, 1850, Phillips; veteran of War of 1812. He moved in 1821 to Phillips.

ii. REV. JAMES, b. Jan. 15, 1784, Limington, d. Apr. 23, 1852, ae 69 yrs. Buxton. He experienced religion early in life and ordained on Aug. 22, 1822, as a minister of Free-Will Baptist at Ossipee, NH. He was an early minister at Porter, there in 1827 and after, minister of Porter Feb., 1832. m. int. Apr. 14, 1805, Elizabeth Gray, both of Limington. m. (2) May 1, 1851, Mrs. Eliza Atkinson of Buxton, he of Saco, she d. Sept. 24, 1855, ae 64 yrs. Buxton. Children:
1. ABIGAIL, b. Oct. 7, 1805, Limington. m. Mar. 29, 1827 Eben F. Goodwin, she of Porter.
2. BETSEY, b. Mar. 27, 1808, Limington. m. Mar. 27, 1827, Luther Fox of Porter.
3. LOUISA, b. Dec. 2, 1812, Effingham, d. May 16, 1903, Freedom, NH.
4. SALLY F., b. Feb. 19, 1815, Limington.
5. HARRIET, b. Mar. 30, 1818, Conway, NH.
6. JAMES V., b. Sept. 15, 1821, Brownfield, drowned Oct. 6, 1841, Indian Key, FL.
7. SAMUEL H., b. Sept. 7, 1823, Brownfield, d. June 21, 1847, Somersworth, NH.
8. THOMAS JAMES, b. Sept. 2, 1826, Porter. m. Feb. 1, 1852, Eliza Jane Sawyer of Limington, he of Rutland, VT.

iii. ABIGAIL, b. 1787, d. May 14, 1877, ae 90 yrs. m. int. Jan. 29, 1810, John Adams Libby of Scarboro, she of Limington.

iv. SUSAN, b. 1792, living 1870, ae 78 yrs. Phillips, unm., living with her brothers.

v. MARY, b. 1790, d. Sept. 5, 1838, ae 48 yrs. Limington. m. Oct. 15, 1812, William Sutton, both of Limington, he b. 1785/6, d. before Oct., 1814, Limington. m. (2) int. Apr. 13, 1815, William Marr, both of Limington, he b. Dec. 25, 1786, Scarboro, d. Oct. 11, 1873, ae 83 yrs. Baldwin.

vi. ANNA, b. July, 1790, d. Apr. 29, 1860, ae 69 yrs. 7 mos. Limington. m. int. Dec. 26, 1813, William Parker Marr, both of Limington, he b. July 26, 1792, Scarboro, d. July 3, 1865, Freedom, NH.

vii. ELMIRA, b. Apr., 1793, d. Nov. 11, 1881, ae 87 yrs. Leeds, WI. m. Oct. 10, 1819, James Marr Jr., both of Limington, he b. May 3, 1787, Scarboro, d. May 2, 1859, Leeds, WI.

viii. MICHAEL, b. June 7, 1795, d. Oct. 28, 1876, ae 82 yrs. 5 mos. Limington. He lived on Ralph Sawyer's place, veteran of War of 1812. m. Dec. 6, 1827, Margery Morton, both of Limington,

she b. Apr. 28, 1802, Jackson, d. Mar. 22, 1884, ae 81 yrs. 1 mo. 28 das. Limington. Children:
1. ABIGAIL ANN, b. Feb. 12, 1829, d. Aug. 24, 1908, ae 79 yrs. 6 mos. 12 das. unm. Limington.
2. ELIZA JANE, b. Jan. 10, 1831, living 1912, Jersey City, NJ. m. Feb. 1, 1852, Thomas James Sawyer of Rutland, VT, she of Limington.
3. AMANDA MARGERY, b. Sept. 4, 1832, d. Mar. 6, 1910, ae 77 yrs. 6 mos. 2 das. Boston, MA. m. int. Apr. 22, 1853, George Bragdon, both of Limington.
4. SALOME MARIA, b. Dec. 20, 1834, d. July 22, 1882, Limington. m. int. Oct. 26, 1856, Levi Haskell, both of Limington. m. (2) Apr. 8, 1864, Frank Pierce Stone, both of Limington.
5. HARRIET AVILDA, b. Dec. 27, 1836, living 1912, Oakland, CA. m. Dec., 1861, Josiah Lewis of Oakland, CA.
6. MARY ELLEN, b. Mar. 15, 1840, d. Jan. 31, 1912, Boston, MA. m. int. Apr. 7, 1869, Gardiner F. Estes, both of Limington, buried in Gorham.
7. HENRY MELVILLE, b. Apr. 24, 1843, d. Mar. 22, 1899, Limington. m. int. Jan. 18, 1881, Caroline S. Whitney, both of Limington, she b. June 21, 1857, Limington, d. May 19, 1903.
8. MARTHA FRANCINA, b. Aug. 14, 1846, d. Apr. 28, 1943, ae 93 yrs. 8 mos. 13 das. Westbrook. m. Dec. 11, 1870, Stephen A. Emery of Standish.

ix. HARRIET, b. June, 1800, d. Jan. 17, 1864, ae 63 yrs. 7 mos. Hiram. m. Oct. 13, 1829, Carle Goodwin of Hiram, he d. Apr. 22, 1848, ae 39 yrs. Hiram.

x. EBENEZER, b. Dec. 12, 1801, d. Oct. 12, 1888, ae 87 yrs. Phillips. m. Jan. 9, 1830, Sarah P. Davenport of Phillips, she b. Nov. 17, 1804, Phillips, d. Nov. 17, 1886, Phillips.

xi. REV. STEPHEN, b. Oct. 29, 1804, d. Oct. 11, 1877, ae 73 yrs. Phillips. He was a Baptist minister. m. Apr. 26, 1827, Mehitable Davenport of Phillips, she d. July 12, 1880, ae 70 yrs. Phillips.

SAWYER, JOSHUA, d. ca Jan., 1802, E. Limington. He settled in 1775 at E. Limington on Saco River, lot 3, range D of 30 acre lots. He came from Cape Elizabeth and was a cordwainer. He was a brother to Nathaniel Sawyer. m. May 2, 1765 in Falmouth, Rachel Dyer. m. (2) int. May 5, 1787 in Buxton, Sarah Bollen of Buxton, he of Limington. She may be the Sarah Roberts who m. Jan. 14, 1770 in Buxton, Jonathan Bollen, both of Buxton. She b. between 1750-60, d. Dec., 1836, E. Limington. Children:

i. REBECCA, b. June 12, 1772, d. Feb. 7, 1858, ae 85 yrs. 7 mos. 26 das. Limington. m. Mar. 27, 1793, Thomas Spencer, both of Limington, he b. Aug. 12, 1764, S. Berwick, d. Feb. 11, 1845, E. Limington.

ii. RACHEL, d. by 1823. m. Mar. 31, 1796, Freathy Spencer, both of Limington, he d. June 6, 1850, ae 75 yrs. Gray.

iii. PHEBE, unm. in June, 1802.

iv. JOSHUA, b. 1792, d. Jan. 6, 1848, ae 57 yrs. Limington. m. Dec. 28, 1815, Mary Peavey Sinclair of Waterboro, he of Limington, she b. Dec. 4, 1795, Waterboro, d. June 20, 1884, Limington. They were buried in Sawyer cemetery, located back of Melville Small, later bodies removed to E. Limington cemetery. Children born in Limington.
    1. BENJAMIN SINCLAIR, b. Aug. 6, 1816, d. Nov. 5, 1900, ae 84 yrs. 2 mos. 30 das. Limerick. m. Mar. 7, 1851, Margaret D. Hasty, both of Limerick, she b. Oct. 11, 1828, d. Dec. 15, 1887, ae 84 yrs. 2 mos. 4 das. Limington.
    2. SARAH S., b. July 31, 1820, d. Feb. 19, 1902, ae 81 yrs. 6 mos. 25 das. Limington. m. Oct. 23, 1845, Daniel H. Whitmore, both of Limington.
    3. SAMUEL S., b. Sept. 8, 1822, d. Feb. 1, 1884, Boston, MA. m. Nov. 2, 1845, Sally Hazeltine Chick of Lowell, MA, he of New Bedford, MA. She b. May 18, 1821, Limington, d. Mar. 24, 1899, ae 77 yrs. 8 mos. 6 mos. Boston, MA. Child:
        (1) HENRIETTA ADELAIDE, b. Oct. 22, 1848, d. 1912 Roxbury, MA. m. Aug. 2, 1865, John Hutchinson Burnham of Standish. He b. Apr. 11, 1865, d. July 3, 1912.
    4. EUNICE FLORENCE, b. Dec. 2, 1824, Limington, d. Sept. 5, 1894, ae 70 yrs. 9 mos. 3 das. unm. Limington.
    5. JOHN HENRY, b. Apr. 27, 1827.
    6. CHARLES L., b. Dec. 19, 1829, lived San Francisco, CA.
    7. JOSHUA JR., b. Mar. 3, 1832, d. Sept. 10, 1864, Plymouth, MA.
    8. MARY PEAVEY, b. Aug. 3, 1834, d. June 8, 1903, ae 68 yrs. 10 mos. 5 das. m. Nov. 15, 1855, Benjamin H. Haskell, both of Limington, he b. Sept. 24, 1832, Limington, d. Oct. 15, 1911, Mechanic Falls.
    9. WILLIAM WOODBURY, b. Aug. 31, 1839, living in 1880.

SAWYER, NATHANIEL, b. July 4, 1749, or July 25, 1750, Cape Elizabeth, d. June 4, 1821, ae 71 yrs. 11 mos. E. Limington. He settled on lot 2, range B of 30 acre lots on Saco River at E. Limington as early as 1777. He buried at the Eddy at mouth of the Little Ossipee River. He was a brother to Joshua Sawyer. m. int. Apr. 9, 1774, Mary Strout of Narraguagus, she d. Sept. 29, 1791, Limington. m. int. Dec. 17, 1791 in Buxton, m. (2) Jan. 12, 1792, Mrs. Shuah (Small) Small, widow of Isaac, both of Limington, she b. Feb. 28, 1765, Scarboro, d. June 29, 1857, ae 93 yrs. Limington.
Children of Isaac & Sarah (Small) Small were:
i. LUTHER, b. Apr. 22, 1788, Limington, d. Oct. 16, 1840, ae 52 yrs. Freedom. m. int. Dec. 31, 1808 in Albion, Elizabeth B. Walker of Albion, he of Unity, she b. July 19, 1789, d. Oct. 21, 1865, ae 75 yrs.
ii. ISAAC, b. July 26, 1790, d. Mar. 15, 1820, Wales. m. Judith Jackson of Limington.
Children of Nathaniel and Mrs. Shuah (Small) Small were:

i. MARY, b. June 27, 1775, living 1850, Jonesport. m. Mar. 30, 1800, John Sawyer of Jonesport, she of Limington.
ii. DANIEL, b. Nov. 26, 1776, d. Jan. 20, 1841, ae 65 yrs. Monroe. m. int. July 3, 1803, Polly Chadbourne, both of Limington, she b. Aug. 2, 1780, d. Jan. 24, 1843, ae 64 yrs. Monroe. They moved in 1811 to Monroe. Children:
   1. REV. JOHN CHADBOURNE, b. Mar. 12, 1804, d. Mar. 8, 1875, W. Ellsworth, he of N. Searsport. m. Elizabeth B. Gilman of Jackson.
   2. NATHANIEL, b. Nov., 1806, d. Sept. 14, 1883, ae 77 yrs. 5 mos. 23 das. Dixmont.
   3. MARY.
   4. DANIEL G., b. 1816, d. Nov. 4, 1885, Old Town.
   5. EPHRAIM, b. about 1822, d. Apr. 21, 1898 Old Town.
   6. ALLEN J., b. 1826, d. Feb. 22, 1898, Old Town.
   7. ELSIE, d. Oct. 15, 1844 ae 25 yrs.
iii. JOSEPH, b. Dec. 24, 1778, Limington.
iv. NATHANIEL, b. Mar. 3, 1781, Limington, d. June 7, 1857, ae 74 yrs. 3 mos. Baldwin. m. int. Dec. 3, 1809, Sally Small, both of Limington, she b. June 13, 1786, Limington, d. Jan. 14, 1854, ae 68 yrs. 7 mos. Baldwin. They moved about 1817 to Baldwin. Children:
   1. HANNAH B., b. Aug. 4, 1811, Limington, d. Mar. 12, 1816, Limington.
   2. EBENEZER, b. Oct. 23, 1813, Conway, NH, d. Aug. 12, 1899, ae 85 yrs. 10 mos. Baldwin. m. Jan. 31, 1838, Zana C. Small, she d. Oct. 25, 1882 ae 65 yrs. 10 mos. Baldwin.
   3. ISAAC NEWTON, b. May 16, 1816, Limington, d. Aug. 2, 1849, Ohlstown, OH.
   4. MARY B., b. Jan. 18, 1819, Baldwin. m. Nov. 7, 1841, Stephen Brown of Baldwin.
   5. NATHANIEL, b. Oct. 23, 1821, d. Sept. 12, 1857.
   6. HANNAH, b. July 17, 1824, d. June 8, 1832, ae 8 yrs. 10 mos. 23 das.
   7. DAVID, b. Feb. 16, 1827, d. Feb. 17, 1827.
   8. JOSHUA, b. June 16, 1830, d. June 16, 1830.
v. EBENEZER, b. Aug. 7, 1783, Limington, d. Aug. 25, 1812, Limington.
vi. JOHN, b. Nov. 7, 1792, Limington, d. Apr. 20, 1871, ae 78 yrs. 5 mos. 10 das. Limington. m. int. Oct. 26, 1817, Sally Fogg of Brownfield, he of Limington, she b. May 26, 1794, Limington, d. July 15, 1855, E. Limington. Children born in Limington.
   1. CHARLES FOGG, b. Nov. 25, 1818, d. July 8, 1892, ae 73 yrs. Limington. m. Feb. 29, 1841, Caroline Elwell of Westbrook, he of Limington, she b. 1816, Westbrook, d. Mar. 24, 1878, ae 62 yrs. Standish. Children born in Limington.
      (1) ELIZABETH, b. 1841, d. Oct. 26, 1866, ae 25 yrs. m. int. June 4, 1862, John E. Thompson of Standish.

(2) **BRADFORD**, b. June 8, 1844, d. May 26, 1919, ae 74 yrs. 11 mos. 18 das. Buxton. m. int. Mar. 18, 1874 Mary E. Usher, both of Standish.
(3) **GEORGE R.**, b. 1846, d. Nov. 14, 1862 ae 16 yrs.
(4) **SARAH LAURA**, d. Mar. 2, 1874, ae 26 yrs. 10 mos.
(5) **CHARLES LAURISTON**, b. May 2, 1849, d. Dec. 8, 1930 Portland. m. int. Dec. 13, 1872 Ida P. Freeman, both of Standish.
(6) **JOHN H.**, b. 1852, living 1880 Standish.
(7) **LOUISA**, b. 1848.
2. **ISAAC 2nd**, b. Aug. 20, 1820, d. Jan. 28, 1891 Limington. He was known for many years as a log & lumber man. m. Apr. 5, 1855, Mary Ellen Boothby, both of Limington, she b. Jan. 16, 1835, Limington, d. Jan. 26, 1891, ae 56 yrs. Limington. Children:
(1) **EDWIN**, b. May 8, 1856, d. Apr. 26, 1926, ae 69 yrs. 11 mos. 18 das. Portland. m. Feb. 7, 1885, Lizzie J. Bean of Gorham.
(2) **JENNIE**, b. 1860.
(3) **FRED**, b. 1863.
(4) **IDA B.**, b. Oct. 4, 1864, d. Sept. 5, 1946 Westbrook. m. by 1880, George M. Berry. m. (2) in 1885, Cyrus Edwin Staples of Standish.
3. **LOUISA**, b. 1825, d. by 1880. m. Sept. 16, 1854. m. int. Sept. 9, 1854, m. Sept. 16, 1854 in Standish, Luther Whitney of Standish, she of Limington, he b. June 21, 1824, Gorham, d. Jan. 20, 1896, ae 71 yrs. 7 mos. Limington. Children:
(1) **PETER HERBERT**, b. Apr. 12, 1848, d. Feb. 27, 1898 Standish.
(2) **ELLA L.**, b. Apr. 21, 1854, d. June 18, 1945. m. Oct. 23, 1880, Willard P. Boothby, both of Limington.
(3) **CAROLINE S.**, b. June 21, 1857, d. May 19, 1903 m. int. Jan. 18, 1881, Henry Melville Sawyer of Limington.
(4) **EUNICE**, d. July, 1860, ae 8 mos.
(5) **CHARLES**, b. 1864, d. Oct. 21, 1887, ae 23 yrs. 5 mos. Limington.
4. **SAMUEL**, b. Oct. 30, 1828, d. Apr. 3, 1906, ae 78 yrs. 5 mos. 12 das. Limington. m. Sarah A. Libby, she d. June 24, 1839, Limington, d. Oct. 25, 1880, ae 41 yrs. 4 mos.
5. **EDWIN**, b. 1831, living 1850, Limington.

vii. **PETER**, b. June 10, 1794, Limington, d. Mar. 9, 1876, ae 81 yrs. 8 mos. 29 das. Sebago. He moved in 1854 to S. Bridgton. m. int. Feb. 20, 1814, Sarah Small, both of Limington, she b. Dec. 4, 1796, Limington, d. Aug. 29, 1870, ae 73 yrs. 8 mos. Sebago. Children born in Limington.
1. **JOSIAH SMALL**, b. Mar. 2, 1815, d. Jan. 3, 1816, Limington.
2. **JACOB SMALL**, b. Oct. 16, 1816, d. Oct. 14, 1859, ae 43 yrs. Eaton, NH. m. Sept. 6, 1840, Mariah Wallis of Sandwich, NH, he of Limington, she d. Sept. 23, 1881, ae

60 yrs. Freedom, NH. They buried on Swetts Hill, Freedom, NH. Children:
(1) EDMUND P., b. 1841, Limington, d. 1915, Freedom, NH. m. Mar. 3, 1860 in Eaton, NH, Zelma Philbrick.
(2) MARY ELIZA, b. 1843, Limington, d. Jan. 18, 1869, ae 27 yrs. 2 mos. 14 das. m. John M. Giles.
(3) JOSIAH C., b. 1845, Limington.
(4) MARIA, b. 1848, Limington.
3. MARY SMALL, b. Aug. 31, 1818, d. 1896 Boston, MA. m. int. July 26, 1835, Amos Thomes of Standish, she of Limington. m. (2) Aug. 29, 1840 in Portland, Ira L. Allen both of Portland. m. (3) Greeley H. Johnson of Portland. He b. Mar. 28, 1831, d. Oct 6, 1894, Boston, MA.
4. JOSIAH SMALL, b. July 31, 1821, living 1874, Maysville.
5. NATHANIEL S., b. Mar. 31, 1823.
6. SALLY SUSAN, b. Apr. 15, 1824.
7. ELIZA S., b. Mar. 27, 1826, d. Mar. 6, 1904, ae 77 yrs. 11 mos. 8 das. Gorham. In 1860 of Bridgton. m. Dec. 5, 1844, John A. Winslow, both of Portland. m. (2) July 10, 1852, Benjamin C. Fogg of Standish, she of Limington, he b. Sept. 21, 1829, Standish, d. Dec. 27, 1913.
8. ARVILLA MELISSA, b. Aug. 21, 1829, d. Jan. 16, 1912, ae 82 yrs. 5 mos. Gorham. m. Mar. 26, 1846, Samuel S. Williams of Portland, she of Limington, he b. 1813, Cherry Stone, VA, d. 1865, Sebago.
9. ALONZO GREEN, b. May 8, 1831, living 1863. m. Mar. 3, 1855, Sylvania A. Burnham of Standish, she b. 1834, d. Feb. 12, 1864.
10. LORENZO MELLON, b. May 8, 1831, d. Feb. 13, 1904, ae 72 yrs. 9 mos. 5 das. Standish. m. May 25, 1854, Mary Ann Boutler of Standish.
11. ARAMANTHA AUGUSTA, b. Aug. 9, 1833, d. Jan. 21, 1901, Springfield, MA. m. Aug. 5, 1852, Ambrose Collins Burnham of Standish, he b. Oct. 18, 1832, d. Apr. 11, 1911, Springfield, MA.
12. PETER WILSON, b. Nov. 19, 1835, Sebago, d. Mar. 16, 1902, Sebago. m. Aug. 12, 1855 Mary Jewell of Sebago.
13. EDMOND W., b. Apr. 17, 1839, d. by 1850.
14. FRANCES JANE, b. Jan. 13, 1842, d. Oct. 30, 1928, ae 86 yrs. 9 mos. 17 das. Baldwin. m. Feb. 5, 1860, Josiah Greenleaf Sanborn of Baldwin, she of Bridgton.
viii. SUSANNA, b. Oct. 18, 1796, Limington, d. Aug. 29, 1870, ae 73 yrs. 8 mos. Limington. m. Sept. 24, 1820, Henry Small Jr., both of Limington, he b. Dec. 25, 1795, Gray, d. Dec. 13, 1875, Limington.
ix. CAPT. SAMUEL, b. May 1, 1799, d. Mar. 1, 1860, Limington. m. May 14, 1837, Susan Foss, both of Limington, she b. Mar. 9, 1809, Limington, d. Dec. 4, 1885, ae 75 yrs., Parsonsfield. Children:
1. SHUAH ANN, b. Feb. 23, 1838, d. Aug. 22, 1881, Limerick. m. Aug. 10, 1870, Stephen Libby of Limerick.

        2. SUSAN JANE, b. Dec. 17, 1841, d. Apr. 28, 1843, Limington.
        3. WILLIAM HAYES, b. May 30, 1846, d. Sept. 22, 1937, Limington. m. int. Jan. 6, 1868, m. Jan. 11, 1868, Ida Theresa Bragdon, both of Limington, she b. Mar. 18, 1850, Biddeford, d. Feb. 27, 1935, Limington. Children:
            (1) FLORENCE M., b. Oct. 24, 1868, d. Sept. 6, 1890, Limington.
            (2) SAMUEL GUY, b. Dec. 1, 1871, d. Mar. 5, 1956.
            (3) EDMUND CARROLL, b. June 20, 1880, d. Mar. 5, 1942.
            (4) WILLIAM HAYES, b. Feb. 4, 1892. d. May 4, 1968.
x.   SALLY, b. Aug. 4, 1800, living 1850 with sister, Susanna (Sawyer) Small in Limington.
xi.   JOSEPH, b. Oct. 4, 1802, d. June 2, 1874, Maysville, Presque Isle. m. Elizabeth Dunphy.
xii. EPHRAIM, b. Oct. 28, 1804, d. Sept. 25, 1887, ae 82 yrs. 10 mos. 27 das. Phillips. m. int. June 6, 1835, Eliza Small, both of Limington, she b. Jan. 19, 1806, Gray, d. Dec. 22, 1882, Phillips. They moved in 1849 to Phillips and were buried in E. Madrid. He was thoroughly respected, honest, and upright in all his dealings.

SAWYER, SAMUEL, b. Mar. 26, 1762, Cape Elizabeth, living 1835, E. Baldwin. He came from Cape Elizabeth about 1786 and settled on southern end of lot 12, range B. In 1795 he moved to E. Baldwin and began an early settlement of section called Sawyerville. m. Oct. 2, 1783, Abigail Dyer, both of Cape Elizabeth, she b. Mar. 25, 1762, Cape Elizabeth, d. after 1840, East Baldwin. Children:
i.   BENJAMIN, b. Aug. 22, 1784, Cape Elizabeth, d. Feb. 27, 1810.
ii.   COL. NATHAN, b. Mar. 25, 1786, Cape Elizabeth, d. June 17, 1866, ae 79 yrs. Baldwin. m. Aug. 12, 1810, Joanna Dyer of Cape Elizabeth, he of Portland, she d. Mar. 24, 1842, ae 54 yrs. Cape Elizabeth. m. (2) Jan. 15, 1843, Betsey Mayo of Windham, she d. Nov. 8, 1864, ae 73 yrs. 9 mos. 24 das. Baldwin. m. (3) Mar. 3, 1865, Betsey (Clark) Marr, widow of Eleazer Marr of Baldwin.
iii. EBENEZER, b. Dec. 14, 1789, Limington, d. Oct. 10, 1877, ae 87 yrs. Baldwin. m. Jan. 9, 1814, Mary Parker, both of Baldwin, she d. Mar. 11, 1849, ae 55 yrs. m. (2) int. Dec. 8, 1849, Jerusha Dyer of Limington, she d. Jan. 24, 1884, ae 88 yrs. Baldwin.
iv.   ISABELLA S., b. Aug. 2, 1792, Limington, d. June 6, 1827, ae 34 yrs. 10 mos. Baldwin. m. Nov. 3, 1811, Ezekiel Milliken of Baldwin.
v.   CATHERINE, b. July 7, 1794, d. before Oct., 1835. m. Oct. 25, 1825, Solomon Anderson of Limington, she of Baldwin.

SAWYER, DEA. WILLIAM, bapt. Nov. 8, 1740/1, Wells, d. July 8, 1825, ae 84 yrs. Limington. He came from Wells with his son, Joseph and in 1794 settled on Sawyer's Mountain. The farm was last occupied by his great grandson, Autien W. S. Sawyer. He is buried south of where the place stood in family cemetery, marked by fieldstones. A Revolutionary soldier. m. Nov. 4, 1764 in Wells, Mary Simpson of York, he of Wells, she b. Aug. 16, 1739, York, d. Feb., 1823, ae 83 yrs. Limington. m. (2) Oct. 30, 1824, Hannah (Marriner) Dunn, widow of Nathaniel of Cornish, he of Limington, after a three-week courtship, he 83 yrs. old and she 73 yrs. old. After his death, she m. Nov. 2, 1825, Benjamin Clay, both of Limington, she d. Oct., 1835, ae 84 yrs. Limington. Children born in Wells.

i. MERIAM, bapt. May 11, 1766, b. Nov. 15, 1765, d. Dec. 8, 1849, ae 84 yrs. Cornish. m. Andrew Walker Pugsley of Sanford, he d. July 2, 1842, ae 78 yrs. Cornish.

ii. WILLIAM 2nd, b. June 15, 1767, living 1835 & 1842, Cornish. m. Mar. 3, 1792 in Wells, Susanna Goodwin, she d. Aug. 15, 1835, ae 66 yrs. Cornish.

iii. BETSEY, b. Nov. 5, 1769, d. July 29, 1789, ae 19 yrs. Sanford. m. Nov. 15, 1787, William Day Jr., both of Sanford.

iv. MARY, b. May 15, 1775, d. Aug. 31, 1844, ae 69 yrs. 3 mos. 11 das. Limington. m. May 6, 1792, Nathan Cobb, both of Limington, he b. Nov. 3, 1767, Falmouth, d. Jan. 29, 1849, Cornish.

v. JOSEPH, b. June 19, 1773, d. Sept. 4, 1833, ae 62 yrs. Limington. He lived on Sawyer's Mountain. He was for many years member of Baptist church and a worthy examplary man. m. Mar. 31, 1796, Mary Burke of Cornish, he of Limington, she b. Oct. 1, 1771, d. May 11, 1860. Children born in Limington.

1. LEMUEL JR., b. Jan. 19, 1797, d. Sept. 25, 1882, ae 85 yrs. 8 mos. 6 das. Porter. m. Mar. 26, 1820, Mary Berry, both of Limington, she b. Feb. 4, 1800, Limington, d. May 26, 1873, ae 73 yrs. 2 mos. 22 das. Porter. Children:

   (1) SAMUEL BERRY, b. Aug. 8, 1820, Limington, d. Dec. 23, 1898, Wolfeboro, NH.
   (2) THOMAS BOOTHBY, b. 1825, d. May 23, 1885, ae 60 yrs. 1 mo. 9 das. Porter.
   (3) SYLVESTER B., b. Feb. 15, 1827, d. Oct. 22, 1908, ae 82 yrs. S. Hiram.
   (4) ISAAC B., b. Feb. 15, 1827, d. Mar. 14, 1904, ae 74 yrs. Porter.
   (5) MARY A., b. Mar. 22, 1832, d. May 29, 1913 Porter m. May 15, 1856, Hanson Libby of Porter.
   (6) LYDIA ANN, b. 1835, m. Feb. 17, 1870 in Cornish, Mark A. Young of Wolfeboro, NH.
   (7) GEORGE W., b. 1838, d. Jan. 4, 1866, Porter.
   (8) LOUISE, b. Feb. 27, 1840, d. Jan. 2, 1924, Franklin, NH. m. Jan. 18, 1873, Benjamin F. Sawyer of Limerick, she of Porter.
   (9) ALMIRA, b. 1844, d. Mar. 7, 1898, ae 53 yrs. Wolfeboro, NH. m. Orren Durgin.
   (10) SARAH B., b. Jan. 24, 1826, d. Mar. 10, 1898. m. Dec. 23, 1848 Aldrick Clemons of Hiram.

2. **BETSEY**, b. Feb. 27, 1796, d. Apr. 8, 1892, Sebago. m. Sept. 7, 1817, Samuel Wentworth, both of Limington, he b. Apr. 6, 1791, Limington, d. Oct. 17, 1844 Sebago.
3. **JOSEPH B.**, b. June 8, 1799, d. Oct. 19, 1877 Brownfield. m. Oct. 9, 1831, Jane Ellis of Cornish, he of Limington.
4. **JAMES B.**, b. Dec. 3, 1800, d. July 17, 1886, Porter. m. Sept. 15, 1822, Desire Cobb, both of Limington, she b. July 5, 1800, Limington, d. Sept. 11, 1884, ae 81 yrs. 2 mos. 6 das. Porter. Children:
   (1) **EBENEZER COBB**, b. Feb. 17, 1823, Limington.
   (2) **SYLVESTER BOOTHBY**, b. Mar. 7, 1827, Limington.
   (3) **WILLIAM BEAN**, b. Aug. 7, 1829.
   (4) **JAMES BIRKS**, b. Dec. 7, 1834.
   (5) **MARY ANN BANGS**, b. Feb. 16, 1835, Brownfield.
   (6) **FRANCINAH LORINE**, b. Mar. 15, 1839, Brownfield.
   (7) **JOHN F.**, b. 1848.
5. **JOANNAH**, b. May 8, 1802, d. Aug., 1830.
6. **THOMAS**, b. Sept. 27, 1803, d. 1808, Limington.
7. **DEA. BENJAMIN THOMPSON**, b. July 30, 1805, d. Feb. 7, 1887, ae 81 yrs. 6 mos. 7 das. Limerick. m. Aug. 23, 1829, Phebe Southwick Cobb, both of Limington, she b. Apr. 28, 1813, d. Sept. 11, 1884, Kennebunkport. Children:
   (1) **WILLIAM HENRY**, b. Nov. 5, 1830, Brownfield, d. Apr. 25, 1908, Kennebunkport.
   (2) **CLEMENTINE B.**, b. Oct. 12, 1832, Brownfield. d. Oct. 6, 1851 Limerick.
   (3) **BENJAMIN FRANKLIN**, b. Jan. 19, 1835, Limington, d. Nov. 10, 1900, Wolfeboro, NH.
   (4) **MARY ELIZABETH BEAN**, b. Nov. 22, 1852, Limerick, d. Apr. 13, 1895. m. Dec. 20, 1876, John S. Fogg both of Limerick.
8. **ABRAHAM**, b. Feb. 14, 1807, d. Mar./Aug., 1824, Limington.
9. **ISAAC**, b. Sept. 5, 1808, d. Dec., 1819, Limington.
10. **JACOB**, b. May 1, 1810, d. Aug. 9, 1886, ae 77 yrs. 4 mos. 9 das. Limerick. m. Sept. 24, 1837, Agnes H. Libby, both of Limington. She b. Nov. 23, 1818, Scarboro, d. Nov. 10, 1871 Limington. m. (2) Mar. 30, 1875 in Presque Island, Harriet York. Children:
    (1) **GEORGE WASHINGTON**, bapt. Aug. 10, 1839, d. Mar. 22, 1860.
    (2) **MARY JANE**, b. 1840, Brownfield, d. Mar. 3, 1861.
    (3) **MARGARET L.**, b. 1842. m. Emery Marean of Standish.
    (4) **MARIA OLIVE**, b. 1844.
    (5) **ALFARETTA**, b. 1848, d. Jan. 29, 1882, Limington.
    (6) **OSWALD J.**, b. May 16, 1852, d. Aug. 26, 1930, Westbrook.
11. **LYDIA ANN**, b. Dec. 8, 1811, d. Feb. 19, 1868, Limington. m. Apr. 16, 1845. Samuel Blake, both of Limington, he b. Apr. 12, 1807, Limington, d. Feb. 2, 1895, Standish.

12. JANE B., b. June 8, 1813, d. June 4, 1908, ae 95 yrs. Standish. m. Jan. 20, 1842, Ivory Norton, both of Limington, he b. Apr. 2, 1810, Limington, d. Mar. 28, 1888, Limington.
13. MARY, b. Dec. 27, 1814, d. Dec., 1819, Limington.
14. ZACHARIAH, b. Oct. 14, 1818, d. Apr. 16, 1858, he went west.
15. ISAAC 2nd, b. Aug. 30, 1820, d. Apr. 16, 1887, ae 66 yrs. 5 mos. 15 das. Limerick. m. July 4, 1846, Salome Thompson, both of Limerick, she b. Aug. 14, 1826, d. Oct. 29, 1906. Limerick. Children:
    (1) FRANCIS A., b. Dec. 14, 1846, d. Oct. 3, 1920, Conway, NH. m. Jan. 19, 1868, Sarah Smith of Cornish, she m. (2) May 21, 1872, Thomas S. Hodgdon of Cornish. m. (2) Leucia Johann Roberts.
    (2) AUTIEN W. S., b. May 20, 1849.
    (3) WILBUR T., b. Sept. 20, 1851, d. Apr. 29, 1941, Baldwin, NY.
    (4) WALTER E., b. June 20, 1854. m. int. Apr. 19, 1883, Leucia Johann (Roberts) Sawyer, both of Limington.

vi. LEMUEL, b. Mar. 8, 1778.
vii. HANNAH, b. Apr. 26, 1780, d. May 20, 1858, ae 78 yrs. 24 das. Limington. m. Mar. 31, 1796, Nathaniel Norton, both of Limington, he b. Aug. 1, 1762, Sanford, d. Nov. 22, 1831, Limington.
viii. LYDIA, b. Sept. 16, 1782, living 1850, Porter. m. Mar. 31, 1822, Levi Cole, both of Limington, he d. May 9, 1855, ae 77 yrs. 11 mos. 8 das. Porter.

SEAVEY, ASA, bapt. Oct. 19, 1777, Scarboro, d. May 1, 1854, ae 77 yrs. 5 mos. S. Limington. He moved from Scarboro in 1834 and settled in Hardscrabble on Mill Turn Road. He is buried on Bradeen Hill in family cemetery. m. Jan. 7, 1796, Threphena Burnham at Scarboro. m. (2) int. May 12, 1821, Thirza Atkinson of Buxton, she b. 1790, Buxton, d. Jan. 17, 1858, ae 67 yrs. 3 mos. Limington. Children by second wife:
i. ATKINSON, b. Oct. 3, 1823, Scarboro, d. Dec. 11, 1897, ae 74 yrs. 2 mos. 7 das. Limington. He lived on west end of bridge at Hardscrabble. m. Oct. 2, 1844, Susan P. Haley, both of Limington, she b. Sept. 17, 1826, Baldwin, d. Mar. 20, 1908, Waterboro. Children:
    1. MELVINA, b. Sept. 20, 1846, d. Jan. 14, 1924, ae 79 yrs. 3 mos. 24 das. Waterboro. m. int. July 12, 1869, Perley M. Anderson, both of Limington, he d. July 12, 1902, ae 52 yrs. 7 mos. 25 das. Waterboro.
    2. CAROLINE M., b. July 16, 1850, d. June 11, 1935, ae 84 yrs. 10 mos. 25 das. Waterboro. m. int. July 15, 1865, Asel T. Small, both of Limington, he d. July 29, 1910, ae 63 yrs. 9 mos. 22 das. Waterboro.

        3. MARTHA ELLA, b. Nov. 17, 1853, d. July 12, 1936, ae 82 yrs. 7 mos. 25 das. Hollis. m. May 1, 1871, Charles W. Parker of Hiram, she of Limington.
        4. EMMA L., b. Feb., 1859, d. Sept. 6, 1901, ae 42 yrs. 6 mos. 18 das. Waterboro. m. Benjamin H. Smith of Waterboro.
        5. LOREUS F., b. 1856, d. Oct. 15, 1857.
        6. JOSEPHINE, b. 1863, d. Jan. 8, 1864, ae 8 mos. Limington, with scarlet fever and diptheria.
        7. CORA L., b. 1866, d. Oct. 5, 1878, ae 19 yrs. Limington.

ii. ALVIN, d.y.

iii. EASTMAN, b. June 29, 1826, d. Sept. 22, 1895, Biddeford. m. Jan. 29, 1851, Eliza N. Smith, both of Limington, she b. Apr. 30, 1831, Limington, d. Sept. 7, 1891, ae 60 yrs. 4 mos. Biddeford. Children:
        1. LORING JOSEPH, b. Aug. 15, 1855, d. Sept. 14, 1916, Bovina, CO.
        2. MARY O., b. Oct. 31, 1856. In 1891, Phillipsbury, KS.
        3. ASA MONROE, b. Aug. 23, 1859, d. 1932, Biddeford.
        4. EASTMAN PRENTISS, b. May 7, 1861, lived in Biddeford.
        5. IDA E., b. 1863, living 1934, Biddeford. m. Joseph Billings of Biddeford.

iv. JAMES, b. Apr. 20, 1829, Waterboro, d. May 12, 1900, ae 71 yrs. 23 das. Limington. m. Mar. 1, 1862, Ellen Hutchins of Biddeford, he of Limington, she d. Dec. 1, 1901, ae 62 yrs. Limington.

v. OLIVER, b. between 1829-1833, d.y.

vi. ALMIRA M., b. Aug. 19, 1831, Scarboro, d. Nov. 9, 1903, ae 72 yrs. 2 mos. Saco. m. Nov. 30, 1854, Benjamin F. Haley, both of Limington.

SEAVEY, JOHN, bapt. Mar. 20, 1748, Scarboro, d. 1823, N. Limington. He came from Scarboro to Limerick by 1782 and before 1810 moved to N. Limington with his son. m. Oct. 26, 1769, Hannah Fenderson of Scarboro, she bapt. May 20, 1750, Scarboro, d. July 27, 1837, Limington. Children, two came to Limington.

i. REV. JOHN, b. 1775, Scarboro, d. Sept. 2, 1844, ae 69 yrs. N. Limington. He was ordained at Calvinist Baptist Church at N. Limington on Nov. 20, 1816 and continued his labors there until his death. m. int. Mar. 14, 1797 Limerick, Hannah Bradbury, both of Limerick, she b. Aug. 1, 1773, Buxton, d. Apr. 27, 1847, ae 73/78, Limington. Children:
        1. PUTNAM, b. Mar. 3, 1800, Limerick, d. Sept. 2, 1860, Brownfield. He moved in 1833 to Brownfield. m. Mar. 30, 1825, Anna Boothby, both of Limington, she b. Aug. 22, 1804, d. Dec. 24, 1872, ae 68 yrs. 4 mos. Brownfield. Children:
            (1) JANE, b. Sept. 26, 1826, Limington.
            (2) WILLIAM B., b. Aug. 30, 1827, Limington.
            (3) THOMAS, b. May 3, 1830, Limington.
            (4) JOHN, b. Apr. 15, 1833, Brownfield.
            (5) DAVID BOOTHBY, b. Aug. 18, 1835.

2. **SUSAN B.**, b. May 18, 1802, Limerick. d. Jan. 9, 1890, ae 87 yrs. 7 mos. 21 das. Limington. m. Nov. 21, 1823, Ephraim Small, both of Limington, he b. June 18, 1796, Portland, d. Apr. 18, 1847, Limington. m. (2) int. Feb. 7, 1866, James Hartford of Hiram, who d. May 6, 1867, ae 71 yrs. 1 mo. 19 das. Limington.
3. **HANNAH B.**, b. Dec. 9, 1805, Limerick, d. July 29, 1835, ae 29 yrs. 7 mos. 20 das. Limington. m. Nov. 29, 1827, Maj. James Small, both of Limington, he b. Mar. 10, 1805, Limington, d. Nov. 23, 1849, Saco.
4. **ELIZA MAY**, b. May, 1808, d. Feb. 16, 1881 ae 72 yrs. 9 mos. 16 das. Limington. m. May 22, 1831, Sewall L. Black, both of Limington, he b. Sept. 16, 1807, Baldwin, d. May 5, 1887, ae 80 yrs. Limington.
5. **MARY**, b. between 1810-12, d. Nov./Dec., 1826, Limington.
6. **JOHN**, b. Aug. 16, 1813, Limington, d. Jan. 29, 1894, ae 80 yrs. 5 mos. 13 das. Limington. He was postmaster and dealer in groceries for many years. m. int. May 20, 1852, Mary S. Haley of Cornish, she d. Dec. 21, 1854, ae 22 yrs. Limington. m. (2) Feb. 7, 1863, Olive Mary Sawyer, both of Limington, she b. July 20, 1839, Jackson, d. Nov. 22, 1915, ae 76 yrs. 4 mos. 2 das. Limington. Children:
    (1) **JOHN EVERETT**, b. Nov. 14, 1864, living in 1939 Spencer, MA.
    (2) **FRANK E.**, b. Apr., 1868, d. Dec. 7, 1939, ae 71 yrs. 7 mos. 12 das. Old Orchard.
    (3) **FREDERICK**, b. Oct. 10, 1872, d. Feb. 24, 1957, ae 84 yrs. 4 mos. 14 das. Biddeford.
    (4) **MABEL B.**, b. July, 1874, d. Oct. 8, 1958, ae 84 yrs. 3 mos. Limington. m. Aug. 19, 1896, Randall Hartford of Porter.
7. **JANE H.**, b. Apr. 11, 1818, Limington, d. Aug. 21, 1877, ae 59 yrs. 4 mos. 11 das. Biddeford. m. int. May 26, 1838, William H. Bradbury, of Buxton, she of Limington, he b. June, 1816, Buxton, d. Jan. 11, 1892, ae 75 yrs. 4 mos. Lawrence, MA.
8. **BRADBURY**, b. 1820, Limington, d. May 17, 1898, Switzerland Remington Park, FL, formerly of Saco. He was in 1869 keeper of Ocean House at Old Orchard Beach. m. Nov. 9, 1844, Harriet N. Whitten of Alfred, she d. Aug., 1899, ae 74 yrs. Magnolia Springs, FL. Children recorded in Biddeford.
    (1) **HANNAH J.**, b. June 21, 1847, d. Sept. 6, 1849.
    (2) **MARY E.**, b. June 21, 1847.
    (3) **ALMEDA D.**, b. Feb. 10, 1850, d. Jan. 15, 1859.
    (4) **CHARLES F.**, b. Mar. 7, 1852.
    (5) **IDA ELLEN**, b. May 17, 1857.
    (6) **CHARLES**, d. July 11, 1861, an infant.
    (7) **WILLIE H.**, d. Dec. 7, 1864, ae 4 yrs. 8 mos.

ii. FANNY, b. 1782, Limerick, d. Sept., 1849, ae 68 yrs. unm. Limington.

iii. **Reuban**, b. Sept., 1778, d. May 24, 1834 ae 56 yrs. Newport, ME.

SEDGLEY, WILLIAM, b. 1776, York, d. Sept. 12, 1863, ae 87 yrs. Limington. He came to Waterboro with his parents and in 1795 moved to Limerick. He settled near the Judson Sedgley's place, just across the town line in Limington. m. Nov. 17, 1799, Mary Ricker of Waterboro, he of Limerick, she d. Oct. 12, 1858, ae 84 yrs. 6 mos. Limington. Children born in Limington.

i. **TABITHA**, b. Mar. 16, 1800, m. Feb. 2, 1820, Daniel Fellows, both of Limington. m. (2) Mar. 10, 1847, Rev. Luther Perry of Wakefield, NH, she of Limington.
ii. **TIMOTHY**, b. Jan. 5, 1802, d. Feb. 10, 1871, ae 69 yrs., New Portland. m. int. Jan. 27, 1828, m. Feb. 21, 1828, Sarah P. Burbank of Bridgton, he of Limington.
iii. **MARTHA R.**, b. Jan. 4, 1804, d. Oct. 1, 1893, Greene. m. Dec. 14, 1828, Joseph Manson, both of Limington, he b. Apr. 6, 1804, Limerick, d. Jan. 21, 1903, Greene.
iv. **ERVIN**, b. Apr. 22, 1806, d. Apr. 29, 1865, Limington. m. Nov. 30, 1843, Mary Evans of Limerick, she d. Sept. 12, 1887, ae 77 yrs. 4 mos., she m. (2) int. Aug. 9, 1867, Elijah B. Palmer of Buxton, she of Limington. Children:
   1. **DEXTER ERVIN**, b. Aug. 23, 1845.
   2. **ISAAC B.**, b. 1847, d. July 2, 1867, ae 20 yrs. 22 das.
   3. **AMELIA EUGIBE**, b. Aug. 18, 1848, d. Dec. 7, 1932, ae 84 yrs. 4 mos. Buxton.
   4. **GEORGE F.**, b. 1853, d. June 16, 1865, ae 12 yrs. 10 mos.
v. **ROXANNA**, b. July 16, 1808, d. Nov. 14, 1861, ae 53 yrs. 4 mos. Saco. m. Apr. 5, 1837, Rev. Ebenezer Weymouth of Saco, she of Limington.
vi. **EDWARD**, b. May 1, 1810, d. June 6, 1886, ae 76 yrs. Greene.
vii. **LEVI R.**, b. Oct. 18, 1812, d. May 18, 1890, Geneseo, IL. m. Oct. 14, 1839, Martha Johnson, both of Limington, she b. Apr. 13, 1811, Limington, d. Feb. 21, 1872, Geneseo, IL. m. (2) int. Oct. 27, 1874, Serena B. Foss of Limington, he of Geneseo, IL, she d. Sept. 17, 1890, ae 62 yrs. Geneseo, IL.
viii. **BETSEY**, b. Sept. 20, 1814, d. Nov. 20, 1890, ae 76 yrs. Greene.
ix. **WILLIAM**, b. Oct. 18, 1816.

SHACKFORD, JOSEPH, b. 1775, Wells, d. Dec. 30, 1841, ae 66 yrs. 6 mos. Limington. He came about 1811, and lived at Slabstreet. m. int. Sept. 8, 1811, Isabella Buzzell of Wells, he of Limington, she b. 1790 Wells, d. Dec. 1, 1863, ae 73 yrs. Limington. Children:

i. **ELIZA**, b. July 2, 1812, d. Sept. 22, 1845, ae 33 yrs. Gorham. m. Nov. 17, 1833, Theodore Shackford of Westbrook, she of Limington, he d. Aug. 24, 1871, ae 69 yrs. Children:
   1. **JOSEPH F.**, b. Mar. 23, 1839, Westbrook, d. Oct. 29, 1903, ae 64 yrs. 7 mos. 6 das. Gorham. m. int. Nov. 7, 1871, Elizabeth O. Wood of Limington, she b. Oct. 29, 1835, Portland, d. 1896, Gorham.
   2. **WILLIAM H.**, d. Mar. 14, 1905, ae 70 yrs. Westbrook.

ii. ANNA, b. Apr. 22, 1816, Limington, d. Dec. 27, 1893, ae 76 yrs. 8 mos. 5 das. Gorham. m. June 12, 1836, Lorenzo Bradbury of Buxton, she of Limington, he b. Aug. 24, 1809.

SMALL, BENJAMIN, b. Aug. 11, 1744, Scarboro, d. late summer or early fall (Aug. 16-Oct. 28), 1800, Limington. He came from Scarboro about 1776 and settled on lot 9, range D, located on N. Road. m. Nov. 5, 1767 in Scarboro, Phebe Plummer, she b. Sept. 28, 1744, Scarboro, d. Mar. 6, 1831, Limington, she lived with her son, Benjamin. Children:
i. ANNA, b. June 27, 1768, Scarboro, d. Jan. 14, 1836, Chesterville. They settled on lot 14, range H, which they sold in 1803, and moved to N. Yarmouth, where they joined Second Congregational church there in 1807. They then moved to Chesterville, and in July, 1815, joined Congregational church. m. June 23, 1791 in Buxton, Daniel Mitchell, both of Limington, he b. June 23, 1768, d. Oct. 10, 1851, Chesterville.
ii. ELIZABETH, b. Nov. 5, 1769, Scarboro, d. May 29. 1842, ae 73 yrs. Parkman. m. Abraham Tyler of Limington, he b. Oct. 20, 1770, d. Oct. 7, 1834, ae 67 yrs. Parkman.
iii. DEA. BENJAMIN, b. Feb. 11, 1771, Scarboro, d. Sept. 9, 1845, ae 74 yrs. 7 mos. Limington. m. Oct. 8, 1795, Mary Chase of Standish, he of Limington, she b. 1777, Standish, d. May 9, 1859, ae 82 yrs. 1 mo. Limington. Children born in Limington.
1. ELIZABETH, b. Feb. 28, 1796, d. Aug. 27, 1852, ae 56 yrs. 6 mos. Limington. m. Dec. 1, 1814, Daniel Moody, both of Limington, he b. Sept. 15, 1789, Gorham, d. Sept. 24, 1867, Limington.
2. POLLY, b. Jan. 6, 1798, d. June 3, 1881, ae 83 yrs. Limington. m. Jan. 9, 1817, James McArthur, both of Limington, he b. June 29, 1792, Limington, d. June 26, 1877, Limington.
3. CAPT. BENJAMIN, b. Oct. 6, 1799, d. Dec. 13, 1834, ae 35 yrs. Limington. He lived on home place, located north of the village. m. Apr. 27, 1825, Eliza Small, both of Limington, she b. Feb. 20, 1803, Limington, d. Mar. 27, 1884, ae 81 yrs. 1 mo. Saco, she m. (2) Oct. 3, 1837, Rufus Fogg of Saco, she of Limington, he d. Nov. 13, 1866, ae 89 yrs. 7 mos. 22 das. Saco. Children born in Limington.
(1) ELIZABETH, b. July 8, 1826, d. Mar. 12, 1907, ae 80 yrs. 8 mos. 4 das. Buxton. m. Sept. 14, 1848, John William Fogg, both of Saco, he d. Aug. 30, 1850. m. (2) Feb. 22, 1859 in Saco, Osmon K. Cobb of Buxton, she of Saco.
(2) BENJAMIN OSCAR, b. Feb. 26, 1828, d. July 13, 1913, ae 84 yrs. 4 mos. 5 das. Limington. He was born on same farm he died. m. int. June 3, 1851, Elizabeth Cutler, both of Limington, she b. Feb. 20, 1829, Limington, d. Apr. 22, 1910, Limington. Children:

- (i) **WINFIELD**, b. Apr. 26, 1852.
- (ii) **LIZZIE F.**, b. Aug. 31, 1854, d. Sept. 2, 1926, ae 72 yrs. 1 da. Limington.
- (iii) **CHARLES**, b. Mar. 22, 1856, d. Sept. 4, 1926, Limington.
- (iv) **EMMA**, b. Apr. 15, 1858.
- (v) **ELLA**, b. Jan. 13, 1864.

(3) **MARY**, b. Feb. 3, 1830.

(4) **AMANDA**, b. Jan. 7, 1832, d. Nov. 11, 1864, ae 32 yrs. 10 mos. Saco. m. Walter F. Haines.

(5) **LEWIS L.**, b. Apr. 28, 1835, d. Aug. 10, 1909, ae 73 yrs. 3 mos. 13 das. Buxton. m. int. Jan. 5, 1870, Mary A. Small, both of Limington.

4. **JOSEPH CHASE**, b. Feb. 6, 1802, living 1850 Hiram, 1860 and 1866 in Gorham, in 1880 of Windham. m. Oct. 24, 1826, Hannah Plaisted, both of Limington, she b. Apr. 8, 1806, Limington, d. July 4, 1855, ae 49 yrs. 3 mos. Hiram. Children:
   - (1) **CAROLINE**, b. Dec. 18, 1827, Fryeburg. m. Aug. 1, 1851 Ansel B. Cobb of Hiram.
   - (2) **HANNAH F.**, b. 1832.
   - (3) **SARAH P.**, b. 1835, d. Apr. 4, 1866, Gorham. m. Edward L. Stevens.
   - (4) **MARY**, b. 1840.
   - (5) **JOSEPH**, b. Sept. 9, 1843, d. May 29, 1925 Windham.
   - (6) **BENJAMIN**, b. Sept. 9, 1845 Hiram.

5. **MOSES**, b. May 26, 1804, d. Oct. 24, 1833, ae 29 yrs. 5 mos. S. Limington. m. June 10, 1828, Hannah E. Jose of Buxton, he of Limington, she m. (2) Apr. 2, 1836, Henry McKenney of Buxton, he b. Mar. 24, 1801, Limington, d. Mar. 17, 1872, Auburn. Children:
   - (1) **AVILDA WHARTON**, b. Apr. 5, 1829.
   - (2) **SARAH ELLEN**, b. Dec. 23, 1830.
   - (3) **MOSES**, b. June 23, 1833, d. July 22, 1833, Limington.

6. **COL. NATHAN CHASE**, b. May 10, 1806, d. June 6, 1890, Limington. Life-long citizen, who sustained his citizenship honorably in whatever had been entrusted. m. Nov. 18, 1833, Caroline Durgin, both of Fryeburg, she b. May 16, 1813, Fryeburg, d. Apr. 26, 1852, ae 37 yrs. 11 mos. Limington. m. (2) int. Feb. 28, 1857, Cordelia Clark, both of Limington, she b. Jan. 26, 1834, Limington, d. Sept. 26, 1867, ae 34 yrs. 5 mos. Limington. Children:
   - (1) **MARY ANN**, b. May 4, 1834, Fryeburg, d. Mar. 9, 1889, Limington.
   - (2) **ELLEN MARIA**, b. 1843, Saco, d. Dec. 8, 1865, Limington, adopted daughter of Nathan.
   - (3) **CAROLINE A.**, b. Mar., 1859, d. Apr. 2, 1925, ae 66 yrs. 1 mo. 3 das. Limington. m. Mar. 2, 1892, Edwin Cobb Black, both of Limington, he b. Sept. 3, 1858, d. 1915 Limington.

7. **RICHARD**, b. Sept. 29, 1808, d. Aug. 28, 1882, Guildhall, VT. m. Apr. 30, 1834, Abigail Ann Jose of Buxton, she b. Apr. 23, 1810, Buxton, d. Mar. 8, 1898, Guildhall, VT. They lived in Limington and Buxton until 1845, then moved to VT. Children:
   (1) **MOSES**, b. Feb. 24, 1835, d. Oct. 15, 1842, Limington.
   (2) **SALLY EMERY**, b. Dec. 26, 1836, Limington.
   (3) **DR. HAROTIO NELSON**, b. Nov. 10, 1839, Buxton.
   (4) **JOHN CHASE**, b. Nov. 5, 1841, Buxton.
   (5) **ABBIE ANN**, b. Jan. 21, 1844, Buxton.
8. **SEWALL W.**, b. Apr. 1, 1812, d. Apr. 11, 1889, Limington. m. int. Dec. 20, 1835, Nancy Bean of Limerick, he of Limington, she b. Nov. 8, 1815, Limerick, d. Dec. 2, 1894, ae 79 yrs. 24 das. Limington. Children:
   (1) **BENJAMIN F.**, b. July 20, 1837, Limerick, d. Jan. 11, 1909, ae 71 yrs. 6 mos. Limington. A well-known and highly respected citizen of Limington. He was a veteran of the Civil War. For several yrs., Mr. Small was a mail clerk on the Portland & Ogdensburg railroad. He was Postmaster of Limington for 4 yrs. and held a number of town offices. m. int. Oct. 21, 1857, Sarah H. Larrabee, both of Limington, she b. Dec. 4, 1839, Limington, d. Feb. 4, 1921, Saco. He sold place on Veazie Mountain and came in 1892 to the village. Children:
      (a) **CARRIE LUELLA**, b. Feb., 1860, d. Apr. 10, 1930, ae 70 yrs. 1 mo. 13 das. Saco. m. Dec. 25, 1879, John Newton Plaisted, both of Limington.
      (b) **HELEN LOUISE**, b. Aug. 1, 1864, Limington, d. Oct. 7, 1928, ae 64 yrs. 1 mo. 6 das. Gorham. m. Dec. 17, 1884, Edwin E. Guptill of Cornish, she of Limington. m. (2) Sept. 1910, Dr. Herbert F. Purrington of Saco.
   (2) **SALLY COTTON**, b. Apr. 22, 1844, Limington, d. 1912. m. Oct. 18, 1865, Joshua Wingate Small, both of Limington, he b. Oct. 16, 1836, Limington, d. Aug. 19, 1912, Limington.
9. **ANNIS C.**, b. Sept. 29, 1816, d. Jan., 1889, ae 73 yrs. Bridgton. m. int. Nov. 8, 1835, Joseph Riley Foster of Bridgton, she of Limington, he d. Sept. 17, 1889, ae 74 yrs. 10 mos. Bridgton.
10. **MARIA B.**, b. Nov. 15, 1820, d. Oct. 10, 1865, ae 45 yrs. Gorham. m. Nov. 25, 1841, Benjamin A. Watson of Gorham, she of Limington, he b. Apr. 25, 1818, d. Dec. 11, 1891.

iv. **ABIGAIL**, b. Apr. 4, 1773, Scarboro, d. Oct. 16, 1804, Limington. m. Jan. 3, 1793, Edward Nason, both of Limington, he b. Mar. 31, 1764, Buxton, d. May 5, 1856, ae 92 yrs. Kenduskeag.

v. DOROTHY, b. Nov. 22, 1774, d. Aug. 25, 1859, Wales. m. Dec. 26, 1799, William Fogg of Scarboro, she of Limington, he b. Sept. 4, 1776, Scarboro, d. Apr. 20, 1841, Wales.
vi. HANNAH, b. Aug. 10, 1777, Limington, d. Mar. 14, 1834, ae 56 yrs. 7 mos. 3 das. Limington. m. int. Nov. 6, 1796, Simon Plaisted, both of Limington, he b. June 1, 1770, Scarboro, d. Mar. 9, 1860, Limerick.
vii. SAMUEL, b. Sept. 26, 1779, Limington, d. Nov. 11, 1852, ae 73 yrs. Thorndike. m. Feb. 18, 1808, Mrs. Bethiah (Stackpole) Stevens, widow of Wheelwright, both of Limington, she d. June 6, 1850, ae 79 yrs. Thorndike. Child:
   1. SAMUEL, b. Jan. 9, 1811, went to CA. in Mar., 1864. m. Nov. 27, 1834, Hannah Edward of Jackson, he of Thorndike.
viii. SARAH, b. July 29, 1781, Limington, d. Feb. 20, 1811, Limerick. m. Oct. 25, 1801, John Manson of Limerick, she of Limington, he b. Jan. 17, 1778, Gorham, d. Nov. 13, 1853, Eaton, NH.
ix. RICHARD, b. June 7, 1784, Limington, d. Sept. 5, 1829, ae 45 yrs. Montville. m. Oct. 30, 1806 in Buxton, Joanna Woodman of Buxton, she b. June 10, 1787, Buxton, d. Feb. 22, 1865, ae 78 yrs. Montville. He moved in 1806 to Montville. Children:
   1. CAROLINE, b. Jan. 6, 1809, Montville. m. Nov. 12, 1828, William Ayers of Montville.
   2. ALFRED, d. Sept. 5, 1852, ae 28 yrs. 8 mos. Winter-bar, CA.
x. SUSANNA K., b. June 2, 1786, d. Jan. 23, 1868, ae 81 yrs. 7 mos. 21 das. Kenduskeag. m. July 7, 1805, Edward Nason, both of Limington.
xi. PHEBE, b. Sept. 25, 1790, Limington, d. Apr. 5, 1868, ae 77 yrs. 5 mos. Andover, MA. m. Dec. 29, 1808, Joseph Davis, both of Limington, he b. Apr. 10, 1786, living 1850, ae 63 yrs. Wilmington, MA.

SMALL, DANIEL, b. May 19, 1736, Provincetown, MA, d. Sept. 23, 1830, ae 92 yrs. 8 mos. Wales, ME. He was taken captive when he was 19 yrs. old by St. Francis tribe of Indians acting in the interest of the French. After a captivity of nine months with the Indians, suffering their cruel treatment, he was sold by them to the French, who took him to Canada where he remained a prisoner about three yrs. Being released, he returned to the vicinity of his capture and soon after, marrying, settled on the border of Narragaugus Bay in what is now the town of Steuben. The family soon after removed to Cape Elizabeth and came to Limington by Mar., 1777, where he lived until moving to Wales in 1793 with his son, Joseph. He m. Jan. 27, 1763, Joanna Cobb, both of Falmouth. Children:
i. MERCY, b. Aug. 6, 1765, d. Oct. 20, 1842, Wales. m. Sept. 23, 1784 in Buxton, Enoch Strout, both of Limington, he b. Dec. 25, 1761, Cape Elizabeth, d. Apr. 1, 1832, Wales.
ii. DEA. JOSEPH, b. Mar. 10, 1769, Milbridge, d. Apr. 22, 1836, Wales. m. Nov. 29, 1792 in Topsham, Mary Jackson of

	Limington, she b. Jan. 30, 1773, Scarboro, d. May 2, 1855, ae 82 yrs. 3 mos. Wales.
iii.	HANNAH, b. May 13, 1770, m. June 23, 1791, John Small, both of Limington, he b. Feb. 25, 1769, Scarboro, d. Oct. 5, 1818, Limerick.
iv.	MARY, b. 1774, d. June 30, 1816, ae 42 yrs. Unity. m. Mar. 28, 1793, Benjamin Rackliff, both of Limington. They moved to Unity.
v.	EBENEZER, b. June 4, 1776, d. Dec. 27, 1850, ae 74 yrs. Wales. m. Elizabeth Jenkins of Wales, she b. Nov. 12, 1778, d. Nov. 8, 1846, ae 68 yrs. Wales.
vi.	ANNA, bapt. Nov. 13, 1779, Limington, d. July 31, 1864, ae 86 yrs. Unity. m. Dominicus Rackliff.
vii.	DANIEL, b. Oct. 23, 1780, d. June 13, 1835, Unity. m. Feb. 3. 1804 in Unity, Susanna Jackson of Unity, she b. Aug. 23, 1787, Limington, d. Oct. 6, 1882, Unity.
viii.	LEMUEL COBB, b. 1784. d. Aug. 27, 1849, ae 65 yrs. Topsham. m. Betsey Howard, who d. Nov. 3, 1868, ae 86 yrs. Bangor, formerly of Topsham.

SMALL, MAJ. DANIEL, b. Nov. 17, 1759, Scarboro, d. Mar. 22, 1844, Limington. He settled on lot 8, range I, on Shaving Hill Road in 1787, between the old Harvey Libby & Henry Small farms. A Revolutionary soldier. His mother, Mary (McKenney) (Small) Haskins lived with brother, Henry. She d. Feb. 22, 1823, ae 92 yrs. Limington. Maj. Daniel m. June 14, 1781, Anna Tyler of Scarboro, she b. Mar. 11, 1762, Scarboro, d. Oct. 4, 1823, ae 61 yrs. 6 mos. Limington. He m. (2) Mar. 20, 1825, Sarah Libby, widow of Allison of Gorham, he of Limington, she b. Dec. 12, 1760, d. Feb. 23, 1849, ae 88 yrs. 2 mos. 11 das. Gorham. Children b. in Limington.

i.	JOSEPH, b. Oct. 27, 1781, d.y.
ii.	JANE, b. Mar. 8, 1783, d.y.
iii.	JOHN, b. Nov. 19, 1784. m. Aug. 14, 1813, Lydia Robinson of Waterboro, he of Limington. (One Lydia Small m. int. Oct. 14, 1810, Simon McKenney of Limington.)
iv.	JOSEPH, b. Aug. 14, 1786.
v.	ABRAHAM, b. Apr. 26, 1788.
vi.	POLLY, b. Sept. 19, 1789, d. Feb. 23, 1841, ae 53 yrs. 5 mos. m. Apr. 6, 1808, Daniel Coffin Jr., both of Limington. m. (2) int. Mar. 4, 1821, James Young, both of Limington, he b. May 16, 1786, Limington, d. Dec. 24, 1852, Limington. Child of Polly and Daniel Coffin Jr.: 1. ABIAL, b. 1809, d. Nov. 15, 1832, ae 24 yrs. Limington. m. Dec. 24, 1827, Mary Warren of Limerick, he of Saco. Children: (1) DANIEL, d. Dec. 22, 1909, ae 78 yrs. 11 mos. 26 das. Shapleigh, formerly of Limerick. (2) ABIAL JR., d. Mar. 10, 1861, ae 28 yrs. Limerick.
vii.	PATTY (MARTHA), b. Sept. 19, 1789, d. Sept. 15, 1874, Portland. m. Mar. 2, 1807, Daniel Herrick of Falmouth, she of Limington.

viii. JANE, b. May 19, 1791, d. Mar. 17, 1863, ae 72 yrs. Portland. m. Feb. 22, 1810, John K. Paine of Standish, she ol Limington, he b. Mar. 20, 1787, Standish, d. Aug. 28, 1835, Portland.
ix. DAVID, b. Apr. 10, 1793, d. 1811.
x. ANNA, b. June 10, 1796, d.y.
xi. NANCY, b. Mar. 26, 1798, d. Mar. 12, 1829, Limington, she corporeal mental.
xii. DANIEL, b. Jan. 19, 1800, d. Nov. 19, 1868, Limington. He lived on homestead farm on Shaving Hill Road. m. int. Jan. 2, 1820, m. Feb. 19, 1820, Sophia Libby, both of Limington, she b. Nov. 10, 1800, Limington, d. Dec. 6, 1878, Limington. Children born in Limington.
   1. JACOB, b. July 19, 1820, d. Apr. 12, 1880, ae 60 yrs. unm. Limington.
   2. ENOS, b. Sept. 2, 1822, d. Nov. 23, 1854, ae 31 yrs. unm. Limington.
   3. PHILEMON, b. Sept. 29, 1824, d. Aug. 6, 1844, unm.
   4. GILMAN L., b. Sept. 2, 1826, d. Jan. 29, 1848, unm.
   5. CAROLINE A., b. Mar. 4, 1829, d. Nov. 20, 1885, Limington. m. Aug. 1, 1851, Cornelius L. Ilsley in Portsmouth, NH, he b. May 12, 1826, Portland, d. Oct. 4. 1895, Portland. Child:
      (1) GILMAN S., b. Mar. 11, 1852, d. May 17, 1895. m. Feb. 6, 1875 in Auburn, Georgia A. Brackett of Limington.
   6. SARAH ANN, b. Nov. 3, 1831, d. Jan. 3, 1910, Biddeford. m. Mar. 14, 1859, George K. Gibbs of Saco.
   7. MARY JANE, b. Nov. 3, 1837, d. May 27, 1863. unm. Limington.
   8. HARRIET L., b. May 29, 1842, d. Dec. 12, 1870, unm.
   9. SEWALL, b. July 23, 1843, d. Feb. 8, 1863, ae 28 yrs. unm. Limington.
xiii. JACOB, b. Sept. 23, 1802, d. 1814.
xiv. SALLY, b. Apr. 24, 1804, d. July 25, 1867, ae 63 yrs. 3 mos. 13 das. Bradford. m. Jan. 8, 1824, David Young Jr., both of Limington, he b. June 24, 1798, Limington, d. June 14, 1872, Bradford.

SMALL, GEORGE, b. 1769, Falmouth, d. Feb. 1, 1850, ae 81 yrs. Limington. He moved in his youth to Gray and in 1817 came to E. Limington. m. int. Feb. 10, 1792 in Gray, Sarah Nash, both of Gray, she d. May 29, 1807, ae 36 yrs. Gray. m. (2) Sept. 6, 1807 in Cumberland, Sarah Wescott, she d. Mar. 9, 1856, ae 79 yrs. Limington. Children all born in Gray.
i. GEN. GEORGE, b. Oct. 21, 1792, d. Nov. 7, 1865. ae 73 yrs. 17 das. Limington. He was prominent in state militia and lived in large baronial plan house on site of Davis Library in the village. m. May 11, 1817, Sally Megquire of New Gloucester, he of Gray, she b. May 22, 1798, New Gloucester, d. Sept. 23, 1826, ae 26 yrs. Limington. m. (2) Sept. 30, 1827, Eunice

Hight Chase, both of Limington, she b. Jan. 31, 1793, Saco, d. Oct. 23, 1878, ae 85 yrs. 8 mos. Limington. Children:
1. JOHN MEGQUIRE, b. Mar. 14, 1818, New Gloucester, d. Dec. 5, 1897, Lewiston. He graduated in 1847 from Bowdoin Medical school and about 1867 came to Lewiston from Exeter. m. Elizabeth Horton Bangs.
2. DEXTER, b. June 27, 1820, d. Feb. 25, 1847, ae 26 yrs. 7 mos. 28 das. Limington.
3. MELVINA R., b. 1824, m. Nov. 19, 1857 in Portland, Nathaniel Eaton of Trinidad, Cuba, she of Limington. m. (2) William R. Savage.
4. CHARLES HENRY, b. Dec. 25, 1824, living 1911 Broadway, NY. He lived in NY, was there in 1892, spent his vacations on homestead at Limington.
5. SARAH MEGQUIRE, b. Mar. 22, 1826, d. June 13, 1853, Limington. m. int. Mar. 11, 1848, Henry Pitmon Waldron, both of Limington, he b. Feb. 19, 1818, Wolfeboro, NH, d. Apr. 12, 1910, Limington.
6. LEONARD L., b. 1830, d. Aug. 20, 1852, unm. On barque *A. Gracies* on passage from San Blas to San Francisco, CA.
7. GEORGE SUMMER, b. 1834, living 1911 in NY.
8. FREDERICK, b. Aug. 15, 1837, d. July 17, 1838, ae 1 yr. 11 mos. 2 das. Limington.

ii. MARY, b. Mar. 20, 1794, d. July 8, 1861, ae 67 yrs. Limington. m. June 14, 1812, Sidney Thaxter of Portland, she b. June 7, 1788, Hingham, MA, d. 1823, Portland. Children:
1. SALLY, b. 1813, d. Dec. 24, 1840, ae 27 yrs. Bangor. m. int. Mar. 18, 1837, Leonard Hamblen of Bangor, she of Limington, he b. Nov. 5. 1811, Limington, d. Apr. 3, 1846, Bangor.
2. SIDNEY, b. Feb. 8, 1815, Gray, d. Nov. 14, 1898, Portland. m. June 17, 1836, Sophronia Chase, both of Limington, she b. Jan. 1, 1817, Limington, d. Apr. 16, 1887.
3. JOSHUA, b. 1816, d. 1860, Bangor.
4. MARY S., b. Sept. 17, 1818, Gray, d. Apr. 21, 1910, ae 92 yrs. 7 mos. 9 das. Portland. m. int. Apr. 30, 1837, Ebenezer Irish Larrabee, both of Limington, he b. Jan. 12, 1810, Limington, d. May 20, 1891, Limington.
5. HENRY GREENWOOD, b. Apr., 1821, d. Sept. 2, 1882, ae 61 yrs. 4 mos. 15 das. Bangor.
6. LOUISA, b. Sept. 1, 1823, d. May 2, 1888, ae 64 yrs. 8 mos. Limington. m. Feb. 24, 1848, William H. Danielson of Portland, he b. Jan. 27, 1823, d. 1905.

iii. COL. HENRY, b. Dec. 25, 1795, d. Dec. 13, 1875, ae 79 yrs. 11 mos. 17 das. E. Limington. He had an inn and store at E. Limington, last occupied by Lillian H. Small. He was appointed postmaster of E. Limington during Van Buren's administration and held the position many yrs. He was in trade for nearly 60 yrs. and honorably held positions of trust. m. Sept. 24, 1820, Susanna Sawyer, both of Limington, she b.

Oct. 18, 1796, Limington, d. Mar. 28, 1885, ae 88 yrs. 5 mos. 10 das. Limington. Children born in Limington.
1. **MARY SUSAN**, b. June 27, 1822, d. Sept. 30, 1905, ae 83 yrs. Portland. m. Sept. 5, 1848, Octavius A. Hill of N. Yarmouth, she of Limington, he b. Feb. 5, 1824, N. Yarmouth, d. Nov., 1909, Portland.
2. **HENRY CLINTON**, b. Dec. 25, 1824, d. Apr. 18, 1907 Portland. m. Feb. 3, 1853, Emma A. Chase, both of Limington, he d. Jan. 20, 1866, ae 34 yrs. 9 mos. E. Limington. m. (2) Feb. 23, 1873 in Portland, Priscilla Sweetzer of Pownal, he of Portland, she b. 1839, d. 1926. Children:
    (1) **HENRY AUDUBON**, b. Nov. 8, 1853. Living in 1907. He graduated in 1878 from Bowdoin Medical.
    (2) **JOSIAH CHASE**, b. 1854, living 1890, Sioux City, IA.
    (3) **FREDERIC C.**, b. June 20, 1858, living in 1907, Sioux City, IA.
    (4) **GEORGE HOWARD**, d. Feb. 28, 1867, ae 1 yr. 2 mos. E. Limington.
3. **GEORGE MELVILLE**, b. July 2, 1828, d. Dec. 21, 1908, ae 80 yrs. 5 mos. 15 das. E. Limington. He lived many yrs. in Portland, returning late in life to home of his fathers, at E. Limington. m. int. Feb. 17, 1853, Mary Adams Small, both of Limington, she b. Oct. 21, 1828, Limington, d. May 22, 1894, ae 65 yrs. 7 mos. Limington. Children:
    (1) **ELIZABETH MAY**, b. Feb. 28, 1856, Limington, d. Sept. 2, 1895, ae 39 yrs. 7 mos. Tonawanda, NY. m. June 25, 1884, John F. Chase, both of Limington.
    (2) **LILLIAN HORTENSE**, b. May 10, 1859, d. Dec. 12, 1927. unm. Limington. He was last person to live in family homestead before it burned in 1931.
    (3) **MELVILLE CLARK**, b. June 10, 1863, d. Sept. 10, 1863, ae 3 mos.
4. **SARAH ELIZABETH**, b. 1833, d. Jan. 29, 1847, ae 14 yrs. 29 yrs. Limington.

iv. **ALVAH**, b. 1799, d. Mar. 4, 1868, ae 70 yrs. W. Peru. m. May 15, 1824, Hannah Small, both of Limington, she b. June 29, 1799, Limington, d. Mar. 8, 1870, W. Peru.

v. **STATIRA**, b. 1799, d. July 3, 1876, ae 76 yrs. Gray. m. May 22, 1818, Woodward Latham, both of Gray, he d. Sept. 28, 1865, ae 68 yrs. 9 mos. Gray.

vi. **SARAH NASH**, b. Feb., 1800, d. Aug. 2, 1838, ae 38 yrs. 6 mos. China. m. int. Oct. 7, 1824, m. Jan. 27, 1825, Samuel Hanscom of China, she of Limington. he d. Feb. 2, 1880, ae 79 yrs. 8 mos. China.

vii. **ELIZA**, b. Jan. 10, 1806, d. Dec. 22, 1882 Phillips. m. int. June 6, 1835, Ephraim Sawyer, both of Limington, he b. Oct. 28, 1804, Limington, d. Sept. 25, 1887, Phillips.

viii. **LAWSON**, b. 1808, d. May 29, 1907, Peru. He living in Limington in 1841, in 1842 Searsport, in 1850 Mexico, in 1851

Paris, then Dixfield and last to Roxbury. m. Melinda York, she d. Nov. 11, 1900, ae 90 yrs. 8 mos. Peru.
ix. ERVIN, b. Jan., 1809, d. Oct. 1, 1890, ae 81 yrs. 10 mos. Cape Elizabeth. m. Mar. 1, 1832, Mary G. Moore, both of Limington, she b. Dec. 6, 1808, d. Apr. 30, 1889, ae 80 yrs. 4 mos. Gorham.
x. CHARLOTTE WESCOTT, b. Nov. 15, 1811, d. Mar. 19, 1901, ae 89 yrs. 4 mos. 4 das. Limington. m. June 23, 1831, Christopher Hussey Cole of Standish, she of Limington, he b. Dec. 19, 1807, Biddeford, d. Sept. 16, 1867, ae 59 yrs. 8 mos. 27 das. Children:
   1. GEORGE ERVIN, b. July 14, 1832, Falmouth.
   2. MALCOLM BRADFORD, b. July 15, 1839, Limington, d. Mar. 14, 1907. m. int. Mar. 29, 1860, Lucella Clark Mitchell, both of Limington.
   3. CHARLOTTE FRANCES, b. May 6, 1844, Limington, d. Sept. 20, 1928, ae 85 yrs. 4 mos. 14 das. unm. Limington.
   4. CHRISTOPHER HARLON, b. June 15, 1846, Limington, d. May 5, 1905, ae 58 yrs. 10 mos. 10 das.
xi. EMILY JANE, b. June 2, 1817, d. Aug. 3, 1908. m. int. Feb. 24, 1836, Ichabod Wilson Leighton of Gorham, she of Limington, he d. Jan., 1905, ae 95 yrs. 10 mos. S. Portland.

SMALL, HENRY, b. Oct. 29, 1757, Scarboro, d. Nov. 9, 1826, ae 69 yrs. 11 das. Limington. He settled on lot 8, range H, the first farm west of Shaving Hill, near location of the Small-Thompson tomb at Dundee, where the Small reunions were held. He came in Apr., 1787 from Scarboro. m. July 16, 1778 in Scarboro, Elizabeth Dam, both of Limington, she b. Nov. 23, 1758, Scarboro, d. June 13, 1841, ae 82 yrs. 6 mos. 20 das. Limington. Children:
i. ABIGAIL, b. Jan. 2, 1779, Scarboro, d. Apr. 20, 1866, ae 87 yrs. 3 mos. 18 das. Limington. m. Apr. 27, 1801, John Black, both of Limington, he b. Aug. 31, 1777, d. Apr. 20, 1847, Limington.
ii. MARY, b. Nov. 4, 1780, Scarboro, d. Oct. 9, 1846, Limington. m. July 2, 1801, William Thompson, both of Limington, he b. Oct. 4, 1775, Falmouth, d. May 26, 1876, Limington.
iii. JOHN HENRY, b. Dec. 19, 1782, Scarboro, d. Mar. 1, 1834, ae 51 yrs. E. Howland, formerly of Limington. m. Nov. 27, 1806, Betsey W. Hooper, both of Limington, she b. July 30, 1787, d. May 28, 1875, Grandview, Jarva. Children:
   1. JAMES GODFREY, b. Aug. 19, 1807, Limington, d. Dec. 18, 1885. m. Dec. 1, 1830, Harriet S. Mitchell of Limington, he of Howland, she b. Dec. 28, 1809, Limington, d. Dec. 15, 1863, Howland.
   2. FREEMAN PAINE, b. Mar. 31, 1809, Limington, d. Aug. 12, 1812.
   3. ANN MARIA RAND, b. Aug. 12, 1811, Limington.
iv. FRANCIS, b. May 2, 1785, Scarboro, d. July 17, 1865, Windham. m. Nov. 29, 1810, Dorothy Libby, both of Limington, she b.

June 29, 1791, Limington, d. Mar. 11, 1879, Windham. They moved to Windham before 1837. Children born in Limington.
1. **SOPHRONIA**, b. Nov. 8, 1811, d. Oct. 12, 1868, Westbrook. m. June 6, 1834, Andrew Libby of Gorham, she of Limington, he b. Apr. 2, 1800, d. May 7, 1848.
2. **DAVID OTIS**, b. Sept. 29, 1813, d. July 28, 1880, ae 66 yrs. Windham. m. Jan. 24, 1845, Lucy T. Jackson, she d. June 21, 1888, ae 70 yrs. Westbrook, formerly of Windham.
3. **MARTHA L.**, b. Oct. 10, 1815, d. Sept. 7, 1887, Limington. m. Mar. 28, 1839, David Small Libby, both of Limington. He b. July 10, 1811, Limington, d. Nov. 20, 1878, Limington.
4. **ABIGAIL D.**, b. Sept. 2, 1817, d. Jan. 5, 1841, Gorham. m. Apr. 7, 1842, Matthew Johnson of Gorham.
5. **LYDIA M.**, b. Dec. 29, 1819, d. Dec. 18, 1894, ae 74 yrs. 11 mos. 20 das. Gorham. m. July 8, 1843, Otis Purington of Windham, he b. 1819, Windham, d. 1898, Gorham.
6. **WILLIAM FRANCIS**, b. Mar. 2, 1822, d. Sept. 20, 1889, Boston, MA. m. Susannah Libby of Bridgton.
7. **MARY ANN**, b. Aug. 20, 1824, d. Aug. 20, 1900, ae 75 yrs. 10 mos. Gorham. m. int. Mar. 13, 1842, Matthew Johnson of Gorham, she of Windham.
8. **LOUISA OTIS**, b. Nov. 19, 1826, d. Nov. 19, 1904, Portland. m. Dec. 4, 1851, Orlando M. Marritt of Portland.
9. **CHARLES FREEMAN**, b. June 10, 1830, d. Aug. 20, 1903, Malden, MA. At 18 yrs. old went to Boston and for many yrs. conducted a grocery business there.
10. **AMANDA**, b. Oct. 2, 1834, d. Apr. 19, 1926, ae 91 yrs. 6 mos. 17 das. Portland. m. Dec. 24, 1868, John M. Allen of Westbrook.

v. HUMPHREY, b. June 13, 1787, Limington, d. Mar. 17, 1863, Cornish, he moved in 1832 to Cornish. m. Jan. 21, 1813, Sarah Libby, both of Limington, she b. Oct. 14, 1792, Limington, d. Mar. 22, 1873, ae 79 yrs. 3 mos. 8 das. Cornish. Children all born in Limington, except the last.
1. **ELEANOR WORTHLEY**, b. Aug. 28, 1814, d. Aug. 28, 1826.
2. **JAMES LIBBY**, b. Sept. 3, 1815, d. Aug. 3, 1898, ae 82 yrs. 11 mos. Cornish.
3. **MARY LIBBY**, b. Dec. 21, 1817, d. Sept. 11, 1853.
4. **WILLIAM PITMAN**, b. Jan. 7, 1820, d. Sept. 5, 1821, Limington.
5. **REBECCA MITCHELL**, b. Jan. 25, 1822, d. June 4, 1880, Cornish.
6. **LEWIS FREDERICK**, b. Mar. 29, 1824, d. Nov. 2, 1890, Biddeford.
7. **ABIGAIL BLACK**, b. Feb. 20, 1827, d. Sept. 17, 1891, Limington. m. July 26, 1846, Bennett Pike. m. Mar. 9, 1854, Joab Black of Limington.
8. **HENRY WARRINGTON**, b. Apr. 4, 1829, living 1890, Chicago, IL.

9. **LAURISTON WARD**, b. June 9, 1832, Cornish, d. Sept. 14, 1920, Cornish.
vi. **ELIZABETH**, b. Nov. 18, 1789, Limington, d. Jan. 27, 1855, Limington. m. July 7, 1808, Arthur Bragdon, both of Limington, he b. June 6, 1787, Limington, d. July 5, 1866, Limington.
vii. **FANNY**, b. Feb. 7, 1793, Limington, d. Sept. 8, 1881, Limington. m. Feb. 15, 1816, Joshua Small, both of Limington, he b. July 9, 1794, Limington, d. Feb. 14, 1847, Limington.
viii. **SALLY**, b. Apr. 15, 1795, Limington, d. Jan. 3, 1885, ae 89 yrs. Lowell, MA. m. Jan. 19, 1815, Jonathan Atkinson, both of Limington, he b. Mar. 16, 1795, Limington, d. Mar. 11, 1852, Lowell, MA.
ix. **DORCAS**, b. June 6, 1797, d. Nov. 22, 1868, ae 70 yrs. 5 mos. 17 das. Bridgton. m. int. Jan. 11, 1848, Elisha Grant, both of Limington, he d. Dec. 1, 1848, ae 60 yrs. 6 mos. 20 das. Bridgton.
x. **MAJ. HENRY**, b. Apr. 29, 1799, d. Feb. 24, 1879, ae 79 yrs. 10 mos. Limington. He settled on Scott Small's place on Boothby Road, which was the old Joshua Small's place. m. Mar. 19, 1829 in Bridgton, Eliza Kennard of Bridgton, he of Limington, she b. Jan. 14, 1808, d. May 25, 1889, Limington. Children:
1. **JOHN HENRY**, b. May 5, 1830, d. Mar. 8, 1899, Brooklin, NY.
2. **HARRIET PARKER**, b. May 20, 1832, d. May 5, 1873, ae 41 yrs. m. int. May 30, 1859, Alfred Small of Freeport, she of Limington.
3. **ANN MARIA**, b. May 25, 1834, d. Oct. 30, 1835, Limington.
4. **EDWARD CLINTON**, b. Feb. 26, 1836, d. Apr. 27, 1876, Baltimore, MD. He moved in 1856 to Baltimore, MD.
5. **IVORY KIMBALL**, b. June 6, 1838, living 1890, New Orleans, LA.
6. **JOSEPH**, b. Jan. 3, 1840, d. July 24, 1884, Limington.
7. **EUNICE MONROE**, b. Feb. 2, 1843, d. July 8, 1928, Milton Mills, NH.
8. **ISAAC WATTS**, b. Nov. 20, 1844, d. Oct. 24, 1866.
9. **CYRUS KING**, b. Apr. 11, 1848, d. Feb., 1923.
10. **WINFIELD SCOTT**, b. May 29, 1850, d. Oct. 9, 1919, Limington. m. June 20, 1878, Kate L. Mitchell, both of Limington, she b. Sept. 16, 1848, Limington, d. Mar. 18, 1904, Limington. Children born in Limington.
   (1) **ETHEL WINIFRED**, b. Nov. 15, 1878.
   (2) **HARRY LEE**, b. Nov. 14, 1880, d. Feb. 4, 1884.
   (3) **HAROLD**, b. Mar. 15, 1885, d. May 24, 1941.
   (4) **MARION LUCILLA**, b. Aug. 15, 1886, d. Aug. 18, 1927.
   (5) **JANET HEPBURN**, b. July 25, 1887, d. Nov. 29, 1934.
   (6) **ABBIE ELLIOT**, b. June 14, 1889, d. 1967.
   (7) **INFANT BOY**, b. June 13, 1890, d. June 2, 1890.

xi. THEODOTIA, b. Nov. 2, 1801, Limington, d. Apr. 10, 1850. m. Mar. 23, 1826, Hugh Libby of Gorham, she of Limington.

xii. JOSEPH DAM, b. Nov. 11, 1806, Limington, d. Nov. 7, 1838, ae 32 yrs. Limington. In 1838 his widow moved to home of Benjamin E. Cousins, located next to Shaving Hill Road and family tomb. m. Mar. 10, 1831, Elmira Libby, both of Limington, she b. Aug. 20, 1807, Limington, d. May 21, 1892, Limington. Children:
   1. ELIZABETH DAM, b. Sept. 11, 1832, d. Oct. 5, 1911, Limington. m. Mar. 31, 1852, Abram Cousins, both of Limington, he b. Jan. 2, 1826, Limington, d. Dec. 15, 1903, Limington.
   2. ALFRED, b. Nov. 9, 1834, d. Aug. 24, 1894, Limington. m. Dec. 31, 1871, Arabella Plaisted, both of Limington, she m. (2) Nov. 25, 1896 in Everett, MA, George Wilson Plaisted of Everett, MA.

SMALL, CAPT. JACOB, b. Apr. 4, 1745, Cape Elizabeth, d. Mar. 18, 1813, ae 68 yrs. Cape Elizabeth. He came from Cape Elizabeth by May, 1783, and signed the Heirs of Daniel Small petition to the commonwealth of Massachusetts as did his brothers, Reuben, Daniel, Timothy Small. He settled on lot 1, range A of 30-acre lots at E. Limington. He returned to Cape Elizabeth by 1795. m. int. Feb. 13, 1768, Sarah Mayo, both of Cape Elizabeth, she b. Jan. 11, 1751. m. (2) Dec. 23, 1788, Sarah York of Cape Elizabeth, he of Limington. Children:
i. SARAH, b. Aug. 15, 1770, Cape Elizabeth, d. Nov. 1, 1830, ae 69 yrs. 2 mos. Limington. m. Mar. 16, 1790, Harvey Libby, both of Limington, he b. Dec. 18, 1763, Scarboro, d. Feb. 28, 1849, Limington.
ii. JACOB, b. Sept. 2, 1772, d. Mar.-Sept. 1815, Limington. m. Jan. 2, 1794, Mary Black, both of Limington, she b. May 10, 1775, living 1850 Limington. Children:
   1. JACOB SMALL, b. Feb. 12, 1795, Limington, d. 1802.
   2. SARAH, b. Dec. 4, 1796, Limington, d. Aug. 29, 1870, Bridgton. m. Mar. 17, 1814, Peter Sawyer, both of Limington, he b. June 10, 1794, Limington, d. Mar. 9, 1876, Bridgton.
iii. CLEMENT.

SMALL, CAPT. JAMES, b. Aug. 4, 1734, Falmouth, d. Dec. 9, 1812, N. Limington. He came from Cape Elizabeth by Mar., 1777 and settled on lot 11, range A, located on southwest corner of Horne Pond. He had been a sea captain in W. India trade, but during early days of Revolutionary War, bought a farm in Limington. m. int. Mar. 3, 1758, Hannah Delano of Falmouth, she b. Dec. 8, 1738, Falmouth, d. June 27, 1827, N. Limington. Children seen in town.
i. ISRAEL, b. Sept. 4, 1768, Cape Elizabeth, d. June 4, 1850, ae 81 yrs. 9 mos. Limington. He was associated with his brothers in operating Small mills at Slabstreet. m. Nov. 3, 1793, Sally Barton, both of Portland, she b. Oct. 17, 1776, Falmouth, d.

Oct. 7, 1855, ae 79 yrs. Limington. Her sister, Anna Barton, d. Sept. 11, 1848, ae 77 yrs. 4 mos. Limington. Children:
1. **LEMUEL**, b. Mar. 28, 1794, Great Diamond Island, Portland, d. Aug. 20, 1867, unm. Idoitic, Limington.
2. **EPHRAIM**, b. June 18, 1796, Great Diamond Island, Portland, d. Apr. 18, 1847, ae 50 yrs. 10 mos. Limington. m. Nov. 21, 1823, Susan Seavey, both of Limington, she b. May 18, 1802, Limerick, d. Jan. 9, 1890, ae 84 yrs. Limington, she m. (2) int. Feb. 6, 1866, James Hartford, he b. Mar. 16, 1798, Waterboro, d. May 5, 1867, Limington. Children:
   (1) **EMELINE S.**, b. Sept. 16, 1825, d. Mar. 4, 1909. ae 83 yrs. 5 mos. 16 das. Standish. m. int. Nov. 3, 1849, Loring Emery, both of Limington, he b. Mar. 8, 1824, d. Mar. 13, 1888, Portland.
   (2) **MARY S.**, b. June 8, 1828, d. May 19, 1904, ae 75 yrs. 11 mos. 11 das. Limington. m. Mar. 7, 1853, Leonard Abbott, both of Limington, he b. Aug. 26, 1829, Limington, d. June 12, 1905, Limington.
   (3) **EPHRAIM**, b. Apr. 6, 1834, d. Sept. 17, 1854, ae 20 yrs. 5 mos. 11 das. Limington.
   (4) **ROSCOE GREEN**, b. Feb. 26, 1835, d. Feb. 6, 1916, Harinsack, NY. m. Jan. 1, 1860, Almeda Lane Dresser of Standish, he of Limington, buried in Somerville, NJ.
   (5) **JOHN**, b. 1840.
   (6) **SUSAN M.**, b. Apr. 7, 1843, d. Aug. 4, 1926, Limington. (m. Dec. 1, 1868 in Lawrence, MA.) m. Charles A. Pattee of Mercer, he b. Mar. 27, 1832, Mercer, d. Jan. 15, 1913, Limington.
3. **ELIZA**, b. Dec. 13, 1798, Great Diamond Island, Portland, d. Feb. 14, 1880, Limington. m. Mar. 26, 1818, Samuel Hopkinson, both of Limington, he b. Oct. 2, 1793, Buxton, d. July 29, 1880, Limington.
4. **ROBERT B.**, b. Mar. 2, 1801, d. Apr. 8, 1877, Caribou. m. Mar. 17, 1825, Olive Black, both of Limington, she b. Aug. 14, 1804, Limington, d. Feb. 22, 1868 Caribou. Children born in Limington.
   (1) **WILLIAM HOBSON**, b. Aug. 21, 1825, d. Mar., 1850, ae 24 yrs. 6 mos. Farmer's Creek, MN. m. Jane S. ___, who d. July 6, 1852, ae 22 yrs. 2 mos. Farmer's Creek, MI, formerly of Limington. Child:
      (i) **WILLIAM HOBSON**, b. Apr. 15, 1850 in Limington, d. Oct. 19, 1874, ae 24 yrs. 6 mos. 4 das. Limington. m. int. Sept. 1, 1871, Rose E. Smith, both of Limington. Child:
         (a) **MELVILLE AUGUSTUS**, b. June 30, 1873, d. Feb. 10, 1899.
   (2) **MARY S.**, b. June 1, 1828, d. Feb. 17, 1912. m. int. July 3, 1853, Josiah Libby Black, both of Limington, he b. Jan. 30, 1825, Limington, d. Sept. 2, 1902, Limington.

(3) **RUTH ANN**, b. Feb. 2, 1831, living 1860, Limington.
(4) **IRENE**, b. June 5, 1833, d. July 26, 1893, Caribou. m. Dec. 17, 1860 in Caribou, Cephas C. Sampson.
(5) **ISRAEL**, b. July 3, 1835, d. July 29, 1892, Steep Falls. m. Dec. 7, 1861, Abbie A. Jenness, both of Limington, he moved in 1862 to Steep Falls.
(6) **SOPHRONIA B.**, b. July 22, 1837, d. Feb. 10, 1859, ae 20 yrs. 6 mos. 19 das.
(7) **ALVAH BLACK**, b. Oct. 30, 1839.
(8) **SARAH H.**, b. Jan. 18, 1842, d. Nov. 22, 1919, Woodland. m. Nov. 22, 1862 in Caribou, Benjamin F. Thomas.
(9) **HARRIET**, b. July 15, 1846, d. Apr. 10, 1917, Caribou. m. int. May 6, 1866, Moses Sampson Thomas.

5. **NANCY B.**, b. Feb. 28, 1803, d. Oct. 20, 1839, ae 37 yrs. unm. Limington.
6. **MAJOR JAMES**, b. Mar. 10, 1805, d. Nov. 23, 1849, Saco. m. Nov. 23, 1827, Hannah B. Seavey, both of Limington, she b. Nov. 9, 1815, Limington, d. July 29, 1835, ae 29 yrs. 7 mos. 20 das. Limington. m. (2) int. July 6, 1837, Elizabeth D. (Berry) Sellea, widow of Caleb, she b. June 12, 1801, Standish, d. Mar. 14, 1887, Saco. Children:

(1) **ALMEDA C.**, b. Sept., 1828, d. Oct. 9, 1882, ae 53 yrs. 9 mos. Lawrence, MA. m. Samuel M. Davis of Parsonsfield, moved in 1847 to Lawrence.
(2) **HANNAH B.**, b. 1831, living 1850, Limington.
(3) **SALLY BARTON**, b. 1832, d. Dec. 10, 1835, ae 3 yrs. Limington.
(4) **MARY JANE**, b. 1835.
(5) **ANDREW J.**, b. Nov. 19, 1837, Saco, d. Jan., 1885, Saco, editor of *Biddeford Weekly Times*.
(6) **SARAH ELIZABETH**, b. Dec. 7, 1839, d. Aug. 7, 1862, ae 22 yrs. 8 mos. Saco.
(7) **JOSEPHINE W.**, b. July 31, 1842, d. Nov. 7, 1915, unm.
(8) **ADELINE F.**, b. May 19, 1846, d. 1913, unm.

7. **DEA. EZEKIEL**, b. Jan. 29, 1807, d. Mar. 25, 1882, ae 75 yrs. 3 mos. N. Limington. m. June 10, 1838, Clarissa H. Griffin of Portland, he of Limington, she d. May 16, 1843, ae 29 yrs. Limington. m. (2) int. Nov. 8, 1846, Elizabeth (Small) Stevens, widow of Abial of Newry, he d. Oct. 23, 1840, ae 25 yrs. 5 mos. Rumford, she b. May 8, 1814, Lisbon, d. Feb. 5, 1880, ae 65 yrs. 8 mos. Limington. Children:

(1) **CLARA ANN**, b. 1840, d. 1880, Newry. m. int. May 12, 1860, Levi W. Kilgore of Newry.
(2) **LYDIA ELLEN**, b. Oct. 7, 1848, Limington, d. Mar. 3, 1865, ae 16 yrs. 4 mos. 26 das. Limington.
(3) **GEORGE W.**, b. 1852, Limington, d. Nov. 24, 1873, ae 22 yrs. 5 mos. Lawrence, MA.

8. SALLY BARTON, b. Aug. 9, 1809, d. Feb. 26, 1888, Limington. m. June 23, 1831, Thomas Jefferson Thompson, both of Limington, he b. Sept. 23, 1803, Buxton, d. Dec. 20, 1878, Limington.
9. CYRUS, b. Nov. 19, 1811, d. Apr. 4, 1887, Limington. m. int. May 28, 1837, Lucinda Small, both of Limington, she b. Sept. 2, 1815, Limington, d. Sept. 25, 1893, Limington. Children born in Limington.
   (1) GREENVILLE F., b. Mar., 1837, d. June 18, 1886, ae 49 yrs. 3 mos. Old Orchard.
   (2) JOHN F., b. Oct. 14, 1840, d. June 28, 1864, in U.S. Army.
   (3) EDWIN, b. Dec. 18, 1842, living in 1890 Colebrook, NH.
   (4) EMILY JUDSON, b. Apr. 18, 1848, d. Oct. 5, 1874, ae 26 yrs. 5 mos. 18 das. unm. N. Limington.
   (5) MARY S., b. 1854.
10. ASAHEL, b. Mar. 21, 1814, d. Oct. 8, 1870, Limington. m. Mar. 3, 1856 in Fryeburg, Lucinda Wakefield of Boston, MA, he of Limington, she b. Feb. 14, 1817, d. Nov. 11, 1887, Limington. Children:
    (1) SAMUEL NYE, b. Nov. 27, 1857, Limington, d. Jan. 21, 1927. m. Sept. 26, 1880, Mary Allen, both of Limington, she b. Feb. 12, 1858, Denmark, d. July 22, 1932, Steep Falls. Children born in Limington.
       (i) WILLIAM ARGNEY, b. Nov. 9, 1888, d. Mar. 9, 1956, Needham, MA.
       (ii) FRED W., b. June 10, 1892.
    (2) LOUISA W., b. 1859, d. Dec. 25, 1859, ae 1 mo. 14 das. Limington.
11. SUSAN S., b. Apr. 21, 1816, d. Sept. 10, 1899, ae 83 yrs. 4 mos. 13 das. Hollis. m. June 8, 1843, James Hopkinson Ridlon of Hollis, she of Limington, he d. Sept. 16, 1855, ae 42 yrs. 8 mos. 4 das. Hollis.
12. DORCAS B., b. Jan. 21, 1819, d. Nov. 16, 1878, unm. Limington.

ii. JAMES, b. Oct. 23, 1773, d. Nov. 1, 1845, ae 71 yrs. Newry. m. Apr. 21, 1803, Lydia Howard of Limerick, she d. July 16, 1834, ae 53 yrs. 7 mos. Rumford.

iii. EZEKIEL, b. July 25, 1777, Limington, d. Nov. 19, 1865, Vassalboro. He living in 1832, Limington. m. Mar. 9, 1802, Lucy Staples, both of Limington, she b. Nov. 11, 1781, Kittery, d. May 16, 1857, Vassalboro. Children born in Limington.
   1. HANNAH, b. June 12, 1802, d. Mar. 31, 1860, ae 57 yrs. 7 mos. Vassalboro. m. June 29, 1828, Zenas Elliot, both of Limington, he d. Feb. 4, 1856, ae 56 yrs. Limington.
   2. JANE S., b. Nov. 25, 1805, d. Dec. 8, 1844, ae 38 yrs. Houlton. m. Batchelor Hussey of Houlton.
   3. SALLY, b. Jan. 29, 1808, d. May 10, 1852, unm. Vassalboro.
   4. MARY ANN, b. Dec. 13, 1809, d. Jan. 15, 1821, ae 11 yrs.
   5. LOUISA, b. Feb. 5, 1812. m. Jesse Metcalf.

   6. ANSEL, b. Sept. 30, 1813, d. Sept. 15, 1894, Vassalboro.
   7. LUCY, b. Sept. 4, 1815, d. Apr. 8, 1897, Houlton. m. Daniel Manson of Limerick.
   8. EZEKIEL, b. Oct. 8, 1817, d. Nov. 25, 1898, Belfast.
   9. SOPHIA, b. Aug. 22, 1819, d. Nov. 1, 1856, St. John, NB. m. Apr. 9, 1855 John Stevens of China.
   10. MARY ANN, b. July 31, 1821, d. Apr. 3, 1896. m. John B. Webber.
   11. WARREN, d. Mar., 1825, ae 3 mos. Limington.

iv. ISAAC, b. Oct. 27, 1779, Limington, d. Jan. 6, 1859, ae 79 yrs. Ossipee, NH. He moved about 1830 to Ossipee, NH. m. Nov. 7, 1805, Betsey Bradbury of Limerick, he of Limington, she b. July 17, 1786, d. July 27, 1866, ae 80 yrs. Ossipee, NH. Children born in Limington.
   1. MARY, b. Nov. 18, 1806, d. Aug. 20, 1827, Limington.
   2. SUSAN H., b. Aug. 16, 1808, d. Sept. 28, 1810.
   3. ELIZA B., b. Aug. 12, 1810, d. Aug. 29, 1887. m. Capt. John H. Watts of Cape Elizabeth.
   4. WILLIAM, b. June 25, 1812, d. May 28, 1816, Limington.
   5. HANNAH DELANO, b. Dec. 22, 1814, d. June 5, 1885, Ossipee, NH. m. James Stevens of Ossipee, NH.
   6. WILLIAM BRADBURY, b. May 17, 1817, d. Apr. 7, 1878, Newmarket, NH.
   7. EUNICE, b. July 7, 1819, d. Aug. 18, 1819.
   8. ISAAC H., b. Feb. 6, 1823, d. Feb. 23, 1878, ae 55 yrs. 16 das. Ossipee, NH.
   9. MARY SUSAN, b. Jan. 24, 1829, d. July 26, 1850 ae 21 yrs. 6 mos. 2 das. Ossipee, NH. m. Andrew Hamblen.
   10. EUNICE C., b. June 15, 1825, d. May 30, 1904. m. Ezekiel Mathews of Salem, Mass.
   11. ADELINE IRISH, b. Nov. 4, 1831, d. May 3, 1892. m. David Mathews.

v. BARZILLAI, b. Nov. 11, 1782, Limington, d. Nov. 24, 1842, ae 61 yrs. 13 das. Limington. m. int. Jan. 1, 1807, Betsey Hagens, both of Limington, she b. May 26, 1790, Limington, d. Dec. 25, 1858, Limington. Children born in Limington.
   1. CYRUS, b. Jan. 27, 1809, d. Jan, 20, 1810, ae 1 yr.
   2. JAMES MADISON, b. Sept. 6, 1809, d. May 14, 1885, E. Baldwin, at residence of his daughter, Mrs. George S. Rounds. He occupied a farm at Oak Hill, Scarboro, later moved to Woodfords, buried Greenwood cemetery, Biddeford. m. Nov. 25, 1841, Susan Foss Parker, both of Limington, she b. Mar. 23, 1819, Limington, d. Jan. 14, 1884, ae 64 yrs. 10 mos. Woodfords, Portland. Children born in Limington.
    (1) JAMES AUSTIN, b. Sept. 1, 1842, d. Jan. 5, 1935, Portland. m. Marrietta Hunniwell.
    (2) JOHN ELDEN, b. Sept. 1, 1842, d. Mar. 22, 1913, Lynn, MA.
    (3) MARIA H., b. Mar., 1847, d. July 6, 1900, ae 53 yrs. 3 mos. 11 das. Portland. m. Nov., 1873, Charles A.

Libby of Limington, he b. Aug. 14, 1851, Limington, d. May 12, 1907, Portland.
- (4) **WALTER HAGENS**, b. June 3, 1850, d. Mar. 18, 1913, ae 62 yrs. 9 mos. 15 das. Portland.
- (5) **LIZZIE F.**, b. Nov. 3, 1855, d. Feb. 20, 1893, ae 37 yrs. 3 mos. 3 das. Baldwin. m. Apr. 22, 1874 in Scarboro, Edwin Rounds of Baldwin, she of Scarboro.
3. **MARY JANE**, b. Nov. 15, 1813, d. Oct. 31, 1830, ae 17 yrs. 11 mos. Limington.
4. **DRUSILLA**, b. Dec. 12, 1818, d. June 22, 1880, ae 61 yrs. 6 mos. 10 das. Standish. m. Oct. 31, 1841, Robert Staples Stone, both of Limington. He went West during gold rush and was never heard from.
5. **OTIS**, b. Apr. 20, 1821, d. Jan. 8, 1909, ae 87 yrs. 8 mos. 7 das. Baldwin. m. Apr. 17, 1854, Sarah M. Walker, both of Limington, she b. June 29, 1822, Brownfield, d. Oct. 9, 1877.
6. **JOHN NELSON**, b. Nov. 10, 1824, went to CA.
7. **MARY ELLEN**, gone in 1830.
8. **ELIZA ANN**, b. Sept. 19, 1827, d. Apr. 30, 1897, ae 69 yrs. 7 mos. 11 das. unm. Standish.

SMALL, JOSEPH, b. 1780, Gray, d. June 5, 1843, ae 63 yrs. Portland. He lived in Gray and moved to Montville then to Limington, and on to Portland. His widow lived with Nathan Smith, who lived near three town lines, near Brick Tavern in Hollis. Joseph was a brother to George Small of Limington. m. Apr. 20, 1800, Sarah Nash, both of Gray, she b. 1778, Gray, d. Nov. 13, 1850, ae 73 yrs. Hollis, widow of Joseph of Portland. Children, first five recorded at Montville.
- i. **ABIGAIL**, b. July 25, 1800, d. Mar. 11, 1874, ae 73 yrs. 8 mos. Limington. m. int. Sept. 25, 1822, Nathan Smith of Hollis, she of Limington, he b. Nov. 2, 1797, Hollis, d. Dec. 15, 1853, ae 56 yrs. Limington.
- ii. **SOLOMON**, b. Feb. 5, 1802, living 1823, Limington.
- iii. **REV. CARLTON**, b. Oct. 20, 1805, d. June 24, 1884, ae 78 yrs. 8 mos. Lyman. m. int. July 22, 1832, Sarah L. Drew of Ossipee, he of Limington, she d. Mar. 8, 1880, ae 70 yrs. 5 mos. Lyman. m. (2) Dec. 11, 1881, Mrs. Olive McKenney of Biddeford. Children:
  1. **JOSEPH C.**, b. Aug. 22, 1834, Raymond.
  2. **JOHN P.**, b. Aug. 29, 1837, Raymond, d. July 16, 1860, Berwick.
  3. **ANSEL T.**, b. 1847, d. July 29, 1910, ae 63 yrs. 9 mos. 22 das. Waterboro.
- iv. **REBECCA**, b. Sept. 15, 1807, d. Apr. 26, 1894. Limington. m. Sept. 8, 1825, John Gove, both of Limington, he b. Apr. 2, 1798, d. Dec. 26, 1865, Limington.
- v. **JOSEPH JR.**, b. 1809, living 1860, ae 50 yrs. Limington, he left his parents when a small boy, lived in Portland.
- vi. **JAMES**, b. 1814.
- vii. **CALEB S.**, b. 1815, d. Oct. 6, 1869, ae 54 yrs. 1 mo. 6 das. Portland.

viii. **EMAZIAH BATES.**

SMALL, JOSHUA, b. Feb. 26, 1725, Kittery, d. Apr. 20, 1803. ae 80 yrs. Limington. He came from Scarboro in February, 1775 with his mostly grown-up family and settled on lot 6, range B, known as the Scott Small place on the Boothby Road. He was the first of the Small proprietors to settle in town. He had a tannery on Black Road. His farm was later occupied by his son Isaac and grandson Isaac 3rd and Joshua Small. He had 13 children, 97 grandchildren and 84 great-grandchildren, in all 194, of whom 165 were living when he died. m. int. Feb. 18, 1743/4, Susanna Kennard of Kittery. m. (2) Dorothy (Mendum) Clark, widow of John Clark of Kittery, she b. Apr. 6, 1738, d. Dec. 20, 1808, Newfield, with her daughter, Elizabeth (Clark) Libby. Children born in Scarboro.

i. ANNA, b. Aug. 1, 1744, d. July 20, 1814, Limington. m. Aug. 1, 1765, Dominicus Mitchell of Cape Elizabeth, he b. Apr. 9, 1744, Cape Elizabeth, d. Sept. 6, 1822, Standish.

ii. ELIZABETH, b. Mar. 14, 1746, Scarboro, d. Mar., 1822, Limington. m. Dec. 6, 1764 in Scarboro, Humphrey McKenney of Scarboro.

iii. SARAH, b. Apr. 14, 1748, Somersworth, NH, d. Aug. 30, 1783. m. Nov. 22, 1768, Rev. John Thompson.

iv. SUSANNAH, b. Mar. 14, 1750, Scarboro, d. Dec. 26, 1837, ae 88 yrs. Wales. m. Bartholomew Jackson of Scarboro, he b. 1748, Durham, NH, d. Sept. 27, 1837, ae 89 yrs. Wales.

v. ISAAC, b. May 4, 1752, Scarboro, d. Dec. 14, 1834, ae 82 yrs. 7 mos. Limington. He lived on Scott Small's farm on Boothby Road, which was his father's. He followed trade of tanner all his life. His tannery was on Small brook, just south of his house. m. int. Oct. 13, 1777 in Gorham, Mary Richardson of Standish, he of Limington, she b. Mar. 23, 1757, Newton, MA, d. Mar. 14, 1842, Limington. Children born in Limington.

1. CAPT. EDWARD, b. Apr. 19, 1780, d. Sept. 3, 1855, Limington. m. Apr. 5, 1802, Betsey Davis, both of Limington. Children:

    (1) ELIZA, b. Feb. 20, 1803, d. Mar. 27, 1884, Saco. m. Apr. 27, 1825, Benjamin Small, both of Limington, he b. Oct. 16, 1799, Limington, d. Dec. 13, 1834, Limington. m. (2) Sept. 17, 1837, Rugus Fogg of Saco, she of Limington, he d. Nov. 13, 1866, ae 89 yrs. 7 mos. Saco.

    (2) EDWARD JR., m. May 13, 1827, Lydia Thompson, both of Limington. He deserted her the last of May, 1828, and in Apr., 1835, they became divorced. One Lydia Small m. Dec. 27, 1835, Daniel Cole Jr. of Cornish.

    (3) MARY, b. June 13, 1807, d. Nov. 7, 1845, ae 38 yrs. 4 mos. 24 das. Limington. m. Feb. 29, 1827, John Boothby, both of Limington, he b. Sept. 21, 1805, Limington, d. May 21, 1864, Limington.

    (4) KENNARD, b. before 1810.

(5) SUSANNAH K., b. 1812, d. Jan. 31, 1842, ae 30 yrs. Limington. m. Nov. 6, 1831, Chase Hooper, both of Limington.
(6) LUCINDA, b. Sept. 2, 1815, d. Sept. 25, 1893, Limington. m. int. May 28, 1837, Cyrus Small, both of Limington, he b. Nov. 19, 1811, Limington, d. Apr. 4, 1887, Limington.
(7) EZRA DAVIS, b. May 12, 1820, d. Nov. 29, 1874, ae 54 yrs. 6 mos. Limington. m. Mar. 9, 1843, Hannah N. Lowell of Hiram, she d. Sept. 19, 1869, ae 53 yrs. Limington. m. (2) int. Dec. 27, 1871, Mary Ann (Witham) Gould of Limington, she b. Aug. 24, 1820, d. Apr. 19, 1901, Limington. Children:
    (i) WINBORN A., b. Jan. 5, 1844, d. Sept. 6, 1923, Biddeford. m. int. May 24, 1864, Hannah E. Johnson of Limington.
    (ii) EDWARD CLIFFORD, b. June 5, 1847, d. June 16, 1895.
    (iii) EZRA D., d. Nov. 29, 1874, ae 5 yrs. 6 mos. Limington.
2. SARAH, b. June 13, 1785, d. Jan. 14, 1854, Baldwin. m. int. Dec. 3, 1809, Nathaniel Sawyer, both of Limington, he b. Mar. 3, 1781, Limington, d. June 7, 1857, Baldwin.
3. MARY, b. June 29, 1787, d. Mar. 7, 1860, Milwaukee, WI. m. Nov. 6, 1806, Nathaniel Clark, both of Limington, he d. Dec. 4, 1850, ae 67 yrs. 10 mos. W. Leeds.
4. DEA. ISAAC 3rd, b. Nov. 4, 1790, d. Dec. 6, 1832, ae 43 yrs. 1 mo. 2 das. Limington. He was an examplary member of Calvinis Baptist church and a worthy citizen. m. Oct. 30, 1811, Abigail Clark, both of Limington, she d. June 15, 1861, ae 73 yrs. 8 mos. She dismissed from church in 1837 at Limington and moved to Cornish, she m. (2) Nov. 17, 1839 in Cornish, Rev. Robert H. Noyes of New Gloucester, she of Cornish, he d. Feb. 14, 1854, ae 71 yrs. New Gloucester. Children born in Limington.
(1) SARAH HANSCOM, b. June 22, 1812, d. Jan. 25, 1892, ae 79 yrs. 5 mos. 4 das. Cornish. m. Sept. 12, 1845, Rev. Albert Cole of Cornish.
(2) COL. SAMUEL P., b. Nov. 23, 1815, d. Sept. 27, 1884, Cornish. He came to Cornish at the ae of 17. m. May 4, 1837, Hannah Pease, both of Cornish, he moved in 1832 to Cornish.
(3) MARY ANN, b. Sept. 18, 1819, d. Sept. 1, 1854, Wayne. m. Jan., 1847, Dr. Charles H. Barker of Buxton, she of Cornish.
(4) ABIGAIL CLARK, b. Dec. 12, 1824, d. Aug. 4, 1879, Wayne. m. Aug. 23, 1855, Dr. Charles H. Barker of Wayne, he b. Oct. 23, 1822, Cornish, d. May 19, 1891, Wayne.
5. DAVID, b. Jan. 14, 1792, d. May 5, 1822, ae 30 yrs. 4 mos. Limington. m. int. Dec. 1, 1816, Mary G. Adams of Shapleigh, he of Limington, she b. Jan. 20, 1795,

Limerick, d. Dec. 27, 1868, Limington, she m. (2) Oct. 22, 1826, Nathaniel Clark, both of Limington, he b. Dec. 24, 1785, d. Mar. 6, 1850, Limington. Children born in Limington.
(1) EDWIN, b. July 1, 1818, d. Dec. 27, 1869, China. m. Adaline Hanscom of China.
(2) CHARLES, b. Oct., 1819, d. Jan. 13, 1907, ae 88 yrs. 2 mos. 10 das. Portland.
(3) REV. ALBION K. PARRIS, b. Aug. 26, 1821, d. Aug. 19, 1909, ae 87 yrs. 11 mos. 24 das. Portland. m. June 16, 1854, Thankful Woodbury.
(4) MARY ADAMS, b. Dec. 22, 1822, d. Oct. 23, 1902 in Yarmouth. m. int. Nov. 13, 1836, Dr. Lewis Whitney of Baldwin, she of Limington.

6. JOSHUA, b. July 9, 1794, d. Feb. 14, 1847, ae 52 yrs. 7 mos. 5 das. Limington. He lived on old homestead, which became Scott Small's place on Boothby Road. m. Feb. 15, 1816, Fanny Small, both of Limington, she b. Feb. 7, 1793, Limington, d. Sept. 8, 1881, ae 88 yrs. 7 mos. Limington. Children:
(1) ELIZABETH, b. July 14, 1817, d. Sept. 21, 1865, ae 48 yrs. 2 mos. 7 das. Gorham. m. Nov. 27, 1837, David M. Moore Jr. of Poland, she of Limington, he b. May 23, 1812, Limerick, d. Oct. 27, 1876, Gorham.
(2) WILLIAM THOMPSON, b. Nov. 4, 1819, d. July 23, 1822.
(3) MARY R., b. Mar. 6, 1822, d. Oct. 21, 1853, ae 31 yrs. 7 mos. 5 das. Limington. m. June 1, 1853, Newell Moody, both of Limington, he b. Sept., 1823, Limington, d. Nov. 1, 1855, ae 32 yrs. 2 mos. Limington.
(4) HENRY WASHINGTON, b. May 4, 1825, d. Oct. 17, 1826, ae 17 mos. Limington.
(5) ELEANOR, b. Sept. 27, 1827, d. Apr. 24, 1903, ae 75 yrs. 7 mos. Newton, MA. m. Sept. 19, 1852, Lewis Clark, both of Limington, he b. Aug. 24, 1827, Limington, d. Sept. 29, 1888, Limington.
(6) ISAAC WATTS, b. Apr. 10, 1830, d. Feb. 10, 1844, ae 13 yrs. 10 mos. Limington.
(7) JOSHUA BRAINARD, b. Feb. 5, 1829, d. Sept. 22, 1856, ae 17 yrs. 7 mos. 17 das. Limington.

7. HANNAH, b. June 23, 1799, d. Mar. 8, 1870, ae 70 yrs. W. Peru. m. May 15, 1824, Alvah Small, both of Limington, he d. Mar. 4, 1868, ae 70 yrs. W. Peru.

vi. MARY, b. Apr. 15, 1754. m. int. Jan. 1, 1778, Jonathan Boothby, both of Limington, he b. 1753, Scarboro, d. May 27, 1832, ae 79 yrs. Limington.

vii. JOSHUA, b. Aug. 22, 1756, d.y.

viii. HANNAH, b. Nov. 7, 1758, d. before 1797, Limington. m. ca 1776, Nathan Chick of Falmouth, he b. ca 1754, Falmouth, d. 1808, Limington.

ix. **JOSHUA**, b. Dec. 1, 1760, d. Sept. 1, 1838, ae 87 yrs. 9 mos. Limington. He lived in place in Whittlemore field located across the Joshua W. Small place, later Harry Cotton place on Pine Hill Road. He was a tanner by trade when a young man. His son, Nathaniel, followed him in ownership of the old homestead, located on lot 8, range A, which was torn down years since. m. Dec. 20, 1787 in Kittery, Mary Clark, both of Limington, she b. Mar. 10, 1763, Kittery, d. Jan. 6, 1800, Limington. m. (2) Oct. 30, 1800, Meriam Fernald of Kittery, she b. Feb. 28, 1766, Kittery, d. Aug. 10, 1816, Limington. m. (3) Feb. 16, 1819, Hannah Fernald of York, he of Limington, she b. June 11, 1774, d. July 5, 1826, ae 51 yrs. Limington. Children:
  1. **JANE**, b. Feb. 28, 1789, d. Mar. 24, 1836, Limington. m. Nov. 24, 1808, Jacob Hamblen, both of Limington, he b. May 4, 1783, Gorham, d. Feb. 5, 1866, Limington.
  2. **DEA. NATHANIEL CLARK**, b. June 28, 1791, d. June 4, 1869, Limington. He lived in his father's place. He was a very respected citizen of the town. m. Mar. 27, 1817, Margaret Phinney of Standish, he of Limington, she b. June 26, 1796, Gorham, d. Mar. 19, 1884, ae 87 yrs. 9 mos. Limington. Children born in Limington.
     (1) **ALBERT**, b. Mar. 7, 1818, d. Dec., 1885, Portland. m. int. Apr. 12, 1838, Maria Marr, both of Limington, she living 1850, ae 31 yrs. Limington. Children:
       (i) **MARY FRANCES**, b. 1839 Limington.
       (ii) **CHARLES EDWIN**, b. 1842 Limington.
       (iii) **ROXANNA**, b. 1846 Limington.
       (iv) **ELLEN MARIA**.
     (2) **CYRUS**, b. Dec. 17, 1820, d. Mar. 17, 1895, Boston, MA, when young man, drifted to Boston, where he ex-police Supt. m. May 16, 1847, Eliza Knott of Boston, MA.
     (3) **DAVID SUMNER**, b. Aug. 10, 1824, d. Apr. 25, 1909, ae 84 yrs. 8 mos. 15 das. New Bedford, Mass. m. Jane Whitmore, she b. Nov. 13, 1824, d. Nov. 23, 1863, Myrickville, MA.
     (4) **COLEMAN E.**, b. Mar. 6, 1826, d. Feb. 18, 1862, ae 35 yrs. 3 mos. Limington. He went on board ship to CA. in 1862.
     (5) **MARY ADAMS**, b. Oct. 21, 1828, d. May 22, 1894, Limington. m. int. Feb. 17, 1858, George Melville Small, both of Limington.
     (6) **MARANTHA AUSTIN**, b. Apr. 18, 1834, d. July 19, 1915, ae 81 yrs. 3 mos. Limington. m. Nov. 15, 1859, Putnam S. Boothby, both of Limington, he b. Apr. 18, 1834, Limington, d. Mar. 29, 1886, Philadelphia, PA.
     (7) **MARGARET JANE**, b. Mar. 30, 1836, d. July 7, 1866, ae 30 yrs. 3 mos. 17 das. Limington.
     (8) **SUSAN CHASE**, b. Sept. 17, 1843, d. Dec. 21, 1861, ae 18 yrs. 3 mos. Limington.

3. **ABIGAIL**, b. Sept. 20, 1793, d. Jan. 14, 1877, Limington. m. Dec. 1, 1814, Asa Boothby, both of Limington, he b. Dec. 1, 1788, Limington, d. July 17, 1877, Limington.
4. **MARY**, b. Aug. 7, 1796, d. Oct. 16, 1821, Newfield. m. June 6, 1821, John Adams Jr. of Newfield, she of Limington, he b. Nov. 11, 1792, Newfield, d. Sept. 27, 1867, Bedford, NH.
5. **DEA. JOSHUA**, b. Aug. 10, 1799, d. Aug. 30, 1885, Limington. He deacon of Congregational church for 50 yrs. In 1826, he built his house across from the old homestead, located on Pine Hill Road. m. Mar. 29, 1826, Mary Frost, both of Limington, she b. Dec. 24, 1806, Limington, d. Apr. 11, 1893, ae 86 yrs. 3 mos. 18 das. Limington. Children born in Limington.
    (1) **ELVIRA**, b. Sept. 29, 1826, d. May 1, 1854, ae 27 yrs.
    (2) **ANN LIZZIE**, b. June 19, 1829, d. Mar. 5, 1878, ae 48 yrs. 8 mos. 26 das. Portland. m. Aug. 3, 1856, Charles Oliver Davis of Portland, she of Limington.
    (3) **MARY CLARK**, b. Dec. 8, 1831, d. Aug. 8, 1913, Greene. m. Jan. 1, 1865, Lowell M. Mower of Greene.
    (4) **EDWARD PAYSON**, b. Apr. 21, 1834, d. Mar. 5, 1836, ae 1 yr. 10 mos. Limington.
    (5) **JOSHUA WINGATE**, b. Oct. 16, 1836, d. Aug. 19, 1912, Limington. m. Oct. 18, 1865, Sally Cotton Small, both of Limington, she b. Apr. 22, 1844, Limington, d. 1912. He lived on home place. Children:

    (i) **OLIVER FROST**, b. May, 1866, d. Sept. 2, 1867.
    (ii) **EDWARD FROST**, b. Apr. 8, 1868, d. Mar. 9, 1912, Lawrence, MA.
    (iii) **JOSHUA SEWALL**, b. Apr. 19, 1870, d. Mar. 27, 1934, Winchester, MA.
    (iv) **EVELYN FROST**, b. July 30, 1872, d. Jan. 22, 1929, Portland. m. Frederick Roberts. m (2) Howard Chase of Limington.
    (v) **MARY LIZZIE**, b. May 2, 1876, d. Dec. 2, 1951.
    (vi) **BENJAMIN**, b. Sept. 10, 1880, d. Sept. 26, 1945, Winchester, MA.
    (vii) **FRANKLIN CUTTS**, b. Dec. 28, 1883, d. Feb. 21, 1931.
    (6) **REBECCA ADAMS**, b. Nov. 11, 1838, d. Aug. 19, 1869, ae 29 yrs. 9 mos. 8 das. Limington.
    (7) **OLIVER FROST**, b. May 21, 1840, d. Aug. 23, 1863 in Hospital at Lookout Point, MD.
    (8) **FRANKLIN YEATON**, b. Aug. 18, 1843, d. Dec. 9, 1863, ae 20 yrs. 7 mos. Limington.
6. **TIMOTHY FERNALD**, b. Sept. 28, 1801, d. Apr. 11, 1823, Limington.

x. LUCY, b. Feb. 7, 1763, d. June 16, 1827, Limington. m. Aug. 7, 1784, Ephraim Clark of Kittery, she of Limington, he b. May 14, 1756, Kittery, d. Aug. 12, 1847, Limington.
xi. SHUAH, b. Feb. 28, 1765, d. June 29, 1857, Limington. m. in 1783, Isaac Small, he of Limington. m. (2) Jan. 12, 1792, Nathaniel Sawyer, both of Limington, he b. July 4, 1749, Cape Elizabeth, d. June 4, 1821, Limington.
xii. JANE, b. Jan. 20, 1767, d. Oct. 5, 1849, ae 82 yrs. Standish. m. Apr. 15, 1790 in Buxton, Eliphalet Parker of Standish, she of Limington, he b. July 24, 1764, d. Sept. 30, 1840, ae 76 yrs. Standish.
xiii. JOHN, b. Feb. 25, 1769, d. Oct. 5, 1818, Limerick. m. June 23, 1791, Hannah Small, both of Limington, she b. May 30, 1770. They sold out in Limington and by Aug., 1809 of Limerick. Children born in Limington.
   1. SUSANNA KENNARD, b. Dec. 13, 1791, d. May 20, 1860, Limington. m. Nov. 29, 1810, William S. Staples, both of Limerick, he b. June 7, 1786, d. Apr. 18, 1868, Limington.
   2. JOSEPH, b. Dec. 5, 1793, d. Oct. 29, 1849, ae 55 yrs. Boston, MA.
   3. LYDIA, d. Mar. 1, 1836, Limington. m. Nov. 7, 1810, Simon McKenney of Limington, she of Limerick, she m. (2) June 25, 1830, Israel Boody, both of Limington.
   4. EBENEZER, b. Oct. 30, 1795, d. Jan. 10, 1858, ae 61 yrs. 3 mos. Boston, MA. m. int. Nov. 9, 1822 in Westbrook, Jane Moody Lowell, she b. Mar. 5, 1804, d. June 23, 1860. He was a ship carpenter in E. Boston.
   5. JOANNA, b. June 11, 1798, d. Feb. 13, 1863, ae 64 yrs. Saco. m. Feb. 3, 1825, Daniel Sanborn, both of Limerick.
   6. IVORY, b. Feb. 25, 1800, d. Jan. 9, 1874, ae 73 yrs. 11 mos. Boston, MA. m. int. Jan. 4, 1827, Sally Bean of Limerick, he of Limington, she d. Aug. 2, 1848, ae 46 yrs. 4 mos. Bangor.
   7. ALVAH, b. Jan. 22, 1802, d. Nov. 5, 1858, ae 55 yrs. 10 mos. Buxton.
   8. BETSEY, b. Mar. 24, 1804, d. Oct. 17, 1874, St. Cloud, MN. m. int. Mar. 16, 1828, Jacob Clark Staples, both of Limington, he b. Mar. 6, 1801, Limington, d. Nov. 26, 1879, St. Cloud, MN.
   9. JOHN, b. Mar. 15. 1807, d. Jan. 15, 1899, Palmyra. m. Mar. 19, 1833, Desire Cobb of Limington, she b. Mar. 4, 1806, Limerick, d. July 14, 1897. He lived in Brooks, Palmyra and Newport.
   10. JOSHUA D., b. Jan., 1809, d. May 28, 1890, ae 81 yrs. 4 mos. Cornish. m. May 12, 1833 in Cornish, Margery O'Brion of Cornish, she d. Dec. 18, 1866, ae 57 yrs. Cornish.
   11. MIRIAM, b. Feb. 13, 1812, d. Dec. 24, 1890, Buxton. m. Aug. 17, 1833, Frederic Rounds of Buxton, she of Standish.

12. ISAAC, b. May 12, 1814, d. June 11, 1878, ae 64 yrs. 1 mo. Bangor. He m. (1) int. Feb., 1834 Nancy Spear of Standish. m. Elizabeth, she d. Jan. 17, 1869, ae 55 yrs. 9 mos.

SMALL, REUBEN, b. ca. 1746/7, Falmouth, d. May 18, 1815, Limington. He lived in Scarborough and Cape Elizabeth and came to Limington by 1779 and settled on lot 9, range I. He was a brother to Capt. Jacob, Daniel and Timothy, all settlers of Limington. m. Oct. 17, 1771 in Cape Elizabeth, Huldah (Lazell) both of Cape Elizabeth. m. (2) Apr. 10, 1800, Sarah (Patch) Spencer, widow of William, whom she m. Nov. 27, 1791 in Berwick, both of Limington, she d. July 17, 1850, ae 84 yrs. Limington. Children:
 i. JEREMIAH, b. Mar. 9, 1774, d. Oct. 14, 1840, ae 66 yrs. 8 mos. Bangor. (*Republican Journal*, Nov. 12, 1840) He in 1806 of Limington, there up to 1810. m. Nov. 28, 1799, Patience Gray both of Limington, she living 1850, ae 72 yrs. Saco.
 ii. REUBEN, b. Mar. 9, 1774, d. Mar. 9, 1854, Hiram. m. int. Aug. 24, 1800, Patience Gray of Cornish, he of Limington, she d. Aug. 2, 1814, ae 33 yrs. Cornish. They moved in 1803 to Cornish and by 1810 of Hiram. She m. (2) Jan. 12, 1846 Oliver P. Rowe both of Baldwin. Children:
  1. DANIEL, b. Oct. 12, 1800, d. Dec. 27, 1877, Hiram. m. Susan Abbot of Fryeburg.
  2. MERCY, b. Apr. 8, 1802, d. Jan. 10, 1892, ae 91 yrs. 13 das. Lynn, MA. m. Oct. 22, 1841, Samuel S. Burbank of Hiram.
  3. HANNAH, b. 1804, Cornish, d. Aug. 19, 1845, ae 41 yrs.
  4. DORCAS, b. Nov. 29, 1807, Cornish, d. Nov. 19, 1863, Burlington, ME. m. Jan. 17, 1830 in Hiram, Samuel C. Page, she of Passadumkeag.
  5. ELI, b. 1808, Cornish, d. Mar. 12, 1879, Stow. m. Nov. 28, 1829 in Hiram, Caroline Burbank of Hiram.
  6. MARY PEASE, b. 1810, Cornish, d. Apr. 11, 1874. ae 60 yrs. 9 mos. Boston, MA. m. Oct., 1837, Samuel Pearson Jr. of Roxbury, MA, she of Cornish.
 iii. DANIEL, b. ca 1777, d. Jan. 1818, Limington. m. Jan. 1, 1797, Polly Nason, both of Limington, she m. (2) Sept. 7, 1814, Mrs. Dolly Bolden, both of Limington, she as Dorothy Perrin of Limerick, m. (1) int. May 13, 1809, John Bolden of Limington. Children:
  1. BENJAMIN, b. Sept. 23, 1797, in 1838 of Bath, he followed the sea.
  2. DOROTHY, b. Dec. 23, 1799. d. Mar. 31, 1878, ae 75 yrs. unm. Limington.
  3. LEVI, b. May 15, 1815, d. Nov. 17, 1850, CA of Choleria. m. int. Nov. 5, 1837, Elmira Foss, both of Limington, she m. (2) June 11, 1853, Leander Staples, both of Limington, she b. Nov. 25, 1816, Limington, d. Jan. 23, 1885, Limerick. Children:
   (1) CHARLES E., b. 1846, Limington, d. Aug. 17, 1924, ae 78 yrs. m. int. Oct. 27, 1875, Etta C. Cousins of

Limington, he of Portland, she b. Nov. 1, 1853, Limington, d. May 28, 1922, Biddeford.
(2) **FRITZ HENRY**, b. Feb. 22, 1848, Biddeford, d. Oct. 7, 1870, ae 22 yrs. 7 mos. 13 das. San Francisco, CA.

iv. **JOHN**, b. July, 1779, Limington, d. Feb. 10, 1861, ae 81 yrs. 7 mos. Biddeford at res. of his son Rufus. m. Dec. 24, 1801, Mrs. Mary (Spencer) Mutchemore in Limington. m. (2) int. Oct. 23, 1808, Mary Nason, both of Limington, she was daughter of John & Prudence (Nason) of Berwick, she b. June 24, 1773, Berwick, d. Mar. 30, 1855, Biddeford. Children:
1. JOHN, d.y.
2. **MEHITABLE**, b. 1803, d. Aug. 18, 1862, ae 58 yrs., also given Aug. 12, 1860, ae 54 yrs. Naples. m. Nov. 30, 1826, Dean Snow Irish, both of Limerick, he d. Apr. 6, 1874, ae 71 yrs. 3 mos. Bridgton.
3. **JOHN**, b. Jan. 8, 1810, d. July 12, 1837, ae 27 yrs. 6 mos. Baldwin. His gravestone states, erected by brother, Rufus in 1846. m. Apr. 7, 1831, Deborah Thorn of Baldwin, he of Limington, she m. (2) Apr. 5, 1839, Sylvanus Batchelder Jr. of Baldwin. (She m. (3) Jan. 12, 1846, Oliver P. Rowe, both of Baldwin.) Children:
   (1) **LEWIS W.**, b. 1833, living 1850, ae 19 yrs.
   (2) **JOHN**, b. 1836, d. Apr. 9, 1895, Windsor.
4. **CAPT. RUFUS**, b. Sept. 22, 1814, Limington, d. Apr. 29, 1907, ae 92 yrs. 7 mos. Brooklyn, NY. He came in 1849 to Biddeford and sold insurance. m. July 4, 1839, Harriet Staples of Biddeford, he of Limington, she d. Jan. 1, 1887, ae 63 yrs. 3 mos. Brooklyn, NY. Children:
   (1) **MARY ELIZABETH**, b. May 25, 1840, Limington, d. Sept. 12, 1908, Biddeford. m. Joseph N. Coffin of Biddeford.
   (2) **CHARLES STAPLES**, b. Feb. 21, 1842, Limington, d. Dec. 11, 1922, Biddeford.
   (3) **JOHN HENRY**, b. Dec. 8, 1843, Limington, d. Oct. 11, 1934, Brooklyn, NY.
   (4) **HARRIET ABBY**, b. Jan. 27, 1846, Limington, d. Mar. 25, 1847, Limington.
   (5) **HARRIET ELLEN**, b. Mar. 5, 1848, Limington, d. Sept. 10, 1882, Brooklyn, NY. m. Nov. 25, 1873, Horace W. Blake of Biddeford.
   (6) **SARAH ALICE**, b. Apr. 9, 1852, Biddeford, d. May 4, 1933. m. Elliot Jordan of Oakland, CA.
   (7) **GEORGIETTA**, b. May 20, 1855, Biddeford, d. June 4, 1914, Brooklyn, NY.
   (8) **RUFUS FREDERICK**, b. Mar. 25, 1850, Biddeford, d. May 2, 1851, Biddeford.
5. **ASA**, b. Dec. 19, 1816, d. June 28, 1894. ae 77 yrs. 6 mos. 12 das. Limerick. m. int. Feb. 1, 1844, Mahala McKenney, both of Limington, she b. Aug. 7, 1818, Limingon, d. July 21, 1856, ae 38 yrs. Biddeford. m. (2) Eliza Given,

	she b. Oct. 29, 1825, St. Johns, d. Dec. 27, 1885, Limerick.
v.	**BARTHOLEMEW**, b. after 1790, had cancer Mar., 1843, living Apr., 1845 & d. ca. Nov., 1847, Limington. In Dec., 1824, he of Standish and in Aug., 1837 of Waterboro. m. int. July 27, 1817, Eunice Spencer, both of Limington. m. (2) Mar. 15, 1829, Mary Welch of Waterboro, he of Limington, she living 1850, ae 65 yrs., widow, Limington.
vi.	**PHOEBE**, b. 1804, d. May 18, 1885, ae 81 yrs. Gorham. m. Jan. 27, 1828, Darius Libby, both of Gorham, he b. July, 1795, d. July, 1873, Gorham.
vii.	**MARY**.
viii.	**TIMOTHY**, b. Mar. 7, 1807, d. Mar. 13, 1880, ae 73 yrs. 6 mos. Vassalboro, he living 1828, Limington. m. Olive Frost, she d. Sept. 10, 1836, ae 36 yrs. Vassalboro.
ix.	**DANIEL**, b. Mar., 1809, d. Sept. 4, 1899 ae 90 yrs. 5 mos. 7 das. So. Portland.

SMALL, TIMOTHY, b. May 16, 1742, Falmouth, d. Feb. 27, 1818, ae 75 yrs. Portland, buried Eastern cemetery, Portland. By Mar., 1777, he settled near where John Weeman settled, now John Meserve's place. He left by 1784. m. Mary Smith, she b. Mar. 25, 1740, Cape Elizabeth, d. June 15, 1812, ae 67 yrs. 3 mos. Cape Elizabeth. Children:

i.	**MARY**, b. Dec. 14, 1766, Narraguagus.
ii.	**LYDIA**, b. Feb. 7, 1769.
iii.	**TIMOTHY**, b. Jan. 3, 1771, Cape Elizabeth, d. July 7, 1772.
iv.	**ELIZABETH**, b. Apr. 24, 1773, d. Jan. 24, 1781.
v.	**EUNICE**, b. May 22, 1777, Limington.
vi.	**TIMOTHY**, b. June 4, 1780, Limington, d. Aug., 1781.
vii.	**TIMOTHY**, b. May 14, 1782, Limington, d. Jan. 15, 1803.
viii.	**WILLIAM**, b. Nov. 10, 1784, Limington, d. Dec. 22, 1812.

SMALL, DEA. WILLIAM, b. June 8, 1759, Scarboro, d. Dec. 26, 1835, Limington. He came from Scarboro and settled before 1784 on lot 9, range F on Richardson Hill on Shaving Hill Road. He was a manufacturer of Shoes and a most respected citizen. A Revolutionary soldier. m. Jan. 7, 1782 in Scarboro, Mary March of Scarboro, she b. Aug. 29, 1761, Scarboro, d. Oct. 16, 1794, Limington. m. (2) int. Nov. 1, 1795, Sarah March of Scarboro, he of Limington, she b. Jan. 22, 1771, Scarboro, d. May 3, 1849, ae 78 yrs. 3 mos. 12 das. Calais, at residence of her daughter, Mrs. Daniel Tyler. Children:

i.	**SARAH**, b. Apr. 6, 1782, Scarboro, d. Mar. 6, 1821, ae 39 yrs. Westbrook (N. Deering). m. Sept. 26, 1807, Gowen Wilson of Westbrook, she of Limington, he b. Jan. 18, 1785, d. Feb. 25, 1825, buried Wilson cemetery, Deering.
ii.	**EUNICE**, b. Nov. 8, 1784, Scarboro, d. Jan. 30, 1829. m. Feb. 25, 1810, Artemus Prentice of Portland.
iii.	**MARY**, b. Aug. 27, 1786, Limington, d. Oct. 28, 1820, Stroudwater, Portland. m. June 25, 1809, Robert Bartlett of Falmouth, she of Limington, he d. Jan. 19, 1827, ae 44 yrs. Stroudwater.

iv. MARTHA (PATTY), b. June 10, 1788, Limington, d. Jan. 20, 1826, Limington. m. Oct. 13, 1808, Nathaniel Clark, both of Limington, he b. Dec. 24, 1785, Limington, d. Mar. 6, 1850, Limington.
v. ANNA (NANCY), b. Feb. 1, 1790, Limington, d. Aug. 17, 1879, ae 90 yrs. Limington. m. Aug. 18, 1811, Thomas Richardson, both of Limington, he b. Nov. 15, 1788, Limington, d. Dec. 12, 1873, Limington.
vi. SAMUEL, b. Dec. 28, 1791, Limington, d. Nov. 19, 1876, ae 85 yrs. 11 mos. 22 das. Windham. m. Nov. 28, 1822, Lucy Gerrish of Windham. She d. Jan. 21, 1880, ae 78 yrs. 7 mos. Windham.
vii. LUCY, b. Oct. 23, 1793, Limington, d. Feb. 11, 1875, Limington. m. Apr. 7, 1825, Abner Mitchell, both of Limington, he b. Apr. 25, 1803, Limington, d. Feb. 8, 1883, Alfred.
viii. JANE, b. Oct. 23, 1793, Limington, d. Dec. 29, 1887, ae 94 yrs. m. Nov. 30, 1815, Benjamin March of Standish, she of Limington, he b. Nov. 18, 1791.
ix. WILLIAM, b. June 26, 1796, Limington, d. Jan. 15, 1879, ae 83 yrs. 1 mo. Portland. m. Nov. 25, 1821 in Portland, Sarah Barnes Hatch.
x. CAPT. JAMES, b. Jan. 18, 1798, Limington, d. Jan. 29, 1892, ae 94 yrs. Melrose, MA. m. in 1822, Eliza Paques of York.
xi. DEA. ISSACHAR, b. Nov. 1, 1799, Limington, d. Dec. 20, 1851, Thorndike. m. int. Jan. 7, 1827, Martha J. Davis of Standish, he of Limington, she b. Sept., 1801, d. June 20, 1838, Thorndike. m. (2) Nov. 5, 1838, Achsah Sturges, both of Thorndike, he d. Nov., 1883 ae 76 yrs. Thorndike.
xii. ABNER, b. Oct. 27, 1802, Limington, d. Nov. 17, 1867, Gardiner. m. Mary A. Handall of Gardiner, she d. Feb. 22, 1881, ae 76 yrs. Waterville, ME.
xiii. ELIZA, b. Oct. 11, 1805, Limington. m. int. Dec. 19, 1830, Abraham Tyler, both of Limington, he b. Mar. 7, 1798, Limington, d. Jan. 23, 1834, Limington. m. (2) Wedgewood.
xiv. LAVINIA, b. July 25, 1807, d. Jan. 11, 1890, ae 82 yrs. 6 mos. Brooklyn, NY. m. Nov. 9, 1830, Daniel Tyler, both of Limington, he b. May 4, 1806, Limington, d. June 22, 1875, Washington, DC.
xv. JOHN MARCH, b. July 25, 1810, d. June 1, 1871, Springvale. m. Apr. 14, 1838, Hannah Jones of Thorndike, he of Hampden.
xvi. HARRIET N., b. July 26, 1813, d. Nov. 17, 1873, ae 61 yrs. 3 mos. 24 das. unm. Washington, DC. (*Zion Advocate*, Dec. 3, 1873)

SMITH, ITHIEL, bapt. Mar. 22, 1740, Kingston, NH, d. June 18, 1821, ae 80 yrs. 3 mos. Newry, ME. He left in 1764, Brentwood, NH and went to Cape Elizabeth. In Mar., 1777, he was of Limington and in 1781 settled in Newry. A Revolutionary soldier. m. ca. 1766, Bathsheba Foote. m. (2) int. July 17, 1779, Anna Bean of Standish, he of Limington, she b. Mar. 19, 1753, d. Dec. 19, 1821, ae 68 yrs. 9 mos. Newry. Children:

i. **BETSEY**, b. Sept. 11, 1765, d. Nov. 10, 1849, ae 84 yrs. Parsonsfield. m. John Lougee.
ii. **ITHIEL JR.**, b. Oct., 1767, d. Dec. 26, 1838, ae 70 yrs. 2 mos. Newry. m. Lucy Littlehale.
iii. **POLLY**, m. May 4, 1794, Simeon Lougee of Parsonsfield.
iv. **SALLY**, b. Aug. 20, 1775, d. Jan., 1869. m. Jan. 29, 1793 in Bethel, Aaron Barton of Bethel.
v. **JAMES YOUNG**, b. 1776, d. Sept. 14, 1842, ae 66 yrs. 5 mos. 21 das. Parsonsfield.
vi. **CATHERINE**. m. Stephen Bowers and moved to NY.
vii. **JONATHAN**, b. 1780, d. Aug. 1, 1859, ae 79 yrs. Bethel.
viii. **JESSE**, b. ca 1788, living 1860, Grafton.
ix. **DAVID**, b. 1789, d. Feb. 18, 1856, ae 67 yrs. 6 mos.
x. **JOSIAH**, b. 1791, d. Jan. 19, 1880, ae 88 yrs. 10 mos. Newry.
xi. **ANNA**, m. Sargent Bean of Bethel.
xii. **PETER GILMAN**, b. Feb. 11, 1795, Newry, d. Dec. 25, 1875, Bethel.

SMITH, JOHN McCURDY, b. May 27, 1760, Saco, d. Jan. 19, 1835, ae 75 yrs. Buxton. He was a Revolutionary soldier, called a spendthrift when he lost his pension. His wife apparently left him and in May, 1821 came to Limington. m. May 11, 1782, Elizabeth McLellan, both of Gorham, she b. Apr. 18, 1764, d. Dec. 2, 1833, Limington. Children born in Buxton.
i. **EUNICE**, b. July 19, 1782. m. June 16, 1802 in Gorham, John Edwards. They lived in Buxton.
ii. **JAMES**, b. Feb. 19, 1785, d. Aug. 21, 1863, Clinton.
iii. **BRYCE**, b. Oct. 3, 1786, d. Oct. 18, 1805, West Indies.
iv. **JOHN McCURDY**, b. June 21, 1788, d. Apr. 19, 1862, Buxton.
v. **HUGH McLELLAN**, b. Oct. 4, 1790, d. Aug. 14, 1859. m. Mar. 9, 1811, Eunice Bacon of Gorham, he of Buxton.
vi. **ELIZABETH**, b. June 26, 1793, d. Mar. 19, 1859, ae 66 yrs. 2 mos. Chatham, NH. m. Ezra Davis Hanscom of Chatham, NH.
vii. **ALEXANDER**, b. Mar. 13, 1795, d. July 9, 1854, ae 60 yrs. 4 mos. Limington. m. int. Dec. 18, 1826, Mary Davis, both of Limington, she d. Apr. 25, 1882, ae 86 yrs. 11 mos. E. Limington, burned to death by her clothes catching fire. They lived opposite old site, E. Limington district schoolhouse, next to Hamblen Brook. Children:
   1. CHARLES AUGUSTUS, b. June 1, 1825, d. Jan. 26, 1908, Limington. m. Caroline R. Brooks, she d. May 1, 1902, ae 74 yrs. 5 mos. Limington. Children:
      (1) ROSE ELLEN, b. 1855. m. int. Sept. 1, 1871, William Hobson Small, both of Limington. m. (2) Everett Dore of Ossipee, NH.
      (2) AUGUSTA H., b. 1848, in Col. in 1894.
      (3) CHARLES M., b. Dec. 29, 1862, d. May 3, 1897, ae 34 yrs. Boston, MA.
      (4) IVORY ELWIN, b. Mar. 16, 1866, Limington.
      (5) GEORGE L., b. June 19, 1869.

2. JOSEPH DAVIS, b. 1828, d. June 19, 1881 ae 52 yrs. Sebago. m. int. Jan. 7, 1850, m. Jan. 13, 1850, Mary Ann McKenney of Sebago.
3. MARY ANN, b. 1827, d. Sept. 9, 1911, ae 83 yrs. 16 das. Gorham. m. Dec. 27, 1844, Alvin W. Berry, both of Limington, he d. Dec. 10, 1877 ae 62 yrs. 15 das. Buxton, formerly of Limington.
4. RHODA, b. Sept. 19, 1829, d. Apr. 4, 1905 Biddeford. m. Feb. 14, 1848 Henry Nason of Limington.
5. ELIZA N., b. Apr. 30, 1831, d. Apr. 7, 1881, Biddeford. m. Jan. 29, 1851, Eastman Seavey, both of Limington.
6. OLIVE, b. 1834.
7. ASA, b. 1836, d. Mar. 9, 1916, ae 81 yrs. 6 mos. 23 das. Limington. m. May 22, 1862, Harriet P. McKenney of Sebago, he of Limington.
8. SARAH, b. 1839.

viii. HARRIET, b. Apr. 8, 1797. m. Nov. 8, 1817, William Elwell Jr. of Buxton.
ix. ABIGAIL, b. Apr. 8, 1797. m. John Cobb of Minot.
x. ROYAL BREWSTER, b. Aug. 7, 1801, d. Dec. 5, 1855, Bangor. He was a noted primitive artist.
xi. WILLIAM McLELLAN, b. Sept. 25, 1803, he one d. July 14, 1831, Bangor (?). He in 1825 of Limington, wife Martha of Buxton.
xii. MARGARET, b. June 1, 1799.
xiii. GEORGE, b. July 30, 1805, d. Feb. 21, 1881, Bangor, he 1821 of Limington, left by 1832.
xiv. EMELINE, b. 1809. m. Simon Milliken, who d. Oct. 3, 1844.

SMITH, CAPT. JOHN, b. before 1765, d. before 1813, Limington. He was of Gorham Sept., 1807, when bought land in Limington, in area of Sedgeley cemetery, near Limerick line. m. ____. m. (2) May 7, 1810, Mary Uran, both of Limington, she formerly of Waterboro, she m. (2) June 12, 1821, Thomas Goodwin of Shapleigh, she of Limington. Children:
i. MARY, b. ca. 1794, d. May 18, 1830, ae 36 yrs. Newfield. m. Apr. 5, 1814, Haven Libby of Limerick, she of Limington. m. (2) Apr. 28, 1825, John Staples of Baldwin, formerly of Limington.
ii. DANIEL, b. in Waterboro, was over 14 yrs. in Jan., 1814. He in 1870 was ae 63 yrs., in Standish (?).
iii. JOHN, b. 1797, upwards of 14 in Jan., 1814, living 1850, ae 53 yrs. Hollis, in 1870 of Standish. In 1829 John and family were paupers of Limington. m. Jan. 8, 1818, Olive Garey of Limerick, he of Limington.

SMITH, JONATHAN, b. June 28, 1786, Waterboro, d. Apr., 1856, ae 71 yrs. Limerick. He lived on Limerick line and from Waterboro by 1809. He was a veteran of War of 1812. m. Oct. 10, 1807, Hannah Smith, both of Gorham, she d. Sept. 20, 1840, ae 50 yrs. Limerick. m. (2) Apr. 11, 1841, Meriam (Berry) Woodsum, widow of John, she bapt. May 16, 1779, Saco, d. June 17, 1844, Limerick. m. (3) Sept. 5, 1844,

Susan Pugsley of Limington, she of Limerick, she m. (2) int. Sept. 27. 1857, Noble Meserve, both of Limerick, she d. Mar. 6, 1882, ae 90 yrs. Limerick. Children:
i. JANE, b. ca 1808, d. Apr. 7, 1864, ae 56 yrs. Limington. m. int. Sept. 21, 1828, Ferdinand Libby of Limington.
ii. HANNAH, b. Nov. 1, 1815, Limerick, d. Aug. 15, 1899, ae 73 yrs. 9 mos. 14 das. Limington. m. Dec. 14, 1845, Moses Welch, both of Limington, he b. June 16, 1815, Waterboro, d. Nov. 24, 1892, Limington.
iii. SOLOMON, b. 1820, d. May 22, 1897, ae 77 yrs. 1 mo. 8 das. Limerick. m. int. Oct. 17, 1859 Julia Carr both of Limerick.
iv. GEORGE WASHINGTON, d. Aug., 1838, ae 7 yrs. 8 mos. Limerick.
v. DORCAS, d. Aug., 1838, ae 8 yrs. 6 mos. Limerick.

SPENCER, FREATHY, b. 1774, d. June 6, 1850, ae 75 yrs. Gray. He was a brother to William, came from Berwick by Mar., 1796 and settled in E. Limington, left about 1816. m. Mar. 31, 1796, Rachel Sawyer, both of Limington. m. (2) by 1823, Rebecca Allen of Pownal, she b. 1786, Pownal, living 1845 Gray. Children:
i. SARAH, b. 1796, d. Nov. 23, 1832, ae 36 yrs. Limington. m. July 18, 1816, Abijah Woodsum, both of Limington. He d. Aug., 1838, Limington.
ii. ISAAC, b. 1798, d. Aug. 26, 1868, ae 70 yrs. Baldwin. m. July 29, 1830, Frances Noble of Baldwin. m. (2) Mar. 15, 1849, Mary Rounds of Limington, he of Baldwin.
iii. JOSHUA THOMAS, b. 1800, d. Sept. 14, 1859, ae 59 yrs. Limington. If a son, he was raised by Thomas & Rebecca (Sawyer) Spencer. m. Nov. 21, 1831, Mary W. Foster, both of Limington, she b. Nov 23, 1806, Limington, d. Mar. 27, 1850, ae 40 yrs. 9 mos. Limington. m. (2) June 19, 1851, Sally Case, both of Limington, she d. Jan 29, 1876, ae 74 yrs. 2 mos. 5 das. Baldwin. Children born in Limington.
  1. JOSEPH, b. Dec. 21, 1832, d. Jan. 13, 1902, ae 69 yrs. 4 mos. 23 das. Baldwin. m. Oct. 14, 1860, Mary E. Rounds of Baldwin, he of Limington.
  2. AMELIA D., b. June 4, 1835, d. Feb. 28, 1910, ae 74 yrs. 8 mos. 24 das. Limington. m. int. May 16, 1857, Charles E. Chick, both of Limington.
  3. SAMUEL, b. 1838.
  4. ANDREW J., b. Aug. 19, 1839, d. Aug. 3, 1912, ae 72 yrs. 11 mos. 14 das. Limington.
  5. MARY O., b. 1846.
  6. HANNAH, d. Dec., 1849, ae 2 mos.
iv. SEWALL, b. 1805, d. 1888.
v. THOMAS, b. Mar. 19, 1807, d. Sept. 10, 1878, ae 71 yrs. 5 mos. 22 das. Limington. m. Nov. 12, 1843, Mary Ann Green, both of Limington, she b. July 9, 1820, Westbrook, d. Apr. 30, 1910, ae 91 yrs. 9 mos. 21 das. Limington. Children:
  1. PHEBE ANN, b. Oct. 30, 1844, d. Nov. 9, 1903.
  2. CHARLES J., b. Dec. 23, 1852, living 1900, unm. Limington.

SPENCER, THOMAS, b. Aug. 12, 1764, S. Berwick, d. Feb. 11, 1845, ae 80 yrs. 6 mos. E. Limington. He was of E. Limington by Dec., 1791. A Revolutionary soldier. m. June 24, 1787, Olive Nason, both of Berwick. m. (2) Mar. 27, 1793, Rebecca Sawyer, both of Limington, she b. June 12, 1772, Cape Elizabeth, d. Feb. 7, 1858, ae 85 yrs. 7 mos. 26 das. Limington.

SPENCER, WILLIAM, b. ca 1761, Berwick, d. May 29, 1835, Baldwin (*Christian Mirror*, June 11, 1835). He came in 1794 to E. Limington and left with his family in 1819. A Revolutionary soldier. m. May 26, 1785, Eleanor Cooper of Berwick, she b. ca. 1761, living July, 1842, Baldwin, ae 77 yrs., in 1820 ae 59 yrs. by pension record. Children:
i. SARAH, b. Oct. 4, 1787, d. Oct. 4. 1868, ae 81 yrs. Oxford. m. Oct. 26, 1810, George Noble of Baldwin, she of Limington. m. (2) Jonathan Alexander of Hiram.
ii. PHOEBE, b. 1790, d. Sept. 16, 1836, ae 46 yrs. Standish. m. Mar. 4, 1810, Benjamin Weeman of Standish, she of Limington, he d. Aug. 16, 1843, ae 56 yrs. Standish.
iii. SAMUEL, b. Jan. 1, 1792, d. Mar. 24, 1866, ae 74 yrs. 2 mos. 23 das. Baldwin. m. May 5, 1822, Joanna Noble of Baldwin.
iv. WILLIAM, b. Apr. 1, 1793, d. Aug. 4, 1877, ae 83 yrs. 4 mos. 4 das. Limington, formerly of Baldwin. m. Nov. 24, 1839, Mary Jane Robinson of Limington, he of Baldwin.
v. EUNICE, b. 1798. m. int. Oct. 24, 1818, Daniel Ward, both of Baldwin, he d. Feb. 14, 1880, ae 81 yrs. 10 mos. Baldwin.
vi. FREDERICK, b. Apr. 10, 1799, d. Sept. 8, 1877, ae 78 yrs. Baldwin. m. Jan. 19, 1826, Louisa Davis, formerly of Limington.
vii. LYDIA, b. 1801, d. Aug. 21, 1858, Baldwin. m. int. Sept. 2, 1821, Daniel Libby, both of Baldwin, he b. Oct. 28, 1790, Buxton, d. Dec. 15, 1855, Baldwin.
viii. ELIZA, b. May 18, 1803, d. Sept. 21, 1888, ae 85 yrs. 4 mos. 3 das. Baldwin. m. Apr. 22, 1830, Daniel Cram of Baldwin.

STAPLES, ROBERT, b. Jan. 14, 1737, Kittery, d. July 4, 1822, ae 85 yrs. Limington. He came in 1789 from Kittery, now Eliot and settled on lot 7, range L on Staples Hill, near present Limerick line, on farm where he is buried. m. Dec. 4, 1764, Elizabeth Kennard of Kittery in Newington, NH, she b. Jan. 5, 1747, Kittery, d. July 26, 1832, ae 86 yrs. 6 mos. Limington; at her death, she had 183 descendants, 123 whom were living. Children born in Kittery.
i. ENOCH, b. Aug. 5, 1765, d.y.
ii. ENOCH, b. July 5, 1767, d. Aug. 13, 1815, Limington. m. Dec. 16, 1787, Eleanor Staples, both of Kittery, she b. Dec. 26, 1765, d. Nov. 27, 1825, ae 60 yrs. Limerick, she m. (2) Sept. 14, 1824, Nathaniel Libby of Limerick, she of Limington. Children:
1. ENOCH, b. Feb. 28, 1788, d. probably at sea.
2. JOHN, b. Sept. 18, 1789, Portsmouth, NH, d. Nov. 21, 1850, ae 61 yrs. Salem, MA. m. July 8, 1810, Nancy Carll of Limerick, he of Limington, she b. Aug. 23, 1788, Saco.

311

m. (2) Nov. 15, 1812, Salome Marr, both of Limington, she separated from him with her child, Eliza; later m. int. Nov. 12, 1826, Samuel Thomas of Baldwin, she of Limington. m. (3) Apr. 28, 1825, Mary (Smith) Libby, widow of Haven of Limerick, he of Baldwin, she d. May 18, 1830, ae 36 yrs. Newfield. m. (4) Lydia ____, who was probably Lydia (Symmes) Smith, the divorced wife of Daniel Smith of Newfield - she left him. m. (5) int. July 31, 1836, Mary Kimball, both of Newfield. Children:
  (1) **ELIZA**, b. Apr. 5, 1813, d. July 16, 1830, ae 17 yrs. 3 mos. 11 das. Limington. m. July 15, 1829, John Hanscom, both of Limington, he d. Dec. 8, 1870, ae 64 yrs. 3 mos. 15 das. Limington.
  (2) **MARIAH**, b. between 1804-10. m. Oct. 1, 1834 in Newfield, Simeon Smith of Effingham, NH, she of Newfield.
  (3) **MARY ANN**, b. after 1810.
  (4) **ELEANOR**, b. Feb. 11, 1815, Limerick, d. June 9, 1885, Salem, MA. m. int. Jan. 30, 1836, Darling Huntress.
  (5) **CHRISTOPHER B.**, b. 1820, living 1860, Effingham, NH. m. Nov. 26, 1840, Basheba Edwards, both of Parsonsfield.
  (6) **ELIAS CARLL**, b. between May 1821-May 1823. m. May 4, 1854, Harriet A. Straw, both of Newfield.
  (7) **JOHN SMITH**, b. Feb. 2, 1826, Sebago, d. Aug. 2, 1909, Newfield. m. Sept. 30, 1846 in Salem, MA, Isabella Smith.
  (8) **HAVEN**, b. 1826, living 1850, ae 24 yrs. Salem, MA with his brother, John.
3. **ROBERT**, b. Nov. 4, 1792, d. Mar. 26, 1876, ae 83 yrs. 4 mos. 4 das. Sebago. m. Nov. 30, 1815, Lydia Brackett, both of Limington, she b. Apr. 12, 1798, Limington, d. Nov. 6, 1855, ae 57 yrs. 7 mos. Sebago. He m. (2) Dec. 12, 1856, Mary (Harmon) (Littlefield) Day of Naples, she d. Oct. 17, 1876, ae 87 yrs. S. Bridgton. Children:
  (1) **ENOCH**, b. June 6, 1818, d. Mar. 22, 1867, ae 48 yrs. 9 mos. 16 das. Sebago. m. May 19, 1842 Harriet H. Basker of Naples, he of Sebago.
  (2) **LYDIA B.**, b. Nov. 8, 1820, d. Feb. 19, 1879, ae 58 yrs. Sebago. m. Jan. 14, 1845 Amos Ward of Sebago.
  (3) **MARY ISABEL**, b. 1825, d. 1889. m. May 3, 1843, Freedom Ward both of Sebago.
  (4) **HARRIET**, b. 1829, living 1850, Sebago.
  (5) **MARGARET ANN**, b. 1830, d. 1888 Sebago. m. Oct. 29, 1853 Thomas W. J. Ward of Sebago.
  (6) **CHARLES**, b. ca. 1837, living 1850 Sebago.
4. **MARGARET**, b. Aug. 8, 1796, d. Mar. 7, 1847. m. Jan. 20, 1826 in Kittery, Timothy Manson of Kittery.
5. **ELIZA**, b. Sept. 24, 1798, d. Dec. 18, 1882, N. Shapleigh, at residence of her son, Rev. Oliver S. Hasty, she formerly of Dixmont. m. int. Oct. 4, 1817, Dominicus Hasty,

both of Limington, he d. Oct. 30, 1843, ae 53 yrs. Limerick. m. (2) Feb. 23, 1846, Samuel Edgerly, both of Limington, she of Limerick, he b. July 5, 1786, New Durham, NH, d. Oct. 3, 1875, Dixmont.
6. **OLIVER**, b. Aug. 9, 1800, d. Nov. 15, 1871, ae 71 yrs. 3 mos. 6 das. Limerick. m. Oct. 17, 1827, Mary Dennett of Portsmouth, NH, he of Waterboro, she b. Dec. 18, 1807, d. Dec. 24, 1867, ae 60 yrs. Limerick. Children:
   (1) **CHARLES H.**, b. May 30, 1829, Waterboro, d. Jan. 20, 1892, ae 62 yrs. 7 mos. 25 das. Cornish. m. Oct. 13, 1861 in Limerick, Elizabeth Symmes.
   (2) **OLIVER W.**, b. Mar. 31, 1832, d. June 22, 1891, Parsonsfield. m. Dec. 5, 1867, Lydia A. Tarbox of Parsonsfield, he of Limerick.
   (3) **LYDIA ANN**, b. 1835, d. May 23, 1850, ae 15 yrs. 6 mos. Limerick.
   (4) **HANNAH E.**, b. 1839.
   (5) **MARY ELIZABETH**, d. Aug. 15, 1844, ae 14 mos. Limerick.
7. **LUCY**, b. Apr. 12, 1803, living 1850 Newfield. m. Nov. 3, 1828, in church on Dec. 27, 1828 in Waterboro, Gideon Straw Jr. of Newfield, she of Waterboro.
8. **MARSHALL**, b. July 27, 1805, d. Jan. 26, 1872, ae 67 yrs. Limerick. m. Harriet Tilton, she b. July 21, 1802, Deerfield, NH, d. Oct. 6, 1887, ae 85 yrs. 2 mos. 5 das. Limerick. Children:
   (1) **FRANCES S. T.**, b. Feb. 15, 1830, Newfield, d. Sept. 22, 1832, ae 2 yrs. 8 mos.
   (2) **AARON CHASE**, b. Oct. 5, 1831, Newfield.
   (3) **LEWIS EDWIN**, b. Aug. 27, 1833, Newfield, d. July 9, 1896, ae 62 yrs. 11 mos. Boston, MA.
   (4) **DAU.**, b. Sept. 23, 1835, Limerick, d. Aug. 29/30, 1838.
   (5) **SARAH T.**, b. Aug. 15, 1837, Limerick, living 1887, Limerick.
   (6) **HARRIET DEARBORN**, b. Nov. 9, 1839, Limerick, in 1887 Hartford, CT. m. Feb. 15, 1864 in Rollingsford, NH, Dr. M. L. Cole, both of Limerick.
   (7) **GEORGE PERLEY**, b. Oct. 4, 1845, Limerick, d. May 6, 1917, ae 71 yrs. 7 mos. 6 das. Norridgewock, Me., in 1889 of Boston, MA of firm of John H. Pray and Company.
   (8) **MARSHALL T.**
9. **DR. GEORGE DENNETT**, b. Aug. 17, 1807, Limerick, d. Feb. 11, 1879, N. Berwick. He graduated from Bowdoin Medical in 1838. m. Apr. 1840, Hannah B. Pike of Wells.

iii. ANNA, b. July 1, 1769, d. Feb. 28, 1855. m. Oct. 23, 1800, Paul Stone of Limerick, she of Limington.
iv. BETSEY, b. July 1, 1771, d. July 24, 1793, Eliot.
v. CAPT. JAMES, b. May 10, 1773, d. Mar. 12, 1855, ae 81 yrs. 10 mos. Limington. He was sea captain of a whaler. He lived in large house near turn, going into Staples Road at Emery's cor-

ner. m. Jan. 30, 1798, Mary Clark, both of Limington, she b. May 15, 1778, d. Oct. 8, 1863, Limington. Children born in Limington.
1. **JAMES JR.**, b. Feb. 27, 1799, d. Sept. 11, 1824, Limington. He was a clothier at S. Limington. m. int. Feb. 28, 1821, Patience Hall of Windham, he of Limington, she b. Dec. 5, 1800, Windham, d. Dec. 17, 1832, Gray, she m. (2) Nov. 17, 1831, William Libby of Gray. Child:
    (1) **CLARK HALL**, b. Aug. 22, 1822, d. Nov. 14, 1862, ae 40 yrs. 2 mos. 8 das. Windham. He m. Oct. 19, 1843 Sarah Jane Sweetzer both of Portland.
2. **JACOB CLARK**, b. Mar. 6, 1801, d. Nov. 26, 1879, St. Cloud, MN. He learned the trade of clothier, but abandoned it for the carpenter's trade in connection with farming in his native country until 1839. He moved to Brooks, ME in 1841 and in 1854 moved to Sauk Rapids, MN. m. int. Mar. 16, 1828, Betsey Small, both of Limington, she b. Mar. 24, 1805, Limington, d. Oct. 17, 1874, St. Joseph, MN. Children:
    (1) **JAMES**, b. Nov. 17, 1828, Limington.
    (2) **EDWIN HENRY**, b. Mar. 15, 1830, Limington.
    (3) **IVORY SMALL**, b. Jan. 1, 1832, Limington.
    (4) **WILLIAM BANBRIDGE**, b. Mar. 30, 1834, Limington.
    (5) **BENJAMIN FRANKLIN**, b. Jan. 17, 1836, Cornish.
    (6) **JACOB**, b. Dec. 6, 1841, Brooks.
    (7) **CHARLES AUGUSTUS**, b. Feb. 17, 1843.
    (8) **JOHN HARRISON**, b. June 27, 1845.
    (9) **NELSON PRESCOT**, b. Sept. 16, 1848.
3. **DAVID**, b. Apr. 10, 1803, d. May 17, 1857, ae 54 yrs. 1 mo. 7 das. Limington. m. int. Aug. 24, 1823, Catherine Manson of Limerick, he of Limington, she d. Dec. 23, 1886, ae 82 yrs. 11 mos. 20 das. Limerick. Children born in Limington.
    (1) **SALOME C. B.**, b. Nov., 1823, d. July 22, 1909, ae 85 yrs. 7 mos. 22 das. Cornish. m. Feb. 25, 1844, Joseph Boothby of Limerick, she of Limington.
    (2) **MARTHA A.**, b. Mar. 6, 1826, d. July 16, 1903, ae 77 yrs. 1 mo. 13 das. Limerick. m. Sept. 30, 1849, Joshua C. Lane of Danvers, MA, she of Limington.
    (3) **ETHELINDA H.**, b. June, 1828, d. Mar. 24, 1905, ae 76 yrs. 9 mos. Limerick. m. May 4, 1848, Benjamin Randall Boothby of Parsonsfield, she of Limington, he d. Sept. 12, 1885, ae 63 yrs. 6 mos. 17 das. Limerick.
    (4) **LOVINA P.**, b. Apr., 1832, d. Apr. 6, 1922, ae 89 yrs. 11 mos. Limerick. m. June 17, 1853, Lorenzo D. Durrell of Tamworth, NH, she of Limington. m. (2) Charles Cole.
    (5) **REV. LORING T.**, b. Feb. 28, 1830, d. Aug. 7, 1926, San Diego, CA. He was a Free-Will Baptist preacher. m. int. Jan. 13, 1855, Sarah Dean Gilpatrick of

Limerick, he of Limington, she d. Oct. 31, 1871, ae 40 yrs. Parsonsfield. m. (2) Oct. 15, 1875, Caroline M. Chamberlain of Parsonsfield.
- (6) **ANGELINE M.**, b. July, 1832, d. Apr. 28, 1859, ae 26 yrs. 9 mos. Tamworth, NH. m. int. Apr. 26, 1853, m. Apr. 26, 1853 in Saco, Charles H. Durrell of Saco, she of Limington.
- (7) **DAVID M.**, b. 1836, d. Mar. 12, 1838, ae 2 yrs. Limington.
- (8) **CATHERINE J.**, b. Oct. 16, 1843, d. Nov. 17, 1911, Dorchester, MA. m. Jonathan Dean.
- (9) **CHARLES FREEMAN**, b. 1848, d. Jan. 16, 1850, ae 1 yr. 9 mos. Limington.
4. HALL, b. May 15, 1805, d. Nov. 13, 1873, ae 68 yrs. 6 mos. Windham. m. int. Jan. 20, 1827, Louisa Hall of Windham, she b. May 30, 1807, Windham, d. Nov. 18, 1865, ae 58 yrs. 6 mos.
5. LORING, b. Nov. 4, 1807, d. May 15, 1831, ae 22 yrs. 6 mos. Limington.
6. LEANDER B., b. Apr. 23, 1810, d. Apr. 11, 1895, ae 84 yrs. 11 mos. 11 das. Limerick. m. Jan. 19, 1834, Elizabeth McKenney, both of Limington, she b. Sept. 15, 1811, Limington, d. June 25, 1840, ae 28 yrs. 4 mos. Limington. m. (2) Apr. 11, 1841, Lydia A. Sayward, both of Cornish, she d. Dec. 28, 1852, ae 42 yrs. 4 mos. Limerick. m. (3) June 12, 1853, Elmira (Foss) Small, widow of Levi of Limington, she of Limerick, she b. Nov. 25, 1816, Limington, d. Jan. 23, 1885, Limerick. Children:
   - (1) **LYDIA ANN**, b. Apr. 3, 1836, d. Feb. 24, 1867, ae 30 yrs. 10 mos. 21 das. m. May 5, 1859, Josiah C. Cobb.
   - (2) **LEANDER B.**, b. May 1/2, 1838, d. Nov. 1, 1910. m. int. June 13, 1864, m. June 17, 1864, Sarah Hammond Libby of Limerick.
   - (3) **JAMES**, b. Aug. 1, 1842.
   - (4) **ELIZABETH**, b. Apr. 5, 1848, d. Apr. 11, 1886.
   - (5) **MARY A.**, b. Feb. 24, 1857, d. July 12, 1857, ae 5 mos.
7. MATTHEW FRANKLIN, b. June 22, 1812, d. Oct. 14, 1875, ae 63 yrs. 1 mo. 24 das. m. Feb. 27, 1845, Roxanna Straw of Newfield, he of Cornish, she d. Sept. 28, 1906, ae 85 yrs. 10 mos.
8. WILLIAM, b. May 29, 1815, d. Apr. 23, 1893, ae 78 yrs. Grow, part of Anoka, MN. m. June 14, 1840, Joanna C. McKenney, both of Limington. Came to Boston at 18 yrs. as brick mason for 7 yrs., spent a few mos. in Charleston, SC, and moved back to Limington; then moved to Effingham, NH for 10 yrs. before moving to St. Anthony, MN.
9. CYRUS KING, b. Sept. 21, 1817, d. Sept. 30, 1876, ae 59 yrs. 9 mos. Saco. m. July 10, 1840, Olive H. Clark of

Cornish, he of Limington, she b. June 9, 1818, Limington, d. Feb. 14, 1880, Lynn, MA. Children:
   (1) **MATTHEW FRANKLIN**, b. Feb. 23, 1841, d. Jan. 19, 1924 Biddeford. m. Dec. 12, 1863, Frances A. McKusick of Limerick, he of Limington.
   (2) **CYRUS H.**, b. Mar. 7, 1843, Cornish, d. Feb. 10, 1912, Limington. He was resident of Minneapolis for 24 years. m. June 23, 1856 Olive E. Stone both of Cornish. m. (2) Louise Dempledaw. m. (3) Sept. 10, 1910, Jane (Boothby) Marr of Limington.
   (3) **SUSAN C.**, b. 1845, in 1912 living in Lynn, MA. m. William Young of Lynn, MA.
   (4) **OLIVE JANE**, b. 1849, d. 1852.
   (5) **SARAH JANE**, b. 1857, in 1923 living in Old Orchard. m. J. Veazie of Clarks, MI.

vi. **HIRAM**, b. Apr. 10, 1775, d. June 10, 1840, ae 65 yrs. Limington. m. Nov. 28, 1799, Catherine McArthur, both of Limington, she d. Apr. 12, 1853, ae 75 yrs. Scarboro. Children:
  1. **JOHN McARTHUR**, b. Nov. 13, 1800, d. July 1, 1886, Scarboro. m. Dec. 9, 1824, Anna Libby, both of Limington, she b. May 17, 1803, Limington, d. Apr. 5, 1894, ae 90 yrs. 10 mos. 19 das. Scarboro. They moved to Scarboro, later to Topsham. Children, first six born in Limington.
     (1) **ELIZABETH DAME**, b. Apr. 11, 1825, d. Nov. 27, 1905, ae 80 yrs. 7 mos. 16 das. m. Oct. 5, 1843, George Meserve, both of Limington, he d. June 26, 1897, ae 76 yrs. 6 mos. 3 das. Limerick.
     (2) **MESERVE LIBBY**, b. Jan. 26, 1828, d. Aug. 19, 1830, ae 1 yr. 7 mos. Limington.
     (3) **MARCELLUS M.**, b. July 21, 1831, d. Nov. 7, 1844, ae 13 yrs. 4 mos. Limington.
     (4) **STATIRA F.**, b. Aug. 4, 1834, d. Dec. 31, 1925, ae 91 yrs. Scarboro. m. Oct. 26, 1856, George Washington Pillsbury of Scarboro, he b. Nov. 17, 1834, Scarboro, d. Nov. 3, 1887, ae 53 yrs. Scarboro.
     (5) **CHARLES AUSTIN**, b. July 31, 1836.
     (6) **ELBRIDGE BURLEIGH**, b. Apr. 6, 1841.
     (7) **MARCUS MORTIMER**, b. Jan. 18, 1846, Scarboro, d. 1910.
     (8) **HIRAM COFFIN**, b. Mar. 18, 1850, Scarboro, d. 1927 Winona, WI.
  2. **STATIRA S.**, b. Dec. 24, 1801, d. Oct. 31, 1827, ae 26 yrs. Limington.
  3. **ELIZABETH L.**, b. Apr. 12, 1804, d. Jan. 22, 1832, ae 27 yrs. 9 mos. m. May 5, 1825. Nathaniel Libby, both of Limington, he b. Mar. 25, 1799, d. June 16, 1834.
  4. **JANE HARRISON**, b. Feb. 15, 1806, d. Mar. 3, 1884. unm.
  5. **MARY McARTHUR**, b. Sept. 14, 1808, d. Dec. 20, 1884, unm.

6. **CATHERINE B.**, b. Nov. 6, 1810, d. Mar. 29, 1885, ae 74 yrs. 5 mos. W. Gorham. m. Jan. 9, 1833, Capt. Nathaniel Libby, both of Limington, who d. Dec. 16, 1832, ae 35 yrs. Limington. m. (2) Mar. 21, 1838, Benjamin Moody, both of Limington.
7. **HIRAM JR.**, b. Nov. 30, 1814, d. Nov. 9, 1858, ae 43 yrs. E. Parsonsfield. m. int. May 2, 1840, m. May 6, 1840, Nancy B. Weeks of Parsonsfield, he of Limington.
8. **HARRIET N.**, b. Aug. 6, 1817, d. July 8, 1880, ae 62 yrs. 4 mos. Kittery. m. Nov. 12, 1839, Rev. Francis W. Towne of Newfield, she of Limington, he b. Oct. 24, 1815, Kennebunk, d. Feb. 3, 1899, ae 83 yrs. 3 mos. 9 das. W. Buxton.

vii. **NATHANIEL KENNARD**, b. Sept. 20, 1777, d. Jan. 30, 1872, ae 94 yrs. 4 mos. 10 das. Limington. He was oldest man in town but one. He lived on his father's place on Staples Hill. m. Sept. 20, 1804, Mary McKenney, both of Limington, she b. Oct. 6, 1782, Limington, d. Apr. 30, 1838, ae 56 yrs. Limington. m. (2) Oct. 22, 1839, Dorcas (Irish) Brackett, widow of Benjamin, both of Limington, she b. Apr. 10, 1791, Gorham. Children:

1. **ALPHEUS**, b. Dec. 8, 1804. d. Feb. 28, 1872, Limerick. m. May 3, 1832, Roxanna Foss, both of Limington, she d. Sept. 25, 1850, ae 38 yrs. 8 mos. 5 das. Limington. m. (2) int. Mar. 10, 1864, Mrs. Mary Barker of Eaton, NB. Children born in Limington.
   (1) **MARY ANN**, b. Jan. 27, 1833, d. Dyer Brook, ME. m. int. June 14, 1855, James Irish Meserve, both of Limington.
   (2) **SARAH ANN**, b. Jan. 27, 1833, d. Sept. 30, 1900, Sherman Mills. m. Mar. 5, 1859, Ebenezer D. Townsend of Parsonsfield, she of Limington.
   (3) **ALBERT MANSON**, b. Oct. 17, 1837, d. Dec., 1907, South Evanston, IL.
   (4) **ISAIAH FOSS**, b. Feb. 28, 1839, d. Feb. 9, 1847, ae 8 yrs.
   (5) **CORDELIA WINSLOW**, b. Sept. 30, 1840, d. May 26, 1928, Limington. m. int. Mar. 5, 1868, Gideon Blake, both of Limington, he b. May 10, 1835, Limington, d. May 1, 1877, ae 37 yrs. Limington. m. (2) May 30, 1879, Stephen M. Walker, both of Limington, he b. Dec. 26, 1830, Limington, d. Oct. 19, 1894, ae 64 yrs. 9 mos. 23 das. Limington.
   (6) **EDWARD PAYSON**, b. Feb. 22, 1843, d. Aug. 20, 1920, Fayette.
   (7) **ISAIAH FOSS**, b. Dec. 28, 1846, d. Nov. 29, 1928, Windham. m. Abbie Frost Johnson of Stroudwater, she b. Aug. 21, 1844, d. Feb. 16, 1923.
   (8) **FREEMAN**, b. Apr. 27, 1849, d. Jan. 30, 1917, Limington. m. int. July 28, 1873, Abbie Luella Pike of Limington, he of Limerick, she b. July 22, 1851, d. Apr. 1, 1897.

2. **EDWARD**, b. June 7, 1809, d. Mar. 31, 1897, ae 87 yrs. 10 mos. Farmington. m. Nov. 13, 1833, Louisa Foss, both of Limington, she b. Sept. 8, 1808, Limington, d. Oct. 4, 1882, ae 74 yrs. 26 das. Farmington.
3. **SALLY**, b. Dec. 8, 1811, d. May 2, 1881, ae 69 yrs. 5 mos. Limington. m. Oct. 14, 1839, William S. Boothby, both of Limington, he b. Oct. 24, 1814, Limington, d. Feb. 9, 1905, Limington.
4. **HENRY HARRISON**, b. Oct. 23, 1814, d. Apr. 26, 1894, ae 79 yrs. 6 mos. 3 das. unm. Limerick. He and his brothers, Humphrey M. & Nathaniel lived together in the old homestead.
5. **SYLVESTER W.**, b. Sept. 1815, d. May 9, 1853, ae 37 yrs. 7 mos. 16 das. Readfield. m. Sophia Moors, she d. May 24, 1867, ae 47 yrs. 2 mos. 13 das. Readfield.
6. **HUMPHREY McKENNEY**, b. Dec. 31, 1816, d. July 19, 1894, ae 77 yrs. 6 mos. 19 das. unm. Limerick.
7. **NATHANIEL**, b. Apr. 20, 1820, d. Oct. 29, 1900, ae 80 yrs. 6 mos. 3 das. unm. Limerick. He and his two brothers were robbed Sept. 21, 1893.
8. **MARY ELIZABETH**, b. Oct. 18, 1822, d. Jan. 18, 1875. m. Apr. 29, 1841, Capt. David Boothby, both of Limington, he b. May 10, 1813, Limington, d. Jan. 16, 1892, Limington.

viii. **SHUAH**, b. Aug. 11, 1779, d. Feb. 20, 1844, Limington. m. Feb. 5, 1800, Samuel Stone, both of Limington, he b. May 17, 1776, Scarboro, d. June 5, 1858, ae 82 yrs. Limington.

ix. **LUCY**, b. Nov. 11, 1781, d. May 16, 1857, ae 76 yrs. Vassalboro. m. Mar. 9, 1802, Ezekiel Small, both of Limington, he b. June 25, 1777, d. Nov. 19, 1865, ae 88 yrs. Vassalboro.

x. **SARAH**, b. Nov. 30, 1783, d. Oct. 12, 1837, ae 53 yrs. 10 mos. 12 das. Limington. m. Apr. 2, 1812, Alexander Boothby, both of Limington, he b. Apr. 25, 1783, Limington, d. Aug. 11, 1862, Limington.

xi. **WILLIAM S.**, b. June 7, 1786, d. Apr. 18, 1868, Limington. m. Nov. 29, 1810, Susannah Kennard Small, both of Limerick, she b. Dec. 13, 1791, Limington, d. May 20, 1860, Limington. Children:
1. **WILLIAM HARRIS**, b. 1810, d. Jan. 10, 1841, ae 31 yrs. m. Dec. 31, 1840, Malinda G. Foss of Limington, he of Saco, she b. June 6, 1817, Limington, d. June 24, 1841.
2. **HANNAH S.**, b. 1816, d. May 10, 1848, ae 32 yrs. Saco. m. int. Oct. 4, 1835, George A. Allen, both of Limington.
3. **LORENZO DOW**, b. 1823, d. Jan. 6, 1894, ae 71 yrs. Biddeford. m. June 11, 1846, Mary M. Boulter of Standish, he of Biddeford.

xii. **MARY**, b. July 17, 1791, d. Mar. 7, 1874, ae 82 yrs. 7 mos. 18 das. Limerick. m. Sept. 27, 1820, Samuel Chadbourne of Hiram, she of Limington.

STEVENS, DANIEL LIBBY, son of John of York, bapt. Mar. 16, 1755, Wells, d. Dec., 1828, Limington (*Christian Mirror*, Jan. 2, 1829), but

probably d. in Limerick. He came in 1806 from Berwick, living 1820, 1827 in Limerick. m. May 15, 1778, Patience Stone of Berwick, he of York, she bapt. Sept. 28, 1760, Berwick, living 1823, Limerick. Children:
i. PATIENCE, b. Feb. 13, 1797, Berwick, d. June 6, 1886, ae 89 yrs. 4 mos. N. Baldwin. m. Nov. 26, 1812, Daniel Miller, both of Limington, he d. July 21, 1862, ae 74 yrs. Bridgton.
ii. PHINEAS, b. Feb. 13, 1797, d. Aug. 26, 1856, ae 59 yrs. 6 mos. 13 das. Wellington, ME. m. Jan. 23. 1820, Eunice Goodwin, both of Shapleigh, she d. Aug. 11, 1826, Limington. m. (2) Abigail ___, d. Nov. 6, 1876, ae 69 yrs. 5 mos. 5 das. Children:
 1. LORENZO, b. 1820.
 2. BEAL, b. Mar. 22, 1823.
 3. JOSEPH, b. Oct. 21, 1828.
iii. RANSOM S., b. Apr. 5, 1799, Berwick, d. Apr. 29, 1861, Bridgton. m. Nov. 29, 1822, Betsey Abbot of Shapleigh, he of Limerick. m. (2) Aug. 1, 1863, Mrs. Fannie Wilson of Swedan, he of Bridgton.
iv. FANNY, b. 1800, living 1850, Levant. m. Nov. 29, 1821, Bezaliel Low Jr. of Shapleigh, he of Limerick.
v. CAPT. HIRAM, b. 1801, d. May, 1887, ae 86 yrs. E. Eddington, formerly of Bridgton. m. Jan. 20, 1823, Jemima Davis of Shapleigh, he of Limerick.
vi. CHARLOTTE, b. 1804, d. Dec. 24, 1874, ae 70 yrs. 2 mos. Greenbush. m. June 3, 1827, David Libby of Limington, she of Limerick, he d. Oct. 23, 1884, ae 77 yrs. 5 mos. Greenbush.
vii. OLIVE H., b. Feb. 27, 1801, Kennebunk, d. Oct. 11, 1888, Biddeford. m. Dec. 17, 1835, James Tufts, both of Limerick, he b. Jan. 17, 1796, d. Feb. 13, 1842, Limerick. She m. (2) Sept. 7, 1848 John Merrill of Parsonsfield, who d. Jan. 28, 1856; she m. (3) Jeremiah Hobson. He b. Oct. 20, 1797, d. Aug. 25, 1877.

STEVENS, ELIAB, son of Moses of Arundel, d. Aug. 1, 1820, Haymond, ME. He was in town in 1807, a tanner and left in 1818 for Raymond where his family was living in 1830. m. Nov. 23, 1792, Rebecca Pendexter, both of Wells, she b. ca 1775, d. Oct. 3, 1857, ae 81 yrs. Thorndike. Children:
i. BETSEY, b. about 1809, living in 1850, Lette E, a plantation in Waldo County, ME. m. Capt. Benjamin Hackliff of Thorndike.
ii. OLIVE C., b. 1795, d. July 12, 1869, ae 75 yrs. Belfast. m. May 3, 1812, Nicholas S. Lewis, both of Limington, he b. Feb. 2, 1790, d. May 28, 1879, ae 89 yrs. 4 mos. Belfast. He lived in Kennebunkport, Limington (1812-1817), Raymond (up to 1836), Thorndike, and ca. 1860 moved to Belfast. Children:
 1. STEPHEN, b. July 2, 1814.
 2. SAMUEL STEVENS, b. July 3, 1816.
 3. MARY, b. Jan. 26, 1818.
 4. OLIVER, b. Jan. 27, 1823.
 5. OLIVE MARIA, b. Nov. 13, 1825.
 6. REBECCA S., b. Oct. 4, 1828.

  7. JAMES CALVIN, b. Jan. 25, 1831.
  8. GEORGE W., b. May 4, 1833.
  9. ANNA, b. June 21, 1836.
iii. CATHERINE, b. ca 1795, d. May 17, 1876 ae 81 yrs. Troy, ME. m. Elisha Philbrick of Thorndike.
iv. JOSEPH W., b. Aug. 8, 1798, d. Sept. 30, 1868, ae 69 yrs. Bangor. Child:
  1. GEORGE W., b. Aug. 19, 1829, Bangor, d. Feb. 8, 1893, Guilford.
v. JOHN, b. Apr. 18, 1802, d. Sept. 25, 1867, ae 65 yrs. 5 mos. 7 das. Thorndike. m. Esther Hayden.
vi. HANNAH, b. 1807. m. Dec. 1, 1831, Jarius Libby of Scarboro.
vii. ELIAB, b. 1808, Limington, d. Dec. 22, 1879, ae 71 yrs. Bangor. m. Abbie Towle of Windham.
viii. WHEELWRIGHT, b. 1812, living in Raymond in 1836, in Thorndike in 1838. m. Nov., 1836 in Windham, Jane Varney of Raymond.
ix. CHARLES W., b. 1816, living in Thorndike in 1850.
x. SARAH, b. May 8, 1820, Raymond, living in 1850 in Thorndike. m. John Green of Thorndike.

STEVENS, JACOB, bapt. Nov. 24, 1782, Arundel, son of Moses and Persis Stevens, b. ca 1782, living 1860, ae 77 yrs., d. by 1870. He came in 1807 and lived on Joe Joy Road. He bapt. Nov. 24, 1782 Arundel. m. Dec. 5, 1803, Patience Brawn, both of Berwick, she d. Mar. 8, 1834, ae 56 yrs. 10 mos. Limington. m. (2) int. Dec. 17, 1834, Dorcas Brawn, both of Limington, she b. ca. 1806, she living 1870, ae 61 yrs. Limington. A John Brawn d. Nov. 18, 1837, ae 95 yrs. Limington and his wife d. Sept. 22, 1830, Limington. Was he the John Brawn Jr. who married Dec. 17, 1772 in Berwick, Mary Heirl? John Brawn of Limington, sold land in South Berwick to David Boyd in 1824. Also John Brawn and wife from Berwick were paupers in Limington, Oct. 30, 1813. Children:
i. LOVEY.
ii. CHARLES W., b. 1836, living 1870, ae 35 yrs. Limington.
iii. FIDELIA ANN, b. 1837.
iv. EUNICE EMILY, b. Feb. 2, 1840, d. Apr. 21, 1920, S. Berwick. m. Dec. 25, 1863 in Waterboro, James Barney Tuft, both of Limington.
v. MARY E., b. 1842, living 1870, ae 28 yrs. Limington. m. James E. Staples.
vi. JACOB NEWELL, b. 1849, living 1870, ae 21 yrs. Limington.
vii. SARAH VICTORIA, b. 1851, living 1870, ae 17 yrs. Limington.

STEVENS, THEODORE, b. Apr. 27, 1773, Wells, d. Feb. 12, 1860, ae 86 yrs. 10 mos. at home of his daughter, Mrs. James F. Lord, Waterboro. He came from Berwick in 1801 and settled on Joe Joy Road, near Taberboro school. m. May 7, 1794, Mary Boyd, both of Berwick, she b. Dec. 6, 1773, d. June 12, 1851, ae 77 yrs. 6 mos. 5 das. Limington. Children:
i. REV. JAMES, b. June 23, 1799, Wells, d. Oct. 21, 1886, ae 87 yrs. 4 mos. Boston, MA. In 1839 he was a minister in

Springfield, ME. m. Mar. 13, 1821, Charity Rose, both of Limington, she d. Nov. 6, 1857, ae 63 yrs. Vassalboro. m. (2) Mar. 4, 1858 in Vassalboro, Avis C. Sherman, both of Vassalboro, she d. Dec. 2, 1860, ae 47 yrs. Vassalboro. m. (3) Sept. 12, 1861, Abigail (Edgerly) Mellin, widow of John of Limington, he of Vassalboro, she b. May, 1808, Limington, d. May 1, 1891, ae 82 yrs. 11 mos. 19 das. Boston, MA. Children:
1. MARY J., b. Nov. 11, 1826, d. June 19, 1906, Sullivan. m. Sept. 10, 1848, Martin Ulmer of Appleton, she of Windsor.
2. ABIGAIL ROSE, b. 1828. m. Jan. 25, 1854 in Vassalboro, Dennis M. Savage.
3. JOANNE, b. 1831, d. July 6, 1927, ae 96 yrs. Augusta. m. Jan. 1, 1857, Amos Dakin Hewitt.
4. LEONARD L., b. 1833.
5. JOHN, b. 1836. m. Apr. 9, 1855 in Vassalboro, Sophia Small of Vassalboro.

ii. HANNAH, b. June 23, 1794. living 1850, Brownville. m. int. Aug. 22, 1813, Ezra Davis, both of Limington, he b. Sept. 1, 1789, Limington, living 1850, Brownville.

iii. SERIVAH (SARAH), b. Sept. 26, 1796, d. May 30, 1846, ae 48 yrs. 8 mos. 25 das. Limerick. m. Sept. 11, 1817, William Sweet, both of Limington, he d. Sept. 3, 1871, ae 80 yrs. 5 mos. 7 das. Limerick.

iv. REV. JOHN, b. June 18, 1801, d. Apr. 5, 1878, Biddeford. He was a Free-Will Baptist minister in Gardiner, Bath, Augusta, Wayne, N. Berwick and Wells Branch. m. int. Feb. 28, 1821, Louisa Adams of Limerick, he of Limington, she d. Sept. 2, 1845, ae 42 yrs. Gardiner.

v. MARY, b. Sept. 11, 1803, d. Sept. 21, 1850, ae 47 rrs. 10 mos. unm. Limington.

vi. JOAN, also given as ANN, b. Jan. 11, 1806, d. 1889, Jackson. m. Apr. 6, 1828, Isaiah G. Ricker of Saco, she of Limington, he b. July 13, 1803, d. 1889, Jackson.

vii. ELIZA or ELIZABETH, b. Mar. 5, 1808, d. Apr. 6, 1891, ae 83 yrs. Augusta at her daughter's, Mrs. Marilla Hill. m. Feb. 12, 1830, Isaac N. Hamilton of Limerick, he of Limington, he d. Feb. 8, 1873, ae 66 yrs. Windsor.

viii. COMFORT AMANDA, b. July 20, 1810, d. Apr. 5, 1849, ae 38 yrs. 8 mos. 16 das. Jackson. m. Mar. 31, 1833. Benjamin Dodge Jr. both of Monroe, he d. June 12, 1888, ae 80 yrs. 2 mos. 11 das. Jackson.

ix. REV. THEODORE, b. Oct. 11, 1812, d. Oct. 21, 1880, Saco. He was a Free-Will Baptist minister in 1834 in Limington. m. Mar. 31, 1836, Susan Brackett, both of Acton, she b. Aug. 9, 1812, d. Aug. 13, 1898, Saco. Children:
1. MARY ANN, b. Feb. 9, 1837, living in 1915, Pasanda, CA. m. Edwin Hasty.
2. JACOB BRACKETT, b. Aug. 13, 1838, Jan. 25, 1915 Somersworth.
3. BENJAMIN FRANKLIN, b. Apr. 9, 1840.

    4. **THEODORE**, b. Apr. 10, 1842, d. June 25, 1862, N. Berwick.
    5. **EUNICE VANDELIA**, b. Nov. 28, 1843, d. Feb. 28, 1868, ae 24 yrs. 3 mos. Saco.
    6. **MILTON HOWARD**, b. June 12, 1845, lived in 1915 in Waltham, MA.
    7. **JOHN 2nd**, b. Mar. 29, 1848.
    8. **NEWELL F.**, b. Sept. 5, 1849, lived in Waltham, MA.
    9. **SUSAN CLARINDA**, b. July 8, 1851, lived Stockton Springs.
    10. **CHARLES**, b. Jan. 17, 1854. Living 1915 Saco.
    11. **HANNAH FRANCINA**, b. July 8, 1855. m. Charles Goldthwait of Saco.
    12. **EFFA ARABELLA**, b. Jan. 25, 1856.

x.   **EUNICE B.**, b. Jan. 3, 1815, d. Oct. 15, 1848, Montville. m. Dec. 22, 1843, Rev. Ezekiel T. Fogg of Montville, he b. June 26, 1809, Pittsfield, NH, d. June 5, 1865, Lewiston.

xi.   **SARAH BOYD**, b. June 1, 1817, d. May 11, 1875, Waterboro. m. Sept. 20, 1838, James Freeman Lord, both of Limington, he b. Jan. 12, 1816, Limington, d. Mar. 7, 1888, Waterboro.

STONE, JOHN, bapt. Mar. 11, 1759, Scarboro, living 1840, ae 82 yrs. Parsonsfield. He came after his marriage and settled in Bean neighborhood. He moved to Parsonsfield in 1829. A Revolutionary soldier. m. Dec. 10, 1783 in Scarboro, Abigail Robinson, she d. Aug. 25, 1851, ae 89 yrs. Parsonsfield. Children:

i.   **ELIZABETH**, bapt. Oct. 10, 1784, Scarboro, d.y.
ii.   **ANNA**, b. Sept. 8, 1786, Scarboro, d. Oct. 13, 1864, Detroit. m. Nov. 30, 1808, Asa Waterhouse, both of Limington.
iii.   **OLIVE**, b. July 10, 1791, Limington, d. Sept. 25, 1875, ae 84 yrs. 2 mos. 15 das. Parsonsfield. m. Mar. 21, 1813, Jonathan Trueworthy of Parsonsfield, she of Limington.
iv.   **REBECCA**, b. 1797, d. May 9, 1870, ae 75 yrs. Saco. m. June 4, 1820, Samuel Cole, both of Limington.
v.   **EUNICE**, b. Jan. 1, 1798, Limington, d. Dec. 20, 1860, Limington. m. int. Jan. 21, 1821, m. Feb. 8, 1821, Thomas Edgecomb Jr. of Parsonsfield, she of Limington.
vi.   **IRA**, in 1837 of N. Yarmouth, had a daughter, Mary Jane, who d. a pauper Aug., 1849.
vii.   **JOHN**, d. Apr. 21, 1834, Lincoln.
viii.   **BETSEY**, b. 1804, d. 1874. m. Oct. 30, 1836, Tristram C. Towle of Effingham, NH. They buried in S. Effingham, NH.
ix.   **DORCAS**.

STONE, SOLOMON, bapt. Aug. 19, 1739, Scarboro, d. Apr. 5, 1830, ae 91 yrs. N. Limington. He made no permanent residence until late in life; he and his wife in 1823 of Limington. He is buried in Maj. Joseph Meserve's cemetery and has a fieldstone marked S. S. A Revolutionary soldier. m. Dec. 25, 1762, Mary B. Harmon of Scarboro, she b. May 24, 1741, bapt. Dec. 18, 1741, d. Mar./Apr., 1824, Limington, in family of Maj. Joseph Meserve. Children born in Scarboro.

i. MARY, b. Apr. 2, 1768, d. Mar. 17, 1845, N. Limington. m. July 24, 1788, Maj. Joseph Meserve, both of Limington, he b. Oct. 26, 1763, Scarboro, d. Jan. 25, 1845, Limington.
ii. CAPT. DANIEL, b. Mar. 18, 1771, d. Feb. 9, 1861, ae 89 yrs. 11 mos. Limington. He lived on Stone Road, across from Emma (Marr) Grace's place. He came by 1791. m. Jan. 20, 1800, Susannah Crockett of Falmouth, she b. 1781, Cape Elizabeth, d. Sept. 16, 1863, ae 82 yrs. Limington. She was niece to Lucy (Crockett) Abbott of N. Limington. Children:
   1. JAMES BARTON, b. May 3, 1805, Portland, d. Feb. 5, 1840 Charlestown, MA, moved in 1826 to Brownfield and later to MA. m. Dec. 1, 1831, Harriet Harmon, both of Scarboro.
   2. DORCAS, b. May 17, 1807, Portland, d. Sept. 7, 1897, Scarboro. m. Sept. 20, 1831, Enos Libby, both of Cape Elizabeth; buried in Black Point cemetery, Scarboro.
   3. SUSANNAH (called SALLY), b. Apr. 20, 1808, Portland. m. Dec. 2, 1830, Nathaniel Hill of Buxton.
   4. DANIEL, b. Feb. 16, 1809, Portland, d. Jan. 4, 1837.
   5. SAMUEL MILTON, b. Oct. 2, 1809, d. Oct. 16, 1902, ae 93 yrs. 14 das. unm. Limington. He lived across Grace's place on Stone Road. He was said to be part-Indian and looked it; he had a son by house-keeper, Samuel Milton Stone, b. Feb. 23, 1872, Limington, who m. Oct. 21, 1890, Lillian Louise Boynton, both of Limington, she m. (2) Dec., 1910, Ivory Estes, both of Limington.
   6. ANNA, b. Feb. 10, 1810, Limington, d. Sept. 1895, Humboldt Co., CA, formerly of Saco. m. Aug. 5, 1849 Tristram Foss, b. Aug. 18, 1800, Saco, d. Aug. 14, 1877, ae 76 yrs. 11 mos. 24 das. Table Bluff.
   7. JOHN, b. June 10, 1815, d. Oct. 4, 1875, ae 60 yrs. 4 mos. Cape Elizabeth. m. Sept. 16, 1838, Elizabeth Alice Haskell; buried in Biddeford.
   8. ABIGAIL, m. Nov. 22, 1843, Artemas L. Hannaford, both of Biddeford.
   9. THOMAS JEFFERSON, b. 1822, d. Shirley, MA, of Saco 1878. m. Oct. 19, 1851, Nancy A. Spaulding of Saco in Scarboro.
   10. ETHELINDA H., b. May 14, 1825, in 1879 of Biddeford.
   11. DOROTHY, d. June 20, 1824, Limington.
iii. SOLOMON, b. Oct. 24, 1773, d. Nov. 27, 1851, ae 78 yrs. Limington. He and wife buried in Paine cemetery, Standish. m. Nov. 19, 1795 in Scarboro, Hannah Mains, she b. Sept. 18, 1774, Saco, d. Sept. 22, 1867, ae 92 yrs. 11 mos. Her sister, Sarah Mains, d. Aug. 22, 1840, ae 78 yrs. Limington. Children born in Limington.
   1. DANIEL, bapt. July 30, 1797, d. 1814.
   2. JAMES MAINS, b. July 30, 1798, d. Nov. 23, 1881, ae 82 yrs. Standish. m. int. Aug. 28, 1825, Fanny Philbrick of Standish, he of Limington, she b. Apr. 26, 1796, Standish, d. Feb. 24, 1864, ae 74 yrs. 5 mos. Standish. m. (2) Hannah Goodwin. Children:

(1) AMANDA ELIZABETH, b. Oct. 20, 1826, d. Apr. 24, 1904, Cornish. m. Oct., 1849, Henry Bennett Pike of Cornish.
(2) NARCISSA, b. Aug., 1833, d. Sept. 9, 1853, ae 19 yrs. 11 mos. 15 das.
(3) CHARLES, b. Dec. 2, 1836, d. Apr. 17, 1907, ae 70 yrs. 4 mos. 15 das. Standish.
3. NARCISSA, b. Oct. 23, 1802, d. Sept. 3, 1880, Hampden. m. int. Mar. 12, 1823, Thaddeus Nason of Standish, she of Limington, he b. Apr. 15, 1803, Limington, d. Dec. 5, 1885, Hampden.
4. SALLY M., b. 1804, d. Dec. 18, 1843, ae 39 yrs. Limington. m. Nov. 13, 1826, Isaac Marr Jr., both of Limington, he b. May 15, 1803, Limington, d. Sept. 15, 1867, Limington.
5. JANE, b. 1808, d. Aug. 24, 1864, ae 57 yrs. unm.
6. JOHN, b. between 1810/1815; living 1838.
7. DORCAS, b. Oct. 23, 1814, d. Mar. 31, 1899, ae 84 yrs. 5 mos. 8 das. Limington. m. int. Feb. 9, 1841, Ebenezer H. McLellan of Newfield, she of Limington, he b. Nov. 28, 1805, Newfield, d. May 20, 1865, ae 59 yrs. 5 mos. Limington. They are buried in small cemetery near E. Limington bridge in Standish.

iv. SAMUEL, b. May 17, 1776, d. June 5, 1858, ae 82 yrs. Limington. He purchased land in 1797; he of Scarboro. m. Feb. 5, 1800, Shuah Staples, both of Limington, she b. Aug. 11, 1779, Kittery, d. Feb. 20, 1844, ae 66 yrs. Limington. Children:
1. ISAAC, b. Apr. 21, 1800, d. 2:30 a.m. on June 11, 1870, Limington. m. Nov. 10, 1825, Hannah Meserve, both of Limington, she b. May 26, 1803, Limington, d. Feb. 1, 1878, ae 74 yrs. 3 mos. 15 das. Limington. Children:
(1) ANSEL S., b. Jan. 10, 1837, d. Nov. 9, 1893, ae 56 yrs. 10 mos. Gorham. m. Apr. 22, 1860, Lucy R. Meserve of Gorham, she b. Apr. 23, 1829, d. Feb. 28, 1886.
(2) SARAH B., b. Jan. 16, 1829, d. Nov. 21, 1898, ae 69 yrs. 10 mos. 5 das. Gorham. m. int. Dec. 30, 1851, Andrew J. Strout, both of Limington, he b. Nov. 24, 1824, Standish, d. Jan. 6, 1892, Limington.
(3) CLAISSY, d.y.
2. CAPT. NATHANIEL, b. Apr. 13, 1803, d. May 13, 1887, ae 84 yrs. 1 mo. Limington. m. Mar. 8, 1829, Sally P. Norton, both of Limington, she b. Dec. 16, 1805, Limington, d. June 21, 1873, Limington. He lived in Porter and came back to town in 1853. Children:
(1) BETSEY H., b. Apr. 23, 1829, Limington, d. Nov. 22, 1889, ae 60 yrs. 6 mos. 24 das. unm. She lived a number of yrs. in family of Calef R. Ayer of Cornish.
(2) WARREN N., b. Aug. 12, 1830, Limington, d. June 8, 1893, ae 62 yrs. 9 mos. 27 das. Charlestown, MA. m. in Boston, Eliza A. Quint.

(3) FRANKLIN PIERCE, b. Sept. 23, 1832, Porter, d. Sept. 20, 1918, Limington. m. int. Mar. 28, 1864, Salome M. (Sawyer) Haskell, widow of Levi, both of Limington, she b. Dec. 20, 1834, Limington, d. July 22, 1882, Limington. Children:
   (i)   LAURA, b. May 18, 1864.
   (ii)   FRANK, b. Apr. 19, 1866, d. Aug. 14, 1945.
   (iii)   HARRIET, b. May 6, 1868.
   (iv)   FRANCES, b. May 1, 1870.
   (v)   MARJORIE, b. June 13, 1872.
   (vi)   ANNIE FLORENCE, b. Oct. 29, 1878.
(4) LAURA ANNE, b. Sept. 25, 1834, Porter, d. Dec. 28, 1863, Limington. m. int. Feb. 2, 1857, Henry Meserve, both of Limington.
(5) NANCY B., b. Nov. 4, 1836, Porter, d. Sept. 1, 1907, Limington. m. Dec. 15, 1858, William Foster Meserve, both of Limington, he b. Nov. 6, 1828, Limington, d. Jan. 20, 1901, Limington.
(6) EDWIN, b. Oct. 30, 1840, Porter, d. June 8, 1922, Biddeford. m. Nov. 1, 1883, Nellie Haines of Biddeford.
(7) ALFREDA L., b. May 9, 1847, Porter, d. Oct. 1, 1878, ae 31 yrs. 4 mos. 22 das. Cornish. m. int. Mar. 28, 1869, Jesse Colcord of Porter.
(8) GILMAN APPLETON, b. Feb. 5, 1851, Porter, d. Dec. 25, 1860, ae 9 yrs. 10 mos. 18 das. Limington.
3. MARY, b. Nov. 14, 1806, d. Dec. 17, 1894, ae 89 yrs. 1 mo. 6 das. Standish. m. int. Mar. 23, 1850, Ting Smith of Standish, he d. May 27, 1888, ae 78 yrs.
4. ELIZA, b. July 27, 1808, d. Aug. 19, 1857, ae 50 yrs. Brownfield. m. int. Sept. 13, 1837, Isaac Meserve, both of Limington, he b. Sept. 17, 1797, Limington, d. June 7, 1867, Brownfield.
5. SAMUEL JR., b. Feb. 26, 1810. m. Nov. 15, 1838, Sarah Sanborn of Baldwin, he of Limington.
6. NANCY, b. Jan. 17, 1812, d. Mar. 6, 1837.
7. ROBERT STAPLES, b. July 31, 1814. m. Oct. 31, 1841, Drusilla Small, both of Limington, she d. June 22, 1880, ae 61 yrs. 6 mos. 10 das. Standish. He went West during gold rush and was never heard from.
8. PARMELIA M., b. Dec. 24, 1817, d. July 1, 1895, ae 77 yrs. 6 mos. 7 das. Standish. m. June 4, 1838, Stephen Boothby, both of Limington, he b. Nov. 20, 1816, Limington, d. July 1, 1895, Standish.
9. OLIVE B., b. Mar. 13, 1821, d. Sept. 6, 1864, ae 43 yrs. 7 mos. Scarboro. m. Sept. 23, 1847, Merritt Anderson, both of Limington.
10. ZEPHENIAH HARDING, b. Nov. 27, 1824, d. Apr. 17, 1853, ae 29 yrs. 4 mos. m. int. Sept. 28, 1850, Louisa Maria Haskell, both of Limington, she m. (2) Dec. 4, 1853, Walter Hagens Moody of Cornish, she of Standish.

v.   CHILD, buried Mar. 3, 1779.

vi. LYDIA, b. June 16, 1780, d. July 17, 1872, Scarboro. m. Oct. 16, 1800 in Scarboro, Joshua Moulton of Scarboro.
vii. ISAAC, b. Apr. 15, 1783, d. 1820. m. Apr. 1, 1804, Huldah Libby of Scarboro.
viii. ZACHARIAH, b. May 2, 1786, d. Feb. 19, 1859, Troy. He moved to Unity before 1820, resided there until about 1832. m. Sally Sweet, she b. July 8, 1786, d. Apr. 20, 1844, ae 58 yrs. Troy.

STROUT, ELISHA, b. Jan. 13, 1746, Cape Elizabeth, d. Sept. 29, 1811, ae 65 yrs. 8 mos. Limington. He was son of Elisha and Elcy (Smith) Strout and half brother to Enoch, Isaac, William and Gilbert Strout of S. Limington. He came from Gorham in 1792 and settled on lot 7, range G on Strout's Hill, now Peter's Hill. The last Strout to live on the place was Edith (Strout) Peters, who d. 1967. A Revolutionary soldier. m. Nov. 27, 1764 in Falmouth, Eunice Freeman, she d. Feb. 8, 1814, ae 66 yrs. 10 mos. Limington. Children:

i. SIMEON, b. Nov. 21, 1765, Gorham, d. Jan. 9, 1838, Limington. He lived on lot 6, range G on Quaker Lane, later homestead farm of Annie (Strout) (Dearborn) Dennen. m. May 25, 1783, Mercy Laha (Lake), both of Gorham, she b. July 22, 1753, Harwick, MA, d. Sept. 8, 1841, Limington. Her b. given in Harwick records as Feb. 16, 1752. Children:

1. HANNAH R., b. Oct. 26, 1783, Gorham, d. Mar. 7, 1825, Limington. m. Dec. 12, 1805. Israel Boody, both of Limington, he b. Feb. 12, 1784, New Durham, NH, d. Dec. 28, 1852, Limington.
2. PETER, b. Sept. 19, 1785, Limington, d. June 26, 1826, ae 40 yrs. Standish. m. Nov. 10, 1808, Betsey Smith of Gorham, he of Limington, she b. June 14, 1789, d. Apr. 12, 1860, ae 70 yrs. 8 mos. Standish. Children:
    (1) CHARLES H., b. Oct. 7, 1820, Limington, d. Nov. 29, 1895, ae 75 yrs. 1 mo. 22 das. Chelsea, MA. m. June 1, 1845 in Standish, Susan W. Smith of Standish, he of Boston, MA, she d. Jan. 22, 1890, ae 70 yrs. Chelsea, MA, buried in Woodlawn cemetery, Everett, MA.
    (2) SMITH.
    (3) CLARINDA, b. 1820, d. Aug. 10, 1861, unm. In 1850, ae 30 yrs., living with her mother in Standish.
3. SIMEON JR., b. Oct. 23, 1787, Limington, d. Aug. 31, 1867, Limington. He was long a Justice of the Peace and active in York Co. political circles. He lived on his father's place on Quaker Lane which later became his son's place, Leonard J. Strout. m. Mar. 18, 1813, Esther Frost, both of Limington, she b. Jan. 9, 1797, Limington, d. July 4, 1882, Limington. Children born in Limington.
    (1) NANCY FROST, b. Jan. 19, 1814, d. Aug. 21, 1883, ae 69 yrs. 8 mos. Limington. m. Dec. 9, 1832, Enoch Billings Hobson of Buxton, she of Limington, he b. June 10, 1810, Buxton, d. Mar. 25. 1888, Limington.
    (2) ERI FROST, b. June 31, 1816, d. Apr. 5, 1816, Limington.

(3) MICAJAH COLLINS, b. Sept. 4, 1817, d. Aug. 3, 1896, ae 77 yrs. 10 mos. 29 das. Portland. m. June 18, 1840, Olive Farnham Jackson of Gorham, he of Limington, she d. Dec. 25, 1897, ae 80 yrs. 11 mos. 18 das. Portland. Children:
   (i)   CHARLES W., b. Apr. 10, 1843, Limington, d. Jan. 1, 1925, Portland. m. Ellen A. Wylie.
   (ii)   CAROLINE J., b. Apr. 10, 1843, Limington; living 1860, Gorham.
   (iii)   LIZZIE E., b. May, 1849, Limington, d. Oct. 19, 1857, W. Gorham.
   (iv)   GEORGE W., b. 1860, Gorham, d. Nov. 17, 1912, Portland. m. Dec. 28, 1891 in Portland, Susan Edgecomb of Limington, she d. Mar. 29, 1912, ae 49 yrs. 6 mos. Portland.
(4) WINGATE FROST, b. Mar. 29, 1820, d. Dec. 10, 1842, Limington.
(5) MERCY JANE, b. Apr. 19, 1822, d. Feb. 20, 1915, Arapahoe, NE. m. Nov. 23, 1843, Oliver Hasty of Limerick, she of Limington.
(6) CAROLINE, b. July 28, 1824, d. Aug. 23, 1824, Limington.
(7) CEPHAS MEADS, b. June 16, 1826, d. Mar. 14, 1904, ae 78 yrs. 9 mos. 13 das. Limington. m. June 16, 1855 in Portland, Sarah E. Roberts, both of Portland, she b. Feb. 12, 1836, Eastport, d. Feb. 20, 1913.
(8) CAROLINE R., b. Mar. 27, 1828, d. June 16, 1866, ae 38 yrs. 3 mos. unm. Limington of heart disease.
(9) ANDRAS JARVIS (ANDREW JACKSON), b. Aug. 3, 1830, Limington, d. Aug. 17, 1830, Limington.
(10) LEONARD JOHNSON, b. Nov. 27, 1832, d. Aug. 11, 1915, Limington. m. Sept. 17, 1857, Almeda Foss, both of Limington, she b. June 25, 1833, Limington, d. May 18, 1909, Limington. Children:
   (i)   FRED P., b. Jan., 1857, Limington, d. May 3, 1887, ae 20 yrs. 3 mos. 22 das. Limington.
   (ii)   WINGATE FROST, b. Jan., 1859, Limington, d. July 4, 1863, ae 4 yrs. 5 mos. 4 das. Limington of diptheria.
   (iii)   CARRIE EMMA, b. Nov. 5, 1865, Limington, d. Feb. 20, 1869, ae 3 yrs. 10 mos. 15 das. Limington.
   (iv)   ANNIE WINGATE, b. Aug. 24, 1873, Limington, d. Oct. 11, 1951, Orlando, FL. m. June 29, 1898, Frank Brackett Dearborn of Bangor, she of Limington. m. (2) Nov. 13, 1916 in Cambridge, MA., Fred E. Dennen.
(11) ELIZABETH FROST, b. Nov. 23, 1836, d. Apr. 28, 1865, ae 28 yrs. Limington. m. int. Apr. 25, 1856, Smith L. Sawyer, both of Limington, he b. Sept. 2, 1829, Portland, d. July 28, 1905, New Gloucester, buried White's corner cemetery, New Gloucaster.

(12) **ESTHER ANN**, b. Apr. 12, 1839, d. Mar. 13, 1845, ae 6 yrs. 11 mos. Limington.
4. **E U N I C E**, b. May 29, 1790, Limington, d. July 31, 1852, Hollis. m. Dec. 17, 1816, Eli Bean Sr. of Limerick, she of Limington, he b. Sept. 4, 1796, d. Dec. 19, 1819. m. (2) Nov. 7, 1824, Isaiah Randall, both of Limington, he b. Aug. 20, 1797, Limington, d. Apr. 4, 1856, Limington.
5. **E L I S H A**, b. May 29, 1790, Limington, d. Sept. 27, 1872, Swedan. He moved in 1838 to Hio Ridge section of Bridgton. m. Mar. 30, 1816, Mary Hagens, both of Limington, she b. Aug. 16, 1796, Limington, d. Aug. 3, 1854, Bridgton. Children all born in Limington, except the last.
  (1) **MARY HAGENS**, b. Sept. 19, 1817, d. Oct. 19, 1891, ae 74 yrs. Bridgton, she burned by her clothes taking fire from a stove. m. Hon. George L. Cleaves, both of Bridgton.
  (2) **SIMEON LAKE**, b. Feb. 22, 1819, d. Mar. 12, 1899, ae 80 yrs. 17 das. Portland. m. Nov. 19, 1849, Almira Bradley of Springfield, MA, he of Denmark, she d. May 21, 1851, ae 19 yrs. 21 das. Denmark. m. (2) Sept. 30, 1852 in Lynden Center, VT, Mary E. Woodruff of Lyndan, VT, he of Conway, NH, she b. 1835, Burke, VT, d. 1903.
  (3) **WALTER HAGENS**, b. Feb. 22, 1819, d. Dec. 31, 1904, Bridgton. m. June 27, 1849, Frances P. Burnham, both of Bridgton, she b. July 18, 1826, Bridgton, d. Sept. 11, 1862, ae 36 yrs. 2 mos. Bridgton. m. (2) Mar. 23, 1865, Fannie (Wilson) Stevens of Swedan, she d. Mar. 5, 1875, ae 33 yrs. 10 mos. Bridgton.
  (4) **BENNETT PIKE**, b. Apr. 10, 1821, d. Feb. 3, 1910, Wayne, PA. In 1863 moved to Conway, NH, in 1872 to Wolfeboro, NH, and in 1875 to Dorn, NH; from 1884 lived with son, Charles Henry Strout. m. Jacynthia Abigail Woodruff of Lynden, VT, she b. Aug. 8, 1837, Burke, NH, d. Aug. 26, 1877, Dorn, NH.
  (5) **ANN MARIA**, b. Apr. 25, 1823, d. Apr. 29, 1845, ae 22 yrs. 4 das. Bridgton.
  (6) **HENRY T.**, b. Aug. 1, 1825, d. Mar. 25, 1847, ae 21 yrs. 9 mos. 24 das. Bridgton.
  (7) **EMELINE LOUISA**, b. Jan. 28, 1828, d. Nov. 6, 1846, ae 18 yrs. 9 mos. 9 das. Bridgton.
  (8) **ALMON AUGUSTUS**, b. May 8, 1835, Bridgton, d. Apr. 19, 1898, ae 62 yrs. 11 mos. 11 das. Boston, MA. m. Dec. 23, 1861, Mary R. Sumner of Grand Rapids, MI, she d. Mar. 5, 1903, ae 64 yrs. 10 mos. 12 das. Brookline, MA.
6. **POLLY G.**, b. June 17, 1792, Limington, d. June 6, 1868, Limerick. m. int. Jan. 15, 1809, William Hasty, both of Limington, he b. Feb. 15, 1788, Limington, d. Mar. 5, 1873, Limerick.

ii. SUSANNA, b. July 28, 1767, Gorham, d. Dec. 25, 1863, Limington. m. June 11, 1787 in Gorham, Daniel Grant of Gorham, later of Limington, he d. Dec. 25, 1840, ae 77 yrs. 8 mos. Limington.
iii. EUNICE, b. July 26, 1770, Gorham, d. Jan., 1807, S. Limington. m. Sept. 13, 1792 in Gorham, William Nason Edgecomb of Limington, she of Limington. m. (2) Oct. 17, 1805, Nicholas Edgecomb, both of Limington, he b. Feb. 17, 1766, d. Oct. 24, 1847, Limington.
iv. DORCAS, b. Mar. 1, 1773, Gorham, d. Dec., 1849, Newfield. m. Apr. 25, 1793, Rufus Libby, both of Limington.
v. ELISHA JR., b. Apr. 13, 1775, Gorham, d. Apr. 3, 1851, Standish. He moved to Limerick in 1798 and returned to Limington in 1805, living on Pine Hill Road, he moved after 1817 to Steep Falls section of Standish. m. Oct. 12, 1795, Betsey Adams, both of Limington, she b. Jan. 19, 1775, Falmouth, d. Dec. 11, 1851, ae 77 yrs. Standish. Children:
1. NATHANIEL, b. June 11, 1797, Limington, d.y.
2. NATHANIEL, b. July 10, 1798, Limington, living 1850, Standish. m. Jan. 1, 1826, Mercy Higgins, both of Standish, she d. Feb. 17, 1852, ae 46 yrs. 4 mos. Standish.
3. SOLOMON, b. May 19, 1799, Limerick, d. July 6, 1872, Alexander. m. May 19, 1824 in Baring, Lydia Bailey of Baileyville, she b. July 8, 1804, Baileyville, d. May 29, 1862, Alexander. m. (2) Dec. 17, 1862 in Alexander, Mrs. Mary A. (Lane) How, widow of John of Cooper, ME, she d. Apr. 6, 1907, ae 78 yrs. 6 mos. 13 das. Auburn.
4. MIRIAM, b. July 27, 1800, Limerick. Living in 1870 Standish. m. Nov. 8, 1821, Daniel Thorn, both of Standish, he b. Jan. 24, 1799, Standish, d. Apr. 18, 1842, Standish. m. (2) Sept. 9, 1860, Ebenezer Higgins of Standish.
5. DAVID, b. Apr. 21, 1802, Limerick (gravestone gives April 20, 1805), d. July 26, 1876, ae 71 yrs. 3 mos. Auburn. m. July 3, 1831, Sylvia Clark, both of Limington, she b. Feb. 13, 1810, Limington, d. Mar. 8, 1863, Auburn. They moved to Auburn about 1839.
6. PATIENCE, b. Sept. 24, 1803, Limerick, d.y.
7. BETSEY, b. Feb. 19, 1805, Limerick, d. Sept. 29, 1893, ae 90 yrs. 7 mos. 10 das. Standish. m. May 16, 1825, Marrett Thorn, both of Standish, he b. Mar. 12, 1800, Standish, d. Jan. 28, 1880, Standish.
8. PATIENCE, b. July 31, 1807, Limington, d. May 29, 1882, ae 75 yrs. 3 mos. 29 das. Standish. m. Aug. 29, 1839, Sylvanus B. Dorsett, both of Standish, she had two children before she married, both of whom were adopted by her parents. Children, surname Strout:
    (1) ANDREW J., b. Nov. 25, 1825, Standish, d. Jan. 6, 1892, ae 66 yrs. 7 mos. 12 das. Limington. m. int. Dec. 30, 1851, Sarah B. Stone, both of Limington, she d. Nov. 21, 1898, ae 69 yrs. 10 mos. 5 das. Gorham.
    (2) WILLIAM FRANK, b. June 4, 1832, Standish, d. Aug. 17, 1913, Standish. m. Dec. 20, 1865 in Conway, NH,

Roseatha (White) Rand of Limington, he of Standish, she b. June, 1843, Standish, d. 1901, Limington.
9. **SUSAN**, b. Sept. 11, 1808, Limington, d. Jan. 18, 1849, ae 40 yrs. 4 mos. 7 das. Standish. m. June 7, 1835, Ting Smith of Hollis, she of Standish, he d. May 2, 1888, ae 78 yrs. 6 mos. Standish.
10. **MERCY**, b. Mar. 1, 1810, Limington, d. Mar. 28, 1885, ae 75 yrs. 27 das. Bartlett, NH. m. Oct. 12, 1836, William Swett, both of Standish.
11. **BENJAMIN ADAMS**, b. Apr. 12, 1812, Limington, d. Feb. 26, 1897, ae 84 yrs. 10 mos. Upper Mills, NB. m. Sept. 17, 1835, Esther Bailey of Alexander, she b. Mar. 13, 1817, Alexander, d. May 1, 1850, Milltown, Calais. m. (2) Caroline (Scribner) Huff, she d. Sept. 16, 1888, ae 73 yrs. Alexander.
12. **EUNICE**, b. Jan. 24, 1814, Limington, d. June 14, 1884, ae 69 yrs. 4 mos. Conway, NH. m. Feb. 12, 1832, Alfred Swett, both of Standish.
13. **ELISHA JR.**, b. Mar. 18, 1816, d. Feb. 27, 1892, ae 75 yrs. 11 mos. 12 das. Standish. m. Oct. 16, 1834, Sarah Haskell of Limington, he of Standish, she b. Aug. 21, 1818, Limington, d. Mar. 12, 1906, Gorham.
14. **CLEMENT FICKETT**, b. Mar. 27, 1819, Standish, d. soon after 1881, Alton, ME. m. Nov. 5, 1843, Almira Hammons of Cornish, he of Standish, she d. Feb. 15, 1892, ae 65 yrs. Alton, ME.

vi. COL. SOLOMON, b. Apr. 13, 1777, d. Apr. 23, 1847, Limington. He was an active member of Free-will Baptist church and often restored to council. He was for many yrs. selectman in town and an officer in Aroostook War. He lived on his father's homestead on Strout's Hill. m. Nov. 20, 1800, Mrs. Patience (Wallace) Fickett, widow of Clement of Westbrook, he of Limington, she b. Sept. 1, 1775, d. Mar. 6, 1851, Limington. Children born in Limington.
1. **EUNICE**, b. Nov. 8, 1801, d. Dec. 3, 1835, Bridgton. m. Nov. 29, 1821, Samuel Plaisted, both of Limington, he d. Nov. 16, 1848, ae 48 yrs. 9 mos. Bridgton.
2. **WILLIAM WALLACE**, b. Feb. 4, 1804, d. Nov. 11, 1872, Durham. m. July 28, 1831 in Durham, Harriet A. Newell of Durham, she b. Jan. 13, 1813, d. 1898.
3. **CAPT. FREEMAN**, b. Aug. 31, 1806, d. Mar. 1, 1882, Limington. m. Sept. 17, 1829, Dorcas P. Thompson, both of Limington, she b. Oct. 22, 1807, Limington, d. Mar. 28, 1888, Limington. Children born in Limington.
    (1) **EUNICE F.**, b. Mar. 1, 1830, d. Feb. 14, 1898, Limington. m. int. Jan. 21, 1851, Hobert Hasty Brackett, both of Limington, he b. July 21, 1825, Limington, d. June 16, 1898, Limington.
    (2) **ELIZA F.**, b. July 11, 1832, d. July 18, 1865, Limington. m. July 24. 1853, Leander Field of Westbrook, he d. Sept. 2, 1863, ae 33 yrs. 6 mos.

(3) **WILLIAM WALLACE**, b. Aug. 13, 1835, d. Nov. 7, 1857, unm. Limington.
(4) **AUGUSTUS ADAM**, b. Oct. 29, 1836, d. Mar. 28, 1911, Limington. m. Sept. 28, 1861, Lizzie H. Lougee of Parsonsfield, he of Limington, she d. Jan. 29, 1871, ae 36 yrs. 4 mos. 20 das. Limington. m. (2) Nov. 26, 1873, Anna Mary Pillsbury of Auburn, he of Limington, she b. Apr. 16, 1853, New Gloucester, d. Oct. 12, 1887, Limington. Children born in Limington.
    (i)   CORA M., b. July, 1863, d. July 10, 1865, ae 2 yrs. 2 mos. 14 das. Limington.
    (ii)   **ALBERT AUGUSTUS**, b. Jan. 18, 1868, d. Oct. 15, 1930, Cumberland. m. Aug. 17, 1895, Ida May Higgins, both of Limington.
    (iii)   INFANT, b. Jan. 29, 1871, d. Jan. 29, 1871, Limington.
    (iv)   **GEORGE FREEMAN**, b. June 23, 1875, d. Oct. 19, 1964, Newburyport, MA. m. Dec. 12, 1900, Harriet C. Moody, both of Limington.
    (v)   EDITH MAY, b. June 12, 1878, d. Mar. 8, 1967, Limington. m. Apr. 9, 1914, Joseph Peters, both of Limington.
    (vi)   ADA CLEVELAND, b. Jan. 29, 1886, d. Jan. 15, 1951, Durham. d. Apr. 3, 1917, Edward G. Waterhouse. m. (2) Dec. 24, 1920, Delmer Sylvester of Durham.
(5) **CHARLES FREEMAN**, b. Nov. 22, 1838, d. July 26, 1881, ae 43 yrs. unm. Limington.
(6) **INFANT SON**, b. Jan. 15, 1842, d. Feb. 22, 1842, Limington.
(7) **ERASTUS GREEN**, b. June 2, 1844, d. June 6, 1919, Auburn. m. Dec. 22, 1867, Frances Ellen Brackett, both of Limington, she b. Mar. 22, 1841, Limington, d. Apr. 27, 1910, Auburn. They moved in 1872 to Auburn.

4. **ABIGAIL**, b. Mar. 8, 1809, d. Apr. 21, 1853, Limington, she hung herself.
5. **ELISHA**, b. Sept. 8, 1812, d. Nov. 7, 1887, Durham. m. Oct. 14, 1838, Mary Ann Tyler, both of Pownal, she b. May 29, 1816, Pownal, d. Nov. 12, 1895, Durham.
6. **MARIA LOUISE B.**, b. Apr. 11, 1815, d. Feb. 1, 1849, Limington. m. Mar. 17, 1835, James Richardson, both of Limington, he b. Jan. 4, 1811, Limington, d. Aug. 12, 1892, Hiram.
7. **SOLOMON JR.**, b. July 3, 1817, d. Oct. 5, 1891, ae 74 yrs. 2 mos. 26 das. Portland. He went to Portland as a house carpenter. m. Dec. 29, 1845 in Gorham, Eunice M. Files of Gorham, he of Portland, she d. Feb. 24, 1906, ae 82 yrs. 8 mos. 12 das. Portland.
8. **PATIENCE**, b. May 25, 1821, d. Aug. 20, 1896, ae 75 yrs. 2 mos. 26 das. Portland. m. Nov. 25, 1847, Joseph Rum-

mery of Portland, she of Limington, he b. Oct. 7, 1820, Hollis, d. Oct. 13, 1897, Portland.
vii. POLLY, b. May, 1780, d. Oct. 5, 1855, ae 75 yrs. 5 mos. Limington. m. May 4, 1831, Harvey Libby, both of Limington, he b. Dec. 18, 1763, Scarboro, d. Feb. 28, 1849, Limington.
viii. MEHITABLE, b. Aug. 7, 1787, d. May 11, 1834, Limerick. m. int. Apr. 15, 1809, William Clark, both of Limington, he d. Nov. 12, 1858, ae 70 yrs. 8 mos. Limerick.

STROUT, ENOCH, b. Dec. 25, 1761, Cape Elizabeth, d. Apr. 1, 1832, Wales, MA. He came from Cape Elizabeth to Limington by May, 1783 and settled on lot 3, range B, next to his brother, Isaac Strout by 1790 census. He left for Wales in 1796. A Revolutionary soldier. m. Sept. 23, 1784 in Buxton, Mercy C. Small, both of Limington, she b. Aug. 6, 1765, d. Oct. 20, 1842, Wales. Children:
i. ELISHA, b. Jan. 19, 1785, d. May 3, 1859, ae 74 yrs. 4 mos. Charleston, ME. m. ca. 1808, his cousin, Lydia Bither, she b. Apr. 19, 1785, Limington, d. Aug. 2, 1851, Charleston.
ii. JOANNA, b. Aug. 5, 1786, d. Mar. 12, 1864, Monmouth. m. Pelatiah Warren, formerly of Durham.
iii. DANIEL, b. Feb. 15, 1789, d. Nov. 30, 1868, ae 79 yrs. 9 mos. 5 das. Bradford. m. ca. 1813, Polly Tyler, she d. Dec. 17, 1865, ae 69 yrs. Bradford.
iv. ENOCH, b. May 8, 1791, d. May 6, 1867, ae 76 yrs. Bradford. m. ca. 1814, Phoebe Hibbard of Wales, she b. Feb. 22, 1791, Wales, d. Apr. 23, 1860, Bradford.
v. MERCY, b. Aug. 15, 1793, d. Oct. 15, 1798, Wales.
vi. WILLIAM, b. Nov. 15, 1795, d. Aug. 14, 1852, Wales. m. Apr. 29, 1819, Martha Swett of Brunswick, she b. Nov. 13, 1802, Brunswick, d. Aug. 7, 1894, Readfield.
vii. GILBERT, b. Apr. 8, 1798, Wales, d. July 28, 1888, Wales. m. Oct. 1, 1820 in Topsham, Lucy Small of Topsham, he of Wales, she b. Nov. 7, 1795, Topsham, d. June 29, 1859, Wales.
viii. ISAAC, b. Apr. 14, 1800, Wales, d. May 3, 1868, ae 68 yrs. 19 das. Bradford. m. int. Nov. 27, 1819, Sarah Bither, both of Freedom, she b. July 28, 1799, Limington, d. July 14, 1857, ae 57 yrs. Pittsfield.
ix. EBENEZER, b. May 29, 1802, Wales, d. June 1, 1880, Portland. m. Jan. 27, 1825, Hannah Cushing of Topsham, he of Wales, she b. Apr. 22, 1800, Durham, d. Oct. 5, 1873, Portland.
x. MERCY, b. July 22, 1805, Wales, d. Mar. 28, 1816, Wales.

STROUT, GILBERT, b. Dec., 1763, Cape Elizabeth, d. Jan. 10, 1850, ae 86 yrs. 10 mos. Limington. He and his brother, William lived on same homestead on lot 4, range F, known as Howard Edgecomb's place, located on Gammon Road. He once took in his sister, Eliza Strout, b. before 1765, d. Feb. 16, 1835, Limington. Gilbert m. Mar. 11, 1792, Mary Horton of Cape Elizabeth, he of Limington, she d. Jan. 27, 1835, ae 74 yrs. 6 mos. Limington. Children born in Limington.
i. ISAAC, b. May 29, 1794, d. Aug. 18, 1844, ae 50 yrs. 3 mos. Limington. m. Dec. 23, 1819, Mehitable Edgecomb, both of

Limington, she b. Jan. 6, 1800, Limington, d. Nov. 12, 1876, ae 76 yrs. 10 mos. 6 das. Limington. Children:
1. EUNICE, b. May, 1821, d. Feb. 14, 1886, ae 64 yrs. 9 mos. S. Casco. m. Feb. 23, 1838, William Sposedo, both of Limington, he d. Feb. 28, 1908, ae 95 yrs. 9 mos. 20 das. Windham.
2. VIOLA, b. Nov., 1923, d. Dec. 18, 1849, ae 26 yrs. 1 mo. unm. Limington.
3. ELIZA, b. June, 1827, d. May 1, 1883, ae 55 yrs. 11 mos. Limington. m. Oct. 28, 1848, Isaac E. Edgecomb, both of Limington, he b. June 11, 1828, Limington, d. Feb. 19, 1901, Hollis.
4. WILLIAM GILBERT, b. June, 1835, d. Jan. 29, 1850, ae 14 yrs. 7 mos. Limington.

ii. GILBERT JR., b. Mar. 8, 1796, d. Feb. 9, 1859, ae 62 yrs. 11 mos. 1 da. Limerick. m. int. Feb. 21, 1827, Polly Edgecomb, both of Limington, she d. May 13, 1884, ae 82 yrs. Limington. Children:
1. PHIDELIA, b. Oct. 18, 1828, Limerick, d. Oct. 28, 1887, ae 59 yrs. 10 das. Limerick. m. June 20, 1858, John Brown, both of Limington, he b. May 8, 1817, Limerick, d. Sept. 10, 1906, Limerick.
2. WESLEY NELSON, b. Mar. 27, 1830, d. Dec. 27, 1875, ae 45 yrs. 9 mos. 2 das. Limerick. m. May 20, 1855, Augusta Stone of Cornish.

iii. ELIZA, b. May 3, 1798, d. July 10, 1826, Limington. m. int. June 12, 1824, Philemon Libby Jr., both of Limington, he b. Dec. 14, 1796, Limington, d. May 29, 1846, Limington.

iv. HORTON, b. July 8, 1801, d. Nov. 2, 1832, ae 31 yrs. 3 mos. 18 das. Limington. m. Oct. 17, 1827, Rebecca Adams of Buxton, he of Limington, she b. Mar. 1, 1802, Buxton.

v. ELISHA, b. Oct. 22, 1803, Limington, d. Sept. 10, 1874, ae 70 yrs. 10 mos. Buxton. m. Mar. 30, 1831, Sarah E. Adams of Buxton, she b. Apr. 28, 1810, Buxton, d. Jan. 18, 1854, ae 44 yrs. Gorham. m. (2) May 10, 1861 in Portland, Eliza J. Small of Scarboro, he of Buxton.

STROUT, ISAAC, b. ca. 1751, Cape Elizabeth, d. Mar. 3, 1818, Limington. He came ca. 1784 from Cape Elizabeth and settled in Hardscrabble, later moved near Limerick line on Daniel Weston's place. A Revolutionary soldier. Maybe his father-in-law, Eleazer Strout (1727-1800) died at his home while on a visit; his death recorded in Limerick deaths. m. Feb. 28, 1771, Jane Strout, both of Cape Elizabeth, she b. ca. 1755, Cape Elizabeth, d. Jan. 29, 1807, Limington. Isaac m. (2) June 11, 1807, Mary (Fowler) Nason, widow of John of Nason's Mills, Limington, she b. 1760, d. Oct. 30, 1845, Limington. Children:
i. ENOCH, b. ca. 1773, Cape Elizabeth, d. Jan. 28, 1825, Limington. m. int. Aug. 28, 1803, Elizabeth Sedgely of Limerick, he of Limington. m. (2) Aug. 9, 1804, Sarah Foss, both of Limington, she b. ca. 1780, d. Mar. 22 or Sept 14, 1841, Limington. Children born in Limington.

1. CAPT. EZEKIEL, b. July 15, 1806, d. Aug. 4, 1883, ae 77 yrs. 21 das., Standish. m. Oct. 17, 1832, Betsey Anderson, both of Limington, she b. Dec. 31, 1804, Limington, d. Mar. 25, 1850, Standish. m. (2) Nov. 17, 1850, Anna S. Files of Gorham, he of Standish. They moved Feb., 1844 to Standish. Children:
    (1) MARK DANA, b. 1833, Limington, d. Apr. 20, 1917, Anderson, IN. m. Mary Ellen Gullett.
    (2) STUART ANDERSON, b. Dec. 23, 1834, Limington, d. June 3, 1885, ae 50 yrs. 5 mos. Portland. m. Dec. 23, 1860 in Portland, Mary H. Smith.
    (3) HARRISON B., b. Oct. 8, 1836, Limington, d. June 9, 1917, Aurora, IN.
    (4) NOYES EZEKIEL, b. June 1, 1838, Limington, d. May 1, 1917, Bedford, IN. m. May 30, 1866 in Bedford, IN, Elizabeth Vestal.
    (5) SARAH JANE, b. Apr., 1840, Limington, d. Feb. 17, 1913, ae 72 yrs. 9 mos. 25 das. Standish. m. Nov. 22, 1862, Albion K. P. Shaw of Standish.
    (6) ELIZABETH A., b. Nov., 1843, Limington, d. Oct. 29, 1875, ae 31 yrs. 11 mos. Bedford, IN, at residence of her brother, N. E. Strout. m. int. Aug. 27, 1873 in Portland, Albert S. Fuller of Portland.
    (7) MARY FRANCES, b. 1847, Standish, d. Dec. 15, 1918, ae 71 yrs. Portland. m. Oct. 18, 1877 in Portland, George Henry Owen of Portland.
    (8) EMMA JANE, b. Sept. 29, 1850, Standish, d. Dec. 11, 1938, ae 88 yrs. 5 mos. 13 das. S. Portland. m. Dec. 25, 1870, James Jewell Fifield, both of Standish.
    (9) ELLEN ELLA, b. Mar. 1, 1854, Standish, d. 1933. m. Oct. 6, 1871, Robert John Moody, both of Standish.
2. REV. ALVAH, b. Apr., 1810, d. Aug. 24, 1881, ae 71 yrs. 3 mos. 27 das. Bradford. m. June 2, 1835 in Bradford, Keziah Wilson of Bowdoinham, she d. Oct. 10, 1884, ae 73 yrs. 4 mos. 14 das. Bradford. He moved in 1833 to Bradford. He was a minister in 1843.
3. EMILY, b. 1813, d. Oct. 25, 1833, ae 20 yrs. unm. Limington.
4. EUNICE, b. 1814, d. Dec. 15, 1855, ae 41 yrs. Hollis. m. Sept. 21, 1842, Robert S. Usher of Hollis, she of Limington, he d. Oct. 21, 1888, ae 76 yrs. 6 mos. Hollis.
5. NAHUM FOSS, b. 1820, d. May 25, 1862, ae 41 yrs. Bradford. m. Nov. 15, 1846 in Bradford, Sarah A. Dearborn, both of Bradford, she b. Feb. 14, 1827, Effingham, NH, d. Jan. 22, 1912, Litchfield.

ii. JAMES, b. Oct., 1774, Cape Elizabeth, d. July 27, 1855, ae 80 yrs. Bradford. m. Aug. 2, 1795, Sarah Johnson, both of Limington, she bapt. May 9, 1772, Saco, d. Nov. 5, 1855, ae 82 yrs. Bradford. They moved to Bradford in 1832. Children born in Limington.

1. ISAAC JR., b. Nov. 7, 1795, d. Mar. 20, 1829, Limington. m. int. Sept. 12, 1819, Anna Wetherbee, both of Limington, she d. Oct. 30, 1831, Limington. Children:
   (1) HANNAH E., b. May 5, 1821, Limington, d. Dec. 24, 1893, ae 72 yrs. 7 mos. 7 das. Hollis. m. June 8, 1843, John Haley of Hollis, she of Limington.
   (2) STILLMAN W., b. 1822, Baldwin, d. Sept. 15, 1862, Fort Monroe, Hampton, VA, and buried there. He was living 1850 Hudson, 1860 of Glenburn.
   (3) ELIZA ANN, b. Dec. 12, 1824, Limington, d. May 21, 1909, ae 81 yrs. 5 mos. Naples. m. Apr. 5. 1846, Benjamin F. Wentworth, both of Limington, he b. July 2, 1824, Limington, d. Sept. 25, 1881, Naples.
2. DANIEL, b. Feb. 22, 1798, d. May 16, 1883, ae 86 yrs. 2 mos. 24 das. Bradford. m. int. Feb. 11, 1821, Barbara Gray, both of Limington, she d. Feb. 2, 1880, ae 80 yrs. 1 mo. Bradford. They moved in 1834 to Bradford. Children:
   (1) ERI MAINS, b. Nov., 1822, Limington, d. July 28, 1895, ae 72 yrs. 8 mos. Bradford. m. Esther H. Weymouth of Medford, she b. 1832, Medford, d. 1891, Bradford.
   (2) AUGUSTUS ALPHEUS (used ALPHEUS A.), b. 1823, Limington, d. Jan. 13, 1897, Togus. m. June 17, 1844 in Bradford, Laura A. Keniston, she d. Jan. 25, 1905, ae 76 yrs. 6 mos. 11 das. Lawrence, MA; buried at Togus; was in Co. C., 30th Reg't, ME Vols.
   (3) JANE S., b. Aug. 20, 1825, Limington, d. June 28, 1908, ae 82 yrs. 10 mos. 8 das. Bradford. m. May 5, 1844, Charles Chauncy Bennett, both of Bradford. m. (2) by 1857, ____ Hammonds.
   (4) CHARLES FREEMAN, b. Feb. 11, 1831, Limington, d. Aug. 20, 1915, ae 84 yrs. 6 mos. 9 das. Bradford. m. Mary Holt of Bradford. m. (2) July 24, 1864 in Bradford, Jennie Nancy Lazell.
   (5) ELLEN, b. May 25, 1835, Limington, d. May 3, 1864, ae 29 yrs. Corinth. m. Feb. 8, 1860 in E. Corinth, William Bean of Corinth.
   (6) MERRITT D., b. Apr. 28, 1840, Bradford, d. Apr. 13, 1898, Bradford. m. Mar. 22, 1862, Susan J. Reed of Bradford.
3. REV. JAMES, b. Apr. 28, 1800, d. Sept. 26, 1878, Exeter, ME. He left Limington; was in Harrison tax list from 1830 to 1832, during which time his wife d. with child. By May, 1833, had moved to Bradford with his two surviving children. He was ordained Mar., 1838; in 1820 taught school in Baldwin. m. int. June 17, 1821, Lydia Sanborn of Harrison, he of Limington, she d. with child after 1830 in Harrison. m. int. Nov. 3, 1833, Mary Herrick of Charlestown, he of Hudson. Children:
   (1) JAMES ALBERT, b. 1826, Limington, d. Aug. 16, 1894, ae 68 yrs. Somerville, MA. m. Feb. 10, 1853, Maria Nancy Edgerly of Exeter, he of Bangor, she b.

Feb. 10, 1828, Exeter, d. Apr. 23, 1910, ae 82 yrs. Somerville, MA; buried Woodlawn cemetery, Everett, MA.
(2) SARAH, b. Feb. 19, 1826, Limington, d. Oct. 27, 1887, Exeter. m. May 31, 1846 in Bradford, Freeborn Edgerly of Exeter, he b. Jan. 4, 1821, New Durham, NH, d. June 18, 1900, Exeter.
(3) HARRIET N., b. 1835, Bradford, living 1850, 1860, 1870, Bradford. m. Apr. 25, 1858, James C. Hobbs of Bradford. m. (2) Jan. 7, 1863, Joseph Marcho, both of Bradford. m. (3) ca. 1866, George Inman of Bradford.
4. EDWARD COTER, b. July 9, 1802, d. Sept. 22, 1864, ae 62 yrs. 2 mos. 13 das. Glenburn, ME. After marriage, he moved to Bradford. In 1838, he of Bradford, changed his and his family's last name to Sealand. m. int. Dec. 27, 1829 in Limington, Mary Seavey of Portland, she m. (2) Thomas Hanover, she d. Oct. 19, 1876, ae 75 yrs. 2 mos. 17 das. Glenburn.
5. OLIVER H., b. Nov. 13, 1804, living 1832, Bradford. Will made Sept. 27, 1835 and probated in Nov. m. Sept. 30, 1832, Mary Tucker of Standish, he of Bradford, she m. (2) Dec. 30, 1847 in Standish, Samuel Bradeen, both of Standish, she bapt. June 12, 1804, Standish, living 1880 Standish.
6. JANE, b. ca. 1806, d. Dec. 14, 1825, Limington.
7. MARY, b. May, 1809, d. Oct. 26, 1888, ae 79 yrs. 2 mos. Charleston. m. int. July 21, 1833, Capt. Alfred W. Libby of Charleston, she of Bradford, he b. Apr. 11, 1810, Jonesborough, d. 1885, Charleston.
8. REBECCA, b. Dec. 11, 1811, d. Apr. 3, 1876, Dover, MA. m. Rev. Moses Ames, both of Bradford, he b. Dec. 8, 1812, Sullivan, d. Dec. 30, 1860, Dover.
9. STEPHEN, b. Aug., 1816, d. Mar. 19, 1880, ae 63 yrs. 7 mos. Bradford. m. Sept. 22, 1841, Harriet Lombard, both of Bradford.
10. MARIAH, b. Oct. 20, 1818, d. Aug. 28, 1868, ae 49 yrs. 10 mos. 8 das. Bradford. m. Feb. 15, 1835, Orlando J. Townsend of Bradford, he d. Apr. 25, 1866, ae 47 yrs. Bradford.

iii. BENJAMIN, b. Mar. 5, 1786, d. Mar. 6, 1833, Limington. m. int. Mar. 14, 1812, Deborah Smith of Hollis, he of Limington, she b. Feb. 19, 1791, Hollis, d. Dec. 18, 1864, ae 73 yrs. 10 mos. Baldwin, she m. (2) Feb. 12, 1835, John Moulton, both of Limington, she m. (3) June 12, 1839, Ezekiel Milliken, both of Baldwin (family record owned by Jesse (Strout) (Lowell) Davis of Buxton). Children born in Limington.
1. SETH, b. Mar. 5, 1813, d. Sept. 29, 1870, ae 57 yrs. 6 mos. Limington. m. int. Nov. 15, 1835. Martha Anderson, both of Limington, she b. July 11, 1816, Windham, d. Jan. 1, 1865, ae 48 yrs. Limington. m. (2) Feb. 7, 1865, Mrs. Mary Sawyer of Standish. m. (3) Nov. 23, 1867, Nancy (Bradeen) Dearborn, widow of Jacob of Limington, she b.

Jan. 22, 1808, Limington, d. Nov. 2, 1900, New Gloucester. Children born in Limington.
   (1) **BETSEY A.**, b. Aug., 1836, d. Apr. 1, 1867, ae 30 yrs. 7 mos. 26 das. Limington. m. int. Oct. 23, 1856, Erastus A. Richardson, both of Limington, he b. Dec. 25, 1831, Limington, d. Mar. 15, 1906, Limington.
   (2) **FRANCES OLIVE**, b. Dec. 29, 1838, d. Feb. 13, 1863, Otisfield. m. Aug. 1, 1860, Nathaniel Scribner Fernald of Portland, formerly of Harrison, she of Limington, he d. Nov. 13, 1895, ae 60 yrs. 11 mos. Portland, buried Evergreen cemetery, Portland.
   (3) **CHARLES HENRY**, b. Oct., 1841, d. Apr. 4, 1860, ae 18 yrs. 6 mos. Limington, by obituary, gravestone states d. Apr. 1, 1862.
   (4) **SETH WILSON** (called **WILSON**), b. Nov. 29, 1845, d. Jan. 27, 1895, Bridgton. m. int. Feb. 1, 1869, Sarah A. Barker of Jefferson, NH, he of Limerick, she, as Sarah A. Brooks, b. Feb. 8, 1844, Dalton, NH, d. Nov. 20, 1925, ae 81 yrs. 8 mos. 25 das. Bridgton, she m. (2) Feb. 11, 1911, Paul Lord, both of Bridgton.
   (5) **LAURA ELLA**, b. June 2, 1848, d. Nov. 8, 1917, ae 69 yrs. 5 mos. 6 das. Haverhill, MA. m. Apr. 18, 1868, Thomas A. Holland of Limerick, she of Limington, he b. Apr. 18, 1850, Limerick, d. Mar. 1, 1901, Auburn, NH; buried Elmwood cemetery, Groveland, MA.
   (6) **MOSES SWETT**, d. Feb., 1849, ae 1 yr. Limington.
   (7) **MARTHA ELLA**, b. Jan. 7, 1854, d. Feb. 25, 1935, Westbrook. m. int. May 7, 1874, Alden Pike of Oxford, she of Limerick, he b. Dec. 1, 1906, ae 53 yrs. Westbrook. Buried Woodlawn cemetery, Westbrook.
   (8) **GREENLEAF ARTHUR**, b. Sept., 1859, d. Oct. 15, 1914, ae 55 yrs. 2 mos. 25 das. Sanford. m. by 1880, Annie Laura Lowell, she b. Nov. 23, 1859, Lowell, MA, d. Jan. 2, 1933, Dexter, ME. In 1880 they were living in Westbrook.
   (9) **FREEMONT S.**, b. June, 1863, d. Nov. 1, 1923, ae 60 yrs. 4 mos. 10 das. Haverhill, MA. m. Josephine C. Perkins of Lynn, MA, she d. July 11, 1926, ae 72 yrs. 11 mos. 24 das. Haverhill, MA, buried Elmwood cemetery, Groveland, MA.
2. **OLIVE**, b. Apr. 26, 1814, d. May 2, 1894, ae 80 yrs. Chatham, NH. m. int. Nov. 10, 1855, Edward Anderson, both of Limington, he b. May 10, 1814, Windham, d. Mar. 25, 1878, Chatham, NH.
3. **MIRANDA**, b. Jan. 8, 1816, d. Oct. 10, 1818, Limington.
4. **MOSES**, b. Jan. 20, 1818, d. Oct. 23, 1900, Buxton. m. Sept. 29, 1841, Ann Maria Richardson, both of Limington, she b. Sept. 13, 1823, Limington, d. Jan. 19, 1911, Buxton, after his marriage, he moved to Chatham, NH, then to Lowell, MA for 14 yrs.
5. **SALLY**, b. Feb. 6, 1820, d. Oct. 4, 1821, Limington.

6. ISAAC, b. May 8, 1822, d. May 10, 1893, Chebeague Island, Cumberland. m. Dec. 25, 1851, Sarah S. Upton of Chebeague Island, he of Portland, she d. Aug. 1, 1897, ae 70 yrs. 1 mo. 9 das. Chebeague Island.
7. SALLY, b. Feb. 14, 1824.
8. BENJAMIN, b. Apr. 15, 1826. m. int. Apr. 12, 1846, Priscilla (Morrison) Coffin of Sanford, he of Danvers, MA.
9. JACKSON, b. Oct. 22, 1828, d. July 14, 1856, ae 27 yrs. 9 mos. Danvers, MA. m. Aug. 20, 1849, Mary Jane Shackley of Lynn, MA, she m. (2) Mar. 31, 1857 in Salem, MA, Guy B. Crofs, both of Danvers, MA.
10. SYLVESTER SMITH, b. Oct. 19, 1831, d. Apr. 10, 1906, ae 74 yrs. 5 mos. 11 das. Maynard, MA. m. Oct. 31, 1849 in Nashma, NH, Elizabeth S. Milliken, both of Baldwin, she b. Oct. 30, 1829, Baldwin, d. Mar 27, 1908, Maynard, MA.

iv. STEPHEN, b. Apr. 21, 1788, d. May 22, 1838, Freedom, ME, in 1808, he of Limington, in Feb., 1811 of Greene Plantation. m. Nov. 22, 1811, Judith Clifford, both Montville, she b. Apr. 1, 1779, Raymond, NH, d. Apr. 7, 1857, Freedom, ME.

v. SALLY, lived with brother, Enoch in 1825, Limington, up to 1834, when changed name to Albion Peter Strout by an act of Legislature. b. Aug., 1791, d. June 6, 1871, ae 79 yrs. 9 mos. Buxton. m. Aug. 31, 1835, Mary (Gray) Dorsett of Standish, divorced wife of Sylvanus B. Dorsett of Standish, she d. June 1, 1883, Buxton. Gideon T. Ridlon says Albion operated a tavern in Buxton and was "neither this nor that."

STROUT, JOHN JR., b. ca. 1739, Cape Elizabeth, living 1800 Raymond. He came from Standish after 1786 and settled on lot 4, range F. In Oct., 1799, he with his family and brother Prince moved to Raymond. John settled in gore of land situated between Raymond and Poland, called Thompson Pond Plantation. m. int. Jan. 31, 1761 in Falmouth, Jerusha Whittum, both of Standish. m. (2) Lydia by Nov., 1796, when a grandson, Moses Berry was baptized at Limington. Children:

i. RUTH, possible daughter, b. ca. 1763. m. Aug. 1, 1782, George Strout, both of Cape Elizabeth; she appears to have married (2) Nov. 4. 1796, Richard Strout Jr. of Limington, she of Cape Elizabeth, he b. Mar., 1775, Cape Elizabeth, d. Oct. 9, 1843, ae 68 yrs. 6 mos. Raymond.

ii. MARY, b. 1764, d. 1851, Baldwin. m. Mar. 23, 1785 in Gorham, Noah Rowe, both of Baldwin, he b. 1755, d. 1849, Baldwin.

iii. JOHN 3rd, b. ca. 1768 and surely before 1770, d. Feb. 28, 1849, Raymond. He moved in Oct., 1799 and settled on a piece of land on a gore of land between Raymond and Poland, known as the 80 rod strip. Letters received at Limington, dated May, 1809 and June 7, 1811, from town of Raymond, stating that John Strout and wife formerly of Limington, had become chargable to Raymond as paupers. m. June 28, 1795, Rebecca Strout of Cape Elizabeth, probably widow of Levi Strout Jr. and if so she b. Feb. 13, 1770, Gorham. m. (2) int. Sept. 18,

iv. 1826 in Poland, Hannah Elwell, both of Raymond. (Thompson Pond Plantation)
iv. REBECCA, b. ca. 1772. m. int. Nov. 17, 1799, Solomon Sanborn of Baldwin, she of Limington, he was living in Raymond, next to John Strout by 1820 census.
v. LYDIA, b. before 1774, living 1830, Raymond. m. Mar. 23, 1793, Moses Berry, both of Limington. They left in 1799 and moved to Raymond, in 1800 living next to Richard Strout Jr. and his wife, in Mar., 1803, he moved to Scarboro, where he was living in 1814 and 1819.
vi. ABRAHAM, b. 1774, d. July 21, 1858, ae 84 yrs. New Gloucester. He came to Raymond in 1799 with other members of his family. In 1813 of Cape Elizabeth. m. int. Nov. 3, 1804, Kezia Strout of Limington, he of Raymond, she b. June 16, 1786, Cape Elizabeth. m. (2) by 1828, Peace Tripp of Poland.
vii. SALLY, b. ca 1778. m. int. Mar. 30, 1795, Stephen York of Standish, she of Limington, he bapt. Oct. 18, 1778, Standish.

STROUT, PRINCE, b. ca. 1754, Cape Elizabeth, d. July 3, 1834, ae 81 yrs. Raymond. In 1785 came from Gorham to Limington and settled on lot 3, range H. A Revolutionary soldier. He was named for his mother's Pilgrim ancestor, the Prince family. He was a son of John & Ruth (Mayo) Strout and a brother to Richard Strout and John Strout Jr. In Oct., 1799, he with his brother and father moved to Raymond, ME. m. Dec. 11, 1775, Christiana Dyer, both of Cape Elizabeth, she d. 1837, ae 81 yrs. Raymond. Children, all except the first and last two bapt. Nov. 9, 1796 at Limington.
i. PRINCE JR., b. Dec. 27, 1777, Cape Elizabeth, d. Jan. 1, 1867, Raymond. m. int. Jan. 15, 1799 in Limington, Rachel Strout, she b. Nov. 12, 1781, Cape Elizabeth, d. Mar. 26, 1868, Raymond.
ii. RUTH. One Ruth Strout of Cape Elizabeth, m. Nov. 4, 1796, Richard Strout Jr. of Limington, but that probably was the widow of George Strout of Cape Elizabeth, who d. in 1793.
iii. SAMUEL DYER, b. 1786, Limington, d. Aug. 20, 1838, Raymond. m. Mar. 14, 1806, Mary Thurlow, both of Raymond, she d. May 19, 1853, ae 71 yrs. Raymond.
iv. DORCAS, b. Apr., 1787, Limington, d. Jan. 10, 1881, ae 93 yrs. 9 mos. Raymond. m. Solomon Thurlow, both of Raymond, he d. May 18, 1864, ae 79 yrs. 8 mos. 4 das. Raymond.
v. LUCY, b. Apr. 3, 1789, Limington, d. Dec. 24, 1861, ae 72 yrs. 8 mos. 21 das. Raymond. m. int. Jan. 31, 1813 in Limington, Richard Strout Jr. of Limington, she of Raymond, he b. Mar., 1775, d. Oct. 9, 1843, ae 68 yrs. 6 mos. Raymond.
vi. SARAH, b. July, 1792, Limington, d. Apr. 14, 1865, ae 72 yrs. 9 mos. Poland. m. Nathan Hanscom of Poland, he d. Feb. 28, 1860, ae 72 yrs. 4 mos. Poland.
vii. PETER, bapt. Nov. 9, 1796, Limington.
viii. CAPT. ELIAS, b. ca 1797, Limington, d. Jan. 24, 1827, Raymond, froze to death in a blizzard. m. Oct. 9, 1820 in Limington, Rhoda Strout of Limington, he of Raymond, she d. Sept. 16, 1831 at Limington or Aug. 25, 1831 by Raymond

record. She is said to have gone to Limington to live with relatives after her husband's death.
ix. **WILLIAM W.**, b. Aug. 1, 1800, Raymond, d. Mar. 2, 1875, ae 74 yrs. 6 mos. Windham. m. Cynthia Estes, both of Raymond, she b. Jan. 5, 1803, d. Nov. 21, 1886, Windham.

STROUT, RICHARD, b. ca 1752, Cape Elizabeth, d. Sept. 7, 1825, Limington. He was one of three Strout related families of Limington that signed the "Heirs of Daniel Small petition" to the Commonwealth of Massachusetts in May, 1783. Richard's wife, Deborah, was a sister to Enoch Strout and Eunice (Strout) Bither, wife of Peter, all living in Limington by that early date. Richard settled on lot 2, range A in Hardscrabble on Little Ossipee River. He was a brother to John Jr. and Prince Strout. A Revolutionary soldier and afterwards came to Limington. His family left in 1835 and moved to Rattlesnake Mountain, Raymond. His wife and some of his children are buried at Mountain cemetery, Raymond. m. Mar. 24, 1774, Deborah Strout, both of Cape Elizabeth, she d. Mar. 21, 1845, ae 90 yrs. Raymond. Deborah was present at the wedding of Prince and Christiana (Dyer) Strout. Children:

i. **RICHARD JR.**, b. Mar., 1775, d. Oct. 9, 1843, ae 68 yrs. 6 mos. Raymond. He lived in Hardscrabble. He moved to Raymond in 1799 with Prince and John Strout and was living there in 1800, next to Moses and Lydia (Strout) Berry. By Nov., 1802, he removed to Limington, where he remained until 1835 when he, his mother, brothers and sister removed to Raymond. m. Nov. 4, 1796, Ruth Strout of Cape Elizabeth, he of Limington (she was probably his cousin, the widow of George Strout of Cape Elizabeth). m. (2) int. Jan. 31, 1813, Lucy Strout of Raymond, he of Limington, she b. Apr. 31, 1789, Limington, d. Dec. 24, 1861, ae 72 yrs. 8 mos. 21 das. Raymond. Children:

1. **RHODA**, b. ca 1797, Limington, d. Aug. 25, 1831 by Raymond's records and Sept. 16, 1831 by Limington's records if the same person. m. int. June 3, 1820, Elias Strout of Raymond, she of Limington, he b. ca 1797, Limington, d. Jan. 24, 1827, N. Raymond, froze to death in a blizzard. She was living 1830 in Raymond, but said that she and children left to live in Limington with relatives.
2. **JANE**, b. ca 1803, living 1860, ae 56 yrs. Casco. m. Sept. 10, 1839, William C. Thompson, both of Limington.
3. **RICHARD**, b. 1813, d.y.
4. **RUTH**, b. Feb. 6, 1815, d. Sept. 5, 1852, ae 37 yrs. 7 mos. Raymond. m. ca 1836, Richard Small, both of Raymond, he b. Feb. 16, 1815, Raymond, d. May 13, 1894, ae 79 yrs. 7 mos. Raymond, he m. (2) int. Aug. 26, 1853, Sarah (Strout) Gerry of Limerick, he of Casco, she b. June, 1817, Baldwin, d. Apr. 7, 1897, ae 79 yrs. 9 mos. 11 das. Raymond.
5. **DORCAS W.**, b. June 26, 1818, Limington, d. July 4, 1852, ae 33 yrs. 2 mos. Raymond. m. Apr. 17, 1851, James H. Foster, both of Raymond.

6. RICHARD HOWE, b. July 4, 1825, Limington, d. Dec. 15, 1871, ae 45 yrs. 4 mos. 13 das. Raymond. m. Jan. 2, 1855, Mary Taylor of Poland, he of Raymond, she d. Oct. 30, 1879, ae 43 yrs. 1 mo. 21 das. Raymond.
7. ELIAS, b. Feb. 15, 1829, d. Nov. 28, 1854, ae 25 yrs. 10 mos. Raymond. m. Dorcas Strout, both of Raymond, she b. Jan. 25, 1833, Raymond, d. June 6, 1856, Raymond.
ii. DEBORAH, b. 1779, d. Oct. 31, 1843, ae 64 yrs. Raymond. m. Aug. 14, 1800 in Limington, Simeon Small of Raymond, she of Limington, he d. Sept. 6, 1847, ae 73 yrs. 5 mos. Raymond.
iii. JOHN, b. ca 1782, d. Apr. 30, 1860, ae 78 yrs. Raymond, unm.
iv. REBECCA, b. ca 1785, d. Feb. 15, 1840, ae 55 yrs. Raymond, unm.
v. ELIZABETH, b. 1787, d. May 16, 1826, ae 39 yrs. Raymond. m. June 10, 1814 in Limington, John Spiller Jr. of Raymond, she of Limington, he b. Nov. 11, 1789, d. Feb. 11, 1862, Raymond; he m. (2) Polly Strout, both of Raymond, she b. May 15, 1807, Raymond, d. Feb. 6, 1891, Raymond.
vi. SUSANNA, b. 1793, living 1860, Limington. m. int. Dec. 22, 1816 in Limington, Francis Small Strout, both of Limington, he b. June 20, 1791, Limington, d. July 23, 1861, Limington.
vii. JOSEPH, b. 1796, d. Apr. 6, 1855, ae 59 yrs. Raymond. m. Feb. 25, 1824, Mary Strout, both of Raymond, she d. Nov. 7, 1868, ae 67 yrs. 5 mos. Raymond. They moved in 1836 to Raymond. Children:
1. CHILD, d. 1824, Limington.
2. BASHABA, b. May 30, 1825, Limington, d. Oct. 14, 1849, ae 24 yrs. 4 mos. Raymond. m. ca 1846, Henry Spiller, both of Raymond.
3. RICHARD, b. Mar. 19, 1828, Limington, d. May 30, 1853, ae 25 yrs. 2 mos. Raymond.
4. ALBION, b. Mar. 2, 1830, Limington, d.y.
5. CHILD, d. Dec. 16, 1831, Limington.
6. CHILD, d. Apr., 1832, Limington.
7. ENOCH, b. Apr. 2, 1833, Limington, d. Sept. 19, 1842, ae 9 yrs. 5 mos, Raymond.
8. WILLIAM, b. Feb. 16, 1836, Limington, d. Sept. 1, 1861, ae 25 yrs. 6 mos. 1 da. Raymond. m. Oct. 1, 1858, Lydia Margaret Edwards of Poland.
9. DANIEL, b. Sept. 23, 1838, Raymond, d. Oct. 7, 1838, Raymond.
10. INFANT DAU., b. Sept. 23, 1838, d. Oct. 3, 1838, ae 11 das. Raymond.
11. DEBORAH, b. Dec. 1, 1839, Raymond, d. Jan. 14, 1918, Harrison. m. Mar. 4, 1861, Levi Small, both of Raymond.
12. MARY E., b. Sept. 11, 1843, Raymond, d. Oct. 29, 1881. m. Apr. 25, 1864, Isaac Freeman Edwards of Poland, she of Raymond.

STROUT, SAMUEL, b. Apr. 13, 1767, Gorham, d. Feb. 13, 1856, ae 88 yrs. 10 mos. Otisfield. He moved to Limington after his marriage and settled on lot 6, range D, the present Roger Norton farm on route 117, across from the Richardson Road. He was a nephew of Elisha Strout of Strout's Hill. In 1816, he moved to Raymond in that part that became Casco. m. June 21, 1787, Jerusha Emery of Gorham, he of Raymond, she b. Jan. 9, 1769, Buxton, d. Oct. 14, 1831, ae 62 yrs. 9 mos. Raymond. m. (2) Hannah (Murch) Hamlin of Otisfield, widow of Jonathan of Gorham, she b. July 20, 1785, Buxton, d. Dec. 10, 1860, Otisfield. Children, by family record born in Limington.

i. DANIEL, b. Jan. 15, 1788, Limington, d. July 19, 1854, ae 66 yrs. 6 mos. Casco. m. int. Dec. 29, 1816, Hannah Strout of Raymond, he of Limington, she d. June 10, 1863, ae 70 yrs. Casco.

ii. SAMUEL, b. Dec. 15, 1789, d. Mar. 20, 1878, Waterboro, he lived in Limington, Cornish (1826-1834) and moved to Waterboro. m. Nov. 20, 1823 in Hiram, Nancy Chadbourne of Hiram, she b. June 26, 1804, Hiram, d. Nov. 22, 1881, Waterboro.

iii. JOSHUA, b. Nov. 9, 1791, Limington, d. Aug. 29, 1831, ae 39 yrs. 9 mos. Raymond. m. May 9, 1816, Martha Tyler, both of Limington, she b. Dec. 30, 1794, Limington, d. Dec. 2, 1867, Raymond, she m. (2) Edward Jordan, both of Raymond.

iv. MERCY, b. Oct. 9, 1796, Limington, d. Oct. 29, 1867, ae 71 yrs. Gorham. m. Dec. 19, 1816 in Gorham, Samuel Brown, both of Gorham.

v. HANNAH, b. May 29, 1799, d. Jan. 20, 1828, ae 29 yrs. 9 mos. Swedan. m. Apr. 4, 1827, Nathaniel P. Hilton, both of Bridgton, he m. (2) Feb. 4, 1829, Betsey Hill of Sebago, he b. June 4, 1799, Newmarket, NH, d. Dec. 3, 1882, N. Bridgton.

vi. DORCAS, b. Apr. 3, 1802, d. June 8, 1830, Raymond. m. ca 1827, Josiah Swett of Raymond, who d. Mar. 10, 1855, ae 49 yrs. Casco.

vii. REV. NATHANIEL, b. Mar. 13, 1805, d. June 23, 1872, ae 67 yrs. 3 mos. S. Casco. He was a minister in 1854 at Casco. m. Feb. 18, 1827, Mary Elwell of Westbrook, he of Raymond, she b. July 11, 1798, Buxton, d. Feb. 5, 1834, Raymond. m. (2) int. May 1, 1836, Martha Emery of Limington, he of Raymond, she b. Nov. 4, 1797, Gorham, d. Jan. 11, 1838, Casco. m. (3) int. Dec. 14, 1838, Susannah Davis of Limington, he of Raymond, she b. Apr. 4, 1806, Limington, d. Dec. 13, 1868, ae 62 yrs. 7 mos. 9 das. S. Casco. m. (4) int. Aug. 26, 1871 in Casco, Lois (McLellan) (Cobb) Ridlon of Windham, widow of Jonathan.

viii. SALLY, b. May 15, 1807, d. July 2, 1838, ae 26 yrs. 4 mos. Raymond. m. Joshua Brackett, both of Raymond, he b. May 26, 1815, Limington, d. Feb. 21, 1899, Portland.

ix. JAMES, b. Feb. 14, 1809, d. Jan. 5, 1887, ae 77 yrs. 10 mos. Raymond. m. Nov., 1843, Miranda Barton, both of Raymond, she b. Feb. 9, 1825, Raymond, d. Sept. 26, 1851, Raymond. m. (2) Apr. 1, 1852, Hannah Bolton of Gorham, he of Raymond, she b. Nov. 29, 1805, Gorham, d. Apr. 25, 1878, Raymond. m. (3) May 11, 1879, Ruth (Strout) Duran, widow of John Cash Duran of Raymond.

x. CYRUS, b. Nov. 25, 1811, d. Apr. 23, 1831, Raymond.

xi. LYDIA, b. Mar. 29, 1814, d. June 7, 1834, ae 20 yrs. 5 mos. Raymond.
xii. FLOWRINDA, b. May 2, 1819, Raymond, d. May 7, 1819, ae 15 yrs. Raymond.

STROUT, WILLIAM, b. ca 1760, Cape Elizabeth, d. Apr./May, 1843, S. Limington. He lived on Gammon Road with his brother, Gilbert and is buried in small family cemetery back of the place marked by fieldstones. m. int. Oct. 28, 1782, Mary Gent of Cape Elizabeth, he of Limington. m. (2) int. Feb. 2, 1788 in Buxton, Sarah Bowie both of Limington. She d. Mar. 22, 1844 Limington. Children:
i. BATHSHEBA, b. Mar. 23, 1789.
ii. FRANCIS SMALL, b. June 20, 1791, d. July 23, 1861, ae 70 yrs. Limington. He was gored by a bull and pulled out by Mary, his son's wife. He lived on Mill Turn Road and is buried in small family cemetery back of his place, now only a cellar-hole. m. int. Dec. 28, 1816, Susannah Strout, both of Limington, she b. 1793, Limington, living 1860 Limington. Children:
1. SARAH M., b. June, 1817, Baldwin, d. Apr. 7, 1897, ae 79 yrs. 9 mos. 11 das. Raymond. m. Dec. 22, 1842, Elliot Gerry of Limerick, she of Limington, he b. Oct. 14, 1810, Limerick, d. Oct. 19, 1852, Limerick. m. (2) int. Aug. 26, 1853, Richard Small of Casco, she of Limerick, he b. Feb. 16, 1815, Raymond, d. May 13, 1894, Raymond.
2. JOHN, b. Nov, 5, 1818, Baldwin, d. Oct. 20, 1874, ae 56 yrs. 11 mos. 5 das. Limington, killed by a horse in a stall. m. Nov. 7, 1850, Adaline Strout of Hollis, he of Limington, she d. May 6, 1860, ae 34 yrs. 3 mos. 22 das. Limington. m. (2) Apr. 21, 1861, Mary (Moore) Berry, widow of Erastus A. Berry, both of Limington, she b. Dec. 29, 1828, Parsonsfield, d. July 8, 1882, ae 53 yrs. 6 mos. Limington. Children born in Limington.
(1) ALBERT G., b. July 17, 1851, d. Sept. 19, 1911, New Gloucester. m. Dec. 1, 1875, Lucy S. Wormwood of Kennebunkport, he of Limington. m. (2) June 6, 1887, Lizzie Ella Edwards of Raymond, he of Limington.
(2) FRANCIS, b. 1856, d. May 15, 1861, ae 5 yrs. Limington.
(3) ADALINE, b. July, 1861, d. Nov. 12, 1943, ae 82 yrs. 3 mos. 17 das. Fairfield, ME, unm. She was retarded and while at town farm at Limington, she had a son, John Moore Strout, b. May 1, 1893, Limington, d. Jan. 16, 1965, Portland.
(4) FRANCIS SMALL, b. Dec. 25, 1864, d. Mar. 1, 1934, ae 69 yrs. 2 mos. 6 das. Augusta. m. Mary O. Hill of Limerick, who divorced him and married (2) May 22, 1895, John B. Wales, both of Limerick. m. (2) May 24, 1896, Clarinda Winslow of Otisfield, she d. Oct. 3, 1896, ae 29 yrs. 6 mos. 24 das. He buried Oak Hill cemetery, Otisfield.
(5) DANIEL MOORE, b. Nov. 27, 1867, d. Mar. 22, 1946, Orange, NJ. m. Mar. 8, 1890, Clara E. Berry of

Casco, he of Raymond. m. (2) Margaret A. Shaughness of Ireland.
- (6) **JOHN FRANK**, b. Mar., 1871, d. Dec. 6, 1902, ae 31 yrs. 9 mos. Sanford, of typhoid fever. m. Mar. 31, 1900 in Rochester, NH, Nora (Coffin) Littlefield of Sanford.
- (7) **CHARLES HENRY**, b. Oct., 1873, d. June 10, 1912, ae 38 yrs. 7 mos. 20 das. Webb's Mills, Casco. m. Jan. 8, 1898, Julia Stone Small of Casco, she d. June 11, 1953, ae 72 yrs. Poland. He left Limington at 12 yrs. and went with his brother, Albert.

3. **DEBORAH**, b. Apr., 1822, d. Jan. 16, 1899, ae 76 yrs. 8 mos. 18 das. Raymond. They moved from Limerick to Raymond with children while they were young.
4. **WILLLAM**, b. Oct., 1823, d. Apr. 7, 1906, ae 83 yrs. Gray, unm.
5. **CHILD**, d. Oct. 21, 1825, Limington.
6. **LOUISA**, b. 1828, d. Feb. 20, 1855, ae 27 yrs. Raymond. m. Nov. 27, 1853, John Nelson Brown of Raymond, she of Limington.
7. **CHILD**, d. Sept. 28, 1836, Limington.

iii. **WILLIAM H.**, b. Oct. 7, 1793, d. Mar. 12, 1836, Limington. He lived in his father's homestead. m. Mar. 30, 1828, Mary Haley, both of Limington, she b. Oct. 28, 1798, living 1850 Sebago, she m. (2) Oct. 20, 1842, John Usher, both of Limington. They moved to Sebago about 1847, where his wife died, then moved to Bridgton, both buried Sandy Creek cemetery, Bridgton. Children:
1. **BRAZILIA HALEY**, b. Jan. 1, 1831, Limington, d. Sept. 1, 1896, ae 65 yrs. 8 mos. Naples. m. Mary Jane Ranshaw, she d. Nov. 5, 1903, ae 70 yrs. 10 mos. 2 das. N. Andover, MA.
2. **RHODA JOHNSON**, b. Dec. 25, 1833, Limington, d. Apr. 24, 1887, Bridgton. m. Leonard Martin of Bridgton.

iv. **GEORGE BOWIE**, b. Jan. 26, 1796, d. Sept. 26, 1879, Casco. He m. int. Nov. 7, 1819 to Abigail Grant, both of Limington, but probably didn't marry her as she d. 1820, Limington. m. Feb. 4, 1821, Eunice Butler of Limerick, he of Limington, she b. Mar. 15, 1800, Limerick, d. Apr. 26, 1884, Casco. They moved to Webb's Mills, Casco about 1839. Children, first eight born in Limington.
1. **ALMIRA**, b. 1822, d. June 7, 1872, ae 50 yrs. Raymond. m. Nov. 24, 1840, Simeon Small, both of Raymond, he d. May 30, 1861, ae 43 yrs. 21 das. Raymond. m. (2) Edward Files by Oct., 1865.
2. **ABIGAIL C.**, b. June 29, 1824, d. Aug. 8, 1875, Raymond. m. Dec. 8, 1844, Charles Davis of Gray, she of Casco.
3. **CHILD**, d. Nov., 1830, Limington.
4. **WILLIAM**, d. Dec. 31, 1832, ae 5 yrs. Limington.
5. **CHILD**, d. Jan. 3, 1833, ae 5 yrs. Limington.

6. LUCINDA, b. Oct. 10, 1833, d. Mar. 29, 1860, ae 26 yrs. 5 mos. 19 das. Raymond. m. Oct. 27, 1859, Burbank Spiller of Raymond, she of Casco.
7. EUNICE W., b. Oct., 1835, d. Dec. 6, 1863, ae 28 yrs. 2 mos. Raymond. m. int. Oct. 24, 1857, William Henry Robinson of Raymond, she of Casco. m. (2) Jan. 13, 1862, Josiah Winslow, both of Raymond.
8. OLIVE BUTLER, b. Oct. 13, 1837, d. Dec. 15, 1864, ae 27 yrs. 2 mos. 2 das. Lafayette, WI. m. June 16, 1858 in Otisfield, Elias Hancock Anderson, he of Lafayette, WI., she of Casco.
9. CORDELIA P., b. Jan., 1840, Casco, d. Feb. 18, 1866, ae 26 yrs. 26 das. Casco. m. George S. Duran, both of Raymond. m. (2) Nov. 14, 1864, Francis J. Spiller, both of Casco.
10. GEORGE M., b. Mar., 1845, Casco, d. Sept. 29, 1853, ae 8 yrs. 6 mos. Casco.
11. ALBERT, b. Oct. 24, 1847, Casco, d. Dec. 21, 1925, Windham. m. June 3, 1868 in Casco, Ida H. Spurr, both of Raymond.

v. ENOCH, b. Dec. 15, 1799, d. Oct. 26, 1854, ae 55 yrs. Hollis. m. Dec. 5, 1822, Abigail Dyer of Hollis, he of Limington, she living 1860, ae 58 yrs. Hollis. They moved to Hollis after their marriage. Children:
1. HARRIET, b. Mar., 1823, Hollis, d. Aug. 23, 1839, ae 16 yrs. 5 mos. Hollis.
2. ADALINE, b. Feb., 1826, Hollis, d. May 6, 1860, ae 34 yrs. 3 mos. 22 das. Limington. m. Nov. 7, 1850, John Strout of Limington, she of Hollis, he b. Nov. 5, 1818, Limington, d. Oct. 20, 1874, Limington.
3. MARY, b. ca 1831, living 1860, Hollis, unm.
4. MILES W., b. July 12, 1837, Hollis, d. Nov. 29, 1885, Saco. m. int. June 21, 1858, Mary H. Tinkham, both of Hollis.

vi. MARY, b. June 13, 1801, d. Nov. 7, 1868, Raymond. m. Feb. 25, 1824, Joseph Strout, both of Limington, he d. Apr. 6, 1855, ae 59 yrs. Raymond.

vii. DAVID, b. Oct. 29, 1803, d. Apr. 12, 1883, ae 78 yrs. 6 mos. New Gloucester. He moved to Poland about 1843. m. June 17, 1828, Hannah Butler of Limerick, he of Limington, she d. Sept. 15, 1886, ae 80 yrs. New Gloucester. Children born in Limington.
1. JOHN WESLEY, b. July 16, 1830, d. Sept. 26, 1894, ae 66 yrs. 2 mos. 10 das. Oxford. m. Mary A. Tripp, who d. Dec. 25, 1861, ae 32 yrs. 10 mos. Casco. m. (2) Oct. 10, 1862, Sarah Frances Berry, both of Poland.
2. ANDREW J., b. Jan. 21, 1833, d. May 9, 1904, ae 71 yrs. 3 mos. 18 das. Watertown, MA.
3. CHILD, d. May 12, 1835, Limington.
4. OLIVER BUTLER, b. 1839, d. June 3, 1884, ae 45 yrs. Lisbon Falls. m. int. June 26, 1860, Eunice Thurlow,

both of Poland. m. (2) by 1869, Jennie Edwards Fickett of Durham.
    5. **CHARLES EDWIN**, b. 1840, d. Aug. 14, 1863, at Port Hudson, in Civil War. m. int. Mar. 25, 1861, Dorcas Cobb, both of Poland.
    6. **ALMON**, b. Oct. 8, 1846, d. Aug. 25, 1864, Danville, GA, at Libby Prison.
viii. **RHODA JOHNSON**, b. Mar. 11, 1807, d. Apr. 21, 1876, ae 69 yrs. 1 mo. 10 das. Raymond. m. int. Apr. 24, 1833, Francis Small Jr. of Raymond, she of Limington. m. (2) in 1849, Henry Spiller, both of Raymond.
ix. **ALEXANDER**, bapt. Sept. 4, 1810, living Mar., 1873, Raymond. m. Aug. 1, 1830, Sarah B. Dyer of Waterboro, he of Limington.
x. **NEHEMIAH**, b. 1815, d. Mar. 19, 1885, Raymond. m. June 12, 1834, Alice Lewis of Waterboro, he of Limington, she d. June 10, 1879, ae 67 yrs. Raymond, moved in 1867 to Raymond. Children:
    1. **MARY**, b. ca 1835, living 1850 with Anna Libby, Limington.
    2. **WILLIAM HARRISON**, b. ca 1836, living with Nathaniel Clark, Limington.
    3. **GEORGE**, b. ca 1836.
    4. **MEHITABLE**, b. ca 1837, living 1850, Limington.
    5. **SARAH B.**, 1839, d. Mar. 30, 1874, Raymond.
    6. **HARRIET ANGELINE**, b. July 14, 1842, d. Nov. 10, 1894, Raymond.
    7. **NEHEMIAH T.**, b. Aug. 15, 1843, d. Oct. 1, 1914, Mechanic Falls.
    8. **ALICE**, d. Aug. 6, 1866, ae 19 yrs. Raymond.

SUTTON, JOHN, b. ca 1754, d. Nov. 12, 1819, N. Limington. He was of Arundel in 1786, when he purchased land on lot 11, range B at Ruin Corner, that was later the Willard P. Boothby farm. He was a Revolutionary soldier, credited to York and Shrewsbury, MA. He and his wife are buried in the field just north of the homestead, all marked by fieldstones. m. Feb. 21, 1785, Lois Boothby of Scarboro, she d. Apr. 14, 1841, ae 76 yrs. Limington. Children:
i. **WILLIAM**, b. ca 1789, d. before Oct., 1814 ae 25 yrs., Limington. He lived on his father's place at Ruin Corner. m. Oct. 15, 1812, Mary Sawyer, both of Limington, she m. (2) int. Apr. 13, 1815, William Marr, both of Limington, she d. Sept. 2, 1838, ae 48 yrs. Limington. Child:
    1. **EBENEZER**, b. 1813, Limington, d. Oct. 18, 1882, ae 69 yrs. in Sutton, section of St. John, NB. He was a prominent lumber dealer.
ii. **JOHN**, b. Sept., 1787, d. Jan. 19, 1877, ae 89 yrs. 4 mos. Parsonsfield. m. Oct. 14, 1813, Anna Newbegin, both of Parsonsfield, she b. Jan. 17, 1786, d. Feb. 16, 1843, ae 56 yrs. 1 mo. Parsonsfield.
iii. **SALLY**, b. Apr. 10, 1792, d. Feb. 3, 1854, ae 61 yrs. 10 mos. Limington. m. Feb. 27, 1817, Rufus Meserve, both of

Limington, he b. Aug. 9, 1792, Limington, d. Aug. 2, 1852, Limington.
iv. GEORGE, b. Apr. 23, 1794, d. Aug. 23, 1851, Fryeburg. m. Aug. 23, 1818, Nancy Hill of Cornish. m. (2) May 19, 1839, Mary Ann Durgin of Hiram.
v. SUSANNA, b. ca 1797. (one in 1860 Canaan, ME, she 62 yrs.?) m. July 13, 1818, James Marr of Baldwin, she of Limington, he b. Aug. 25, 1789, Limington.
vi. HARRIET, b. 1798, d. Mar. 13, 1872, Enfield, ME. m. Sept. 6, 1818, Levi Edgecomb of Parsonsfield, she of Limington, he d. July 22, 1865, ae 74 yrs. 5 mos. Parsonsfield.
vii. JANE, b. Oct. 4, 1804, d. Dec. 19, 1887, Limington. m. Mar. 29, 1846, John Dean Boothby, both of Limington, he b. Sept. 21, 1805, Limington, d. May 21, 1864, Limington.
viii. MARGARET, b. Mar. 18, 1805, d. July 10, 1852, ae 47 yrs. 5 mos. Porter. m. Dec. 29, 1831, Ezra Davis of Porter, she of Limington, he b. May 15, 1804, Limington, d. Nov. 20, 1887, Cornish.
ix. MARY N., b. July 24, 1814, d. May 6, 1800, Portland. m. Sept. 25, 1832, John O'Brion of Cornish, she of Parsonsfield. He b. Oct. 7, 1800 Cornish, d. Mar. 14, 1871 Cornish.

TARBOX, ELIAKIM, b. Dec. 22, 1749, Biddeford. Soon after his m. in 1778, he settled in S. Limington. They left town soon after Feb., 1783 and were in Saco in 1790, in 1800 of Parsonsfield. m. Aug. 15, 1776, Eunice Deering, both of Saco, she b. Mar. 31, 1756, Saco, d. Jan., 1840, Saco. Children:
i. EUNICE SPINNEY, bapt. June 2, 1778, d. Oct. 5, 1778.
ii. EUNICE, bapt. Sept. 18, 1779. m. May 14, 1803, Joshua Lombard, both of Saco.
iii. MARY, bapt. Feb. 24, 1783, b. Sept. 26, 1779, Kennebunk, d. Jan. 24, 1878, ae 98 yrs. 4 mos. S. Limington. m. Oct. 24, 1799 in Arundel, Robert Davis of Limington.
iv. ELEANOR, b. July 4, 1785, Saco.
v. EPHRAIM, b. Oct. 5, 1787, Saco.
vi. APPHIA, b. Oct. 9, 1793.

TAYLOR, JOSEPH, b. ca 1789, Wells, d. Apr. 2, 1861, Porter. He came from S. Sanford and was by 1817 in Limington. He left in 1832 for Porter. m. Sept. 20, 1817, Mrs. Elizabeth (Gaubart) Fogg, widow of Hiram, who d. June 7, 1816, she b. Aug. 18, 1791, Bowdoinham, d. early part of 1821, Limington. m. (2) int. Aug. 12, 1821, Martha V. Nason, both of Limington, she b. 1801, Limington, living Apr., 1872, Porter. Children:
i. DEAN, b. 1820, Limington, living 1850, ae 30 yrs. Standish. m. May 15, 1845, Mary E. Pettegrew, both of Kittery. He went to sea in 1852, later drowned on a vessel, she b. Jan. 24, 1822, Kittery, d. Jan. 21, 1866, Kittery.
ii. MARY, b. July 8, 1822, Limington, d. Aug. 30, 1893, ae 71 yrs. 1 mo. 12 das. Parsonsfield. m. Nov. 21, 1850, John Peary of Parsonsfield, she of Porter.

iii. **ORIN**, b. Aug., 1823, d. Aug. 2, 1890, ae 66 yrs. 9 mos. 15 das. Porter. m. Feb. 23, 1850, Abigail A. Rummery of Hollis, she d. July 21, 1859, ae 39 yrs. Dayton. m. (2) int. Dec. 25, 1859, Mary Ann Smith of Parsonsfield, she d. Oct. 15, 1899, ae 58 yrs. 8 mos. 16 das. Kezar Falls.
iv. **EUNICE YORK**, b. 1827, d. Dec. 28, 1896, Parsonsfield. m. Jan. 23, 1851, Albert Gammon of Parsonsfield, she of Porter.
v. **MARIA**, b. 1828, living 1850, ae 22 yrs. and in 1860, both in Porter.
vi. **JOSEPH**, b. 1831, late of Parsonsfield in 1873.
vii. **MARTHA**, b. 1833, Porter, living 1860, Parsonsfield. m. Aug. 27, 1855, James Carter of Parsonsfield, she of Porter.
viii. **SARAH E.**, b. Apr., 1835, Porter, d. Apr. 22, 1894, ae 58 yrs. 11 mos. 29 das. Parsonsfield. m. Mar. 6, 1853, George E. Smith of Parsonsfield, she of Porter.
ix. **JOHN F.**, b. Jan. 8, 1839, Porter, d. Jan. 10, 1911, ae 72 yrs. 2 das. Hiram.

TAYLOR, JOSIAH, b. Aug. 18, 1800, Sanford, d. Nov. 13, 1886, Limington. He came from S. Sanford and lived at first near his father-in-law on Cornish-Limington line. He later lived on Maj. Joseph Meserve place and on Moody Mountain. m. Feb. 24, 1825, Hannah Merrifield, both of Limington, she b. July 5, 1806, Limington, d. Oct. 11, 1840, Cornish. m. (2) Apr. 21, 1844, Elizabeth L. (Morrill) Tibbetts, widow of Noah, she of Limerick, he of Cornish, she b. Nov. 7, 1805, Limerick, d. Mar. 18, 1886, ae 80 yrs. 5 mos. Limington, she had a son Samuel Tibbetts, b. Aug. 5, 1835, Biddeford, d. Nov. 14, 1904, Limington, unm. Children:
i. **ELVIRA**, b. July 12, 1825, Limington, d. Apr. 2, 1852, Limington, unm.
ii. **JOSIAH**, b. July 28, 1827, Limington, d. Oct. 4, 1848.
iii. **BENJAMIN**, b. Jan. 7, 1830, Limington, d. Sept. 14, 1846, Limington.
iv. **INFANT SON**, b. May 24, 1832, Cornish, d. June 15, 1832, Limington.
v. **INFANT SON**, b. Mar. 30, 1834, Limington, d. Apr. 9, 1834, Limington.
vi. **DAVID MARKS**, b. July 29, 1835, Limington, d. Feb. 28, 1914, Limington. m. Apr. 20, 1859 in Standish, Sarah Bailey McKenney, both of Limington, she b. Oct. 18, 1839, Limington, d. Dec. 31, 1924, Limington. Children:
   1. **JOSIAH FRANKLIN**, b. Apr. 25, 1860, Limington, d. Aug. 31, 1940, W. Hampstead, NH. m. Oct. 25, 1883 in Chelsea, MA, Elizabeth Plaisted, both of Limington, she b. Sept. 6, 1859, Limington, d. Sept. 3, 1933, W. Hampstead, NH. Children:
      (1) **ALFRED NEWTON**, b. Nov. 20, 1884, Limington, d. Apr. 29, 1954, Everett, MA.
      (2) **S. EVELYN**, b. Nov. 29, 1885, Limington, d. Oct. 30, 1978, Everett, MA, unm.
      (3) **GEORGE WILSON PLAISTED**, b. Dec. 6, 1891, Limington, d. Mar. 30, 1912, Gorham.

      2. **WALTER BION**, b. Mar. 28, 1871, Limington, d. Mar. 3, 1930, Limington. m. Nov. 1, 1897, Mary Jane Sanborn of Bridgton, he of Limington, she b. Aug. 27, 1876, d. July 16, 1899, Bridgton. m. (2) Mar. 10, 1903, Annie Louise Waldron, both of Limington, she b. Apr. 25, 1873, Limington, d. Mar. 15, 1913, Limington.
vii. **WARREN**.
viii. **HANNAH**, b. Nov. 4, 1839, Cornish.

THOMPSON, DR. SAMUEL, b. June, 1774, CT, d. on march from Boston to Concord, MA, in War of 1812, a private in the infantry. m. Apr. 13, 1802, Sally Libby, both of Limington, she b. Apr. 4, 1777, Saco, d. Oct. 16, 1865, Limington. Her father, Joseph Libby of S. Limington, took in her and her children. Children, recorded in Buxton:
i.   **NANCY**, b. Nov. 2, 1801, Buxton, d. Mar. 20, 1853, ae 51 yrs. Limington. m. Apr. 26, 1843, Daniel Emery, both of Limington, he d. Mar. 25, 1860, ae 62 yrs. Limington.
ii. **THOMAS JEFFERSON**, b. Sept. 23, 1803, Buxton, d. Dec. 20, 1878, ae 75 yrs. 3 mos. Limington. He came when 9 or 10 yrs. old to live with his grandfather, Joseph Libby. m. June 23, 1831, Sally Barton Small, both of Limington, she b. Aug. 9, 1809, Limington, d. Feb. 26, 1888, ae 78 yrs. 6 mos. 17 das. Limington. Children born in Limington.
    1. **CYRUS SMALL**, b. June 6, 1835, Limington, d. Aug. 18, 1850, ae 15 yrs. 2 mos. Limington.
    2. **SIMON GREENLEAF**, b. Feb. 21, 1837, d. Jan. 11, 1844, ae 6 yrs. 10 mos. 20 das. Limington.
    3. **LEONARD PEASE**, b. Aug. 6, 1838, d. July 8, 1916, Limington. m. Mar. 20, 1868, Mary Jane Edgecomb, both of Limington, she b. May 20, 1837, Limington, d. Jan. 13, 1924, Limerick. Child:
        (1) **MARTHA A.**, b. June 2, 1871, d. Dec. 20, 1953, Limerick. m. Aug. 20, 1891, William Tufts Weston of Standish, she of Limington, he d. July 3, 1895, ae 30 yrs. 7 mos. Limington.
    4. **CHILD**, d. Mar., 1832, Limington.
iii. **SUSANNA**, b. Aug. 17, 1806, d. Aug. 23, 1806, Buxton.
iv. **PRISCILLA CARLE**, b. Nov. 20, 1807, Buxton, d. Dec. 24, 1889, Yarmouth, ME. m. Sept. 7, 1834, Edmund Black, both of Limington, he b. 1810, Limington, d. Mar. 25, 1888, ae 78 yrs. Limington.

THOMPSON, WILLIAM, b. Oct. 4, 1775, Falmouth, now Portland, d. May 27, 1876, ae 100 yrs. 7 mos. 23 das. Limington. He was born on what is now Exchange Street in Portland, fourteen days before the town was destroyed by Mowatt; his parents made a hasty retreat to Windham, with him being carried in his cradle. He was made an apprentice at age eleven to Capt. Joseph Stevens Tyler and came with that family in 1787 to Limington. He settled on his father-in-law's place on Shaving Hill Road. He is buried in family tomb at Dundee. m. July 2, 1801, Mary Small, both of Limington, she b. Nov. 4, 1780,

Scarboro, d. Oct. 9, 1846, ae 65 yrs. 11 mos. 5 das. Limington. Children:
i.   CAPT. HENRY SMALL, b. Mar. 19, 1802, d. Oct. 20, 1873, ae 71 yrs. 7 mos. 3 das. Cornish. He left in 1843 and moved to Cornish. m. Aug. 16, 1822, Orinda Hagens, both of Limington, she d. Aug. 22, 1841, ae 39 yrs. Limington. m. (2) Mar. 9, 1842, Lucy Ann Cross, she b. Feb. 23, 1816, d. Nov. 5, 1884, Cornish. Children:
    1. **WILLIAM**, b. Dec. 7, 1822, d. Mar. 19, 1824, ae 1 yrs. 1 mo. Limington.
    2. **MARY S.**, b. Apr. 22, 1825. m. ___ Atkinson and went west.
    3. **WILLIAM A.**, b. Sept. 3, 1827, d. Apr. 5, 1830, ae 2 yrs. 8 mos. Limington.
    4. **HARRIET O.**, b. Jan. 5, 1829, d. Apr. 29, 1904, Saco. m. Thomas P. Sawyer of Saco.
    5. **HANNAH ELIZA**, b. Sept. 26, 1832, d. July 4, 1911, Saco. m. int. Dec. 8, 1856, Alphonzo Atkinson, both of Saco.
    6. **HENRY LEE**, b. Oct. 1, 1835, d. Mar. 25, 1917, ae 81 yrs. 5 mos. 24 das. Oakland, CA.
    7. **ORINDA H.**, b. Feb. 9, 1843, d. Mar. 24, 1894 Detroit, MI. m. Oct. 21, 1865, Albion S. Richardson she of Cornish. He d. Dec. 20, 1902 ae 58 yrs. 9 mos.
    8. **ABBY E.**, b. Dec. 1, 1845, d. 1924. m. int. Dec. 5, 1865, m. Dec. 31, 1865, Henry A. Warren of Limington, she of Cornish.
    9. **EDWIN B.**, b. Jan., 1848.
    10. **WILLIAM W.**, b. 1850, d. Mar. 3, 1914. m. Apr. 11, 1874, Clara B. Sargent both of Cornish.
    11. **FANNY M.**, b. Mar. 31, 1853, d. June 6, 1915, Cornish. m. Apr. 11, 1874, Roscoe G. Pease, both of Cornish.
    12. **IDA ANN**, b. Aug. 31, 1859, d. June 25, 1880, ae 20 yrs. 9 mos. Cornish. m. Oct. 14, 1877, George W. Goodrich of Cornish.
ii.   **JACOB**, b. May 5, 1804, d. July 10, 1884, ae 79 yrs. 2 mos. S. Hiram. He was a smart businessman. m. July 26, 1827, Olive Harriet Chick of Cornish, he of Limington, she b. May 24, 1807, Cornish, d. Oct. 15, 1895, Cornish. Children:
    1. **FREEMAN**, d. Nov. 27, 1828, ae 1 yr. 1 mo. 7 das. Limington.
    2. **FREEMAN**, b. Mar. 16, 1830, Cornish, d. July 13, 1864, ae 34 yrs. 4 mos. at Petersburg, VA, in Civil War.
    3. **ERASTUS**, d. July 13, 1833, ae 2 yrs. 9 mos. Cornish.
    4. **GREEN M.**, b. Dec. 12, 1833, d. Jan. 9, 1878.
    5. **EVELYN M.**, d. Aug. 5, 1874, ae 38 yrs. 6 mos. Cornish. m. Samuel Taylor of Porter.
    6. **GEORGE**, drowned in a small near-by tannery.
    7. **SARAH**, b. Mar. 16, 1840, d. Jan. 28, 1905, ae 64 yrs. 10 mos. 12 das. Boston, MA. m. John B. Bowie, who d. Apr. 23, 1868, ae 29 yrs. 2 mos. m. (2) in Chicago, IL, Ervin A. Johns.

8. ANNETTE M., b. Apr. 28, 1844, d. Jan. 29, 1885, Cornish. m. Elbridge E. Farnham.
9. BENJAMIN F., b. Nov. 2, 1848, d. Sept. 18, 1916, ae 67 yrs. 10 mos. 16 das. Hiram.

iii. SEWALL, b. Dec. 17, 1805, d. Aug. 23, 1888, Limington. He was known for many yrs. as a good workman, a thriving and industrious farmer. m. Nov. 25, 1830, Statira Libby, both of Limington, she b. Aug. 21, 1807, Limington, d. May 31, 1855, ae 47 yrs. 9 mos. 10 das. Limington. m. (2) Mar. 30, 1856, Sylvia (Dunnell) Merrill, widow of Joshua of Buxton, she b. Jan. 17, 1808, d. Apr. 10, 1890, ae 82 yrs. E. Fryeburg. Children:
1. SALLY L., b. May 9, 1831, d. Feb. 17, 1876, ae 44 yrs. 9 mos. Limington. m. July 3, 1851, James Larrabee, both of Limington, he b. Dec. 25, 1823, Limington, d. Nov. 25, 1895, Limington.
2. WILLIAM, b. Aug. 14, 1832, d. July 27, 1902, Hastings, MN. m. Aug. 30, 1866, Sarah Y. Moody, both of Limington, she d. Nov. 14, 1905, ae 65 yrs. Hastings, MI. They moved to Hastings in 1857.
3. MARY JANE, b. July 20, 1834, d. Oct. 18, 1902, Hastings, MI. m. int. Nov. 25, 1855, James C. Sanborn of Minot.
4. AMELIA D., b. June 19, 1836, d. Apr. 23, 1921, ae 84 yrs. 10 mos. E. Fryeburg. m. Mar. 27, 1859, Abel Sanborn of E. Fryeburg, she of Limington.
5. ELEANOR S., b. Apr. 22, 1840, d. Oct. 3, 1914, Hastings, MI, unm.
6. ELMIRA S., b. Apr. 27, 1842. m. George Coates of Pine Band, MI.
7. FRANCES ANN, b. Mar. 26, 1844, d. Jan. 9, 1909, ae 60 yrs. MI. m. int. Nov. 22, 1870, Timothy H. Mace of Westbrook, she of Limington.
8. JACOB W., b. July 4, 1845, in 1890 of Minneapolis, MI.
9. DAVID LIBBY, b. Mar. 17, 1847, d. Feb. 26, 1908, Hastings, MI.
10. STATIRA ALTHEA, b. Feb. 2, 1855, d. July 6, 1918, Dayton. m. Aug. 19, 1883 in Chicago, IL, Samuel C. Hight of Dayton.

iv. DORCAS PITMAN, b. Oct. 22, 1807, d. Mar. 28, 1888, Limington. m. Sept. 17, 1829, Freeman Strout, both of Limington, he b. Aug. 31, 1806, Limington, d. Mar. 1, 1882, Limington.
v. FREEMAN S., b. July 9, 1813, d. Feb. 11, 1824, Limington.
vi. FRANCES S., b. Aug. 16, 1815, d. Feb. 9, 1908, ae 92 yrs. 6 mos. Limerick. m. Oct. 6, 1842, Simon Plaisted, both of Limington, she b. Apr. 22, 1811, Limington, d. Jan. 17, 1889, Limerick.
vii. MARY S., b. Apr. 24, 1825, living 1850 Saco. m. Feb. 5, 1850, William H. Watson, both of Saco.

TOWLE, AMOS, b. Oct. 1, 1770, Hampton, NH, d. Nov. 12, 1853, ae 83 yrs. 1 mo. 12 das. Freedom, NH. He came in 1810 and settled in

Hardscrabble and left in 1821 for Freedom, NH. m. May 12, 1796, Susan Moulton, she d. Apr. 4, 1855, ae 78 yrs. 4 mos. 29 das. Freedom, NH. Children:

i. AMOS, b. Dec. 15, 1796, d. Sept. 26, 1857, ae 60 yrs. 9 mos. 11 das. Freedom, NH. m. Dec. 2, 1819. Betsey Andrews of Freedom, NH.
ii. ROLA, b. Dec. 16, 1799. m. Solomon Andrews of Freedom, NH.
iii. WILLIAM, b. Apr. 10, 1797, d. Nov. 28, 1852, ae 57 yrs. 7 mos. 18 das. Freedom, NH.
iv. LOVELL, b. June 8, 1801, d. Aug. 3, 1892, Freedom, NH.
v. LUCINDA B., b. Apr. 22, 1803, d. Jan. 9, 1885, ae 82 yrs. Saco. m. int. Nov. 19, 1823 in Standish, Richard Berry of Standish. m. (2) int. Mar. 26, 1847 in Saco, John McKenney 2nd. of Saco.
vi. ALMIRA, b. Mar. 20, 1805. m. Oct. 28, 1832, Ivory Foss of Freedom, NH.
vii. ELIAS, b. Jan. 22, 1807, d. Dec. 22, 1881, Freedom, NH.
viii. URIAH, b. Oct. 27, 1809, d. May 25, 1904, Bangor.
ix. JONAH, b. May 4, 1814, d. Mar. 18, 1892.

TRUE, OBEDIAH, b. 1756, Portsmouth, NH, d. Dec. 3, 1844, ae 89 yrs. Denmark. He came to Cornish where he lived from 1802-1805, then moved to Limington where he lived up to 1811. A Revolutionary soldier. m. Grace Gerry of Sanford. m. (2) int. Nov. 10, 1802, Mary Baston, both of Cornish, she d. Nov. 6, 1861, ae 93 yrs. Denmark. Children:

i. MARY, d. Apr. 23, 1839, Ryegate, Vt. m. ca 1803, Daniel Wormwood of Cornish.
ii. LUCY, b. Sept. 24, 1788, d. Oct. 27, 1842, ae 54 yrs. 1 mo. Cornish. m. May 22, 1808, Stephen Guptill, both of Cornish, he d. Dec. 26, 1864, ae 82 yrs. 8 mos.
iii. SON, d. Dec. 29, 1792, Sanford.
iv. ALICE, b. Sept. 9, 1790, Sanford, d. July 13, 1847, ae 57 yrs. Porter. m. int. Oct. 19, 1809, James Guptill of Cornish, she of Limington.
v. EUNICE, d. Nov. 14, 1794, Sanford.
vi. ROBERT, b. Mar. 15, 1803, Cornish, d. Apr. 8, 1886, Denmark.
vii. JOSEPH, b. 1808, living 1850, Baldwin.

TUFTS, HENRY, b. June 24, 1740, Newmarket, NH, d. Jan. 21, 1831, Limerick. He came about 1796 looking for his wife and son, who probably came to town with Richard Edgerly. He lived in a house on Gove Ridge, located nearly across from Fred Durgin's place, which later became a garage building on Ralph Weston's place. He was noted for his reprobate life. m. ca 1770 India Bickford at Durham, NH, she b. May, 1741, Newington, NH, d. Aug., 1834, ae 88 yrs. Limerick. Child that appeared in town.

i. SIMEON, b. Dec. 29, 1771, Newmarket, NH, d. Jan. 28, 1846, ae 74 yrs. 1 mo. Limerick. He settled on Limington-Limerick line, west of Ralph Weston's place on Gove Ridge Road, now owned by Arthur Tufts. He was a man of very industrious and temperate habits and a man of not many words. m. Nov. 7,

1794, Elizabeth Stone of Berwick, she b. Oct. 23, 1770, Berwick, d. Dec. 28, 1830, Limerick. m. (2) Dec. 11, 1833, Lucy Hasty of Waterboro, he of Limerick. Children born in Limerick.
1. **ELIZABETH**, b. 1795, d. Feb. 22, 1846, ae 47 yrs. unm. Portland.
2. **JAMES**, b. Jan. 17, 1796, d. Feb. 12, 1842, Limerick. m. Aug. 12, 1821, Hannah Stinson of Limerick, he of Limington, she d. 1824, Limington. m. (2) Apr. 24, 1825, Sally Langley of Newfield, he of Limington, she b. July 22, 1798, Newfield, d. Feb. 25, 1826, ae 28 yrs. Limington. m. (3) Dec. 17, 1835, Olive H. Stevens, both of Limerick. She b. Feb. 27, 1801 Kennebunk, d. Oct. 11, 1888 Biddeford.
3. **POLLY**, b. 1797, d. Sept. 23, 1814, ae 17 yrs. unm. Limerick.
4. **SARAH**, b. 1800, d. Oct. 22, 1853, Portland. m. int. July 15, 1821, John Lang of Limerick. m. (2) July 26, 1829, Capt. Paul Johnson both Portland.
5. **SIMEON S.**, b. Jan. 10, 1803, d. Dec. 10, 1875, ae 72 yrs. 11 mos. 13 das. Limington. Moved to Limington in 1852. m. Nov., 1835, Harriet J. Boynton of Cornish, she d. Apr. 19, 1890, ae 73 yrs. Limington. Children:
    (1) **ALVIN VINTON**, b. Jan. 18, 1836, Cornish, d. May 2, 1897, Kingfield.
    (2) **JAMES BERNEY**, b. Oct. 4, 1841, New London, Oneida Co., NY, d. Oct. 4, 1904, Wells. m. Dec. 20, 1863, Eunice Emily Stevens of Limington.
    (3) **SAMUEL B.**, b. Nov. 30, 1845, NY, d. Apr. 20, 1925, Cornish. m. Dec. 23, 1871 Ann Pugsley of Cornish.
    (4) **SARAH E.**, b. Sept. 13, 1847, New Scotland (Albany City), NY.
    (5) **MARY A.**, b. June, 1852, New Scotland, NH, d. Apr. 9, 1864, ae 11 yrs. 10 mos. Limington.
    (6) **WILLIAM G.**, b. 1854, Limington, d. Dec. 17, 1923, Buxton.
6. **STEPHEN E.**, b. May 8, 1804, d. Apr. 25, 1889, ae 85 yrs. Portland. Buried in Evergreen Cem. m. June 21, 1829 in Portland, Sarah Briggs of Portland.
7. **LYDIA**, b. 1806. m. Apr. 9, 1826, Simon Steinworth of Portland, she of Limerick.
8. **SALOME HASTY**, b. May 6, 1808, d. Nov. 16, 1901, Portland. m. Mar. 6, 1841, Wilhelm F. Geginheimer of Portland.
9. **THOMAS JEFFERSON**, b. Aug. 5, 1810, Limerick, d. Aug. 30, 1895, ae 85 yrs. Westbrook. m. Jan. 22, 1835, Sarah Edgerly of Limington, he of Limerick, she b. Nov. 24, 1815, Limington, d. Nov. 16, 1877, Standish. m. (2) Georgia (Hodgson) Tufts, widow of Sidney, she b. May 17, 1835, Limerick, d. Feb. 25, 1895, Limington. Children:

(1) SUSAN E., b. Dec. 26, 1835, Limerick, d. Dec. 13, 1853. m. Feb. 24, 1853, George Conant Jr. of Portland, she of Standish.
(2) DEA. SIMEON FAIRFIELD, b. Apr. 23, 1838, d. Jan. 28, 1917, Limington. m. Nov. 14, 1868 in Portland, Elizabeth Acelia Gilkey of Limington, she b. July 12, 1846, Limington, d. Jan. 21, 1937, Saco. Children born in Limington.
    (i) FRED MARSHALL, b. Nov. 20, 1869, d. July 26, 1941, ae 71 yrs. 8 mos. 6 das. Limington. m. May 10, 1902, Gertrude C. Brackett, both of Limington.
    (ii) HELEN MARR, b. June 9, 1871.
    (iii) LENA BELLE, b. June 3, 1878.
(3) HELEN MARR, b. Feb. 17, 1840, d. Dec. 16, 1860, ae 20 yrs. 10 mos. 1 da. unm. Limington.
(4) ABIGAIL F., b. Feb. 10, 1842, d. Aug. 27, 1867, ae 26 yrs. Standish, of typhoid fever. m. Daniel C. Weston of Limerick, he b. Feb. 27, 1827 Lebanon, d. Jan. 21, 1901 Limington. He m. (2) int. Sept. 21, 1868, Mrs. Hannah B. (Lord) Tarr of Limerick. She b. Jan. 5, 1836, d. June 2, 1923.
(5) HARRIET A., b. Dec., 1844, d. Sept. 5, 1848 of typhoid.
(6) SAMUEL FRANKLIN, b. Apr. 20, 1850, d. July 23, 1927, ae 77 yrs. 3 mos. Westbrook.
(7) THOMAS, b. ca 1880.
10. CHARLES, b. 1815, d. Mar. 8, 1818, Limerick.
11. WILLIAM H., b. 1816, d. May 27, 1873, ae 58 yrs. at residence of his brother, Standish.
12. CHARLES ALONZO, b. May 12, 1818, d. Aug. 13, 1878, ae 60 yrs. 3 mos. Limerick. m. Dec. 12, 1842, Abigail E. Edgecomb of Limington, he of Limerick, she b. Nov. 20, 1822, Limington, d. Oct. 10, 1905, ae 82 yrs. 10 mos. 16 das. Limerick.

TYLER, CAPT. ABRAHAM, b. Oct. 20, 1770, Scarboro, d. Oct. 7, 1834, ae 67 yrs. Parkman. He came from Scarboro and settled on lot 7, range K. He moved to Bowdoinham about 1802 and then to Parkman. He was a sea captain in his early days. m. int. Apr. 5, 1790 both of Limington, m. int. Apr. 5, 1790 Elizabeth Small both Limington, she b. Nov. 4, 1769, Scarboro, d. June 5, 1842, ae 73 yrs. Parkman. Children:
i. SARAH, d. Oct. 7, 1831, Parkman. m. James B. Watson of Parkman.
ii. BENJAMIN SMALL, b. 1794,. living 1850, Greenville. He was a veteran of War of 1812.
iii. PHEBE, b. 1798, living in 1860, ae 62 yrs. Parkman. m. Richard Caswell of Parkman.
iv. DANIEL M., b. Sept. 12, 1804, d. Mar. 29, 1864, ae 60 yrs. 6 mos. 17 das. Parkman.
v. JOHN, b. Feb. 2, 1807.

vi. NANCY, b. Sept. 22, 1809, d. Dec. 22, 1872, ae 64 yrs. Parkman. m. Alden Briggs of Parkman.

TYLER, CAPT. JOSEPH STEVENS, b. Mar. 20, 1761, Scarboro, d. Feb. 14, 1826, ae 64 yrs. Limington, after a long and distressing illness. He came from Standish in 1787. A Revolutionary soldier, engaged in naval service and ever afterward was a firm disciple of the great and good Washington. m. June 22, 1784, Jane March of Scarboro, she b. June 19, 1765, Scarboro, d. Mar. 29, 1827, Limington. Children:

i. MARY STEVENS, b. Oct. 13, 1785, d. June 22, 1850, ae 63 yrs. 7 mos. Sebago. m. Mar. 2, 1816, Reuben Cook of Phillips, both of Limington. They were of Baldwin in 1816, in 1850 of Sebago. He m. (2) Feb. 27, 1850 Nancy Bickford. She d. Mar. 28, 1879, ae 77 yrs. 1 mo. 13 das. Baldwin.

ii. BENJAMIN MARCH, b. June 19, 1787, d. May 24, 1852, Sebago. He moved to Baldwin in 1823. Buried Sapling cemetery, Gorham. He and his brother Abraham returned from the sea, Nov., 1821. m. Dec. 13, 1813, Eunice Libby, both of Limington, she b. July 4, 1795, d. 1879, Gorham. Children, first five born in Limington.

1. MARTHA JANE, b. Oct. 16, 1814, d. Aug. 30, 1875, ae 60 yrs. 10 mos. Gorham. m. Nov. 1, 1846, Sewall L. Murch of Baldwin.
2. MARY B., b. Sept. 16, 1816, d. Oct. 18, 1816.
3. ABRAHAM, b. Oct. 4, 1817, d. Dec. 12, 1906, ae 89 yrs. 2 mos. 5 das. Gorham. m. May 12, 1843, Mary E. McDonald, both of Sebago.
4. JAMES EDWIN, b. Dec. 13, 1819, d. Jan. 26, 1888, ae 69 yrs. 11 mos. 14 das. Gorham. m. June 2, 1849, Mary Ann Jewell, both of Sebago.
5. ELIZABETH NOYES, b. Aug. 25, 1822, d. July 17, 1825, Baldwin.
6. ELIZABETH M., b. Nov. 25, 1825, Baldwin, d. Sept. 12, 1908, ae 83 yrs. 5 mos. Bridgton. m. Mar. 11, 1849, Charles K. Barker of Bridgton, she of Sebago. m. (2) James Smith of Lewiston.
7. MARY LIBBY, b. July 4, 1827, d. Aug. 14, 1879, New Gloucester. m. July 28, 1850, Walter Berry of Baldwin, she of Sebago.
8. BENJAMIN FRANKLIN, b. June 19, 1831, d. Nov. 30, 1832, Baldwin.
9. BENJAMIN FRANKLIN, b. Jan. 19, 1834, Baldwin, d. Dec. 24, 1907, ae 73 yrs. 11 mos. 5 das. Hyde Park, Mass.

iii. ANNA, b. Nov. 2, 1788, d. Feb. 13, 1861, Buxton. m. Feb. 29, 1806, David Richardson, both of Limington, she b. Sept. 13, 1785, Limington, d. Mar. 22, 1822, Limington. He m. (2) Jan. 6, 1825, Theophilus Waterhouse of Standish, she of Limington, he d. Nov. 14, 1847, ae 75 yrs. 4 mos.

iv. ELIZABETH, b. Apr. 10, 1791, d. Dec. 28, 1880, ae 88 yrs. 8 mos. 18 das. Sebago. m. Mar. 10, 1816, John Bickford of Bux-

ton, she of Limington, he b. Dec. 17, 1793, Buxton, d. Jan. 5, 1874, ae 81 yrs. 19 das. Sebago. Children:
  1. **WILLIAM**, b. Feb. 11, 1817, Limington, d. Apr. 25, 1893, ae 76 yrs. 2 mos. 14 das. Windham.
  2. **JOSEPH T.**, b. Oct. 1, 1817, d. Mar. 25, 1902, ae 84 yrs. 5 mos. 24 das. Sebago. m. Mar. 23, 1843, Sarah Davis of Sebago, he of Limington.
  3. **ELIZABETH**, b. 1820, d. Aug. 13, 1908, ae 88 yrs. Portland. m. int. Dec. 20, 1844, Royal B. Tyler of Sebago, she of Limington.
  4. **SALLY**, b. 1821.
  5. **LYDIA**, d. May 1, 1822, Limington.
  6. **JAMES**, b. May 21, 1824, Limington, d. Oct. 8, 1904, ae 80 yrs. 4 mos. 16 das. Portland. m. Feb. 26, 1848, Sophronia Davis at Saco.
  7. **SAMUEL T.**, b. Mar. 14, 1827, Limington, d. June 1, 1884, ae 57 yrs. Limington. m. June 30, 1849, Eliza Ellen Hopkinson, both of Limington, she b. Oct. 21, 1828, Limington, d. Dec. 28, 1907, Limington.

v. **JOSEPH**, b. Oct. 10, 1792, living 1870, Baldwin. m. Nov. 20, 1814, Margaret Libby, both of Limington, she b. June 3, 1796, Scarboro, living 1870, Baldwin. They moved to Baldwin after their marriage.

vi. **MARTHA**, b. Dec. 30, 1794, d. Dec. 2, 1867, Raymond. m. May 9, 1816, Joshua Strout, both of Limington, he b. Nov. 9, 1791, Limington, d. Aug. 29, 1831, Raymond. m. (2) Edward Jordan, both of Raymond.

vii. **ABRAHAM**, b. Mar. 7, 1798, d. Jan. 23, 1834, ae 36 yrs. Limington. m. Apr. 14, 1825, Dorothy Libby, both of Limington, she b. Aug. 20, 1805, Limington, d. Dec. 9, 1829, ae 24 yrs. Limington. m. (2) int. Dec. 19, 1830, Eliza Small, both of Limington, she b. Oct. 11, 1805, Limington, she m. (2) Wedgewood, who was a sea captain and moved to Farmington, IL, where she died. Children:
  1. **JAMES LIBBY**, b. Aug. 14, 1825, d. June 13, 1895, Somerville, MA.
  2. **DANIEL W.**, b. 1828, d. Aug. 29, 1890, ae 62 yrs. Limington, while on a visit to Abraham's cousins, he of Boston, he is buried in Westboro, MA.
  3. **HENRY CLAY**, b. 1832, d. Sept. 22, 1832, ae 6 mos. Limington.
  4. **CHARLES ABRAHAM**, b. Jan. 22, 1834, d. Sept. 14, 1892, Farmington, IL.

viii. **REV. SAMUEL**, b. Mar. 7, 1800, d. Oct. 13, 1867, ae 67 yrs. 7 mos. Sebago. He left in May, 1830 and moved to Hiram, where he became a Baptist preacher. m. Apr. 10, 1831, Mary Emery, both of Hiram, she b. Dec. 25, 1794, d. Nov. 29, 1879, ae 85 yrs. Portland.

ix. **JANE**, b. May 12, 1802, d. Braintree, MA. m. int. Aug. 29, 1819, Asa Coolbroth of Buxton, she of Limington.

x. **JAMES**, b. Feb. 29, 1804, living 1843 Limington, died at sea of fever. He was buried Baltimore, MD.

xi. HON. DANIEL, b. May 4, 1806, d. June 22, 1875, Washington, DC. He studied law, left town in 1834 to go to Newfield. He returned in 1840 and left again Oct., 1843, in 1847 they moved to Calais. m. Nov. 9, 1830, Lavinia Small, both of Limington, she b. July 25, 1807, Limington, d. Jan. 11, 1890, Brooklyn, NY. Children:
   1. CHARLES MELLEN, b. Jan. 7, 1831, Limington. He was a Professor at Cornell University in Ithica, NY, a clergyman.
   2. HENRY DUNREATH, b. June 2, 1834, Limington, d. 1911.
   3. DANIEL JAMES, b. Apr. 2, 1836, Newfield, d. Oct. 2, 1879, ae 42 yrs. 6 mos. Limington.
   4. JOHN MARCH, b. Oct. 12, 1837, Newfield.
   5. HARRIET NEWELL, b. 1840, Newfield, d. Apr. 13, 1865. unm. Washington, DC.
   6. CHARLOTTE LAVINIA, b. May 3, 1851, Calais.

VARNEY, SAMUEL, b. Feb. 6, 1767, Dover, NH. He was a Berwick Quaker, who purchased land in Nov., 1805 and was living Mar., 1819, near the village. m. Dec. 25, 1793 in Dover, NH, Mary Hussey of Somersworth, NH, she b. Sept. 26, 1772, living 1818 & 1830 Limington. Children born in Berwick.
i. ABIGAIL, b. Apr. 9, 1795, d. Feb. 11, 1876, ae 81 yrs. 10 mos. 2 das. Weymouth, MA. m. Apr. 1, 1819, Daniel Boody, both of Limington. m. (2) Jan. 21, 1829 in Lynn, MA, William Towle.
ii. JOSEPH, b. Feb. 12, 1798. m. Apr. 4, 1816 at Dover, NH, Margaret How.
iii. MERCY, ? the Martha who m. int. Jan. 16, 1820 Philip McKenney of Sebago, she of Limington? If so, she d. Oct. 9, 1862, ae 60 yrs. 4 mos. 20 das. Sebago.
iv. MARY, b. Aug. 29, 1802.
v. OLIVER.

WALDRON, AARON C., b. Oct. 6, 1792, Barrington, NH, d. Aug. 26, 1878, Limington. He came from Barrington to Limington Village via Wolfeboro, NH, and Berwick by 1822. He established himself as a cabinet maker and later in carriage and sleigh business, with his sons. Their carriage and sleigh manufactury in the village was consumed by fire on Apr. 2, 1870. m. Apr. 1, 1813 in Berwick, Eleanor Goodwin of Berwick, she b. June 3, 1793, Berwick, d. June 28, 1863, ae 69 yrs. 5 das. Limington. Children:
i. CAROLINE MATILDA, b. Sept. 15, 1813, Wolfeboro, NH, d. July 1, 1898, ae 84 yrs. 9 mos. 15 das. Cornish. m. Nov. 11, 1833, Issac Harding Libby, both of Limington, he b. Aug. 14, 1813, Limington, d. Dec. 24, 1860, Limington.
ii. JULIA ANN, b. Sept. 11, 1815. Wolfeboro, NH, d. Mar. 7, 1854, ae 38 yrs. 7 mos. 19 das. unm. Limington.
iii. HENRY PITMON, b. Feb. 19, 1818, Wolfeboro, NH, d. Apr. 12, 1910, Limington. He was a painter and in his father's business. m. int. Mar. 11, 1848, Sarah Megquire Small both of Limington. She b. Mar. 22, 1826 Limington, d. June 13, 1853 Limington. m. (2) int. Sept. 16, 1858, Aravista Diantha San-

born of Standish, she b. Mar. 14, 1830, Standish, d. Mar. 3, 1888, ae 57 yrs. 11 mos. 20 das. Limington. Children born in Limington.
1. **FREDDIE HAMILTON**, b. July 5, 1850, d. Mar. 5, 1853, Limington.
2. **HENRY CARLETON**, b. Oct. 1, 1851, d. Mar. 30, 1925, ae 70 yrs. Limington. m. Mar. 2, 1877 in Rochester, NH, Letetia Eulalia Richardson, both of Limington, she b. Aug. 27, 1855, Limington, d. Oct. 14, 1934, Standish. Children:
    (1) **HARRY HARTE**, b. May 11, 1878, d. Aug. 24, 1959, New York, NY.
    (2) **CHESTER CARLETON**, b. Sept. 13, 1879, d. July 29, 1880.
    (3) **MARY LETETIA**, b. Apr. 5, 1881, d. May 16, 1910, Limington. m. Willard Manson, both of Limington.
    (4) **MARTHA LOUISE**, b. Dec. 19, 1883, d. Nov. 20, 1887, ae 4 yrs. Cornish.
    (5) **GRACIE BELL**, b. Sept. 4, 1887, d. Nov. 30, 1887, Cornish of whooping cough.
3. **LILLIAN IDA**, b. Aug. 4, 1859, d. Mar. 9, 1866, ae 6 yrs. 7 mos. Limington.
4. **ORVILLE SCOTT**, b. Feb. 10, 1861, d. Dec. 9, 1936, ae 75 yrs. 9 mos. 29 das. Somerville, MA. m. Mar. 27, 1889, Rebecca Strong Bell at Somerville, MA. They buried Evergreen cemetery, Portland.
5. **NELLIE CRAM**, b. Feb. 10, 1863, d. Apr. 16, 1889, Sharon, MA. m. Feb. 10, 1886 in Boston, MA, Charles A. Walcott.
6. **LILLIAN FANNIE**, b. July 4, 1865, d. Aug. 13, 1866, Standish.
7. **ARAVESTA DIANTHA**, b. Oct. 2, 1866, d. July 22, 1892, Limington, she was a fine young lady and had many friends, not only in Limington, but in Saco and Biddeford, where she worked for several yrs.
8. **FANNIE MAUD**, b. Aug. 18, 1868, d. May 20, 1954, Steep Falls. m. May 30, 1891, James Chadbourne Richardson, both of Limington, he b. May 18, 1869, Limington.
9. **PERCY PITMON**, b. May 28, 1871, d. Mar. 27, 1927, Framingham, MA. m. Sept. 7, 1910, Majorie Stone, both of Limington.
10. **ANNIE LOUISE**, b. Apr. 25, 1873, d. Mar. 15, 1913, Limington. m. Mar. 10, 1903, Walter B. Taylor, both of Limington.

iv. ISAAC JAMES, b. 1819, d. June 20, 1909, Tewksbury, MA, at State Hospital. m. Sept. 28, 1845, Julia W. Marr of Standish, he of Limington, she b. ca 1824, Limington, d. by Apr., 1849. m. (2) May 25, 1849, Margaret H. Woodman of Hiram, she b. July 17, 1831, Buxton, d. Mar. 1, 1932, Revere, MA.

v. ALPHONZO H., b. 1824, d. Aug. 26, 1849, ae 25 yrs. 4 mos. Limington.

vi. **LEONARD FRANKLIN**, b. Mar. 3, 1836, d. May 2, 1894, Augusta. He lived on Waldron Hill in the village and was in business with his father. m. May 6, 1860, Martha Warren of Standish, he of Limington, she b. Dec. 5, 1841, d. Dec. 22, 1921, Limington. Children:
1. **ADELBERT F.**, b. Mar. 27, 1861, d. July 23, 1864.
2. **SADIE ELEANOR**, b. Aug. 31, 1862, d. Dec. 4, 1951 Portland. Buried in Derry, NH. m. Apr. 9, 1885 in Boston, MA, Frank E. Wingate.
3. **WILLARD**, b. Nov. 11, 1865, d. Aug. 27, 1946, unm. Portland.
4. **JEANETTE**, b. Nov. 27, 1867, d. Sept. 28, 1957, Gray. m. Apr. 28, 1887, Ira C. Strout, both of Limington.
5. **IDA F.**, b. Mar. 7, 1868.
6. **ALBERT F.**, b. Dec. 11, 1871, d. May 2, 1876.
7. **BABY, 1st**, d. Nov. 27, 1873.
8. **BABY, 2nd**, d. Dec. 11, 1874.
9. **GERTRUDE L.**, b. Oct. 8, 1878, d. Jan. 14, 1966. m. Aug. 31, 1908 in Boston, MA, John J. Nolan.
10. **MILDRED M.**, b. Feb. 2, 1881, d. 1979. m. Feb. 2, 1905 in Westbrook, Frank P. Varnum.

WALKER, EBENEZER JR., b. between 1766-1770, living 1840 Limington. He came from Waterboro, after 1792 and settled near Sawyer's Mountain. m. Oct. 23, 1791 in Berwick, Lydia Knight, she b. after Mar., 1766, d. Aug., 1816, Limington. m. (2) Oct. 16, 1817, Olive (Littlefield) Estes, widow of Jonathan of Cornish, she d. Mar. 28, 1830, Limington, she m. (1) Mar. 2, 1788, Jonathan Estes, both of Sanford. Their son, Ivory Estes, b. Apr. 22, 1806, Cornish, d. June 23, 1884, ae 78 yrs. 2 mos. 1 da. Limington. m. Nov. 13, 1828, Salome McKenney, both of Limington, she d. Mar. 30, 1874, ae 66 yrs. 11 mos. 6 das. Limington.
Children of Ivory & Salome, b. in Limington.
i. **SIMON N.**, b. Mar. 15, 1829, d. July 28, 1882, Limington, he was killed by lightning picking potato bugs. m. Nov. 17, 1853, Asenath Norton, both of Limington.
ii. **OLIVE JANE**, b. Mar. 4, 1832, d. Jan. 29, 1861, ae 28 yrs. 10 mos. 25 das. Limington.
iii. **GARDNER F.**, b. Jan. 15, 1835. m. int. Apr. 7, 1869, Mary Ellan Sawyer, both of Limington.
Children of Ebenezer and Lydia, born in Limington.
i. **JOHN**, b. Jan. 14, 1793, Waterboro, d. Nov. 15, 1863, ae 70 yrs. 10 mos. Limington. m. Aug. 11, 1816, Susanna Meserve, both of Limington, she b. July 6, 1793, d. Dec. 7, 1871, ae 78 yrs. 5 mos. Limington. Children:
1. **LYDIA ANN**, b. Sept. 15, 1816, d. Sept. 28, 1883, ae 67 yrs, 13 das. Sebago. m. Nov. 21, 1839, Orin Douglas, both of Limington, he b. Jan. 7, 1816, Limington, d. Mar. 30, 1898, ae 82 yrs. 2 mos. 23 das. Sebago.
2. **DAVID**, b. Feb. 24, 1818, d. Sept. 23, 1821.

3. **OLIVE E.**, b. July 22, 1820, d. June 4, 1889, ae 68 yrs. 10 mos. Limerick. m. int. July 14, 1860, Ransom Morton, both of Limington, he d. Sept. 12, 1877, ae 68 yrs. 4 das.
4. **SARAH M.**, b. June 29, 1822, Brownfield, d. Oct. 9, 1877, ae 58 yrs. 3 mos. 10 das. m. Apr. 17, 1854, Otis Small, both of Limington, he b. Apr. 21, 1821, Limington, d. Jan. 8, 1909, Cornish.
5. **EBENEZER**, b. Feb. 21, 1824, d. Apr. 16, 1889, ae 65 yrs. Limerick. m. int. Oct. 26, 1853, m. Oct. 27, 1853 in Sebago, Asenath P. Dyke of Sebago, he of Limington, she b. Dec. 25, 1826, d. Oct., 1923. Children:
   (1) **IDA F.**, b. Oct. 18, 1855, d. Aug. 31, 1869, ae 13 yrs. 10 mos. 13 das. Limington.
   (2) **MARY E.**, d. June 27, 1882, ae 21 yrs. 11 mos.
6. **IVORY**, b. Feb. 24, 1826, Brownfield, d. Oct. 31, 1906, ae 80 yrs. 8 mos. 7 das. Gorham. m. May 22, 1859 in Lynn, MA, Sarah A. Homan of Lynn, MA, she b. Feb, 3, 1835, d. Nov. 6, 1894, ae 59 yrs. 9 mos. 3 das. Limerick. Children:
   (1) **FRANK H.**, b. Feb. 19, 1860, Limington, d. 1946, Gorham.
   (2) **ALBERT L.**, b. Oct. 14, 1862, Limington, d. May 11, 1893, ae 30 yrs. 6 mos. 27 das. Limerick.
7. **ELVIRA**, b. Jan., 1828, d. Apr. 10, 1900, ae 72 yrs. 1 mo. unm. Limerick.
8. **STEPHEN MESERVE**, b. Dec. 26, 1830, d. Oct. 19, 1894, ae 64 yrs. 9 mos. 23 das. Limington. m. int. Apr. 10, 1860, Melinda Staples of Limerick, she b. July 10, 1835, d. Feb. 3, 1878, ae 42 yrs. 8 mos. Limerick. m. (2) May 30, 1879, Cordelia W. (Staples) Blake, both of Limington, she b. Sept. 30, 1840, Limington, d. May 26, 1828.
9. **GEORGE MESERVE**, b. May 30, 1833, went to CA. m. Sept. 14, 1862, Louise J. Best of Westbrook.
10. **DAVID MESERVE**, b. May 23, 1836, d. May 23, 1917, Limington. He carried on a store at S. Limington about 35 yrs. and post office. In Nov., 1902, moved to Scarborough to live with his daughter. m. int. Aug. 28, 1867, Aurelia A. Hobson, both of Limington, she b. Nov. 7, 1844, d. Jan. 25, 1902. Child:
    (1) **ADDIE H.**, b. Aug. 16, 1874, d. July 18, 1962. m. Dr. Benjamin F. Wentworth, both of Limington.

ii. **OLIVER**, b. July 14, 1797, Limington, d. May 6, 1868, ae 71 yrs. Limington. m. Dec. 31, 1822, Mary Ellis of Cornish, he of Limington, she d. Dec. 24, 1876, ae 78 yrs. Limington. Children born in Limington.
   1. **SUSANNA**, b. Feb. 12, 1824, d.y.
   2. **JOHN E.**, b. Apr. 18, 1826. m. Nov. 30, 1854, Eunice B. Merrifield of Porter, he of Limington.
   3. **HUMPHREY M.**, b. Aug. 21, 1829, d. Feb. 25, 1909, ae 79 yrs. 6 mos. 4 das. Gorham. m. Oct. 9, 1853, Sarah A. Ellis of Eaton, NH, he of Limington, she b. Aug. 3, 1835, Madison, NH, d. Dec. 28, 1916.

        4. **LYDIA**, b. June 11, 1832, d. Mar. 31, 1907, ae 74 yrs. 9 mos. 20 das. Eddington. m. Mar. 22, 1857, Cyrus Eddy of Eddington, he b. Nov. 8, 1830, Eddington, d. May 24, 1905, Eddington.
        5. **ELIZA JANE**, b. May 21, 1835, d. Feb. 14, 1921, Limington. m. Oct. 20, 1855, Benjamin Franklin Norton, both of Limington, he b. June 2, 1834, Limington, d. Mar. 19, 1862, Limington. m. (2) Sept. 6, 1877, Peter Gilman Cram of Baldwin, he d. Jan. 17, 1898, ae 76 yrs. Limington.
iii. **EBENEZER**, b. Nov. 3, 1800, d. Mar. 29, 1847, ae 46 yrs. 4 mos. Limington. m. Feb. 17, 1827, Mary Bangs Cobb, both of Limington, she b. Oct. 4, 1809, Limington, d. Mar. 11, 1889, ae 79 yrs. 5 mos. 9 das. Limerick, she m. (2) May 13, 1851, Nathaniel Ricker of Limerick, she of Limington. Children:
    1. **ANDREW COBB**, b. Jan. 16, 1828, Limington, d. July 17, 1901, Northwood, IA. m. Mar. 21, 1849, Harriet Boothby, both of Limington, she b. June 20, 1826, Limington, d. July 28, 1902, Northwood, IA. Children:
        (1) **CHARLES HOWARD**, b. Nov. 19, 1853, d. Apr. 16, 1926.
        (2) **EMMA ELTA**, b. 1850, d. Apr. 14, 1928. m. Charles Frederick Littlefield.
    2. **MARY ANN**, b. May 27, 1831, Limington. m. May 5, 1850, Leander Boothby, both of Limington.
    3. **BENJAMIN KNIGHT**, b. May 16, 1833, Limington, d. Oct. 1896, Colorado Springs, CO.
iv. **MARY**, b. Sept. 25, 1805, d. Nov. 20, 1839, ae 34 yrs. S. Berwick. m. Sept. 7, 1825, Nathaniel Walker Jr. of York, she of Limington.

WARREN, ABNER CHASE, b. July 14, 1802, Buxton, d. Sept. 14, 1868, ae 66 yrs. 2 mos. Limington, formerly of Buxton. m. June 6, 1824, Zilpha P. Dyer of Hollis, she b. Oct. 29, 1803, Hollis, d. Oct. 19, 1882, ae 78 yrs. 11 mos. Limington. Children:
i. **JOHN W.**, b. Apr. 10, 1825, d. July 17, 1883.
ii. **SARAH JANE**, b. Oct. 15, 1828, living 1850 Standish.
iii. **MARTHA ANN**, b. Apr. 17, 1831, d. Jan. 11, 1901, Limington. m. int. Feb. 15, 1866, Stephen W. Wood of Limington.
iv. **HENRY A.**, b. Nov. 11, 1833, d. Feb. 5, 1885, Cornish. m. Abbie E. Thompson.
v. **RICHARD D.**, b. Oct. 4, 1838, Standish, d. Nov. 12, 1922, Limington. m. Oct. 23, 1884, Chlorie A. Paine of Limington.
vi. **GEORGE W.**, b. Mar. 30, 1840, d. May 25, 1912, Standish.
vii. **CHARLES FREDERICK**, b. Mar. 3, 1845.
viii. **MARY AUGUSTA REED**, b. Aug. 7, 1851.

WATERHOUSE, THEOPHILUS, b. Aug. 9, 1788, Scarboro, d. May 4, 1837, Limington. He came by 1809. m. Feb. 21, 1810, Phebe Cole, both of Limington, she b. Feb. 21, 1793, Sanford, d. Aug. 29, 1865, she m. (2) int. Oct. 21, 1843, Stephen Guptill of Cornish, she of Limington, he d. Dec. 26, 1864, ae 82 yrs. 8 mos. Cornish. Children:

i. HANNAH, b. Nov. 14, 1811, Scarboro, d. June 4, 1890, ae 78 yrs. 6 mos. 21 das. Limington. m. Feb. 23, 1834, Lorenzo Waterhouse, both of Limington, he b. July 23, 1808, Durham, d. Nov. 8, 1845, Durham, she m. (2) int. Oct. 22, 1853, Jonathan Bean of Hollis, she of Limington. Children:
    1. THOMAS, b. June 9, 1837, Limington, d. Dec. 14, 1910, Limington. m. Sept. 1, 1860, Eliza Bean Clay, both of Limington, she b. July 15, 1839, Limington, d. Dec. 29, 1865, ae 36 yrs. 5 mos. 19 das. Old house burned on site of Falker McKenney's place, Jan. 8, 1913.
    2. THEOPHILUS W., b. July 3, 1839, Cornish, d. May 8, 1892, Limington. m. Jan. 6, 1866, Mary Jane Johnson, both of Limington, she b. Sept. 18, 1833, Brownfield, d. June 22, 1894, Limington.
    3. CHARLES FREEMAN, b. July 17, 1851, Limington, d. Apr. 16, 1927. m. July 9, 1895, Emma Lucy Bacon of Standish, she b. Apr. 21, 1866, Standish.

ii. JOHN H., b. June 11, 1814, Scarboro.

iii. MARY, b. Nov. 14, 1817, d. July 25, 1874, Limington. m. June 10, 1838, William Bean of Parsonsfield, she of Limington, he b. June 11, 1815, Waterboro, d. Apr. 17, 1885, ae 69 yrs. 10 mos. 6 das. Limington. He m. (2) June 13, 1875, Lydia M. Berry of Casco, he of Limington. Children:
    1. THEOPHILUS WATERHOUSE, b. Sept. 2, 1839, Limington, d. Dec. 18, 1910, Limington. m. Jane Rowe of Cornish, she b. Jan. 22, 1854, Cornish, d. Dec. 3, 1924, Portland.
    2. ELIZABETH, b. June 13, 1842, d. Nov. 25, 1842, Limington.
    3. LEVI HASKELL, b. Jan. 13, 1844, d. Sept. 28, 1887, ae 43 yrs. 8 mos. Gorham of typhoid fever. m. int. Dec. 14, 1872, Emma Higgins of Gorham.
    4. ELIZABETH JANE, b. Mar. 23, 1848, d. Nov. 17, 1919, Portland. m. int. Dec. 18, 1871, Charles Henry Lowell of Gorham.
    5. MARTHA ANN, b. Aug. 11, 1850, d. Oct. 14, 1875, Brownfield. m. Oct. 8, 1874, James Warren Johnson of Limington.

iv. NANCY, b. July 21, 1820, d. Oct. 27, 1878, Limington. m. Jan. 14, 1840, Daniel Robinson Bean, both of Limington, he b. July 27, 1817, Waterboro, d. Oct. 15, 1882, ae 65 yrs. Limington. Children:
    1. PHEBE JANE, b. Apr. 18, 1841, d. Dec. 6, 1857, Limington.
    2. SARAH ABIGAIL, b. Sept. 4, 1842, d. Sept. 22, 1905, Malden, MA. m. Feb. 17, 1864, Oscar Munroe Stickney.
    3. MARY ELLEN, b. Nov. 15, 1844, d. Jan. 29, 1899, Limington. m. June 17, 1865, John Libby, both of Limington.
    4. OLIVE AMANDA, b. Mar. 13, 1849, d. Jan. 2, 1911, Danvers, MA.

      5. **ANNA ELIZABETH**, b. June 18, 1852, d. Jan. 7, 1911, Groveland, MA. m. Albert L. Hardy.
      6. **IDA CHASTINE**, b. Apr. 10, 1855, d. Dec. 31, 1913, Stoneham, MA. m. Herbert J. Bean.
      7. **INFANT**, b&d Dec. 3, 1857, Limington.
      8. **INFANT**, b&d Apr. 1, 1859, Limington.
      9. **DANIEL OTIS**, b. Sept. 27, 1860, d. Mar. 9, 1928, Willa Walla, WA.
      10. **PHOEBE JANE**, b. Sept. 9, 1860, d. Jan., 1894. Haverhill, NH. m. Aug. 15, 1888, Tyler Westgate.
v.   **OLIVE**, b. May 4, 1822, d. June 20, 1898, Malden, MA. m. int. Feb. 26, 1843, Charles F. Waterhouse of Durham, she of Limington.
vi.   **PHOEBE**, b. Aug. 5, 1827, d. Sept. 20, 1828, Limington.
vii. **ELIZA**, b. July 16, 1829, d. Dec. 29, 1865, Limington. m. Levi Cole of Limington.

WATERHOUSE, WILLIAM, b. July 14, 1779, Scarboro, d. Sept. 8, 1863, ae 84 yrs. 1 mo. 25 das. Limington. m. Dec. 6, 1804, Betsey Harmon of Scarboro. m. (2) Mar. 2, 1831, Hannah McKenney both of Limington, she b. Aug. 31, 1792, Limington, d. Apr. 4, 1867, Limington. Children:
i.   **SEWALL**, b. Aug. 21, 1805, Scarboro.
ii.   **JOHN H.**, b. Apr. 14, 1808, New Gloucester, d. July 6, 1879, Harlem, NH.
iii. **JANE**, b. Apr. 18, 1813, Buxton, d. July 17, 1817, Limington.
iv. **WILLIAM**, b. Sept. 2, 1817, Buxton, d. Dec. 25, 1840, ae 23 yrs. 3 mos. Limington.
v.   **SYLVESTER**, b. May 25, 1821, Buxton, d. Sept. 20, 1822, Buxton.
vi. **SYLVESTER**, b. Feb. 2, 1826, Buxton, d. Jan. 31, 1843, Limington.

WATSON, JOHN, b. Oct. 14, 1780, Buxton, d. Nov. 20, 1861, ae 81 yrs. 1 mo. 6 das. Limington. He moved into northern part of town after his marriage. He settled on Frank Watson's place on Whaleback Road, now called Tucker Road. m. Oct. 24, 1805, Mary Hopkinson of Buxton, he of Waterford, she b. May 4, 1786, Buxton, d. Aug. 9, 1852, ae 67 yrs. 3 mos. Limington. Children:
i.   **JAMES**, b. 1808, d. Sept. 7, 1849, ae 41 yrs. Saco. m. Apr. 5, 1832, Belinda Goodwin of Limington, he of Baldwin, she d. Sept. 19, 1878, ae 65 yrs. Biddeford. Children:
      1. **MARTHA G.**, b. Apr. 18, 1835, d. May 25, 1841.
      2. **BELINDA M.**, b. May 25, 1841, d. Jan. 18, 1892.
      3. **MARY J.**, b. May 30, 1848, d. Dec. 4, 1854.
ii.   **RACHEL**, b. 1815, d. Apr. 22, 1834, ae 19 yrs. Limington.
iii. **CALEB HOPKINSON**, b. Dec. 22, 1818, d. Sept. 28, 1893, ae 74 yrs. Saco. m. Rachel R. Clay of Limington.
iv. **JOSHUA**, b. Nov. 29, 1821, d. Sept. 21, 1889, ae 67 yrs. 9 mos. 22 das. N. Limington. m. May 2, 1859, Mary Jane Clay, both of Limington, she b. Oct. 2, 1831, Limington, d. July 11, 1916. Child:

      1. **FRANK H.**, b. May, 1866, d. May 3, 1934, ae 67 yrs. 11 mos. 2 das. Limington.
v.   **JOHN S.**, b. 1832, living 1850.

WEBSTER, JAMES DUNNING STACKPOLE, b. Nov. 11, 1810, Gray, d. Feb. 3, 1876, ae 65 yrs. Limington. He came about 1845 as a millman at Slabstreet. He had a mill on Ward's Pond. m. int. Dec. 17, 1837, Jane W. Moore of Limington, he of Gray, she b. Aug. 25, 1818, Limington, d. Dec. 9, 1906, Limington. Children:
i.   **JOHN MILTON**, b. Nov. 24, 1838, d. Mar. 10, 1916, Saco. m. int. June 1, 1861, Phebe P. Boothby, both of Limington.
ii. **ELDBRIDGE G.**, b. Sept. 1, 1841, d. Jan. 31, 1926, Portland. m. int. Dec. 17, 1867, Abby S. Phinney of Gorham.
iii. **CLARA L.**, b. Oct. 14, 1843, Gray, d. July 10, 1937, Portland. m. int. July 12, 1863, John Howard Hill, both of Limington.
iv. **MARY ESTHER**, b. Mar. 23, 1846, d. Feb. 3, 1913, ae 66 yrs. 10 mos. Limington. m. Dec. 18, 1872, Melville Blake, both of Limington, he d. Sept. 2, 1909, ae 62 yrs. 8 mos. 2 das. Standish.
v.   **ROYAL SCOTT**, b. Mar. 22, 1848, Limington, d. Apr. 19, 1925, unm. Portland.
vi. **JAMES**, b. July 4, 1850, Limington, d. Jan. 10, 1904, unm. Limington.
vii. **JOSEPH**, b. Jan. 1, 1853, Limington, d. Oct. 9, 1938, ae 85 yrs. 9 mos. 8 das. Limington.
viii. **HENRY M.**, b. June 9, 1856, d. Jan. 9, 1865.
ix. **IDA M.**, b. Sept. 1, 1858, d. Oct. 16, 1890, Limington.

WEEMAN, JOHN, living 1819. Standish. He came from Cape Elizabeth in 1777 and settled on lot 8, range B on John Meserve's farm, one mile east of the village. In 1802 be sold and moved to Standish next to E. Limington Bridge on Saco River. m. int. Aug. 24, 1771, Betsey Small, both of Cape Elizabeth. m. int. (2) Feb. 20, 1804, Esther Davis, both of Limington, she b. 1765-1770, Sanford, d. June 19, 1840, Standish. Children:
i.   **EDWARD**, b. 1773-1776, living Oct., 1810 of Limington and in census of Standish. In 1812 of Limington, 1814 gone, wife a widow in 1820, of Portland. m. int. Aug. 7, 1802, Mrs. Mercy (Mann) Phinney, widow of Eli, both of Limington.
ii. **ABIGAIL**, b. Feb. 7, 1779, d. Feb. 17, 1847, ae 68 yrs. 10 das. Newburgh. m. Mar. 21, 1798, Thomas Morrill, both of Limington, he b. May 7, 1763, d. Dec. 8, 1855, Newburgh.
iii. **ANNA**, b. Mar. 7, 1784, d. May 13, 1871, Casco. m. Mar. 4, 1807 in Raymond, Virgil Wight.
iv. **BENJAMIN**, b. 1787, d. Aug. 16, 1843, ae 56 yrs. Standish. m. Mar. 4, 1810, Phebe Spencer, both of Limington, she d. Sept. 16, 1836, ae 46 yrs. Standish. m. (2) June 10, 1838, Phebe (Nason) Hussey, widow of Paul, who d. June 24, 1832, ae 46 yrs. Limington, she d. May 25, 1877, ae 68 yrs. 10 mos. Bangor. Children:
      1. **OREN**, b. 1809, d. Aug., 1879, Hiram. m. Sept. 14, 1830, Dorothy Fogg of Brownfield, she b. Feb. 29, 1804,

Limington, d. Feb. 3, 1896, ae 91 yrs. 11 mos. 25 das. Baldwin.
2. MARY, b. 1813, d. Apr. 30, 1873 Baldwin. m. June 23, 1833, Joseph Cram Jr. of Baldwin, he b. Aug. 15, 1802, Cornish, d. Oct. 2, 1872, Baldwin.
3. JANE, m. Charles Dunton.
4. FANNY DAVIS, b. Apr. 6, 1817, d. Mar. 22, 1877 Standish. m. Nov., 1841, Eli Sanborn of Baldwin, she of Standish.
5. LOUISA, b. Feb. 13, 1825. m. Dec. 12, 1845, Seth Colburn Jones of Baldwin.
6. OSBORN B., b. Sept. 5, 1827, d. Dec. 9, 1910, ae 73 yrs. 3 mos. 4 das. Baldwin.
7. MELVIN, b. 1842, Standish, d. Mar. 22, 1906, ae 62 yrs. 2 mos. 22 das. Portland.
v. MICHAEL, bapt. Jan. 25, 1798, Limington.
vi. EBENEZER, bapt. Jan. 25, 1798, Limington, went to Boston.
vii. OBEDIAH, b. Sept., 1805, d. May 20, 1877, ae 72 yrs. 7 mos. Standish. m. Mar. 29, 1830, Hannah H. Foster of Limington, he of Standish, she b. June 16, 1812, Limington, d. Dec. 17, 1841, ae 29 yrs. Standish. m. (2) Mar. 26, 1843, Lydia S. Black, both of Standish, she d. Nov. 21, 1848, ae 35 yrs. 8 mos. Standish. m. (3) Apr. 25, 1849, Elizabeth Allen of Biddeford, he of Standish, she d. Feb. 20, 1891, ae 76 yrs. Standish.
viii. JOHN, b. 1804, Standish, d. Oct. 31, 1886, Sebago. m. Mar. 2, 1831, Tryphena S. York, both of Standish, she d. July 30, 1892, ae 85 yrs. 8 mos. Sebago.
ix. JOSEPH, b. Dec. 26, 1808, Standish, d. July 9, 1899, ae 90 yrs. 6 mos. Standish. m. Dec. 1, 1832, Judith Wentworth of Limington, he of Standish, she b. July 12, 1812, Limington, d. July 16, 1899, Standish.
x. HANNAH, b. Apr., 1810, Standish, d. Sept. 24, 1889, ae 79 yrs. 4 mos. 26 das. Standish. m. July 13, 1829, Stephen Fogg, both of Standish, he d. Feb. 2, 1841, ae 34 yrs. 20 das. Standish.

WELCH, AMOS, son of Thomas, b. 1783, Waterboro, d. June 17, 1851, ae 69 yrs. S. Limington. He was of Limington by 1826, came from Waterboro. m. Feb. 2, 1815, Clarissa Storey, both of Waterboro, she d. Jan. 11, 1884, ae 89 yrs. Limington. Children:
i. MOSES, b. June 16, 1815, Waterboro, d. Nov. 21, 1892, ae 77 yrs. 5 mos. 8 das. Limington. m. Dec. 14, 1845, Hannah B. Smith of Limerick, he of Limington, she b. Nov. 23, 1825, Limerick, d. Aug. 15, 1899, ae 73 yrs. 9 mos. 14 das. Limington. Children:
1. CHARLES F., b. Dec., 1846, Limington, d. Sept. 7, 1916, ae 69 yrs. 8 mos. 13 das. Limington.
2. WILLIAM H., b. July 20, 1848, d. Oct. 3, 1925, Sanford.
3. ELLEN MARIA, b. June 12, 1850, Limington, d. Aug. 19, 1927, Kennebunk. m. int. Oct. 2, 1871, Timothy S. Phillips of Kennebunk, she of Limington.

  4. **LEWIS AMOS**, b. Jan. 14, 1852, d. Nov. 14, 1904, Limington. m. int. Jan. 12, 1880, Hattie S. Libby of Cornish, he of Limington.
  5. **IDA A.**, b. Feb., 1858, Limington, d. 1938, Limington. m. George Harmon.
  6. **LIZZIE**, b. Dec. 31, 1866, d. Aug. 28, 1924, ae 57 yrs. 7 mos. 27 das. Westbrook. m. Mar. 24, 1883, Isaac H. Strout, both of Limington.
  7. **JENNIE**, b. Oct. 23, 1869, d. June 22, 1954, Waterboro. m. Frank A. Chadbourne of Waterboro.
ii. **MARK**, b. 1818, d. June 30, 1867, ae 50 yrs. Limington.

WENTWORTH, WILLIAM, b. Apr. 7, 1762, Berwick, d. Apr. 6, 1807, Limington. He moved from Berwick about 1788-1789 and settled on lot 12, range H. m. Oct. 7, 1784, Judith Knight, both of Berwick, she bapt. Dec. 11, 1765, Berwick, d. May 3, 1838, Limington, she m. (2) Nov. 16, 1824, David Durrell of Dixmont, she of Limington. He d. May 8, 1833, ae 86 yrs. Limington. A Revolutionary soldier. Children:
i. **JOSEPH**, b. Mar. 15, 1785, Kittery, d. Aug. 3, 1873, Hollis. m. Sept. 27, 1805, Mary McKenney, both of Limington, she b. July 15, 1788, Lewiston, d. Oct. 6, 1850, Hollis. Children:
  1. **RACHEL**, b. Dec. 3, 1805, d. Aug. 29, 1829, ae 23 yrs. Brunswick. m. May 7, 1825, John Noble.
  2. **MARTHA**, b. Dec. 10, 1807, d. May 29, 1894, ae 87 yrs. 4 mos. 14 das. Raymond. m. July 8, 1832, Henry Farwell, both of Limington, he formerly of Sanford, he b. June 1, 1806, Shirley, MA, d. Sept. 19, 1895, ae 89 yrs. 8 mos. 13 das. Raymond. Children:
   (1) **JOSEPH H.**, b. Jan., 1832, d. Sept. 26, 1894, ae 62 yrs. 9 mos. 20 das. Gray.
   (2) **LEVI JAMES**, b. 1834.
   (3) **GEORGE WASHINGTON**, b. Sept. 5, 1838, Gray, d. June 21, 1920, Boston, MA.
   (4) **JOHN R.**, b. Sept. 3, 1843, Gray.
   (5) **MARY JANE**, b. May 8, 1845, Raymond, living 1882, New Gloucester. m. Timothy Berry of Poland.
   (6) **WILLIAM ELBRIDGE**, b. Apr. 19, 1847.
   (7) **AMOS A.**, b. May 14, 1851, Gray, d. Aug. 26, 1916, ae 65 yrs. 3 mos. 11 das. Gray. m. Apr. 22, 1869, Martha A. Strout of Gray.
  3. **JANE**, b. July 21, 1809.
  4. **MARGARET**, b. Apr. 1, 1811, d. Feb. 11, 1843. m. Oct. 24, 1832, Theodore M. Davis, both of Limington.
  5. **MARY**, b. May 23, 1813. m. Feb. 10, 1839, Benjamin W. Mason of Hollis.
  6. **JAMES**, b. Feb. 9, 1815, d. Apr. 20, 1840.
  7. **WILLIAM**, b. Sept. 19, 1820, d. Sept. 19, 1822.
  8. **SARAH**, b. Mar. 8, 1823. m. June 11, 1850, Eliab Severance of Hollis.
  9. **ELIZA ANN**, b. June 5, 1826. m. Aug. 5, 1845, Rufus W. Noble of Biddeford.
  10. **FREEMAN**, b. Apr. 22, 1830.

   11. **DANIEL**, b. June 9, 1833, d. Dec. 12, 1841.
ii. **WILLIAM**, b. 1786, Raymond, d. Sept. 22, 1869, S. Casco. m. int. June 25, 1808, Mehitable Bryant of Saco, she b. July 27, 1789 Saco, d. Nov. 28, 1862, ae 73 yrs. Children:
  1. **EPHRAIM**, b. Sept. 18, 1807.
  2. **MEHITABLE**, b. Mar. 3, 1812.
  3. **WILLIAM**, b. Aug. 18, 1813.
  4. **STEPHEN**, b. May 18, 1818, S. Casco, d. July 7, 1896, Bridgton.
  5. **SALLY**, b. Jan. 24, 1821, d. Dec. 30, 1907. m. Francis Proctor.
  6. **JULIA A.**, b. Mar. 8, 1824.
  7. **AURELIA**, b. Jan. 31, 1826, d. May 9, 1904, Portland.
  8. **EUNICE**, b. Dec. 12, 1827, d. Jan. 10, 1908, Bridgton.
  9. **BENJAMIN**, b. Aug. 11, 1829.
iii. **GEORGE**, b. 1790, Limington, d. July 10, 1866. m. Aug. 6, 1815, Hannah Douglass, both of Limington, she b. between 1784-1790, d. Aug. 10, 1832.
iv. **SAMUEL**, b. Apr. 6, 1791, Limington, d. Oct. 17, 1844, Sebago. m. Sept. 7, 1817, Betsey Sawyer, both of Limington, she b. Feb. 26, 1796, Limington, d. Apr. 8, 1892, Sebago. They moved in Mar., 1822 to Sebago. Children:
  1. **STEPHEN**, b. Feb. 10, 1818, Limington, d. Jan. 31, 1871, Sebago. m. Apr. 10, 1848, Jane Pugsley.
  2. **JOSEPH SAWYER**, b. Mar. 23, 1820, Limington, d. Jan. 13, 1899, Baldwin.
  3. **MARY SAWYER**, b. Mar. 6, 1822, d. Aug. 28, 1908, ae 86 yrs. Westbrook.
  4. **BETSEY**, d. Feb. 15, 1906, ae 72 yrs. 2 mos. 18 das. Westbrook.
v. **JOHN**, b. Apr. 6, 1791, d. Mar. 10, 1856, ae 65 yrs. 11 mos. Baldwin. m. Oct. 20, 1811, Martha Jackson, both of Limington, she b. June 20, 1788, Lewiston, d. Dec. 2, 1872, ae 84 yrs. 5 mos. 12 das. Baldwin. Children:
  1. **THOMAS**, b. Dec. 9, 1811, d. Dec. 7, 1875, ae 63 yrs. 11 mos. 28 das. W. Baldwin.
  2. **JOHN**, b. July 2, 1815, d. Mar., 1882.
  3. **DANIEL**, b. Feb. 15, 1817, Baldwin.
  4. **SOLOMON J.**, b. Mar. 26, 1819, d. July 15, 1901, Baldwin.
  5. **MARTHA A.**, b. July 14, 1824. d. Feb. 27, 1898, ae 73 yrs. 6 mos. 3 das. Bridgton. m. Daniel Thorn of Baldwin.
  6. **BETSEY J.**, b. May 11, 1827.
  7. **OREN**, b. Nov. 3, 1828.
  8. **JOSEPH S.**, b. Sept. 19, 1832.
vi. **BENJAMIN**, b. Jan. 24, 1793, d. Feb. 7, 1870, Limington. m. Feb. 18, 1812 in Saco, Sally Bryant, she b. Apr. 23, 1793, d. Aug. 21, 1821, ae 28 yrs. 2 mos. Limington. m. (2) Feb. 15, 1822, Eliza Flood of Buxton, he of Limington, she b. Mar. 23, 1800, Buxton, d. Jan. 22, 1872, ae 71 yrs. 8 mos. 29 das. Children born in Limington.

1. **JUDITH**, b. July 12, 1812, d. July 16, 1899, ae 87 yrs. Standish. m. Dec. 1, 1831, Joseph Weeman of Standish, she of Limington.
2. **MARTHA**, b. June 18, 1814, living 1850 Buxton. m. Sept. 20, 1831, Thomas Patrick, both of Limington.
3. **ELIZA**, b. Apr. 6, 1817, d. Oct. 1, 1860 Cornish. m. Sept. 21, 1837, William Sawyer of Cornish, she of Limington.
4. **WILLIAM W.**, b. Dec. 7, 1817, d. Apr. 3, 1878, ae 60 yrs. 3 mos. 27 das. Baldwin. m. Mar. 26, 1840, Sarah B. Stanley, she b. Sept. 15, 1820, d. Nov. 8, 1863, ae 45 yrs. 1 mo. 16 das. Parsonsfield. m. (2) May 15, 1864, Mary Lord of Limington, she b. Mar. 10, 1836, d. Feb. 26, 1883, ae 46 yrs. 11 mos. 16 das.
5. **EPHRAIM**, b. Sept. 21, 1819. m. Aug., 1841 Miss Carter of Skowhegan.
6. **SARAH BRYANT**, b. Mar. 9, 1823. m. Nov. 5, 1840, Josiah P. Quimby of Paris and formerly of Sandwich, NH, she of Limington. He in 1847, ae 38 yrs. of Sandwich, NH.
7. **BENJAMIN F.**, b. July 2, 1824, d. Sept. 25, 1881, ae 57 yrs. 3 mos. Naples. m. Apr. 5, 1846, Eliza Ann Strout, both of Limington, she b. Dec. 12, 1824, Limington, d. May 21, 1909, Naples.
8. **ABIGAIL ANN**, b. Feb. 15, 1826. m. Nov. 19, 1848, Zachariah Boody, both of Limington, he m. (2) int. Feb. 16, 1854, Fanny Black, both of Limington.
9. **JOSIAH EMERY**, b. Jan. 1, 1828, d. Apr. 2, 1896. m. Mar. 4, 1853, Eunice Lord of Porter, she b. May 27, 1832, Porter, d. July 1, 1902, Parsonsfield. Children:
    (1) **REV. LEWIS ALMON**, b. Mar. 15, 1854, d. Sept. 28, 1928, ae 74 yrs. 6 mos. 13 das. Parsonsfield.
    (2) **GEORGE EMERY**, b. Dec. 22, 1855, d. Feb. 7, 1903, Parsonsfield.
    (3) **ELLA**, d. Nov. 28, 1858, ae 7 mos. 28 das. Limington.
    (4) **EDGAR F.**, d. Feb. 9, 1862, ae 3 yrs. 10 mos. 9 das. Limington.
    (5) **ADA F.**, b. Nov. 22, 1860, d. Apr. 13, 1868, ae 7 yrs. 4 mos. 21 das.
    (6) **EDGAR**, b. May 28, 1863, d. Feb. 9, 1928, Limington. m. Edna Hasty of Limington.
    (7) **ADDIE**, b. May 28, 1863. m. Leland Boothby of Parsonsfield.
10. **REV. HENRY F.**, b. Apr. 4, 1831, d. Feb. 24, 1895, Limington. m. July 3, 1853, Sarah M. Lord, both of Limington, she b. Feb. 1, 1833, Limington, d. Mar. 11, 1878, Limington. m. (2) Mar. 16, 1884, Emily (Randall) Moulton, widow of Alvin C. Children:
    (1) **JOHN L.**, b. Jan. 1, 1856, d. July 7, 1880, ae 24 yrs. 1 mo. 7 das. m. int. Aug. 16, 1875, Gennie M. Carpenter of Waterboro.
    (2) **HENRY FRANKLIN**, b. Dec. 20, 1864, d. Sept. 3, 1884.

(3) ALTEEN B., d. Aug. 2, 1863, ae 1 yr. 9 mos. 10 das. Limington.
(4) FRANK H., d. May 17, 1864, ae 9 yrs. 11 mos.
(5) ALTEEN B., b. Feb. 11, 1866, d. Apr. 18, 1884.
11. IVORY, b. Apr. 4, 1831, d. June 13, 1908, Limington. m. int. Feb. 26, 1854, Asenath M. Carll, both of Limington, she d. Feb. 1, 1889, ae 56 yrs. 8 mos. 14 das. He m. (2) Asenath P. (Dike) Walker. Children:
(1) LUCINDA, d. Oct. 18, 1869, ae 14 yrs. 11 mos. 13 das. Limington.
(2) ETTA CAPITOLA, b. 1863, d. Mar. 1, 1903, ae 39 yrs. 2 mos. 19 das. Sebago. m. Apr. 4, 1881, Anson Brackett, both of Limington. m. (2) 1892, Howard Harmon of Boston.
(3) MAMIE, d. Feb. 5, 1880 ae 19 yrs. Limington. m. Loring Dole of Limington.
12. DANIEL, b. Apr. 6, 1833, d. June 27, 1912, ae 78 yrs. 10 mos. 27 das. Porter. m. Jan. 1, 1854, Lucinda Merrifield, both of Limington, she b. Jan. 26, 1836, Limington, d. Aug. 26, 1854, Limington. m. (2) int. Jan. 28, 1855, Lydia L. Meserve of Porter, she b. Feb. 16, 1834, Limington, d. July 26, 1866, Porter. m. (3) Oct. 21, 1866, Salome K. Moulton of Limington, he of Porter, she b. Aug. 6, 1840.
13. JOHN COLBY, b. Mar. 24, 1835, d. Feb. 14, 1914, ae 78 yrs. 10 mos. 24 das. Bridgton. m. May 1, 1870, Lizzie Boothby, both of Limington.
14. DR. STEPHEN EDWARD, b. Mar. 24, 1837, d. Apr. 10, 1906, Auburn. m. Aug. 11, 1860, Emily A. Lord of Porter. Children:
1. WALTER, b. July 27, 1861.
2. DR. ERNEST, b. July 22, 1873.

vii. OLIVE, b. 1795, d. Aug. 13, 1851, ae 56 yrs. m. Jan. 4, 1815, Timothy Emery of York.
viii. DANIEL, b. Jan. 27, 1797. Limington, d. Mar. 16, 1872, Harrison. m. June 16, 1822, Sarah Phenix, both of Limington, she b. Nov. 9, 1799, d. July 25, 1865.
ix. EUNICE, b. Sept. 15, 1799, Limington, d. Sept. 30, 1886, Harrison. m. May 21, 1818, John Stanley, both of Limington, he b. Dec. 25, 1798, d. Mar. 16, 1872, Harrison.
x. STEPHEN, b. Apr. 20, 1804, d. Mar. 19, 1863, Sebago. m. May 13, 1824, Lucretia Prince, both of Limington, she b. Aug. 8, 1805, N. Yarmouth, d. May 8, 1849, ae 45 yrs. 8 mos. Sebago. Children:
1. EDWARD R., b. Aug. 13, 1824, Limington, d. Mar. 19, 1894, Westbrook.
2. ANNA MARIA, b. June 12, 1826, d. Nov. 3, 1894, Sebago.
3. ELIZABETH, b. July 13, 1828.
4. BENJAMIN P., b. May 29, 1834.
5. WILLIAM P., b. July 29, 1836, d. Mar. 21, 1918, Baldwin.
6. ELIZA J., b. 1838, d. Jan. 9, 1894, ae 55 yrs. 9 mos. 14 das. Sebago.

xi. MARY, b. 1806, Limington, living 1850, Waterboro. m. May 14, 1826, Nathan Nason, both of Limington. m. (2) Apr., 1839, Jabez Ricker of Waterboro, she of Limerick. m. (3) Aug. 8, 1849 in Waterboro, Ebenezer Whitten, both of Waterboro.

WHEELWRIGHT, GEORGE, b. Jan. 17, 1773, Boston, MA, d. Dec. 24, 1851, Limington. He came from Arundel about 1817 and settled at Wheelwright corner on Hamblen Brook. The place is now gone, site of George Webber's junk yard. m. Apr. 20, 1794, Rhoda Giles of Beverly, MA, in Boston, MA, she b. Nov. 12, 1771, Beverly, MA, d. Nov. 6, 1851, Limington. Children:
i. ELIZABETH GILES, b. Sept. 4, 1794, Nantucket, MA, d. Jan. 16, 1884, 89 yrs. Limington. m. int. Apr. 30, 1831, m. June 13, 1868 in Cornish, Richard Everett Schermerhorn of Hallowell, she of Limington. He was an Episcopalian Minister, he b. Dec. 2, 1803, Nassau, NY, d. Apr. 18, 1836, Skowhegan, ME. Child:
   1. GEORGE WHEELWRIGHT, b. Oct. 12, 1833, d. July 9, 1898, Philadelphia, PA. He was a mariner. m. int. May 28, 1868, m. June 13, 1868 in Cornish, Mary Eliza Goodwin of Baldwin, she b. Sept. 30, 1849, d. May 6, 1923, ae 73 yrs. Baldwin, she m. (2) Feb., 1880, Orville Sawyer of Baldwin. Children:
     (1) RICHARD EVERETT, b. 1869, d. Oct. 22, 1952, ae 84 yrs. Limington. m. Clara B. Sampson.
     (2) GEORGE W., b. Jan. 3, 1872, d. Nov. 21, 1944, ae 72 yrs. 10 mos. 19 das. unm. Augusta. When young man, he went to Philadelphia where he was in real estate business. He came in 1923 to Baldwin.
ii. SARAH GILES, b. Aug. 6, 1796, Nantucket, d. Aug. 25, 1902, Portland.
iii. HARRIET, b. June 24, 1798, Eaton, d. Jan. 15, 1799, Eaton.
iv. MARY, b. July 25, 1801, Portland, d. Oct. 11, 1802, Portland.

WHITMORE, WILLIAM, b. May 31, 1752, Dudley, MA, d. 1827, Standish. He came to town before 1790 from Gorham and left about 1797. A Revolutionary soldier. m. Nov. 18, 1775, Amy (Ruhamah) Knight of Windham, she b. Nov. 18, 1753, d. Aug./July, 1841, Limington. Children:
i. ANNA, b. Nov. 5, 1775, living in 1850, ae 75 yrs. Standish. m. May 13, 1804, Joseph Norton of Gorham.
ii. SIMON, b. Jan. 12, 1777, settled in Hampden.
iii. JOSEPH, b. Mar. 4, 1779, d. 1799, ae 18 yrs. m. May 7, 1809, Elizabeth Martin of Standish.
iv. MARY, b. June 17, 1781, d. 1799, ae 18 yrs.
v. HANNAH, b. Dec. 6, 1784. m. Samuel Hamblen of Gorham.
vi. RUHAMA, b. June 4, 1786, d. Oct. 10, 1873 Standish. m. Mar. 29, 1807, John Newbegin of Gorham.
vii. SARAH, b. Jan. 18, 1789. m. Feb. 15, 1807, Abner Martin of Standish.

viii. WILLIAM J., b. Oct., 1791, Limington, d. 1873. m. Apr. 26, 1812, Betsey Boulter Health of Standish, she b. Jan. 29, 1794. Standish, d. 1877. Children:
1. SALLY MARTIN, b. Dec. 12, 1812, Standish, d. 1885. m. Feb. 11, 1830, Amos Burnham of Standish.
2. DANIEL HEATH, b. Jan. 3, 1815, Standish, d. May 4, 1899, ae 82 yrs. 4 mos. 1 da. Standish. m. Oct. 23, 1845 in Baldwin, Sarah S. Sawyer, both of Limington, she b. July 31, 1820, Limington, d. Feb. 19, 1902, Limington.
3. ELIZABETH. m. June 16, 1832, John York of Standish.
4. MARY HIGGINS, b. Sept. 27, 1819, d. Sept. 4, 1908, ae 89 yrs. Middleboro, MA. m. Apr. 25, 1847, Joshua Wingate Frost of Limington.
5. JANE WHITNEY, b. Nov. 13, 1824, d. Nov. 23, 1863, Myrickville, MA. m. David Sumner Small of Limington.
ix. JANE, bapt. July 26, 1795, Limington, d.y.
x. JANE, b. 1797. m. July 2, 1818, Reuben Whitney of Standish.

WHITNEY, WILLIAM, b. Sept. 15, 1765, Shirley, MA, d. Mar. 22, 1836, Standish. He lived in town 1791-1796. He came from Standish. m. Oct. 11, 1792, Hannah Bangs, she b. Apr. 19, 1775, d. Dec. 15. 1861, Standish. Children:
i. WILLIAM JR., b. Jan. 3, 1799, d. May 4, 1859, Sebago. m. Oct. 25, 1818, Anna Hancock of Buxton.
ii. MARY, b. Apr. 30, 1798, d. Jan. 22, 1835, Standish. m. Nov. 28, 1816, John Boulter of Standish.
iii. SARAH H., b. 1800. m. int. May 18, 1834, John West of Standish.
iv. ABNER, b. 1802, lived in Sebago.
v. THANKFUL, b. Oct. 14, 1805, d. July 6, 1841, ae 38 yrs. 8 mos. 22 das. m. int. Nov. 1834. Nicholas Stickney Burnham of Standish.
vi. HERMAN B., b. Nov. 5, 1807, d. Feb. 24, 1874, unm. Standish.
vii. HANNAH BANGS, b. Oct. 31, 1810, d. Dec. 8, 1886, Standish. m. Dec. 31, 1834, Isaac L. Johnson of Limington, he b. Jan. 5, 1805, Limington, d. Apr. 23, 1875, Standish.

WING, NATHAN, b. Jan. 20, 1765, Conway, MA, d. Apr. 10, 1836, ae 72 yrs. Abbot. He was of Limington by 1790 and settled on lot 9, range G on Shaving Hill Road before leaving for Richmond Island, near Portland in 1801. He also lived in Wilton, but from 1820 to time of his death lived at Abbott. m. Dec. 25, 1791 in Gorham, Love Frost of Gorham, he of Limerick, she b. Dec. 1, 1772, Falmouth, d. Mar., 1854, Sangerville, ME. Children, first five born in town.
i. JOSHUA WINGATE, b. Feb. 26, 1793, d. Sept. 11, 1829, Alexandia, AR.
ii. LOVE, b. Oct. 18, 1794, d. June, 1823.
iii. PETER OLIVER, b. Sept. 19, 1796, d. Nov. 11, 1811.
iv. ZELINDA, b. Aug. 19, 1798, d. Sept. 22, 1816.
v. BETSEY, b. Sept. 25, 1800, d. Apr. 28, 1832.
vi. JAMES FROST, b. Oct. 6, 1802, Cape Elizabeth, d. Dec. 6, 1869, Anderson Mills, IA.

vii. NANCY C., b. Aug. 14, 1804, Cape Elizabeth, d. Aug. 18, 1804.
viii. SNOW, b. July 9, 1806, Cape Elizabeth, d. July 16, 1806.
ix. RUTH POTTER, b. July 11, 1810, Wilton.
x. ELI SNOW, b. July 21, 1811, d. Nov. 18, 1870, Davenport, IA.
xi. PETER OLIVER, b. Jan. 2, 1814, d. Feb. 2, 1870, Moultrie, GA.
xii. JOHN BROOKS, b. Mar. 20, 1816, d. Feb. 17, 1865, Lock Haven, PA.

WINSLOW, ABRAM, b. Sept. 12, 1798, Falmouth, d. Mar. 6, 1881, ae 82 yrs. 4 mos. Limington. He came to town after death of his first wife and established a tannery and place across from village cemetery. He was a Quaker. m. Sept. 7, 1825, Mary Deering of Scarboro, she b. Jan. 7, 1803, d. Sept. 27, 1829, Windham. m. (2) June 10, 1830, Betsey Frost, both of Limington, she b. Oct. 2, 1810, Limington, d. May 11, 1835, Limington. m. (3) Sept. 27, 1836, Phebe Crossman of Durham, she b. Mar. 4, 1798, Durham, d. July 19, 1885, ae 87 yrs. Limington. Children:
i. MARY ANN, b. Mar. 3, 1827, Windham, d. Mar. 11, 1919, ae 92 yrs. 8 das. Limington. m. Mar. 1, 1860, Isaac Jones of Brunswick, he b. Aug. 5, 1827, Brunswick, d. Dec. 12, 1864, Brunswick. m. (2) June 19, 1869, Oliver Pope Allen in Standish, be b. Jan. 13, 1834, Windham, d. Jan. 12, 1922, Limington. Children:
1. ALICE MARIA, b. May 10, 1861, Brunswick, d. Mar. 11, 1887, ae 25 yrs. 10 mos. Deering.
2. EMILY MARY, b. Jan. 17, 1865, Brunswick, d. 1937, unm. She was last to live on family homestead.
3. FREDDIE, b. Aug. 16, 1871, Limington, d. Oct. 23, 1871, Limington.
ii. CHILD, d. Dec. 5, 1838, Limington.
iii. MARIA BETSEY, b. Jan. 3, 1842, Limington, d. Sept. 16, 1872, ae 30 yrs. Portland. m. int. Jan. 14, 1868, Joseph Hill Wentworth of Portland, he b. July 31, 1844, Buxton, d. Sept. 8, 1911, Malden, MA.

WOOD, STEPHEN, b. Dec., 1781, Shapleigh, d. Aug. 10, 1850, ae 69 yrs. 8 mos. Limington. He moved from Shapleigh to Newburyport, MA, later to Newfield and about 1836 came to Hardscrabble section of S. Limington. m. July 12, 1802, Hannah Dunnels, both of Newfield, she b. Aug., 1777, Newbury, MA, d. Mar. 25, 1851, ae 73 yrs. 7 mos. Limington. Children, first five recorded in Newbury, MA.
i. HARRIET, b. Feb. 17, 1803, Newfield, d. Dec. 6, 1860, ae 57 yrs. 10 mos. unm. Limington.
ii. MOSES C., b. Aug. 27, 1805, Newburyport, MA, d. June 5, 1888, Standish. m. Apr. 19, 1840, Phebe Johnson, both of Limington, she b. May 22, 1798, Limington, living 1880 Standish. Child:
1. SARAH A., b. Apr. 11, 1841, d. Apr. 1, 1910, Standish. m. Franklin Ridlon of Standish.
iii. DAVID, b. Dec. 5, 1806, Newbury, MA, d. 1878, Saco.
iv. HANNAH, b. May 29, 1808, Newbury, MA, d. Nov. 27, 1864, ae 56 yrs. 6 mos.

v. STEPHEN WASHINGTON, b. Mar. 22, 1810, Newburyport, MA, d. May 5, 1880, ae 69 yrs. Limington. He was a millman at Steep Falls. m. Apr. 8, 1832 in Salem, MA, Hannah Guilford of Salem, MA, she b. Dec. 15, 1815, Salem, MA, d. July 28, 1865, ae 49 yrs. 7 mos. Limington. m. (2) Feb. 20, 1866, Martha A. (Warren) Reed, both of Limington, she b. Apr. 6, 1831, Standish, d. Jan. 11, 1901, ae 69 yrs. 9 mos. 5 das. Children born in Limington.
1. MARTHA ANN, b. Jan. 26, 1833, d. Dec. 24, 1847, ae 15 yrs.
2. DAUGHTER, b. July 26, 1834, d. Sept. 3, 1834.
3. ELIZABETH O., b. Oct. 29, 1835, Portland, d. 1896, Gorham. m. Nov. 7, 1871, Joseph F. Shackford of Gorham, he b. Mar. 23, 1839, Westbrook, d. Oct. 29, 1903, Gorham.
4. ENOCH, b. Dec. 20, 1837, d. Sept. 23, 1840, ae 2 yrs. 9 mos. Limington.
5. MARY, b. Aug. 3, 1840, d. May 9, 1869, Salem, MA. m. int. Jan. 15, 1864, Jeremiah Hobson, he d. Apr. 24, 1864, ae 22 yrs. 9 mos. 24 das., killed at Battle of Cane River. m. (2) Henry Davison.
6. ENOCH, b. Feb. 2, 1843, d. Nov. 5, 1878, Steep Falls. m. Aug. 19, 1865 in Buxton, Sarah Ann Anderson, both of Limington, she b. Feb. 6, 1844, Limington, d. Feb. 21, 1927, Charlestown, MA. Children:
(1) ALFAROTA A., b. May 30, 1866.
(2) LIZZIE M., b. Aug. 4, 1870.
7. FRANK, b. Feb. 19, 1848, d. Dec. 7, 1920, Baldwin.
8. MARTHA ANN, b. Mar. 10, 1852, d. Sept. 1, 1901, ae 49 yrs. 5 mos. 22 das. m. July 2, 1868, Charles W. White of Standish, she of Limington.
9. STEPHEN WASHINGTON, b. Oct. 18, 1855, d. Jan. 24, 1939, Limington. m. Nov. 27, 1875 in Tamworth, NH, Emma S. Whiting, she b. Feb. 20, 1856, d. June 18, 1883. m. (2) int. Dec. 18, 1886, Lizzie M. Hobson of Standish, she b. Apr. 23, 1867, d. July 24, 1889. m. (3) Oct. 20, 1897, Mary Lydia (Coolbrooth) Black in Standish.
vi. IRA DUNNELS, b. Dec. 13, 1813, Newburyport, MA, d. Nov. 13, 1884, ae 70 yrs. 10 mos. Steep Falls. In 1850 of Parsonsfield. m. July 2, 1843, Almina M. Nevers of Swedan, she b. Feb. 7, 1826, Swedan, d. Aug. 4, 1865, ae 39 yrs. m. (2) Aug. 16, 1866, Angeline E. (Osgood) Foster, widow of Joseph, she b. Mar. 6, 1835, d. Mar. 19, 1905, Boston, MA.
vii. DANIEL, b. Aug. 9, 1814, Newfield, d. Aug. 9, 1902, Newfield.
viii. SAMUEL, b. 1818, d. Mar. 9, 1882, unm. Steep Falls.
ix. SARAH, b. 1820, d. Mar. 7, 1841, ae 20 yrs. 11 mos. Limington.
x. MARY M., b. 1822, d. Apr. 19, 1839, ae 16 yrs. 10 mos. Limington.

WOODSUM, ABIATHAR, b. Oct. 12, 1786, Buxton, d. Dec. 30, 1847, ae 61 yrs. Clinton. He had a sawmill and privilege on Limington Falls, that he bought in 1812. He moved after 1821 to Clinton. m. June

4, 1812, Lydia Hooper, both of Limington. m. (2) int. Oct. 24, 1819, Betsey Newbegin, both of Limington, she b. May 20, 1797, d. Nov. 2, 1869, ae 70 yrs. His two brothers, Oliver, b. Apr. 17, 1803, Buxton and Thompson, b. Feb. 26, 1806, Buxton, also lived with him. Children:
i. **LUTHER**, b. Oct. 21, 1813, Limington.
ii. **CYRUS**, b. Aug. 31, 1817, Limington.
iii. **GEORGE N.**, b. June 8, 1820, Limington.
iv. **SUSAN**, b. Sept. 17, 1822.

WOODSUM, ABIJAH, b. Feb. 14, 1797, Buxton, d. Aug., 1838 Limington. He was of Limington at time of his marriage. In 1835 moved to Gray. m. July 18, 1816, Sally Spencer, both of Limington, she d. Nov. 23, 1832, ae 36 yrs. Limington. Children born in Limington.
i. **OLIVE**, b. ca 1816.
ii. **JACOB**, b. ca 1817.
iii. **FRETHE SPENCER**, b. 1819, d. Feb. 18, 1884, ae 65 yrs. Baldwin. m. Feb. 4, 1841, Louisa Babb both of Portland.
iv. **EDWARD S.**, b. 1821, d. before 1890 in Westbrook.
v. **GEORGE**, b. Jan. 25, 1825.
vi. **ABIATHAR**, b. May 6, 1826.
vii. **CHARLES**, b. 1826, d. July 15, 1892, ae 66 yrs. 3 mos. Baldwin.
viii. **MARY S.**, b. 1827, d. July 23, 1892, ae 65 yrs. Westbrook. m. Joseph Brazier.
ix. **MARY A.**, b. Oct., 1828.

YOUNG, DAVID, son of David, bapt. Oct. 23, 1763, Saco, d. Apr. 14, 1843, Limington. He purchased land in town in 1792, lot 4, range B. He settled at Young's Hill where Boothby Road meets Beaver Berry Road. m. Apr. 3, 1785 in Buxton, Elizabeth Small, both of Limington, she b. ca 1764, living 1850 with her son James. Her father was Frances Small, who d. May, 1792. He was a brother to Mrs. Alice (Small) Cash, Mrs. Bathsheba (Small) Strout, both of Cape Elizabeth and Daniel Small of Raymond. Children born Limington.
i. **JAMES**, b. May 19, 1786, d. Dec. 24, 1852, Limington. m. int. Oct. 12, 1816, Sarah Davis, both of Limington, she b. Apr. 9, 1794, Limington, d. 1817, with her child, Limington. m. (2) int. Mar. 4, 1821, Polly (Small) Coffin, widow of Daniel, Jr., she b. Sept. 19, 1789, Limington, d. Feb. 23, 1841, ae 53 yrs. 5 mos. Limington. m. (3) Mar. 17, 1844, Alice (Boulter) Thomes of Standish, he of Limington. Children:
　1. **ALBERT**, b. Aug., 1822, d. Sept. 6, 1878, ae 56 yrs. 28 das. Milan, NH. m. May 31, 1846, Martha A. Thomes, both of Limington, she b. 1824, d. Mar. 5, 1901, Milan, NH.
　2. **CHILD**, d. Dec. 18, 1829, Limington.
　3. **MARTHA JANE**, b. Nov. 8, 1830, d. Jan. 8, 1904, Milan, NH. m. after Dec., 1852, Roscoe B. Huntley.
　4. **CHILD**, d. June 11, 1836, Limington.
ii. **FRANCIS**, b. July 14, 1788, d. May 27, 1864, Gorham (Great Falls), at his daughter's. He living 1850, Buxton. He moved in

Mar., 1821 to Standish, then to Bridgton. m. Mar. 22, 1822, Fanny Bacon of Gorham, he of Bridgton. Children recorded at Bridgton.
1. NATHAN, b. Dec. 30, 1822, Bridgton, d. Mar. 20, 1833.
2. LEVI, b. May 29, 1825.
3. BETSEY JANE, b. June 16, 1827, d. June 27, 1827.
4. BETSEY, b. Jan. 10, 1828.
5. FANNY B., b. Sept. 1, 1829, d. Nov. 1, 1846, ae 17 yrs. 2 mos. Bridgton.
6. FRANCES, b. Apr. 29, 1831.
7. DELPHENIA, b. Aug. 2, 1833.
8. SALLY M., b. Jan. 16, 1834.
9. MARY E. B., b. Apr. 25, 1836.

iii. BETSEY, b. Nov. 12, 1790, d. Jan. 1, 1844, unm. Limington.

iv. MARY, b. May 17, 1793, d. 1879, Casco. m. Feb. 20, 1815, Nathaniel Duran of Durham, she of Limington, he b. Feb. 2, 1788, Durham, d. June, 1854, Raymond.

v. SALLY, b. Dec. 17, 1795, d. Sept. 29, 1833, ae 37 yrs. 9 mos. 12 das. Limington. m. int. Sept. 10, 1820, Benjamin Moody, both of Limington, he b. Sept. 2, 1797, Limington, d. Dec. 4, 1867, Limington.

vi. DAVID, b. June 24, 1798, d. June 14, 1872, ae 73 yrs. 11 mos. 21 das. Bradford. He moved in 1830 to Bradford. m. Jan. 8, 1824, Sally Small, both of Limington, she b. Apr. 24, 1804, Limington, d. July 25, 1867, ae 63 yrs. 3 mos. 13 das. Bradford. Children:
1. WILLIAM J., b. Aug. 1, 1824.
2. JOSEPH, b. June 16, 1826.
3. NANCY, b. Mar. 23, 1828.
4. SARAH, b. Apr. 13, 1830.
5. DAVID JR., b. May 7, 1832.
6. ELIZABETH, b. May 13, 1834.
7. ENOS, b. Feb. 8, 1837.
8. MARTHA, b. Mar. 1, 1839.
9. DANIEL, b. June 15, 1842.
10. JOHN L., b. Oct. 9, 1841.
11. SOPHRONIA, b. Jan. 11, 1847.
12. HANNAH, b. July 7, 1850.

vii. DANIEL, b. Jan. 14, 1800, d. Jan. 21, 1873, ae 72 yrs. 7 mos. Sebago. m. int. Feb. 14, 1825, Ann Babb of Baldwin, he of Limington, she b. Dec. 19, 1803, d. June 22, 1870, ae 66 yrs. 6 mos. Hiram, at home of her son. They moved in 1832 to Sebago. Children, first five born in Limington.
1. MARY DURANT, b. Sept. 29, 1824, d. Oct. 9, 1882, ae 59 yrs. 20 das. Sebago. m. May 23, 1850, Oliver D. Dike, both of Sebago.
2. HANNAH Y., b. Apr. 20, 1826, d. June 25, 1911, ae 85 yrs. 2 mos. 5 das. Sebago. m. Charles Hill of Sebago.
3. EUNICE B., b. Apr. 6, 1828, d. July 8, 1893, ae 65 yrs. 3 mos. 2 das. Sebago. m. Nov. 30, 1854, Ellis B. Fitch, both of Sebago.

4. **ELIZA B.**, b. Jan. 23, 1830, living 1907, Boston, MA. m. May 1, 1854, Simon Davis, both of Sebago.
5. **ALMON**, b. Dec. 10, 1831, d. May 27, 1909, Portland. m. Nov. 13, 1860, Mary M. Fitch, both of Sebago.
6. **PETER BABB**, b. Oct. 18, 1833, d. July 26, 1909, Hiram.
7. **JAMES M.**, b. Feb. 19, 1836, d. Mar. 7, 1894, ae 58 yrs. Omaha, NE, formerly of Hiram.
8. **CHARLES H.**, b. Mar. 10, 1838, Sebago, d. May 29, 1915, Naples.
9. **SARAH A.**, b. Mar. 23, 1840, d. Sept. 19, 1914, Boston, MA. m. Jan. 21, 1864, James Monroe Douglas of Sebago.
10. **AMELIA A.**, b. Sept. 3, 1842. m. ____ Stevens of Boston, MA.
11. **ANNETTE C.**, b. Apr. 19, 1846, d. Sept. 9, 1890, ae 44 yrs. 4 mos. 20 das. Hiram.
12. **BERTHA ALFARETA**, b. May 25, 1848, d. 1920. m. Charles H. Foss.

viii. **HANNAH**, b. June 6, 1803, d. 1822, Limington.
ix. **JOSEPH**, b. 1806.
x. **JOHN**, b. before 1810.

RECORD OF DEATHS IN LIMINGTON

Kept by Francis Meeds

The following is a record of deaths in Limington from 1816 to 1845 (lacking 1842) kept by Francis Meeds (1765-1845) of South Limington. In each case the entry is given as found in the original record and in most cases additional information for identification is given in parenthesis immediately following entry. In 1822, Mr. Meeds began to add, in some cases, the date of the individual's death. The numerous annual Day Books of Mr. Meeds, from which these deaths have been taken, can be found at the Maine Historical Society.

1816

28 deaths: 15 grown persons, 13 children. Dates of death if known are added but not on original record.

Nabby McKinney; Sally Brackett; Chote (Ammi Choate); Nat Sawyer, child - Mar. 16 (Hannah B. Sawyer); T. Malloy, child - Mar. 11 (Thomas Mulloy child, Dennis); J. Strout, child; Simeon Strout, child - Apr. 5 (Earl Frost Strout); Nick Davis, wife - Apr. 17 (Martha Warren Davis); Widow Goodwin (Priscilla, wife of Andrew); Dilneo, child - Apr. 23 (Enos Delano child, Sally); Goodwin (Samuel Goodwin); Abner Chase - Apr. 24; Daniel Libby, child (Daniel Libby child, Sally); Hooper, child (Robert Hooper child); Mrs. Black & child - Mar. 25 (Mercy, wife of Josiah Black); Isaac Small, child - May 28 (Isaac Small child, William); Josiah Black, child (Josiah Black child, Mercy); Josiah Foor, child; James Libby, child; Joshua Small, wife - Aug. 10 (Miriam, wife of Joshua); James Davis, dau.; Mrs. Walker (Lydia, wife of Ebenezer); McArthur - Aug. 30 (John McArthur); Israel Boody, child (Tamzon L. Boody); Joshua Durgin; Blake, wife (Abigail, wife of Seth); Joseph Boody.

1817

16 deaths: 11 grown persons, 5 children.

Deacon Diar - Jan. 16 (Dea. Daniel Dyer); Eben Clark, wife - Feb. 6 (Anna Hanscom Clark); Widow Davis (Lucy, widow of Ezra); William Haley child; Old Mr. Berry - July 13 (James Berry); S. Manson child (Samuel Manson child, Foster); Ben Nason; Ephraim Clark - Oct. 3; Higgins, wife; J. Robinson, wife (Olive, wife of Jedediah); Stone, child; Ben Libby, child; Arthur Boothby; Young, wife & child (Sarah, wife of James); Ben Nason, wife (Mary, wife of Ben).

1818

17 deaths: 6 grown persons, 11 children. Dates of deaths if known are added but not on original record.

Daniel Small (son of Reuben Small); Isaac Strout - Mar. 3; Small, child (Daniel Small child); Foster, child (Thomas Foster child, Joanna); Widow Moody, dau. (Widow Elizabeth dau., Jane); N. Luise, child (?); Thomas Roberson, child (Thomas Robinson child, John L.); Mitchell, child - Apr. 14 (Isaac Mitchell child, Anna); Cool, child - May 17 (Isaac Cole child, Francis); John Davis; R. Gilkey, child (Reuben Gilkey child); Mr. Gove - July 24 (John Gove); Sam Boothby child; Charlotte Richardson - Sept. 25; Ben Strout, child; Abner Chase, dau. - Oct. 17 (Abner Chase dau. Harriet); E. Boody - Nov. 9 (Azariah Boody child, Asenath).

1819

19 deaths: 10 grown persons, 8 children.

Widow Chote - Apr. 6 (Widow Phebe (Cobb), Widow of Ammi); Hooper, child (Robert Hooper child); Sam Manson, child - Apr. 23 (Sam Manson child, William); Eunice Gove - Apr. 22; Mr. Bradean - Feb. 14 (John Bradeen); Capt. Woodsum, wife (Lydia, wife of Capt. Abijah); Mr. Edgerly (Elizabeth, wife of Isaac); Joseph Libby, child; David Otis, child (Capt. David Otis child, Sally); Thomas Boothby, child - June 14 (Thomas Boothby child, Mary); Foor, dau. - Aug. 28 (Elias Foss dau. Anna); Eliza Patrick; John Sutton - Nov. 2; Mr. Manson - Nov. 27 (Willian Manson); Joseph Sawyer, 2 children; R. Gilkey, child (Reuben Gilkey child); Mr. Haley, child.

1820

18 deaths: 10 grown persons, 8 children.

Widow Chick - Dec. (Widow Abigail Chick); Brackett, child (Reuben Brackett child); Mrs. Marr - Feb. 4 (Sarah, wife of Peletiah); Rendell, child; Widow Edgecomb (Elizabeth, widow of Nicholas); Deacon Cobb, wife - Feb. 20 (Hannah, wife of Dea. Andrew); Meno Libby, child - Mar. 24 (Parmenio Libby child, Eunice); Cobb, wife (Hannah, wife of Ebenezer); John Berry, child; Meno Libby, wife - Apr. 16 (Eunice, wife of Parmenio); Mr. Woodsum (Michael Woodsum); Babb, child - Mar. 15 (Peter Babb child, Andrew); Nabby Grant; R. Brackett, child - July 27 (Reuben Brackett child, Jane); Old Mr. Libby - Aug. 24 (Stephen Libby); Old Widow Berry - Sept. 9 (Abigail, widow of James); Blake, wife (Rebecca, wife of Seth); Collema, wife (Polly, wife of David Collomy).

1821

20 deaths: 11 grown persons, 9 children.

Daniel Rounds (son of Daniel); Israel Small, child - Jan. 15 (Ezekiel Small child, Mary Ann); Joseph Taylor, wife (Elizabeth, wife of Joseph); Gove, child (Isaac Gove child); John Miller, child (John Miller child, Susan); Levy Coal, son (Levi Cole, son); Peter Chick - Apr. 2; Malloy, wife - Apr. 22 (Margaret, wife of Edward); Old Mr. Malloy (Dennis Mulloy); James Randell - May 15; William Horn; Nathaniel Sawyer - June 4; Catherine Marr - July 9; Joab

Black – Oct. 29; Ben Wentworth, wife – Aug. 21 (Sally, wife of Benjamin); Widow Goodwin, child (Widow Martha Goodwin child, Sally); Humphrey Small, child (Humphrey Small child, William Pitman); Daniel Hamblen, child – Sept. 4 (Daniel Hamblen child, Julianna); Ben Strout, child – Oct. 4 (Ben Strout child, Sally); A. Brackett, child (Abraham Brackett child).

1822

26 deaths: 13 grown persons, 13 children. Meed did give the dates of death of those who died in July.

Levi Cool, wife (Eunice, wife of Levi Cole); Nathan Chick, wife – Feb. 8 (Sally, wife of Nathan); David Richardson Jr. – Mar. 22; D. Richardson, son – Mar. 22 (Isaac, son of David); Widow McKenney (Elizabeth, widow of Joshua); Jacob Libby – Mar. 28 (son of Henry); Daniel Hamlin, child – Apr. 22 (Daniel Hamblen child, Henry); Barbara Moody – Apr. 27; Lydia Bigford – May 1 (Lydia Bickford); John Douglass, child; David Small – May 5 (son of Isaac); Otis, child – June 7 (Capt. David Otis child); Old Mr. Staples – July 3 (Robert Staples); William Marr – July 6; Ezra Richard – July 7 (Ezra Richardson); Isaac Dyer, wife – July 19 (Mary, wife of Isaac Dyer); Deacon Cobb – July 22 (Dea. Andrew Cobb); Robert Brackett, child – Aug. 22 (Robert Brackett child, Rufus); Winforth, child – Sept. 9 (Joseph Wentworth child, Joseph); Ben Haley, child; Mary Round; Isaac Cool, child – Oct. 5 (Isaac Cole child, Abner); Hannah Young (dau. of David Young); Charles Kimball, child; Widow Johnson – Nov. 5 (Martha Johnson); Widow Miller – Nov. (Elizabeth, widow of Thomas Miller).

1823

18 deaths: 9 grown, 9 children.

Mary Hobson – Jan. (Mary Hobson, wife of Amos); Isaac Cool, child – Jan. 24 (Isaac Cole, Sally); Old Mrs. Sawyer (Mary, wife of William); Reuben Hubbard, child; Widow Haskin – Feb. 23 (Widow Mary (McKenney) (Small) Haskins); Joshua Small, son – Apr. 11 (Timothy Fernal Small); Israel Small, Jr.; Mr. Sevey (John Seavey); Nathan Chick; Silvanus Bangs, wife – July 12 (Almira, wife of Sylvanus Bangs); John Berry, child; George Miller – Sept. 6; Ben Hasty, child (Ben Hasty child, Elizabeth); Major Small, wife – Oct. 4 (Anna, wife of Maj. Daniel); Sam Manson, child – Nov. 17; (Sam Manson child, Elizabeth W.); Capt. R. Gilkey, child; Joseph Davis, child – Dec. 16 (Joseph Davis child, John N.); Chase Parker, child (Chase Parker child, Ruth).

1824

20 deaths: 9 grown persons, 11 children.

Joseph Davis, child – Jan. 11 (Joseph Davis child, Anna M.); Joshua Emery, wife – Feb. 17 (Shuah, wife of Joshua Emery); Elizabeth Gilkey – Feb. 21; Henry Thompson, child – Mar. 19 (Henry Thompson child, William); James Tufts, wife (Hannah, wife of James); Abraham Brackett, child; Maj. Meserve, mother (Maj. Joseph Meserve wife, mother); Joseph Sawyer, son (Abraham Sawyer); Emma Chase – July 2 (dau. of John Elden Chase); John Cobb, child; Joseph Strout, child; Simeon Strout, child – Aug. 23 (Simeon Strout child,

Caroline); George Moody, child; James Staples – Sept. 11 (son of James); Robert Davis, child; Samuel Leatherbee, child (Samuel Larrabee child, Daniel J.); Simon Moody, child – Oct. 8; Stephen Manson, wife (Polly, wife of Stephen Manson); Elisha Duglass, child (Elisha Douglass); Lydia Fogg – Nov. 27.

1825

50 deaths: 14 heads of Family, 7 grown persons, 29 children. All dates of death given in original record.

Benjamin Meserve – Jan. 1; Enoch Strout – Jan. 28; Sally Marr – Feb. 1; Dr. Adams, child (Dr. Clement J. Adams child Sarah); William Thompson, child – Feb. 12 (William Thompson child, Freeman); Cutler, child; D. Moore, child (David Moore child, Simon); Old James Marr, wife (Lydia, wife of James Marr); Capt. Gilkey, child – Feb. 21 (Capt. Reuben Gilkey child); Nathan Chick, child; John Libby, child; Jacob Edgerly, child; Ezekiel Small, child (Ezekiel Small child, Warren); Israel Boody, wife – Mar. 7 (Hannah, wife of Israel); Old widow Berry (Mary, widow of James); Mr. Clay, wife (Jane, wife of Benjamin Clay); Deacon Chase – Mar. 22 (Dea. Amos Chase); Nat Nauton, dau. – Mar. 24 (Nathaniel Norton dau., Rebecca); Theophilas Diar, child – Mar. 29 (Theophilas Dyer child); Oliver Chase – Mar. 30; Nath Chick, child; John Brackett, child – June 9 (John Brackett child, Isaac); Ben Grant, wife – July 9 (Martha, wife of Benjamin); Dea. William Sawyer – July 8; Samuel Diar, child – July 20 (Samuel Dyer child); Mr. Shaw – Aug. 21 (Rev. John Shaw); Levi Merrifield, son – Sept. 3 (Jeremiah Merrifield); Timothy Goodwin, child – Sept. 3; One more Timothy Goodwin child – Sept. 6; Berdean, child – Sept. 6 (Henry Bradeen child, Loiza); Richard Strout – Sept. 7; Berdeen child – Sept. 16 (Henry Bradeen child, Jemima); Ezra Davis, child – Sept. 18; Isaac Gove, child – Sept. 24 (Isaac Gove child, Isaac); Nat Clark, child – Sept. 30; Watson Dyer, child – Oct. 21; Francis Strout, child – Nov. 2; Molton, child – Nov. 2 (John Moulton child); Nat Clark, child – Nov. 5; Worster, child – May (Ezra Worcester child, Lydia Ann); James Tufts, child – Nov. 11; Mary Davis – Nov. 21 (dau. of Ezra); Mitchell, child; John Miller – Nov. 27; Eli Jackson – Nov. 29; Esq. Clark, son – Dec. 11 (Nathaniel Clark son, Moses); Jane Strout – Dec. 14 (dau. of James); Dr. Adams, child – Dec. 16 (Dr. Clement J. Adams child, Edward); Eli Jackson, wife – Dec. 28 (Hannah, wife of Eli Jackson); Capt. Otis, child – Dec. 28 (Capt. David Otis, child, Jane).

1826

35 deaths. All dates given in original record.

Widow Berry – Jan. (Sarah, widow of Richard); Premelo Libby, child – Jan. 19 (Parmenio Libby child George Ward); Nat Clark, wife – Jan. 20 (Martha, wife of Nathaniel); William Chick, wife – Jan. 27 (Selina, wife of William); Capt. Tyler – Feb. 14 (Capt. Joseph Stevens Tyler); John Robinson – Feb. 14; James Tufts, wife – Feb. 25 (Sally, wife of James); Nathan Nason, wife – Mar. 9 (Susanna, wife of Nathan); Mark Marr – Apr. 7; Haden Chick – Apr. 12 (Haven Chick); Deacon Hanscom – Apr. 17 (Dea. Daniel Hanscom); Mr. Clay (Benjamin

Clay); Ben Hasty, child – June 1 (Ben Hasty child, Eunice); James Marr, child – June 25; Widow Israel Small, child; John Brackett, child – July 3; Joshua Small, wife – July 5 (Hannah, wife of Joshua); Thos. Manning – July 6 (Thomas J. Manning); Philemon Libby, wife – July 10 (Eliza, wife of Philemon); Deacon Davis, dau. – Aug. 5; Widow Miller – Aug. 20 (Polly, widow of John); Nathan Chick, child – Aug. 24; George Small, wife – Sept. 1 (Sarah, wife of George); Phineas Stevens, wife – Aug. 11 (Eunice, wife of Phineas); Ephraim Clark, son – Sept. 25 (Elliot Clark); Cyrus Miller – Sept. 27 (son of John Miller); Seavey, child (Putnam Seavey child, Jane); Humphrey Small, dau. – Oct. 7 (Eleanor Small); Philemon Libby, wife – Nov. 8 (Liberty, wife of Philemon); Henry Small – Nov. 9; David Richardson, wife – Nov. 10 (Sally, wife of David); Capt. Marr – Nov. 11 (Capt. Peletiah Marr); Robert Davis – Nov. 14; Elder Seavey, dau. (Elder John Seavey dau., Mary); Punam Seavey, child (Putnam Seavey child); Ben Moody, child – Dec. 27 (Ben Moody child, Orin).

1827
14 deaths.

James Marr, child; Rufus Marr – Mar. 27 (son of James Marr); Widow Tyler – about Mar. 29 (Jane, wife of Joseph S. Tyler); Ephraim Clark, wife – June 15 (Lucy, wife of Ephraim); David Richardson – July 3; Old widow Small – June (Hannah, widow of Capt. James); Deacon Small, dau. (Dea. Isaac Small dau., Mary); William Marr, child – Aug. 20 (William P. Marr child, William); Goodales, child – Aug. 20 (Eliab Goodale child); Widow Boody – Aug. 29 (Margery, widow of Robert); Joshua Emery, son – Sept. 13 (Nathaniel Emery); Simon McKenney – Oct. 22 (son of Humphrey); Statira Staples – Oct. 31; Mr. (David) Collomy – Dec.

1828
16 deaths.

Deacon Hanscom, dau. – Jan. (Dea. Daniel Hanscom dau., Hannah); Elliot, wife – Feb. 16 (Nancy, wife of Zenus Elliot); Henry Libby, son – Mar. 23 (Nicholas Libby); Lother girl – May 1 (Joanna Leathers); Hannah Jacobs – July 5 (dau. of John); Samuel Meserve, son – Aug. 14 (Foster Meserve); Theophilas Waterhouse, child – Sept. 20 (Theophilus Waterhouse child, Phebe); McRoberts, child – Sept. 26 (Capt. Edward McRoberts child); Samuel Manson, son – Oct. 3 (Loring T. Manson); Joseph Libby, wife – Oct. 14 (Priscilla, wife of Joseph); John Cobb, child – Oct. 25; George Manson, wife – Nov. 18 (Mary, wife of George Manson); Dennis Marr, child – Dec. 27 (Dennis Marr child, Samuel); Nathan Chick, child – Dec. 29; Capt. R. Gilkey, child – Dec. 29.

1829
19 deaths.

John Haley – Jan. 5; Eunice Joy – Feb. 8 (dau. of Reuben); Moses Davis, child – Feb. 25; John Robberson, wife – Mar. 6 (Sarah H., wife of John Robinson); Nancy Small – Mar. 12 (dau. of Maj. Daniel Small); Rankins, child; Isaac Strout Jr. – Mar. 20 (son of James Strout); Harvey Libby, son – May 14 (Robert Libby); James Grant – June 18; Old Mrs. Roe – June 27 (Molly, wife of Larazus

Rowe); Kelley, child – June 29; Old Mr. Merrifield – Sept. 8 (Simeon Merrifield); Jacob Hamblen, child – Sept. (Jacob Hamblen child, Timothy); Meno Libby, wife – Sept. 12 (Fanny, wife of Parmenio); Larazas Roe – Sept. 14 (Larazus Rowe); Old Tom Berry – Nov. 21 (Samuel Berry); Nat Clark, dau. – Nov. 21 (Julia A., dau. of Nathaniel); Abraham Tyler, wife – Dec. 9 (Dorothy, wife of Abraham); James Young, child – Dec. 18.

1830
20 deaths.

Anna Miller – Jan. 2 (dau. of John Miller); Oliver Frost, child – Feb. 8; Isaiah Randell, child – Feb. 24 (Isaiah Randall child, Hannah); Joshua McKenney, son – Mar. 19 (Calvin McKenney); Mr. Worker, wife – Mar. 28 (Olive, wife of Ebenezer Walker); Henry Thompson, child – Apr. 5 (Henry Thompson child, William); Old Mr. Stone – Apr. 8 (Solomon Stone); David McKenney, dau. – Apr. 16 (Elizabeth, dau. of David); William Nason, child – Apr. 27 (William Nason child, Ardelia A.); Samuel Goodwin – Apr. 30 (son of Samuel Goodwin); Mr. Johnson Stone – May 3; George Robinson, wife – May 5 (Rebecca, wife of George); Mark Marr, son – June 1; Capt. Gilkey, wife – June (Betsey, wife of Capt. Reuben); John Hansom, wife – July 16 (Eliza, wife of John Hanscom); Mrs. Collama – July 21 (Martha, wife of David Collomy); Arthur Bragdon, son – Aug. (Sewall, son of Arthur); Simeon Strout, child – Aug. 17 (Andrew J. Strout); John Staples, child – Aug. 18 (John Staples child, Meserve L.); Patty Pugsley – Aug.; Simeon Strout, child – Aug.; John Brackett, child – Sept. 2 (John Brackett child, Wentworth); Joseph Sawyer, dau. – Aug. (Joanna Sawyer); Mrs. Gilkey – Sept. 10; (Polly, wife of James Gilkey); Dennis Gilkey, child – Sept. 14 (Joseph Gilkey child, Joseph); Mrs. Brawn – Sept. 22; John Berry, child – Sept. 26; David Moore, son – Oct. 8 (Joseph Moore); Berzila Small, dau. – Oct 31 (Mary Jane, dau. of Barzillai); Harvey Libby, wife – Nov. 1 (Sarah, wife of Harvey Libby); George Strout, child; Mary Joy – Nov. 17 (dau. of Reuben Joy); John Hunscom, child – Nov. (John Hanscom child, Edwin N.); Jonathan Atkinson, child – Nov. 23).

1831
23 deaths.

Chase Hooper – Jan. 11; Nat Atkinson – Feb. 15 (Nathaniel Atkinson); Jedediah Robinson – Feb. 20; Joseph Davis, child – Feb. 21; Old Widow Small – Mar. 6 (Phebe, wife of Benjamin); Old widow Morton – Feb. (Sarah, widow of Ebenezer Morton); Ben Hasty, child – Apr. 20; Nat Libby, child – Apr. (Nat Libby child, Horatoi Nelson); James Gilkey – Apr. 29; Lorin Staples – May 15; Joshua McKenney, wife – May 15 (Salome, wife of Joshua); Joshua Emery, child – Aug. 24; Jacob Ridley – Aug. 23 (son of James Ridlon Jr.); Simon Moody, wife – Sept. 10 (Priscilla, wife of Simon); Widow Strout – Sept. 16 (Rhoda, widow of Elias Strout); William Chick child – Oct. 2; James Nason – Oct. 15; Reuben Joy, wife – Oct. 17 (Eunice, wife of Reuben Joy); Isaac Strout, widow – Oct. 31 (Anna, wife of Isaac Jr.); Mr. Chenay, dau. – Nov. 6 (Deborah Cheney); Edward Clark, child – Nov. 11; Nat

Nouton - Nov. 23 (Nathaniel Norton).

1832
34 deaths.

Ferdinand Libby, child - Jan. 16 (Mary Ann Libby); Nathaniel Libby, wife - Jan. 22 (Elizabeth, wife of Capt. Nathaniel); Ben Hussey - Jan. 24; David Moore, dau. - Feb. (Esther, dau. of David Moore); Widow McArthur - Mar. 11 (Mary, widow of John); Jefferson Thompson, child - Mar. (Thomas Jefferson Thompson child); Ben Edgecomb - Mar. 14; Isaac Heard Jr., wife - Mar. 14 (Amelia, wife of Isaac Heard); Eliza Strout Figet - Mar. 19 (Eliza Fickett, step-dau. of Col. Solomon Strout); Sally Manson - Apr. 13 (dau. of George Manson); Josiah Black, child - Apr. 20; Crocket, child - Apr. 24 (Daniel Crockett child); James Benson - May 16; Henry McKinney, child - May 16 (Martha McKinney); Jonathan Boothby - May 27; Joseph Strout, child - Apr.; Old widow Staples - July 26 (Elizabeth, widow of Robert); William Waterhouse, dau. (Jane Waterhouse); Blake, son - Aug.; William Gove, child - Sept. 1; Mr. Hodsdon - Sept. 1 (Nathan Hodgdon); Simeon Boody - Oct. 25 (son of Robert); John Foss, child - Nov. 3 (John Foss child, John Henry); Capt. Woodsum (Abijah, son of Capt. Abijah); Old James Marr - Oct.; Mr. Page, child - Nov. 11 (Rev. Caleb F. Page child, Edward P.); Houghton Strout - Nov. 12 (Horton Strout); Abiel Coffin - Nov. 15; Capt. Woodsum, wife (Sarah, wife of Abiatha Woodsum); Dea. Isaac Small 3d - Dec. 6; Hannah Boody - Dec. 6 (dau. of Robert); Joseph Brown child - Dec. 22 (Joseph Brown child, George W.); George Strout, child (George Strout child, William).

1833
33 deaths.

Moses Davis, child - July 2 (Moses Davis child, Sarah); George Strout, child - Jan. 3; William Marr - Jan. 3; Old Mr. Milliken - Jan. 29 (Josiah Milliken); John Hoppins, child - Jan. 22 (John Hopkinson child); William Johnson Jr., wife - Feb. 3 (Olive, wife of William Jr.); Aaron Higgins, child - Feb. 4 (Aaron Higgins child, Priscilla L.); Ben Strout - Mar. 6; Widow Boothby - Mar. 24 (Anna, widow of Jonathan); Edward Clark, child - Apr.; Isaac Kelley - Apr. 18; Franklin Durgin - Apr.; Mr. Duril - May 8 (David Durrell); Henry Libby, son - June 30; (George Washington Libby); Moses Small, child - July 22 (Moses Small child, Moses); Parker Anderson, wife - Aug. 9 (Rebecca, wife of Abraham Parker); Stickney Burnam, wife - Aug. 19 (Betsey, wife of Nicholas Stickney Burnham); Capt. Gilkey, child - Aug. 21 (Capt. Reuben Gilkey child, Isaac); David Richardson, child - Aug. 24 (David Richardson child, Rockanne); Ben Blake, wife - Aug. 29 (Elizabeth, wife of Benjamin); Joseph Sawyer - Sept. 3; Ebenezer Clark - Sept. 18; Ben Moody, wife - Sept. 29 (Sally, wife of Benjamin); Ben Moody, child - Sept. 30; William Cobb, wife - Oct. 14 (Martha, wife of William Cobb); Woman at Sam Hopkinson - Oct. from Portland (Mrs. Mary Barton); Mr. Molton, wife - Oct. (Hannah, wife of John Moulton); Moses Small - Oct. 24; Emily Strout - Oct. 25 (dau. of Enoch); Robert Hasty, wife - Oct. 31 (Molly, wife of Robert Hasty); Ezekiel Leathbee, child - Nov. 16

(Ezekiel Larrabee child, Georgia A.); Caleb Hopkinson, wife – Nov. 14 (Sarah, wife of Caleb Hopkinson); Old Mrs. Smith – Dec. 2 (Elizabeth, widow of John Smith).

1834
26 deaths.

John Cobb, child – Jan. 15; Abraham Tyler – Jan. 25 (son of Capt. Joseph); Simon Plaisted, wife – Mar. 13 (Hannah, wife Simon); Freeman Johnson, child – Mar. 30; David Nason, dau. – Apr. (Asenath Nason); Rachel Watson – Apr. 22 (dau. of John); Jacob Stephens, wife – May 8 (Patience Stevens); Rev. Hazel Lucas, child – May 12 (Mary Shepherd Lucas); Henry Libby, dau. – May 18 (Jane M. Libby); Capt. Nat Libby – June 16; Jacob Hamlin, son – July 14 (Samuel Hamblen); Anderson, dau. – July 15 (Betsey, dau. of Edward); William Chick, child – Aug. 14 (William Chick child, Elizabeth A.); James McArthur, child – Aug. 27 (Charles Stuart McArthur); Nathan Chick, child – Sept. 4 (Albion K. Parris Chick); Mr. Lucas, child – Aug. (Rev. Hazel Lucas child); William Davis, child – Oct 5 (William Davis child, Joshua); Capt. David Hasty – Oct. 7; Esther Strout – Oct. 26; Henry Libby, dau. Oct. 27 (Mary Ann Libby); William Chick, child – about Nov. 1 (William Chick child, Caroline A.); Samuel Joy – Dec. 9; Capt. Ben Small – Dec. 13; Mr. Isaac Small – Dec. 14; Widow Norton (Hannah, wife of Benjamin); William Davis, child – Dec. 14.

1835
33 deaths.

Nabby Rose – Jan. 9 (Abigail Rose); Isaac Gove, child – Jan. 24 (Isaac Gove child, Albert); Gilbert Strout, wife – Jan. 29 (Polly, wife of Gilbert); Isaiah Cole – Jan. 31 (son of Caleb Cole); Joseph Libby – Feb. 6; Sidney Chick, child – Feb. 12 (Sidney Chick child, Alonzo); Widow Cumber – Jan. (Mary, widow of Calvin Lombard); Elizabeth Strout – Feb. 16; James Hopson, child – Mar. 9 (James Hobson child, Hannah Jane); Abram Winslow, wife – May 11 (Betsey, wife of Abram); David Nason, wife – May 9 (Sarah, wife of David Nason); David Strout, child – May 22; Sabrey Joy – May 22; Henry Farwell, child – May 22; McLellan, child – June 5 (Ebenezer McLellan child, George); John Anderson – June 8; Henry Robinson – July 3 (William Henry Robinson); James Small, wife – July 31 (Hannah B., wife of James); Ambrose Rose, child – Sept. 1; Freeman Johnson, wife – Sept. 9 (Eliza, wife of Freeman); Robert Boody, wife – Sept. 14 (Mercy, wife of Robert Boody); Freeman Johnson, child – Sept. 16; Aaron Black, child – Sept. 16; Aaron Black, child – Sept. 18; Wingate Frost, son – Oct. 14 (Mitchell Frost); Jonathan Atkinson, child – Nov. (Jonathan Atkinson child, Charles J.); Joseph Davis, child – Nov. (Joseph Davis child, Georgiana); James Small, child – Dec. (James Small child, Sally Barton); Widow Meserve – Dec. 19 (Hannah, widow of Benjamin); William Edgecomb, wife – Dec. 26 (Hannah, wife of William); William Small – Dec. 27; Capt. John Chase, wife – Dec. 31 (Catherine, wife of Capt. John); John Hasty, child – Dec.

1836
29 deaths.

Nabby Phenickes - Jan. 4 (Abigail Phoenix); Old Mr. Leatherbee - Jan. 10 (Samuel Larrabee); Mr. Adkerson - Jan. 15 (Rev. Jonathan Atkinson); Isaac Stone, child - Jan.; George Moody Jr., wife - Feb. 3 (Susan, wife of George, Jr.); Ambrose Rose, child - Feb. 28; Israel Boody, wife - Mar. 1 (Lydia, wife of Israel); Joshua Small, child - Mar. 14 (Joshua Small child, Edward P.); William Strout Jr. - Mar. 12; John Purrington, wife - Mar. 19 (Martha F., wife of John); Jacob Hamlin, wife - Mar. 23 (Jane, wife of Jacob Hamblen); Joseph Foss, wife - Apr 3 (Jane, wife of Joseph); Dea. Ezra Davis - Apr. 20; John Purrington, child - May 5; James Young, child - June 11; Old Mr. (Robert) Hooper - May; Robert Boody, Jr. - Aug. 19 (son of Israel Boody); William Johnson - Aug. 22; Woodbury Joy - Aug. 26; Widow Affe Davis - Aug. 29 (Apphia, widow of John Davis); Isaac Gove, child - Sept. 2; Ambrose Rose, wife - Sept. 20 (Dorothy, wife of Ambrose); Francis Strout child - Sept. 28; Capt. (Reuben) Gilkey, child - Sept. 30; George Robinson, dau. - Oct. 8 (George Robinson dau., Louiza); Pugsley, wife - Sept. (Ann, wife of Forest Pugsley); Agnes Doset - Sept. (Agnes Dorset); Azariah Boody - Nov. 16; Widow Sawyer - Dec. (Sarah, wife of Joshua).

1837
26 deaths.

Mrs. Cousens - Jan. 7 (Margaret, wife of Nathaniel); Widow Leatherbee - Feb. (Betsey, widow of Samuel Larrabee); Aaron Black, child - Mar. 2; James Berry - Mar.; Elisha Richardson, wife - Apr. 13 (Dorothy, wife of Elisha); Robert Boody - Apr. 15; Theophilus Waterhouse - May 4; Benjamin Moody, wife - May 12 (Mary, wife of Benjamin); Dr. Adams, child - May (Dr. Clement J. Adams child); Levi Hashull (Levi Q. Haskell); Old Mr. (John) Foss - June 22; Old Mr. (Thomas) Cummings - June 15; Dea. Lord, mother - July 15 (Dea. James Lord, mother, Olive); John Hopkinson, son - July 15 (William J. Hopkinson); Ambrose Rose, wife - Aug. 13 (Ruth, wife of Ambrose Rose); Elder Cevy, mother - July (Elder John Seavey, mother, Hannah); Aaron Higgins - Aug. 15; Ellicom Robinson, child - Aug. (Eliakim Robinson child); Mary Richardson - Sept. 6 (dau. of Elisha Richardson); Old Mr. Hopkinson - about 90 yrs.; John Joy, child - Sept. 21 (John Joy child, Sabra); Widow Edgecomb - Sept. 28 (Polly, widow of Benjamin); Ellick Boothby, wife - Oct. 12 (Sally, wife of Alexander); Richard Atkinson, child; Abner Richardson, child - Nov. 18 (George F. Richardson); Old Mr. Brawn, about 95 yrs. - Nov. 18 (John Brawn).

1838
28 deaths.

Simeon Strout - Jan. 9; George Moody - Jan. 19; Peter McArthur, child - Feb. 4; Stephen Manson, child - Feb. 6; David Staples, child (David Staples child, David M.); Nat Staples, wife - May 1 (Mary, wife of Nathaniel); Stephen Purrington - May 1; Old Mrs. Durham - May 3 (Judith, widow of David Durrell); Joseph Sanborn - drowned (son of Joseph); Samuel Manson, son - June 12 (Lorenzo D. Manson); Daniel Johnson - June 16; Mack Leltins, wife - June (Annis, wife of Ebenezer McLellan); George Small, child - July 20; Sewell Libby - July 30; Joshua Small - Sept. 1; William

Marr, wife – Sept. 2 (Polly, wife of William); Levi Small, child – Sept. 4; Ezekiel Leatherbee – Sept. 9 (Ezekiel Larrabee child, Robert D.); David Nason – Sept. 22; Phebe Porter – Oct.; Staples, child – Oct. 11 (Marshall Staples child); Moses Moody – Oct. 17; John Molton – Oct. 17 (John Moulton); Joseph Small – Nov. 7 (Capt. Joseph D. Small); Widow Manson – Nov. 8 (Rachel, widow of William); Abram Winslow, child – Dec. 5; Isaac Brackett – Dec. 20; Dea. Lord, son – Dec. 29 (Dea. James Lord son, Isaac).

1839
13 deaths.

Eunice Boody, child – Jan. 17; William Anderson, wife – Apr. 10 (Sally, wife of William); Mr. Wood, dau. – Apr. 19 (Stephen Wood dau., Mary W.); David Boothby Jr., wife – Apr. 22 (Jane, wife of David); Widow Moody – July 14 (Rebecca, widow of George); Abner Chick, child – July 25; Cutler, child; Dr. Adams, child – Aug. 7 (Dr. Clement J. Adams child); Dr. Adams, wife – Aug. 20 (Hannah, wife of Dr. Clement J.); Widow Bracket – Aug. 25 (Margaret, widow of Isaac Brackett); Peter McArthur, child – Aug. 25; Ivory Cole, child – Sept. 23 (Ivory Cole child, William J.); George Stone – Dec. 9.

1840
23 deaths.

Elvira Nason – Jan. 21; John Hasty – Mar. 17 (John W. Hasty); Isaac Marr, mother – Apr., age 98 (Isaac Marr wife, mother); Old Mrs. Black – Apr. (Olive, wife of Josiah); William Cole, wife – May 14 (Mary, wife of William); Hiram Staples – June 11; George Meserve, wife – June 16 (Jemima, wife of George); Meserve, child – June; Leander Staples, wife – June 25 (Elizabeth, wife of Leander); Arthur Bragdon, son – July 7 (Arthur Bragdon son, Edmund); Widow Moody – July 29 (Octavia, wife of Moses); Hiram Joy, child (Hiram Joy child, Olive); Philemon Libby, son – Aug. 13 (John N. Libby); Mrs. Mainer – Aug. 22 (Miss Sarah Mains); Stephen Chick, child – Oct. 24; Old Mr. Thompson – Nov. (Joseph Miller Thompson); Richard Edgley – Nov. 23 (Richard Edgerly); Joseph Foss, Jr. – Dec. (Joseph M. Foss wife, Abba B.); Widow Chick – Dec. (Sarah, widow of Nathan); James Emery, wife – Dec. (Sarah, wife of James); William Waterhouse, son – Dec. (William Waterhouse Jr.); Daniel Grant – Dec.; Mr. Merrill, dau. – Dec. (Rev. Henry A. Merrill, dau. Sarah F.).

1841
29 deaths.

Mr. Rose – Jan. 3 (Joseph Rose); Eben Foss (Ebenezer Foss, Jr.); Chase Parker, child – Feb. (Chase Parker child, Charles M.); Caleb Hopkinson – Feb. 19 ae 94; Mr. Wood, dau. – Mar. 6 (Stephen Wood dau., Sarah D.); John Edgecomb – Mar. 8.; Dr. Foster, wife – Mar. 1 (Polly, wife of Dr. Thomas Foster); Dr. Foster, dau. (Dr. Thomas Foster dau., Jerusha); Old widow Sutton – Apr. 14 (Lois, widow of John); James McKenney, wife (Jane, wife of James); Abigail Mulloy (dau. of Edward Mulloy); Two more McKenneys (Daniel McKenney child, Albion P.) & (Henry McKenney child, Caroline J.); Lorerain Boody – May (Loraine Boody, dau. of Israel); Amos Baunham, child (Amos Burnham child, Charles Bean); Sue? Hopkson, child (Sam Hopkinson child); Widow Small - June 13 (Elizabeth, widow of Henry); Peter McArthur, child - June 12; David Nason, wife - June (Judith, wife of David); Isaiah Foss, dau. (Isaiah Foss, dau., Melinda G.); Cutler, wife - July 16 (Mary, wife of Mial Cutler); Widow Whitmore (Amy, widow of William Whitmore); Daniel Hamlin - Aug. 22 (Daniel Hamblen); Henry Thomson, wife - Aug. 22 (Orinda, wife of Henry Thompson); William Chick - Sept. 7; Old Widow Strout - Sept. 8 ae 88 (Mercy, widow of Simeon); Old widow Strout - Sept. 14 ae 80 (Sarah, widow of Enock?); Simeon Berry, Jr. - Sept. 15 (Simeon, son of Richard); Henry Libby, wife - Sept. 20 (Margaret, wife of Henry).

1842
Day book for that year is missing.

1843
47 deaths: 20 of them were old people over 70 years.

Widow Moody - Jan. 5 (Elizabeth, widow of Joseph); Daniel Emery, wife - Jan. 5 (Sally, wife of Daniel); William Waterhouse child; Samuel Hopkinson, son (William Hophinson); Arthur Boothby, wife - Feb. 19 (Jane, wife of Arthur); Old Mrs. Hanscomb - Feb. (Mary, widow of Daniel Hanscom); Dominicus McKenney, 2 grandchildren (Seth McKenney - Feb.) & (Melville McKenney - Feb.); Dominicus McKenney - Apr. 2; John Lord - Apr. 9; McKenney, grandchild - Apr. 3 (Joshua McKenney grandchild, Hannah); David Young - Apr. 14; Mr. Cheney - Apr. (Reuben Chaney); Miss Abbot - Apr. 4 (Lucy, wife of Nathaniel Abbot); Abner Libby - May 5; Widow Boody - May 8 (Betsey, widow of Azariah); Levi Duglis, wife - May 11 (Betsey, wife of Elisha Douglass); Israel Small, Jr., wife - May 16 (Clarrisa H., wife of Ezekiel); Widow Lord - May 22 (Eunice, widow of John Lord); George Meserve - June 13; William Edgecomb, child - June (William Edgecomb child, Benjamin F.); Josiah Black - June; Chase Parker, mother - Sept. 5 (Mary, mother of Chase & widow of Maj. Thomas Harmon); One infant child (William Bean child); Charles Kimball, dau. - July 12 (Charles Kimball, dau., Emeline A.); Two infant children (sons of Cyrus S. Moody); Child of Mr. Sawyer - Sept. 1; Cyrus Moody - Sept 1 (son of Moses); Widow Robinson - Sept. 3 (Deborah, widow of John); John Boody, child - Sept. 4 (John D. Boothby child, Susan C.); Peltiah Carll, child - Sept. 8 (Peletiah Carll child, Lucy E.); Mr. Burbank, child - Sept. 8 (Moses Burbank child, Moses Sweet); Capt. Otis, wife - Sept. 9 (Anna, wife of Capt. David Otis); Miss Olmip Hacket - Sept.; Eben Sawyer - Sept.; Old Widow Boothby - Oct. 6 (Mary, widow of Samuel Berry & formerly widow of Thomas Boothby); Old Mrs. Goodwin - Oct. 20 (Miss Mary Goodwin, sister to Samuel); Old Mr. J. Jacobs - Oct. (John Jacobs); Isaac Dier - Oct. 30 (Isaac Dyer); Widow Foss - Nov. 9 (Susanna, widow of John Foss); Mr. Burbank, child - Nov.; Isaac Marr, Jr., wife - Dec. 18 (Sally, wife of Isaac Marr, Jr.).

Listing of the above people who were old people over 70 years.

Old widow Moody; Old Mr. Hanscomb; John Lord; Dominicus McKenney; Abner Libby; Mr.

Young; Mr. Cheney; Miss Abbot; Old Mrs. Boody; Old widow Lord; Josiah Black ae 93y; Chase Parker, mother; Mrs. Robinson; Old Miss Hacket; Eben Sawyer; Old widow Boothby; Mr. Jacobs; Isaac Dyer; Widow Foss ae 85 or 88y; George Meserve ae 75y.

1844
18 deaths.

John Higgins; Jefferson Tomson, child (Thomas Jefferson Thompson child); Betsey Young - Jan. 1 (dau. of David); Joshua Small, son - Feb. (Isaac Watts Small); Widow Strout - Mar. 22 (Sarah, widow of William ?); Major Small - Mar. 22 (Maj. Daniel Small); Widow Purring - May 11 (Mary, widow of Stephen Purrington); Moses Davis, dau. - May 19; Daniel Boody, child - July 14; Daniel Small, son - Aug. (Philemon Small); Loris Allen, child - Aug. 2 (Lewis Allen child); Isaac Strout - Aug. 18 (son of Gilbert); Andrew Cobb, wife - Aug. 31 (Mary, wife of Andrew); Elder Ceavy - Sept. (Elder John Seavey); Sewall Hasty, child - Sept. 14 (Sewall Hasty child, Lucy Ellen); Capt. Otis - Oct. 18 (Capt. David Otis); John Staples, child - Nov. (John Staples child, Mercellus); Benjamin Davis - Dec. 21 (son of Robert).

1845
deaths only up to August because of Mr. Meeds failing health.

Jane Chick - Jan. 11; Thomas Spencer; Maj. Meservey (Maj. Joseph Meserve); James McKenney; Mrs. Rose (Sarah, widow of Joseph); Simeon, child (Simeon Strout child, Esther Ann); Widow Mulloy - Mar. 29 (Eunice, widow of Alvah); Wescot Bullock, child - Apr. 25; Joseph Rose, child; Dominicus McKenney, wife (Mary, widow of Dominicus); Reuben Joy; Samuel Edgly, wife (Susanna, wife of Samuel Edgerly); Dennis Johnson, wife (Lucretia, wife of Dennis); Hiram Joy, child (Hiram Joy child, Sarah Ellen).

CROSS-INDEX

The Record of Deaths is not indexed.

ABBOTT, Betsey 319 Cyrms 260 Elizabeth 154 Elizabeth C 2 260 Hannah 154 Irene 1 Isaac 154 Julia Ann 1 Lena Maud 2 211 Leonard 293 Lucy 1 323 Mary S 1 293 Mercy 1 39 Moses 154 Nancy 154 Nathan 1 Sophia 1 Susan 304
ADAMS, Anna 220 Betsey 329 Catherine 219 Dolly M 2 Hannah 2 John F 129 John Jr 302 Jonathan 64 Louisa 321 Lydia 44 Lydia Jane 2 Martha 64 Martha L 138 Mary 3 72 302 Mary G 299 Nancy 220 Phebe Jane 129 Rebecca 333 Sarah 2 3 Sarah E 333 Winborn 220
ALEXANDER, Jonathan 311 Sarah 311
ALLEN, Almira 172 Amanda 290 Amanda Catherine 185 Ann Sarah 4 Betsey 4 Betsey Pettigill 172 Caroline M 3 Charles 165 Clarinda Frances 4 Cora Abbie 112 Dorcas 3 Eliza 4 Elizabeth 365 Enoch 44 George A 318 Hannah 141 Hannah H 225 Hannah S 4 318 Harriet C 165 Ira L 273 Joanna 3 Joel 172 John M 290 Lucy 4 Lydia 244 Lydia Jane 4 Mary 3 4 295 Mary Ann 372 Mary Small 273 Moses M 225 Oliver Pope 372 Phebe 3 44 Rebecca 310 Rufus 3 Ruth 153 William 185
ALLEY, Abigail 235 Alice E 71 Betsey 4 Lewis F 71 Nellie A 71
AMEE, Rachel 196
AMES, Moses 336 Rachel 196 Rebecca 336 Sarah Jane 21

ANDERSON, Abraham Parker 202 Adaline Marr 6 Addie 7 Albarona F 5 Alden 253 Amanda Melvina 5 Andrew J 54 Angeline 9 Betsey 334 Betsey Jane 54 Catherine 6 274 Charles Sumner 90 Charles W 6 7 Edward 337 Elias Hancock 345 Eliza A 9 Ella M 29 George 7 8 Hannah 6 215 Hannah B 7 James 214 James M 29 Jane 6 33 John 7 Julia T 5 Juliet B 5 Loantha A 7 Loantha Arvilda 235 Lucy 14 Lucy S 7 Maria 202 Maria Peabody 6 Martha 336 Martha Ida 90 Mary 6 7 18 38 Mary Ann 8 14 Mary Ella 5 Mary M 20 Melvina 277 Merritt 325 Nettie Shuah 5 253 Olive 4 5 337 Olive B 6 325 Olive Butler 345 Perley M 277 Rebecca 202 Rebecca Gilman 8 Rosa Mehitable 7 Sadie 6 Sally H 106 Sarah 6 7 141 Sarah A 8 Sarah Ann 373 Sarah E 7 Solomon 274 Stephen 6 Stuart F 235 Susan 8 Tabitha 6 214 Timothy 33 William 6 141 Zilpha M 5
ANDREW, Amy E 208
ANDREWS, Abigail 9 Amos 46 Betsey 352 Charles M 202 Esther 9 Ezekiel 9 Ichabod B 118 Jacob 139 Margaret 118 Martha Phinney 139 Mary Fowler 46 Persis 22 Rola 352 Roxanna 22 Samuel Milliken 9 Solomon 352 Tabitha 9
ATKINSON, Alice 11 Alphonzo 350 Betsey 10 Charlotte Ann 11 Eliza 268 Elizabeth B 224

ATKINSON (continued)
Hannah Eliza 350 Jonathan 291
Laura F 10 Lucy Ann 90 Mary
H 11 Mary S 350 Maryann 10
Sally 291 Sarah 10 Thirza 277

ATWOOD, Abigail 81 Elmer
Percy 99 Emma Gene 99
Solomon Jr 81

ATYLOR, Gilbert A 248

AUSTIN, Margaret 97

AVERILL, Nancy 80 Sally 34
Sarah 30

AYER, Annis M 60 Calef R 324
Danial 35 Mary 35

AYERS, Caroline 284 William
284

BABB, Anna 375 Eliza 12 141
Harriet C F 109 John Franklin
141 Jonathan 24 Louisa 374
Lucinda 243 Margaret E 24
Mary 11 Mary Ann 140 Sabrina
11 Sally Fitch 11 Thankful 11
250

BACHELDER, Greenleaf 205
Lydia 205

BACON, Elizabeth 117 Emma 178
Emma Lucy 362 Eunice 308
Fanny 375 Francis N 260 Harriet 178 Josiah 178 Marshall
178 Martha 103 Mary 25 Mary
M 260 Susanna 129 Timothy
117

BAILEY, Alexander 156 Esther
330 Lydia 329 Sally 156

BAKER, Ellen J 211 Mary Emma
59 Michael 59

BALDWIN, Mary 65

BALL, Dolly 178 Reuban 178

BANGS, Anna 12 Annette 238
Daniel 78 Ebenezer 78 Eliza
Ann 150 Elizabeth 78
Elizabeth Horton 287 Elmira
13 Hannah 371 Hannah
Catherine 148 Hannah E 13
Mary 78 Rachel 12 151
Ruhamab 78 Samuel S 150 Sylvanus 78 151 Thankful 11 William Cobb 78

BANKS, Hannah B 231 Jacob 231

BARKER, Abigail Ann 167
Abigail Clark 299 Charles H
299 Charles K 355 Elizabeth M

BARKER (continued)
355 Humphrey 71 Louisa Maria
71 Mary 317 Mary Ann 299
Mary J 139 Noah W 167 Ruth
K 205 Sarah A 337 Theophilus
139

BARNES, Cynthia 255 Eli 255
Frank L 246 Mary Ann 246

BARROWS, Elvira B 68 James P
68

BARTLETT, Mary 306 Nancy 230
Robert 306

BARTON, Aaron 308 Anna 293
Miranda 342 Sally 292 308

BASKER, Harriet H 312

BASSETT, Emogene M 99

BASTON, Mary 352

BATCHELDER, Deborah 305
George W 207 Harriet 207 Sylvanus Jr 305

BATES, Sophronia 22

BEAN, Abiather 119 Abigail 63
Anna 307 308 Anna Elizabeth
363 Catherine 75 Cotton 40
Daniel Otis 363 Daniel Robinson 362 Deborah 84 Eli 255 Eli
Sr 328 Elizabeth 362 Elizabeth
Jane 362 Ellen 335 Emma 362
Eunice 255 328 Frances Ellen
58 Hannah 362 Hannah E 13
Harriet L 198 Herbert J 363 Ida
Chastine 363 Infant 363 Isaac
B 198 Jane 362 John Frederic
58 Jonathan 362 Levi Haskell
362 Lizzie J 272 Lydia M 362
Martha Ann 34 362 Mary 45
362 Mary Ellen 172 362
Mehitable B 40 Mercy 119
Nancy 283 362 Olive Amanda
362 Phebe Jane 362 Phoebe
Jane 363 Sally 303 Sarah
Abigail 362 Sargent 308
Theophilus Waterhouse 362
William 335 362

BELL, Rebecca Strong 358

BENNETT, Alice 61 Charles
Chauncy 335 Jane S 335

BENSON, Abigail 13 Elizabeth 13

BERRY, Abigail 13 40 265 Alvin
W 309 Ann 233 Anna 16 17 231
Beaver 17 374 Benjamin 86
Betsey 18 Clara E 343 David

BERRY (continued)
233 Delia 246 Della M 16
Drusilla 47 Eleanor 120
Elizabeth 15 Elizabeth D 294
Emeline 17 Erastus A 225 343
Experience 14 Fiedlia 246
George M 272 George Walter
16 Hannah 18 Ida B 272 Ira J
77 James 157 James Richard
15 Jane 14 Jane Anderson 210
Jane Maria 15 John 15 91 231
Kezia 19 Keziah 18 91 Levi
137 Lucinda 177 Lucinda B
352 Lucy 4 14 Lydia 339 340
Lydia Ann 77 Lydia Harmon 5
Lydia M 362 Mahala P 16
Martha A 17 Mary 14 15 18 38
234 275 343 Mary Ann 5 14 50
309 Mary Jane 225 366 Mary
Libby 355 Mercy 118 Meriam
309 Moses 338-340 Nancy 16
233 Nathaniel Wilson 5 Olive
16 36 157 Olive Jane 16
Richard 13 352 Robert P 5
Sabra C 86 Sally 17 18 Samuel
13 15 38 Samuel H 47 Sarah 17
93 137 Sarah Frances 345
Sarah W 16 Simon 4 Susan 15
Susan P 16 Timothy 366 Walter 355 William 15 16
BEST, Louise J 360
BICKFORD, Abigail 111 Addie
Hannah 149 Edward 16 Eliza
Ellen 152 356 Elizabeth 355
356 India 352 James 128 356
John 355 Joseph T 92 355
Lydia 356 Mary Ann 128 Nancy
355 Sally 356 Samuel T 152
356 Sarah 92 356 Sophronia 356
Vienna 16 William 356
BIGELOW, Anna 253 Lucy 88
Nancy 253
BILLINGS, Evelyn M 227 Ida E
278 Joseph 278 Nichols S 227
BISBEE, Eleanor C 40
BISHOP, Nancy 267
BITHER, Anna 19 Eunice 19 103
340 Lydia 332 Peter 340 Sally
19 Sarah 332
BLACK, Abel 86 129 Abigail 19
289 Abigail B 21 Alfred 23
Almira 21 Bert 23 Betsey 116

BLACK (continued)
Blanche 23 Burleigh 23
Caroline A 282 Charlotte B 20
Clarissa 22 Edmund 349 Edwin
23 Edwin Cobb 282 Eliza May
279 Elmira 22 Eunice B 22
Fanny 29 368 Hannah 21 22
138 Harriet Wheelwright 23 25
Ida Emma 23 237 Ida M 23
James 19 Jerome L 23 237
Joab 138 John 289 John Jr 7
Josiah 60 225 Josiah Libby
293 Lavina 225 Lizzie A 21
Louisa 50 Lovina 21 Lydia 22
236 Lydia S 365 Lyman 23
Marcy 19 Martha 25 Mary 19
86 129 Mary Ingerson 22 Mary
Lydia 373 Mary M 7 20 Mary S
23 293 Mehitable D 20 Olive
19 60 293 Persis 22 Priscilla
C 21 Priscilla Carle 349
Roxanna 22 Sally 212 Sarah 50
Sarah Jane 21 Sewall L 279
Sophia 1 Sophronia 22 Sumner
23 Susan 21
BLAKE, Abigail 25 167 Ada F 26
Albion 22 Ann H 26 Ann
Hazeltine 37 Ararene E 24
Benjamin 221 Betsey 23 100
Charles 220 Cordelia W 24 360
Cordelia Winslow 317 Dorcas
24 Dorothy 92 Eliza 24 101
Elizabeth 167 179 221 Emma
Johnson 83 Enoch 23 Etta
Ararene 24 George T 101
Gideon 317 Hannah W 25 Harriet Ellen 305 Harriet F 69
Harriet Wheelwright 25 Horace
W 305 Israel 25 37 James S 69
Joseph 179 Joseph Jr 221
Louisa 115 Louise 25 Louise
H 23 Lydia 25 Lydia Ann 25
276 Martha 22 25 177 Mary 25
Mary Angeline 23 Mary Esther
26 364 Mary J 26 Melville 364
Mercy J 25 Moses 25 26 171
Nathaniel 115 Rebecca 25 220
Rhoda C 24 Rosetta 26 Rosetta
Thompson 171 Ruth 95 S E 65
Samuel 276 Sarah 24 Sarah D
65 Sarah M 26 Seth 167
BLANDING, Danl 126 Eliz M 126

BLAZO, Susan 75
BOLDEN, Betsey 27 Dolly 304 Dorothy 27 304 John 304
BOLIN, Betsey 27 Dorothy 27
BOLLEN, Jonathan 269 Sarah 269
BOLTON, Hannah 342
BOODY, Abigail 27 28 233 357 Abigail Ann 29 368 Ann Elizabeth 29 Azariah 64 Betsey 27 229 Daniel 357 Edmund T 115 Elizabeth 64 Emma D 229 Eunice S 101 Fanny 20 29 368 Hannah 29 Hannah R 326 Harriet 29 178 Israel 178 190 303 326 Jane 30 Joseph 75 Joseph B 233 Julia Ann 30 Lucinda 29 115 Lydia 29 30 190 303 Margarey 27 Mary 29 146 Mary Ann 27 67 Mary S 54 Mercy 28 Patience 28 Rebecca W 28 Ruth 266 Salome 75 Salome Crane 28 Sylvania A 39 Sylvania Augusta 39 Zachariah 20 368
BOOTHBY, Abigail 31 35 302 Abigail S 33 Addie 368 Alexander 134 318 Almira 104 Almon H 33 Alpheus 222 Ann H 26 Anna 33 34 249 278 Annette Frances 211 Annie 36 Annis 194 237 Arthur 223 Asa 215 302 Aurelia S 38 C Y 38 Caroline 35 Caroline A 69 Caroline H 31 Carrie 36 245 Charles E 245 Charles York 38 Charlotte Neal 151 Chase Parker 104 Clara E 38 Clara Olive 34 David 32 49 249 318 Dorothy 36 250 Edward K 69 Eliza 32 38 134 Elizabeth 33 50 Ella 32 Ella L 272 Elmira 31 35 Emeline 34 Emily Cox 163 Ernestine C 33 Ethelinda H 314 Ezekiel 231 Frances Hoyt 37 George W 87 Grace 35 Hannah 33 Hannah B 35 Harriet 33 361 Harriet S 227 Israel 249 Jane 6 35-37 204 223 231 316 347 Jane W 30 Jane Wilson 49 John 200 298 John Dean 347 Jonathan 300 Joseph 33 314 Joshua Small 172 Laura

BOOTHBY (continued) Frances 32 Leander 361 Leland 368 Lizzie 369 Lois 346 Marantha A 34 Marantha Austin 301 Martha 35 172 Mary 7 18 34 37 38 205 298 300 Mary A 32 Mary Ann 361 Mary E 33 Mary Elizabeth 30 318 Mary Ellen 272 Mary Jane 221 227 Mary Small 223 Mehitable C 263 Nancy 166 Olive 16 36 Pamelia M 31 Parmelia M 325 Phebe P 364 Polly 200 Putnam S 301 Rachel 32 Randall 314 Ruth 35 Sally 30 31 34 38 318 Sally K 138 Salome C 314 Samuel 16 Samuel M 194 237 Sarah 30 31 105 210 249 318 Sarah Jane 222 Shadrack A 33 Stephen 325 Susan 107 Susan Abbie 173 Sylvester 50 Thomas 18 105 Timothy 250 Willard 205 Willard P 272 346 William 151 William S 318
BORS, Christian B 60 Julia E 60 Lou 60
BOSWORTH, Isaac 145 Susan 145
BOULTER, Alice 374 John 371 Mary 371 Mary M 318 Nathaniel 120
BOUTLER, Mary Ann 273
BOWDITCH, Caroline M 176 Jefferson 176
BOWDOIN, S C 4
BOWERS, Catherine 308 Stephen 308
BOWIE, John B 350 Rhoda 225 Sarah 343 350
BOYD, David 320 Hannah 230 James 230 Mary 320 Sarah 264
BOYLE, Lizzie A 65
BOYNTON, Abigail Sawyer 39 203 Charles 50 Edmund T 1 38 Ella F 242 Elmira 35 Erastus Woodman 112 Florence S 39 Frances A 68 Harriet J 353 Jane W 50 Joseph 38 Lillian Louise 246 323 Lucy Jane 39 Mary Merrill 112 Mercy 1 39 Nathaniel 203 Robert Thurston 1 30 Samuel 1 39 Sylvania A 39 Sylvania Augusta 30 39

BRACKELL, George M 222 Sadie 222 Sally Elizabeth 222
BRACKETT, Abigail 40 45 199 Abraham 41 Alice 44 Almira W 41 Alphia 42 177 Ann Maria 45 Anson 369 Asenath 245 Benjamin 317 Betsey 46 Caroline 42 Charles 42 Charles A 174 Charles Henry 145 Clara H 221 Clara Hubbard 43 Comfort 202 Cora Lizzie 252 Dorcas 40 317 Eleanor C 40 Eliza 44 Eliza S 136 Elizabeth 45 73 83 230 Elizabeth B 41 Elizabeth Bean 79 Elvira 207 Emeline 42 Emma Jane 45 145 Esther 177 Etta Capitola 369 Eunice F 42 330 Frances Ellen 331 Frances Woodman 43 174 Frederick 221 Georgia A 286 Gertrude C 354 Harriet J 73 Harriet O 43 Hobert Hasty 330 James Franklin 122 Jane 44 Jane Harrison 184 John 128 Joseph 29 75 76 147 Joseph Gilkey 145 Joshua 39 342 Lydia 41 147 312 Manley 41 Margaret 40 Mary 40 45 Nathaniel 123 144 Olive 46 Pamelia 40 123 Phebe 45 Phoebe 128 Reuben 184 207 Robert 177 245 Rosanna 144 Sally 41 342 Sally W 41 Salome 75 Salome Crane 29 Samuel 199 Samuel Jr 121 Sarah 42 Sarah R 76 Sarah Waterhouse 97 Susan 44 321 Susan J 45 Susanna 39 217 Susanna J 145 Thomas 248 Timothy 79 97 Zelinda W 43 122
BRADBURY, Allie S 86 Anna 281 Betsey 296 Emeline 242 Frank M 86 Hannah 278 Jane H 279 Lizzie 189 Lorenzo 281 Martha W 219 Mary Goodwin 79 Samuel M 261 William H 279 William S 242
BRADEEN, Abba J 48 Ann 189 Betsey F 47 Catherine R 132 Charles 17 Eliza L 49 Eliza Warren 95 Elizabeth 47 Eunice

BRADEEN (continued) 48 210 Henry 233 Henry Jr 235 Hiram 95 Jacob 210 Jane 48 Jane W 30 Jemima 46 John 210 Kate Frances 47 Lois 131 Margaret 48 221 Mary 46 47 336 Mary A 46 48 Mary Lizzie 17 Nancy 233 336 Polly 120 Rebecca W 46 Rebecca Waterhouse 142 Sally 48 111 210 Samuel 48 142 266 336 Sarah 47 235 Sarah J 49 Sophronia 49 Susan 224
BRADGON, Arthur 291
BRADLEY, Almira 328
BRAGDON, Abigail 51 239 Amanda M 51 Amanda Margery 269 Betsey 49 Caroline Amanda 51 99 Celia Louisa 49 Celia Louise Libby 174 Charles William 174 Dorothy 49 79 Edmund 239 Elisha 49 Elizabeth 33 291 Esther A 50 Frank A 148 George 269 Hannah 50 Hiram H 99 Ida Theresa 274 Issacher 23 John R 22 Louisa 23 50 244 Olive Elizabeth 148 Ralph 153 Sally 22 Sarah 49 50 52 Sarah Frances 49 William 79
BRAWN, Dorcas 320 John 320 John Jr 320 Mary 320 Patience 320
BRAY, Caroline M 3
BREWSTER, Betsey 264
BRIGGS, Alden 355 Nancy 355 Sarah 353
BRIGHAM, Dolly 178
BROCK, Caroline Louisa 185 John W 185
BROOK, Davis 156
BROOKS, Barker 73 Caroline R 308 Elizabeth 82 Harriet S 73 Martha 204 Sarah A 337 Sarah Jane 246 Thaddeus 82
BROWN, Addie 7 Catherine 52 David E 168 Edward A 236 Emery J 17 Emily Jane 168 Esther A 50 Florence Isabelle 112 Francena 39 Harriet N 60 James 180 John 333 John J 237 John Nelson 344 Julia E

393

BROWN (continued)
59 Laura F 10 Lois O 65
Louisa 344 Louise D 60 Lucy
257 Lucy March 180 Lydia 237
Lydia E 17 Marantha 236 Martha A 17 Mary B 271 Mercy
342 Moody 257 Othello D 39
Pelatiah 262 Peletiah Jr 52
Phidelia 333 Priscilla 262
Samuel 342 Sarah 59 Sarah J
52 Stephen 271 William C 59
60
BRYANT, Catherine H 106 David
236 Eliza 160 Hannah 50 68
Horatio 160 James M 68 Lucy
68 Lucy S 134 Mary 11
Mehitable 367 Nancy 236 Sally
367
BUCK, Elizabeth 52
BULLOCK, Almira 53 78 Betsey
53 Elizabeth C 46 Ellen 53
Elmira 53 131 Hannah 52
Jeremiah 52 78 194 Sarah A 53
Wescott 131
BURBANK, Caroline 304 Eunice
H 91 Hannah L 51 Mercy 89
304 Moses M 91 Samuel S 304
Sarah P 280 Silas 51
BURCHALTER, Mary E 4
BURCKHATTER, Fred 145 Mary
Elizabeth 145
BURKE, Mary 275
BURNELL, Angelia T 86 Benjamin 89 Dorothy 89 Nathaniel
P 86 Rosa Mehitable 7
BURNHAM, Alphonzo 24 Ambrose
Collins 273 Amos 371 Angelia
V 237 Anna 54 Aramantha
Augusta 273 Betsey 71
Caroline H 165 Cynthia E 237
Eliza 198 Eliza Ann 165
Elizabeth 54 Frances P 328
George H 237 Hannah 54 Henrietta Adelaide 270 John
Hutchinson 270 Mary 165
Nancy 54 Nicholas Stickney 71
371 Paul B 165 Rosilla C 24
Ruth 54 Sally M 54 Sally Martin 371 Sylvania A 273 Thankful 371 Thankful H 54
Threphena 277
BURR, Frances 186 William 186

BURRELL, Fred N 74 Lucy Ann
74
BURROWS, Dell Hattie 71 Herbert H 71 Jane 264
BURTON, Shuah 127 William 113
BUSWELL, Edwin Ruthven 71
Louisa Maria 71
BUTLER, Betsey 103 Eunice 344
George 104 Hannah 345 Ruth
104 Susanna 111 Thomas Jr
103
BUTTERFIELD, Eliza Jane 180
Henry H 245 Lauren 180
Marietta 245
BUTTON, Jane 37
BUZZELL, Isabella 280 James M
149 Martha A 149 Rebecca A
149 Sally L 67
CADY, Lewis 258 Sarah W 258
CALDWELL, Esther C 41
Stephen 41
CALEF, John L 94 Laura Ann 94
CALKINS, Mary Abigail 169
Moses Tolman 169
CAMMETT, Jane Harrison 185
Stephen 185
CAPER, Charles D 165 Eliza Ann
165
CARLE, Lucy 155 Mary 28
Pelatiah 28
CARLISLE, James A 169 Martha
D 169
CARLL, Abigail 218 Almira 54
146 Almira B 43 Annie Olive 6
Asenath M 369 Betsey 56 Gardiner Pelatiah 146 George 43
Ivory 54 Mary S 54 Nancy 311
Priscilla 175 Samuel J 6
CARPENTER, Gennie M 368
Lydia 157
CARR, Julia 310
CARTER, Benjamin 263 Betsey
212 Dorcas 264 James 348
Martha 348 Mary 188 263 Miss
368
CASE, Egbert H 253 Ethel Almira
253 Sally 310
CASH, Alice 374 Charles Henry
207 Francis 225 Lucy 103
Mary Jane 207 Nathaniel 103
Priscilla 225 Ruth 103
CASS, Llewelln 21 Sarah Ann 21

CASWELL, Phebe 354 Richard 354
CATE, Hannah P 84 Jonathan Frost 84
CATER, Martha 158
CHADBOURNE, Abigail 27 Adeline 244 Adenath 139 Anna L 160 256 Anna N 197 Betsey 55 Ella A 106 Frank A 366 Hiram H 160 256 Humphrey A 55 Jennie 366 John 106 John Jr 244 Lydia Ann 259 Mary 318 Nancy 342 Nathan S 27 Polly 271 Samuel 318 William 153
CHAMBERLAIN, Caroline M 315 Rebecca 25 Rebecca W 28 Samuel 25 Sarah 266 Sybil 54
CHANEY, Abigail 55 Abigail Ann 190 Amelia Augusta 99 Jane A 83 Lydia 153 Martha Jane 55
CHAPMAN, Eleanor 125 Eunice 181 Olive 56
CHASE, Abigail 57 58 105 150 Abner 57 58 150 Alice 61 Almira Bangs 79 Amos 56 Amos Hill 94 Annis M 60 Betsey 53 148 262 Catherine 59 217 Charles N 211 Deborah 58 Eliza 60 Elizabeth 56 Elizabeth H 165 Elizabeth May 288 Emma 57 Emma A 288 Emma Elden 178 Eunice Hight 286 287 Fannie Ayer 211 Fannie E 59 Fanny 58 George 58 Hannah 60 Harriet B 59 Harriet M 59 Ira C 148 John E 150 John F 288 Joseph 19 Josiah 58 Julia E 59 Kate Frances 47 Katherine 60 Laura D 59 Lizzie 59 Lizzie H 59 Lois S 174 Louise D 60 Lydia 57 94 Mary 57 60 173 281 Mary J 58 Moses 173 Olive 19 60 Olive Gray 178 Oliver 217 S B 79 S B Mrs 79 Sarah 141 172 Sophronia 287 Sumner 79 Susan H 58
CHELLIS, Fannie Cole 89 Seth 89
CHICK, Abigail 63 68 77 259 Abner 193 Alice 65 Almira 87 Amelia D 70 310 Ann Maria 212 Anna S 62 Annie B 71

CHICK (continued) Barbara 67 124 Betsey 27 Blind 65 Caroline H 31 Catherine 227 Charles E 310 Charles Franklin 87 Christianna L 70 Cora Ella 63 236 Ed Peter 70 Edgar Mellen 132 Eleanor 65 Eliza 64 174 Elizabeth 54 67 132 Elizabeth G 67 Elvira Louise 67 Emma J 69 Ephraim 68 120 Eunice 120 Fannie W 70 Frances A 62 68 George 257 Hannah 64 300 Jane 67 69 Jennie L 63 Katie M 65 227 Keziah C 66 Lavinia 241 Lavinia H 68 Lella B 63 Lettice S 67 Lizzie 64 Lizzie A 65 Lois O 65 Lucy 68 Lucy Ann 65 Lydia P 70 Martha J 69 Mary 63 65 66 68-70 193 Mary Ann 27 67 Mary Jane 62 Mary K 66 Mary L 208 Mary W 68 Mehitable M 70 Mira Witham 67 Nathan 124 300 Nathan Jr 68 Olive Ann 70 Olive Harriet 350 Phebe 61 Rachel 109 Ralph 236 Rhonda A 62 Sally 64 67 Sally Hazeltine 270 Sally L 67 Sarah 64 68 234 Sarah A 66 Sarah E 63 67 Sarah Y 91 Selina 64 Shuah 114 Sidney 27 66 Stephen 91 Susanna R 61 William 174 William H 227
CHOAT, Ammi 61 Marian 61 Phebe 61
CHUTE, Greenlief 92 Mary 92 217
CILLEY, Nancy 118
CLARIDGE, Hannah 21 William 21
CLARK, Abigail 74 125 299 Anna 71 Asenath 102 Betsey 76 274 Catherine 75 Charles B 235 Cordelia 282 Dorcas 137 Dorothy 298 Edgar R 53 Edward 42 Eleanor 73 300 Elizabeth 42 73 235 298 Elizabeth E 200 Elizabeth G 75 Ephraim 303 Flecher 200 Harriet 73 Harriet J 42 73 Jane 75 John 298 Lewis 300 Louisa F 73 Lucy 72 303 Lydia 75 Margaret 76 157 Maria Ann 73

395

CLARK (continued)
  Martha 72 74 307 Martha Ellen 53 Martha L 73 Mary 71 72 75 114 139 299 301 314 Mary G 300 Mary Poole 248 Maryann 72 Mehitabel 75 Mehitable 332 Nathaniel 299 300 307 346 Olive H 315 Patty 307 Sally 73 75 Salome Crane 28 Sarah 72 Susan 75 Susan D 73 Sylvia 329 Will 137 William 332
CLAY, Ben 76 130 Benjamin 275 Eliza Bean 362 Hannah 76 275 Hanson 165 Harriet 77 Hattie 77 Jane 76 Julia Ann 165 Lucinda 76 77 Lydia 268 Mary Jane 363 Rachel R 363 Sarah 151
CLEAVES, Augustus M 25 Caroline A 67 George L 328 Mary Hagens 328 Octavia Moody 25 Royal L 68
CLEMENT, Eliza 230 Samuel 230
CLEMONS, Aldrick 275 Sarah B 275
CLEVELAND, Hannah A 117
CLIFFORD, Judith 338 Polly 108
CLOUDMAN, Ruth 35
CLOUGH, Eliza J 62 Ivory 194 Phebe Jane 194
CLUFF, Hannah 121 William 121 Zalinda 126
COATES, Elmira S 351 George 351
COBB, Abigail 20 64 77 80 81 309 Almira 53 78 Andrew 13 53 77 186 Ansel B 282 Betsey 78 81 186 Caroline 282 Caroline D 79 Cyrus 20 Desire 77 276 303 Dorcas 346 Dorothy 49 Ebenezer 78 167 213 Eleanor 78 Elizabeth 281 Elizabeth B 41 Emily Augusta 139 Ephraim 138 Hannah 77 Harriet L 79 Isaac 259 Joanna 284 Joel 187 John 309 Joshua Rogers 79 Josiah C 315 Lavina 80 187 Lois 342 Louisa Maria 259 Lucinda 81 Lydia 187 Lydia Ann 315 Martha 81 179 Mary 78-80 85 167 213 275 Mary Ann 79 Mary Bangs 361 Mary

COBB (continued)
  Caroline 78 Mary Goodwin 79 Molly 81 Nancy 80 Nathan 275 Nicholas 64 Osmon K 281 Phebe 61 78 80 138 Phebe Southwick 276 Sally 50 79 Samuel 50 Stephen Meserve 219 William 179
CODDINGTON, Mary Dow 248
COFFIN, Abial 285 Abial Jr 285 Albarona F 5 Anna P 223 Daniel 285 Daniel Jr 285 374 Harriet Abby 222 Henry F 222 Joseph N 305 Mary 285 Mary Elizabeth 305 Nora 344 Phebe 78 Polly 374 Priscilla 338 William P 223
COLCORD, Jesse 325
COLE, Abbie J 82 Agnes 257 Albert 299 Amanda Catherine 185 Ann Maria 82 Asa 257 Betsey 27 Caleb 27 254 Caroline D 79 Charles 314 Charlotte Frances 289 Charlotte Wescott 289 Christopher 244 Christopher Harlon 289 Christopher Hussey 289 Daniel Jr 207 298 David Hammonds 185 Deborah 84 Elizabeth 83 152 Emma Johnson 26 83 Eunice 84 George Ervin 289 Hannah 83 Harriet Dearborn 313 Henry 112 Ivory 152 Jane A 83 Jane Augusta 55 Jane Woodman 83 244 John 55 243 John H 88 Levi 277 363 Lizzie J 214 Lovina P 314 Lucella Clark 289 Lucilla C 220 Lydia 25 84 277 298 Lydia F 82 Lydia Hill 207 M L 313 Malcolm Bradford 220 289 Martha A 82 Mary 82 83 171 254 Mary Ann 27 67 82 132 Nancy C 214 Nancy W 83 243 Noah 84 Olive Jane 112 Pamela M 185 Pamelia Mcarthur 185 Phebe 84 361 Quaker Billy 83 Rebecca 322 Samuel 322 Sarah 83 Sarah Hanscom 299 Susan 112 William 84 William Penn 26
COLLOMY, Martha 85 Polly 85
COLOMY, Mary 80 Samuel 80

CONANT, George Jr 354 Susan E 354
COOK, Betsey 46 Betsey J 109 Charles 16 Elijah 66 200 Eliza 93 Elizabeth 145 Eunice 134 Hannah 227 Jane T 160 Jason 109 Joseph 134 Martha Ann 200 Mary 66 229 Mary Stevens 355 Polly 92 Reuben 355 Robert 229 Sally 93 Solomon C 227 Thomas 229 Vienna 16
COOKSON, Abigail 95 Marcy 19
COOLBROOTH, Mary Lydia 373
COOLBROTH, Asa 356 Elizabeth 201 James 162 Jane 356 Mehitable 228 Rebecca 162 Royal B 228 Samuel 201
COOLEY, Charles E 94 Sarah 94
COOPER, Ed 180 Eleanor 311 Eunice M 180
COTTON, Harry 301
COUSENS, Ann 246 Margaret 91 Nathaniel 91
COUSINS, Abraham 179 Abram 292 Anna 179 Annie 85 Benjamin E 292 Betsey 85 David B 206 216 Dorothy 266 Elizabeth Dam 86 292 Elzira 216 Etta C 304 Hannah 18 85 Ida 86 Julie E 86 Martha Alma 149 Sadie L 85 Sarah Jane 85 216 Stephen Hobson 149 Sylvia 85 206
COVE, Elmira 53
COX, Catherine 196 203 Mary Ann 165 William 165
CRAM, Cora Louise 86 Daniel 311 Eliza 311 Eliza Jane 244 361 Eunice 267 Frank S 86 Hannah 192 Joseph 192 Joseph Jr 365 Mary 365 Mehitable D 20 Peter Gilman 244 361 Susie M 211
CRAWFORD, Celia M 61 Charles A 94 Charles H 61 62 Eliza J 62 Fred 61 George D 61 George Henry 62 James Phinley 61 Mary 61 94 Mary Jane 61 Susan Angelar 62
CRESSEY, Almon H 33
CROCKETT, Abigail 63 Eunice 87 235 Laura E 114 Lucy 1 323

CROCKETT (continued) Mary 86 129 Morrill 235 Nathan 129 Olive 86 Susannah 323
CROFS, Guy B 338 Mary Jane 338
CROSS, Lucy Ann 350
CROSSMAN, Phebe 372
CROUCH, Mary 208
CROWELL, Ebenezer 229 Esther 229
CROWLEY, James 262 Polly 262
CUMMINGS, Ann Libby 263 Deborah 262 Mehitable L 263 Rachel 32
CURRIER, Mary H 11
CUSHING, Elizabeth 249 Hannah 332 John 249 Randall 131
CUTLER, Almira 87 Almira B 88 Augusta D 87 Charles 33 Elizabeth 281 Harriet 33 Henry 224 Huldah 87 James 87 Maria 87 Mary 87 224 Sarah K 87
DAM, Elizabeth 289 Mary 140
DANFORTH, Enoch 109 Mary S 10
DANIELSON, Louisa 287 William H 287
DAVENPORT, Mehitable 269 Sarah P 269
DAVIDSON, David 101 Eliza 101 Lorana 91
DAVIS, Abigail 95 Abigail C 344 Abigail Irish 90 169 Alfred L 107 Almeda C 294 Ann Lizzie 302 Anna B 51 Apphia 93 Benaiah 93 Betsey 89 92 93 298 Charity 95 Charles 344 Charles Oliver 302 Clara E 64 Clarissa H 89 Cyrus 95 Dorcas 90 Dorothy 89 92 Elisha 170 Eliza 92 93 Eliza B 376 Eliza L 49 Elizabeth 94 Emeline M 93 Esther 364 Eunice 126 Ezra 93 321 347 Frank F 71 Frederick A 51 Gideon P 2 Hannah 92 321 Harriet 226 Idella 107 Isaac E 92 James 93 231 Jemima 93 261 319 Jesse 336 John 93 217 242 John S 159 Joseph 52 89 284 Josiah 126 Justin A 64 Kesiah 18 Keziah 18 Lemuel 169

DAVIS (continued)
  Limington 374 Lorana 91
  Louisa 96 311 Lucretia 159
  Lucy 88 Lucy Ann 90 Lucy
  Jane 91 Lydia 47 93 103 242
  Margaret 88 93 347 366 Margaret D 95 Margaret E 24 Margaret M 95 Marietta 70 Martha
  95 202 Martha A 90 Martha J
  307 Mary 15 52 57 61 89 91 96
  308 347 Mary E 70 Mary O 167
  Mehitable 88 Melissa Ellen 2
  Mercy 89 Molly 93 Moses 24
  Nancy 89 125 Nicholas 206
  Nichols 93 Noah 170 Olive 92
  Paulina 131 Phebe 93 284
  Polly 92 Priscilla 90 Rhoda 97
  Robert 347 Rosina 95 Ruth 95
  Sally 93 95 Sally W 41 Salome
  95 206 Samuel M 294 Sarah 17
  91 93 95 170 356 374 Sarah C
  91 Sarah M 94 Sarah Maria 159
  Sarah Moore 217 Simon 376
  Slippy Dick 142 Solomon 15
  Sophronia 356 Susan 96
  Susanna 88 170 Susannah 342
  Theodore M 366 Walter 95
DAVISON, Henry 373 Mary 373
DAWES, Charity 229
DAY, Aurelia B 144 Betsey 275
  Eliab P 146 Elizabeth 243 Esther Strout 146 Katie 190 Mary
  312 Mary Jane 253 William Jr
  275
DAYTON, Elizabeth 104
DEAN, Catherine J 315 Jonathan
  315
DEANE, Mary 154
DEARBORN, Albert G 46 Almeda
  Elizabeth 46 Almira 81 Annie
  326 Annie Wingate 327 Delvina Nason 47 Edmund 81
  Elizabeth C 46 Elizabeth Cobb
  53 Elva Mary 197 Frank
  Brackett 327 George 35 Jacob
  46 336 Jacob Greenville 46
  Joseph F 41 Joseph H 46 53
  Lowell A 47 Mark W 197 Mary
  Ann 132 Mary Ellen 41 Nancy
  220 233 336 Nancy Nason 46
  Pamelia 191 Polly 213 Richard
  108 Sarah A 334 Ziporah 166

DECKER, Nancy Jane 236 Seth
  236
DEERING, Eunice 347 Mary 372
DELANEY, Sarah 68
DELANO, Betsey 97 Hannah 292
  Hannah Larrabee 97 Margaret
  97
DEMPLEDAW, Louise 316
DENNEN, Annie 326 Annie Wingate 327 Fred E 327
DENNET, Harriet G 248
DENNETT, Mary 313
DENTON, Anna S 62
DESHON, Caroline J 200 Elmira
  G 98 Elmira Gove 109 John
  109 Judith 98 Phebe 194
DEVEREUX, Jonathan 124
  Pamelia 124
DIKE, Asenath P 369 Mary Durant
  375 Oliver D 375
DIMMOCK, Charles E 122 Emma
  M 122
DIMOCK, Caroline Amanda 51
  Daniel 98 Emma M 99
  Frederick C 257 Maria Whitmore 195 Mary M 98 Matilda
  99 257 Nancy 98 Thankful 98
DINGLEY, Jeremiah Jr 189 Maria
  Lucy 2 Nelson Jr 188 Ruth P
  189 Salome Parker 188 Sumner
  Stone 2
DIXON, Ellen 53 Mary 47
DODGE, Benjamin Jr 321 Charles
  B 111 Comfort Amanda 321
  Mary Jane 111
DOLE, Albert 186 Edmund 131
  Eunice Adelia 131 Loring 369
  Mamie 369 Miriam 186
DONNERLY, Sarah B 263
DORE, Everett 308 Rose Ellen
  308
DORSETT, Mary 338 Patience
  329 Sylvanis B 338 Sylvanus B
  329 338
DORT, Katherine 170
DOUGLAS, James Monroe 376
  Lydia Ann 359 Orin 359 Sarah
  A 376
DOUGLASS, Abigail 100 Andrew
  155 Asenath 74 102 Betsey J
  101 Caroline D 102 Charlotte
  266 Desire 100 155 Earl 102

DOUGLASS (continued)
Edmund 29 Elias 213 Elisha 229 Eliza 102 Elizabeth A 101 Ellen E 101 Esther 100 Eunice S 29 101 Frances H 101 George 74 Hannah 101 102 367 Irene M 100 John 246 Julia Caroline 74 Leonard 253 Lucy Ann 100 Lydia Ann 101 Mary 99 100 Mary A 102 Mary Abigail 101 253 Mary Ann 100 Mary C 101 Nancy 16 101 Olive 264 Rebecca 103 Sally 101 213 Salome 229 Stephen P 74
DOW, Abigail 13
DOWNING, Alonzo J 10 Maria S 10
DOWNS, Albert 10 Benjamin 267 Hannah 10 Mary 228 267 Moses 228
DRAKE, Elsah 103 Richard 103
DRESSER, Almeda Lane 293 Daniel R 29 Hannah L 29 Mary Frances 249 Mehitable M 70 Winthrop B 249
DREW, Comfort Amanda 109 147 Elizbeth 228 Lovey W 108 Samuel 109 147 Sarah L 297 William G 110
DUNBAR, Benjamin F 22 Lavina Adelaide 22
DUNHAM, Susanna E 220
DUNLAP, Anne Eliza 197
DUNN, Dorcas 78 Hannah 76 275 Lydia A 235 Mercy 114 Nathaniel 275 Samuel 78
DUNNELL, Sylvia 351
DUNNELLS, Samuel Jr 243
DUNNELS, Hannah 243 372
DUNPHY, Elizabeth 274
DUNTON, Charles 365 Jane 365
DURAN, Betsey 103 Cordelia P 345 George S 345 John Cash 342 Mary 375 Matthew Jr 103 Nathaniel 375 Ruth 342
DURGIN, Almira 275 Annis 102 Benjamin 155 Betsey 56 Caroline 282 Ephraim 160 Fred 352 Hannah 85 Henrietta 160 Lydia Ann 259 Martha 155 Martha Wingate 102 Mary Ann 347 Mary M 172 Nancy 102

DURGIN (continued)
Orren 275 Priscilla 129 Sally 102 157 Sarah 154 Zachariah 259
DURRELL, Angeline M 315 Charles H 315 David 366 Elvira Louise 67 Hannah 181 Judith 366 Lorenzo D 314 Lovina P 314 Lucy 239
DUTCH, Molly 135
DYER, Abigail 58 104 105 274 345 Anthony 100 Asa M 8 Catherine H 106 Christiana 339 340 Daniel Jr 162 Dolly 262 Dorcas 200 Elizabeth 104 Elmira 31 Esther 104 Eunice 19 103 Eunice C 103 Hannah 102 Henrietta M 162 Jerusha 274 Joanna 274 Lavina 263 Louisa 104 Lydia 103 Martha 103 162 Martha L 105 Mary 104 Mary Jane 103 Nancy 105 Nathan 135 Olive 105 Pamelia 105 Phebe 137 Polly 124 135 Rachel 269 Rebecca 100 103 Ruth 103 Sally 38 Sally H 106 Sarah B 346 Sarah C 105 Sarah Hardy 8 Theophilas 58 William 19 Zilpha P 361
DYKE, Asenath P 360
EAGLE, Bonny 141
EARLE, Bridget 150 Mary 180 Rachel 193
EASTMAN, Abbie 137 Abigail 137 Mary W 68 Rosa 237 238
EATON, Betsey 81 Charles Coffin 126 Esther Jane 126 Melvina R 287 Nathaniel 287
EDDY, Cyrus 361 Lydia 361
EDGECOMB, Abigail E 354 Alvah 109 Benjamin 132 Charles 200 Comfort Amanda 109 147 Eliza 107 108 121 333 Elizabeth 106 203 Ella M 107 Elmira G 98 Eunice 108 Eunice 106 231 322 329 Evelina 107 121 Freeman H 255 Hannah 106 109 159 223 Hannah Jennie 108 255 Harriet 347 Harriet C F 109 Howard 332 Irene 108 161 Isaac 35 Isaac E 333 Isabell 200 Isabella 106 Joanna 158 John

EDGECOMB (continued)
113 Joseph 121 199 Lena Clara
107 Levi 347 Louisa C 108
Lovey W 108 Maria 110 Martha 152 Mary 106 132 232 Mary
H 108 Mary J 109 Mary Jane
349 Mehitable 332 Nicholas
108 109 194 329 Nicholas Jr
161 Polly 108 109 333 Rachel
109 Rachel M 69 Rebecca 106
Richard 108 Robert 188 261
Sally 199 266 Sally L 253
Sarah 106 107 128 Sumner
Charles 110 Susan 107 327
Susan Abigail 35 Susan E 109
Susanna 108 188 Thomas Jr
322 William 147 159 William
J 69 William Nason 329

EDGERLY, Abigail 321 Abigail
111 Cora Abbie 112 Eliza 111
144 313 Elizabeth 113
Florence Isabelle 112 Freeborn
336 Harriet 112 Maria Nancy
335 Mary 111 112 176 Mary
Susan 133 Olive Jane 112
Richard 352 Rook Thurston 132
Sally 111 Samuel 144 176 313
Sarah 106 336 353 Sarah Goodwin 112 Sarah Jane 112 132
Susanna 111 Ursula 201

EDMUNDS, Eunice 113

EDWARD, Hannah 284 Susan 8

EDWARDS, Azariah 195 Basheba
312 Catherine M 195 Eunice
308 Isaac Freeman 341 John
308 Lizzie Ella 343 Lydia
Margaret 341 Mary E 341

ELBRIDGE, Phebe 84

ELDEN, Elizabeth 45 Emma 57
Silas 45

ELDER, Augustus F 59 Freeman
59 Harriet M 59 Mary 205 Mary
J 109 Mary M C 265

ELIOT, Charles 135 Rosetta R
135

ELLIOT, Danl 30 Hannah 195 295
Lydia 158 Maria 182 Nancy
195 Sarah 30 Zenas 195 295

ELLIS, Abigail 80 81 Jane 276
John 80 Mary 360 Sarah A 360

ELWELL, Annie 232 Caroline
271 Frederick 222 Hannah 339

ELWELL (continued)
Harriet 309 Ida 86 Mary 342
Mary Elizabeth 222 Wm Jr 309

EMERSON, Eunice I 102 Lydia
186 William 186

EMERY, Addie E 114 Alice J 113
Alma J 114 Almon 32 Alonzo
L 113 Ann 149 Caroline 134
264 Charity 115 Charlotte Bell
48 Cyrus Jr 266 Daniel 113 186
225 349 Edith 194 Elizabeth
115 151 198 Emeline S 114 293
Eunice 228 Eunice Marilla 108
Ezekiel 83 Hannah 115 Jerusha
342 John 134 264 Joshua 66 74
Joshua Jr 194 Kate L 256 Kate
M 113 114 Keziah C 66 Laura
E 114 Laura Ella 87 Loring
293 Louise 25 Lucinda 29 83
Lucy 32 Lucy B 114 Lydia 186
Martha 342 Martha Ann 266
Martha Francina 269 Mary 74
114 356 Mary E 114 Mercy 114
Nancy 113 349 Olive 369 Osgood 151 Roscoe S 87 Sally
113 225 Sarah 114 Sarah Ann
115 Seth 108 Shuah 66 114
Stephen A 269 Susan 115
Timothy 369

EMMONS, Betsey 85 Eliza 24

ESTES, Annette P 135 Asenath
245 359 Charles Davis 189
Cynthia 340 Eliza 4 Ellen L
189 Gardiner F 135 269
Gardner F 359 Ivory 39 189 323
359 Jonathan 359 Lillian
Louise 39 323 Lucy 5 15 Mary
Ellan 359 Mary Ellen 269
Olive 359 Olive Jane 359
Phineas 4 Salome 189 359
Simon M 245 Simon N 359
Stephen 5 15

EVANS, Betsey 218 Elizabeth 143
Hannah 155 John 155 Mary 280
Sarah 143 Stephen 143

FALKER, Artie S Peabody 192

FARNHAM, Annette M 351
Elbridge E 351 Horace Nathan
253 Martha 147 Martha Jane
253 Olive 157

FARWELL, Amos A 366 George
Washington 366 Henry 366

FARWELL (continued)
John R 366 Joseph H 366 Levi
James 366 Martha 366 Martha
A 366 Mary Jane 366 William
Elbridge 366
FAVOUR, Charles L 251 Hannah
251
FELCH, Alvin 179 Sarah B 248
Sarah C 179
FELLOWS, Daniel 280 Martha
252 Tabitha 280
FENDERSON, Abbie F 41 Hannah
278 Jonathan A 104 Mary Ann
147 Nathan W 41 Rhoda G 104
Stephen 147
FENNIS, Asenith 116 Joanna 116
FENNIX, Elizabeth 115 George
182 Olive 115 182
FERGERSON, Lucretia Oraville
168 Sylvester 168
FERNALD, Frances Olive 337
Hannah 301 Meriam 301
Nathaniel Scribner 337
FESSENDEN, Mary 154 Mehitable
B 263 Thomas 263 William
154
FICKETT, Clement 330 Jennie
Edwards 346 Lydia Webb 139
Martin W 139 Mary 40
Patience 330 Sarah 139
FIELD, Eliza F 330 Leander 330
FIFIELD, Emma Jane 334 James
Jewell 334
FILES, Almira 344 Anna S 334
Blanche Butler 43 Carrie A 47
Edward 344 Eunice M 331 G
Evans 47 George 43 Joseph
229 Sally 229
FITCH, Ellis B 375 Eunice B 375
Lizzie French 73 Mary M 375
William H 73
FLANDERS, Elizabeth G 67
FLETCHER, Kate W 235
FLOOD, Abigail 189 Eliza 367
Gardner 189 Mary 187 189
Mary Ann 187 Mary Ellen 187
Priscilla 90 Vista 187
FLOYD, Gardiner 21 Hannah 21
FLUENT, Ann Maria 45
FLYNN, Maryann 10
FOGG, Achsah 119 Albert Rounds
63 Anna 12 116 Benjamin C

FOGG (continued)
273 Betsey 23 116 117
Catherine 118 Charity 115
Charlotte 258 Cyrus 258 Daniel
117 David 23 Dorcas 120
Dorothy 284 364 Eliza 281 298
Eliza S 273 Elizabeth 281 347
Ernestine A 62 Esther 118
Eunice 117 244 Eunice B 322
Ezekiel T 322 Frances H 101
George H 62 Hannah 116 118
119 153 365 Hannah A 117
Hannah Snow 117 Harmon 101
Hiram 347 James 153 James H
81 John S 276 John William
281 Katie A 48 Louisa
Catherine 196 Lydia 118 Mary
118 Mary Elizabeth Bean 276
Mary Lizzie 63 Mary S 118
Mercy 118 Nancy 118 Newton
H 48 Rebecca 118 Rufus 281
Rugus 298 Sally 118 119 271
Sarah 114 Stephen 365 Uriah
196 William 284
FOLSOM, Judith 98 Martha Wingate 102 Sally 102
FOOTE, Bathsheba 307
FOSS, Abigail B 121 Allen W 126
Almeda 327 Almira 352 Anna
119 323 Anna Jane 199 Annah
Jane 122 Athalinda 122 Bertha
Alfareta 376 Betsey 248
Charles H 376 Clarrisa A 13
Dorcas 200 Elias 117 120
Eliza 108 121 199 Elizabeth
123 Elmira 304 315 Emma M
99 Eunice 64 160 Evelina 107
Frances Hoyt 37 George A 245
George B 133 Hannah 120 Harriet Newall 122 Harriet Newell
126 Isaiah 199 Ivory 352 Jane
121 123 199 Jane D 119 Job 64
208 John 13 Joseph 199 263
Joseph Manson 199 Julia Ann
163 Leonard W 200 255 Lizzie
Ann 162 Louisa 318 Lucinda
208 Malinda G 318 Martha 121
161 Mary 119 120 Mary S 31
Melinda Jane 222 Nahum 175
Nancy 54 255 Octavia 123
Olive Jennie 245 Olive M 213
Pamelia 41 Pamelia M 124

FOSS (continued)
  175 Polly 120 Rachel Manson
  163 Rebecca P 123 Roxanna
  317 Salome B 122 133 Sarah
  218 333 Sarah C 122 Serena B
  161 280 Sewall 200 Stephen H
  31 Susan 44 273 Susanna 233
  Susanna Grant 263 Susannah
  Patten 119 Tristram 323
  Zelinda W 43
FOSTER, Angeline E 373 Annis C
  283 Barbara 67 Dorcas W 340
  Erving 68 Hannah 230 Hannah
  H 365 James H 340 Joseph 373
  Joseph Riley 283 Lucinda 160
  Mary 104 Mary Ann 161 Mary
  W 310 Patience 124 Polly 124
  Polly 124 Sally 68 125 Sarah
  125 Thomas 104
FOWLER, Hannah 77 Mary 233
  333 Moses 77
FOX, Abra 243 Betsey 268 Hannah B 7 Luther 268
FRAZIER, Abigail 138
FREEMAN, Charles M 114 Dorcas A 259 Eunice 326 George
  W 53 Ida P 272 Sarah 167
  Susan A 114
FRENCH, Catherine 156 Charlotte
  243 Joseph 108 156 Kezia 19
  Mary 108 Mary Ann 227 Moses
  B 243
FRINK, Rebecca 261
FROST, Abby Davis 197 Abigail
  125 Benjamin 254 Betsey 372
  Caroline King 126 Dominicus
  13 Dorothy 261 Edward Payson
  73 Eleanor 125 Elizabeth 125
  212 Esther 326 Harriet Newall
  122 Isaac 127 James 127
  Joshua Wingate 371 Julia Ann
  73 Lizzie A 21 Love 125 371
  Mary 302 Mary Higgin 127
  Mary Higgins 371 Moses 186
  Nancy 125 Olive 306 Paulina
  254 Sarah 127 186 Sarah Little
  73 Susanna 13 William H 73
  Zalinda 126
FRYE, Mary 29
FULLER, Albert S 334 Eliz A 334
FULTON, Elijah 2 James Edward
  2 Lucy 2 Maria Lucy 2

FULTON (continued)
  Melissa Ellen 2 Mercy Jane 2
  Minerva Ann 2
FURLONG, Lucia A 164
GAMMON, Albert 348 Elden 117
  Eunice York 348 Miriam 117
GARCELON, Maryann 72
GAREY, John 104 Olive 56 309
  Rachel 104 Sally 137
GARLAND, Martha H 31 Sarah 51
  William H 31 William Henry
  51
GATCHELL, Elizabeth 265 Mary
  Ella 5
GATES, Gen 151
GAUBART, Elizabeth 347
GAUBERT, Betsey 117
GEGINHEIMER, Salome Hasty
  353 Wilhelm F 353
GENT, Mary 343
GERRISH, Lucy 307
GERRY, Alice 11 Elliot 343
  Gertrude Emma 257 Grace 352
  John 19 Rebecca 19 Sarah 340
  Sarah M 343
GETCHELL, Benjamin 156 Judith
  156
GIBBS, George K 286 Sarah Ann
  286
GIDDINGS, Ernestine 58 Moses
  58
GILES, Jane B 199 John M 273
  Rhoda 370 Thomas 199
GILKEY, Betsey 128 203 Eliza
  128 Elizabeth 203 Elizabeth
  Acelia 354 Hannah 129 James
  201 Joseph 157 Louisa 129 157
  Mary 201 Mehitable K 128
  Phebe 45 Phebe G 128 Phebe
  Gilkey 203 Polly 128 Reuben
  107 203 Sarah 107 128 Susanna
  129
GILLESPIE, Margaret 146
GILMAN, Elizabeth B 271 Lucy
  Jane 39 Mary 70 Sarah 6
GILPATRICK, Ann Elizabeth 29
  Hannah B 231 Lucinda 81 Margaret J 133 Rebecca 106
  Samuel B 133 Sarah Dean 314
  Sarah E 207 William 207
GIVEN, Eliza 305
GLASS, Sally 67

GOFF, Eunice M 250 Lendall E 250
GOLDTHWAIT, Charles 322 Hannah Francina 322
GOLDTHWAITE, Joseph 33 Rachel Jackson 33
GOODALE, David 137 Hannah 137 Mary 86 Phoebe 129 Sophronia 238
GOODENOW, Eliza 253 William Esq 253
GOODNOUGH, Dolly 228 Joseph 228
GOODRICH, George W 350 Ida Ann 350
GOODWIN, Abigail 268 Amaziah 130 Arvilla J 151 Belinda 363 Carle 269 Eben F 268 Eleanor 357 Eliza 138 261 Eliza Ann 96 Eunice 319 Hannah 323 Harriet 269 Humphrey 11 Jane 267 John 57 96 261 Joseph 96 Lorenzo 22 Malinda Knight 11 Martha 130 267 Martha M 131 Mary 200 309 Mary Eliza 370 Mary L 22 Moses 267 Patty 130 267 Priscilla 129 Ruth 95 Sally 96 Samuel 267 Sarah 96 Sarah Cole 57 Susan D 73 Susanna 275 Thomas 309 Timothy 96
GOOGINS, Apphia 95 Henry 95 Mary 138
GORDAN, Ann S 7 Hannah 190 James 7 John D 192 Margaret Jane 192 Nancy 7
GOSS, Eli 148 Martha J 148
GOULD, Almira 87 Alpheus 4 Alton 51 Emma F 51 Hannah 130 Harriet 77 Hattie 77 John 243 Lucretia 130 243 Mary 4 130 Mary Ann 299 Mira Witham 67
GOVE, Abby A 133 Alvan C 133 Alvin Chadbourne 112 Catherine R 131 Chesley D 157 Elmira 132 Issac 97 Jennie H 132 John 165 297 Lizzie 64 Lois 131 Martha 130 Martha M 131 Mary Ann 132 Mary Susan 112 133 253 Paulina 97 131 Peletiah T 157 Polly 109 Rebecca 132 297 Salome B 122

GOVE (continued)
Sarah Goodwin 112 Sarah Jane 112 131 201 Tryphena S 157 Wm 130 Wm Van Tingle 201
GOVER, Emogene M 99
GOWEN, Abigail B 96 Celestia M 198 Edwin A 198 Maria 110 Mercy 1 Stephen R 96
GRACE, Emma 203 323
GRAFFAM, Caroline 236 David Nason 235 Elias 235 Eunice 87 235 Fannie M 236 Joseph Taylor 236 Kate W 235 Lizzie 227 Louisa B 236 Lydia A 235 Marantha 236 Nancy Jane 236 Peter 235 Sadie L 236 Sarah 47 235 Susan 235 William 236
GRANT, Abigail 344 Alvira B 121 Benjamin 264 Benjamin Jr 121 Caroline 134 264 Daniel 329 Dorcas 134 291 Elisha 291 Eliza 32 John K 121 Lois 135 Lucy S 134 Lydia 134 Maria L P 162 Martha 134 180 Mary 134 Mary Ann 121 Peter 134 Rebecca 263 Susanna 133 329 Tabitha 134 Theodotia 142
GRANVILLE, Elizabeth 123
GRAVES, Sarah C 122
GRAY, Abigail 45 199 Barbara 335 Betsey 205 Eliza 268 Esther 9 Hannah 205 Hannah Larrabee 205 Israel Small 205 James M 205 John 205 Lucy Ann 100 Lydia 205 Martha Ann 205 Mary 99 338 Patience 304 Paul 205 Persis 55 Polly 155 Rufus 55 Salome M 205 Shuah 205 Susanna 205
GREELY, Joseph 108 Shuah Matilda 108
GREEN, Abner G 225 Cyrus 62 Cyrus D 62 Eliza Ann 62 236 Eunice L 225 George 176 George W 62 Hannah 77 Henry M 62 Jane 176 John 320 Joseph 62 Mary Ann 310 Phebe Cobb 62 Sarah 320 Sophia Ann 61 Susan P 62 William 61 William Joseph 62
GREENLAW, Edith 211 Eliza S 136 Emma D 135 Lucy 135

GREENLAW (continued)
Lydia 135 Molly 135 Sarah A 135 Seldon 42
GRENER, Martha Ann 205 Stephen 205
GRIFFIN, Clarissa H 294
GRIFFITH, Anna J 11 Paul S 11
GUILFORD, Elizabeth 191 Hannah 373 John 70 Samuel 39 Susan 244 Tabitha 39
GULLETT, Mary Ellen 334
GUNNISON, Tabitha 134
GUPTAIL, Hannah 234
GUPTILL, Alice 352 Benaiah 48 Betsey J 101 Ed 48 Edwin E 283 Esther 155 Frost 79 Hannah 252 Harriet 79 Helen 252 Helen Louise 283 James 154 352 Lucy 352 Mary C 101 Mehitable C 154 Peggy 48 Phebe 83 361 Rhoda C 24 Rice 155 Sarah Frances 49 Sarah J 49 Stephen 83 352 361
GUSTIN, Darius 57 Elizabeth 57
HACKETT, George G 172 Nancy Yeaton 172
HACKLIFF, Benjamin 319 Betsey 319
HADLEY, Abel G 78
HAGEN, 135
HAGENS, Almeda C 136 Anna Maria 261 Betsey 296 Edmund 136 Harriet 136 Mary 170 328 Octavia 221 Olive W 136 Orinda 350 Polly 136 Sarah 49 Susannah Patten 119 Walter Simonton 170
HAINES, Amanda 282 Benjamin 262 Jemima 262 Mary 14 Nellie 325 Olive 92 Walter F 282
HALE, Benjamin P 238 Eliza Ann 81 Lydia P 70 Silas 81 Zelinda F 238
HALEY, Abigail 138 Almira M 137 278 Annie Bell 200 Benjamin 240 Benjamin F 278 Betsey 265 Betsey F 47 Charity 95 Collins W 200 Eliza 138 Elizabeth 130 Elmira B 48 George 216 Hannah 129 Hannah E 335 Hannah

HALEY (continued)
Eliza 195 Irene M 100 Ivory 137 Jane 137 John 255 335 John Jr 130 Louisa 96 M F 195 Martha L 138 Mary 138 253 344 Mary D 240 Mary S 279 Noah 158 Parker 48 Phebe 80 137 Polly 137 158 Roxanna 240 Ruth Garey 255 Sally 17 137 Sarah 138 Stanley 106 Susan 217 Susan P 277 William 158
HALL, Abigail 75 Ann Sarah 4 Betsey Jane 83 Cath N 220 Edgar O 83 Jane 118 John 118 Joseph 183 Joseph B 3 Louisa 315 Patience 314 Stephen 75
HAM, George 26 Jennie M 26
HAMBLEN, Adenath 139 Andrew 296 Daniel 72 Deborah 138 Elizabeth 195 Emily Augusta 139 Gershom 174 Hannah 21 370 Jacob 301 James P 152 Jane 138 301 Jerusha 140 Joshua 33 Leonard 287 Lydia Webb 139 Mary 72 139 Mary Susan 296 Sally 138 287 Sally K 33 138 Samuel 370 Sarah 139 Selina 64 Susan 138 Susan S 139 152
HAMBLETON, Sally 118
HAMILTON, Eliza 321 Elizabeth 321 Henry 227 Isaac N 321 Ivory 137 Martha A 82 Mary S 227
HAMLEN, Eliza Jane 212
HAMLIN, Hannah 342 Jonathan 342 Mary E 42 William 42
HAMMON, Cordelia D 265 John 265
HAMMOND, Abby H 235
HAMMONDS, Jane S 335
HAMMONS, Almira 330 Nancy 89 242
HANCOCK, Anna 371 Betsey 149 Elisa 203 Eliza 229 Isaac S 6 Joanna 6 John 203 229
HANDALL, Mary A 307
HANNAFORD, Abigail 323 Artemas L 323
HANOVER, Mary 336 Thomas 336
HANSCOM, Adaline 300 Anna 71 Clarinda Frances 4 Eliza 12

HANSCOM (continued)
141 206 312 Elizabeth 308
Ezra Davis 308 Hannah N 213
John 206 244 312 Lydia S 30
Mary 140 165 Mary Ann 141
244 Mary S 246 Nathan 339
Phineas 30 Samuel 288 Sarah
339 Sarah E 67 Sarah Nash 288
Susanna 88
HANSCOMB, Cyrus 132 Eunice
132
HANSON, Ararene E 24 Fannie M
236 Huldah 254 Lucy 32 Lucy
B 114 Mary 82 Sarah 254 Silas
254 Thomas 24
HAPGOOD, Calvin 207 Mary Jane
207
HARDING, Anna 171 Elizabeth
267 Lois 135
HARDY, Albert L 363 Anna
Elizabeth 363 Sarah 7 141
HARMON, Ada E 47 224 Addie E
114 Almeda 150 162 Ann 202
Benjamin 162 Betsey 363
Catherine 202 Charles 241
Dominicus 191 Dominicus Jr
59 Eliza 239 Etta Capitola 369
Eunice 201 Franklin 162
George 366 Hannah Eliza 59
Harriet 323 Harriet E 256 Harriet F 241 Howard 369 Ida A
366 Ivory 150 Jennie E 252
Jesse G 256 Lewis 86 Louisa
C 108 Lucille Maria 86 Lydia
262 Lydia Ann 162 Mary 119
248 312 Mary B 322 Maryann
153 Roxanna 191 Simon 262
Susan S 47 Thomas 248
HARPER, Molly 93
HARRIS, Judith 97 Larrabee 97
HARTFORD, James 279 293
Mabel B 279 Randall 279
Susan 293 Susan B 279
HASKELL, Abigail 68 142 Beni
81 Benjamin H 270 Catherine
141 Elizabeth 232 Elizabeth
Alice 323 Emma 142 Ephraim
Chick 120 Eunice 120 Francis
120 241 Hannah 141 Jemima
120 241 John 120 Levi 269 325
Louisa M 221 Louisa Maria
325 Martha M 239 Mary 143

HASKELL (continued)
Mary Frances 239 Mary
Peavey 270 Mehitable 120
Rebecca W 46 Salome M 325
Salome Maria 142 269 Sarah
330 Solomon 120 Theodotia
142
HASKINS, Mary 285
HASTY, Abigail 144 Almira 54
Aurelia B 144 Betsey 145
Comfort Amanda 109
Dominicus 111 312 Dorcas 146
Edna 368 Edwin 321 Eliza 111
144 312 Elizabeth 143 145
Emma Jane 45 Frances E 146
George Washington 197 Hannah 143 145 Henry 226 Louisa
143 Lucy 353 Lydia 41 147
Margaret 146 Margaret D 270
Mary 28 146 147 186 Mary A
144 Mary Ann 147 321 Mary E
4 146 226 Mehitable M 143
Mercy Jane 327 Mercy Jane L
144 Oliver 327 Oliver S 312
Polly G 328 Ralph 175 Robert
28 Salome 166 Sarah 143 Sarah
G 146 Susan J 45 Susannah 143
William 328 William Bion 148
HATCH, Amos 158 Ezekiel T 157
Hannah J 110 Lemuel 110
Lucy 157 Olive Frances 110
Patience 158 Sarah Barnes 307
Simon Dennett 110
HAWKES, Benjamin 117 Lucy
March 117
HAWLEY, Eunice 113
HAY, Eunice Cole 12 George
Smith 12
HAYDEN, Esther 320 Jeremiah 2
Minerva Ann 2
HAZELTINE, Anna 34 Mary 69
Phebe 170 Sarah 88 William
88 170
HEAD, Betsey 205 Sampson 205
HEALTH, Betsey Boulter 371
HEARD, Amelia 148 Annie 148
Carrie Belle 148 Eunice 147
190 Hannah Catherine 148
Isaac 182 James 190 Martha
147 Mary Jane 147 Olive
Knight 182
HEARL, Elizabeth 209

HEATH, Mary Ann 8
HEIRL, Mary 320
HERRICK, Bertrand 222 Daniel 285 Hannah Mabel 222 Martha 285 Mary 335 Patty 285
HEWITT, Amos Dakin 321 Joanne 321
HIBBARD, Phoebe 332
HIBBERT, Hannah 258
HICKS, Abigail 74 Sally 73
HIGGINS, Aaron 136 176 Ada F 26 Delia 159 Ebenr 120 329 Elmira 13 Emma 362 Ephraim 14 Experience 14 Fidelia F 159 Hannah 120 Harriet 136 176 Ida May 331 Irene 204 Joseph W 159 Mary E 164 Mercy 329 Miriam 329 Rebecca 15
HIGHT, Elizabeth 56 Samuel C 351 Statira Althea 351
HILL, Abbie Annie 39 Adaline 171 Allen 44 Betsey 342 Charles 375 Clara L 364 Cynthia D 170 Hannah Y 375 Harriet H 182 Hattie C 66 Herbert S 66 John 39 John Howard 364 Margarey 27 Marilla 321 Mary O 343 Mary Susan 288 Nancy 347 Nathaniel 323 Octavius A 288 Sally 323 Sarah M 26 Susan 112 Susannah 323
HILTON, Betsey 342 Hannah 342 Lucy 4 Nathaniel P 342
HINDS, Abel C 88 Augusta 88
HOBBS, George E 251 Harriet N 336 James C 336 Jefferson M 144 ... 144 Sarah Haven 251
HOBERTS, Isaac 77 Sarah 77
HOBSON, Adaline Marr 6 Addie Hannah 149 Adeline 202 Alvin 202 Amos 128 Andrew 140 202 Ann 149 Aurelia A 360 Betsey 128 149 Charles 148 Eliza A 129 Eliza J 150 Enoch Billings 326 Florence E 149 Jabez H 129 Jeremiah 319 373 Lizzie M 373 Lydia 206 Martha 128 Martha A 149 202 Mary 128 373 Nancy Frost 148 326 Olive H 319 Olive R 129 Statira 140
HODGDON, Leucia Johann 277 Louise H 23 Mary 176 Sarah

HODGDON (continued) 277 Thomas S 277
HODGSON, Georgia 353
HODSDON, Bridget 150 Hannah 150 Mary 134 Susan L 150
HOGLE, Hollis 184
HOLBROOK, Maria Ann 73
HOLLAND, Abbie Ann 122 Henry John 122 Laura Ella 337 Sarah J 233 Thomas A 337
HOLMES, Arvilla J 151 Brainard J 151 Catherine M 151 Daniel Osgood 151 Elizabeth 115 151 James B 151 John Henry 151 John Webster 150 Mary 262 Roscoe G 151 Susan 150 212 Susan S 151 Tristram 151
HOLT, Mary 335
HOMAN, Sarah A 360
HOOPER, Abigail 57 58 Betsey W 289 Chase 299 Elizabeth 150 Lydia 374 Susannah K 299 Vashti 150
HOPKINSON, Alanson Granville 152 Eliza 82 152 293 Eliza Ellen 356 Elizabeth 84 152 Ivory 152 James Monroe 107 Jesse 209 John 84 Martha 107 152 Mary 151 209 363 Octavia M 152 Polly 152 Rachel 12 180 Sally 218 Samuel 293 Sarah 151 Stephen 180 Susan S 139
HORN, Abigail Grant 263 David Jones 263 Lydia T 176
HORNE, Martha 85 William 85
HORTON, Charles 3 Harriet 3 Mary 332
HOSMER, Sarah 24
HOW, John 329 Margaret 357 Mary A 329
HOWARD, Betsey 285 Lydia 295
HOWE, Dorothy 154 Ebenezer 154
HOYT, Elizabeth G 198 Phebe 194 Stephen 194
HUBBARD, Almira 153 Delia 179 Ephraim 102 Erastus 1 Hannah 153 Hannah Hubbard 153 Harriet W 223 Jane 1 John 179 Josiah 223 Lydia 153 Margaret 153 Mary S 153 180 Maryann 153 Mehitable 223 Nancy 102 Ruth 153 Sally 102 Sarah 154

HUBBARD (continued)
Sarah Bradbury 153 Silas 180
HUFF, Caroline 330
HUGHES, Betsey 242
HUNNEWALL, Nancy 225
HUNNEWELL, Anna 215 Jane 76
HUNNIWELL, Marrietta 296
HUNT, Columbus 29 Martha A 29
HUNTLEY, Martha Jane 374 Roscoe B 374
HUNTRESS, Darling 312 Eliza M 181 Elizabeth 113 George 185 194 Margaret 185 Mary A 48 Mary M 194 Melinda J 265 Samuel 181 Susan 255
HURD, Amelia 148 Andrew Jackson 13 Annie 148 Carrie Belle 148 Eunice 148 Hannah Catherine 13 148 Martha 147 Mary Jane 147
HUSSEY, Anna 210 Batchelor 295 Benjamin 242 Jane S 295 Mary 357 Paul 364 Phebe 364 Phobe 242 Sarah 83
HUSSY, Hannah 83
HUTCHINS, Abby Susan 161 Charles B 161 Ellen 278 Sarah 201
HUTCHINSON, Deborah Malinda 142 Hannah 54 Sally L 159
HYDE, Dexter S 178 Edward Bruce 178 Ellen M 177 Georgianna 178 John L 177 Lydia 177 Thomas H 177
ILSLEY, Alice 251 Caroline A 286 Cornelius 286 Georgia A 286 Georgia Anna 42 Gilman S 42 286 Jeremiah 186 Sadie 6 Sally 186
INGALLS, Almira 44 Alvin 161 Eliza A 161 Francis Jr 44 Hannah 44 Mary 44 Samuel 44
INGERSOLL, Nancy 71 Nathaniel L 71
INMAN, George 336 Harriet N 336
IRISH, Abigail F 259 Ann 167 Asa 257 Betsey 78 Dean Snow 305 Desire 100 Dorcas 40 317 Ebenezer 228 Elizabeth 184 267 Emma 142 Hannah 119 154 227 Lucy 155 Maria G 227 Martha 154 167 228 Mary 154

IRISH (continued)
Mehitable 155 305 Patience 155 216 257 Patty 167 William B 227
JACK, Edmund B 50 James 50 Jane W 50 Mary Ann 50 Nancy 50 190 Sally 50 79 Samuel 50 Sarah F 50 Susannah 50
JACKSON, Abiah 156 Ann T 156 Bartholomew 156 298 Betsey 156 Eli 191 Elizabeth 191 Elmira 132 Hannah 156 191 John 117 Louisa 129 Lucy T 290 Lydia 157 Margaret 157 Martha 367 Mary 284 Olive 16 157 Olive Farnham 327 Peggy 75 Peletiah T 157 Polly 155 Robert 156 Sally 41 157 Salome 172 Sarah 156 Solomon 156 Susan 117 Susanna 285 Susannah 155 298 Tryphena S 133 Zebediah F 75
JACOBS, John 215 Lucy 215
JAMES, Emeline K 147 William H 147
JAMESON, Callar 203 Lydia 203
JEFFERDS, Mary 248 Olive 186
JELLERSON, Eliza A 260
JENKINS, David 155 Deborah 138 Elizabeth 285 Isaiah 155 Patience 155 Phebe 3 Susanna 155
JENNESS, Abbie A 294 Daniel 217 Eliza 217 Jonathan 65 Mary S 65
JENSON, Harold 89
JEWELL, Abigail 193 Benaiah 100 Esther S 100 Eunice 171 Harriet M 244 Jane 171 Mary 273 Mary Ann 355 William D 244
JEWETT, Hannah M 106 Mary 100 Morrill 100 Noah 106
JOHNS, Ervin A 350 Sarah 350
JOHNSON, Abba J 48 Abbie Frost 317 Abigail D 290 Albert A 244 Alexander 34 Ann 230 Anna L 256 Asa 34 Betsey 158 Caroline W 34 Charles 134 Clarence W 123 Daniel 14 123 Dennis 90 Desire 158 208 Ebenezer Jr 230 Eliza 161 226

JOHNSON (continued)
Elizabeth 143 Emily Jane 194
Eunice 123 160 Florence Ada
59 Frances Ann 244 Fred
Henry 59 Freeman 226 George
B 17 Greeley H 273 Hannah
109 205 Hannah B 35 159 Hannah Bangs 371 Hannah E 299
Hattie E 160 Henrietta M 162
Henry 227 Horace C 112 143
Irene 108 Isaac L 371 Isaiah
168 James Warren 34 362
James Whitcomb 196 Jane 158
196 Jane T 160 Joanna 158
John 143 Lena E 161 Lizzie
Ann 123 162 Lottie P 256
Lucinda 160 Lucinda F 159
Lucretia 90 159 Lydia 158
Maria L 134 Maria L P 162
Martha 103 158 280 Martha A
259 Martha Ann 34 162 168 362
Mary 160 161 Mary Ann 34 161
290 Mary Jane 362 Mary L 14
162 Mary Small 273 Matthew
290 Millard F 162 Nahum 205
Nancy 243 Olive 159 Olive M
224 Paul 353 Phebe 372 Polly
137 Rhoda 158 Rhoda Johnson
158 Ruth A 161 Sally 34 Sally
L 159 Sarah 334 353 Shirley A
194 Stella M 17 Susan B 112
143 Thomas A 34 William 224
JOHNSTON, Jonah 163 Sarah 163
JONES, Alice Maria 372 Benj 41
Emily Mary 372 Freddie 372
Hannah 307 Isaac 254 372
Louisa 365 Lydia 30 41 Mary
Ann 372 Maryann 102 Nancy
254 Seth Colburn 365 Wm 102
JORDAN, Abby A 133 Catherine
141 Edward 342 356 Elliot 305
Hannah 143 Larken 265 Louise
M 265 Martha 342 Mial 87
Phebe 170 Sarah 156 215 254
Sarah Alice 305 Susannah 143
JORDON, Larken 265 Louise M
265
JOSE, Abigail Ann 283 Hannah
188 Hannah E 282 John 86
Mary Estelle 86
JOY, Celia 163 Charles 121 199
Elizabeth 163 232 Emily Cox

JOY (continued)
35 163 Eunice 163 Frances 163
Hiram 232 James Warren 35
Jane 123 Joe 320 John 122
Joseph 163 Julia Ann 122 163
Lucy 264 Mallon R 122 Mary
Abby 122 Mary Ann M 199
Mary E 164 Mary H 164 Rachel
Manson 121 163 Sargent 264
JUDKINS, Mary 228
KALLOCK, Irene 92 Royal S 92
KEATING, Catherine 52
KEAY, Mary K 66
KEITH, Isaac H 124 Matilda 124
KELLEY, Isaac 137 164 Lucia A
164 Sally 164 Sarah 137
KELLY, Abel H 105 Israel H 76
Sarah R 76
KENERSON, Dorcas 165 Eliza
Ann 165 Lydia 164 242 Mary
165 Nathan 242
KENISTON, Dorcas 165 Eliza Ann
165 Laura A 335 Lydia 164
Mary 165 Mary J 161 Thomas
M 161
KENNARD, Abigail 165 Almira
166 Betsey 166 Betsey Hight
56 Edward Jr 56 Eliza 291
Elizabeth 311 Elizabeth H 165
Joanna 3 Lydia 175 Margaret
166 Mary 165 166 Susanna 298
Ziporah 166
KENNESON, Emma F 193
Jeremiah F 193
KENNISON, Shuah 242 Stephen
242
KENNISTON, Asenith 116
KETTELL, Polly 166
KEZAR, Mary 187 Sophronia 49
KILBROTH, Sally 19
KILGORE, Clara Ann 294 Levi
Towne 47 Levi W 294 Mariette
47
KIMBALL, Charles 147 James
145 Joseph 52 Kate M 113 114
Mark F 87 Mary 102 312 Mary
A 194 Mary Louise 145
Mehitable 52 Nancy 32 166
Nathaniel 102 Robert 245
Robert H 32 Salome 147 166
Sarah G 87
KING, Cyrus 165 Esther 165

KINSLEY, John G 122 Mary Abby 122
KNAPP, Harriet M 59
KNIGHT, Amy 370 Dorcas 165 Edward Warren 63 Elisabeth 212 Elizabeth A 101 Ellen Edward 219 Emily Jane 182 Hannah 234 John 16 Joseph E 219 Judith 366 Lydia 359 Olive 181 182 Sabrina 11 Sarah Eliza 63 Susanna 167 Vienna 16
KNOTT, Eliza 301
KNOX, Abigail 188 Gen 75
LAIRD, Elizabeth 52
LAKE, Mercy Laha 326
LAKIN, George W 72 Statira 72
LAMB, George W 29 Sarah Frances 29
LANE, Almeda C 136 Bruce B 142 Catherine Amanda 142 Charles W 8 Harriet 136 176 John W 136 176 Joshua C 314 Maria 202 Maria M 8 Martha A 314 Martha H 142 Mary A 329 Nathaniel H 142
LANG, Anna A 69 Izatus V 69 John 120 353 Sarah 120 353
LANGLEY, Sally 353
LARKIN, Eva Annah 169
LARRABEE, Abigail 25 Abigail Irish 90 Alice May 11 169 Ann 167 Asenath 188 Caroline J 168 Cynthia D 170 Ebenezer Irish 287 Eliza 171 Elizabeth 143 167 201 Eva Annah 169 Ezekiel 90 Hannah 167 Harry Franklin 5 Ivory 201 James 351 John 188 Joseph 231 Katherine 170 Laura D 59 Laura Jane 5 Manson G 11 Margaret 169 Martha 167 Mary Ann 169 231 Mary L 169 Mary O 90 167 Mary S 287 Patty 167 Rod 169 Royal T 169 Sally 95 167 Sally L 351 Sarah 167 Sarah H 283 Sarah L 169 Susan 96
LASELLE, Ruth 54
LATHAM, Mary 72 Statira 288 Woodward 288
LAWRENCE, Elizabeth 67
LAZELL, Huldah 304

LEAVER, Louisa 207 William 207
LEAVIS, Susan C 247
LEAVITT, Adelaine 202 Alvah 175 Benjamin 80 187 Fanny Dearborn 219 George William 133 Hannah 80 Joseph 202 Lucy 177 Lydia Elmira 133 Margaret Mcarthur 175 Mary 187 Maryann 102 Sally R 234 Thomas 219 William 102 234 William P 177
LEE, Gen 177
LEIGHTON, Betsey 97 E J 91 Emily Jane 289 Ephraim 183 199 Ichabod Wilson 289 John 97 Margaret 183 Mary 91 Peggy 183 Sally S 199
LEWIS, Alice 346 Anna 320 Betsey 90 George W 320 Harriet Avilda 269 Henry S 13 James Calvin 320 Josiah 269 Katie E 225 Martha Jane 13 Mary 319 Mary L 169 Nicholas S 319 Olive C 319 Olive Maria 319 Olive T 259 Oliver 319 Rebecca S 319 Samuel Stevens 319 Stephen 319
LIBBY, Aaron 187 Abbie Johnson 253 Abigail 101 140 231 268 Abner 60 157 177 Adaline 171 Agnes H 276 Alfred W 336 Allison 285 Alphia 42 Amos 22 Andrew 290 Ann Maria 209 Anna 119 171 316 346 Anna Small 247 248 Annie 85 Asa 49 101 182 Benjamin 184 196 254 Benjamin Carle 175 Benjamin Carll 209 Betsey 181 Caroline Matilda 172 357 Catherine 224 Catherine B 317 Celia 163 Celia Louisa 49 Charles A 296 297 Charlotte 176 225 319 Clara E 180 Daniel 140 311 Darius 306 David 319 David Small 290 Dorcas 176 177 323 329 Dorothy 289 356 Edwin Hanscom 140 Eleanor 311 Eliza 64 171 177 333 Eliza Ann 96 Eliza Dyer 38 Eliza Jane 180 Elizabeth 168 170 179 225 298 Elizabeth L 173

LIBBY (continued)
316 Elmira 292 Elzira Mary 38
Emma Elden 58 178 Enos 323
Esther 44 177 Eunice 171 181
182 355 Fannie W 204 Fanny
171 Ferdinand 310 Florence E
149 Frances E 146 Frances H
101 Frances Woodman 43
Frank Orville 35 Freedom 140
Freeman 40 George Ward 83
Hannah 140 207 320 Hanson
275 Harriet 29 136 Harriet
Olive 49 Harvey 285 332 Hattie
S 366 Haven 309 312 Henry 221
Hugh 292 Huldah 326 Huldah H
82 Irene 175 209 Isaac Harding
357 Isaiah C 207 Ivory 96 Ivory
Franklin 208 James I 58 Jane
75 171 176 216 310 Jarius 320
Jemima 212 John 172 179 362
John Adams 268 John Franklin
140 Joseph 349 Joseph Ralph
169 Joshua R 38 Josiah Black
22 Keziah 174 Levi 38 Levi
Stone 69 Liberty 177 Lou 83
Louisa Helen 169 Lucinda 177
Lucinda S 260 Lucy 254 Luther
187 Lydia 2 175 182 187 205
311 Lydia T 176 M 11 Mahala
P 16 Margaret 76 174 175 184
356 Maria 180 Maria H 296
Martha 35 81 176 218 Martha L
173 290 Mary 15 60 83 111 146
173 216 336 Mary 176 309 312
Mary A 275 Mary Ann 11 140
Mary B 208 Mary Eliza 180
Mary Ellen 172 362 Mary F
202 Mary Ingerson 22 Mary M
172 Mary S 153 Mehitable
Smith 40 Mercy 22 Meserve
173 Nabby 140 Nancy 96
Nathaniel 96 224 311 316 317
Nellie M 172 221 Nellie P 180
Olive Gray 60 178 Orville 107
Pamelia M 124 Parmenio 168
Patience 175 218 314 Phebe
170 254 Philemon 218
Philemon Jr 333 Phoebe 306
Polly 136 173 332 Priscilla
175 223 Rachel 187 Rosetta 26
Royal H 260 Rufus 329 Sally
96 177 349 Salome 157 172

LIBBY (continued)
Samuel S 82 Sarah 172 173 285
290 Sarah A 272 Sarah Ann 115
126 Sarah Hammond 315 Shuah
196 Shuah Ann 273 Sophia 286
Sophronia 290 Statira 351
Stephen 273 Stephen C 126
Susan 107 115 257 Susan
Abigail 35 Susan Annie 186
Susannah 290 Theodotia 292
William 44 177 314 William S
218
LINSCOTT, Abraham 180 Betsey
G 180 Hannah 153 Patience
209 Sally 228
LITTLE, Sarah 72
LITTLEFIELD, Charles
Frederick 361 Daniel 55 Emma
Elta 361 Hannah 55 195 Jennie
M 263 Lucinda 76 77 Lydia
180 Mary 312 Nora 344 Olive
359
LITTLEHALE, Lucy 308
LOCKE, Clarissa 22 Hannah 22
LOCKHART, Etta Ararene 24
Harriet C 24
LOMBARD, Bathsheba 229 Calvin
56 Eunice 56 170 181 347
Fanny 228 Harriet 336 Joshua
228 347 Lydia 228 Martha 180
Mary 180 Paul 181 Salome 188
Wentworth 170
LONGFELLOW, Stephen 195
LONGFORD, Rebecca 256
LORD, Abigail 72 183 Adam 182
Amelia 148 Betsey 158
Caroline 48 Clara Olive 34
Cyrus K 72 Daniel 189 David
Durrell 215 Emily 139 Emily A
369 Emily Jane 182 Eunice
182 368 Friend D 182 George
216 George C 147 Hannah 181
Hannah B 354 Harold 30 Har-
riet H 182 Helen A 99 Henry
139 Jacob 48 James 182 215
James F 320 James Freeman
322 Jennie L 63 John 99
Louisa 189 Lovina P 147
Lydia 182 183 215 216 Mar-
garet 228 Maria 182 Mary 53
72 134 183 215 368 Mary Ann
48 Mary Ellen 56 Mary

LORD (continued)
Shepherd 74 Mrs James F 320
Olive 115 182 Olive Knight 148
Paul 337 Paul Jr 53 Phebe M
204 Robert 56 Sarah 182 Sarah
A 337 Sarah B 182 Sarah Boyd
322 Sarah Bradbury 153 Sarah
M 368 William Godding 74
William N 72
LORING, Susan 21
LOUGEE, Almira B 258 Betsey
308 Gilman 258 Hannah 145
John 308 Lizzie H 331 Mary 76
Polly 308 Simeon 308
LOUIS, Mary Louise 207
LOVERING, James Monroe 219
Lydia 10 Orianna 219 Thomas
10
LOW, Bezaliel Jr 319 Fanny 319
James 94 Susan M 94
LOWELL, Albert 100 Annie
Laura 337 Benjamin 27
Charles Henry 362 Elizabeth
13 Elizabeth Jane 362 Hannah
130 Hannah N 299 Jane Moody
303 Jemima 27 Jesse 336
Mary Ann 100 Olive 100
LUNT, Isaac 150 Nancy 150
LYONS, Margaret 183 Peggy 183
LYSHON, Mary J 58
MACE, Anna 210 Frances Ann
351 Timothy H 351
MACOMBER, Joseph 184 Mary
184
MAINS, Hannah 323 Sarah 323
MALLOY, John 220 Sally 220
MANN, Daniel 98 138 Elizabeth
138 195 Emeline 42 Fashti 150
Hannah 195 Maria Whitmore
98 195 Mercy 364
MANNING, Hannah 195 Margaret
195
MANSFIELD, Martha 121
MANSON, Abby Davis 197 Abigail
45 144 196 199 Abigail Davis
126 Anna N 197 Annah Jane
122 Anne Eliza 197 Benjamin
45 126 209 Caroline J 200
Caroline Jane 98 Catherine 196
203 314 Ceba C 197 209 Christina Maria 209 Daniel 296 Dorcas 200 Eliza 108 121 198

MANSON (continued)
Elizabeth 198 Elizabeth G 198
Elizabeth Libby 197 224
Emeline 197 209 Eunice Annette 209 George 106 175 188
197 209 Hannah 124 201
Isabella 106 Jane 121 158 John
284 Joseph 280 Joseph P 113
Lizzie E 200 Lucinda 200
Lucy 296 Margaret 312 Mark
203 Martha 134 Martha R 196
280 Mary 130 188 199 200
Mary Letetia 358 Melville
Harrison 224 Nancy 200 Polly
199 Rachel 196 Sally 199
Samuel 176 Sarah 106 198 201
Sarah Jane 131 Sewall 17
Shuah 176 196 Shuah Libby 252
Stephen 130 Timothy 312 Ursula 113 201 Willard 358 William 98 124 201
MARCH, Benjamin 307 Eliza W
250 Elizabeth 179 Eunice 117
Jane 307 355 Keziah 174 Lydia
134 Mary 306 Melinda E 257
Samuel 34 Sarah 306 Stephen
250 Sumner C 257
MARCHO, Harriet N 336 Joseph
336
MAREAN, Charity 96 Emery 276
George W 96 John Enoch 96
Margaret L 276 Mary 96
Paulina 96 William 96
MARR, Abigail 211 Abigail
Sawyer 39 Almira 206 244 Ann
202 Anna 203 268 Benjamin
244 Betsey 274 Catherine 118
202 Dennis 183 Dorothy 203
Earl Of 201 Eleazer 274 Elisa
203 Eliza 128 229 Elizabeth
201 203 Elmira 206 207 268
Emma 203 323 Eunice 201
Fannie W 204 Fanny Ward 171
Harriet A 204 Irene 137 204
Isaac 229 Isaac Jr 324 James
347 James Jr 268 Jane 30 204
316 John 137 Joshua Libby 192
Julia W 358 Lydia 118 203 205
206 Maria 301 Martha 96 202
204 Mary 192 205 206 268 346
Mary A 46 Mary F 202 Mary
Jane 206 207 Mary Louise 207

MARR (continued)
  Olive 205 Phebe G 128 Phebe M 183 204 Polly 128 Rebecca Gilman 8 Robert Parker 96 Rufus K 207 Ruth K 206 Sally M 203 324 Salome 95 207 Samuel 30 Sarah 201 205 Susan 202 Susanna 202 205 347 Sylvester 171 Sylvia 85 William 268 346 William Parker 268
MARRIATT, Louisa Otis 290
MARRINER, Hannah 76 275 Mary Elizabeth 191 Thomas B 191
MARRITT, Orlando M 290
MARSHALL, Mary Ann 82
MARSTON, Amy E 208 Clara E 180 Elvira 45 207 John 94 Josiah 44 45 Sarah B 216 Sarah S 94
MARTIN, Abner 370 Eliza 250 Elizabeth 370 Elizabeth B 13 Hannah 167 John H 241 Leonard 344 Noah R 13 Phoebe 129 Rhoda Johnson 344 Sally 167 Sarah 370 Sarah Lizzie 241
MASON, Abigail 183 Amos F 31 Benjamin W 366 Martha J 148 Mary 366 Mary S 31 Roger 148
MATHEWS, Adeline Irish 296 David 296 Eunice C 296 Ezekiel 296
MATTHEWS, Elizabeth 49 Mary 31 Robert 31 Thomas 49
MATTOCKS, Henry 105
MAXWELL, Dorcas 170 Francis 170 Ivory K 195 Mary Hamblen 195
MAYBERRY, Betsey 40 Charles 42 Richard 40
MAYO, Betsey 274 Josiah 233 Maria Peabody 6 Mary 233 Ruth 339 Sarah E 63
MCARTHUR, Arthur 201 Catherine 316 Elizabeth 184 Isabella 185 James 184 281 Jane 44 John 184 Margaret 175 Mary 39 184 185 217 Polly 281 Sarah Prince 184 William 185
MCCARTEE, David C 181 Ellen M 181 Hannah 181 Isaac 181 Jackson 181 John 181 Lucinda 181 Lydia 181 Mary 181 Moses

MCCARTEE (continued)
  181 Robert 181 Sally C 181 Stillman 181
MCDANIEL, Eliza A 9 Elizabeth 216
MCDANIELS, John 139 Julia Ann 139
MCDONALD, Catherine 88 Dorcas 176 Emma Carrie 91 Harriet A 204 Lydia 186 Mary E 355 Miriam 258 Olive 186 Susan 138 Susan Annie 186 William Henry 91
MCINTIRE, Mehitable 193
MCINTOSH, Catherine 230
MCKEEN, Evans 134 Martha J 134
MCKENNEY, Abigail 188 193 Abigail Ann 56 190 Ann 189 Anna M 48 Artie S Peabody 192 Augusta Ann 210 Betsey 78 156 Calvin 224 249 Charles 188 Charles Gates 187 Dominicus 147 Eleazer 179 Eliza 192 Eliza D 213 Elizabeth 186 191 298 315 Eunice 148 189 264 Ezekiel S 166 Falker 362 Fred 113 193 Freeman 56 Hannah 156 188 190 193 211 363 Hannah E 282 Harriet P 309 Hattie Boynton 190 Henry 50 249 282 Humphrey 80 298 Humphrey Jr 264 Jane 192 Joanna 190 Joanna C 315 John 3rd 352 John Franklin 147 Joshua 48 181 Josiah 192 Katie 190 Lavina 80 Lizzie E 193 Louisa 183 Lucinda B 352 Lydia 29 80 187 190 285 303 Mahala 305 Maria 191 Martha 189 191 Mary 66 147 186-189 199 206 249 285 317 366 Mary A 190 194 Mary Ann 187 309 Mary C 246 Mary Elizabeth 166 Mary Ellen 187 Mary Parker 224 Mehitable 190 193 Mercy 357 Myles 194 Nancy 50 190 Octavia 190 Olive 179 297 Pamelia 191 Phebe 194 Philip 357 Rachel 193 Racker 191 Rebecca 188 Robert 265 Ruth

412

MCKENNY (continued) 188 249 Sally 187 265 Salome 181 188 359 Sarah 127 Sarah Bailey 348 Sarah F 222 Sewell 213 Simon 29 285 303 Susanna 108 Vista 187 William 156 William P 166 194

MCKUSICK, Frances A 316 Mary Ann 146 Nahum 41 Sarah 41 Thurston P 146

MCLAUGHLIN, Hannah 81

MCLELLAN, Annie 36 Annis 194 237 Dorcas 194 324 Ebenezer H 324 Elizabeth 308 Lois 342 Louisa M 194 Lydia Jane 4 Martha 121 309 Martha F 223 Mary Louisa 256 Polly 199 Rebecca 188 Waldo 256

MCLEOD, Charles 207 Thompsanna L 207

MCLUCAS, Hannah 242

MCROBERTS, Charity 92 John 92

MEADS, Amanda J 223 Ann Maria 209 Artemus 158 Ceba C 197 Christina Maria 198 209 Desire 158 208 Emeline 197 Eunice Annette 197 209 Irene 175 Marcus Alanson Granville 198 Mary 208 Mary L 208 Polly 152 Simeon Pease 197 Susan 208

MEEDS, Ann Maria 209 Christina Maria 209 Desire 208 Eunice Annette 209 Mary 208 Mary L 208 Susan 208

MEGQUIRE, Sally 286

MELLIN, Abigail 321 John 321

MELLON, Abigail 111 John 111

MENDUM, Dorothy 298

MERRIFIELD, Andrew 18 Anna 210 Anna Augusta 189 Augusta Ann 210 Elizabeth 209 Esther 242 Eunice 48 Eunice B 360 Gardiner Dennett 32 Hannah 348 Jane 18 Jane Anderson 210 John 130 Levi 189 Lucinda 369 Lucinda W 214 Margaret 166 Mary 130 Patience 209 Sally 48 Sarah 32 210 Sarah Ann 210 214 Simeon 209

MERRILL, Abiah 156 Annie 148 Charity 96 Eliza 222 Elizabeth

MERRILL (continued) 152 Hannah E 186 Harriet 112 Isaac 186 John 319 Joshua 351 Mary 108 112 Mary J 109 Olive H 319 Rosina 95 Stephen Jr 108 Susan 15 Sybil 54 Sylvia 351 William Jr 96

MERRIMAN, Thankful 98

MERROW, Abigail 104 Betsey 206 James 206 Olive 105

MESERVE, Abigail 204 211 Ann Maria 64 212 Anna 215 Annette Frances 211 Benjamin 8 151 Benjamin Frank 171 Betsey 212 Charles W 244 Cyrus 178 Deborah C 178 Dennis Marr 64 Dorothy 203 Edith 211 Edwin Wedgewood 141 Elisabeth 212 Eliza 212 325 Eliza Jane 212 Elizabeth 212 216 Elizabeth D 213 Elizabeth Dame 316 Ellen J 211 Elzira 85 216 Emily 214 246 Fannie E 59 Frances 213 Frank 76 Frank S 211 Frederick 210 George 178 316 Hannah 141 211 215 324 Hannah A 214 244 Hannah C 8 Hannah N 213 Harriet N 215 Henry 325 Henry Lincoln 2 Isaac 325 Isaac G 246 James Irish 317 Jane 179 216 Jemima 212 John 179 213 234 306 364 Joseph 85 322 323 348 Laura Anne 211 325 Lena Maud 2 211 Lizzie J 214 Lucinda W 210 214 Lucy R 324 Lydia 182 183 215 230 Lydia L 369 Margaret 174 Mary 79 183 213 216 217 323 Mary Ann 216 317 Mary Jane 215 Mehitable 212 Mercy Jane 217 Nancy B 211 325 Nancy C 214 Nancy Charlotte 171 Noble 310 Olive M 213 Patience 216 Polly 213 Richard 207 Rufus 346 Rufus Leslie 210 Sally 101 212 213 216 346 Samuel 85 Sarah 215 Sarah A 210 Sarah Ann 214 Sarah B 207 216 Sarah Ella 222 Sarah Jane 85 Silas 215 Solomon 230 Susan 212 310 Susan S 151 Susanna 359 Susie

MESERVE (continued)
 87 Susie M 211 Tabitha 6
 Thomas Jr 215 William 204
 William Foster 325
MESSEREAN, Mary E 114
METCALF, Jesse 295 Louisa 295
MILES, Alice May 11 169 Allie
 Dora 11 Annie L 11 Elizabeth
 A 11 Ezra 11 Lewis C 11 Mary
 130 Ruth A 161
MILLER, Anna 217 230 Betsey
 218 Catherine 39 Daniel 319
 Eliza 218 Elizabeth 217 Ida
 Emma 237 Jane Moody 218
 Katherine 60 Mary 39 184 217
 Maynard 237 Molly 247
 Patience 217 319 Polly 217
 Sarah M 94 Susanna 39 217
 Thomas 39
MILLIKAN, Susannah 120
MILLIKEN, Abby J 250 Abigail
 218 Asa 74 Deborah 230 336
 Elizabeth S 338 Emeline 309
 Emily 74 Ezekiel 230 274 336
 Franklin H 13 Hannah H 244
 Isaac 146 Isabella S 274 Jane
 137 Mary 146 Maryann 156
 Noah Emerson 156 Sally 218
 Sally Cotton 13 Samuel K 250
 Sarah 218 Shuah 127 Simon 309
MILLS, Charlotte Abby 260
 Eunice Monroe 291 Milton 291
 Webbs 260
MILTMORE, Sarah Prince 184
MITCHELL, Abner 307 Anna 281
 298 Catherine 219 Catherine N
 220 Daniel 281 Dominicus 298
 Elizabeth 125 Frances Dearborn 219 Harriet L 79 Harriet S
 289 Isaac 179 Isabel Frances
 219 Kate L 291 Lucella Clark
 289 Lucy 219 307 Martha 179
 Martha W 219 Mary 248 Mary
 M 176 Mehitable M 143 Nancy
 125 Robert 176
MONROE, Eunice Chase 165
 Merrick 165
MOODY, Ada E 224 Amanda Irene
 209 Amanda J 223 Benjamin
 189 250 317 375 Benjamin
 Small 209 Betsey 23 Catherine
 224 Catherine B 317 Charlotte

MOODY (continued)
 225 Clara Hubbard 43 Clarinda
 Elizabeth 223 Cyrus 227 Cyrus
 Hastings 123 Cyrus S 36
 Daniel 281 Eliza 222 Elizabeth
 170 221 222 225 281 Elizabeth
 B 224 Elizabeth Libby 197 Ellen Ella 334 Esther 226 Eunice
 Bradsen 257 Eunice C 103
 Hannah 223 Hannah Y 258 Harriet C 331 Harriet W 223 Harris B 47 Jane 35 John P 214
 Jonathan 134 Joseph 35 250
 Leander 188 Louisa M 221
 Louisa Maria 143 325 Lovina
 21 Lydia L 223 Margaret 221
 Margaret M 48 Martha F 195
 223 Mary 87 189 250 Mary
 Jane 36 221 227 Mary Parker
 224 Mary R 221 300 Mary
 Small 35 223 Melinda Jane 123
 222 Mercy 134 Moses 136 170
 Nancy 220 225 Nellie M 172
 Newell 300 Octavia 136 221
 Olive 159 Priscilla 176 223
 Rebecca 220 Rhoda 225 Robert
 John 334 Sally 113 188 224 231
 375 Sarah B 221 Sarah Ella 214
 222 Sarah F 222 Sarah Y 351
 Simon 176 Steve 125 208 Susan
 21 224 Susan S 47 Susanna E
 220 Walter Hagens 143 325
 Walter Higgins 48 Wedgewood
 195
MOORE, Annette M 168 David M
 Jr 300 David Miller 222 Eliza
 161 Elizabeth 226 300 Esther
 222 226 Frances E 32 Hannah
 227 Harriet 226 Harriet S 38
 227 Henry C 36 221 James P
 32 Jane W 364 John 38 John A
 168 Katie E 225 Katie M 65
 Mary 343 Mary Ann 227 Mary
 G 289 Mary Jane 36 221 225
 Sarah 225
MOORS, Mary E 146 Sophia 318
MOREY, Eliza 60
MORRELL, Sophia Ann 61
MORRILL, Abigail 239 364
 Elizabeth L 348 John A 186
 Mary 186 Mercy Jane 217
 Susan E 109 Thomas 364

MORRIS, Sarah 205
MORRISON, Charity 228
 Elizabeth 228 George W 62
 Jemima 228 Jesse S 62 Lydia
 M 62 Margaret 228 Mary 228
 Mehitable 228 Priscilla 338
 Sally 228 Susan P 62
MORSE, Ann M 188 Ephraim 188
MORTON, Abigail 229 Bathsheba
 229 Betsey 28 229 Charity 229
 Ebenezer 28 Elisa 203 Emma
 D 229 Eunice 228 Isaiah 229
 Lavinia 116 Lizzie E 193
 Lydia 228 230 Margery 268
 Martha 154 Olive E 229 360
 Ransom 360 Salome B 101
 Sarah 228
MOSES, Celia M 47 Charles A 47
MOSHER, Dolly Frost 259 Rufus
 259
MOULTON, Alvin C 255 368 Betsey 24 Cutting 230 Deborah
 336 Ebenezer 24 Elizabeth D
 24 Emily 368 Emily Jane 255
 Frank 160 Hannah 230 John
 336 Joshua 326 Laura Frances
 32 Levi 25 Lucy 32 Lucy B
 114 Lydia 326 Mary Ann 25
 Nellie May 160 Salome K 369
 Susan 352
MOWER, Lowell M 302 Mary
 Clark 302
MUDGETT, Charity 228 Louisa
 Maria 143 Simeon D 143
MULLOY, Alvah 109 Alvida 252
 Anna 16 217 230 Catherine 39
 230 Edward 35 Elizabeth 42
 230 Ellen Jane 231 Eunice 231
 Hannah 230 Hannah B 231 Jane
 36 Margaret 35 231 Martha Ann
 231 Mary Ann 169 Nancy 230
 Sally 231 Thomas 42
MURCH, Aaron 155 Eliza 38
 Eliza Ann 233 George G 233
 Hannah 342 John M 161 Laura
 E 161 Lauraite 161 Martha
 Jane 355 Molly 81 Polly 155
 Rebecca 25 Sarah 64 Sarah A
 53 Sewall L 355
MURPHY, Deborah 12 Sarah C 91
 Thomas 12
MUTCHEMORE, Mary 305

MYRICK, Eunice Jewell 171
 James 171
NASH, Joseph 297 Sarah 286 297
NASON, Abby H 235 Abigail 28 51
 232 235 239 283 Annette 238
 Annie 232 Annis 194 237
 Augustus 4 14 Beniah 88 Benjamin 110 231 Benjamin E 123
 Betsey 14 27 238 240 242 266
 Betsey E 235 Catherine 88
 Clara 245 Cora Ella 63 Cynthia
 E 237 David 238 Dorcas 88
 Edward 231 283 284 Eleanor
 239 242 Elisha 129 Eliza 14
 239 Eliza Ann 62 Eliza B 240
 Elizabeth 141 163 232
 Elizabeth J 237 Ella F 242
 Enoch Jr 242 Esther 242 Ezra
 Davis 88 Flora 236 Flora
 Nason 236 Hannah 234 240 242
 Hannah E 235 Harriet 237 Harriet B 238 241 Harriet Nason
 237 Henry 309 Irving 40 Isaac
 239 James 238 Jemima 46 120
 240 Jennie M 240 John 164 231
 233 240 242 305 333 John Jr 62
 Jonathan 64 Joseph 231 Joshua
 239 Lavinia 62 241 Loantha A
 7 Lovina A 239 Lucinda F 240
 Lucy 4 14 239 Lucy Ann 238
 240 Lydia 93 164 236 Lyman
 62 Marcy 14 Margaret 88 Martha 85 232 234 Martha A 238
 Martha M 239 Mary 14 88 106
 110 232-234 241 333 370 Mary
 E 249 Mary Frances 239 Mary
 L 162 Mary S 118 Mehitable
 233 Moses 14 Nancy 16 233
 242 Narcissa 239 324 Nathan
 370 Nelson E 194 Olive 14 311
 Olive C 238 Osgood 240 Phebe
 364 Polly 85 304 Prudence 305
 Rhoda 235 309 Robert 88 231
 Rosa 237 238 Roxanna 240
 Sally R 234 Samuel 14 88 231
 Samuel Haines 14 Sarah 64 88
 91 234 239 Sarah F 237 238
 Sarah J 233 Shuah 235 239
 Shuah Nason 235 Simon 239
 Sophronia 129 238 Susan 235
 Susanna 123 233 241 242
 Susanna K 284 Susannah 88

NASON (continued)
  Susannah K 232 Thaddeus 324
  Thankful Mary 239 William
  141
NEAL, Abigail 55 Clarinda
  Elizabeth 223 David T 66
  Eleanor 78 Harriet B 59 Mary
  66 Rhoda 97
NELSON, Caroline J 168 Margaret
  R 8 Moses 8 Oliver 8 Rebecca
  H 8 Rebecca Hardy 8
NEVERS, Almina M 373
NEWBEGIN, Anna 346 Betsey
  374 John 370 Octavia 190
  Ruhama 370
NEWCOMB, Ann 40 Dorcas 24
  146 Eben Lewis 12 Eliza 12
  Sarah F 50 William Thayer 40
NEWELL, Harriet A 330
NEWHALL, Abigail B 121 S
  Phillips 133 Salome B 133
NICKERSON, ---- 13 Elizabeth
  13 Hanover S 247 Harriet S 247
NOBLE, Annie E 237 Christopher
  Jr 267 Eliza Ann 366 Elizabeth
  267 Frances 310 George 311
  Joanna 267 311 John 267 366
  Martha 191 Rachel 366 Rufus
  W 366 Sarah 311
NOLAN, Gertrude L 359 John J
  359
NORCROSS, Emma E 60 Eunice
  217 Gideon L 60 Nathaniel 217
NORRIS, Liberty 177
NORTON, Abigail 100 Abra 243
  Ann 246 Ann Maria 82 Anna 85
  370 Asenath 359 Benjamin 117
  Benjamin Franklin 361
  Caroline P 243 Carrie 36
  Charity 92 Clara 245 Clark H
  82 Daniel 141 David C 16
  Della M 16 Edward Warren 12
  Eliza Jane 244 361 Elizabeth
  243 Elmira 207 Emgene 245
  Emily 214 Eunice 117 244
  Fidelia 16 246 Florence S 39
  Francena 246 Hannah 242 243
  245 277 Hannah A 214 Hannah
  Elizabeth 82 Hannah H 244
  Ivory 277 James 243 Jane B
  246 277 Jane Woodman 83
  John M 193 Joseph 370 Josiah

NORTON (continued)
  Jr 92 Lillian Louise 246
  Louisa 51 244 Lucinda 243
  Lucinda B 12 Lucretia 130
  Lydia 244 Martha 246 Mary
  245 Mary Ann 141 246 Mary C
  193 246 Mary Etta 246 Mary S
  141 246 Nancy 243 Nancy W
  83 Nathaniel 85 277 Rebecca
  245 Roger 341 Rufus C 51
  Sally P 324 Sarah Jane 246
  Susan 244 Will 15
NOYES, Abigail 72 299 Cyrus 97
  Edward 97 Margaret Austin 97
  Robert H 72 299
O'BRIEN, Mary 40 Mary Caroline
  78 Olive W 137 William L 40
O'BRION, Abigail 80 John 347
  Margery 303 Mary N 347
O'RION, Molly 247
OAKES, Bradford 46 Phebe 46
OLMSTEAD, J W 266 Sarah A
  266
ORDWAY, Jonathan Burbank 254
  Mehitable 247 254
OSBORNE, Susan C 247
OSGOOD, Angeline E 373 Hannah
  2 Martha L 105
OTIS, Anna Small 179 247 248
  David 179 Harriet G 248 Mary
  Poole 248
OWEN, George Henry 334 Mary
  Frances 334
OWENS, Mary M 98
PACKARD, Louisa 143
PAGE, Caroline D 102 Cora E 62
  Dorcas 304 Mary 248 Mary
  Dow 248 Olin D 62 Samuel C
  304 Sarah B 248
PAINE, Ann Elizabeth 149
  Chlorie A 361 David 92 Eliza
  Ann 92 Ellen Frances 150
  Francis 226 Harriet 226 Jane
  286 John K 286 Louisa 248
  Marshall 149 Mary Ann 246
  Phineas I 150 Polly 92 Samuel
  L 92 Sarah S 250 William 248
PAINTER, Isabella 185
PALMER, Elijah B 280 Mary 266
  280
PAQUES, Eliza 307
PARKER, Abby M 249 Anna 33

PARKER (continued)
Annis 194 Benning Esq 253
Betsey 119 248 Catherine 47
Charles W 278 Chase 119
Dorothy 89 Elias F 240
Eliphalet 303 Eliza 14 Emma
D 135 Jane 303 Jane D 119
Joshua 57 Lewis D 132 253
Martha Ella 278 Mary 47 189
248 249 274 Mary E 240 249
Mary Jane 253 Mary Susan 132
253 Naomi Stinson 253 Ruth
188 Sally 31 Sally L 253 Susan
Foss 296 Sybil A 253
PARKHURST, Elisha 158
Mehitable 158
PARSONS, Almeda 251 Elmira 22
Fannie W 70 Fisher A 144
Francis H 86 Hannah 53 Harriet 144 Hattie F 86 Joseph
Edward 251 Mary 195 Samuel
195 Thomas 53
PATCH, Sarah 304
PATRICK, Ellen E 101 Hannah
101 Martha 232 368 Thomas
368
PATTEE, Charles A 293 Susan M
293
PATTERSON, Dorcas 127
Elizabeth 94 Lucy Ann 74
Nahum 127 Thomas H 74
PEARL, Annie W 166 Isaac 166
PEARSON, Mary Pease 304
Samuel Jr 304
PEARY, John 347 Mary 347
PEASE, Abigail B 243 Fanny M
350 Hannah 299 Joanna P 116
John Milton 207 Lavinia 116
Lydia Ann 207 Mark 84 116
Mary 147 Mary Ann 147 Mercy
58 Nancy 101 Nathaniel 243
Rachel 84 Roscoe G 350 Sarah
125
PEAVEY, Rhoda W 33 William F
33
PENDEXTER, Almira 166 Ann
178 Betsey 166 Georganna F
111 Henry 178 Jerusha 166
Mary 166 Nancy 178 Nathan H
111 Rebecca 319
PERKINS, Amelia 148 Daniel F
55 Deborah N 55 Diantha A 237

PERKINS (continued)
George Otis 237 James A 159
Jane 148 Josephine C 337
Martha A 90 Mary Jane 147
Sally 18 William 148 William
John 188
PERRIN, Dorothy 27 304
PERRY, Charles S 226 Lizzie
Martha 226 Luther 280 Maria J
41 Mehitable 228 Samuel F 41
Tabitha 280
PETERS, Edith 326 Edith May
331 Joseph 331
PETTEGREW, Mary E 347
PETTIGREW, Lucinda 200
PETTINGILL, Betsey 10
PHENIX, Sarah 369
PHILBRICK, Betsey 76 Catherine
320 Elisha 320 Fanny 323
Zelma 273
PHILBROOK, Abigail 13
PHILLIPS, Ellen Maria 365
Timothy S 365
PHILPOT, Andrew R 13 Elmira H
13 John Bennett 198 Maria 198
Martha E B 259 Mary E 110
Samuel 110
PHINNEY, Abby S 364 Eli 364
Hannah 195 Lothrop L 206
Margaret 301 Mercy 364 Sally
Jane 206
PHOENIX, Asenith 116 Elizabeth
115 Joanna 116 Juliet B 5
Olive 115
PIERCE, Louisa P 121 Mary 254
Nicholas 145 Susan 202 208
Susanna 145
PIKE, Abbie Luella 317 Abigail
Black 290 Abigail Small 36
Alden 337 Almira 12 Amanda
Elizabeth 324 Bennet 258 Bennett 290 Dolly M 2 Eleanor 65
Elizabeth Adams 219 Ezra B
36 219 Hannah 153 Hannah B
313 Hannah Hubbard 153 Henry
Bennett 324 Irene 1 John Jr
153 Joseph D 12 Maria N 258
Martha Ella 337 Mary 68
PILLSBURY, Alfred F H 127
Anna Frost 127 Anna Mary 331
Emeline Milliken 259 George
Washington 316 James Frost

PILLSBURY (continued)
 127 John Henry 127 Mary E
 127 Nancy 127 Nancy Maria
 126 Shuah 127 Statira F 316
 William Cobb 126 127
PINGREE, Edmund P 87 Isaiah
 229 Maria 87 Mary Ann 87
 Sarah K 87 Zilpha M 5
PINKHAM, Martha Ann 231
PIPER, Ellen Adalaide 197 John
 W 197 Mary Jane 52 Samuel F
 52
PITTS, Ella J 1 Leonard 1 Lyman
 S 1 Neal 1
PLAISTED, Alice 251 Arabella
 292 Arabella Plaisted 251
 Carrie Luella 251 283 Dorothy
 36 Eliza 250 Elizabeth 221 348
 Eunice 250 330 Frances S 251
 351 Geo Wilson 251 292 Hannah 250 282 284 John 12 John
 Newton 283 John T D 22 Lydia
 251 Martha B 22 Olive 205
 Samuel 250 330 Sarah S 250
 Simon 284 351 Thankful 12 250
PLUMMER, Abigail Yeaton 31
 Mary 180 Mary Ann 225 Phebe
 281 Sarah 2 William 225
POMROY, Anne 253 S L 253
PORTER, Abigail 18 Esther 104
 Eunice 95 Henry 95 Joseph 104
 Martha Jane 55 Rosa 238
 Stephen 18
POTTER, Sally Fitch 11
POTTLE, John S 140 Nancy H
 140
POWERS, Ellen M 256 Hannah
 243 Marian 61 Rebecca 118
 Timothy 243
PRATT, Henry Paul 98 Jane
 Moody 218 Nancy Ziporak W
 98
PRAY, Asel 240 Ellen M 240
 Hannah 118 240 John H 313
 Levi 118
PRENTICE, Artemus 306 Eunice
 306
PRESCOTT, Annie B 71 Maj Gen
 113
PRIDE, Louisa F 73
PRINCE, Hannah Larrabee 97
 Lucretia 369

PROCTOR, Francis 367 Sally 367
PUGSLAY, Mary 100
PUGSLEY, Andrew Walker 275
 Ann 353 Anna Merrifield 210
 Arvilda 189 Benjamin 211 Calvin 210 Daniel 39 55 Forest
 210 Hannah 247 Hannah A 55
 Jane 367 Jeremiah 210 John
 179 247 Julia Ann 1 55 Levi M
 210 Lucinda F 159 Lydia 41
 Marinda 211 Mary 211 245
 Mary A 48 Meriam 275 Moses
 W 55 Nancy 211 Rebecca 210
 Sally 179 Sally Ann 210 Susan
 310 Willard 189
PURINGTON, Abbie Johnson 174
 253 Alvida 252 Cora Lizzie 43
 Eleanor 17 Hannah 252 Helen
 252 Herbert 43 Jennie E 252
 John 97 John 17 John Manson
 174 Lizzie 252 Lydia M 290
 Martha 252 Mary 252 Mary
 Abigail 101 Nettie Shuah 5
 Otis 290 Shuah Libby 197 252
PURRINGTON, Helen Louise 283
 Herbert F 283
QUIMBY, Josiah P 368 Sarah
 Bryant 368
QUINCY, Anna 253 Joseph 78
 Mary 253 Mary Caroline 78
 Nancy 92 253 Polly 166
QUINT, Eliza A 324 Sarah A 135
RACKLEFF, Mehitable 233
RACKLIFF, Anna 254 285 Benjamin 285 Dominicus 285 Lucy
 254 Mary 254 285 Mehitable 88
 247 Sarah 254
RAND, Abigail 229 Alonzo T 99
 Amelia Augusta 99 Edward C
 93 Hannah 93 Hannah W 25
 Roseatha 330 Sarah C 105
RANDALL, Anna L 160 256 Benjamin 183 Charles Ervin 160
 Charlotte P 160 Edward B 254
 Ellen M 256 Emily 368 Eunice
 255 328 Fred 137 255 Hannah
 Jennie 108 Isaiah 266 328
 James Edward 160 Jennie M
 240 Kate L 256 Lottie P 256
 Louisa M 194 Lovina 22 Margaret 183 Mary 82 254 Nancy
 200 Noah 138 Olive 266 Peggy

RANDALL (continued)
183 Rebecca 256 Reuben 22
Ruth Garey 138 255 Sarah 254
Susan 255 Susan J 255
RANDEL, Polly 16 Shadrack
Walton 16
RANKIN, Eliza 1 Enoch 1
Patience 155
RANKINS, Martha 257
RANSHAW, Mary Jane 344
REDMAN, Patience 28
REED, John D 97 Martha A 373
Mary Elizabeth 97 Susan J 335
RICE, Mary 117 Sarah 95 Thomas
117
RICH, Annie 227 Ella M 107
Grenville 227 Herbert Leroy
227 John 157 Mary 157 Sally
119
RICHARDS, Benjamin 235 Clara
Josephine 39 Henry Edgar 39
Jonathan 68 Loantha Arvilda
235 Mary 68
RICHARDSON, Abbie J 260
Abigail 69 259 Abigail F 259
Albert J 99 Albion S 350
Amanda H 259 Ann Maria 337
Anna 136 257 307 355 Anna
Maria 261 Artemas 154 Betsey
A 259 337 David 174 254 355
Dorcas A 259 Dorcas Hubbard
154 Dorothy 42 127 261 Elisha
127 Eliza A 260 Elizabeth C 2
Emeline Milliken 259 Erastus
A 337 Eunice Bradeen 221
Eunice Bradsen 257 Eva G 99
Fannie Maud 260 358
Frederick 224 George Frost
136 Gertrude Emma 257 Hannah 258 Hannah Y 224 258
Isaac 69 James 331 James
Chadbourne 358 Letetia
Eulalia 358 Louise M 265
Lucy N 51 Lydia Ann 259
Maria L B 257 Maria Louise B
331 Marshall Lewis 161 Martha A 161 259 Martha E B 259
Martin B 221 Mary 261 298
Matilda 99 Miriam 258 Nancy
258 307 Olive T 259 Orinda H
350 Rebecca 261 Samuel 51
Sarah 257 Susan 257 Susannah

RICHARDSON (continued)
174 Thaddeus 221 Thomas 307
Wiley 257 William 42 William M 221
RICKER, Alice 44 Ann 321 Isaiah
G 321 Jabez 241 370 Joan 321
Margaret 40 Mary 75 241 280
370 Mary Bangs 80 361
Nathaniel 80 361
RIDLON, Abbie J 260 Betsey E
235 Clarence E 211 Dolly 262
Eleanor 184 Franklin 372
Georgia A 211 Gideon T 338
Ida M 23 James Hopkinson 295
Jemima 93 261 Jesse 152 John
Frank 90 Jonathan 342 Lois
342 Mary 262 Mary Ann 9 Matthias 184 Patience 175 Robert
9 218 235 Sally 218 Sally B
152 Sarah A 372 Stephen 39
Susan 235 Susan S 295
RIGGS, Mary 249
RILEY, Almira 21 Almira B 238
Lydia 240 Reuben 240 William
238
RINES, Anna 17
ROBBINS, Levi 183 Sarah J 183
ROBERTS, Alonzo 240 Catherine
118 Ernestine A 62 Esther 118
Evelyn Frost 302 Frederick
302 Hannah Melissa 240 Harriet N 215 Jane 7 Leucia
Johann 277 Mabel Louise 86
Rufus A 62 Sally 216 Samuel
Jr 118 Sarah 269 Sarah E 327
Wilbur Leonard 86
ROBERTSON, Lydia 135
ROBINSON, Abigail 322 Ann
Libby 263 Betsey 262 264 265
Caroline 134 Cordelia D 265
Deborah 262 Dorcas 264
Eliakim 138 Elizabeth 138 262
Ella F 226 Eunice 189 Eunice
W 345 George 135 265 Hannah
264 Hannah B 265 Humphrey
Mckenney 265 Jane 264
Jedediah 101 262 Jennie M 263
Lavina 263 Lydia 285 Mark L
33 Mary 119 188 Mary E 114
Mary Jane 311 Mary M C 265
Mehitable 263 Mehitable C 263
Mehitable Cummings 33

ROBINSON (continued)
  Melinda J 265 Olive 101 264
  Rebecca 135 263 Sally 187
  Samuel 119 Sarah 264 Sarah B
  263 Susan H 265 William
  Henry 345
ROGERS, Desire 77
ROODE, Martha G 92 Ralph W 92
ROSE, Abigail 17 265 Ambrose P
  28 Charity 321 Dorothy 266
  Joseph 17 Mary 266 Olive 255
  Ruth 266 Ruth W 28 Sally 266
  Sarah 265
ROSS, Ann T 156
ROUNDS, Abby M 249 Betsey 14
  267 Charlotte 100 266 Daniel
  100 Edwin 297 Elizabeth 267
  Eunice 267 Frederic 303
  George S 296 Gerry Jr 95 Harriet O 43 Lizzie F 297 Mary
  310 Mary E 310 Miriam 303
  Mrs George S 296 Nancy 267
  Olive 14 Sewall 14 Sophronia
  95 Stephen 14
ROWE, Apphia 93 Benjamin 267
  Deborah 305 Jane 362 Larazus
  1 Lazarus 130 Louisa 244
  Martha 130 Mary 83 267 338
  Molly 267 Noah 338 Oliver P
  304 305 Patience 304 Patty
  130 267 Rachel 267 Sarah 265
  Thomas 244
RUHAMAH, Amy 370
RUMERY, Jemima 228
RUMMERY, Abigail A 348 Joseph
  331 332 Nancy E 159 Patience
  331 Thomas Jefferson 159
RUSSELL, Benjamin 139 Clara E
  38 John S 234 Lucy Ellen 139
  Martha 234 Sarah 139
RYAN, Thankful 81
SAFFORD, Esther 89 John 89
  Sarah 151 Stephen 151
SAMPSON, Cephas C 294 Clara B
  370 Irene 294
SANBORN, Abbie J 82 Abel 351
  Abigail 192 Alfred P 237 Almira 206 Amelia D 351 Annie
  E 237 Annis Marr 39 Aravista
  Diantha 357 358 Benjamin
  Franklin 237 Betsey 156
  Catherine G 7 Charles 71

SANBORN (continued)
  Daniel 303 Diantha A 237 Eli
  365 Enoch Augustus 237 Fanny
  Davis 365 Frances Jane 273
  Hannah 193 Hannah M 250 Ida
  Emma 23 237 Isaac N 39
  James C 351 James Monroe
  250 Jesse B 7 Joanna 303
  Josiah 192 Josiah Greenleaf
  273 Lydia 237 335 Lyman
  Brackett 237 Margaret E 117
  Martha 71 Mary 261 Mary E 71
  Mary Jane 349 351 Morrill
  Benjamin 237 Rachel 267
  Rhoda W 237 Robert A 117
  Sally 164 Sarah 325 Susan A
  114 Susan P 16 Winfield S 114
SANDBERG, Annis Marr 39
SANDERS, Edward F 196 Evelina
  196
SANDS, Ellen Amanda 10 John
  262 Robert 10 Sally 262 Sarah
  J 10
SARGENT, Charlotte Neal 151
  Clara B 350 Eliza M 183 Levi
  151 Martha 246 Mary 247 Polly
  262 Rebecca 245 Richard Jr
  247 Robert 183 William 262
SAVAGE, Abigail Rose 321 Dennis M 321 Melvina R 287 William R 287
SAWTELLE, Benjamin A 109
  Mary Arvilda 109
SAWYER, Abigail 268 274 Agnes
  H 174 276 Albion P 128
  Alexander Scott 31 Alice May
  24 Almeda Elizabeth 46 Almon
  L 172 Amanda M 51 Anna 203
  Arvilla Melissa 150 Augusta D
  87 Autien W S 274 Benjamin F
  275 Benjamin R 80 Benjamin S
  145 Betsey 18 274 367
  Caroline 236 271 Caroline S
  269 272 Catherine 6 Catherine
  W 203 Charlotte Ann 11 Charlotte Neal 172 Christopher D
  203 Desire 80 276 Ebenezer 76
  105 Edmund 119 Eliza 102 274
  288 368 Eliza Jane 268
  Elizabeth 268 274 Elizabeth B
  271 Elizabeth Frost 327 Elmira 206 Elzira Mary 38

SAWYER (continued)
Emeline S 31 Ephraim 288
George 185 Greenleaf 67 Hannah 6 76 230 245 275 Harriet
276 Harriet O 350 Harry 24
Henry Melville 272 Ida F 51
Ida P 272 Ida Theresa 274
Isaac 37 Jacob 174 James 124
James B 80 Jane 67 276 Jane
B 246 Jerusha 105 140 274
Joanna 274 John 38 116 Joseph
274 Joshua 270 Lemuel Jr 19
Lizzie J 272 Louise 275 Lydia
76 84 268 Lydia Ann 25 Margaret D 145 270 Margery 268
Margery H 229 Maria Lucy 2
Mariah 272 Mark 156 Mary 19
80 143 185 205 270 273-275
336 346 Mary A 102 Mary Ann
273 Mary E 272 Mary Eliza
370 Mary Ellan 359 Mary Ellen
37 272 Mary Peavey 270
Mehitable 212 269 Mercy J 25
Michael 229 Nathaniel 269 299
303 Nellie P 180 Olive Mary
279 Orville 370 Phebe Southwick 80 276 Phineas 236 Polly
217 271 Rachel 269 310 Ralph
71 268 Rebecca 256 310 311
Sally 271 Sally Hazeltine 70
270 Salome 277 Salome M 325
Salome Maria 142 Samuel 119
Samuel S 70 Sarah 269 272 277
299 Sarah A 272 Sarah F 116
Sarah G 67 Sarah P 269 Sarah S
371 Selina 64 Shuah 270 303
Smith L 327 Smith Lewis 46
Smith Longford 256 Sophia 124
Susan 273 Susanna 119 274 275
287 Sylvania A 273 Thomas
James 269 Thomas P 350
Whitmore 2 William 76 368
William H 51 Zana C 271
Zebulon K 256 Zelma 273
SAYLES, Frances 213
SAYWARD, Lydia A 315
SCALES, James B 122 Jane Manson 122 Mary Brackett 122
SCAMMONS, Charles E 256
Eunice A 256 Susan J 255
SCHELLINGER, Daniel 229 Sarah
229

SCHERMERHORN, Elizabeth
Giles 370 Richard Everett 370
SCOTT, Daniel 94 Phebe Plummer 94
SCRIBNER, Caroline 330 Ivory
Hall 117 Lydia March 117
SEALAND, Edward Coter 336
Mary 336
SEARS, Patience 209
SEAVAY, Eleanor 144 Ezra B 144
SEAVEY, Almira M 137 Anna 34
278 Atkinson 137 Eastman 309
Eliza N 278 309 Ellen 278
Hannah 278 Hannah B 294 Harriet N 279 Josephine R 199
Manson 199 Mary 336 Mary S
279 Olive Mary 279 Putnam 34
Sadie L 236 Susan 293 Susan P
137 277 Thirza 277 Threphena
277
SEDGELEY, Isabella 123 John
123
SEDGELY, Elizabeth 333
SEDGLEY, Anna P 223 Joanna
190 Judson 280 Judson Albert
223 Levi 124 Levi R 161 Martha 161 280 Martha R 196 Mary
280 Sarah P 280 Serena B 124
280
SEELEY, Charles H 88 Maria 88
SEGON, Albert Franklin 53 Arthur
B 53 Cyrus Moody 53 Daniel
53 Harriet 53 Mary 53 Nina B
53 Thersa Annette 53
SELLEA, Caleb 294 Elizabeth D
294
SEVERANCE, Eliab 366 Sarah
366
SEVERENCE, Celesta 30 Walter
H 30
SHACKFORD, Elizabeth O 280
373 Isabella 280 Joseph F 373
Theodore 280
SHACKLEY, Mary Jane 338
SHAUGHNESS, Margaret A 344
SHAW, Adalbert W 215 Albion K
P 334 Almeda B 215 Dorcas
168 George 168 Martha 257
Sarah Jane 334
SHEPPARD, James 161 Sarah 161
SHERMAN, Avis C 321
SHIRLEY, John 24 Rosilla C 24

SHOREY, Mary 254
SIBLEY, Persis 22
SILVER, Abigail M 239 Albert W 239
SILVESTER, Louisa 104
SIMONTON, Elizabeth 262
SIMPSON, Mary 275
SINCLAIR, Mary Eliza 180 Mary Peavey 270
SKILLINGS, Catherine Surplus 205 John 81 Joseph Jr 243 Mary 243 Samuel 205
SLOPER, Lydia 180
SMALL, Abbie A 294 Abigail 19 35 72 232 268 299 Abigail Ann 283 Abigail B 21 Achsah 307 Adaline 300 Albert 206 Alfred 251 291 Alice 374 Alma J 114 Almeda Lane 293 Almira 344 Alvah 300 Anna 116 254 285 293 Arabella 251 292 Arvilda W 204 Asa 193 Asel T 277 Barzillai 136 Bathsheba 307 374 Benjamin 60 181 298 Benjamin F 169 Benjamin Oscar 88 Bethiah 284 Betsey 49 136 285 296 298 314 364 Betsey W 289 Caleb 14 Caroline 282 304 Caroline M 277 Carrie Luella 251 Charles 43 Charles E 86 Clarissa H 294 Cordelia 73 282 Cyrus 299 Daniel 27 157 177 304 340 374 David 72 David Sumner 371 Deborah 305 341 Desire 78 303 Dolly 304 Dorcas 134 Dorothy 27 179 289 298 304 Drusilla 325 Edward 91 Edwin 43 Effie 43 Eleanor 73 125 Eliza 152 165 274 281 291 298 301 305 307 356 Eliza J 333 Elizabeth 88 91 186 222 226 281 289 294 354 374 Elizabeth D 14 294 Elizabeth Dam 86 Elizabeth Horton 287 Elizabeth W 151 Ellen Florence 43 Elmira 123 173 292 304 315 Emeline S 114 Emma A 60 288 Ephraim 279 Ervin 226 Etta C 304 Eunice 171 306 Eunice H 57 Eunice Hight 286 287 Ezekiel 318 Ezra Davis 4 Fanny 300

SMALL (continued)
Frances 374 Francis 63 179 Francis Jr 346 Fred Buxton 171 George 57 297 George Melville 301 Hannah 64 188 195 250 282 284 285 288 292 299 301 303 307 Hannah A 160 Hannah B 279 294 Hannah E 282 299 Hannah N 299 Harriet 305 Harriet S 220 289 Helen 252 Henry 165 285 Henry Clinton 60 Henry Jr 273 Huldah 304 Humphrey 173 Isaac 155 270 303 Isaac 3d 72 Isaac 3rd 298 Israel Jr 207 Jacob 304 Jacob Jr 19 James 14 135 279 374 James F 180 James Godfrey 220 James Madison 249 Jane 138 301 Jane Moody 303 Jane S 293 Jane Whitney 371 Joanna 284 John 78 285 John Henry 151 Joseph 155 Joseph Chase 250 Joseph D 173 Joshua 127 291 298 Joshua W 301 Joshua Wingate 283 Judith 155 Julia Etta 86 Julia Stone 344 Kate L 291 Lavinia 357 Levi 123 315 341 Lillian H 287 Lizzie 59 Lucinda 295 Lucy 72 219 295 307 318 332 Lucy Catherine 220 Lucy Ellen 180 Lucy T 290 Luther 270 Lydia 29 190 285 295 298 Lydia Hill 207 Mahala 193 305 Marantha A 34 Margaret 301 Margery 303 Maria 180 206 301 Marrietta 296 Martha 72 176 Martha J 307 Martha L 173 Mary 349 Mary 4 4 19 34 37 60 63 71 72 155 185 254 281 284 285 295 298 301 302 305 306 Mary A 282 307 Mary Adams 288 Mary Ann 299 Mary F 127 Mary G 226 289 299 Mary R 221 Mary S 1 23 Mehitable 155 Melinda 289 Melville 270 Mercy 89 Mercy C 332 Meriam 301 Moses 188 Nancy 258 283 304 Nathan C 73 Olive 21 293 297 306 Otis 360 Patience 304 Phebe 93 281 Polly 304 374 Priscilla 288 Rebecca 132

SMALL (continued)
Reuben 204 Rhoda Johnson 346
Richard 340 343 Robert 21
Rose Ellen 308 Rufus 305 Ruth
340 Sally 271 286 292 303 375
Sally Barton 349 Sally Cotton
302 Samuel Nye 4 Sarah 10 173
198 272 285 286 290 297 304
306 Sarah Barnes 307 Sarah H
169 283 Sarah J 10 Sarah L 297
Sarah M 297 343 360 Sarah
Megquire 357 Scott 291 298
300 Shuah 270 303 Simeon 341
344 Sophia 177 286 321 Susan
293 304 Susan B 279 Susan
Foss 249 296 Susan H 58
Susanna 157 273 274 285 287
298 Susannah 155 Susannah K
232 Susannah Kennard 318
Thankful 300 Timothy 304
William Hobson 308 Winborn
A 160 Winfield Scott 220 Zana
C 271

SMITH, Abigail 81 95 297
Alexander 57 93 Andrew H 255
Angdella 38 Angie 38 Anna 17
307 Athalinda 122 Benjamin 17
Benjamin H 278 Betsey 93 326
Caroline R 308 Carrie Augusta
26 Catherine L 166 Cyrus K
185 Daniel 217 312 Deborah
230 336 Edward 95 Edwin 197
Elcy 326 Elias 261 Eliza J 150
Eliza N 278 Elizabeth 164 185
217 308 Elizabeth M 355
Emeline 34 Emma J 69 Emma
L 278 Eunice 308 Eunice B 22
Evelyn 256 George E 348
George R 116 Hannah 116 309
Hannah B 365 Harriet M 53
Harriet P 309 Harriet Wilbur 26
Isabella 312 James 355 James
M 162 Jane 176 John 3
Jonathan 18 Joseph 71 Julia
310 Kate L 256 Lizzie C 162
Lizzie J 110 Louisa B 236
Lucy 308 Lydia 312 Mariah
312 Mary 57 71 93 306 308 309
312 325 Mary A 190 Mary Ann
309 348 Mary H 334 Mary S
255 Meriam 18 Nathan 297
Olive 86 309 Olive C 238

SMITH (continued)
Orlando 110 Osborne 53
Patience 124 262 Rhoda 235
Rhonda A 62 Rose E 293 Sarah
3 234 277 Sarah E 348 Shuah
Amanda 197 Simeon 312 Simon
262 Stephen 166 Susan 217 310
330 Susan W 326 Susanna 167
241 Thomas Marquis 164 Ting
325 330 William R 38
SOULE, Christianna L 70
SPARROW, Hannah Jordan 170
Jonathan 170
SPAULDING, Esther 104 Nancy A
323
SPEAR, Nancy 304
SPELMAN, Sarah 182
SPENCER, Almira 267 Amelia D
70 Eleanor 311 Eunice 306
Frances 310 Freathy 269
Frederick 95 Hannah 150 Isaac
267 Isaac F 267 Isaac 267
Joanna 311 Joshua 125
Lorenzo 31 Louisa 95 311
Louisa H 31 Lydia 215 Mary
267 305 310 Mary Ann 310
Mary E 310 Mary Jane 264
Mary W 125 310 Moses 267
Olive 311 Phebe 364 Rachel
269 310 Rebecca 269 310 311
Sally 310 374 Sarah 304
Thomas 269 310 William 264
304 310 311
SPILLER, Alpheus 260 Arlene M
260 Bashaba 341 Burbank 345
Charles Alpheus 260 Charlotte
Abby 260 Cordelia P 345 Edith
Howard 260 Elizabeth 341
Elizabeth E 260 Francis J 345
Gladys E 260 Harriet O 260
Harriet Olive 260 Henry 341
346 John Jr 341 Lucinda 345
Rhoda Johnson 346 Robert Abner 260 Sylvia 260
SPINNEY, Betsey 100 Elisha 100
Joseph 100 Salome B 101
SPOONER, Charles 228 Margaret
228
SPOSEDO, Eunice 333 Wm 333
SPURR, Ida H 345
STACEY, Georgie A 112 William
H 112

STACKEY, Eliza 44
STACKPOLE, Bethiah 284
　Stephen Abbott 50 Susan Ann
　50
STACY, Dorcas 90
STAFFORD, Edwina A 70 Oren M
　70
STALEY, Delvina N 47 Frank S
　47
STANCHFIELD, Rachel 84 William Allen 84
STANDISH, Jonathan G 250 Sarah
　S 250
STANLEFF, Horace B 67 Sarah E
　67
STANLEY, Eunice 369 Hannah
　243 John 369 Lorenzo Dow 38
　Olive Dyer 38 Sarah B 368
STANTON, Celesta A 252 James
　252
STAPLES, Abbie Frost 317 Abbie
　Luella 317 Almon 168 Alpheus
　122 Andrew 168 Anna 173 316
　Augustus James 87 Basheba
　312 Betsey 190 303 314
　Caroline M 315 Catherine 184
　224 314 316 Child 168 Cordelia
　W 24 360 Cyrus Edwin 272
　Cyrus H 30 Darling 312 Dorcas
　40 317 Edward 121 Eleanor 311
　Eliza 111 141 144 206
　Elizabeth 190 311 313 315
　Elizabeth D 213 Elizabeth L
　173 Elmira 123 304 315 Emily
　Jane 168 Florence P 107
　Frances A 316 George 115
　Hannah B 313 Hannah S 4 Harriet 305 313 Harriet A 312 Harriet H 312 Hiram 184
　Humphrey M 318 Ida B 272
　Isabella 312 Jacob Clark 303
　James 75 James E 320 Jane
　30 316 Joanna C 315 Joanna
　Cobb 190 John 206 309 John
　Mcarthur 173 Joseph S 24 Julia
　Ann 30 Julia Blanchard 87
　Leander 123 190 304 Louisa
　121 315 318 Louisa F 168
　Louise 316 Lucy 295 Lydia 44
　312 Lydia A 313 315 Malinda
　G 318 Mark 130 Martha Ann
　162 168 Mary 75 190 309 312

STAPLES (continued)
　313 317 Mary Abby 24 Mary
　Ann 216 Mary E 320 Mary
　Elizabeth 30 Mary M 318
　Melinda 360 Melinda G 123
　Nancy 168 311 Nancy B 317
　Nancy Ellena 168 Nathaniel
　318 Nathaniel Kennard 190
　Nathaniel R 40 Olive E 316
　Olive H 315 Patience 314
　Robert Jr 44 Rosantha 168
　Roxanna 122 315 317 S Edwin
　168 Sally 30 Salome 95 206
　207 312 Sarah 3 31 115 Sarah
　Dean 314 Sarah Hammond 315
　Sarah Jane 314 Shuah 324
　Sophia 318 Susanna Kennard
　303 Susannah Kennard 318
　Tristum 168 William 190 William H 123 William S 303
STEARNS, Mehitable 128
STEELE, Dolly M 2 James 2
STEINWORTH, Lydia 353 Simon
　353
STEPHENS, Martha 73 Samuel 73
STEVENS, Abbie 320 Abial 294
　Abigail 111 319 321 Almira
　153 Amelia A 376 Avis C 321
　Bethiah 284 Betsey 319
　Charity 266 321 Charlotte 176
　Dorcas 320 Edward L 282
　Elizabeth 294 Esther 320
　Eunice 319 Eunice Emily 353
　Fannie 319 328 Hannah 92
　Hannah Delano 296 James 111
　266 296 Jane 320 Jemima 319
　Joanna 254 John 296 318
　Joseph 254 Louisa 321 Margaret 153 Mary 320 Mary A 144
　Moses 319 320 Olive H 353
　Patience 217 319 320 Persis
　320 Rebecca 319 Sarah 52
　Sarah B 182 Sarah P 282
　Sophia 296 Susan 321
　Wheelwright 284
STEWARD, Andrew J 149 Ann
　Elizabeth 149
STEWART, Eunice 255
STICKNEY, Oscar Munroe 362
　Sarah Abigail 362
STILLINGS, Alvira B 264 Samuel
　264

STINSON, Hannah 353 Mary 252
STOCKIN, Lydia Ann 57 Thomas Blossom 57
STONE, Abigail 322 Anna 313 Annette P 135 Augusta 333 Benjamin J 48 Benjamin Lleullyn 143 Carrie W 143 Charlotte 266 Clarissa H 89 Dorcas 194 Drusilla 297 325 Eliza 212 Eliza A 324 Elizabeth 353 Elizabeth Alice 323 Emma 323 Esther 100 Fanny 323 Frances 213 Frank P 143 Frank Pierce 269 George 182 Hannah 212 323 324 Harding Z 143 221 Harriet 323 Huldah 326 Isaac 212 Joanna Eaton 111 John P 135 Laura Anne 211 Lillian Louise 39 246 323 Louisa M 221 Louisa Maria 143 325 Lucy R 324 Lydia F 82 Majorie 358 Marshall B 111 Martha 189 Mary 99 213 Mary B 322 Mary H 108 Mary Jane 322 Mary Pugsley 48 Milton 39 Nancy A 323 Nancy B 211 Narcissa 239 Nathaniel 243 Nellie 325 Olive 182 Olive B 6 Olive E 316 Pamelia M 31 Patience 319 Paul 313 Robert Staples 297 Sally 326 Sally M 203 Sally P 243 324 Salome M 325 Salome Maria 142 143 269 Samuel 318 Samuel Milton 323 Sarah 325 Sarah B 329 Shuah 318 324 Susannah 323 Tabitha 9
STORER, Amanda H 259 Arvilda W 204 Benjamin 204 Emgene 245 Eugene 166 Eugene J 143 Jacob 216 Mehitable 216
STOREY, Clarissa 365
STOVER, David 28 Elizabeth G 75 Lydia 147 Mercy 28 Robert 102 Sarah 28 Susanna 102
STRAW, Gideon Jr 313 Harriet A 312 Lucy 313 Roxanna 315
STROUT, Abigail 344 345 Adaline 343 Albion Peter 338 Alice 346 Almeda 124 327 Almira 328 330 Andrew J 324 329 Ann Maria 258 337 Anna 334 Anna

STROUT (continued)
Mary 331 Anna S 334 Annie 326 Annie Laura 337 Augusta 333 Barbara 335 Bathsheba 374 Benjamin 230 Betsey 7 326 329 334 Betsey A 259 Caroline 330 Charles Henry 328 Christiana 339 340 Clara E 343 Clarinda 343 Cynthia 340 David 71 Deborah 230 336 340 Delia 159 Dorcas 177 341 346 Dorcas P 330 Dorcas Pitman 351 Edith 326 Elcy 326 Eleazer 333 Elias 340 Elisha 19 136 326 342 Elisha Jr 142 Eliza 107 177 332 Eliza Ann 368 Eliza J 333 Elizabeth 333 334 Elizabeth S 338 Ellen A 327 Ellen J 211 Enoch 19 121 284 326 338 340 Erastus Green 44 Esther 126 326 330 Esther H 335 Eunice 19 106 250 255 Eunice 108 326 340 344 Eunice F 42 Eunice M 331 Ezekiel 7 Fannie 328 Fidelia F 159 Frances Ellen 44 331 Frances P 328 Francis Small 341 Freeman 351 George 338 340 George B 135 George F 222 George W 110 Gilbert 19 326 343 Gilbert Jr 110 Hannah 29 332 339 342 345 Harriet 336 Harriet A 330 Harriet C 222 331 Ida H 345 Ida May 331 Ira C 359 Isaac 19 110 233 326 332 Isaac H 366 Jacynthia Abigail 328 James 158 Jane 333 Jeanette 359 Jennie Edwards 346 Jerusha 338 342 Jesse 336 John 225 339 345 John Jr 339 340 John Moore 343 Joseph 345 Josephine C 337 Joshua 356 Judith 338 Julia Stone 344 Kezia 339 Keziah 334 Laura A 335 Leonard J 124 326 Levi Jr 338 Lizzie 366 Lizzie Ella 343 Lizzie H 331 Lois 342 Lucy 103 332 340 Lucy S 343 Lydia 19 230 329 332 335 338 340 Lydia Margaret 341 Margaret 48 Margaret A 344 Maria L B

STROUT (continued)
  257 Maria Nancy 335 Marrett
  329 Martha S 115 332 336 342
  356 Martha A 366 Mary 46 136
  137 146 233 267 270 328 332
  333 335 336 338 339 341-344
  Mary A 329 345 Mary Ann 331
  Mary E 328 Mary Ellen 334
  Mary H 334 345 Mary Jane 225
  338 344 Mary O 343 Mary R
  328 Mehitabel 75 110
  Mehitable 332 Mercy 284 329
  Mercy C 332 Mercy Jane L 144
  Mercy Laha 326 Micajah C 157
  Micajah H 159 Miranda 342
  Moses 258 N E 334 Nancy 233
  336 342 Nancy Frost 148
  Nathaniel 90 115 Nora 344
  Olive 5 Olive Farnham 157 327
  Oliver 46 Patience 63 330
  Peace 339 Phoebe 332 Polly
  110 173 332 333 341 Prince
  338 340 Priscilla 338 Rachel
  339 Rebecca 333 338 Rhoda
  339 Richard 339 Richard Jr 338
  399 Roseatha 330 Ruth 339 340
  342 Sarah 19 42 121 142 158
  330 332-334 340 343 Sarah A
  334 337 Sarah B 324 329 346
  Sarah E 327 333 Sarah Frances
  345 Sarah S 338 Seth 5 46
  Simeon Jr 126 Susan 327 Susan
  E 110 Susan J 335 Susan W
  326 Susanna 133 Susannah 90
  342 343 Sylvia 329 William 19
  326 332 William Frank 329
  William H Jr 137
STROUTH, Nancy Nason 46
STUART, Achsah 119 Mary 6
STURGES, Achsah 307
STURGIS, Amanda Melvina 5
  Frances A 62 Major R 5
SUMNER, Harriet 73 Mary R 328
SUTTON, Anna 346 Lois 346
  Margaret 88 Mary 205 268 346
  Mary Ann 347 Nancy 347 Sally
  213 Susanna 202 Wm 205 268
SWAN, Margaret 195
SWASEY, B Franklin 219 Ellen
  Edward 219
SWEET, Sally 326 Sarah 321
  Serivah 321 William 321
SWEETZER, Priscilla 288 Sarah
  Jane 314
SWETT, Alfred 330 Charlotte B
  20 Dorcas 342 Eunice 330 Jane
  98 Josiah 342 Martha 332 Mary
  176 Mercy 330 Sarah A 66
  William 98 330
SYLVESTER, Ada Cleveland 331
  Delmer 331
SYMMES, Elizabeth 313 Lydia
  312
SYMONDS, Huldah 87
TABER, Betsey 157 Jacob 157
  Mary 218 Stephen 218
TANDY, Gorham T 82 Lydia Jane
  82
TARBOX, Abbie A 132 Abigail
  196 Adaline Sarah 147 Bath-
  sheba 158 Elizabeth 106
  Eunice 347 George B 147
  Henry M 132 James 64 Jennie
  H 132 Lydia A 313 Margt 231
  Martha J 69 Mary 89 Sally 64
  Saml 158 Sarah 64 Sarah E 7
TARR, Hannah B 354
TASKER, Jonathan 220 Lois 220
TATE, Caroline E 114 Saml 114
TATTERSON, Charles 40 Dorcas
  40
TAYLOR, Abigail A 348 Annie
  Louise 349 358 Betsey 117
  David Marks 191 Donald 234
  Elizabeth 347 348 Elizabeth L
  348 Evelyn M 350 Hannah 211
  348 Helen Maria 248 Joseph
  117 236 Josiah 211 Josiah
  Franklin 251 Martha Vineton
  236 Mary 341 Mary Ann 348
  Mary E 347 Mary Eliz 251
  Mary Jane 349 Saml 350 Sarah
  Bailey 191 348 Walter B 358
TEBBETTS, Amos 19 Peggy 19
THAXTER, Henry Greenwood 287
  Joshua 287 Louisa 287 Mary
  287 Mary S 168 287 Sally 138
  287 Sidney 58 287 Sophronia 58
  287
THOMAS, Benjamin F 294 Elisha
  A 117 Elizabeth 45 Mary F 117
  Michael 45 Octavia M 152
  Salome 95 206 312 Samuel 206
  312 Sarah H 294

THOMBS, Charlotte 6 Chesley 6
Susan R 63 Thomas 63
THOMES, Alice 374 Amos 162
273 Eunice 162 Martha A 374
Mary Small 273
THOMPSON, Abbie E 361 Abbie
W 227 Ann 149 Betsey 28 97
229 Betsey Jane 83 Catherine
14 Clara B 350 Dorcas P 330
Elizabeth 271 Eunice 84
Frances S 251 Hattie Boynton
190 Henry Small 136 Jane 340
John 16 298 John E 271
Jonathan 64 Joseph Miller 28
229 Leonard Pease 107 Levi
149 Lucy Ann 350 Lydia 298
Mary 64 66 289 349 Mary H
164 Mary J 107 Mary Jane 349
Nancy 113 Olive Harriet 350
Orinda 136 350 Peter S 227
Priscilla C 21 Relief 16
Rosetta 26 Sally 176 349 Sally
Barton 295 349 Salome 277
Samuel 176 Samuel Jr 14 Sarah
298 Sarah L 89 169 Sarah Y
224 351 Sewall 173 Statira 173
351 Sylvia 351 Thomas 66
Thomas Jefferson 295 Usher B
89 William 224 289 William C
340 William W 83
THORN, Daniel 329 367 David
159 Deborah 305 Eliza 159 192
Eunice 218 Jane 192 Jemima
232 John 232 Malville 246
Marrett 329 Martha A 367
Miriam 329 Sarah F 246 William Jr 218
THORNDIKE, Abby Davis 197
Abigail Davis 126 Charles 126
THORNE, Catherine French 191
Eliza B 240 Lucinda F 240
Warren I 191
THURLOW, Eunice 345 Mary 339
THURSTON, Rook 111 131 Sarah
Jane Goodwin 131 Susanna 111
TIBBETTS, Abby H 151 Annis
102 Elizabeth L 348 Frank L
151 Noah 348 Samuel 348
TILTON, Alice Eliva 145 Harriet
313 Jeremiah 66 Martin B 145
Sarah A 66
TINKHAM, Mary H 345

TOLMAN, Jane 40 Jesse Lee 67
John 40 Mary Frances 67
TOPLIFF, Annie 10 Calvin 10
TOWLE, Abbie 320 Abigail 27
357 Amos 9 Betsey 9 322 352
Christina 84 Edwin 84 Ellen
238 Elsa D 238 Samuel 238
Susan 352 Tristram C 322
William 27 357
TOWNE, Francis W 317 Harriet
N 317
TOWNSEND, Adna E 86 Daniel
246 Ebenezer D 317 Jacob 256
Lucy S 7 Mariah 336 Mary E
127 Mary Jane 256 Miles 86
Orlando J 336 Rebecca P 123
Sarah Ann 317 Sarah Emily 24
Sarah Jane 246 William W 24
TREADWELL, Mary M 260
Thomas W 260
TRIPP, Mary A 345 Mary Ann 246
Peace 339 Robert Harmon 246
Sarah 138
TRUE, Grace 352 Mary 352
TRUEWORTHY, Angeline 119
Hannah 157 Jacob 157
Jonathan 322 Jonathan Woodman 119 Olive 46 322
TRULL, Abigail 57
TUCKER, Ephelinda 149 Fred 1
Gideon 149 Mary 46 336
TUFT, Arthur 19 Eunice Emily
320 James Barney 320
TUFTS, Abigail 107 Abigail E
354 Ann 353 Arthur 352
Charles A 107 Eliz 353 Eliz
Acelia 354 Elizabeth Adelia
128 Elmer 200 Esther Jane 200
Eunice Emily 353 Fred M 43
Georgia 353 Gertrude C 354
Gertrude Clara 43 Hannah 353
Hannah B 354 Harriet J 353 India 352 James 319 Lizzie E
200 Lucy 353 Mary Eliza 142
Olive H 319 353 Sally 353
Sarah 111 353 Sidney 353
Simeon Fairfield 128 Thomas
Jefferson 111 William 142
TUKEY, Abbie Catherine 151
Abby H 151 Nathaniel 212
Nathl F 151 Susan 212 Susan S
151 Tristram Lewis 151

TYLER, Abraham 173 281 307 355 Anna 19 257 285 Benjamin March 179 Betsey Jane 83 Daniel 306 307 Dorothy 173 356 Edson 83 Eliza 307 356 Elizabeth 281 354 356 Emeline M 94 Eunice 179 355 Jane 355 Joseph 94 174 Joseph Stevens 349 Lavinia 307 357 Margaret 174 356 Martha 342 Mary 356 Mary Ann 331 355 Mary E 355 Mrs Daniel 306 Nancy 355 Polly 332 Royal B 356 Sarah 201
ULMER, Martin 321 Mary J 321
UNDERWOOD, Emily Jane 259 Sardis D 259
UPTON, Sarah S 338
URAN, Mary 309
USHER, Abijah 35 223 Caroline 35 Edith 7 Eunice 334 John 138 344 Mary 35 137 138 344 Mary E 272 Mary Small 223 Robert 138 Robert S 334 Susan 138
VARNEY, Abigail 27 Isaiah 82 Jane 320 Lydia Jane 82 Margaret 357 Mary 68 357
VARNUM, Frank P 359 Mildred M 359
VAUGHAN, Sally R 234
VEASIE, Grace 35
VEAZIE, Alden 182 Elizabeth 182 Herbert A 181 J 316 Sarah Jane 316
VESTAL, Elizabeth 334
VICKERY, Lucy Jane 91
VINAL, Catherine 116 Paul 116
VINETON, Martha 234
WADLEIGH, Arvilda Lane 148 Jacob D 148
WADSWORTH, Eli 56 Mary W 56
WAKEFIELD, Lucinda 295
WALCOTT, Charles A 358 Nellie Cram 358
WALDRON, Annie Louise 349 Arvista Diantha 357 358 Caroline Matilda 172 Eleanor 357 Fannie Maud 260 Henry Carlton 260 Henry Pitmon 287 Isaac James 206 Julia W 206 358 Letetia Eulalia 358 Letitia

WALDRON (continued) Eulalia 260 Majorie 358 Margaret H 358 Martha 359 Rebecca Strong 358 Sarah Megquire 287 357
WALES, Abigail 165 John B 343 Mary O 343
WALKER, Alonzo B 2 Andrew Cobb 32 Asenath P 360 369 Aurelia A 360 Aurelia Amelia 149 Cordelia W 24 360 Cordelia Winslow 317 David Meserve 149 Ebenezer Jr 80 Eliza Jane 244 Eunice B 360 Harriet 32 361 John 212 Julia T 5 Louise J 360 Lydia 359 Lydia Ann 101 Lydia Jane 2 Mary 180 360 Mary A 32 Mary Bangs 80 361 Melinda 360 Nathaniel Jr 361 Olive 359 Olive E 229 Sarah A 8 360 Sarah M 297 Stephen M 24 317 Susan Osgood 2 Susanna 212 359
WALLACE, Abigail 63 Goodall 65 Harriet 77 Henry 77 Patience 63 330 Sarah B 265 William 265
WALLIS, Mariah 272
WARD, Abraham J 70 Amos 312 Daniel 311 Eunice 311 Fanny 171 Freedom 312 Lydia B 312 Margaret Ann 312 Mary Isabel 312 Sarah Ann 70 Thomas W J 312
WARE, Dorcas 89 John 89 Mary Jane 215
WARREN, Abbie E 361 Abby E 350 Caroline King 126 Chlorie A 361 Edmund 164 Eunice 163 George 31 Hannah G 164 Henry A 350 Herbert H 260 Joanna 332 John 155 Lella B 63 Lizzie H 59 Lucy Ann 65 Mabel A 260 Martha 95 359 Martha A 373 Martha Warren 95 Mary 155 285 Mary Jane 62 Olive Frances 31 Pelatiah 332 Samuel 95 Zilpha P 361
WATERBORO, William 234
WATERHOUSE, Abigail 142 Ada Cleveland 331 Anna 257 322

WATERHOUSE (continued)
Asa 322 Betsey 363 Catherine
59 Charles F 363 Edward G
331 Eliza Bean 77 362
Elizabeth 58 Emma Lucy 362
George 157 Hannah 56 186 363
Jane Jewell 157 Joseph H 58
Lorenzo 362 Mary 96 Mary
Jane 362 Olive 4 Phebe 83 361
Theophilus 83 257 355 Thomas
77 William 56 186
WATERMAN, Charles Augustus
86 Clarinda B 86 Julie E 86
WATSON, Albert Newell 83 244
Belinda 130 363 Benjamin A
283 Betsey 145 Caleb Hopkinson 77 Caroline Louisa 185
Elizabeth 143 Frank 363
James 130 James B 354 Jane
Woodman 83 244 John 143 151
Joshua 77 Lydia 75 Major R
185 Maria B 283 Martha A 238
Mary 104 151 363 Mary Jane
77 363 Mary S 351 Mehitabel
75 Mehitable 190 Rachel 77
Rachel R 363 Ruth Allen 154
Sally 75 Samuel 75 Sarah 354
Sarah G 146 Walter F 154
William H 351
WATTS, Eliza B 296 John H 296
WEATHERBEE, Hannah 106
WEBBER, George 370 John B 296
Lavinia H 68 Margaret 228
Maria H 22 Martha 121 Mary
Ann 296 Molly 267 William 22
WEBSTER, Abby S 364 Benjamin
H 113 Daniel E 113 Delbert M
113 James Dunning Stackpole
227 Jane W 227 364 John M 37
Kate M 113 Mary Esther 26
Olive 113 Phebe P 37 364
Royal F 113
WEDGEWOOD, Eliza 307 356
Frances Dearborn 219
WEEKS, Almira W 41 Jane 69
Lydia 118 Nancy B 317 Sarah
M 41 Thankful Mary 239
WEEMAN, Albert W 37 Alvah 34
Benjamin 242 311 Betsey 364
Dorothy 364 Dorothy F 116
Elizabeth 170 365 Esther 364
Hannah 118 Hannah H 125 365

WEEMAN (continued)
John 306 Joseph 368 Judith
365 368 Lydia S 365 Mercy 364
Obediah 125 Orrin 116 Phebe
364 Phobe 242 Phoebe 311
Sarah Ann 37 Sarah W 16
Tryphena S 365
WELCH, Clarissa 365 Hannah
310 Hannah B 365 Hattie S 366
Mary 306 Moses 310 Samuel
84 Sarah Phebe 84
WELLINGTON, Henry S 191
WELLS, Sarah 107
WENTWORTH, Abigail Ann 29
Addie H 360 Asa G 17 Asenath
M 369 Asenath P 369 Benjamin F 335 360 Betsey 276
367 Charles E 255 Daniel 116
210 217 Edgar 143 Edna 368
Eliza 367 Eliza Ann 335 368
Elizabeth 37 Emily 368 Emily
A 183 369 Emily Jane 255
Eunice 183 368 Gennie M 368
George 100 Hannah 100 116
Harville 123 Henry 183 Henry
F 255 Ivory 54 Jane 367 John
156 John Colby 37 Joseph 194
Joseph Hill 372 Joseph T 164
Josiah Emery 183 Judith 365
366 Lizzie 369 Louise H 23
Lucinda 210 369 Lucretia 369
Lydia L 217 369 Margaret M
95 Maria Betsey 372 Martha 74
156 367 Mary 45 183 194 241
366 368 Mehitable 367 Mrs
Ephraim 368 Nancy Ellen 255
Noah 23 Octavia 123 Patty 156
Rosa 237 238 Roxanna 17
Sabary 164 Sally 367 Salome K
369 Samuel 276 Sarah 369
Sarah B 221 368 Sarah M 183
368 Sarah P 116 Stephen E 183
William W 183
WESCOTT, Almira 53 78 Clement 205 Elizabeth 15 Lydia
205 Sarah 205 286 William 205
Zebulon 15
WEST, John 371 Sarah 225 Sarah
H 371 Susanna R 61
WESTGATE, Phoebe Jane 363
Tyler 363
WESTON, Abigail F 354 Daniel

WESTON (continued)
  333 Daniel C 354 Fanny Ward
  171 Ivory 171 Martha A 349
  Ralph 111 352 William Tufts
  349
WETHERBEE, Anna 335
WETHERELL, Louisa C 108
WEYMOUTH, Ebenezer 280
  Elizabeth W 201 Esther H 335
  Hannah 201 Jacob 201 Roxanna
  280
WHEELWRIGHT, Clara B 370
  Mary Eliza 370 Rhoda 370
WHIDDEN, Angeline 9
WHITE, Charles W 373 Elnathan
  143 Emily 143 Isabel Frances
  219 Martha Ann 373 Mary J 26
  Roseatha 330
WHITEHORN, Hannah 115
WHITING, Abiel Frye 154 Emma
  S 373 John 257 Martha 154 257
WHITMORE, Amy 370 Betsey
  Boulter 371 Daniel H 270
  Elizabeth 370 Jane 301 Mary
  Higgin 127 Sally M 54 Sarah S
  270 371 Sidney B 98
WHITNEY, Anna 371 Caroline S
  269 272 Charles 272 Ella 32
  Ella L 272 Eunice 272 Hannah
  77 100 371 Hannah B 159 Hannah Snow 117 Isaac 104 Jane
  371 Lewis 300 Louisa 272
  Lucy 135 Luther 272 Mary
  Adams 300 Mary Ann 104
  Peter Herbert 272 Reuben 371
  Ruth 28 Sarah 228 Stephen 28
  Thankful H 54 William H 100
WHITTAKER, Elizabeth 150
WHITTEN, Alice J 113 Daniel
  156 Ebenezer 241 370 Hannah
  156 Harriet N 279 Levi S 76
  Mary 241 370 Polly 76
WHITTUM, Jerusha 338
WHTIMORE, Nancy 98
WIGGIN, Comfort 46 202 Lavinia
  202 Samuel 46 202
WIGGINS, Nancy 105
WIGHT, Anna 364 Virgil 364
WILEY, David L 9 Lydia 186
  Rebecca Ellen 9 Sarah 257
WILLARD, George A 111 Susan E
  111

WILLEY, Lucy Ann 125 Stephen
  125
WILLIAM, Arvilla Melissa 150
WILLIAMS, Arvilla Melissa 273
  Casper 4 Elizabeth 47 Phebe 4
  Samuel S 273
WILLSON, Lewis 166
WILSON, Elizabeth 115 Fannie
  319 328 Gowen 306 Jane 48
  Joanna 116 Keziah 334 Sarah
  306
WING, Love 127 371 Nathan 127
  167
WINGATE, Frank E 359 Love 125
  Mary 91 Orianna 219 Sadie
  Eleanor 359 Samuel Dana 219
WINSHIP, Louisa 117 Seth 117
WINSLOW, Abram 127 Anna 40
  Betsey 372 Clarinda 343 Dorcas 3 Eliza S 273 Elizabeth
  127 Eunice W 345 George R
  103 Jane 30 John A 273 Josiah
  345 Mary 372 Mary Jane 103
  Moses 40 Phebe 372 Sybil Ann
  103
WINTER, Elizabeth 201
WITHAM, Almira B 88 Charles L
  82 Hannah E 235 Lewis H 258
  Luella Tandy 82 Martha A 258
  Mary 4 Mary Ann 299 Sadie L
  85
WITHERBEE, Andrew 187 Lydia
  L 223 Susan 187
WITHRETT, Isaac 253 Mary 253
WOOD, Almina M 373 Angeline E
  373 Elizabeth O 280 Emma S
  373 Enoch 9 Hannah 372 373
  John Jr 217 Lizzie M 373 Martha A 373 Martha Ann 361
  Mary 118 Mary Lydia 373
  Moses 159 Phebe 159 372
  Polly 217 Sarah Ann 9 373
  Stephen W 361
WOODBURY, Betsey 10 Rebecca
  220 Thankful 300
WOODMAN, Jane 117 Joanna 284
  Margaret H 358 Olive 19 60
  Olive Ann 70 William 117
WOODRUFF, Jacynthia Abigail
  328 Mary E 328
WOODS, Lydia 251 Martha L 73
  Mary F 251 Nathan P 251

WOODSUM, Abijah 310 Abner 18
  Betsey 374 John 18 309 Louisa
  374 Lyida 374 Meriam 18 309
  Oliver 374 Sally 374 Sarah 18
  310 Thompson 374
WORMWOOD, Daniel 352 Eliza
  Jane 85 Hiram 85 James 228
  Lucy S 343 Mary 352
  Mehitable 228
WRIGHT, Caroline 42
WYLIE, Ellen A 327
YORK, Aurelia S 38 Dorothy 119
  Elizabeth 371 Eunice 236
  Fanny 58 Hannah 120 Harriet
  276 Jacob 119 Jane 14 John
  371 Joseph 236 Mary 120 160
  161 Melinda 289 Sally 339
  Sarah J 52 Stephen 339
  Susanna 242 Tryphena S 365

YOUNG, Alice 374 Ann 375 Anna
  12 Daniel 12 David Jr 286
  Eliza 92 Elizabeth 374 Ellen
  Jane 231 Fanny 375 James 93
  285 Lydia Ann 275 Mark A 275
  Martha A 374 Mary M 376
  Polly 285 Sally 224 375 Sarah
  93 374 Susan C 316 William
  316

ADDENDUM

MARRS

Under Dennis Marr's (1735-1812) family, and his son, Isaac Marr (1767-1847), after Lydia Jameson, she born June 3, 1764 and died December 26, 1846 age 82 years, Limington, add:

Her mother, Catherine (Cooper) (Jameson) (Cox) Kalloch, widow of David of Warren, Maine, died April 1840 age 98 years, Limington. She had another daughter, etc.

STROUT

Deborah Strout who died January 16, 1899 age 76 years 8 months 18 days, Raymond, daughter of Francis Small Strout and granddaughter of William Strout, you can find under William Strout's family, add:

She m Oct. 8, 1846 Timothy Gerry of Limerick, she of Limington.

www.ingramcontent.com/pod-product-compliance
Lightning Source LLC
Chambersburg PA
CBHW071223230426
43668CB00011B/1279